田島則行

# コミュニティ・アセットによる
# 地域再生　空き家や遊休地の活用術

鹿島出版会

# はじめに
# なぜ今、コミュニティ・アセットなのか？

　日本再生の新しい処方箋は、「コミュニティ・アセット」にあると、そう思っている。

　日本全国の様々な地域においてそれぞれのコミュニティが集まったり、つながったり、あるいは活性化したりできるような、各地域のための「場づくり」が日本全国の隅々までに広がっていけば、日本の空き家問題の解決にもつながるかもしれない。そのためにも「コミュニティ・アセット」の考え方、ノウハウ、事例を紐解きながらその方法論を明らかにしていくことで、本書を通して、今後の日本の再生に貢献できればと思っている。

### 縮小する日本を再生・活性化するには？

　近年、日本では少子高齢化による人口減少とコミュニティの弱体化や衰退が懸念されており、多方面において様々な議論が交わされている。国立社会保障・人口問題研究所が2017年に発表した資料によれば、2008年には1億2808万人をピークに日本の人口は減少に向かい、2060年には9284万人まで減ることが予測されており、約50年で30％近くの人口が減ることになる。また、コミュニティの活力低下や高齢者や貧困世帯の増加による社会問題などが起きることも予測されており、政府や各地方自治体は様々な対策の検討を続けている。

　政府や行政が社会状況を鑑みて対策を打ち出し、住民らはそれに従っていけばよい、という高度成長期のようなやり方が通用する時代ではなくなった。人口減少や高齢化が進んでいく世の中において、衰退していく街と、活性化していく街、あるいは、踏みとどまる街など、それぞれの街が直面している諸条件によって大きく未来が変わる。中には急激に衰退していく街も出てくるだろう。

　つまり、政府主導、行政主導ではない、新しい「まちづくり」のあり方が求められるようになった。住民らが集まり、自らの主体性をもった活動により行動を起こし、NPO法人などの非営利組織による活動によって都市や地域の再生が行われていくような、新しい住民主導のまちづく

りである。そして、日本でも、それぞれが試行錯誤を重ねながら様々な方法を試みているが、小さな成功は数多く増えてきてはいるものの、全国に通用するようなメソッド、あるいは効果的な再生を担う仕組みはまだ確立されていない。

## 衰退先進国？　アメリカやイギリスに学べること

　一方、アメリカやイギリスを含む諸外国では、早くから非営利組織による公共的な役割についての試みが行われてきた。アメリカではコミュニティ・ディベロップメント・コーポレーション（Community Development Corporation：CDC、コミュニティ開発法人）、イギリスではディベロップメント・トラスト（Development Trust：DT、まちづくり開発事業体）による衰退地域の再生が行われてきており、70〜80年代に手探りで展開してきた時期を経て、90年代以降は仕組みとしても完成され、大きな成果を上げるようになってきている。近年では、都市再生の重要な役割を担うプレイヤーとして、政府に一目置かれる存在となった。CDCもDTのどちらも非営利組織として活動を行いながらも、時には大手不動産ディベロッパーなみの力で地域の再生や開発を行うことができる。

## コミュニティ・アセットとは何か？

　本書の主題である「コミュニティ・アセット」という言葉は、「コミュニティ」という言葉も、「アセット」という言葉もごく一般的に使われるものであるが、実は、「コミュニティ・アセット」というつながりの言葉として使われることはあまりなかった。

　「コミュニティ」とは、ご存じのように地域社会とか共同体と訳せるもので、地域を限定しないような様々な活動においても、人が集まりつながる状態のことを「コミュニティ」と呼んでいる。ただ、時代は変わり、社会が変わると、コミュニティという言葉にも様々な捉え方が必要になっている。たとえば、地縁とか、地域とか呼ぶような近接性による共同体はコミュニティとしては弱くなり、今の社会は近隣のつながりよりも、仕事や趣味、あるいはネットによるつながりのほうが優先されることが多くなっている。つまり、従来の「近隣」と呼ばれるコミュニティは、誰もが実感しているように消失の危機にある。そして、目的や趣向も異なるような「新しいコミュニティ」が、地域や近隣の壁を越えて様々なレベルで発生するのが普通になってきた。

　一方、「アセット」という言葉はもう少し専門的な分野で使われること

が多い。不動産とか金融関係者がよく使う言葉で、直訳すれば、資産とか、財産のことを指す。アセット・マネジメントといえば、資産のマネジメント、あるいは資産としての不動産のマネジメントのことを意味する。つまり、「空間」でもなく、「場」でもなく、あるいは「建築」でもなく、「不動産」でもない、「アセット」と呼ぶからには、その空間や場、あるいは建築や不動産と呼ばれていたものが、資産、あるいは財産として活用されることを意味する。たとえば、空き家や空き地などの不動産を、使えない空間として見捨てるのではなく、使える空間として再生することができれば、それは持続性を生み出す資産性をもった場として活用することになり、その意味が「アセット」という言葉には込められている。

　では、本書において、この「コミュニティ」という言葉と、「アセット」という言葉をつなげて、「コミュニティ・アセット」と呼んでいるものは、どのようなものであろうか。それは、本書の各章を読んでもらえれば明らかになってくると思うが、簡単にいえば、空き家や空き地・遊休不動産などを活用し、公共的な役割を担いつつ自立性・持続性のある活動を行えるような、コミュニティ再生／活性化の拠点となるアセット（不動産、財産、建築、空間）のことを指している。

　そのコミュニティ・アセットを読み解くために、本書は全5章で構成されている。

## 1章　パーソナル・ヒストリーから見えてくるコミュニティ・アセットへの道

　なぜ、コミュニティ・アセットについて研究、あるいは実践することが重要なのか、あるいは、そのコミュニティ・アセットについて理論化する必要があったのか、その理由について、私のパーソナル・ヒストリーから読み解く。都市を再生すること、都市において活動することをひとつのテーマとして掲げ、自らを建築家である前に、「アーバニスト」と呼んできた理由を、その経緯をたどることで、その意義や意味を汲んでいただければと思う。

　日本初のシェアオフィス、シェアスタジオと呼ばれたオープンスタジオNOPEに始まり、そこから神田や日本橋のまちづくり、あるいは、リノベーションの広がりが全国に展開する中で、その都市再生、空間再生に対する新しい方法論が生まれてきた経緯を共有できればと思う。そして、オープンスタジオNOPEから神田・日本橋からHEAD研究会、そしてリノベーション・スクールへとつながっていく世の中の動きを捉え直

すことで、なぜ、コミュニティ・アセットを問わねばならないのかを考える。

## 2〜4章　コミュニティ・アセットを実現する手法
### ―アメリカ、イギリス、日本の場合
　次に、2章では、アセット活用における地域再生の可能性について紐解きたい。コミュニティという言葉の定義、あるいはジェイン・ジェイコブスの都市論などにも触れながら、地域再生の主体性、近隣再生のスケール、そして既存ストックの再生のために、それらの相関関係について解説する。

5

　3章では、アメリカにおけるCDCの再生手法について読み解く。ご存じの方も多いと思うが、CDCは1990年代には日本にも紹介され、非営利組織であるNPOの理想的なあり方として紹介されたこともある。しかしながら、日本ではCDCのような組織はほぼ実現できてこなかったのには、実は理由がある。そのCDCの仕組みや、あるいは、イギリスのDTについても、コミュニティ再生とアセット活用というふたつの視点でその仕組みを明らかにする。

　そして4章では、日本におけるまちづくりのあり方を検証したい。建築や不動産を活用しているまちづくりの事例を抽出し、それらのやり方や仕組みをアメリカやイギリスのCDCやDTと比較することで、何が異なるのか、あるいは何が類似性があるのかを見極める。4章を読んでいただければ、日本もコミュニティ・アセットを進めるための準備が整ってきたことがご理解いただけるはずだ。

## 5章　今、日本に広がりつつあるコミュニティ・アセット
　そして5章では、ここ近年に現れてきた新しいコミュニティ・アセットが実現できている15の事例を紹介したい。日本全国を行脚し、それぞれの運営者にインタビューを行い、そして、まだ方法論が確立していないこの時期に、自ら進んでコミュニティ・アセットを実現したフロンティアたちが示唆する日本ならではのやり方、実現の仕方を学びたい。

**目 次**

はじめに　なぜ今、コミュニティ・アセットなのか？ ………… 2

# 1章　コミュニティ・アセットに至るまでの道のり

バブル崩壊とともにロンドンへ ………… 10

オープンスタジオNOPEの試み ………… 12

シェアオフィスの黎明期―不動産ファンドの台頭 ………… 19

REN-BASE UK01からCentral East Tokyoへ ………… 22

HEAD研究会からリノベーション・スクール、地域再生の新時代へ ………… 26

コミュニティ・アセットによる空き家再生へ ………… 27

# 2章　アセット活用による地域再生の可能性

コミュニティとは何か？ ………… 30

アセットとは何か？ ………… 32

地域再生における都市と建物、そしてコミュニティ ………… 33

アメリカやイギリスと日本における衰退要因と状況 ………… 37

地域社会主体性および多様な主体による連携 ………… 40

近隣地域の定義と近隣再生のスケール ………… 43

既存ストックを活用したアセットによる再生 ………… 46

主体スケールと空間スケールの相関関係 ………… 48

# 3章　アメリカやイギリスのアセット活用による再生手法

アメリカにおけるCDCによる再生 ………… 54

サンフランシスコ・ベイエリアにおける再生 ………… 75

シアトルにおけるCDCおよびPDAによる再生 ………… 84

イギリスにおけるDTによる再生 ………… 91

アセットを活用した立地パタンとその再生手法 ………… 103

DTにおけるアセットベースを中心とした仕組み ………… 105

# 4章 日本のまちづくりにおけるアセットを活用した再生方法

日本におけるアセット活用とまちづくりの経緯 ………… 108

日本の各事例における概要 ………… 114

　1. 滋賀県長浜市における株式会社黒壁 ………… 114

　2. 高松市丸亀町まちづくり ………… 116

　3. 東京都世田谷区の世田谷トラストまちづくり ………… 118

　4. 神奈川県横浜市の黄金町エリアマネジメントセンター ………… 120

　5. 岩手県紫波町のオガールプラザ紫波町 ………… 122

　6. 東京都千代田区のアーツ千代田3331 ………… 124

　7. リノベーション・スクール ………… 126

　8. 株式会社リビタ ………… 129

日本の事例とCDC、DTの比較と考察 ………… 131

# 5章 全国のコミュニティ・アセットによる地域再生

民間資本によるコミュニティ・アセット

　手作り感のあるクリエイティブな空間：unico ………… 136

　東北における先駆的リノベーション事業：THE 6 ………… 140

　創造都市ムーブメントの起点：BUKATSUDO ………… 144

　コミュニティを先に生成：幕張ネイバーフッド・ポッド ………… 148

　クリエイティブ・ネットワークの顕在化：MTRL kyoto（FabCafe Kyoto）………… 152

　エリアの空き店舗をゼロにした手腕：ヤマキウ南倉庫 ………… 156

　クリエイティビティの集合アトリエ：冷泉荘プロジェクト ………… 160

　団地再生の活性化：ジョイン・スポット袖ケ浦 ………… 164

公共資本によるコミュニティ・アセット

　開かれた交流の場：三好市地域交流拠点施設「真鍋屋」〜MINDE〜 ………… 168

　地域資源を引き出す住民らの結束力：
　　ちくちくぼんぼん 坂井市竹田農山村交流センター ………… 172

公共不動産＋民間資本によるコミュニティ・アセット

　今、ここを活かした環境：ユクサおおすみ海の学校 ………… 176

　企画・経営・運営を統合した若者の推進力：隼Lab. ………… 180

非営利組織によるコミュニティ・アセット

　障害のある人たちのための芸術創造の場：GoodJob！センター香芝 ………… 184

　森と海と明日と―子供たちの自然体験施設：MORIUMIUS ………… 188

　街のイベントから始まる場作り：yuinowa ………… 192

あとがき　コミュニティ・アセットへの期待 ………… 197

参考文献／図版・表出典 ………… 202

# 1章 コミュニティ・アセットに至るまでの道のり

なぜ、私自身がコミュニティ・アセットを研究し、あるいはそれが地域再生には欠かせないものであると考えるに至ったのか、それは実はロンドンでの留学体験から今日に至る過程の中で育まれたように思う。その過程を紐解くために、私自身がどのようにコミュニティとアセットに関わる経験をしてきたのか、そして、時代の流れのうねりに巻き込まれながら、どのようにして日本におけるコミュニティ・アセットの必要性を感じ、実践し、研究し、そしてここに皆さんに提示しなければならなかったのかを、まずは伝えることができればと思う。

## バブル崩壊とともにロンドンへ

　あれは、1991年の夏だった。はるかイギリスのロンドンで、AAスクール（Architectural Association, School of Architecture）に学ぶために渡英した。その当時の最先端の建築設計が学べる場として、世界中から学生たちが集まっており、ロンドンの大英博物館からすぐ近くのベッドフォード・スクエアにAAスクールがあった。ロンドンならどこにでもある普通のタウンハウスが、実はイギリスでは最小の大学教育機関であり、最大の建築学科（しかないので…）であるという。大きな期待に胸を膨らませて留学生活が始まった。

　その当時、ちょうど日本はバブルが弾けて急激な景気の後退が始まっていた。一方、その当時のロンドンといえば、一足先に不景気の真っ只中であり、イギリスは斜陽の帝国として勢いを失っていた。世界の金融センターといわれている旧都心のバンク周辺でも、一駅離れれば、空き家や空きビルだらけであり、「to let」（貸し室あり）あるいは「for sale」（売り出し中）の看板が至るところに掲示されている。治安の悪化とか危険は感じなかったものの、その当時の東京と比べれば、華やかさも勢いも感じられなかった。

　今から思い返せば、イギリスで学んだのは、最先端の建築設計に触れるためもあったのだが、それよりも、その不景気な都市の空き家を自由に活かしているアーティストらに出会ったことのほうが、後から考えれば、その後の人生への影響が大きかったように思う。月曜から金曜日までは、大学院の課題に没頭し、あるいは、ロンドン大学の図書館や大英図書館に入り浸って、哲学書や建築書を読み漁り、金曜日の夜は友人らと語り合う。そして土日には美術館やアーティストのスタジオに出入りして、その当時のロンドンのアートシーンと触れ合う。

図1-1　1992年当時にシェアしていたロンドンのスタジオ

　複数のアーティストらが集まって、空き家や空きビルを自由にDIYしてスタジオに改造し、そこを拠点に制作活動に打ち込む。そういったアートスタジオがその当時のロンドンには無数にあって、それぞれが、独自にエキジビションを行ったりしていた。それを彼らは「オープンスタジオ」と呼んでいた。

　つまり、普段はスタジオとして制作活動をしている場を公開して、そこで展示することによって、多くの人たちに見てもらう機会をつくる。そして、ロンドンのプロのギャラリーやキュレーターたちが毎週末のようにロンドン中の「オープンスタジオ」を回って、次世代の新しいアーティストを発掘していく。アーティストらは、自分の作品の横に立って、来る人来る人にフレンドリーに自分のアートの説明をしてくれる。それは、単なる留学生であった自分に対しても丁寧に説明してくれたり、あるいは、その横で有名なキュレーターがアーティストに質問を投げかけていたりと、ロンドンならではのクリエイティブなシーンが目の前で繰り広げられており、創作活動が都市の仕組みにつながるような、素晴らしい場の相乗効果が起こりうる実例を目の当たりにしたのだった。

　そういう中で、自分でもロンドンで友人と一緒に小さな空き家を借りて、グラフィックデザイナーらと一緒にスタジオ・シェアを開始した。私のロンドンでの大学院2年目は、天井の高い倉庫だったスタジオで、フィッ

シュアンドチップスを食べながら創作活動に打ち込む日々だった。

　その当時は、こういった体験がまさか自分のその後の道筋に影響するとは夢にも思っていなかったが、今思い出せば、あの時のロンドンの都市体験こそがコミュニティ・アセットにつながる道筋だったのかもしれない。

　その後、集中して作品制作に没頭できたこともあって、無事に2年で大学院を修了し、その後はロンドンで仕事をすることも検討したが、不景気の真っ只中だったこともあってその夢も叶わず、日本に帰ることになった。

## オープンスタジオ NOPE の試み

　一方、日本に帰ってきてからは、様々な事務所に出入りして実務の仕事を覚えながら、徐々に独立する体制を整えていった。最初は友人の自宅の空いている一部屋を借りて事務所としてスタートした。そこから徐々に、若さと勢いだけでアピールする機会を得てがむしゃらにトライしている中で、ひとつひとつ実績が積み重なり、設計者としても収入が少しずつ増えてくるようになった。

　そして、事務所を借りる段になると、いつも立ちはだかる不動産業界の壁。小さなワンルームマンションを借りるか、あるいはみすぼらしい雑居ビルの一室を借りて始めるしかなく、最初は仕方なく雑居ビルの一室からのスタートとなった。しかし、頭の中にあるのはロンドンでの体験。仕事の合間に不動産に寄っては空き物件を探すが、ロンドンのような数百年も経った古い物件はなく、なんとなく冴えない雑居ビルばかり。あるいは、家賃が高すぎるこぎれいなオフィスビルでは、手が届かない。建築は、模型を作ったりカタログや資料を多く使うので、とにかく広さが必要になるから、できるだけボロくて安いところを探すのだがなかなかよいものはない。

### 不動産慣習との戦い、偶然見つかった掘り出し物件

　その頃は、東京の至るところで、打ち合わせや現場監理の合間に不動産屋に寄るのが習慣になった。不動産屋は、私の容姿を見て値踏みをし、どの物件を見せるか見せないかを駆け引きしながら、物件を選んで提示してくる。高く貸せる物件、仲介料が高い物件、あるいは貸しやすいものを優先して見せてくるから、こちらがほしいような掘り出し物の物件

はなかなか出てこない。不動産屋が考えるお薦めの物件は、建築設計をする人間から見れば、ごく普通で平凡で、もっともつまらないプランばかりである。平均的なものほどマーケットがあると考えている不動産業界と、唯一無二の空間を求める建築設計者のマインドでは、噛み合うはずがない。

　徐々に不動産屋の典型的なものの見方、捉え方を理解し始め、そして、この若造（建築家とは身分を明かさず）が気に入りそうな平凡な物件を選ぶ不動産屋を牽制しながら、ファイルのその奥、一番売れそうもない、気に入りそうもない物件こそが、実はこちらが求めている掘り出し物件であることを、どうやったら引き出せるのかを試行錯誤しながら、徐々に、面白い物件、可能性のある物件を引き出せるようになってきた。

　そして、建築学会での打ち合わせのあと、慶應大学三田キャンパスの横にある不動産屋にちょいと飛び込んだとき、「何か事務所や制作活動に使えそうなスペースはありませんか？　新しいきれいなものじゃなくていいんです」と声をかけたところ、その対応をしてくれた女性の店長は、何を思ったか、今までの他の不動産屋が見せてきたような駆け引きすらしようとせずに、「ちょうど今、ある物件の話がきて、その図面があるのだけどどうかしら…」といきなり、メートルでもなく、ミリメートルでもなく、尺貫法で寸法が書かれた不思議な手書きの平面図を提示してきた。

　いつものように警戒して、どうせ平凡なつまらない物件を提示するだろうと思っていただけに、意表をつかれ、その増築に増築を重ねたような不思議な木造建築のフロアプランに見入ってしまう。「なんですか、これは？」

　「すぐ裏のお寺の裏にある貸事務所なんです。前に設計事務所が入っていて、その後、5年間も空いていました。木造の2階部分になります」

　思わず、「内見できますか？」というと、「今、行きましょうか？」と返事がきた。

　その物件は、お寺の境内の奥にある建物のその奥にある中庭の階段を登った2階にあった。中庭は不思議な和風のような中途半端な池があり、そこからはちょうど慶應大学の校舎を見上げる位置にある。その急勾配の鉄骨階段を登ると、77坪もの広々とした木造の空間が現れた。床は焦茶色に埃が積もっており、吸音版の天井はところどころ落ちてきそうな雰囲気である。外観から見た切妻屋根の勾配から想定するに、天井裏にはそこそこ大きな空間がありそうだ。

普通の事務所を探している人だっ
たら、思わず逃げ出したくなるよう
なボロさ。5年間も空いていたのもう
なずける。一方、その広々とした空
間と間取りの面白さ、天井の落ちそ
うな板の隙間から垣間見える高そう
な天井高。ロンドンでは、築年数が
数百年は当たり前のボロボロの建物
を見てきた経験からすれば、まだま
だ使えそうな空間であり、何よりロ
ンドンのアートシーンをめぐる中で
見かけた、オープンスタジオのよう
な、何かクリエイティブな雰囲気を
感じさせた。「これは面白い空間です
ね、また見せてください」と、すぐ
には借り手が見つからなそうな空間
を、興奮気味に後にした。

図1-2　1996年の夏明けにボロボロのス
ペースを発見した当時

**徐々に人々を巻き込み、新しいシェアスペースの始まり**

　その日のうちに、ロンドン出身の友人（RCA出身）や、アート系の
友人ら（藝大出身者など）に連絡をとった。それから1〜2週間のうちに、
その友人らをつれてその場所を何度か訪れたが、そのたびに、アート心
あふれる友人らは、この空間にそれぞれ素直に感銘をうけ、こんな空間
よく見つかったね…といってくれた。

　そこから本格的にこのスペースをどう使うかを検討し始めた。尺貫法
のプランをCADでメートル法に起こし直し、何度か現地を訪ねる中で、
断面図なども図面化して検討を進め、そして、建築関係の友人とか、キ
ュレーターの友人とか、声をかけては、この一風変わった物件の話をす
る。そうすると、面白がる人もいれば、怪訝な顔をする人もいる。特に
現地を訪れた際には、そのリアクションは真っ二つに割れた。

　この空間の面白さに即座に反応する人もいれば、その汚れとボロさに
呆れる人もいて、この空間そのものが、その人のクリエイティブ・マイ
ンドの度合いを測るリトマス紙のような役割を果たす。初めて内見して
から3カ月経つころには、77坪を一緒にシェアすることに興味を持って
くれた約30名ほどの仲間が集まっていた。そろそろ、この事業を始めら

れる準備が整った。最初にこの空間を紹介してくれた不動産屋を介して契約交渉をして家賃も抑えてもらったうえで、天井を落として断熱材を勾配天井に合わせて入れる許可をもらい、そして、エアコンに関しては、オーナー側で工事してもらう方向で受け入れてもらった。条件も整い、なんとか仲間でセルフビルドで工事しながら始められる目処がたち、いよいよ契約をすることになった。

　契約してからは週末ごとに仲間で現地に集まり、天井を落として勾配天井沿いに断熱材を貼り、その上にボードを打ち付ける。材料の手配や工事方法は建築家チームが段取りを行い、それを持ち込んで現場での工事になると、アーティストチームが、軽々と梁の上に登ってボードを打ち付けたり塗装を行ったりと、毎週のようにクリエイティブな空間が現れる。

　当初、埃が積もって焦茶色だと思っていた床は、モップ掛けをするとみるみるうちにその5年間の埃の下から現れたのは、実は、妙にダサくてかっこいい、黄色いビニルシートの床だったり、天井を落とした上にあったのも、不思議な構成のトラスの小屋組だったりした。そして天井高が6mにもなるダイナミックでクリエイティブな空間が現れたのである。

図1-3　1996年秋、仲間で集まってDIY工事を敢行。天井を落としてプラスターボードを貼り、その上から塗装を行う

## アーティスト、デザイナーらが集まった衝撃のオープニングイベント

　この面白いスペースが輪郭を現し、そして、プランニングしながら、各参加者のスペース割りを検討し、それらを買ってきた足場の鋼管で仕切った、実にざっくりとした空間ができあがり、1996年の年末には新しい活動が始まった。この面白くて奇妙な空間の始まりをぜひ、皆で祝おうと、みんなの名前を列記したポストカードの招待状を作り、そして、オープニングイベントを実施することになった。それがそんなにエキサイティングな夜になるとは想像もせず、ささやかな若者たちの活動開始の合図だっただけなのだけど。

　そのスペースの名前は、「オープンスタジオ NOPE」となった。「オープンスタジオ」は前述のように、ロンドンでの経験を踏まえて、外に開かれたスタジオとして東京のアートや建築の交流地点になることをイメージしていた。そして「NOPE」は NO のスラングで、世の中の現状や既成概念に対して、アンチテーゼをもって活動していく志を指していた。アーティスト、クラフト作家、建築家、デザイナーなど、様々なクリエイティブな若者らが集まり、今まさに活動を開始しようとしていたのだった。

　そして、1997年1月24日（金）のその始まりは、いつもと同じような普通の日だったのだが、夕方のオープニングイベントが始まる前から人が集まり始め、それはちょっと早すぎるかなと思っていたのだが、一緒に始める仲間たちは、それぞれの知人の対応に追われて全体を見渡す余裕がない。開始して30分、1時間と経っていくうちに、どんどん人数は膨れ上がり、ハッと気がつくと足の踏み場もないほどに人が集まってきた。77坪の空間は人だらけであり、一人挨拶すると、その向こうから別の人が話しかけてきて、その人と話していると、後ろから声をかけられ、「またあとで」といっても、同じ人とは二度と会えないような錯綜とした状態になった。お寺の境内は人であふれ、それこそ、東京にいるアートやクリエイティブ関係者がすべて集まったのではと思ったほど、その夜は特別な夜になった。

　そして、終了時刻を過ぎてもまだまだ多くの人たちが興奮気味に話し合っている中で、そろそろ終わりですよーと徐々に声をかけて、最後にやっと、関係者だけ残って、すごかったね、すごい夜だったね…と声を掛け合った。

　そしてその夜は、本当に東京中のアートやクリエイティブ関係者が来ていたことをまだ知る由もなかった。そして、その後10年にわたって、会

図1-4　オープンスタジオの様子、1999～2000年ごろ

う人会う人から、あの夜、僕も、私も、オープニングにいきましたよといわれ続けることになる。おそらく、たったの4～5時間の間に、400～600人以上の人たちが集まったことは間違いないと思われた。そのときが、日本で初めての（レンタルオフィスでも、アトリエでもなく）コミュニティによるシェアスペースの誕生の瞬間であった。

### 集まって活動することは都市再生？　理解されないその意義

　それから、この場所を起点に活動を始めていくのだが、その空間をシェアすることによる相乗効果は想像を上回り、まさに、あのロンドンで見たような、東京のクリエイティブ・シーンに突如「オープンスタジオNOPE」というクリエイティブな拠点が現れた。メディアや雑誌が次々に取材に訪れ、アンテナの感度の高い人たちが次から次へとやってくる。『美術手帖』や『流行通信』『ポパイ』、あるいは『デザインニュース』や建築専門誌『SD』まで、様々なジャンルのメディアがやってきた。ファッション系のメディアにも紹介されたかと思えば、テレビメディアもやってくる。アート関係者も面白がって見学に来るようになった。

　ロンドン出身のクライン・ダイサムは、このような空間が日本でも成立することを興奮気味に受け止めてくれた。「東京でもできるのね、これ、すごく面白い！」といった彼らはすぐに麻布十番に倉庫スペースを見つ

けて Deluxe（1998年）というスペースを立ち上げて活動を開始した。そういう動きは間接的に横浜にも飛び火して、北仲 BRICK ＆ 北仲 WHITE（2005年）といった芸術不動産の動きにもつながっていった。

　千代田区を中心に Command N という活動を行っていた中村政人氏らも、この空間の誕生を歓迎してくれて、ちょっとした交流が始まった。そのほかにもたくさんの人たちがここを訪れてその可能性を感じとってくれていたと思う。

　ただ、これがその後長きにわたって将来の可能性を広げる重要なものであることに気づいていた人は、そこまで多くはなかったかもしれない。その当時、私自身が声を枯らして「古い建物をクリエイティブな拠点として活用することは、その都市におけるクリエイティブなネットワークを広げる役割を果たし、そして都市の再生につながっていくんです」と訴えるものの、多くの人たちは、その面白さに反応はしてくれてはいたものの、私の大袈裟な説明にはキョトンとしていて、もっと先に広がるその可能性にまで共感してくれる人はそうは多くなかった。

　この空間の誕生が都市の再生につながることをいち早く見抜いてくれた人は、今思い返せば、そのときにもうここに集まっていたことになる。まずは、アフタヌーンソサエティの清水義次氏は、この空間の可能性を感じとって、我々を千代田区での都市再生活動に引き入れてくれた。Idée の黒崎輝男氏は、この空間に刺激を受けて、R プロジェクトを開始し、そこに多くの人たちへとプロジェクトを一緒にやろうと声をかけ始めていた。そこで知り合った、後の R 不動産の馬場正尊氏、林厚見氏、吉里裕也氏らは、NOPE をひとつの試金石として捉えてくれていて、このような空間をいろいろな場所に作りたいといってくれていた。

　その当時都市デザインシステムにいた広瀬郁氏は、すでに目黒にあるホテルの再生に乗り出していて、クラスカの3階に NOPE を作れないか打診してくれた。そして、その後に CO-LAB を作り出すことになる田中陽明氏も、その面白さを感じとってくれていて、すでに活発に動き出していた。

　そして、このオープンスタジオ NOPE に訪れたことをきっかけに、これはリフォームじゃない、改修でもない、改装でもない。これは「リノベーション」である…と、『東京リノベーション』という本を出版することで、日本における「リノベーション」という言葉に市民権を与えた編集者の高木伸哉氏（当時鹿島出版会、現フリックスタジオ）こそが、実はこの試みを一番理解してくれていて、その後のリノベーション社会の

図1-5　オープンスタジオNOPEフィナーレ、2007年6月22～23日。参加アーティスト：遠藤良太郎、沖啓介、佐々木龍郎、Space Cruise、テッチュウ、野老朝雄、中津秀之、福津宣人、柳原博史、山中祐一郎、REVAX、寺田尚樹、佐藤宏尚、納村信之、田島則行ほか

到来を予見していた人かもしれない。

## シェアオフィスの黎明期―不動産ファンドの台頭

　2000年ごろになると、徐々に金融の手法が不動産にも応用される不動産ファンドブームが始まっていた。日本では長らく土地資本主義ともいわれているような、土地を担保として資金調達する方法が幅を利かせてきたが、1991年ごろからのバブル経済の崩壊以降、地価は右肩下がりとなってしまい、担保価値が毀損する可能性が高くなってしまったために、土地の流動性が落ちてしまい、そのような状況をなかなか打開できないでいた。

　そういった中で、土地や不動産を証券化することで、いわば株と同じような金融商品として取引する手法が日本でも始まり、それに合わせていくつかの不動産ファンドと呼ばれる会社が登場し始めた。建築系の人材も金融系の会社に流れ始め、バブルの崩壊で行き場を失っていた数多くの不動産物件をまとめて買い上げるような外資系の金融会社も登場して活動の幅を広げることで、古い建物を解体しては新築のビルへと建て替えていくような、スクラップ・アンド・ビルドではない、古い建物の再生が始まる可能性が出てきた。

　そして、建物の再生を主眼とした不動産ファンド会社が登場した。リプラスと名づけられたその会社は、ベンチャー企業を上場させるコンサルティングの手法を経歴としてもった若い起業家が牽引し、不動産を購入して証券化する手法で都市再生を担うようなビジョンを掲げて、華々しく登場した。従来の土地代をベースとした不動産事業とは異なり、その

不動産のもつ収益性を見越した資金調達を行って再生を成功させる、今までとは全く違う新しい手法で次々と事業を成功させ、数名で始めた企業は、数年のうちに数百人規模の企業へと急成長していった。

　その当時、すでにリノベーション分野では先駆的な役割を果たしていた我々、テレデザインの事務所にも、リプラスの創業メンバーが総出でやってきた。彼らがいうには、新しい事業手法により十分な資金調達はできるが、まずは実施事例を成功させることから始めたいと相談があり、いくつかの物件のリノベーションの設計を依頼してきた。そして、小さなマンションのリノベーションをふたつばかり納めたところ、次はいきなり、バブル崩壊以降、十数年は空き家だった曰く付きの5000㎡の中規模複合ビルの再生の依頼がきた。

　バブル期の最後に建築され、工事途中にバブルの崩壊がきてオーナーが倒産するという目にあっていたその物件は、工事会社が差し押さえた物件をなんとか売れるようにしようと、設計も少々雑な造りであったし、最後の仕上げ工事も雑に仕上げた状態であったため、室内は余ったタイルカーペットを千鳥に貼ってセンスの悪いチェッカー模様となり、壁はオフィス仕様のスチールパーティションでとりあえず間仕切り、そして外構は整地を十分せずに余り物のタイルやインターロッキングを敷き詰めており、とりあえず仕上げているとはいえ、いかにも工事途中な中途半端な状況であった。

　また、バブル期の土地が天文学的に高額だった時期に建てられたこともあり、土地の値段に似合った収益力を得ようとできるだけ面積を稼ぐため、地下は4階まで掘り下げており、それらのスペースは完成後に換気もされずに放置された結果、壁紙にはマダラ模様のカビが生えて剥がれかかっていて異様な悪臭を放っており、完成後に訪れる投資家を怯えさせて遠ざけていた。そんな業界では有名だった曰く付きの物件を買ったから、テレデザインでなんとか再生してくれというのだ。

　2棟に分かれていたこのビルの再生では、奥のレジデンス棟は、大きすぎた住宅の面積を間取りを半分に割って小さくしてSOHOとして使えるようにプラン変更し、地下部分は、オープンな構成に変更してギャラリーや共用空間として再生した。手前の事務所棟はエントランスから奥に導く空間は風が通り抜けるような誘導空間とし、建物全体はc-MA3と名づけられた。上部のオフィス部分は3階から5階までの3層を、Hoffice と名づけたシェアオフィスとして開発することになり、そこには都市における新しい起業家たちが集まり、そして新しいビジネスが誕生するよう

図1-6　c-MA3、東京都港区元麻布、2005年1月

図1-7　時代に先駆けて誕生したシェアオフィスHoffice、2005年4月

なイメージの空間とした。3階は個室と共用スペースの組み合わせとなっており、4階は、個人用の可動式デスクブースによるワークスペースとなっている。そして5階は開閉できるカーテンによる可変性のある共用オフィス兼フリーアドレスのワークスペースであり、同時に様々なイベントも開催できるオープンスペースとしてデザインした。

### 失われる目的、都市再生という広告塔

　そのデザインと発想は、その当時の東京においては先駆的な最先端の試みであり、クリエイティブな発想をもった様々な企業が集まり、その後に続く多くのシェアオフィスも参考とする新しい発想として注目された。この建物の再生と同時に、若き不動産ファンド会社であったリプラスは東証マザーズに上場し、一気に資金調達能力を上げてその後は数々の大規模事業に乗り出していくことになる。

　そして、この都市再生の成功と同時に、急激に成功した若者らの会社

は、当初はきちんと考えていただろう本来の目的と意義は検証されることなく忘れ去られ、集まりすぎた資金をどのように使っていくかが主目的となってしまい、なんのための都市再生なのか、誰のための都市再生なのかは配慮されることなく、その状況に溺れていくことになる。つまり、「都市再生」という言葉は、金融的な手法による資金調達するための広告塔として抜群に機能したのだが、それは同時に、この手法の限界を示すものでもあった。

　結局、この不動産ファンドブームは、各不動産のインカム（家賃収入）を改善することで不動産価値を上げるところまでは、健全な都市再生に貢献していたといえる部分はあったのだが、その改善により不動産価値を上昇させて金融資産として証券化することが第一目的となってしまい、キャピタルゲインによる出口を狙ってしまったところから、本来の目的である再生の意義は見失われてしまうことになった。

　それでも、各不動産ファンド会社らは盛況を究め、数多くの流動性を失った不動産がテコ入れされてマーケットに戻れるきっかけを作ったのも事実であるが、同時に、都市再生はすでにその投資の目的としては重視されなくなっており、いかに安い物件を仕入れて差額を大きくするかという、かつての地上げ競争とほぼ同じような不動産のバブルを生み出していた。

　それが飽和状態に近づいたころ、不動産の金融化や証券化の本元であるアメリカにおいて、サブプライムローンの破綻の連鎖を起点とした大手金融会社の危機に突入し、それがきっかけでリーマン・ブラザーズという巨大な会社の崩壊が始まる。不動産バブルの崩壊は、そのまま日本の不動産ファンドのマーケットの急激な縮小につながり、リプラスを含めた多くの華々しく活躍した会社が、我々の目の前で倒産することになった。

## REN-BASE UK01からCentral East Tokyoへ

　前述したように、2000年代の前半に不動産ファンド会社がどんどんと伸びる一方で、都市の大規模開発に新たなバブルを生み出し始めており、それが今までの街中の古いビルの競争力低下に伴って、空室率の上昇が起こり始めていた。その当時は、2003年問題、あるいは2005年問題とも呼ばれ、新規オフィスビルや新規大規模開発が進めば進むほど、ストロー現象によってその周辺地域の建物がどんどん空室になってしまうとい

う現象が起きていた。

アフタヌーンソサイエティの清水氏に、オープンスタジオNOPEの活動が都市再生へとつながることと、我々が参加していたソニー本社ビルでの指名コンペでの成果を説明したことがきっかけで、そのころちょうど清水氏が参加していた千代田区でのSOHOまちづくり委員会での活動に誘われることになった。

千代田区に増え始めていた空きビルや空室の問題から派生して、どのようにそういったビルを再生するのか、あるいはまちづくりにつなげていくのか、江戸時代から「家守」という発想で、いわばファシリテーターのような役割で、町のところどころに点在する空きスペースをネットワーク化して街をつなげていこうという考え方である。それはまさに、イギリスで体験したオープンスタジオの発想に非常によく似ており、また、それが実践としてクリエイティブな人たちを集めた活動になっていたオープンスタジオNOPEという実例のまさに発展系として、具体的なスペースをまさに千代田区に作ろうとしていたタイミングだった。

神田駅の西側近くにあった大蓄ビルの2階の約130㎡のスペースを使って、シェアオフィス兼まちづくり拠点として、REN-BASE UK01が立ち上がることになった。非常に少ない予算だったが、自分たちも汗をかきながら、デザインを行い、同時にその立ち上げるプロセスにも関わり、オープンスタジオNOPEの立ち上げのときは手探りで始めた立ち上げプロセスを、今度は意図的に関係者や興味ある人たちをオープン前から巻き込むようなイベントを行いながら、コミュニティがつながれる場づくりを目指していた。

エレベーターホールを挟んでふたつに分かれていたスペースの、一方は個室を中心とした構成とし、もう一方は、フレキシブルに集まって自由にレイアウトできるような構成とした。いってみれば、前述のHofficeの3階と5階の考え方を展開した作りとなっていた。

そのころ、オープンスタジオNOPEのあり方に賛同してくれた人が、Idéeの黒崎氏である。年末に黒崎氏をスタジオに招待し、みんなで鍋を一緒に食べながら、こういった空間共有がいかに都市の再生につながるかを熱弁したところ、年を明けて次の年になると、「アール・プロジェクト、アルファベットのRで"Rプロジェクト"というのを始めたらどうかと思うがどうだろうか？」と打診してきた。そのころのIdéeは、青山界隈で大きく展開されていたデザイナーズ・ウィークに対抗して、独自に新しいムーブメントとして東京デザイナーズ・ブロックというクリエイ

コミュニティ・アセットに至るまでの道のり

図1-8　REN-BASE UK01、2003年12月〜。CETや日本橋のまちづくり、あるいはHEAD研究会の初期の拠点として使われた

ティブなデザイン・イベントを展開しており、その勢いをリノベーションや都市再生につなげていきたいという意気込みだった。そして、そこにはすぐに、その後のR不動産を展開することになる、林厚見氏や吉里裕也氏、そして、オープンAの馬場正尊氏らも合流してきた。

　若い力と機動力のあるメンバーにより、最初は青山でのデザイナーズ・ブロックの動きに連動したイベントを展開し、また、アメリカのリノベーション事例を集めた出版を刊行したりと、新しいムーブメントのきっかけが生まれつつあった。

### 神田・日本橋にて西と東が融合 Central East Tokyo

　そして、青山近辺でのRプロジェクトのメンバーと、千代田区で生まれつつあるリノベーション都市再生の人脈をつなげることが、そのまま新しい都市のダイナミックな動きにつながるのではと考え、その両方に参加していた我々テレデザインのメンバーで、両者をつなげるようにREN-BASE UK01を集まる場として機会を設けた。すると、我々の想像を超えるように、集まった人たちは次々と化学反応を引き起こし、あれとあれよという間にデザイナーズ・ブロックの東・東京版を神田から東日本橋界隈でやろうという気運が高まり、東京デザイナーズブロック・セントラルイースト、後のCentral East Tokyo（CET）が2003年に開催されることになった。

　2003年11月7日から16日までの10日間開催されたこの第1回目のイベントは、我々の想像を超えるような伝説的なイベントとなった。江戸時代から続く祭りの気運と、当時の青山をめぐる新しいデザインやアートにかける若者たちの情熱が融合し、前夜祭の道路を占拠したオープニング

図1-9　CETの様子

から始まり、24カ所の空室や空きビルで70組100名のアーティストやデザイナーが展示を行い、一説によれば3万名もの来場者があったという。

　まさに、アートと空間が融合し、都市に新しいコミュニティの場が形成され、最初は半信半疑だった地元の住民の方々も、汗をかいてアートの展示を行う若者たちに感銘を受け、時には差入れを持って励ましてくれるなど、地縁だけの集まりでもなく、目的型の組織でもない、その両方をつなげるようなソーシャルな機会が突然のようにこのイースト東京に現れた。その熱気はその後10年続くことになり、東日本橋界隈をアートの街と変貌させ、さらにその動きは全国へと影響を与えていくことになる。

図1-10　CETにおけるシンポジウム、その後のリノベーションを主導するメンバーが集まった、2003年11月13日。磯達雄、大島芳彦、梶原文生、田島則行、馬場正尊、広瀬郁

## HEAD研究会からリノベーション・スクール、地域再生の新時代へ

　このREN-BASE UK01から生まれた動きはそれだけではなかった。アフタヌーンソサエティの清水義次氏を中心に東京大学の松村秀一氏や建築家の松永安光氏らが新しくHEAD研究会を立ち上げ、そこに、早くからリノベーションに関わる議論や活動を行っていた、建築家の新堀学氏やブルースタジオの大島芳彦氏が加わってリノベーションTF（タスクフォース）を立ち上げることになり、そこに初期段階からお声がけをいただいて、私も一緒に活動を行っていくことになった。元々は、前述のCETとは全く別の動きであったのだが、その熱気が飛び火したかのように、RプロジェクやCET人脈だけでなく、その当時、全国で同じ意識を共有した人たちとのつながりが広がった。

　その当時に普及し始めたツイッターでのコミュニケーションにより、リノベーションTFの動きはSNSでの連携を生み出し、大阪や北九州、あるいは山形や鹿児島でのツアーやイベントで全国の有志とつながる役目を果たした。また、ハ会（「破壊」とかけて「ハウジング業界を議論する会」）として、リノベーション推進協議会のメンバーらとつながることになり、同時に、北九州市小倉でのHEAD研究会でのリノベーションTFのツアーがきっかけとなって、リノベーション・スクールが立ち上がることになった。

　これらの動きが、東京だけでなく、全国で同時代的に動いていた有志をつなげる役割を果たし、あるときは、地方からの発信が都会のプレイヤーを刺激し、あるいは都会のプレイヤーの発信が、地方での実例の実

図1-11　リノベーション・スクール熱海の様子。1回目：2013年11月27〜29日、2回目：2014年6月19〜22日

現につながるなどの大きな動きは広がっていった。不動産と空間をめぐるリノベーションによる地域再生の動きは、大きく展開することになった。

## コミュニティ・アセットによる空き家再生へ

あとから振り返ってみれば、HEAD研究会、リノベーション・スクール、そしてリノベーション推進協議会の3つの組織がエンジンとなって、全国の自治体や企業体、あるいは不動産オーナーたちをつなげる役割を果たし、そして、リノベーションによる地域再生の動きが加速していったように思う。そこには、試行錯誤のなかで、新しいコミュニティ像が模索され、新しい場の使い方が提案され、そして、新しいつながり方による空間づくり、地域づくり、地域の再生が進められるようになった。

もちろん、その背後には、その流れに乗った国交省や自治体の支援はあったとはいえ、それまでの国や行政主導のやり方と大きく違ったのは、それぞれのプレイヤーを尊重し、当事者意識を重視した考え方により、国や行政が前面に出るのではなく、各個人の思いを尊重した場づくり、ま

ちづくりが行われることによって、今までの箱から作り始めるやり方とは一線を画す、新しい進め方が広く理解されることになってきたことにあるように思う。

　そして、箱を作れば内容はあとからついてくるといったものではなく、むしろ場を作るなかからコミュニティのつながりを育み、そしてアセットとしての不動産価値や場の可能性を重視した空き家や空きスペースの使い方を展開していく進め方が、今まさに、日本でも多くの人たちが理解し、広く共有されるようになった。コミュニティ・アセットの可能性を広げていく気運と準備は、今、整ったように思う。

2 章

29

アセット活用による地域再生の可能性

## コミュニティとは何か？

　コミュニティ・アセットを考えるうえでは、まずはその言葉の定義を確認したい。「コミュニティ」という言葉は、日本でも頻繁に使われる言葉であり、もう日本語化しているといっていいほど普及している言葉であろう。一般には「地域社会」あるいは「共同体」と訳されることが多いが、むしろ、その日本語の示す範囲よりも広い意味で使われることが多いように思われる。地域のコミュニティ、会社のコミュニティ、学校のコミュニティ、ネットのコミュニティなど、地域や場所に限定されず、人が集まっているところは、すべてある種のコミュニティとまでいえそうである。逆に、広義に使えるからこそ、コミュニティって何のこと？と踏みとどまって考えなければわからなくなってしまうほど便利な言葉でもあり、曖昧な言葉でもある。

　コミュニティという言葉を振り返るとき、社会学者の宮垣元によれば、古くはフェルディナント・テンニエスによるゲマインシャフトとゲゼルシャフトという考え方があるという。ゲマインシャフトとは、日本語でいうところの共同体の意味に近く、家族は「血」のゲマインシャフト、近隣は「場所」のゲマインシャフト、教会は「精神」のゲマインシャフトであるという。近接性や血のつながりといった、具体的な接点からの集まりである共同体である。一方、ゲゼルシャフトは目的達成のための組織のことを指し、会社や協会、あるいは組織などのことを指す。

　さらに、ロバート・マッキーヴァーによれば、コミュニティとは、一定の地域における共同生活の領域であるとされ、同じコミュニティに属しているという感情が見られるとされる。日本流に言い直すならば、近隣社会や共同体がそれにあたるだろうか。一方、アソシエーションは、特定の関心のために機能的に組織されたものであるとされており、それは、特定の目的を達成させるための組織として、今でいう行政や企業やNPOなどになるだろうか。

　古くは各地域における近接性に基づいた共同体やコミュニティがあり、家族や親戚、あるいは町内会といった地域社会に密着したコミュニティが確固としたものとして存在していた。地域社会のなかで育ち、地域社会のなかで教育を受け、そして働き、結婚し、そして家族がまた形成される。そういった地域社会のなかで完結したつながりが、そのコミュニティの存在を規定していた時代もあっただろう。それは閉鎖的であり、同質的、排他的、あるいは拘束的なものであったともいえる。

しかしながらコミュニケーション・メディアの発展や都市化の影響のなかで、地域性や近接性だけではコミュニティを囲い込むことが難しくなり、まずはゲゼルシャフトとかアソシエーションと呼ばれるような、近接性に基づかない企業や組織、NPOや学校などによる人のつながりが重視されるようになってきた。近隣の人たちとは交流せずに、会社や学校の人たちとつながり、地域性や近接性によらないコミュニティが、産業革命以降の都市化の流れのなかで、住む場所と働く場所が分離し、コミュニティの定義が多様化し始め、近接性に基づいたコミュニティの影が薄くなり、従来型のコミュニティは喪失し、ネットワーク型の大小様々なコミュニティが散在するような社会になった。それぞれの企業や組織は機能的であり、目的のための集まりであるために組織的に大規模に展開したりもできるが、同時に、こういった目的型の組織では、その目的が明快であるが故に組織の硬直化や不自由さもある。

　さらに、IT化が進み始めると、アソシエーションによらない多種多様なコミュニティがネット上に存在し始めるようになり、とある興味や関心が引き寄せるバーチャルなコミュニティが一般化するようになり、目的のための企業や組織とも違い、あるいは近接性による共同体とも違う、開かれてはいるがニッチな狭い領域に集中し、さらに散在して無数に同時存在するようになり、実際の社会でのコミュニティよりも多様な受け皿のあるつながりも生まれるようになってきた。そして、リアルな会合を逆に「オフ会」などと「オン」と「オフ」が逆転した感覚で捉えられるようになり、リアルとバーチャルの線引きが難しいような時代になってきた。いわば、近接性に基づいた元々のコミュニティは衰退の一途をたどり、コミュニティのあり方は変容し、形を変えて大きく多様化してきたといえる。

　すると、従来の近接性に基づいたコミュニティには普通にあったような、相互扶助による助け合いによって支えられてきたもの、たとえば弱者や高齢者、あるいは障害者へのサポートが十分でなくなり、地域社会のつながりや交流を促すような行事や冠婚葬祭も集まりが悪くなり、あるいは、地域の活動を支えるような自治会や町内会、青年会といった組織が弱体化していくようになる。隣に住んでいるのは誰かも知らず、表札に名前も出さないマンションや共同住宅が当たり前になり、その隙間には誰にも目をかけられず弱者や高齢者が取り残されるような世の中になっていった。

　ロバート・パットナムによれば、そういった従来の社会相互の関係性

が衰退していくなかで、地域社会をつなぎ止めるようなボランティアや
NPO活動などの新しいソーシャル・キャピタルが必要とされ、社会的ネ
ットワークや信頼関係、あるいは相互扶助といった協調行動へとつなが
るような社会関係資本の回復が必要とされているという。

## アセットとは何か？

　一方、コミュニティ・アセットの「アセット」という言葉はどういう
定義だろうか。直訳すれば、資産、財産、資源、利点、長所などになり、
日本語では少し意味をイメージしづらい。主に金融や経済、あるいはIT
の分野などで使われることが多い。アセット・マネジメントという言葉
は、不動産や金融関係者なら聞いたことがあるかもしれない。経済的な
価値や換金制の高い資産のことをマネジメントすることをいい、貯金や
株などの有価証券、あるいは不動産や機械などをアセットと呼ぶことも
ある。
　たとえば、建物のことを「建築」と呼ぶか「空間」と呼ぶか、あるい
は「不動産」と呼ぶか「物件」と呼ぶかで、誰がどういう目的でその対
象物を捉えているかが変わる。建築設計者が「建築」やあるいは「空間」
というときは、その建築や空間のあり方になんらかの価値があると考え
ていることになり、不動産関係者が「物件」とか「不動産」と呼んでい
るときは、それは取引の対象であり、その価値は価格によって表される
ものであり、それ以上のものではない。一方、それを「アセット」と呼
ぶ場合はどうなのだろう。前述のように、資産とか財産という意味があ
り、経済的な価値や換金性の高い資産のことである。これを金融や経済
的な分野から見れば、その「アセット」はその資産を増やしたり、ある
いは活用したりして、その資産性を活用できるようなものを「アセット」
と呼ぶことができることになる。
　では、その資産性とはどのようなことをいうのであろうか。まず、建
物があって空間がある、その空間は「場」といういい方で表現すること
もできる。たとえば、活動の「場」であったり、交流の「場」であった
りと、その場があることで、そこを活用して発展させるような社会関係
を育み、その活動が社会的な意義を増大させ、場合によっては地域の資
産、あるいはコミュニティの資産として活用することができる。あるい
はもっと直接的にいえば、そこに家賃を設定したりして、家賃収入が入
ったりすれば、資産を増やすための収入をもたらすことで、資産性を高

めることもできるだろう。

　あるいは、その建物や空間を所有しているとすれば、その建物の価値は資産であるが、その建物の価値を担保として資金調達することもできる。あるいは、その建物が生み出すであろう価値（使用価値や家賃、あるいは売却できる価値）を前提として、その建物をリノベーションする資金を調達し、さらに資産が増えるような仕組みを作り出すことも可能になる。つまり、その「アセット」そのものがエンジンとなり、そこで行われる活動のための資金を生み出すような仕組みを創出することもできる。ここでいうアセットとは、活動そのものを生み出す「場」であり、同時に資金的な安定性をもたらす「資産」でもあり、同時にその活動が発展していくのに欠かせない「エンジン」としての可能性をも示唆している。

## 地域再生における都市と建物、そしてコミュニティ

　地域再生をめぐるコミュニティ・アセットに関する本題に入る前に、まずは、アメリカで60年代から70年代にかけて、都市の荒廃に対して運動家としてニューヨーク市の都市政策に対抗したジェイン・ジェイコブスについて触れたい。彼女は、その当時のニューヨーク市の行政官であったロバート・モーゼスによる都市計画に批判を繰り広げた。モーゼスは、古い街を解体して新しい都市開発を進めるスクラップ・アンド・ビルドを推進し、大規模開発のマンション群や郊外を拡大するための高速道路を次から次へと建設し、古くからある街やコミュニティを追い出していくような施策をとっていた。

　ジェイコブスは住民らと連携し、こういった施策に対して反対運動を行うと同時に、ジャーナリストとして都市に関する執筆を続け、1961年には『アメリカ大都市の死と生』を出版し、大きな反響を呼んだ。ここでは、彼女は都市の多様性を生成していくには、4つの条件が必要であり、スクラップ・アンド・ビルドを繰り返すやり方では、こういった4つの条件を壊していくものだと主張した。

　ひとつ目は、オフィスや住宅や工場などの住民らが、生活や暮らしに必要な基本的用途と一部の娯楽や教育や余暇のための混合一次用途と、人々を惹きつけるような二次的多様性をもったサービスや事業所が合わさって、経済的にも健全かつ人々の流動性を確保することで、様々な時間帯にその地域を行き来する人たちが街を形成するということになる。たと

えば、単一の機能用途だけでは、人々が街に関わる時間帯や地域に大きな偏りが出てしまう。

　ふたつ目は、街区のスケール感、大きさの重要性である。大きすぎる街区では、たとえば隣の通りに行くにも大きく遠回りをしなければならず、徒歩で行き来するうえでは大きな障害となる。したがって、できるだけ小さな街区で道を形成し、角を曲がったりして街区を行き来することが容易なスケールであることが大切であると説いた。

　3つ目は、古い建物の必要性である。街区は年代の異なる様々な建物が混ざっている必要があり、古い建物があることで、都市の多様性を担保できるという。それは必ずしも文化的に優れた歴史的な建物である必要はなく、平凡な古い建物であってもよい。新しい建物は高い費用がかかるが、古い建物は長い年月の間に建設コストは償却されており、より廉価なコストで事業を行うことができる。つまり様々な年代の建物があることで、様々なタイプの住民や事業者が街を形成することで、街路の多様性をもたらしてくれるという。

　4つ目は、町が高密度に集積していることが重要だという。都市計画のなかでは低密度な都市がより洗練されているとされ、高密度な都市は、古くからのダウンタウンであったりして理性的でないとされてきたが、ジェイコブスは、古くからのダウンタウンのような高密度な状況にこそ、住民らが密接につながったり、あるいはすれ違ったりしながら親密な街区の多様性が花開く要因のひとつであると主張している。

　これらの4つの条件は、今日、振り返ってみれば、古くからある街には必ず揃っているものであり、新しく開発された街には欠けているものが多い。特に60年代から70年代にかけて大規模に開発された街区では、こういった現象が顕著であり、アメリカにおいては典型的な例として、大規模な高層集合住宅団地が、その後、4つの条件を満たしていなかったが故に、治安の悪化を招いて多くの団地が解体されてしまった。

## アメリカのコミュニティ・ディベロップメント・コーポレーションとは

　本書でこれから中心的に扱っていくアメリカのコミュニティ・ディベロップメント・コーポレーション（Community Development Corporation：CDC、コミュニティ開発法人）は、前記のジェイコブスと全く同時代に生まれて発展した組織であり、前述のニューヨーク市のロバート・モーゼスがまさに新しい都市計画で切り刻んだ荒廃した都市を再生するために生まれたものである。そのCDCがニューヨーク市のサウス・ブロンク

スにおいてどのように発展していったかについては、次章において詳しく述べるが、まずここではCDCの定義についてまとめておきたい。

CDCは草の根の活動から生まれた団体であり、不動産事業者や行政も手を引いてしまう衰退局面において法律・税制・金融面での先進性のある低所得者層向けの集合住宅（以下アフォーダブル住宅）の建築や地域の再生を行ってきた。衰退地域で住宅や住民活動の支援を行い、家賃補助やタックス・クレジットなどの金融手法を組み合わせ、様々な支援組織や企業と連携して近隣地域再生を行う非営利組織のことを指す。

コミュニティ・ディベロップメント・コーポレーションという呼び名は、組織形態のひとつを指す名称ではあるが、正式に定義づけられた名称ではない。NACEDA（National Alliance of Community Economic Development Association）によれば、法的には①非営利組織であること（内国歳入法501条〔c〕〔3〕）と、②良質なアフォーダブル・住宅の供給（アフォーダブル住宅法1990年）というふたつの条件が満たされた組織がCDCであるとされている。

住宅や都市政策の変遷の中で、住民との協働による取組みとしてCDCの仕組みが徐々に整えられ、80年代半ば以降に成果を上げるようになった。現在では、全米で4600以上ものCDCが活躍している。

ジェイン・ジェイコブスがニューヨーク市のダウンタウンで奮闘しているころ、同じニューヨーク市のサウス・ブロンクスでは、徐々に形成されたCDCが街の再生を推し進め、70〜80年代に手探りで展開してきた時期を経て、90年代以降は仕組みとしても完成され、大きな成果を上げるようになった。近年では、都市再生の重要な役割を担うプレイヤーとして、政府に一目置かれる存在となった。

## イギリスのディベロップメント・トラストとは

イギリスでは1970年代以降、都市における衰退問題やインナーシティ問題、マイノリティや貧困問題、治安の悪化などに直面した結果、住民運動を起点とした新しい非営利組織による活動が行われるようになった。80年代に入るとイギリスはサッチャー首相の下、政府の役割縮小という政策方針から非営利組織の台頭を歓迎し、90年代になるとディベロップメント・トラスト（Development Trust: DT、まちづくり開発事業体）の活躍がイギリス全土に広がった。今日では、DTは各地域の近隣問題に対応した再生活動を行う組織として、欠かすことのできない存在になった。

ディベロップメント・トラストとは、①特定の地域の経済的、環境的、

社会的な再生に従事する。②営利目的ではない自立した組織を目指す。③コミュニティに基盤を置き、自分たちで所有あるいは管理する。④コミュニティやボランタリーや公共セクターとの積極的なパートナーシップを組む、と定義されている。具体的には、その地域にある土地や建物などの空間資源を活用し、アセットベースと呼ばれる方法で地域の特定のエリアの再生活動を行う。そしてイギリスのチャリティ法（Charity Act 1960, 1992, 1993, 2006）においてチャリティ（慈善）団体として登録されていることと、イギリス独特の表現として、信託組織つまり Trust の名前は、社会的な信託を受けた公共性のある事業を行う組織であることを意味している。イギリス全体としては約1039のDTが活動をしている。

アメリカのCDCと比較すると、CDCが住宅の開発・再生・管理による仕組みで地域に貢献するのに対し、DTは必ずしも住宅の供給が中心ではなく、各地域、各近隣状況に合わせて多様な解決手法をとるところに特徴がある。それぞれの近隣状況に応じた多くの具体的な再生活動が実践されており、将来の日本の都市の衰退問題への対応策を検討するうえで、参考にすべき点があると考えている。

## CDCとDTによる都市や地域の再生

CDCもDTのどちらも非営利組織として活動を行いながらも、時には大手不動産ディベロッパー並みの力で地域の再生や開発を行うことができる。

単純には比較できないが、日本で活躍している非営利組織は、欧米と比べると一般的な傾向としては、経営基盤や財政力が弱いといわれている。政府や行政の動きを補完できるような実力のある例は非常に少なく、財源の確保が十分にできていない。一方、CDCやDTにおいては、日本の非営利組織に比べれば十分な財政力があり、いくつもの建物の再生を行うことで街全体に対して波及力のある再生を担うことができる。また、資金調達を支援する仕組みも確立されており、国や民間企業からの資金を確保しつつ、自立性のある活動を行っている。このように、十分な資金力のある活動ができれば、政府や行政では目の届かない再生事業などを担う存在として、住民による非営利組織でも十分に貢献できる力がある。

# アメリカやイギリスと日本における衰退要因と状況

## アメリカやイギリスにおける衰退

　ここで再生について考える前に、なぜ、都市や地域は衰退するのかということについて、考えてみたい。

　アメリカやイギリスにおける衰退の典型的な要因としては、モータリゼーションと人口の増大による都市のスプロール化がある。さらに、自動車社会が普及していく過程で大規模な高速道路建設が推進されるが、一方、旧インフラ（鉄道）は減っていった。これらの要因が、二次的に都市構造の変化、産業構造の変化を引き起こし、人口の流出、マイノリティや貧困層の流入、治安の悪化、地価の下落などを誘引した。

　衰退が露わになってくると、コミュニティの弱体化や希薄化も合わせて起こるなかで、インナーシティ問題などへとつながっていった。郊外化によってダウンタウンからは人口流出して人口減少が起こり、貧困層が取り残される形で治安の悪化や衰退に直面した。さらに郊外の市街地においても、人口の移動や産業構造の変化が起こり、マイノリティ問題や治安の問題による衰退の危機に直面するケースもあった。

　アメリカやイギリスの事例を参考に、表2-1に様々な考えうる衰退要因とそこから誘引される結果を整理した。原因としては、スラムクリアランスや再開発事業、人口減少や流出、郊外化とスプロール化、都市構造の変化、交通手段の変化（モータリゼーション）、インフラ建設、大規模開発工事、産業構造の変化、政府の財政難、予算の縮小、不動産価値の下落、都市環境の悪化、治安の悪化、コミュニティの解体、弱体化や分断など、そしてマイノリティ問題や貧困問題がある。

　そこから誘引される結果としては、環境の悪化、既存コミュニティの解体、空き家の増加、賑わいの低下、コミュニティの弱体化、人口流出、街の中心の移動、歩行圏の衰退、治安の悪化、環境の悪化、愛着の減少などがある。

　アメリカにおいては郊外化とスプロール化がきっかけとして多い。一方、ロンドンにおいては、歴史的に複雑な都市構成になっていることもあり、必ずしも郊外化とスプロール化がひとつの要因ではなく、いくつかの要因が組み合わさって都市構造の変化が起きて、直接の衰退要因が二次的に生まれるケースが多い。

表2-1　衰退要因の原因と結果の比較整理

| 原因 | 結果 |
| --- | --- |
| 01. スラムクリアランス、再開発事業 | 環境の悪化、既存コミュニティの解体 |
| 02. 人口減少、他地域への人口流出 | 空き家の増加、賑わいの低下、コミュニティの弱体化 |
| 03. 郊外化・スプロール化 | 人口流出、人口減少、インフラ建設 |
| 04. 都市構造の変化 | 人口流出（移動）、街の中心の移動 |
| 05. 交通手段の変化 | 街の中心の移動、歩行による近隣の衰退、郊外化、スプロール化 |
| 06. インフラ建設、大規模開発工事 | 既存コミュニティの分断 |
| 07. 産業構造の変化 | 人口流出、空き家の増加、環境の悪化 |
| 08. 政府の財政難／予算の縮小 | 治安悪化、環境悪化、インフラの未整備 |
| 09.不動産価値の下落 | マイノリティや低所得者層の流入、治安の悪化、環境の悪化 |
| 10. 都市環境の悪化／治安の悪化 | 人口流出、空き家の増加、コミュニティの弱体化、地価の下落 |
| 11. コミュニティの解体、弱体化、分断など | 地域への繋がりの希薄化、愛着の減少、治安の悪化 |
| 12. マイノリティ問題、貧困問題 | 治安の悪化、地価の下落、人口流出 |

## 今後の日本における状況

　日本においては、アメリカやイギリスとは状況が違い少子高齢化による人口減少から、各地域における人口減少、財政収入の減少、経済活力の減少などが起こるとされており、約50年で30％近くの人口が減ることが予想されている。そして、年少や生産年齢の人口が減少するだけでなく、地方の過疎地域においては老年人口も維持できずに限界集落として、消滅の危機に直面しているところも多い。

　アメリカやイギリスで起きた衰退問題は、国全体としては人口増加傾向にあったものが、政策や都市計画などの影響を受けて衰退地域と増加地域の格差が生まれたのに対し、日本では一部の大都市圏を除き、国全体としては一様に人口減少が起き、そのなかで人口が維持できる地域、あるいは持ち直す地域はあるが、全体としては衰退傾向に置かれている。

　つまり、人口減少により各地域は徐々に街の活力を失い、最後に社会的な弱者や高齢者らが残されてさらに衰退が進むことになるだろう。そこでも、世代の新陳代謝による労働人口の増加や高齢者層の活性化などに注力できた地域と、それができない地域で、持ち直す地域とそのまま衰退してしまう地域との間に大きな格差が生まれる。

表2-2　各地域の衰退要因の整理

| | アメリカ | | | | | |
|---|---|---|---|---|---|---|
| 都市・地域 | ニューヨーク | シアトル | | サンフランシスコ・ベイエリア | | |
| 衰退要因／組織名・時期 | サウス・ブロンクス | Pike Place Market | International District | SOMA | Tenderloin | Oakland |
| 01. スラムクリアランス、再開発事業 | ○ | ○ | | | ○ | |
| 02. 人口減少、他地域への人口流出 | ○ | ○ | ○ | | | |
| 03. 郊外化・スプロール化 | ◎ | ◎ | ◎ | ◎ | ◎ | ◎ |
| 04. 都市構造の変化 | ◎ | ◎ | ◎ | ◎ | ○ | |
| 05. 交通手段の変化 | ◎ | ◎ | ○ | | | |
| 06. インフラ建設、大規模開発工事 | ◎ | ○ | | | | |
| 07. 産業構造の変化 | ◎ | | ◎ | ○ | ○ | ○ |
| 08. 政府の財政難／予算の縮小 | ◎ | | | | | |
| 09. 不動産価値の下落 | ○ | ○ | | | | |
| 10. 都市環境の悪化／治安の悪化 | ○ | ○ | ○ | ◎ | ○ | ○ |
| 11. コミュニティの解体、弱体化、分断など | ○ | ○ | ○ | ○ | ○ | ○ |
| 12. マイノリティ問題、高齢化、貧困問題 | ○ | | ○ | | ◎ | ◎ |

| | イギリス | | | | |
|---|---|---|---|---|---|
| 都市・地域 | ロンドン | | | | |
| 衰退要因／組織名・時期 | Westway DT | Coin Street CB | Bankside Open ST | Custom House | High Trees CDT |
| 01. スラムクリアランス、再開発事業 | ○ | ○ | | | |
| 02. 人口減少、他地域への人口流出 | | | | ○ | |
| 03. 郊外化・スプロール化 | ◎ | | | ○ | ◎ |
| 04. 都市構造の変化 | ○ | ○ | ◎ | ◎ | |
| 05. 交通手段の変化 | ○ | ○ | | | |
| 06. インフラ建設、大規模開発工事 | ◎ | | | | |
| 07. 産業構造の変化 | ○ | ◎ | ○ | ○ | |
| 08. 政府の財政難／予算の縮小 | ○ | ○ | ○ | ○ | ○ |
| 09. 不動産価値の下落 | | | | | |
| 10. 都市環境の悪化／治安の悪化 | ○ | ○ | ◎ | ○ | ○ |
| 11. コミュニティの解体、弱体化、分断など | | ○ | ◎ | ○ | ○ |
| 12. マイノリティ問題、高齢化、貧困問題 | ◎ | ○ | ○ | ◎ | ◎ |

## 地域社会主体性および多様な主体による連携

### アメリカやイギリスにおける地域社会の主体性

　CDCもDTもともに政府主導や都市計画による主導ではなく、住民運動から始まったという共通項がある。そして、住民運動の結果として非営利組織主導による近隣再生へとつながった。これは社会学の分野においても言われているように、住民運動が市民運動へとつながり、市民活動が進化してNPOへと結実したという、住民の既存の体制への反対運動としての住民、もしくは市民による自立性の獲得への道筋と一致している。

　一方アメリカもイギリスも、体制側である政府がこれを反対運動として拒否せずに、むしろ現実的に直面している財政難という問題を解決する手段として受け入れ、政府の役割の縮小による「小さな政府」の実現へと動いた。政府ではカバーしきれない分野の公共的な役割を担えるよう、住民らの活動を全面的に支援したのだ。このことによって、政府は裏方に回り仕組みの整備を推進しつつ、CDCやDTといった非営利組織が先頭に立ち、いくつかの連携する組織と共働するなかで、地域社会側が主体となって推進するCDCおよびDT組織を中心とした「地域社会」の主体性の醸造につながった。このことによって、政府による広範囲における都市計画では察知できない各地域固有の問題の解決を地域社会が主体となった組織が担うようになった。

### 地域社会と多様な主体のあり方

　CDCおよびDTという非営利組織は、いわば地域社会を引っ張るリーダーとして捉えることができる。非営利組織が中心となり、地域社会側が主体となり、その他の多様な主体も連携して活動することによって、初めて全体の仕組みが可能になる。

　地域の再生を行ううえで、関連する多様な主体はどのようなものがあるのか、以下に列記する。

①地域住民：直面する問題の当事者
②非営利組織：コミュニティの形成、地域課題の把握や解決など
③民間企業：非営利組織を支援する。投資や資金調達など
④大学などの教育機関：地域活性化の専門家派遣、研究、教育などを行う
⑤金融機関：事業に対して融資を行う。資金調達

⑥中間支援組織：資金調達、専門教育、育成、ネットワーク、知識や
ノウハウの共有

⑦地方公共団体など：課題の把握、補助金の支給、後方支援

⑧政府：関連する法律の整備、補助金の支給、地方公共団体への支援

　これらの主体が相互に助け合いながら、あくまでも地域住民や非営利
組織が主体となって活動を続けることで、従来の計画型トップダウンに
よる活動や補助金型の活動とは違い、地域ごとの固有の問題へと対応で
きること、そして、自発的、自立した持続性のある活動として、その地
域の再生を継続的に行うことができる。

## 日本のまちづくりにおける地域社会の主体性

　都市計画家の佐藤滋によれば、日本の「まちづくり」の胎動は、ボト
ムアップにより「参加と分権」の理念の下で、基礎自治体と地域社会の
連携により居住環境の改善や地域の活性化を目指したものだという。つ
まり、世界的な流れとして、スラムクリアランスや再開発事業に対する
反省から、同時代的な動きとして顕れたものである。

　ただし、CDCやDTが政府に真に反対する立場から主体性の発芽があ
ったのに対し、日本では住民参加を誘導しようとする自治体と地域社会
が連携するなかで、こういった動きが出てきたという。つまり、住民に
真の意味での主体性が顕れたのではなく、自治体が地域社会の価値と潜
在力を再評価したことから起きた流れであり、その主体性には、アメリ
カやイギリスほどの明確さや強さはない。

　次に、日本における近年の地域社会の主体は、自治会や町内会と呼ば
れる行政によって取り決められた地理的な境界線に基づいてまとまりが
形づくられている。この地域主体は目的を共有したものではないことか
ら、そこに明確な主体性による住民の主権主張はそれほど強くない。も
ちろん、たとえば大規模施設建設の反対運動や、マンションにおける日
照権の反対運動など、時として切実な目的のために、ある限定された範
囲の主体性は沸き起こることはあっても、アメリカやイギリスのような
反対運動から組織化の流れは自発的には起こらなかった。

　ただし90年代以降、様々な外国の事例に触れたり、あるいは国内での
活発な議論を受け、2000年以降は日本の各地で自発的な住民同士の共同
によるまちづくりが起きるようになっており、さらに4章でも紹介するリ
ノベーション・スクールのように住民の自発性を後押しするような動き
もあって、住民自らが社会を変えていく起点になろうという流れが強く

なってきているといえる。

## 地域社会の主体性に関する考察

　まず、活動のレベルを個人から都市までの4段階に分け、レベル1〜4に設定した。レベル1は個人活動、レベル2は住民活動、レベル3は非営利組織による活動、そしてレベル4は公共もしくは都市レベルでの活動とした。これを基に、レベルごとに考え方を比較する。

　サウス・ブロンクスにおいては、まさに途方に暮れたなかで個人活動から地道にスタートし、レベル1から一歩ずつ、根気強く展開していった。個人レベルの活動を、住民らが根気強く続けていく中で、レベル2の住民活動まで持ち上げていった。そして、専門家や政府関係者らが支援を始めて、レベル3の活動として、試行錯誤しながら組織化していった。

　一方、サンフランシスコやロンドンのケースでは、レベル1の個人活動はあったかもしれないが、記録を見るかぎりではレベル2の住民活動から始まって、政府や行政が早い段階で支援してレベル3の組織化ステージに上がっている。

　一方、レベル4は都市スケールでの主体であるが、結果としてはレベル4まで範囲を広げてしまうと、誰が主体かわからない、顔が見えなくなってしまう。社会学的にも、都市においては、一人一人の個性や違いが見えなくなりやすく、匿名性の高い、いわば「群衆」として存在してしまい、もはやコミュニティと呼べるつながりを共有するのが難しくなる。つまり「主体性」をもつことすら困難になってしまうことになる。

表2-3　地域社会における主体性のレベル分け比較表

| 活動の主体 | レベル1 | レベル2 | レベル3 | レベル4 |
|---|---|---|---|---|
| | 個人活動 | 住民活動 | NPO組織の活動 | 公共（都市）の活動 |
| 主体自身 | 個人主体 | 住民主体 | 地域社会主体 | 主体がわからない |
| 繋がる理由 | 血縁、夫婦、特別な繋がり | 目的、活動の繋がり | 目的・活動・範囲の繋がり | 繋がりが明確でない |
| 繋がり方 | すべてを共有 | 人格を共有 | 顔が見える範囲 | 顔が見えなくなる |
| 繋がり方の範囲 | 家族・親友・パートナー | 友人、グループ | コミュニティ | 匿名の群衆 |
| 繋がる目的 | 個人の思い | 有志、思いの共有 | 組織的動き、目的の共有 | 多様な方向性 |
| 共有範囲 | 個人に身近な範囲 | 距離に依存しない特定の目的を共有 | 目的・活動を共有 | 遠い存在 |

つまり、顔が見える範囲のコミュニティが、目的や活動を共有し十分な組織力を発揮できるようにすることが重要である。この意味では、CDCやDTに大規模事業体並みの数百人規模以上の組織は見当たらず、一部の例外を除き、少なければ5名程度から20〜30人規模までが多く、さらに住民からのメンバーが必ず運営に参加しているところに特徴がある。

## 近隣地域の定義と近隣再生のスケール

### 近隣地域の範囲とスケール

　クラレンス・アーサー・ペリーによる近隣住区論においては、近隣住区の単位は半径400m。約64haの面積のなかで小学校を中心とした人口5000〜6000人の範囲で考えられていた。この400mという距離は、小学生にとって無理のない距離として設定されている。
　一方、日本の都市公園の基準においては、街区公園が誘致距離250m、近隣公園が500m、地区公園が1000m（1km）として考えられている。
　街区公園が小さな子供向けの公園として設定され、近隣公園が大人も含めた散歩やくつろげる公園、地区公園は広域の住民のためのリクリエーションなどを目的としており、大人向けの近隣としては、おおむね500〜1000mぐらいが歩行距離においては妥当と考えられる。

### 近隣スケールに関する考察

　1969年に行われた調査（荻原正三、東正則）によれば、東京千住のような都会の密集地において、相互扶助による交流活動については、70％ぐらいの人々がいわゆる向かい3軒両隣の4〜5軒程度にとどめており、農村部（筑波地区）においては、集落の20軒程度となっている。一方、1981年に行われた別の調査（野澤慎司、高橋勇悦）によれば、いくつかの段階に分けて近隣における生活行為と空間について調査を行ったところ、①日常の暮らしで顔を合わせるのは、〜200m程度。②家の近くで井戸端会議を行うのも、〜200m程度。③一人では遊べない幼児にくっついて遊ぶのは、〜400m程度。④いつも知っている人がいるのは、〜500m程度。⑤買い物に行って立ち話をするのは、〜700m程度。⑥散歩や休息のためによく出かけるのは、〜800m程度、となっている。
　どちらも古い調査ではあるが、現在ほどの車社会に染まる前でもあり、今日のインターネットによるコミュニティが到来する前であることから、近隣の近接性が現在より密接な意味をもっていたことは明らかである。そ

のころの調査による歩行による近隣スケールは、おおむね500m〜1km、
遠い場合でも1.5km前後にとどめた範囲であるといえる。大野秀敏の著
書『ファイバーシティ』においては、近隣として成立する徒歩圏として、
駅から800mという設定で都市圏の再編を検討しており、おおむね前記
と合致する。地域社会主体の近隣地域のスケールは、この伝統的な距離
感の範囲内で再生を行うことによって、人と人がつながることのできる
コミュニティの適切な近接距離といえるのではなかろうか。

## CDCやDTにおける近隣地域のスケール感

　では、アメリカおよびイギリスのCDCやDTにおいては、近隣という
距離はどのぐらいで考えられているのだろうか。

　3章で紹介するニューヨーク、シアトル、サンフランシスコ、ロンドン
のスケールを確認してみよう。ニューヨークのサウス・ブロンクス自体
はだいたい5km四方の大きさであるが、地元のCDC組織のそれぞれの
所有もしくは管理する不動産の距離を見てみると、だいたい2〜3kmぐ
らい離れている。近隣というには少し離れている気がするが、半径で考
えれば1〜1.5kmぐらいに納まることと、地下鉄も併用することを考えれ
ば、おおむね歩行圏に含むことができる。

　シアトルのインターナショナル・ディストリクトについては、大体1km
四方で、半径500mの範囲に入ることから、いわゆる近隣地域にあった
サイズといえよう。サンフランシスコにおいては、下町にあるSOMAや
Tenderloin地区においては、だいたい1〜1.5kmぐらいの距離に納まって
いるが、オークランドにおいては、車社会になってからの郊外地である
ため距離が遠く、地元のCDC組織の管理する施設はそれぞれ3〜5kmぐ
らい離れており、各施設間をまたがるような距離では近隣の再生は手が
けていない。ロンドンにおいては各地域によって近隣の距離感は異なり、
高架下を利用したDTにおいては空間自体がすでに1.5kmぐらい、都心
の川沿いに位置するDTはコンパクトに全施設が500m範囲に納まってお
り、散在する公園をネットワーク的に活用するDTにおいては、1.5km
ぐらいの範囲となっているが、拠点ごとの距離は小さく200〜300m以内
に納まっており、それぞれ近隣の歩行距離に十分納まっている。

## 近隣地域のスケール感に関する考察

　表2-5に、近隣地域の再生範囲に関わるレベル分けを整理した。レベル
1は、空間の再生で、インテリアのリノベーションなどを指す。レベル2

表2-4　各地域の近隣スケールと近隣状況

| 地域 | 各施設間の近隣スケール | 交通手段 | 近隣状況 | レベル4 |
|---|---|---|---|---|
| South Bronx | 2km～3km | 地下鉄、鉄道 | 郊外化による急激な人口減少、マイノリティと貧困層の集積、コミュニティの衰退、治安の悪化等 | 公共(都市)の活動 |
| Seattle | ～1km | 歩行 | 産業構造の変化、交通手段の変化による都市構造の変化、取り残された下町とマイノリティ、高齢者層 | 主体がわからない |
| San Francisco SOMA, Tenderloin | ～1.5km | 歩行 | 郊外化およびスプロール化による都心の貧困層、産業構造の変化による都市構造の変化 | 繋がりが明確でない |
| Oakland | ～6km | 各拠点の周辺1～1.5kmの歩行 | スプロール化した郊外におけるマイノリティおよび貧困層、環境の悪化 | 顔が見えなくなる |
| Westway DT | ～1.5km | 歩行 | コミュニティを分断する高速道路と周辺地域のマイノリティと貧困層 | 匿名の群衆 |
| Coin Street CB | ～0.5km | 歩行 | 産業構造の変化により衰退した港湾地域と、周辺に残された貧困層 | 多様な方向性 |
| Bankside Open ST | ～1.5km | 歩行 | 歴史的経緯により雑然とした近隣環境、つながりの少ないコミュニティ | 遠い存在 |
| Custom House & Canning Town CRP | ～1km | 歩行 | 使われなくなった歴史的建物、周辺地域の貧困層や高齢者層、開発型集合住宅街 | |
| High Trees CDT | ～0.6km | 歩行 | 貧困層の多い団地のマイノリティの若者の失業、就職難、学業不振 | |

表2-5　近隣地域の再生範囲に関するレベル分け

| | レベル1 | レベル2 | レベル3 | レベル4 |
|---|---|---|---|---|
| ハードのスケール | 空間の再生 | 建築の再生 | 近隣地域の再生 | 都市の再生 |
| 資源の範囲 | 空間資源 | 建築資源 | エリア資源(価値) | 都市資源(ブランド) |
| 業務範囲 | インテリアリノベーション | 新築・リノベーション | 地域計画・地区計画 | 都市計画 |
| 距離感 | 親密 | 近い | 見える範囲 | 遠い |
| 効用の範囲 | 個人的範囲に留まる | 建築的範囲に留まる | 近隣相互の関係が生まれる | 広すぎてコントロール不可 |
| 近接性による場合 | 10m以内 | 50m以内 | 800m～1km以内 | 1km以上 |

は建築の再生となり、新築やリノベーションなどを通して建築の再生を行う。レベル3が800m〜1km以内の歩行圏による近隣地域の再生で、エリアを面的に隈なく再生するというよりは、各施設が分散していても近隣全般に広がっていることで、近隣地域の資源として活用できる。そして、それを越えたスケールのものをレベル4として、都市スケールとして定義している。

　前項の地域社会の範囲に関する考察においても、都市スケールというのが群衆として匿名の存在となってしまい、顔が見えなくなってしまうことを述べた。これは近隣スケールにおいても同じことが起きており、1km四方を越えた範囲になってしまうと徐々に顔が見えなくなり、広すぎてコントロールできない状況になりやすい。

　したがって、顔が見える範囲の歩行圏において、近隣相互の関係を維持できる状態を保ち、地域の価値を向上させていけるような近隣範囲が再生としては好ましいといえる。


## 既存ストックを活用したアセットによる再生

　非営利組織の活動としては、必ずしも不動産やアセットを含んだものである必要はなく、集まればできる活動もある。一方、場所が確保できれば活動を展開できるという意味では、空間が必要になる。CDCやDTにおいては、不動産は単なる活動場所、活動するための空間ではなく、その組織の経営や収支、自立性を確保するための重要な資産として捉えられている。つまり、自立性と持続性を確保するためには、この「アセット」（資産）の有効活用が重要である、ともいえるだろう。

### CDCにおけるアセット活用のあり方
　CDCにおいては、不動産やアセットは、組織が機能するためのエンジンであるともいえるほど重要な存在である。まずは、不動産を活用した開発やリノベーションを行って、アフォーダブル住宅を貧困層やマイノリティに提供することが、CDCの活動の屋台骨である。衰退地域においても空き地を開発し、既存の集合住宅やスケルトンの建物のリノベーションを可能とする仕組みをもたせることが、社会的な使命をもった不動産ディベロッパーとしての役割である。それは、CDCの財政基盤でもあり、CDCの事業そのものでもあり、CDCだからこそできる空間資源の

活用方法でもある。この基礎となる事業のうえに、さらに活動の場としてのアセットの利用を通じて、弱者へのサポートなどの活動を行う。この点においては、日本のNPOが行うよりも大きな事業を手がけており、少ない人数で大規模な開発を行うなど、非営利組織でありながら、不動産ディベロッパー並みの資金力をもった事業を行っている。

## DTにおけるアセットベースのあり方

一方、DTにおいては、CDCとは逆の構造になっている。まず、基礎となるのはチャリティ（慈善事業）としての形であり、弱者を支援するための活動が目的である。それを行うために、活動の場として不動産が必要であり、不動産を単なる場としてだけ活用するのではなく、経営の自立性と持続性を確保するためのアセットベースという考え方において、不動産を活用した収益を確保して事業内費用移転を行って、非収益部門と収益部門のバランスをとりつつ慈善活動を行っていく。CDC並みの事業規模で大きく開発行為を行ったり、大規模な不動産を確保して大きな収益を上げるDTもある一方で、一般的には、CDCよりは規模が小さく、日本のNPOに近いサイズ感がある（Westway DTやCoin Street CBなど、一部のDTはCDCと同等以上の規模の事業を行っている）。

## 日本におけるアセット活用の展開

日本における「まちづくり」においては、往々にして不動産としてのアセットは意識的に対象とされないことが多い。これはまちづくりという言葉がハードとしての「街」をつくることを意味しており、伝統的に街並みの形成や整備などを強く含蓄していることもある。そしてソフトとしての人と人の関係やコミュニティを形成あるいは支援するという意味でも、同じ「まちづくり」という言葉が使われる。一方、不動産事業は利益を最大化することが目的であり、むしろ、まちづくりの対極にあるものとされてきた。つまり、不動産をCDCのように事業のエンジンとも見ておらず、あるいはDTのように稼ぐ場としても見てこなかったという歴史がある。

しかし、最近では公共施設におけるPPPやPFIにおいてプロジェクト・ファイナンスによる民間資金の導入が一般的に行われるようになってきており、それに沿ったまちづくりプロジェクトの事例も増えてきている。今後は、不動産というアセットの活用による事業の構造をもったまちづくりが増えていくであろう。

## 主体スケールと空間スケールの相関関係

### アメリカやイギリスにおける主体性のあり方

　本章において論じてきた地域社会が主体になるレベルと、近隣が地域社会にとって扱えるスケールになる部分には密接な関係があり、スケールの相関関係が見てとれる。ここで、主体スケールと空間スケールの相関関係について考えたい。

　図2-1のように、主体スケールにおいては、個人活動では共有しづらく、住民の活動のスケールは、住民相互や有志が集まる活動レベルを指す。そしてNPOの活動のスケールは、さらに組織化が行われ地域社会のレベルになる。そして、公共の活動のスケールは、組織が大きくなることにより、公共性は上がるが、逆に主体性が不鮮明になる。

　一方、空間のスケールは空間領域では波及効果が低く、建築の領域になると建物が外観をもつことにより社会性が顕在化し始める。そして、近隣の領域は、エリアや近隣といったネットワーク化によるつながりが強

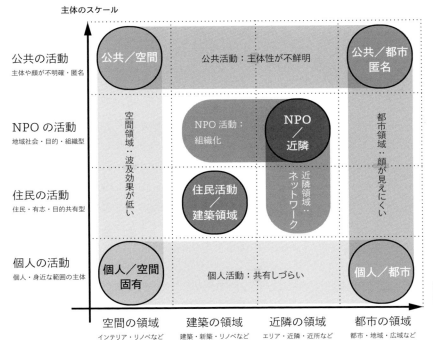

図2-1　主体スケールと空間スケールの相関関係

くなる。そして、都市領域は、波及効果が期待できる一方で、個人個人の顔が見えにくい。

こういった双方のスケールの特徴を把握したとき、住民活動による建築の再生を起点として、徐々にNPOの活動として組織化を行い、かつ、近隣領域をネットワーク化していくことで、主体性の高い活動スケールと、近接効果の高い近隣スケールがあることがわかる。

この図をサウス・ブロンクスのCDC、西海岸のCDC、ロンドンのDTにおける形成への道筋に当てはめてみる（図2-2）。サウス・ブロンクスにおいては、組織化に至るまでに時間がかかっており、個人の活動から始まり、それが徐々に建築のリノベーション、そして、近隣のネットワーク化が進んだ。最終的には、政府や専門家の支援が確立されて組織化と仕組み化が成し遂げられた。

西海岸におけるCDCの場合は、すでにCDCの動きが全米的に見え始めている段階で、住民活動から始まり、政府の手厚い協力もあって、NPO組織として確立され、そこから建築のネットワーク化が成し遂げられた。

ロンドンのDTの場合は、後発故に住民活動から始まる点では西海岸のCDCと同じだが、住民らで近隣を巻き込む住民運動が先に展開して、次に組織化と仕組み化へと向かったことがCDCの場合との違いになっている。

## 日本における主体性のあり方

さて、ここで日本における従来型のまちづくりにおいて、この主体と空間のスケールに則して、その相関関係を考察してみたい。

本章で述べたように、住民という主体の意識化は日本でも、アメリカやイギリスと同じように同時代的に起きていたが、前述の佐藤滋によれば、それは行政や学識者からの誘導により主体化が起きたかのようになっていたという。そして、住民は意志をもった住民グループというよりは、町内会や自治会などによる主体性が希薄で目的が明確でない集まりにより、いわば行政側とすり合わせを行った協力者としての住民たちであった。したがって、実際には地域社会はまだ主体性をもった存在としては形成されておらず、行政主導、そして学識者がファシリテーターとなって進み始めたのが、日本のまちづくりといってよい。

たとえば、4章で紹介する、黒壁、世田谷トラストまちづくり、黄金町エリアマネジメント、そして丸亀町商店街らはこれに該当する。住民によるまちづくり会社でありつつも、主体性のスケールとしては、行政主

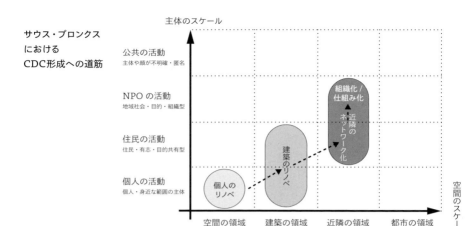

サウス・ブロンクス
における
CDC形成への道筋

主体のスケール

公共の活動
主体や顔が不明確・匿名

NPO の活動
地域社会・目的・組織型

住民の活動
住民・有志・目的共有型

個人の活動
個人・身近な範囲の主体

組織化／
仕組み化

近隣の
ネットワーク化

建築のリノベ

個人の
リノベ

空間の領域
インテリア・リノベなど

建築の領域
建築・新築・リノベなど

近隣の領域
エリア・近隣・近所など

都市の領域
都市・地域・広域など

空間のスケール

2
章

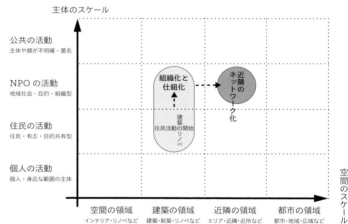

西海岸における
CDCの形成
への道筋

主体のスケール

公共の活動
主体や顔が不明確・匿名

NPO の活動
地域社会・目的・組織型

住民の活動
住民・有志・目的共有型

個人の活動
個人・身近な範囲の主体

組織化と
仕組化

近隣の
ネットワーク化

建築
住民活動の開始
リノベ

空間の領域
インテリア・リノベなど

建築の領域
建築・新築・リノベなど

近隣の領域
エリア・近隣・近所など

都市の領域
都市・地域・広域など

空間のスケール

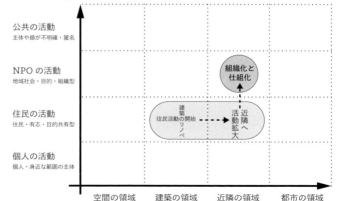

ロンドンにおける
DTの形成
への道筋

主体のスケール

公共の活動
主体や顔が不明確・匿名

NPO の活動
地域社会・目的・組織型

住民の活動
住民・有志・目的共有型

個人の活動
個人・身近な範囲の主体

組織化と
仕組化

建築
住民活動の開始
リノベ

近隣
活動へ
拡大

図2-2　主体スケールと
空間スケールの相関関係。
サウス・ブロンクス、西海
岸、ロンドンのケース

空間の領域
インテリア・リノベなど

建築の領域
建築・新築・リノベなど

近隣の領域
エリア・近隣・近所など

都市の領域
都市・地域・広域など

空間のスケール

導の第三セクター的なまちづくり組織となっている。

　一方、今後の日本においても、いまだ主体性の萌芽は見られないのだろうか。たとえば、リノベーション・スクールにおいては、ある側面では行政主導と見られる部分もある一方で、別の見方をすれば住民らの主体性による活動と見ることもできる。大きな違いは、行政側の立ち位置にあると思われる。

　リノベーション・スクールは、行政が支援している一方で、実はまちづくり活動の起業については、住民たちが補助金なしに立ち上げることとしており、まちづくりは有志の主体性のあるグループによってなされている。つまり、行政主導ではなく、行政の「支援」あるいは最小限の「補助」（補助金ではなく）を行う縁の下の力持ちとしての立場を保っている。この図式では、従来のまちづくりにおける「自治会」や「町内会」には見られなかった主体性の萌芽が見てとれる。こういった流れは、オガールプラザ紫波町やアーツ千代田3331にも見られる傾向である。

　そして、学識者や専門家らが、主体性のあるグループの活動を、近隣の領域、NPO活動の領域まで持ち上げて、組織化と仕組み化を達成できるようにフォローする。

## 主体性の萌芽：公のできないこと、住民や民間だからできること

　地域社会の主体性については、そのノウハウが確立される前であったサウス・ブロンクスでは、個人レベルの活動から始まって住民活動へと展開し、そこに専門家や政府関係者からの支援があって非営利組織の活動へと組織化していった。

　一方、後発のシアトルやサンフランシスコの場合は、早い段階で住民活動から非営利組織の組織化へと到達していることがわかる。また、住民活動レベルでは組織化が未熟であり、都市スケールまで広げてしまうと、地域の目的や固有性が失われてしまう。地域社会主体でありうる活動としては、顔が見える範囲である必要性について述べた。

　日本でも徐々にまちづくりやソーシャルビジネスなどに主体性の萌芽が見られるようになり、行政ができることとできないこと、そして民間や住民こそができることが徐々に明らかになってきており、そういった傾向は、たとえばリノベーション・スクールを見れば、若い人たちにも広く認識されるようになってきていることがわかる。

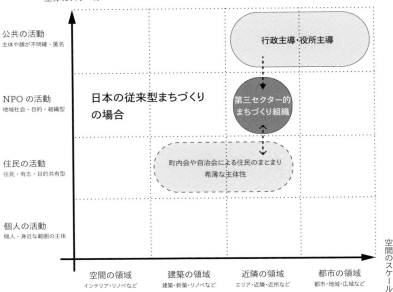

図2-3　日本における従来型の主体スケールと空間スケールの相関関係

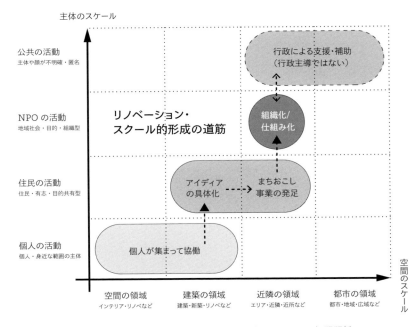

図2-4　リノベーション・スクールにおける主体スケールと空間スケールの相関関係

# 3 章

# アメリカやイギリスのアセット活用による再生手法

本章では、アメリカおよびイギリスにおけるアセット活用の再生方法について紹介する。アメリカではニューヨークの事例から始まり、東海岸から始まったムーブメントが西海岸へと広がった結果として、サンフランシスコやシアトルでの事例も紹介する。

　また、イギリスにおいては、特にロンドンに数多く様々な事例が集中していることもあり、ロンドンのなかからいくつかの代表的な例を抽出して、アセット活用による再生事例を紹介する。ロンドンは日本に似て、街の構造が歴史のレイヤーのなかで非常に複雑な様相を呈しており、それぞれの場所ごとの都市の性格の違いに沿った再生となっていることに着目し、その再生手法について言及する。

## アメリカにおけるCDCによる再生

　前章において紹介したが、アメリカのコミュニティ・ディベロップメント・コーポレーション（Community Development Corporation：CDC、コミュニティ開発法人）とは、草の根の活動から生まれた団体であり、不動産事業者や行政も手を引いてしまう衰退局面において法律・税制・金融面での先進性のある低所得者層向けの集合住宅（アフォーダブル住宅）の建築や地域の再生を行ってきた。衰退地域で住宅や住民活動の支援を行い、家賃補助やタックス・クレジットなどの金融手法を組み合わせ、様々な支援組織や企業と連携して近隣地域再生を行う非営利組織のことを指す。

　ここでは、まずは荒廃と再生が全米に先んじて始まったニューヨークのサウス・ブロンクスの事例を紹介する。すさまじい荒廃を体験したことから多様な文化が生まれ、ヒップホップ・ミュージックの発祥の地とされていることは、ご存じの方も多いだろう。実はこのサウス・ブロンクスは、アセット活用による都市再生の発祥の地でもあるのだ。同時代的に全米で起こったこととはいえ、このニューヨークにおいて政治・経済・大学・住民らの密接な関わり合いがなければ、このような画期的な仕組みが生まれることもなかったかもしれない。それほど重要な場所である。

### ニューヨークにおける再生

　サウス・ブロンクスとは、ニューヨーク市ブロンクス区（Borough of the Bronx）の南側の4つの住区（Community District: CD）を指し、約

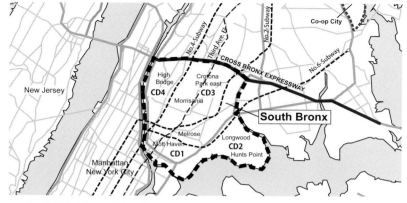

図3-1　サウス・ブロンクスの位置

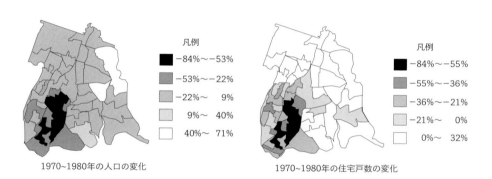

凡例
■ −84%〜−53%
■ −53%〜−22%
■ −22%〜　9%
■ 　9%〜　40%
□ 　40%〜　71%

1970〜1980年の人口の変化

凡例
■ −84%〜−55%
■ −55%〜−36%
■ −36%〜−21%
■ −21%〜　0%
□ 　0%〜　32%

1970〜1980年の住宅戸数の変化

図3-2　サウス・ブロンクスにおける人口と住宅数の減少、1970〜80年　＊1

5km四方の面積が約22km$^2$の地域である（図3-1）。マンハッタンからの鉄道が1886〜91年に敷設され、さらに1918〜20年には3本の地下鉄（現在のNo.2, No.4, No.6サブウェイ）が延伸されてニューヨーク最初の郊外として発展し、1950年に人口のピークを迎えている。第二次世界大戦以前には落ち着いた郊外都市であったが、70年代以降には連日のように火災や犯罪が発生するなど著しく荒廃が進んだ。人口が急速に減少し、多くの既存住宅が損傷し解体され（図3-2）、衰退する都市の象徴として全米に知れわたることになった。

　アレクサンダー・ホフマンによれば、カーター大統領が訪れた「1977年10月初旬の7日間に、サウス・ブロンクスは全米において最も悪名高いインナーシティの近隣住区となった」とされ、廃墟となったサウス・ブロンクスのイメージは世界中に伝播された。そして再生が進むと今度

図3-3　戦前のサウス・ブロンクス、149th Street、Bathgate Avenueの様子　＊2

はクリントン大統領が訪れ、再生されて生まれ変わったサウス・ブロンクスを目の前にして「1990年代には、人口は再び増え犯罪率は大幅に小さくなった。かつての都市災害ゾーンは、今やアメリカにおけるインナーシティ復活の象徴となった」と述べている。

　逆境のなかで住民が立ち上がり、政府や行政、政治家やジャーナリスト、そして銀行や金融の専門家も加わった社会的な実験場となり、全米に先駆けて様々な仕組みが生まれる契機となった地域である。

　サウス・ブロンクスにおいて、混沌のなかから生まれてくる衰退地域に取り残された住民自らの多様な活動が、結果として政治や行政を突き動かし、複数のCDCが相互に影響し合いながら試行錯誤するなかで、支援する組織や体制が徐々に形づくられた。

### アメリカの政策とサウス・ブロンクスにおけるCDCの形成過程

　ここでは、このサウス・ブロンクスにおいて衰退からCDCの誕生によって再生に至る過程を、以下のI～V期の5つの時代に分けて考察する。I期の1940～50年代にかけては、サウス・ブロンクスは徐々に地域の分断と人口の流出が進んでいった時期である。II期の60年代前後は貧困問題が顕在化し、既存コミュニティの解体が始まった時期である。III期の70年代前後は政府の財政悪化により放置され、急激な荒廃が進んだ時期である。IV期の80年代は、CDCの体制が確立された時期である。そしてV期の90年代以降にはCDCにおける都市再生が結実し始めていく時期である。以下では、この5つの時期に分けてCDCが徐々に形成されて行く状況を解説する。

I期：スラムクリアランスによる都市の更新期（1940～50年代）
　スラムクリアランスによる都市再開発（Urban Redevelopment

Program）や都市更新（Urban Renewal）の政策の下、サウス・ブロン
クスでは、安定した住宅街から徐々に地域の分断と人口の流出が進んで
いった時期である。

　第二次世界大戦後のベビーブームによって人口が増加し、サウス・ブ
ロンクスは50年代初頭に人口のピークを迎えた。人口増加の受け皿とし
てサウス・ブロンクスの外縁部のニューヨーク郊外に住宅地開発が拡が
り、交通インフラの整備が急務となり、1948年にはブロンクス区を横断
する高速道路クロス・ブロンクス・エクスプレスウェイ（Cross Bronx
Expressway）の工事が始まった。その過程でサウス・ブロンクス北部の
市街地が分断された。

## II期：貧困と都市問題の顕在期（1960年代）

　都市における貧困問題が顕在化して既存コミュニティの解体が始まっ
た時期である。1960年代に入ると地域外の郊外地域へと人口の流出が加
速し、サウス・ブロンクスには次第に空室が増え、そこに新たに貧困層
が移住し治安の悪化が進んだ。新たな集合住宅が引き続き建設されて住
宅ユニット数が増加傾向にあったものの、クリアランス型大規模開発や
高速道路建設によって既存の街並みが失われ、解体と建設と治安の悪化
が平行して起こるチグハグな都市環境にあった。

　政府は1964年にコミュニティ・アクション事業（Community Action
Program, Economic Opportunity Act of 1964）により都市貧困地区の
改善に着手した。1965年には住宅政策とコミュニティ開発部局を統合
し、住宅都市開発省（Department of Housing and Urban Development:
HUD）を設立して全面的な対策に乗り出した。

　この時期にニューヨーク市が率先して推進したのが、世界最大規模の
住宅地開発といわれた「コープシティ」（Co-op City）である。1万5400
世帯、5万5000人を収容するマンション群の巨大開発をクリアランス型
の都市開発の要としてブロンクスの北東（図3-1）に計画し1968年にオ
ープンしたが、周辺地域の旧市街地の住民を吸い上げ、人口流出に拍車
をかけた。

## III期：財政悪化と放置される近隣地域の荒廃期（1970年代）

　政府の財政悪化により都市問題が放置され、サウス・ブロンクスでは
急激な荒廃が進んだ時期である。

　サウス・ブロンクスの衰退が顕在化し始めると、銀行はリスクの高い

表3-1　1940～90年代のCDCの形成過程と政策の変遷

58

3章

| 年 | 1940 0 1 2 3 4 5 6 7 8 9 | 1950 0 1 2 3 4 5 6 7 8 9 | 1960 0 1 2 3 4 5 6 7 8 9 0 |
|---|---|---|---|
| 大統領 | ルーズベルト｜トルーマン | アイゼンハワー | ケネディ｜ジョンソン｜ニクソン |
| 都市・住宅政策の傾向 | スラムクリアランスによる都市の更新 | | 貧困と都市問題の顕在化 |
| 主要な関連する政策等 | ・第二次世界大戦終結　・都市再開発プログラム（Urban Redevelopment） | ・都市更新プログラム（Urban Renewal） | ・貧困戦争（War on Poverty）　・住宅都市開発省が設立　・モデル都市プログラム　・政府全国モーゲージ協会設立　・連邦住宅融資モーゲージ協会 |
| 法律や仕組み等 | ・1945年 HHFA・住宅都市財務局 行政機構改革法　・1949年 住宅法 都市再開発事業への補助 | ・1954年 住宅法 都市更新事業の開始 | ・1959年 住宅法 セクション202・高齢者補助　・1961年 住宅法 セクション221(d)(3) 民間賃貸住宅への低利融資　・1964年 住宅法　・1965年 住宅・都市開発法　・1966年 モデル都市 および都市圏開発法　・1968年 住宅・都市開発法 セクション235・236　・EHAP：家賃補助実験事業 |
| サウス・ブロンクスの人口変化（万人）44 40 36 32 28 24 20 16 | 1940年代：理想的な郊外住宅 ◎ | 1950年：都市人口のピーク ◎ 50年代～60年代：郊外への人口移転 | ◎ |
| ブロンクスの住宅ユニット総数（万戸）51 50 49 48 47 46 45 44 43 | | | 放火・解体・多くの住宅が毀損 ▲ |
| サウス・ブロンクスの状勢 | 安定した郊外住宅街→徐々に進む町の分断と郊外化 | | 既存コミュニティの解体 |
| サウス・ブロンクス周辺におけるCDC関連の出来事 | ・Cross Bronx Expressway construction 高速道路の建設　・都市人口のピーク　・郊外化ブームの始まり | ・Cross Bronx Expressway opened 高速道路の開通　・大規模再開発プロジェクト　・スラムクリアランスが進行 | ・脱工業化による工場移転　・主なCDCの設立　・SEBCOの設立　・Co-op Cityの建設による人口流出 |
| 全米のCDCの総数 4600 4500 4000 3500 3000 2500 2000 1500 1000 500 0 | | | |
| CDCが創出した全米の住宅戸数累積（万戸）120 100 80 60 40 20 0 | | | |

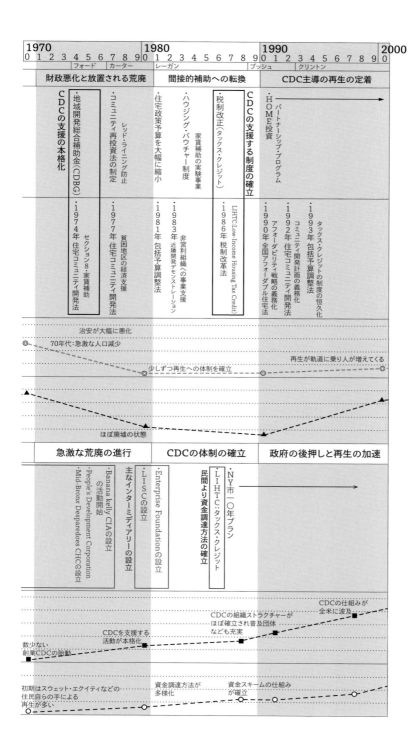

この地域を赤線で囲うことで融資の対象から外すというレッドライニングを行った。また、スラムクリアランスによる既存建物の解体が進んで空き地となり、空きビルや空室が増加して治安が悪化した。70年代半ばになると、賃貸住宅ビルのオーナーらは火災保険金だけでも取り戻そうと、自らビルを放火し、サウス・ブロンクスは連日の火災により爆撃されたかのような廃墟となった。

　荒廃した状況のなかで、70年代を通じて住民の活動が徐々に活発化し、CDCの形成に向けた動きが始まっていた。1968年に活動を開始したSEBCO（Southeast Bronx Community Organization）と1974年に設立されたPDC（People's Development Corporation）は、CDCの先駆的モデルとして多くの活動を繰り広げた。これらは政府関係者やフォード財団、プラット大学コミュニティ＆環境開発センターから注目され、その後に続くふたつのCDCにも影響を与えた。1974年には、MBD（Mid-Bronx Desperadoes Community Housing Corporation）、1977年にバナナ・ケリー（Banana Kelly Community Improvement Association）が設立された。

　アメリカ政府は財政悪化の問題に直面していたが、サウス・ブロンクスや他地域におけるCDCの萌芽に寄り添うように、新しい政策として3つの法制度を整えた。①1974年にはコミュニティ開発法（Housing and Community Act of 1974）を制定し、家賃補助事業であるセクション8を開始した。住民に直接家賃補助を支給することで、民間開発による集合住宅との競合を避けて所得の底上げを狙った。②1974年に制定したコミュニティ開発法で、コミュニティ包括補助金（Community Development Block Grant：CDBG）の制度を開始し、各地方政府に住宅支援計画の策定を義務化し、各地域の問題に合わせて柔軟に運用できるようにした。③1977年に制定されたコミュニティ再投資法（Community Reinvestment Act of 1977）では、金融機関に対して、一定の金額をレッドライニングされていたエリアに投資することを義務化した。

　民間企業の動きが活発化し始め、1979年には、フォード財団が地域イニシアティブ支援機構（Local Initiative Support Corporation: LISC）を設立し、CDCに特化して支援するインターミディアリー（Intermediary：中間支援組織）として活動を開始した。1982年にはCDCの事業である低所得者向けの住宅建設を支援するエンタープライズ財団（The Enterprise Foundation）も設立され、CDCの活動を資金調達と技術支援の両面からサポートする体制が整ってきた。

## Ⅳ期：間接的補助への転換とCDCの躍進期（1980年代）

　政府は、直接的な補助金ではなく間接的な補助金に転換し、少ない費用で多くの効果を狙う政策の下、新しい法制度をさらに整えてCDCの体制を確立させた時期である。

アメリカやイギリスのアセット活用による再生手法

図3-4　1980年ごろのサウス・ブロンクス　＊3
左上：162nd St. & 3rd Ave、右上：176th St. & Vyse Ave、
左中：Franklin & E169 St、右中：Bristow St. & E170 St、
左下：165th St. & College Ave、右下：Kelly St. & John Ave

全米のCDCの数が増加して支援する体制が整ってくると、草の根の活動であったものが、組織的な動きができるようになってきた。政府は新保守主義の考えの下、70年代から続く財政難から「小さな政府」を志向し、市場への介入を最小限にして規制緩和や市場原理を尊重して民間の活力を引き出そうとしており、この動きもCDCの形成を後押しした。

1981年には包括予算調整法（Omnibus Budget Reconciliation Act of 1981）により、連邦政府は住宅政策の予算を大幅に縮減し、政府による直接的な補助や投資による住宅政策を減らし、CDCや家賃補助、あるいは税制を介した間接的な補助に比重を移した。1986年には税制改革法（Tax Reform Act of 1986）によって、低所得者層向け住宅のタックス・クレジット（Low Income Housing Tax Credit: LIHTC）による税制措置を開始した。これにより、インターミディアリー組織が資金をとりまとめて調達し、各CDCのアフォーダブル住宅の建設や修繕プロジェクトのために、銀行以外の多くの企業から潤沢な資金を投入できるようになった。加えて、ニューヨーク市では、非営利組織による都市再生を支援する10年プランを開始し、サウス・ブロンクスのCDCによる都市再生も軌道に乗り始めた。

MBDやバナナ・ケリーらのCDCは一目置かれるようになり、市が保有していた放棄された建物の再生を依頼されるようになってきた。さらにSEBCOとバナナ・ケリーなどのジョイント・ベンチャーによる再生事業も行われるようになり、サウス・ブロンクスの要所の再生が結果的にその周辺の近隣地域に波及し、サウス・ブロンクス全体に目に見えるような変化が顕れてきた。

Ⅴ期：CDC主導の再生事業の活発化と定着期（1990年代以降）

CDC主導による再生事業が活発化し、政府の後押しもあってCDCにおける都市再生が結実し始めていく時期である。

ニューヨーク市の10年プランの後押しにより、サウス・ブロンクスのCDCの再生は活発化と定着期を迎えた。CDCを支える組織構造や支援システム、資金スキームが確立し、全国で活躍するCDCはこのころには2000を超えた。こういった実績は政府を突き動かし、1990年には全国アフォーダブル住宅法（National Affordable Housing Act of 1990）が制定された。これはHOME投資パートナーシップ・プログラム（HOME Investment Partnership Program）の資金を、一定の比率でアフォーダブル住宅の整備のために割り当てるものである。1992年には住宅コミュ

図3-5
上：廃墟となった1980年ごろのサウス・ブロンクスのシャーロット・ストリート、
下：現在のシャーロット・ストリート　＊4

ニティ開発法（Housing and Community Development Act of 1992）が
制定され、州や地方政府にはコミュニティ開発計画の作成が義務化され
るようになった。1986年に時限的に制定されていたタックス・クレジッ
トの制度は、1993年の包括予算調整法（Revenue Reconciliation Act of
1993）によって恒久化された。

　こうしてCDCによる再生事業は活発化し、その仕組みはサウス・ブロ
ンクスにおいても定着した。同時に、CDCが率先する都市再生が全国各
地で広がりを見せ、98年には3600、2005年には4600を超えるCDCがア
メリカ全土で活躍するようになった。

### サウス・ブロンクスにおけるCDCとその支援組織

　サウス・ブロンクスにおいて徐々に形成されてきたCDCとその支援
組織の活動と役割を4つ—① CDCの前身となった組織、②CDCの形成
を支援した組織、③サウス・ブロンクスの都市再生を牽引したCDC、④
CDCの事業を支援する組織—に分類し、これらの代表的な組織および住

宅政策やニューヨーク市、サウス・ブロンクスの状況との影響関係を詳しく図3-6に整理すると同時に、以下に各組織の概要を解説する。

## 1. CDCの前身となる組織

悪化する都市状況を改善するために立ち上がった住民主導の活動のなかで、以下ふたつの組織はその先駆的な役割を果たした。住民自らの献身的な活動によりプロジェクトを成功させていき、彼らの活動がモデルとしてその後のCDCの形成へとつながった。

### サウスイースト・ブロンクス・コミュニティ・オーガニゼーション：SEBCO

1968年にモデル都市事業の採択を受けて、ジャイガンテ神父を中心としてSEBCO（Southeast Bronx Community Organization）が設立された。

SEBCOは独自の方法で廃墟となった建物の再生に乗り出し、何年にもわたって2000戸以上のアパートの建設や修復を行い、自分たちの手で地道に再生していくことの機動力と可能性を示した。1974年には、家賃補助（セクション8）によるアフォーダブル住宅の支援が法制化されたのを受け、SEBCOはこの仕組みが資金調達および収益の確保を可能にする重要な方法であると考えて実践した。

### ピープルズ・ディベロップメント・コーポレーション：PDC

People's Development Corporation。ラモン・ルエダが中心となり1974年に設立された。その活発な活動は、周辺の住民だけでなくメディアや政府関係者から多くの注目を集めた。"汗の権利"（Sweat Equity）という仕組みを考案し、修復作業に汗をかいた分だけ居住の権利に替えることができるという方法で、放棄されたアパートの修復を次から次へと手がけた。

PDCの活動は政府からも注目されたが、体制が整う前に過大な資金が投下されてしまった結果、1982年には経営破綻から活動を停止した。しかし、PDCの活動方法、組織の形成方法や資金調達方法に至るまで、その後に続くCDCの基本形を提示したといわれている。

アメリカやイギリスのアセット活用による再生手法

| 組織名 | Period | 1960年 | 1965年 | 1970年 | 1975年 | 1980年 | 1985年 | 1990年 | 1995年 |
|---|---|---|---|---|---|---|---|---|---|
| 連邦政府<br>FHA:連邦住宅局<br>HUD:住宅都市開発省 | | | ◎住宅都市開発省の設立(HUD)<br>◎モデル都市に選定 | ◎銀行によるレッドライニング<br>◎地域開発総合補助金(CBDG)<br>セクション8<br>家賃補助 | ◎レッドライニング防止 | ◎ハウジング・バウチャー制度 | ◎タックスクレジット(LIHTC) | ◎HOME投資パートナーシップ |
| ニューヨーク市政府 | | Cross Bronx<br>Expresswayの建設 | ◎コーディアの完成 | シャーロット通りの再開発 | | ◎NY市10年計画 | | |
| CDCを支援する仕組み | | | | ◎CDBGと家賃補助<br>CDCの支援の本格化 | | ◎民間からの資金調達が容易に<br>CDCを支援する制度の確立 | 様々な活動の結果が<br>成果になってくる | |
| サウス・ブロンクスの状況 | | スラムクリアランスが進行 | 一気に衰退が深刻化 | 荒廃した<br>都市状況 | 治安の悪化、放火、解体、転出 | 徐々に再生が顕在化 | | |
| ①CDCとなる組織の前身 | SEBCO サウス・イースト・ブロンクス・コミュニティ・オーガニゼーション | | ◎SEBCOの設立<br>1968 2000戸以上のアパートの修復を行う | | | | | |
| | PDC ピープルズ・ディベロップメント・コーポレーション | | | ◎PDCの活動開始<br>廃墟モデルの修復<br>ブロジェクト1974 | 1982<br>活動停止<br>失敗に終わる | | | |
| ②CDCを支援した組織の形成 | PICCED プラット大学コミュニティ&環境開発センター | ◎PICCEDの設立<br>1963 | ◎コミュニティ開発事業を開始 | | | | | |
| | フォード財団 | | 1966 | | | | | |
| ③サウス・ブロンクスのCDCの再生を牽引したCDC | MBD ミッド・ブロンクス・デスパレードCHC | | ◎MBDの設立<br>1974 | | | | | |
| | バナナ・ケリー・CIA | | | ◎バナナ・ケリーの設立<br>1977 | | | | |
| ④CDCを支援する組織 | LISC ローカル・イニシャティブ・サポート・コーポレーション | | | | ◎LISCの設立<br>1980 | 資金調達 | 資金調達 | |
| | エンタープライズ財団 | | | | | ◎エンタープライズ財団の設立<br>1982 | | |

図3-6 サウス・ブロンクスにおける様々な組織とCDCの時系列の関係とダイナミックな変遷

## 2. CDCの形成を支援した組織

　当初は住民らによる手づくりの活動だったものが、CDCが形成される過程で、専門的なアドバイスや知識を得て徐々に組織的かつ技術的なレベルの高い活動へと引き上げられたのは、プラット大学コミュニティ&環境開発センター（PICCED）の存在とフォード財団の協力が大きい。また、彼らは、全米に先駆けて問題に直面していたサウス・ブロンクスの住民らの動きを、いち早く政府関係者や支援企業などに紹介する役割も果たしていた。

### プラット大学コミュニティ&環境開発センター：PICCED

　The Pratt Institute Center for Community and Environment Development。1963年より活動を開始しており、サウス・ブロンクスでも、地域再生を行う住民や非営利組織への専門的な見地による支援を担ってきた。技術的支援のために住宅開発とプランニングに関する専門家を配し、CDCがプロジェクトを推進するにあたって専門的な知識や実務的なノウハウを提供してきた。

### フォード財団

　The Ford Foundation。1936年に設立され、1960年代に政府のモデル都市事業に合わせてコミュニティ開発事業の支援を行うようになった。フォード財団はサウス・ブロンクスの動きに早期から着目しており、PDCやSEBCOへの支援を行っていた。それらの経験を受けて、事業や経営の専門知識をもちあわせていない一介の近隣住民が集まって設立された住民主導の組織が自立するためには、資金調達や技術的な支援の必要性を認識し、1979年にはCDCを支援に特化したインターミディアリーであるLISCを設立した。

## 3. サウス・ブロンクスの再生を牽引したCDC

　サウス・ブロンクスにはいくつかのCDCがあるなかで、以下に紹介するMBDとバナナ・ケリーは、この地域の再生を担った代表的なCDCであり、現在も活動を続けているCDCである。その活躍がCDCの実績として連邦政府の政策にも影響を与え、そして、ニューヨーク市からも信頼されて数多くの再生事業に取り組んできた。

## ミッドブロンクス・デスパレードスCHC：MBD

Mid-Bronx Desperadoes Community Housing Corporation。近隣地域で再生活動をしていた9つのボランティアの住民グループが集まり、SEBCOのような組織力を目指して非営利組織として1974年に設立された。SEBCOの事業手法を参考にして、セクション8の家賃補助の仕組みを利用し、放棄されたアパートの修復に取り組んだ。

また、MBDは、「シャーロット・ガーデンズ」と名づけた土地付きの平屋住宅を建設し、小さな投資規模、手の届く規模での事業を選択し推進した。「1985年に売り出されてみると高い人気となり、第Ⅰ期の10棟はあっという間に売り切れ」、平屋住宅が連なるシャーロット通りの再生へとつながった。

2014年時点で、39棟、約1200戸の集合住宅の不動産を所有・管理しており、アフォーダブル住宅の開発費および賃貸住宅の運営管理費からの収入によって経営を行っている。サウス・ブロンクス地域における重要なCDCのひとつとして活発な活動を続けている。

図3-7　MBDが所有・運営するアセットの位置

図3-8　MBDが所有・運営する代表的なアセット

## バナナ・ケリーCIA

　サウス・ブロンクスのケリー通りでは、不動産マーケットが下落していくなかで、一部の住民は逃げ出さずに地道に活動を続けていた。

　これらの活動を受け、1977年には廃墟となっていたケリー通りで、居住しながら建物の再生を続けていた30の家族が集まり、非営利組織としてバナナ・ケリー（Banana Kelly Community Improvement Association）が設立された。PDCの影響を受けて"汗の権利"という方法で、次から次へと修復を行った。そして、早い段階で1500戸もの住戸の修復を成し遂げた。

　2014年の時点で、32棟、約1000戸の集合住宅の不動産を所有・管理しており、アフォーダブル住宅の開発費および賃貸住宅の運営管理費からの収入によって経営を行っている。MBDと並んでサウス・ブロンクスを代表するCDCである。

図3-9　バナナ・ケリーが所有・運営するアセットの位置

図3-10　バナナ・ケリーが所有・運営する代表的なアセット

## 4. CDCの事業を支援する組織：インターミディアリー

　本格化し始めたCDCの活動を支援すべく、1979年にはフォード財団によってLISCが設立され、1982年には、エンタープライズ財団が設立された。

　インターミディアリーは、CDCに対して資金的な支援を行うだけでなく、金融や不動産、あるいは組織運営のための専門知識を提供する役割を果たした。彼らの協力を得て、CDCがいよいよ本格的な事業主体となり、資金力、そして専門的な領域における高度なノウハウや実行力を備えるようになってきた。

### LISC

　Local Initiatives Support Corporation。1979年にフォード財団によって設立されて1980年より活動を開始した。LISCの活動は多岐にわたっており、アフォーダブル住宅事業、CDCの資金助成、住宅開発支援、技術的支援、組織間のネットワーク化の支援、人材育成、研修などを担っている。

### エンタープライズ財団

　The Enterprise Foundation。1982年にジム・ローズによって設立された。事業内容は、アフォーダブル住宅に対する資金調達に加え、その技術的支援や人材育成、研修などを行う。

## 5. CDCとそれを取り巻く組織の相互関係

　前述したように、CDCを取り巻く代表的な組織の活動と役割に着目して、その相互関係を図3-11のように整理した。

　1.CDCの前身となる組織であるSEBCOやPDCは、前例がないなかにおいて手探りで住民主導の再生活動を行い、モデル的な役割を果たした。その活動は、2.CDCの形成を支援した組織であるPICCEDやフォード財団らに多くのインスピレーションを与えた。その影響を受けて後に3.サウス・ブロンクスの再生を牽引したCDCである、MBCとバナナ・ケリーが設立され、CDCの仕組みの形成につながった。

　特に、4.CDCの事業を支援する組織であるインターミディアリーの役割は大きく、LISCやエンタープライズ財団は、CDCの組織化や事業を行ううえでの専門的かつ技術的な指導やアドバイスを行ってCDCとして組織化を促し、事業に必要な資金調達も行うことで、高度な事業推進ができる体制が可能となった。

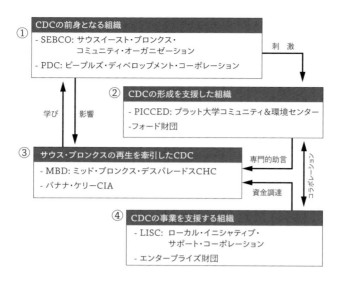

図3-11　CDCと他の組織との関係

## CDCによる地域再生の仕組み

### 1. CDCをめぐる仕組みの整理

　CDCの仕組みは、CDC、住民、銀行、インターミディアリー、そして政府の5主体の間で事業上のやりとりが相互に交わされる。それらの関係を図3-12にまとめた。

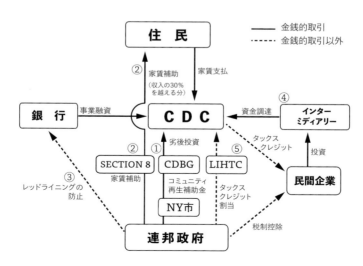

図3-12　CDCの仕組みのダイアグラム

## コミュニティ補助金：CDBG

　連邦政府からの補助金は、直接的かつ優先的な資金にならないよう工夫されており、他の民間からの投資資金（タックス・クレジット）を優先して導くため、CDBGの補助金は政府からの信頼の証、呼び水として、民間資金の調達が容易になるように配慮したものである。

　この補助金は、アフォーダブル住宅、社会サービス、経済開発に関して、州や市などの地方政府に一括して投入される。中央の連邦政府ではなく、地方政府（ニューヨーク市政府）にその裁量を一任し、各地域で必要な事業に対して補助金が支払われる。

## Section 8：家賃補助

　家賃と居住者所得の25％（後に30％に変更）の差額を補助金として供給する。家賃補助をCDCに直接渡すのではなく、ハウジング・バウチャーの形式で直接住民を補助することによって、家賃負担を軽減するだけでなく、他の

民間の不動産開発物件と競合しないよう、不動産市場の価格帯に沿った住宅開発が可能になる。また、家賃補助を含んだ賃料で事業収支の計画が可能となり、収支計算における収入が上がることで余裕をもった計画にできる。

## レッドライニング防止

　衰退局面では不動産価値の向上が見込めないため、投下した資金が毀損する可能性が高い。金融機関がリスクを回避するためにレッドライニング（衰退地域を赤線で囲む）すると、新しい融資が見込めなくなる。

　政府は、金融機関に対して一定の割合を必ずレッドライニングされたエリアに融資するように義務づけた。このことによって、低所得者層の住む近隣地域において、一定額以上の融資による資金調達が可能になった。

## インターミディアリー

　インターミディアリー（中間支援組織）は専門的かつ技術的な支援を行い、タックス・クレジットを活用して、CDCの事業資金を企業から調達したり、技術的なアドバイスを行う。80年代後半に各インターミディアリーが

設立されて以降は、CDCの各事業が十分な資金を確保して推進できるようになった。サウス・ブロンクスではLISCやエンタープライズ財団がこの役割を担う。

## タックス・クレジット：LIHTC

　Low Income Housing Tax Credit。CDC事業への民間投資を誘引する制度である。政府によって認められたアフォーダブル住宅事業に対して投資した場合、その投資金額に似合った税額が控除され、民間の企業にとって法人税の削減が可能になることから投資するインセンティブが生まれる。また、投資金額に対する十分な利回りと同じだけの税制上の控

除（新築は年9％、リノベーションは年4％）を10年間受けられるため、その控除額を投資利回りとして捉えれば実際にはその投資金額の多くは返済不要な金額と考えられる。CDCにとって事業の初期コストを抑えることと同義となり、右肩下がりの衰退局面でリスクを低減した事業が可能となる。

## 2. CDCの事業の流れ

　空き家の再生にはいくつか方法があり、図3-13 に整理する。①税金未納によって行政が差し押さえた場合は、CDCに安く払い下げて再生と運用を依頼する。②建物の躯体条件はよくて内装などが傷んでいたり撤去されていた場合は、CDCが資金調達して安く購入し、家賃補助によって一定の収入が保証されたのと同じ効果が生まれるのを見越して、リノベーション費用も含めて事業計画を立てて建物の再生と運用を行っていく。③建物がすでにスラムクリアランスによって解体されていた場合は、土地の価値に見合った容積の一戸建て住宅を建てて個人へと売却する。衰退地域において建物の状況が悪い場合は、そのケースの状況に合わせて適切な再生の方法を選択して実行する。

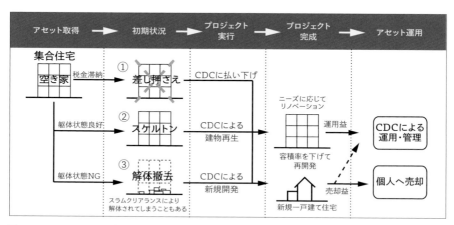

図3-13　CDCにおけるプロジェクトの手順

## 3. 衰退局面で機能する事業スキーム

　なぜ、衰退局面で再生が可能になるのか、その先進的な仕組みは、1960年代から70年代にかけての様々な試行錯誤のなかで形成されてきた。図3-14の上段に示す右肩下がりの局面においては、中段に示すように土地の価値と建物の状態の悪化による価値の下落が進行していくため、不動産価値が衰退の下降線と合わせて毀損するなどのリスクの高い事業となり、結果として資金調達が不可能になる。

　図3-14の下段に示したリスクを低減できるCDCの事業手法においては、衰退地域でのリスクを減らすためには、特にタックス・クレジットの効果は高い。非営利のCDCとして認定されている団体が行うプロジェ

クトに対して民間企業が出資すると、その会社は利益に対する税額の控除を受けることができる。その控除を受けられる金額が、出資における利回り分をほぼ確保できる。

　タックス・クレジットによる投資した企業の投資に対する回収金額については、岡田徹太郎の研究に具体的な数字が示されている（表3-2）。タックス・クレジットによる税金の控除に加えて、出資した金額を財務会計処理のうえでは損失として計上することで節税効果も生まれ、結果的には出資した金額の約1.7倍もの金額が回収できる。

　従来の研究では、このタックス・クレジットについては民間企業に投資を促すインセンティブ効果が着目されていたが、今回の調査でわかったことは、結果的にはタックス・クレジットの出資金は返済不要の資本と見なすことができることにある。

　したがって、CDBGの補助金とタックス・クレジットによる出資を合わせた額はイニシャルコストから除外し、残りの事業資金として銀行から融資を受けた分が実質的な返済すべきコストとして換算できる。結果として、事業収支はかなり余裕をもった計算となり、衰退局面において土地や建物の価値に大きな下落があったとしても、実質的なイニシャルコストが大幅に低減されていることから、そのリスクは低く、収支が安定した事業が実行可能となる。

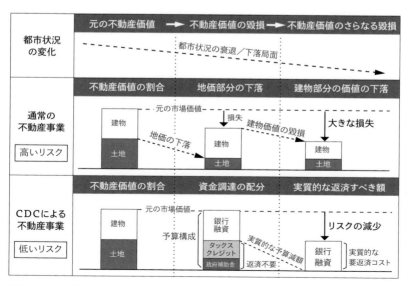

図3-14　衰退局面におけるスキーム

表3-2　EBALDCのプロジェクト予算および投資に対する控除の総額　＊5

| ジャック・ロンドン・ゲート・プロジェクト<br>（EBALDC）の予算構成 | ドル | % |
|---|---|---|
| シリコンバレー銀行モーゲージローン（10年） | 1,600,000 | |
| オークランド市再開発局ローン（55年） | 4,900,000 | 33.0% |
| 連邦住宅貸付銀行（アフォーダブル住宅）（55年） | 396,500 | |
| その他 | 486,796 | 2.3% |
| 有限責任パートナー（LP）Tax Creditによる投資 | 13,446,879 | 64.4% |
| 無限責任パートナー（GP） | 50,000 | 0.2% |
| 合計 | 20,880,175 | 100% |

| Tax Creditによる控除 | 損失に対する控除 | 利益相当となる控除 | 投資に対する回収率 |
|---|---|---|---|
| 10年間（9% 控除/年） | 15年間 | 15年間 | 15 年間 |
| 16,360,531 | 6,358,768 | 22,719,299 | 11.3% |
| | 投資に対する総回収額 | | 169.0% |

上記プロジェクトにおけるタックス・クレジット出資者の利益相当額

## サンフランシスコ・ベイエリアにおける再生

　サンフランシスコは、アメリカ西海岸における主要な都市のひとつであり、オークランドや周辺地域も含めたベイエリアの都市圏の人口は約700万人である。第二次世界大戦後には、急激な自動車の普及と郊外化が始まり、古くからあるダウンタウンから富裕層が郊外へと移動し、その空いた中心市街地にマイノリティの人種が多く移り住んできた。その結果、ダウンタウンの治安の悪化、住民の収入レベルの低下などが顕在化し、多くの古くからの住民も転出し、60年代ころには中心市街地の空洞化が懸念されるようになった。

　そうしたころに、60年代から70年代にかけて、カリフォルニア大学のバークレー校を中心としたメンバーや、地元の住民たちによってコミュニティの再生のための運動が活発となり、いくつかのCDC設立へとつながることになった。

### サンフランシスコ・ダウンタウンのCDC
　サンフランシスコ半島の北東にダウンタウンエリアは集中しているが、比較的栄えたエリアがある一方で、その隙間には多くの貧困層も居住している。特に、斜め45度に走るマーケットストリートを中心としたエリアは、貧困層も多く治安の問題も抱え、特に、テンダーロイン地区とサウス・オブ・マーケット地区（South of Market: SOMA）において問題

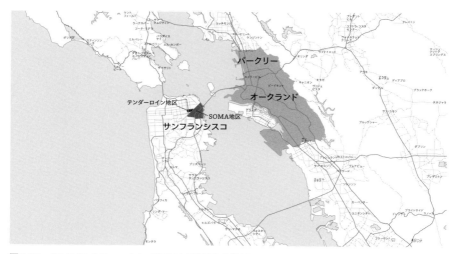

図3-15　サンフランシスコ・ベイエリアおよび調査した地区

が集中している。

　テンダーロイン地区は、元々、劇場やコンサート・ホールなどが集中する歓楽街であり、同時に、それらの運営に従事する人々やダンサーや音楽家などが多く住んでいた。住居としても単身の人々が住むシングル・ルームの住居が多くあった。ところが、前述のように郊外化の流れを受けて70年代ごろには空き家が目立つようになった。

　一方、サウス・オブ・マーケット地区は、マーケットストリートの南側にあることにその名前が由来しているが、戦前には倉庫や軽工業の工場が建ち並ぶエリアであった。しかし、他地域と同じように戦後には物流や倉庫が郊外に移転し始め、空洞化が顕著になった。

　サンフランシスコで活躍するCDCはいくつかあるが、そのなかでもテンダーロイン地区を中心に活躍するテンダーロイン・ネイバーフッド・ディベロップメント・コーポレーション（Tenderloin Neighborhood Development Corporation：以下Tenderloin NDC）とアジアン・ネイバーフッド・デザイン（Asian Neighborhood Design: 以下AND）が重要な役割を果たしている。

図3-16　テンダーロイン・エリアの様子

図3-17　SOMAエリアの様子

アメリカやイギリスのアセット活用による再生手法

## Asian Neighborhood Design：AND

　1973年に、カリフォルニア大学バークレー校の学生らによって設立され、主に建築の設計組織としての立ち位置を維持しながらも、アフォーダブル住宅の設計だけでなく、調査・企画・開発・管理運営も行っており、他のCDCは外部の建築家に設計を依頼することが多いが、ANDはディベロッパーというよりは、設計事務所としての活動を主にしており、後述のTNDCの建物の設計なども行っている。

　アセットは14棟あり、主にサウス・オブ・マーケット地区とテンダーロイン地区にある。住戸は全部で500戸近くある。また、ホーム

レスのためのシェルター施設なども運営している。ただし、近年はTNDCのようなビルの管理を扱う量は減らし、企画・設計・開発などの委託業務をより多く扱うほうに方向転換しているという。

　そのほか、低所得者層向けの職業訓練を率先して行っており、家具の製作・販売事業において、手に職のない若者たちのための訓練を行ったり、マイノリティのための相談センターの運営なども行い、コミュニティへの貢献活動を展開している。

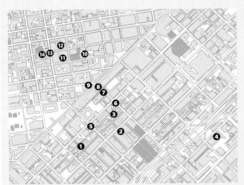

図3-18　ANDのアセット・マップ

図3-19　ANDの代表的なアセット

## Tenderloin Neighborhood Development Corporation：Tenderloin NDC

　古いビルやホテルの所有権を獲得し、それをリノベーションすることによって、アフォーダブル住宅などを供給し、それらを維持管理していくことによって経営的な収入を得てコミュニティ再生活動をしている。テンダーロイン地区および周辺地区に37棟のビルを所有し、3000戸以上の低所得者層に向けた住居を提供し、それを管理・運営している。

　サンフランシスコのダウンタウンにおいては、SRO住宅（Single Room Occupancy）が、再生の鍵を握っている。テンダーロイン地域は、単身の住人が多かったり、あるいは元歓楽街であったために、古いホテルが多くある。その特徴を活かし、ホテルを高齢者や貧困層向けのアフォーダブル住宅にコンバージョン（用途転換）する方式が多く見られる。これはホテルの建築計画的な形式が、そのまま高齢者向けの住居に適していることがあげられる。ホテルの広いロビーやレセプションが、そのままコミュニティの集う玄関ホールになり、それは入居者同士が顔を合わせてコミュニティのつながりを確認できる場所にもなる。また、ホテルの客室であった各部屋には採光や通風も確保されており、小さいなりに住み心地のよい空間を提供してくれる。

　図3-21左の写真に見られるSRO住宅は、テンダーロイン地区にあり、前述のANDによってホテルからコンバージョンする設計を行い、TNDCによって所有・管理・運営が行われているものである。外観は古いながらも、内装は清潔かつ明るい雰囲気に仕立て上げられている。2階にはコミュニティ・ホールもあり、入居者同士で自由に使うことができるようになっており、管理も行き届いている。

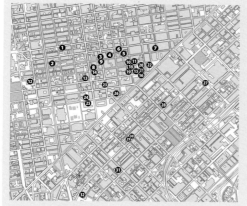

図3-20　Tenderloin NDCのアセット・マップ

図3-21　Tenderloin NDCの代表的なアセット

### オークランドにおけるCDC

オークランドはサンフランシスコの東側の対岸に位置し、サンフランシスコ・ベイエリアのなかでも重要な地域である。サンフランシスコが19世紀以来の中心市街地であるのに対して、オークランドはより郊外的な性格を帯びており、一部の市街地を除いては1〜2階建ての住宅街が広がる地域である。このオークランドにおいては、特に湾岸に沿って多くの貧困層と移民系の住人が住んでいる。

このエリアにおいて活動をしているCDCは、イースト・ベイ・エイジアン・ローカル・ディベロップメント・コーポレーション（East Bay Asian Local Development Corporation：EBALDC）が中心となっている。

Census Tracts by Racial Majority
- Asian
- Black
- Hispanic
- White

Dsiplacement Typology

Lower income(LI)tracts
- Not Losing Low Income Households
- At Risk of Gntrification and /or Displacement
- Ongoing Gentrification and/or Displacement

Moderate to high income (MHI)tracts
- Advanced Gentrification
- Not Losing Low Income Households
- At Rick of Exclusion
- Ongoing Exclusion
- Advanced Exclusion

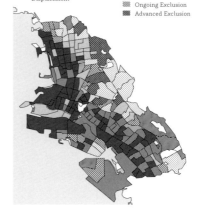

図3-22　オークランドの様子　＊6

オークランド南西側のアラメダやベイファーム島内側の海岸沿いにマイノリティが集まっており、内陸部やバークリー側には少ない。これには地形的特徴および都市の発展過程による影響がある。実際に現地を訪れてみると、マイノリティの多いエリアは、道路が幅広くインフラは整って見えるようでいて、アメニティや徒歩空間としては大雑把な印象があり、人々の往来も少ない。郊外的な地域でありながら、郊外住宅地にある整備が行き届いた雰囲気ではなく、住宅街と湾岸地域の間に残った土地が結果として住宅地として使われているような印象をもった。

　このオークランド地域の問題は、そのままマイノリティと貧困層が重なっていることで、この海岸際のエリアに分散するように、EBALDCは住居施設、コミュニティ施設を建設し、運営していることが、図3-23のアセット・マップを見るとわかる。

## East Bay Asian Local Development Corporation：EBALDC

　1975年に設立され、オークランド旧市街地のチャイナタウンにあった古い建物から活動を始めた。そこでコミュニティ活動を行いながら建物の再生を行い、徐々に活動を広げていった。今日では80名を超える従業員がおり、オークランド地域全体に広がる活動を行っている。たとえば新築の住宅街を新しく開発したり、あるいは古い市場を新しいショッピングセンターとして再生するなど、活動は多岐にわたっている。地域支援活動も活発であり、特にマイノリティ人種のための活動が主になっている。

　EBALDCの活動が興味深いのは、シアトルやサンフランシスコの他のCDCが主に中心市街地という狭い範囲の再生に重きを置いているのに対して、オークランドという郊外的な場所において、広い地域にわたって活動を行っているところである。その活動はオークランドの旧市街地から始まったとはいえ、今日、EBALDCが開発あるいは管理を行っている不動産は、一カ所に集中しておらず、地域全体に広く散らばっている。狭い範囲であればコミュニティの集約はわかりやすくかつ効果的に行われるように思われるが、彼らの活動から見えてくるのは、こういった郊外的なエリアにおいてもCDCの活動が可能なことを示している。

　EBALDCが所有、管理運営するアセットは30棟あり、全部で2025戸の住戸がある。郊外にあるために、各施設が周辺建物から離れて立地することから、低所得者層だけに向けた集合住宅にはせず、Mixed Incomeによる様々な世帯収入、家族構成に合わせた構成とすることで、低所得者層だけが集まってしまって孤立しないように工夫されている。

　オークランドの中心市街地周辺では若干の古い建物も見られることから、古い建物をリノベーションしている物件もあるが、オークランド全体では、新規に開けた郊外地ということもあり、アセットの9割は新築として建設されている。

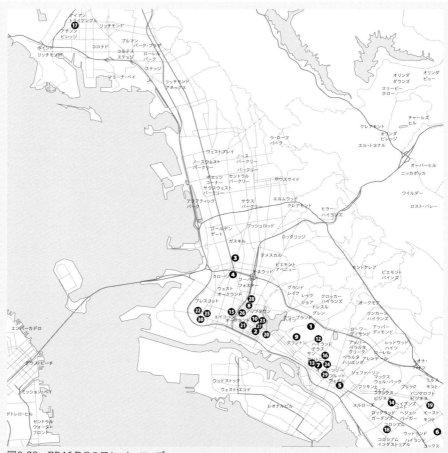

図3-23　EBALDCのアセット・マップ

図3-24　EBALDCの代表的なアセット

表3-3　サンフランシスコ・ベイエリアのCDCの再生手法の比較

| 地域 | サンフランシスコ | | ベイエリア／オークランド |
|---|---|---|---|
| 名前 | Asian Neighborhood Design Inc. | Tenderloin Neighborhood Development Corporation | East Bay Asian Local Development Corporation |
| 略称 | AND | Tederloin NDC | EBALDC |
| 組織形態 | CDC | CDC | CDC |
| 設立年 | 1973年 | 1981年 | 1975年 |
| 設立の経緯 | UCバークリーの学生有志が集まって設立 | テンダーロイン地区の貧困を救う目的で設立 | アジア系コミュニティのために空きビルをつかって学生有志が集まって設立 |
| 事業規模（売上） | 100万ドル（2012年）約1.1億円 | 3300万ドル（2011）約35億円 | 1300万ドル（2014）約14億円 |
| 保有／管理するアセットの数 | 14 buildings, 280 residential units（2013） | 42 buildings, 3536 residential units（2019） | 30 buildings, 2219 residential units（2019） |
| 活動するエリア | ダウンタウン、SOMA | ダウンタウン、テンダーロイン地区 | 郊外、オークランド |
| 対象とする活動 | 職業訓練＋貧困層／高齢者向け集合住宅開発＋管理　建築設計・プランニング、企画 | 貧困層／高齢者向け集合住宅開発＋管理 | コミュニティ活動＋貧困層／高齢者向け集合住宅開発＋管理 |
| 活動の特徴 | 職業訓練やホームレスや貧困女性など弱者をサポートする活動をしながら、アフォーダブル住宅の設計や企画開発を行っている。 | コミュニティ活動を行いながら、テンダーロイン地区に特化してアフォーダブル住宅の企画開発・管理を行っている。 | マイノリティや貧困層のためのコミュニティ活動やアフォーダブル住宅の企画開発・運営を行っている。 |
| 再生手法の特徴 | 企画・設計よりの立場から都市再生に参画。弱者のサポート支援を行いながら、アフォーダブル住宅の企画開発を行っている。TNDCに管理を依頼したり、コラボレーションも行う。 | 不動産ディベロッパー並みの資金力と開発力をもち、着実に地域の建物を確保して企画開発、管理運営を行っている。テンダーロイン地区のロケーションの良さを十分に活かしつつ、地域の弱者を支援。 | 広大な郊外における都市再生のために、2〜4つぐらいの施設の近隣ネットワーク化による再生。あるいは一つの施設で単独で機能する施設など、ロケーションに合わせた再生を行う。 |

アメリカやイギリスのアセット活用による再生手法

## シアトルにおけるCDCおよびPDAによる再生

　アメリカの北西部にあるシアトルは、半島の海峡に囲まれたワシント
ン州に位置しており、シアトル市も西側はエリオット湾、東側はワシン
トン湾に囲まれて南北に長い形状になっている。その西側にダウンタウ
ンは位置しており、そこから東へ、そして南北の郊外へと発展していっ
た。

　しかし、50〜60年代には空き店舗が増加し、かつての繁栄もなく衰退
の一途をたどった。そして住民運動の活発化もあり、前述の市街地形成
の方針によりパイク・プレイス・マーケット（Pike Place Market）は
歴史保存地区として指定され、インターナショナル・ディストリクト
（International District）はコミュニティ開発地域として指定された。

### パイク・プレイス・マーケット

　1907年より始まったオープン型の市民市場であるパイク・プレイス・
マーケットは、今日では非常に栄えており、多くの観光客や住民が訪れる
シアトルの一大名所である。しかし、第二次世界大戦のときに多くの店
子（多くは日系人）は退去を余儀なくされ、そして戦後の復興と同時に

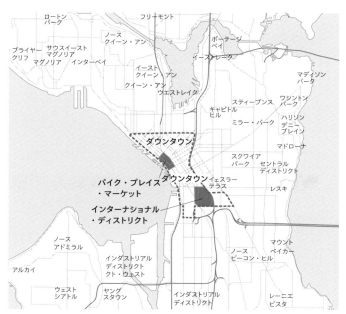

図3-25　シアトルの広域マップと調査対象の位置

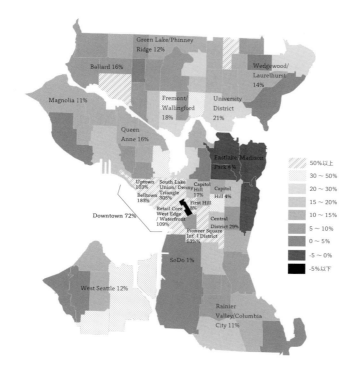

図3-26　シアトルにおける人工増減の割合　1990〜2010　＊7

　自動車社会の到来によって郊外が発展すると同時に、60年代には空きテナントが増加し衰退の危機に直面した。そしてこのエリアを取り壊して大規模開発を進める計画が浮上したことで、市民の間で反対運動が起こり、結果として政府はこの地域を歴史保存地区に指定し、さらに1973年にパイク・プレイス・マーケット PDA（Preservation and Development Authority）が設立されて、地域の再生に取り組むことになった。

図3-27　左：1963年における大規模開発案、右：衰退時のパイク・プレイス・マーケット　＊8

## パイク・プレイス・マーケットPDA

当初の10年間で5000万ドル（50億円）が投資され、さらに1億ドル（100億円）が民間投資として調達されることによって、パイク・プレイス・マーケットPDAは、歴史保全地区の不動産の取得と再生を行った。日本における商店街の再生との大きな違いは、所有権をPDA組織に移転することによって、マーケット全体を一体的なマネジメントを行える体制に整えたことにある。また、郊外に広がった多くのチェーン店をテナントには入れずに地産地消を掲げて、他のショッピングセンターとは違うパイク・プレイス・マーケットの独自性をアピールした点も、成功の要因のひとつに上げられる。また、貧困層や高齢者のための地域の住居供給も担っている。

マーケットの上層階や合間の建物には、アフォーダブル住宅も備えており、全部で405戸の住宅を運営管理している。そのうち、市場価格（Market Rate）の住宅が22戸、収入レベルの高低や多様な家族構成に合わせて、間取りや広さをバラバラに組み合わせたもの（Mixed Income）が118戸、低所得者層向け（Low Income）が167戸、SRO住宅（Single Room Occupancy）用のものが38戸、そして、高齢者向けのもの60戸を用意している。

低所得者層や高齢者などの弱者への配慮をしながらも、価格や広さや間取りを住民の各所得層に合わせて大小様々なタイプの住居を用意し、街の多様性と持続性を確保している。

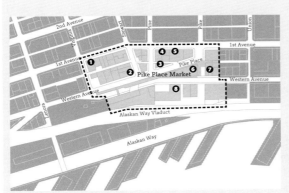

図3-28　パイク・プレイス・マーケットの配置図およびアセットの位置

図3-29　パイク・プレイス・マーケットの代表的なアセット

## インターナショナル・ディストリクト

　シアトルのダウンタウンの南端に位置するインターナショナル・ディストリクトは、19世紀末からアジア系の移民、特に日本人と中国人が多く住むエリアとして発展してきた。一時期は日本街とも呼ばれ、数々の商店が軒を並べ客足が絶えない時期もあった。また、チャイナタウンとしても発展し、その後、フィリピン系やアフリカ系の移民も加わった。

　インターナショナル・ディスクリクトも他のダウンタウンと同じく、60年代以降は郊外化の波を受けて衰退の危機に直面した。また、南側は工業地帯、西側にはフットボールスタジアムやベースボールスタジアムが開発され、さらに東側には高速道路が横断して開発されることによって地理的にも孤立した状況になり、多くの建物が空きビルになって取り壊されたり駐車場になったりした。その再生のために、やはり政府はインターナショナル・ディストリクトを歴史保存地区に指定し、CDCとしてはまずはInterim CDAが設立され、そしてその後SCID pdaが設立されて都市再生が本格化することになり、今日では大きな成果を上げている。

図3-30　インターナショナル・ディストリクトの様子

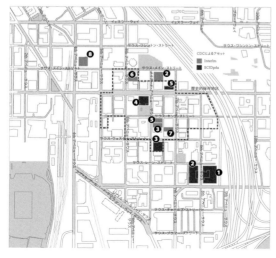

図3-31　インターナショナル・ディストリクトのアセット・マップ

## Interim Community Development Association：Interim CDA

　1979年に設立され、低所得者層および中所得者層向けの集合住宅の開発を主な業務として行っている。所有物件として開発するケースもあるが、コンサルタントとして他オーナーのために開発に関わることも多い。現在、この近隣地域に7つの不動産を所有しており、399戸を所有し、900人以上に住居を提供している。その他、近隣のコミュニティガーデンを管理運営したり、駐車場の管理も行ったり、グリーン・ストリート・プロジェクトといったまちづくり活動にも力を入れている。管理については、最近はSCIDpdaに依頼することが多いという。

　所有するアセットとしては、ほとんどはインターナショナル・ディストリクトにあるが、ふたつのアセットだけは、シアトル郊外に位置している。ほとんどの住宅は低所得者層向けに設定されているが、一部、障害者向けやホームレス向けのものも用意している。

　基本的には古い建物をリノベーションしているアセットが多いが、最近は新築のものも手がけている。

図3-32　Interim CDAの代表的なアセット

## Seattle Chinatown International District PDA：SCIDpda

　前述のPDA（準自治体）の形式による組織であり、このインターナショナル・ディストリクト近隣地域を主な活動の場としている。不動産の開発所有（254戸）も行っているが、収入源の大半（約48％）を、不動産の管理から得ており、約450戸の集合住宅不動産の管理と、また、1万8500㎡の商業スペースの管理も行っている。従業員は約70名おり、Interim CDAなどのCDC組織と連携してこのエリアの再生を担っている。

　所有管理しているアセットでは、Village Square の Legacy House や New Central Hotel Bldg. のように、高齢者向けに特化したものも運営を含めて行っており、全部で271戸ある。ただ、SCIDpdaは、純粋な民間のCDCではなく政府と設立したPDAであるため、他のCDC（Interim CDAなど）と競合するような開発は避け、むしろ他のCDCでは扱いづらいものとか、あるいは、他のCDCをサポートするような形で動きつつ、前述のように管理に比重を置いて物件数を増やしていくことによって、安定した地域の再生に貢献している。

図3-33　SCIDpdaの代表的なアセット

アメリカやイギリスのアセット活用による再生手法

表3-4　シアトルのCDCの再生手法の比較

| 地域 | シアトル | | |
|---|---|---|---|
| 名前 | Pike Place Market Preservation and Development Authority | Interim Community Development Association | Seattle Chinatown International District Preservatoin and Development Authority |
| 略称 | Pike Place Market PDA | Interim CDA | SCIDpda |
| 組織形態 | PDA | CDC | PDA |
| 設立年 | 1973年 | 1979年 | 1975年 |
| 設立の経緯 | 大規模開発計画に反対する住民らが歴史保全運動を展開、市の歴史保全運動へと繋がった。 | 大規模開発計画に反対する住民らが歴史保全運動を展開、市の歴史保全運動へと繋がった。 | 大規模開発計画に反対する住民らが歴史保全運動を展開、市の歴史保全運動へと繋がった。 |
| 事業規模（売上） | 1300万ドル（2012）約14億円 | 400万ドル（2014）約4.3億円 | 700万ドル（2009）約7.6億円 |
| 保有／管理するアセットの数 | 11 buildings, 360 residential units, markets（2013） | 7 buildings, 303 residential units（2013） | 10 buildings, 500 residential units（2019） |
| 活動するエリア | ダウンタウン、パイク・プレイス・マーケット | ダウンタウン、インターナショナル・ディストリクト | ダウンタウン、インターナショナル・ディストリクト |
| 対象とする活動 | 商業施設運営＋貧困層向け集合住宅管理 | コミュニティ活動＋貧困層／高齢者向け集合住宅開発＋管理 | 高齢者／貧困層向け集合住宅開発＋管理 |
| 活動の特徴 | マーケットの所有と使用を分離。地産地消による商品で観光客と地元住民の両方のニーズを満たす。 | 地域のコミュニティ活性化の活動を行いながら、アフォーダブル住宅の企画開発を行っている。 | インターナショナル・ディストリクトのアフォーダブル住宅の開発と管理を行っている。 |
| 再生手法の特徴 | マーケットの所有と使用を分離することによって、マーケット動向に合わせたテナント計画が可能に。地産地消による商品で観光客と地元住民の両方のニーズを満たす。 | 地域のコミュニティ活性化プロジェクトにより交流や地域への愛着を促進。同時にアフォーダブル住宅の企画開発をリンクさせて、地域コミュニティの育成を図る。 | 第3セクターとしての資金的安定性と規模を活かし、他のCDC物件の管理と他のCDCの活動支援を行いつつ、アフォーダブル住宅の企画開発による安定した供給を支援。 |

## イギリスにおけるDTによる再生

　1990年代になってイギリス全土に広がったディベロップメント・トラスト（Development Trust：DT、まちづくり開発事業体）は、前章において紹介したように、①特定の地域の経済的、環境的、社会的な再生に従事、②営利目的ではない自立した組織、③コミュニティに基盤を置き、自らがアセットの所有あるいは管理、④コミュニティやボランタリーや公共セクターとの積極的なパートナーシップを組むこと、と定義されている。具体的には、その地域にある土地や建物などのアセットの所有権や使用権を確保し、活動するためのスペースと賃料などの自主財源の両方を確保する「アセットベース」と呼ばれる方法により、対象とする近隣地域の再生活動を行う。

　アメリカの同等の機能を果たす非営利組織であるCDC（Community Development Corporation）と比較すると、CDCが住宅の開発・再生・管理による仕組みで地域に貢献するのに対し、DTは必ずしも住宅の供給が中心ではなく、各地域、各近隣状況に合わせて多様な解決手法をとるところに特徴がある。それぞれの近隣状況に応じた多くの具体的な再生活動が実践されており、将来の日本の都市の衰退問題への対応策を検討するうえで、特にふたつの点において参考にすべき点があると考えている。ひとつは、アセット（地域の不動産である土地や建物）を有効活用することで、近隣の人々が集まる場づくりや再生活動を促進し持続性をも担保できることにある。もうひとつは、建築設計および建築計画の観点から見れば、施設数や配置や立地パタンが、周辺地域と関係づけて地域再生に重要な役割を果たしていると考えられる。

　ここでは、イギリスで最もDTが集中しているグレーター・ロンドン（以下ロンドン）において、近隣状況に対応したアセットの活用に特徴のある代表的なDT5事例を紹介するとともに、DTにおけるファイナンスの仕組みを整理し、アセットを有効に活用した「アセットベース」というDT独自の方法について解説したい。

### ロンドンにおけるDTとその傾向

　イギリス全体では前述のように1039件のDTがあるが、そのうちの約1割弱にあたる93件のDTがロンドンに集中している。そのうち詳細が不明な17を除いた76件について、Locality（ディベロップメント・トラスト協会の後継組織）の資料、各組織から取り寄せた資料もしくはweb情

| # | Development Trust の名称 | 活動地域ポストコード | 社会交流活動 | 弱者支援 | ビジネス・起業 | アドバイス・サービス | 教育 | 職業訓練 | 健康・メンタルケア | スペース・レンタル | アセット事業 | 地域再生・ビルド | 周辺住民 | 特定施設内の住民 | 住民一般 | 高齢者 | 若者子供 | 家族 | マイノリティ | 障害者 | 失業者・中毒者 | 貧困層 | 精神・メンタル不調者 | コミュニティ交流施設 | カフェ | 図書館・図書室 | 保育施設 | スポーツ・運動 | ガーデン | アート・文化 | 環境 | アセットの活用タイプ | 影響範囲+配置の型 |
|---|---|---|---|---|---|---|---|---|---|---|---|---|---|---|---|---|---|---|---|---|---|---|---|---|---|---|---|---|---|---|---|---|---|
| 1 | 170 Community Project | SE14 | ● | | | | | | | | | ○ | ● | | | | | | | | | | ○ | | | | | | | | | ノード | + 拠点 |
| 2 | Abbey Comm. Centre | NW6 | ● | | | ○ | ○ | | | | | | ● | | | ○ | ○ | | | | | | ○ | ● | | | | | | ● | | ノード | + 拠点 |
| 3 | Action Acton | W3 | ● | | ○ | ○ | ○ | | | | | | ● | | | ○ | | | | ○ | | | | ● | | | | | | | | ノード | + 拠点 |
| 4 | Ashford Place | NW2 | ● | | ○ | | ○ | | ○ | | | | ● | | | | | | | | | ○ | ○ | ● | | | | | | | | ノード | + 拠点 |
| 5 | Aston-Mansfield | E7 | ● | | | ○ | ○ | ○ | | | | | ● | | | | ○ | ○ | | | | | | ● | | | | ● | | | | ノード | + 拠点 |
| 6 | Attlee Foundation | E1 | ● | | | ○ | ○ | | | | | | ● | | | | ○ | ○ | | | | | | ● | | | | ● | | | | ノード | + 拠点 |
| 7 | Bankside Open Spaces Trust | SE1 | ● | | | | | | | | | ○ | ● | | | | | | | | | | | | | | | | | | ● | エリア再生 | + 多拠点 |
| 8 | Beauchamp Lodge Settlement | W2 | ● | | | ○ | ○ | | | | | | ● | | | | | | ○ | | | | | | | | | | | | ● | ノード | + 拠点 |
| 9 | Bede House Assoc. | SE16 | ● | | | | | | | | | | ● | | | | | | ○ | | | | | ● | | | | | | | | ノード | + 多拠点 |
| 10 | Better Archway Forum | N19 | ● | | | | | | | | | ○ | ● | | | | | | | | | | | ● | | | | | | | | エリア再生 | + 拠点 |
| 11 | Bishop Creighton House Settlement | SW6 | ● | | | ○ | ○ | | | | | | ● | | | | ○ | | ○ | | | | | ● | | | | | ● | | | ノード | + 拠点 |
| 12 | Blackfriars Settlement | SE1 | ● | ○ | | ○ | ○ | | | | | | ● | | | | | | | | | ○ | | ● | | | | | | | | ノード | + 拠点 |
| 13 | Bridge Renewal Trust | N15 | ● | | | ○ | | | | | | | ● | | | | | | | | | | | | ● | | | | | | | ノード | + 拠点 |
| 14 | Brixton Green | SW9 | ● | | | | | | | | | ○ | ● | | | | | | | | | | | | | | | | | | ● | エリア再生 | + 多拠点 |
| 15 | Bromley by Bow Centre | E3 | ● | | | ○ | ○ | | ○ | | | | ● | | | | | | | | | | ○ | ● | | | | | | | | エリア再生 | + 多拠点 |
| 16 | Cambridge House | SE5 | ● | | | ○ | | | | | | | ● | | | | | | | | | | ○ | ● | | | | | | | | ノード | + 拠点 |
| 17 | Castlehaven Comm. Assoc. | NW1 | ● | | | | ○ | | | | | | ● | | | | ○ | | | | | | | ● | | | | ● | | | | ノード | + 拠点 |
| 18 | Chats Palace Arts Centre | E9 | ● | | | | ○ | | | | | | | | ○ | | | | | | | | | | | | | | ● | | | 転用リノベ | + 拠点 |
| 19 | Clapham Park Project | SW2 | ● | | | ○ | | | | | | ○ | | | | | | | | | | | | ● | | | | | | | | エリア開発 | + 一回 |
| 20 | Coin Street Comm. Builders | SE1 | ● | | | | ○ | | | | | | ● | | | | | | | | | | | | | | | ● | | | | ノード | + 一回 |
| 21 | Commonside Comm. Dev. Trust | CR4 | ● | | | ○ | ○ | | | | | | | | ○ | | | | | | | | | | | | | | | | ● | 転用リノベ | + 拠点 |
| 22 | Community Links | E16 | ● | | | ○ | ○ | | | | | | | | ○ | | ○ | | | | | | | | | | | | | | | ノード | + 拠点 |
| 23 | Copleston Centre | SE15 | ● | | | | | | | | | | | | ○ | | | | | | | | | ● | | | | | | | | ノード | + 拠点 |
| 24 | Crystal Palace Comm. Dev. Trust | SE20 | ● | | | | | | | | | | | | ○ | | | | | | | | | | | | | | | ● | | 転用リノベ | + 拠点 |
| 25 | CH & CT CRP | E16 | ● | | | | ○ | | | | | | ● | | | | | | | | | | | ● | | | | | | | | ノード | + 拠点 |
| 26 | Dalgarno Neighbourhood Trust | W10 | ● | | | | | | | | | | | | ○ | | ○ | | | | | | | ● | | | | | | | | ノード | + 拠点 |
| 27 | East Dulwich Estate TRA | SE22 | ● | | | | | | | | | | ● | | | | | | | | | | | ● | | | | | | | | ノード | + 拠点 |
| 28 | Elfrida Rathbone Camden | NW5 | ● | | ○ | | ○ | | | | | | | | | | | | | ○ | | | | | | | | | | | | ノード | + 拠点 |
| 29 | Evelyn 190 Comm. Centre | SE8 | ● | | ○ | | | | | | | | | | | | | | ○ | | | | | ● | | | | | | | | ノード | + 拠点 |
| 30 | Finsbury Park Trust | N4 | ● | | ○ | | ○ | | | | | | | | | | ○ | | | | | | | ● | | | | | | | | ノード | + 拠点 |
| 31 | Friends of Kensal Rise Library Ltd | NW10 | ● | | | | ○ | | | | | | | | | | | | | | | | | | | ● | | | | | | ノード | + 拠点 |
| 32 | Friern Barnet Comm. Library | N11 | ● | | | | ○ | | | | | | | | | | | | | | | | | | | ● | | | | | | ノード | + 一回 |
| 33 | Grand Union Village Comm. Dev. Trust | UB5 | ● | | | ○ | ○ | | | | | | ● | | | | | | | | | | | ● | | | | | | | | エリア開発 | |

| No. | Name | Postcode |
|---|---|---|
| 35 | Hackney CVS | E8 |
| 36 | Highgate Newtown Comm. Centre | N19 |
| 37 | High Trees Comm. Dev. Trust | SW2 |
| 38 | Holborn Comm. Assoc. | WC1 |
| 39 | Hornsey Lane Estate Comm. Assoc. | N19 |
| 40 | Jacksons Lane | N6 |
| 41 | Katherine Low Settlement | SW11 |
| 42 | Kingsgate Comm. Assoc. | NW6 |
| 43 | Lewisham Art House | SE14 |
| 44 | Maiden Lane Comm. Centre | NW1 |
| 45 | Manor Gardens Welfare Trust | N7 |
| 46 | Manor House Dev. Trust | N4 |
| 47 | Mary Ward Settlement | WC1 |
| 48 | Mildmay Comm. Partnership | N16 |
| 49 | Oxford House in Bethnal Green | E2 |
| 50 | Paddington Development Trust | W2 |
| 51 | Peckham Vision | SE15 |
| 52 | Peel Institute | EC1 |
| 53 | Pembroke House | SE17 |
| 54 | Pepper Pot Centre | W10 |
| 55 | Ponders End Comm. Dev. Trust | EN3 |
| 56 | Poplar Housing And Regeneration Comm. Assoc. | E14 |
| 57 | Positive Network | SE17 |
| 58 | Quaggy Dev. Trust | SE13 |
| 59 | Selby Trust | N17 |
| 60 | Shoreditch Trust | N1 |
| 61 | Somers Town Comm. Assoc. | NW1 |
| 62 | South Kilburn Trust | NW6 |
| 63 | St Luke's Centre and Trust | EC1 |
| 64 | St Margaret's House Settlement | E2 |
| 65 | Stockwell Partnership | SW8 |
| 66 | The Abbey Comm. Assoc. | SE1 |
| 67 | The Camden Society | NW5 |
| 68 | The Dockland Settlement | E15 |
| 69 | The New Cross Gate Trust | SE14 |
| 70 | The Renewal Programme | E12 |
| 71 | The Winchester Project | NW3 |
| 72 | Time and Talents Assoc. | SE16 |
| 73 | Toynbee Hall | E1 |
| 74 | Vital Regeneration | SE5 |
| 75 | Waterloo Action Centre | SE1 |
| 76 | Westway Development Trust | W10 |

表3-5　ロンドンにおけるDTのリスト

アメリカやイギリスのアセット活用による再生手法

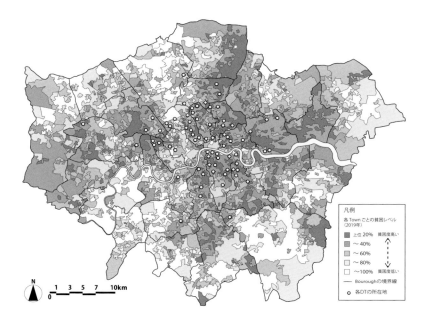

図3-34 ロンドンの貧困エリアの分布 ＊9

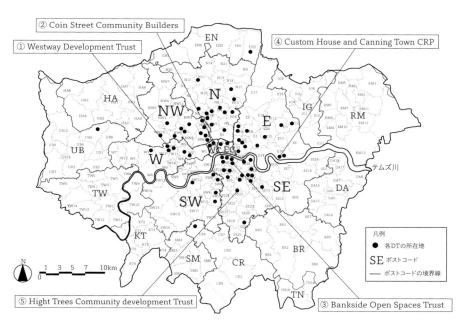

図3-35 ロンドンにおけるDTの活動地域と抽出したDTの所在地

報を基に、それぞれの活動地域、活動・サービス内容、支援対象、施設タイプ、アセット活用タイプを整理した。

　「貧困層」の定義は、ロンドン政府が発行したIndices of DeprivationおよびPoverty Profileを参考にしている。ロンドンにおいては貧困層の割合が高いエリアが多く、図3-34のように上位20～40％以内のTownを、本稿では「貧困エリア」として扱う。

　DTの活動対象となる貧困層が多く住むエリアは、この図のようにパッチワーク状に分布している。南東側（サウスイーストやイースト・ロンドン）や北側（ノースやノースウエスト・ロンドン）にDTが多い傾向にあるが、全体としてはロンドン市街地の貧困層が多いエリアで活動している。

　表3-6を見てみよう。地域住民の社会交流活動を主としているDTは約60％あり、地域に住む弱者らの支援活動を主としているDTは約51％になる。そのうち、社会交流活動および弱者支援活動の両方をカバーしているDTは約11％ある。

　弱者支援活動の中では、教育活動、職業訓練、健康・メンタルケアなどのサービスに、それぞれ35～38％のDTが関わっている。また、地域コミュニティの活動のために、スペース・レンタルのサービスを行っているDTも約35％ある。その他、地域再生活動やアドボカシーを行っているDTは約20％となっている。

　どのDTの支援対象も主に近隣地域の住民を支援対象としているが、5％のDTは特定の施設内の住民（集合住宅団地内など）に絞った活動を行っている。住民の属性に関わらず、広く周辺住民を対象として活動をしているDTは全体で26％であるが、一方で、多くのDTは、その地域の弱者に重点を置いて支援する活動を行っており、それぞれの地域の実情に応じて、特定の属性をもった住民らを支援対象としているところが多い。高齢者にフォーカスしているDTがあれば、子どもや若者に重点を置いているDT、メンタルヘルスやマイノリティ人種の支援に力を入れているDTもある。あるいは、障害者、中毒者、失業者や貧困者などに重点を置いて支援しているDTもある。

　表3-7によれば、施設タイプについては、90％のDTが、いわゆる周辺住民の交流活動を行うためのコミュニティ施設を活動の場として使用している。その他、図書館施設を提供しているDTが約6％、スポーツや運動する施設で活動するDTが約27％、ガーデンや自然や河川などの環境施設を使用するDTが約20％、アートや演劇などの文化活動を行ってい

るDTが約27％もある。また、住民交流の場として、カフェを併設しているDTは約15％である。

表3-6　活動地域と活動・サービス内容、支援対象のクロス集計

| 地域タイプ | 活動地域 | DT組織数 | 割合 | 社会交流活動 | 弱者支援活動 | アドバイスサービス | ビジネス起業支援サービス | 教育活動 | 職業訓練 | 健康メンタルケア | スペースレンタル | アセット事業 | 地域再生活動アドボカシー | 合計 | 周辺住民 | 特定施設内の住民 | 住民一般 | 高齢者 | 子供 | 若者 | 家族 | マイノリティ人種 | 障害者中毒者 | 失業者 | 貧困者 | メンタルヘルス不調者 | 合計 |
|---|---|---|---|---|---|---|---|---|---|---|---|---|---|---|---|---|---|---|---|---|---|---|---|---|---|---|---|
| 市街地 | SE: サウスイースト・ロンドン | 20 | 21.5% | 13 | 9 | 4 | 1 | 5 | 4 | 9 | 6 | 4 | 5 | 60 | 19 | 1 | 5 | 6 | 6 | 7 | 5 | 3 | 4 | 1 | 5 | 3 | 45 |
|  | E: イースト・ロンドン | 14 | 15.1% | 7 | 9 | 3 | 2 | 6 | 6 | 6 | 7 | 1 | 2 | 49 | 14 |  | 5 | 2 | 3 | 7 | 2 | 4 | 2 | 1 |  | 3 | 29 |
|  | N: ノース・ロンドン | 12 | 12.9% | 8 | 5 |  | 1 | 2 | 7 | 3 | 3 |  | 2 | 34 | 10 |  | 6 | 3 | 2 | 5 | 3 | 4 | 1 |  |  |  | 25 |
|  | NW: ノースウエスト・ロンドン | 11 | 11.8% | 8 | 6 | 1 | 2 | 4 | 3 | 5 | 3 |  | 1 | 33 | 11 |  | 1 | 6 | 6 | 6 | 3 | 1 | 4 |  | 1 | 1 | 29 |
|  | SW: サウスウエスト・ロンドン | 6 | 6.5% | 3 | 4 | 1 |  |  | 2 | 5 | 3 |  |  | 23 | 6 |  | 1 | 5 | 2 | 5 | 3 |  |  |  |  |  | 17 |
|  | W: ウエスト・ロンドン | 6 | 6.5% | 2 | 4 |  |  | 3 | 2 | 5 | 2 |  | 1 | 20 | 6 |  | 2 | 3 | 2 | 3 | 1 | 2 | 1 | 2 | 1 | 1 | 15 |
| 都市中心部 | WC: ウエストセントラル・ロンドン | 2 | 2.2% | 2 |  |  |  | 1 | 1 | 2 |  |  |  | 7 | 2 |  |  | 2 |  |  |  |  |  |  |  |  | 3 |
|  | EC: イーストセントラル・ロンドン | 2 | 2.2% | 1 | 1 |  |  |  |  |  |  |  |  | 5 | 2 |  | 1 |  |  |  |  |  |  |  | 1 |  | 6 |
| 郊外 | EN: エンフィールド地区（北部） | 1 | 1.1% | 1 |  |  |  |  | 1 |  | 1 |  | 3 | 1 |  |  |  |  |  |  |  |  |  |  |  | 1 |  |
|  | UB: サウスオール地区（北西部） | 1 | 1.1% | 1 |  |  |  |  |  |  |  | 1 | 1 | 1 |  |  |  |  |  |  |  |  |  |  | 1 |  |  |
|  | CR: クロイドン地区（南部） | 1 | 1.1% |  | 1 |  |  |  |  |  |  |  | 1 | 1 |  |  |  |  |  | 1 |  |  |  |  |  | 1 |  |
| 合計 |  | 76 | 100% | 46 | 39 | 9 | 9 | 25 | 29 | 29 | 26 | 9 | 15 | 72 | 4 | 20 | 28 | 23 | 32 | 17 | 16 | 14 | 5 | 11 | 6 |  |  |
|  |  |  |  | 60.5% | 51.3% | 11.8% | 11.8% | 32.9% | 38.2% | 38.2% | 34.2% | 11.8% | 19.7% |  | 94.7% | 5.3% | 26.3% | 36.8% | 30.3% | 42.1% | 22.4% | 21.1% | 18.4% | 6.6% | 14.5% | 7.9% |  |

表3-7　5つのDTに関する概要および現地調査結果の概略 –1

| 施設タイプ／アセット活用タイプ | 組織数 | 割合 | コミュニティ交流施設 | カフェ | 図書館図書室 | 保育施設 | スポーツ運動 | ガーデン環境 | アート文化 |
|---|---|---|---|---|---|---|---|---|---|
| ノード+拠点型 | 56 | 73.7% | 50 | 9 | 5 | 1 | 14 | 11 | 14 |
| 転用リノベ+拠点型 | 11 | 14.5% | 4 |  |  |  | 2 | 1 | 4 |
| エリア再生+多拠点型 | 5 | 6.6% | 11 | 1 |  |  | 3 | 1 |  |
| エリア再生+一団型 | 3 | 3.9% | 3 |  |  |  | 1 | 2 | 2 |
| エリア再生+リニア型 | 1 | 1.3% | 1 | 1 |  |  |  | 1 | 1 |
| 合計 | 76 | 100% | 69 | 11 | 5 | 1 | 21 | 16 | 21 |
| ※76件に対する割合 |  |  | 90.8% | 14.5% | 6.6% | 1.3% | 27.6% | 21.1% | 27.6% |

表3-8　5つのDTに関する概要および現地調査結果の概略 −2

| 番号 | ① | ② | ③ | ④ | ⑤ |
|---|---|---|---|---|---|
| アセット活用方法 | ノード＋拠点型 | 転用リノベ拠点型 | エリア再生＋多拠点型 | エリア開発＋一回型 | エリア再生リニア型 |
| DTの名称 | ハイ・ツリーズ・コミュニティ・ベロップメント・トラスト | カスタム・ハウス＆キャニング・タウン・コミュニティ・リニューアル・プロジェクト | バンクサイド・オープン・スペース・トラスト | コイン・ストリート・コミュニティ・ビルダーズ | ウェストウェイ・ディベロップメント・トラスト |
| 英語名 | High Trees Community Development Trust | Custom House and Canning Town Community Renewal Project | Bankside Open Spaces Trust | Coin Street Community Builders | Westway Development Trust |
| 設立年 | 1998年 | 1992年 | 2000年 | 1977年 | 1971年 |
| 設立の経緯 | 団地の住民有志が集まり環境向上のために立ち上り、閉鎖された図書館を低額でリースして活動を開始。 | 取り壊しの危機にあった教会の反対運動から、住民グループに建物の払い下げをうけて始まった。 | 少数の住民が集まり、公園の再生やガーデニングの活動から始まった活動である。 | サウスバンクの大規模オフィスビルの再開発に反対した住民の活動から始めって活動である。 | ウェストウェイ高速道路の建設計画への反対運動をした住民から高架下の利用を委託されて活動を開始。 |
| ロケーション | 南ロンドン郊外 | 東ロンドン郊外 | 南ロンドン、ランベス・サザーク区 | サウスバンク | 北西ロンドン、ノテンジヒル地区 |
| 地域の特徴 | ロンドン南部と同様高い失業者層や貧困層の多い地域。同団地は40棟約8000人が居住する。1980年代にはスラム化が始まり建物の状態も悪化し、イノリティの若者が多く失業率が高い。 | ロンドンの東や地域は労働者や貧困層が多い。大規模開発や集合住宅が多く、幹線道路やテムズ川沿いの港湾地域や産業系のエリアで高い | テムズ川の北側の地位に比べて、港湾労働に従事する労働者が多く、倉庫や工場、あるいは鉄道ターミナルが多く、経や公園に乏しい殺伐とした環境であった。 | 元々は川による物流の拠点として倉や港湾設備が集まっていた場所であったが、産業構造の変革により物流拠点としての役割が終わり、一時期は荒廃した。 | 貧困層やマイノリティが多く工業系あるいは商街や沿が集まっていた隣接する。南側には貧困拠点の変革により終わり、団地がある一方、徒歩圏には高級住宅街もある。 |
| 主な機能 | 教育・チャイルドケアサービス | コミュニティ育成、シェアオフィス | ガーデン、パーク等環境活動 | コミュニティ育成、商業 | コミュニティ、アート、スポーツ施設 |
| 事業規模 | 約60万ポンド（2018年） | 約36万ポンド（2018年） | 約44万ポンド（2018年） | 約963万ポンド（2018年） | 約600万ポンド（2018年） |
| 収入源 | 補助金、寄付、プロジェクト収入 | 補助金、寄付、プロジェクト収入 | 補助金、管理費委託料、スポーツ施設使用料 | 不動産賃料、駐車場代、店舗収入 | 補助金、寄付、不動産賃収入、施設使用料、プロジェクト収入 |
| 主たる支援対象 | 弱者支援 | コミュニティ支援 | 活動支援 | コミュニティ支援 | コミュニティ支援 |
| 再生手法 | 図書館スペースの活用＋社会教育貢献 | 建築のリノベ＋コミュニティ活動＋拠点整備 | 公園管理＋コミュニティ活動＋環境整備 | 不動産開発＋コミュニティ活動＋貧困層向けの住宅＋周辺環境整備 | 高架下活用＋コミュニティ活動＋教育活動 |
| 活動の特徴 | 譲り受けた図書館を利用して、団地内外の近隣状況のニーズをうけて、失業者や若者向けの職業訓練、教育、学習センターの運営などを行っている。 | 教会の既存建物の中に3〜4階建ての建物を建て空間を活用し、オフィスやイベントスペースから賃貸収入を得、職業訓練やコミュニティカフェ、子育て支援や幼稚園の経営によるコミュニティ支援を行っている。 | 公園や空き地を利用してエリア開発、そこでの市民活動を活発化させながら、住民の居住地や公園の整備を行なう。コミュニティの活性化を担う。ロンドン中心市街地の近さを活かし、不動産などの貸し出しなどを行い、補助金に頼らない収入の確保を進めている。 | 倉庫や空き地を利用して開発、住民の居住地や公園の整備を行なった。ロンドン中心市街地の近さを活かし、不動産ビルの開発により賃貸収入の一部をコミュニティ活動の資金に当てている。 | 高架下を開発運用、賃貸スペースやスケートボード場、サッカー場、テニスコートなどのスポーツ施設から収入を得る。コミュニティ施設を併設してマイノリティや貧困層に対する支援も行う。 |

法手生再生用活に用いるよるアメリカのアセットやイギリスの

## High Trees Community Development Trust

南ロンドンの郊外にある1950年代から70年代にかけて建てられた集合住宅団地であり、現存するのは40棟、約8000名が居住するエリアである。1980年代にはスラム化と治安の悪化が起こり、特にマイノリティの若者の失業やドロップアウトが多く見られた。団地に古くからあった図書館の閉館に伴い、団地住民の有志が集まって環境向上のために立ち上がり、閉館した図書館を格安で借りて1998年に活動を開始したのが High Trees CDT である。現在、北側のエリアは貧困が減ったが、団地は変わらず貧困エリアに入っている。

失業者や教育が十分でない若者のために、教育・学習センターの運営や、職業訓練などを行っている。

図3-36　High Trees CDTの活動地域の近隣状況

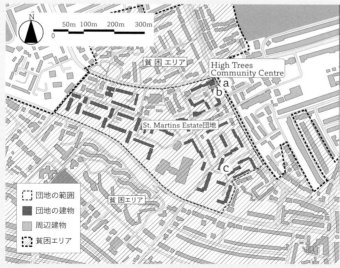

図3-37　High Trees CDTのアセットおよび周辺の様子

# Custom House & Canning Town Community Renewal Project

東ロンドンのテムズ川に隣接したニューハムにあるこのエリアは、川沿いの港湾施設や幹線道路に挟まれ、貧困層向けの大規模集合住宅が建ち並び高齢者も多い。現在、元の物流エリアが開発されてジェントリフィケーションが進み、その影響を一部の南東エリアが受け始めているが、この施設の北東側のエリアは貧困エリアとなっており、エリア内の格差が広がっている。

また、1980〜90年代に取り壊されたタワーブロック団地の敷地に、新しくジェントリフィケーションを目指した不動産開発が行われるなど、エリア内での格差も大きくチグハグ

な環境になっている。ここで活動をしていた市民団体が、教会の取壊し計画を知り、それに対して反対・保存運動を行った結果、名目上の金額で払い下げを受け、1992年に設立されたのが CH & CT CRP である。

天井の高い教会の既存建築内に4階建ての木造の建物を建て、用途を転用してリノベーションを行ったうえで、このエリアのコミュニティ活動の拠点として空間を有効活用している。シェアオフィスや貸しスペース、コミュニティカフェなどで収益を得て、コミュニティ活動の支援を行っている。

図3-38　CH & CT CRPの活動地域の近隣状況

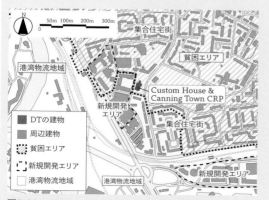

図3-39　CH & CT CRPのアセットおよび周辺の様子

## Bankside Open Spaces Trust

　南ロンドンエリアは歴史的に労働者が多く、倉庫や工業施設の間に住宅などが建てられ、テムズ川北側や郊外などに比べると、公園などによる環境整備はあまり重視されてこなかった。また、サウスバンクは大規模公共施設やウォータールー駅やロンドン・ブリッジ駅など、大規模ターミナル駅に挟まれて雑然とした街並みであった。こういった状況を打破しようと、少数の住民が集まり公園の整備や活用を通した市民活動を行っていたことから、2000年にBOSTが設立された。現在、中央エリアの貧困状況は改善しつつあるが、東西には根強く貧困が広がっている。

　現在では約20カ所の公共公園やプライベート・ガーデン、スポーツ施設などを管理しつつ、それらを拠点に市民活動を行っており、エリア全体の再生に大きな貢献をしている。一方、管理者指定としての収入や補助金に頼った経営となっており、新しく整備したマルボロ・スポーツ・ガーデンが新たなアセットベースとしての収入源を確保し、自立した経営を模索している。

図3-40　Bankside Open STの活動地域の近隣状況

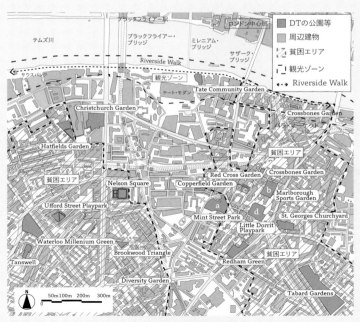

図3-41　Bankside Open STのアセットおよび周辺の様子

## Coin Street Community Builders

河川舟運がまだ活発だったころは、ロンドンの物流の拠点として港湾施設や工場が建ち並んでいた地域であったが、舟運の衰退とともに企業や労働者が姿を消して荒廃していった。そこに大手地主が大規模開発計画を発表し、それに反対する近隣住民たちの運動が1977年のCoin Street CBの設立へとつながった。現在、テムズ川沿いの観光ゾーンは狙い通り貧困エリアから脱してきたが、南側のエリアでは引き続き貧困層がいる。

テムズ川の橋を渡ればロンドン中心街というサウスバンクの利点を活かして、表側のリバーサイドでは積極的な不動産開発を行って収益を上げ、コミュニティ活動を支援するための費用を稼ぎ出す。1本入った裏側では逆に近隣のコミュニティのため、貧困層向けの集合住宅やコミュニティ・センターなどを運用している。こうして、補助金に頼らずに事業内費用移転によって、自らの収益で自立したコミュニティの支援活動が可能になった。

図3-42　Coin Street Community Buildersの活動地域の近隣状況

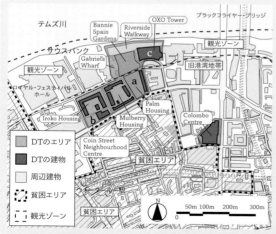

図3-43　Coin Street Community Buildersのアセットおよび周辺の様子

## Westway Development Trust

　裕福なエリアとされる北西ロンドンのすぐ外側にありながら北ケンジントンエリアには、マイノリティや貧困層が多く、すぐ西側には産業・工業地帯、南側には貧困層のためのタワーブロック団地がある。その地域を分断するように計画された高速道路への反対運動として始まったのが、Westway DTの始まりである。1971年に設立され、高速道路高架下を廉価な名目地代で使用権を得、隣接するエリアの活性化を担っている。そして今も、高速道路に沿って東西方向に貧困層エリアが根強く広がっている。

　長さは東西に約1.5kmで高架下の敷地は23エーカーの広さになる。ここでコミュニティ活動や、アートやスポーツなどに関連した活動を行う一方で、軽工業やオフィス、店舗に賃貸して不動産収入やプロジェクト収入によって活動資金を生み出している。

　分断されていたエリアをつなぎ止めて南北からのアクセスを確保するため、高架下に沿って歩行者道を設け、高速道路の西側にある円形のインターチェンジ付近ではサッカーなどの様々なスポーツのグラウンド、インドアのスポーツ施設も備えている。これらは近隣住民へのコミュニティ活動への貢献でもありながら、使用料による収益にもつながっている。中央部分では、収益のために軽工業ユニットとして賃貸するスペースがあるが、南北に直行する道路近辺では店舗やコミュニティスペース、デイケアセンターやシェアオフィスなど、単に収益を上げるだけでなく、地域のコミュニティに貢献できるような様々な施設を配置している。

図3-44　Westway DTの活動地域の近隣状況

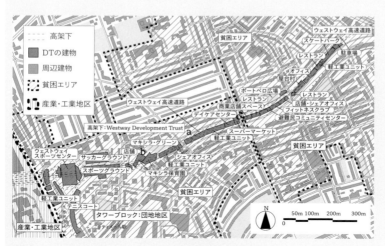

図3-45　Westway DTのアセットおよび周辺の様子

# アセットを活用した立地パタンとその再生手法

### 再生手法1・2（ノード／転用リノベ＋拠点型）

　使われなくなった建物やスペースの有効活用を行う。見捨てられた空間資源を再整備し、その空間の価値をうまく引き出していた活動の拠点（ノード）、活動の場としているところに特徴がある。

　その拠点となる場所を、歴史的な建造物を再利用し、建築のもつ象徴性によって地域のランドマークとなるような活動拠点を設ける方法もある。元の用途（教会、倉庫、銀行、図書館など）から用途の転用リノベーションを行うことによって、階高や空間の広さといった、スケールの差を利用して活用するところに特徴がある。

### 再生手法3（エリア再生＋多拠点型）

　コミュニティが広範囲に散在してしまって、そのつながりが弱いエリアに有効な手法。点在するアセットを活用して、エリア全体にコミュニティ活動の場を設けることによって、ネットワーク化して面的なコミュニティ環境の向上を図るところに特徴がある。

### 再生手法4（エリア開発＋一団型）

　複数の施設が集まって陣形をとって活用することにより、複合的な性格づけが可能になり、それぞれのアセットが対面する近隣に合わせて、より効果の高い地域再生を行うことができる。たとえば、収益を上げる施設とコミュニティに貢献する施設を区分けするなどの工夫ができるところに特徴がある。

### 再生手法5（エリア再生＋リニア型）

　地域を横断する高架などの線形のエレメントによって周辺エリアが分断されてしまうが、逆にそのリニアな特長を活かしてその欠点を補う手法である。ここでは、高架下のスペースを有効活用することで、分断された近隣を接続させてコミュニティ活動の場を設けている。アセットの空間形状を逆手にとって、そのリニアな性質を活用した解決策をとっている点に特徴がある。

　本章で考察した5つの再生手法で、図3-46が示すようにそれぞれの施設の立地パタンに合わせて、影響を与えうる近隣範囲のスケールが異な

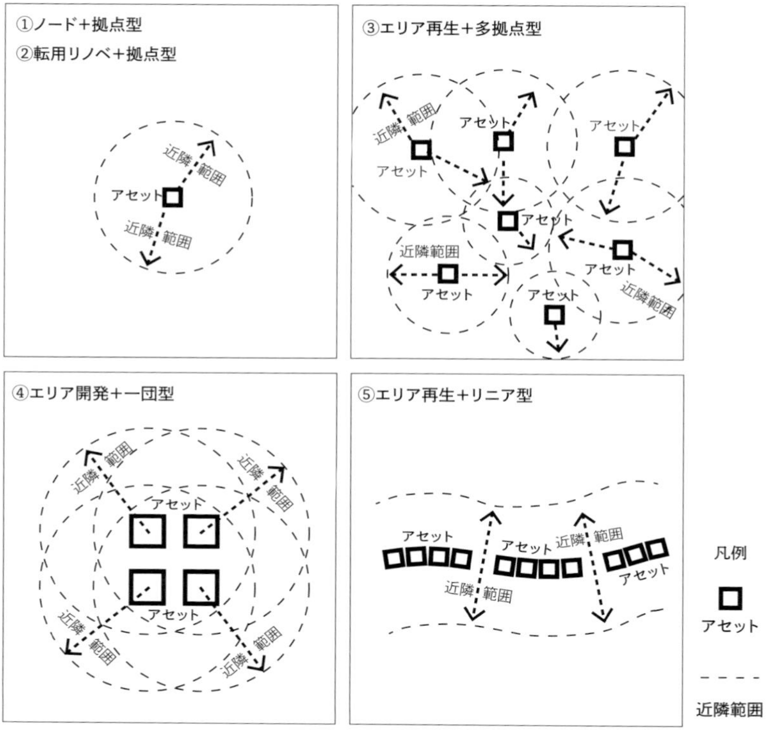

①ノード＋拠点型
②転用リノベ＋拠点型

近隣範囲
アセット
近隣範囲

③エリア再生＋多拠点型

近隣範囲　アセット　アセット
アセット
アセット
近隣範囲　アセット
アセット
近隣範囲
アセット

104

④エリア開発＋一団型

近隣範囲
近隣範囲
アセット
近隣範囲
近隣範囲
アセット
近隣範囲
近隣範囲

⑤エリア再生＋リニア型

アセット　アセット　近隣範囲
近隣範囲
アセット

凡例

□
アセット

----
近隣範囲

図3-46　施設の立地パタンに基づく近隣範囲のスケール

る。ここでいう近隣範囲とは、基本的には歩行圏による近隣関係が築ける範囲（1～2km以内）を指すが、複数のアセットを活用することによって近隣の範囲がより広くなる場合は、さらに数キロ程度加えてより広い範囲への波及効果のある活動ができる。一方、2章でも示したように9割近くのDTはひとつの拠点で活動をしており、その場合は人々を引きつける場づくりによって求心的な力はもちうるが、近隣範囲への影響力は相対的に小さい。

## DTにおけるアセットベースを中心とした仕組み

DTの運営上の大きなポイントは、アセットベースという手法にある。不動産、土地、建物や使用できる空間資源をアセット・トランスファーもしくはなんらかの方法で確保し、その空間資源をベースとした運営やファイナンス計画を組み立てるものである。政府からの補助金を頼りにするだけではなく、サスティナブルなコミュニティ活動を維持するためにも、図3-47に示すようにアセットベースや事業内費用移転、そしてCDFIによって投資や融資を確保し、DTA（Development Trusts Association）による支援・教育などを利用して組織化を進める。

### アセット・トランスファー

80～90年代のDTの成功を踏まえて、政府や自治体の所有する公共や民間のアセット（土地や不動産）について、住民を主体とする非営利組織などに積極的に権利移譲するアセット・トランスファー（Asset Transfer）を重要な政策として打ち出した。地域のコミュニティによる土地や建物の再生、管理・運営までを含めて行うことによって、アセットベースによるDTの活動を支援する。

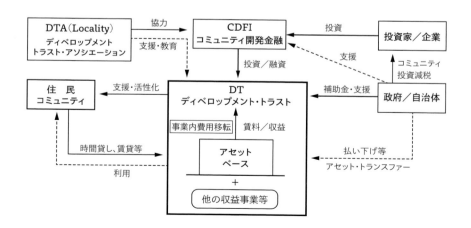

図3-47　DTのファイナンスの仕組み

## 事業内費用移転

　非営利事業は収益を上げにくい特性のため税制を優遇されるが、収益を上げた部門では営利企業と見なされてしまうのが従来の考え方であった。一方、非営利活動を行うには、その活動のための資金が必要であるという考え方から、営利事業からの利益を移転して非営利事業を行うことで経営的な安定性が確保できる。事業内費用移転は、非営利組織の経営の自立性のため営利事業も積極的に取り組むべきだという考え方である。

## コミュニティ開発金融：CDFI

　Community Development Finance Institution。一般の金融機関ではリスクが高いと投資できないようなケースにおいて、財政面と社会面の両方のバランスを鑑みて投資や融資を行う金融機関である。コミュニティ再生のようなリスクの高いケースにおいては、財政的なリスクよりもコミュニティ再生の社会的な利点を優先して投資や融資を行うことができる。現在、イギリス全土で70近い（2009年時点）CDFIが活動している。

## コミュニティ投資減税：CITR

　Community Investment Tax Relief。前記のCDFIに投資する企業に対し、投資額に応じた減税を行う制度である。2003年に制定されたこの制度は、貧困エリアでのコミュニティ活動などのリスクの高い事業に投資するインセンティブを与えるものである。

## ディベロップメント・トラスト協会：DTA

　1970〜80年代は個々のDTが個別に道を切り開いてきたが、DTを運営するにあたって、実務的な知識やノウハウの共有を進める必要性を感じ、1992年に当初は16団体が集まってDTAを設立した。DTAは支援・教育・指導などの活動を行い、数多くのDTの活躍を支えており、新規に設立されるDTのガイド役としても重要な役割を果たしている。

　DTAは2011年にbassac（The British Association of Settlements and Social Action Centres）と合併して、イングランド地域のDTAに関しては名称をLocalityに変更した。一方、イングランド地域以外では、名前の継続性を尊重し、DTA Scotland、DTA Wales、DTA North Irelandとして活動を続けている。

# 4 章

## 日本のまちづくりにおけるアセットを活用した再生方法

# 日本におけるアセット活用とまちづくりの経緯

　アメリカのコミュニティ・ディベロップメント・コーポレーション（Community Development Corporation：CDC、コミュニティ開発法人）を日本に紹介するとき、日本の非営利組織と単純には比較はできない。CDCが自ら資金調達を行って集合住宅を建設してしまうことは、日本における不動産ディベロッパーの仕事に近く、日本の一介のまちづくり会社ではなかなか実現できない資金力と開発力がある。一方、イギリスのディベロップメント・トラスト（Development Trust：DT、まちづくり開発事業体）のほうがより日本の非営利組織の文脈に近いスケールで活動を行っているようにも見えるが、時折、アメリカのCDCよりも大規模な開発事業を行っているDTもあることから、やはり、日本における非営利組織が対処しうるスケールを超えた活動をしているように見える。

　こういった事実は、前章までで明らかにしたように、CDCもDTもアセットを活用した事業を行うところに特徴があり、その目的は不動産開発事業を行って利益を出すことではなく、むしろアセット事業が、まちづくり活動やコミュニティ支援活動にはなくてはならない財政的な基礎として機能しているところに理由がある。近隣や住民のために行う非営利活動を支えるために、アセット事業が収益を稼ぎ出し、活動や住むための空間を作り出し、そして組織全体の持続性を担保していくという大きな役割を担っている。

　もちろん、前述のように近年では日本においても、アセットや不動産を活用した再生事業の事例が見られるようになってきた。不動産事業的な仕組みをもった多種多様な取組み―公民連携事業、あるいはPPPやPFIなどの新しい公共の仕組み、あるいは「稼げる」まちづくりの取組みやリノベーション・スクールなど―がある。ここでは様々な角度から各組織、各プロジェクトの活動を考察することによって、日本における事例とCDCやDTの違いを見極めたい。

## CDC、DT、そして日本での活用
### 1. CDCの場合

　CDCにおいては、まずは不動産事業としての住宅供給が活動のベースになっている。もちろん、民間の不動産事業とは違い、衰退局面にある街に住む貧困層やマイノリティへの住宅供給であり、その目的は利益の

最大化ではなく、弱者の救済と衰退する街の再生である。そして持続性のある仕組みとすることで、安定した活動が可能になる。

　リノベーションを含むこの住宅開発事業においては、資金調達とプロジェクト・ファイナンスの組み方に工夫がされており、初期投資が過大にならないような工夫だけでなく税制などを利用して返済すべき金額を抑えることによって、利益を上げにくいエリアにおいても十分な収益を確保できる仕組みになっている。これが元手となって、コミュニティ支援活動の資金をも生み出すことができるようになっている。いわば、アセット事業はCDCにとってのエンジンであり、住宅を供給することによって、街のハードとしての建物を開発あるいは再生を行い、さらにそこから持続性のある資金源を生み出すという仕組みである。

　つまり、CDCにおいては、アセット事業としての住宅開発と弱者への住宅供給および街並みの形成というふたつが合わさって、低所得者層向けの住宅支援事業が形成されており、そこから生まれる収益を活用してコミュニティ支援事業を行っている。

　CDCのストラクチャーを図4-1に表してみると、民間や公的な不動産を仕入れ、そこにプロジェクト・ファイナンスにより補助金、公的出資、あるいはタックス・クレジットによる民間出資によって、返済不要の出資分のリスクを減少させて事業化することで開発資金をまとめ、ハード

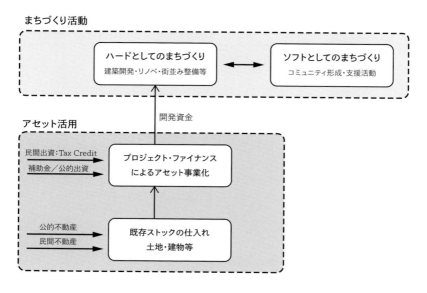

図4-1　CDCにおけるまちづくり活動とアセット活用の関係

としての建築開発、リノベーションなどを行って住宅供給を行う。その余剰資金からコミュニティ支援活動などのソフトとしてのまちづくり活動を行う。

## 2. DTの場合

　DTにおいては、CDCのようにアセット事業が必ずしも目的であるわけではない。むしろ、近隣地域におけるローカルな問題に対してそれぞれ独自の活動を行うことによって、近隣コミュニティの支援を行うことが目的となっている。そのときに、活動を行うためのスペースとして、使われていないアセットを活動の場として活用するだけでなく、そこからなんらかの収益を得て、アセットベースという基盤を形成しようということに独自の仕組みがある。

　つまり、DTにおいては、コミュニティ支援活動と、活動の場であるアセットの再生が組み合わさってDTの活動目的が集約されており、その活動資金や収益を確保するための手段として、より積極的なアセット事業としてフルに活用しようということである。

　DTのストラクチャーを図4-2に表すと、公的・民間を問わずアセット・

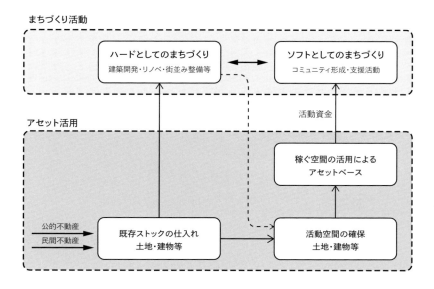

図4-2　DTにおけるまちづくり活動とアセット活用の関係

トランスファーで既存ストックを十分に安く仕入れ、さらに補助金や寄付金や融資を合わせてハードとしての建築開発、リノベーションや街並みの整備を行う。その空間を活動の場とするだけでなく、アセットベースとしてさらに賃貸するなどにより収益を稼ぎ出して、コミュニティ支援活動の活動資金とする。

## 3. 日本の場合

　CDCとDTと比べると、日本における組織のストラクチャーは少々わかりにくい構成になる。それは、「まちづくり」という言葉そのものが、いくつかの異なったレベルの活動を複合化した言葉であり、それがそのままアメリカやイギリスにおけるCDCやDTと直接的に比較しにくい理由になっているからである。

　まちづくりとは、西山夘三によれば、「人づくり」と「暮らしづくり」を含んでいるという。あるいは、田村明によれば、地域に住む「人々の暮らし」とそのための「共同の場」をいかに作るかということだという。佐藤滋は、まちづくりは、「ソフトとハードが一体になった居住環境の向上を目指す活動」だという。

　つまり、「まちづくり」という言葉は、ハードとしての「まち」をつくることを意味しているが、含有する意味としては、ソフトとしての暮らしや居住環境などの向上をも意味している。したがって、日本におけるまちづくりにおいては、往々にしてハードとしてのまちの改善と、ソフトとしてのまちの改善が混同されていることがある。たとえば、ハードとしてのまちづくりでは、建物の再生や保存だけでなく、人々が集まる「場」づくりとしてのまちづくりがある。一方、ソフトとしては「活動」づくりや「環境」づくり、あるいは人々の「つながり」づくりといった活動もある。

　後者のソフトとしてのまちづくりは、英語としてのコミュニティ・ディベロップメント（Community Development）のニュアンスに近いが、ハードとしてのまちづくりに近い英語の適切な訳語が見つからない。辞書を引いてみると、Town PlanningあるいはTown Developmentとなっており、日本語のまちづくりにおける「住民が汗をかいて行う活動」というニュアンスは、この英語訳にはない。また、日本におけるまちづくりでは、経済的な成果や賑わいの創出による解決を図っているものが多い傾向があり、それも「まちづくり」であるということも多いが、ここでは混同を避ける意味で、別の言葉で「まちおこし」という言葉で表現

する。つまり、「ハードとしてのまちづくり」「ソフトとしてのまちづくり」、あるいは、「経済活動としてのまちおこし」が、「まちづくり」というひとつの言葉で混然として使われているところがある。

　一方、CDCで見られるような不動産開発事業という考え方は、日本における「まちづくり」の活動からは連想しづらい。もちろん、今日では不動産事業的な仕組みを伴ったまちづくりは増えてきているが（事例は後述）、もともとの意味としては、不動産事業は多額の資金を投入して不動産事業で利益を得ようとする動きであり、利益の最大化が目的であるが故に、収益性の低いものはスクラップ・アンド・ビルドで既存の建物を取り壊して、収益性を上げるためにより大きい容積の建物を開発したり、あるいは古い建物を取り壊して駐車場として収益を得たりなど、むしろ「まちづくり」の考え方の対極にあるものとして考えられてきた。

　つまり、日本のまちづくり活動には、概念的にアセット事業としての部分を含んでいないか、あるいは対立的に捉えられていることが多いといえる。しかし、近年はCDCなどの諸外国の事例からの影響もあり、不動産を活用したまちづくりの考え方も理解が広まっており、積極的にアセット事業を仕組みに取り込もうとした事例も増えてきている。

　したがって、ここではアセットを活用したまちづくりの事例を挙げて検証したい。その際、比較項目としては、ひとつ目が不動産を使った「アセット活用」、ふたつ目がハードとソフトの「まちづくり活動」、そして、3つ目が経済活動としての「まちおこし事業」を区分けして考えることによって、日本におけるまちづくりとアメリカやイギリスにおけるCDCやDTと比較を行う。

## 代表的なアセット活用事例とその特徴

　本章では、数多くあるまちづくり事例のなかからCDCとDTとの比較をするうえで、特にアセットの活用を活かした事例を選定する。選定基

図4-3　日本におけるまちづくり活動とまちおこしの関係

準としては、ただ単にそのスペースや空間を利用しているだけのものは
含まず、そのスペースや空間のもつ価値（利用価値や資産価値など）を
活用し、まちづくり事業の構造を形成しているものや、あるいはアセッ
トから得た収益を活用して事業的な収支を成立させているものを指す。

## 中心市街地活性化

　日本では、過疎化した中心市街地やシャッター通りの再生が、まちづくり活動の中心的な位置を占めてきた。郊外に広がる大規模ショッピングセンターが発展していく一方で、衰退していく中心市街地において、既存の土地や建物をどのように扱っていくかが大きな問題意識としてあり、既存市街地や商店街を再活性化するうえではいくつかの問題が立ちはだかっていた。ここでは、アセットの活用に対する意識をもって活動を行った株式会社黒壁と丸亀町商店街まちづくりというふたつの代表的な事例を選定した。

## エリアマネジメント

　不動産の土地単位、敷地単位による開発や再生を行うのではなく、エリア全体を広く見て地域全体の向上を図る考え方を、エリアマネジメントという。行政主導の都市計画とも違い、各エリアの特徴や特性に配慮して、住民やそこを利用する人たちに配慮した地面に近い目線ながら、土地単位にはとどまらず、たとえば通り全体、街全体、地域を広く見渡しながら、エリア全体を調整（＝マネジメント）していきながら発展させていく動きである。
　ここでは、世田谷トラストまちづくりと黄金町エリアマネジメントセンターというふたつの代表的な事例を選定した。

## 公民連携事業

　公共事業における民間の活力や資金を活用した公民連携事業（官民連携ともいう）が活発になってきている。今までの箱物行政といわれた手法を脱し、少ない税金の投入で民間資金を多く活用することによって、行政の負担を軽くして税金による予算を節約すると同時に、民間側の自発性や責任感を促していくやり方になる。ここでは、オガールプラザ紫波町とアーツ千代田3331というふたつの代表的な事例を選定した。

## 特徴のある活用事例

　アセットを活用した事例のなかで、日本のまちづくりや不動産開発業における新しい方向性を見いだしている他には見られない特徴的な活動をしているものとして、リノベーション・スクールと株式会社リビタの二つを選定した。

## 日本の各事例における概要

### 1. 滋賀県長浜市における株式会社黒壁

　滋賀県長浜市における株式会社黒壁の事例は、明治期から残る歴史的建築物の再生から始まったまちづくりである。古くから「黒壁」として親しまれてきた銀行の建物が売りに出され、取り壊されるのではと心配した住民らが署名を集め、地元企業の8社から9000万円、長浜市から4000万円を集め、合計1億3000万円の資本金を集めて株式会社黒壁が設立された。そして、ガラス工芸品の製造販売業を中心とした事業に焦点をあて、街にある歴史的な建物の保存改修を行いながら、最終的には直営店が11店舗、共同経営が2店舗、グループ加盟店が17店舗の合計30店舗が、その他の歴史的建物と軒を連ねて、エリア全体に対して波及効果をもったイメージ改善に成功し、1998年には200万人の人々が訪れるまでになった。

　元々の不動産のもつ歴史的価値、景観としての価値を活かしたまちづくりを行っており、ハードとしての街並みの保存としては十分な効果が出ている。また、街の魅力と工芸品としてのガラスを組み合わせて、多くの来訪者を魅了したという点においては、ハードとしての街並みと、経済的なまちおこし事業としてのガラス工芸事業が組み合わさって成功を導いたといえる。一方、アセットとしてこの黒壁の不動産を見ると、必ずしも不動産価値そのものを事業の仕組みに取り込んだとはいえず、むしろ、歴史的な不動産故に高い金額で入手しており、多大なイニシャルコストをかけていることから、アセットそのものは事業の仕組みを形成せず、CDCやDTのようにイニシャルコストを抑えて事業リスクを下げるなどの工夫はされていない。リスクを回避するために、補助金による支援に頼っている部分があり、ファイナンスの仕組みとしては旧来型のものといっていい。

　隣接する大手門商店街や近隣地域にある歴史的な建物に関しては、早くから空き店舗があれば買収や借り上げたりして確保しておき、新たに出店希望者がいた場合にはそれらの店舗を斡旋し、関連するような販売やあるいは黒壁事業のグループ加盟店などにあてることによって、その近隣地域内でのネットワーク化についても意識して行ってきている。

　商業と観光に焦点を絞ったまちおこしによる賑わいの創出に力を入れていた株式会社黒壁の成功はあったが、一方で長浜市の市街地の居住者は減る一方であった。そこで、2009年に長浜市は新たに「長浜まちづく

り会社」を設立した。ここでは、黒壁の成功をベースにしつつも、黒壁のまちおこし事業ではカバーしきれないまちづくり活動として、駐車場運営、国や行政からの受託事業、町家シェアハウス・住居オフィスの賃貸・町家再生バンク運営などを行っている。

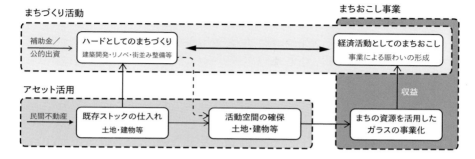

図4-4 黒壁におけるまちづくり活動とアセット活用とまちおこし事業の関係

図4-5 滋賀県長浜市、黒壁の建物が並ぶ街並み

表4-1 株式会社黒壁の概要

| | |
|---|---|
| 組織名称 | 黒壁 |
| 活動地域 | 滋賀県長浜市 |
| 活動期間 | 1988年4月 |
| 組織形態 | 株式会社、第3セクター |
| 事業規模 | 6億2000万円(売上高：2019年) |
| 組織の概要 | 明治期に建てられた歴史的建築物の再生から始まったまちづくり会社。ガラス製造販売事業を中心に店舗やレストランを開業し、伝統建築物とガラス工芸の組み合わせで200万人近い動員を果たしている。 |
| 主な収入源 | 売上 |
| 公的資金等 | 長浜市財政支援状況<br>出資：昭和63年4000万円(民間9000万円)<br>増資1回目：平成4年1億円<br>(民間2億1000万円)<br>増資2回目：平成25年5000万円<br>(民間5000万円)<br>補助金：平成25年2億2500万円<br>(リノベーション事業) |
| まちづくり活動 | 歴史的建築物の再生<br>主に、長浜まちづくり株式会社が担当 |
| アセットの活用 | 近隣の歴史的空き店舗の斡旋程度<br>アセット事業は長浜まちづくり株式会社が担当 |
| まちおこし事業 | ガラス工芸によるまちの活性化 |
| 衰退局面やリスク対応の工夫? | なし、(出資や補助金による) |
| CDCやDTとの違い | 開発時の地方公共団体の出資(35%)<br>第3セクター(地方公共団体と合同出資) |
| アセット規模 | 直営11店舗、共同経営2店舗、グループ加盟店17店舗：合計30店舗 |
| データ資料元 | 株式会社黒壁の起源とまちづくりの精神<br>長浜市財政資料等 |

## 2. 高松市丸亀町まちづくり

丸亀町商店街は、もともと高松市の中心市街地として発展してきたが、80〜90年代における大型商店や郊外店舗の出店により、商店街の衰退が懸念されてきた。そこで、90年代より商店街の活性化の方策を検討し、90年代後半から2000年代にかけ、丸亀町商店街をAからG街区の7つの区画に分けて再開発を進めてきた。

本計画の特徴は、土地の所有権と使用権の分離にある。旧来の商店街は、土地のオーナーが店主であることが多く、さらにそこに居住している家族がいた。古くからの伝統的な商売を営み、さらにそのブランドが今日においても通用するような老舗などの場合を除き、一般的な商品を扱う店舗の場合は、時代に合わせて移り変わる商業のトレンドが大きく変化していくなかで、そういった所有と使用が一致した進め方では変化についていけずに立ち遅れてしまう。このプロジェクトでは、土地をまとめて定期借地とし、定期借地権を一括してその土地に新しい商業床を建設することで、時代時代に適した店舗をまとめられるように工夫し、いわば他の郊外にある大規模ショッピングセンターと同等のスピードと規模で新陳代謝を図っていける体制に整え直した点に特徴がある。

つまり、新生の丸亀町商店街の特徴としては、所有権と使用権の分離、用地取得をせずに定期借地権によるイニシャルコストの削減、そして、全体のタウンマネジメントの策定と実施を行い、自治組織を確立することにある。店舗数は157店舗となり、郊外の店舗と同等の機能や店舗を揃えつつ、アーケードやガラスドームの新デザインによるまちなか商店街ならではの魅力を獲得した。

定期借地権だから所有権を得るよりはかなり安く済んだとはいえ、そのうえに新築開発した建物の不動産価値を元手に銀行などからの融資を取り付けており、プロジェクト・ファイナンスの手法を利用してSPCを利用した事業ファイナンスを組成してプロジェクトを進行した点においては、高度なアセットを活用した事業手法を仕組みに取り入れているといえるであろう。

通常の民間の事業であれば、土地の入手代も含めてイニシャルコストを計上し、店舗を通した売上や管理運営収入で回収するが、それだと商店街を十分に整備するだけの投資額を計上できないところから、様々な工夫を凝らしているところに特徴がある。土地代は定期借地権とすることで、土地の購入代を省き地代のみとすることで大きく削減している。建物やアーケードの開発事業費に関しては、前述の定期借地権と税収を見

込んだ補助金をあてることで、結果としては運営に影響の少ないように配慮されている。運営に関しては157店舗の賃料から全体のマネジメントや広報活動を行っており、さらに商店街のアーケードなどで行われる市民活動としては広報活動の一環として推進する体制をとっている。

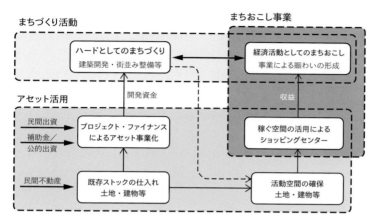

図4-6　丸亀町商店街におけるまちづくり活動とアセット活用とまちおこし事業の関係

図4-7　丸亀町商店街の建物が並ぶ街並み

表4-2　丸亀町商店街の概要

| 組織名称 | 高松市丸亀町まちづくり |
|---|---|
| 活動地域 | 香川県高松市丸亀町 |
| 活動期間 | 1999年 |
| 組織形態 | 株式会社、第3セクター |
| 事業規模 | 35億（売上高：2000年） |
| 組織の概要 | 不動産の所有と使用の分離を実現／借地権による共同開発などの手法／郊外のショッピングセンターに負けない魅力を実現／中心市街地再生の先行事例 |
| 主な収入源 | 不動産賃料、管理料等 |
| 公的資金等 | A街区開発事業：69億2000万円<br>ドームアーケード街路事業：8億6000万円<br>B〜F街区開発事業：76億7000万円<br>G街区開発事業：151億円<br>総事業費：305億5000万円 |
| まちづくり活動 | 商店街のアーケード、建物の整備 |
| アセットの活用 | アセットからの収益を運営資金に<br>SPCによる開発（開発時の補助金は約4割）<br>定期借地権および補助金による開発事業 |
| まちおこし事業 | 商店街の商業的市民活動を支援 |
| 衰退局面やリスク対応の工夫？ | 開発においては補助金が過大かつ開発規模が過大。税収増を期待した補助金の多額な注入だが、民間事業として考えた場合は、回収リスクがつきまとう。またメンテナンス維持コストも過大になる可能性がある。 |
| CDCやDTとの違い | 開発時の補助金が過大、投資が過大、商業主義が強い |
| アセット規模 | 4ha、151店舗 |
| データ資料元 | ヒアリング |

## 3. 東京都世田谷区の世田谷トラストまちづくり

　2006年に世田谷トラスト協会と世田谷区都市整備公社が統合して設立されたのが、一般社団法人世田谷トラストまちづくりである。世田谷の風景、世田谷のまち、そして居住環境の維持とコミュニティの形成を目指した活動を行っている。

　主な活動としては、市民活動やコミュニティを支援する事業が多くあり、環境保全を図るトラスト運動としては、「民有地の緑を保全する事業」「民有地の緑化事業」、国分寺崖線の「自然環境の保全再生事業」、近代建築などの「歴史的・文化的環境の保全事業」を行っている。また、地域力を育むまちづくり推進として、民間の建物を地域の交流やまちづくり活動を支える場として整備する「地域共生のいえづくり支援事業」、まちづくりを支える場として空き家を活用する「空き家等地域貢献活用支援事業」「まちづくり活動支援事業」「住民参加の企画運営協力事業」「プレイスメイキング事業」がある。参加の輪を広げる普及啓発事業として、その他人材育成や企業や団体との連携、ビジターセンターの運営や広報・情報発信事業がある。

　こういった多岐にわたるまちづくり活動を支えるために、一方で実務的な不動産収益事業も行っており、住まいサポートセンターの運営、せたがやの家（356戸）の管理事業、駐車場事業（320台）ビルの管理運営事業などがある。これらの事業で全体収入のうち83.76％の収益を上げており、補助金に頼っている収入は15.65％にとどまっている。

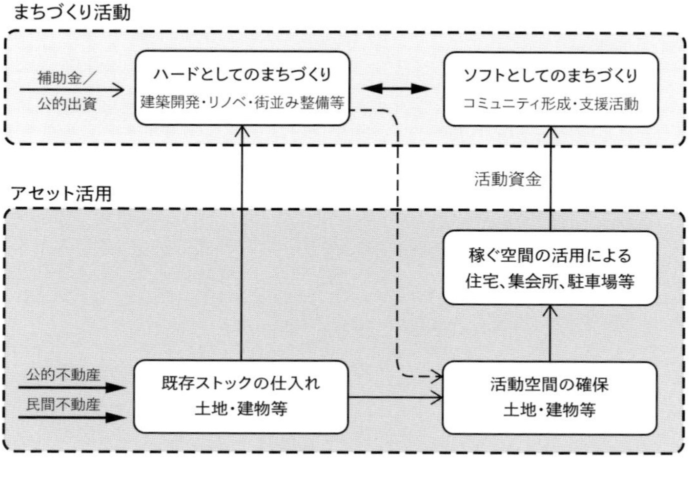

図4-8　世田谷トラストまちづくりにおけるまちづくり活動とアセット活用の関係

凡例:
- 🌳 市民緑地
- ✿ 小さな森
- 🏠 地域共生のいえ
- 🏢 空き家等地域貢献活用
- 👤 まちを元気にする拠点
- 👥 緑地、公園、都市林
- 👥 特別保護区
- 👥 身近な広場等

図4-9　世田谷トラストまちづくりの拠点

表4-3　世田谷トラストまちづくりの概要

| 組織名称 | 世田谷トラストまちづくり |
|---|---|
| 活動地域 | 東京都世田谷区 |
| 活動期間 | 2006年4月 |
| 組織形態 | 一般社団法人 |
| 事業規模 | 15億円（売上高：2019年） |
| 組織の概要 | 世田谷区の外郭団体として活動。街づくり活動に助成を行い、市民活動を支援している。不動産からの収益をもとに活動資金を確保している。 |
| 主な収入源 | 公共施設保全事業、住宅・駐車場等不動産賃料、緑地管理、補助金 |
| 公的資金等 | 平成30年度　事業収入<br>運用金：161万円<br>事業収益：12億7500万円：83.76%<br>　トラストまちづくり：1億円<br>　せたがやの家：4億8000万円<br>　住まいサポートセンター：3300万円<br>　公共施設保全：3億4000万円<br>　駐車場事業：2億3000万円<br>　STKハイツ：4400万円<br>　その他：2900万円<br>補助金等：2億3800万円：15.65%<br>寄付金等：376万円<br>雑収入：335万円 |
| まちづくり活動 | まちづくり事業、場の整備 |
| アセットの活用 | アセットからの収益、世田谷の家、駐車場等（補助金は15%程度） |
| まちおこし事業 | 市民活動の支援 |
| 衰退局面やリスク対応の工夫？ | あり（補助金だよりではない） |
| CDCやDTとの違い | 資金源が世田谷区であり、民間の資金などもいれた工夫はない。（地方公共団体と合同出資） |
| アセット規模 | 1棟のビル、356戸の住宅、駐車場320台 |
| データ資料元 | ヒアリングおよび平成30年度決算書 |

## 4. 神奈川県横浜市の黄金町エリアマネジメントセンター

　神奈川県横浜市の黄金町は、横浜市の初黄、日ノ出町地区および周辺エリアであり、横浜市の行政施設が集まる関内地区の南西に位置している。第二次世界大戦後には高架下などに飲食店が立ち並び、違法風俗営業が行われるようになった。2003年には「初黄・日ノ出町環境浄化協議会」が発足し、2005年には神奈川県警によって違法風俗営業行為の一斉取締りが行われた結果、257軒が空き家となった。

　2006年からはまちづくりが本格化し、「初黄・日ノ出町まちづくり宣言」を行い、2007年からは横浜市立大学と協議会が協働で運営する「Kogane-X Lab.」がオープンし、アートによるまちづくりが始まった。2008年には黄金町バザールが開始、2009年にはNPO法人黄金町エリアマネジメントセンターが設立された。空き家であった元店舗は、取壊しが81軒、空き家店舗が153軒、横浜市が借り上げた店舗が20件、横浜市が買い取った店舗が3件となり、それらを順次、アーティストのスタジオなどにコンバージョンを行っていった。

　こうして街全体を徐々にアーティストの街として生まれ変わらせることで、悪いイメージを払拭して新しいまちづくりが活発化し、黄金町バザールには来場者が10万人まで増えている。その他、京浜急行の協力を得て、高架下の空き地にアートスタジオを新たに新築している。

　153軒でトータル1200㎡の空き店舗は、それぞれアトリエとして生まれ変わった。高架下の空間では、450㎡の市民活動の拠点が新築された。加えてその他の360㎡を、黄金町エリアマネジメントセンターが管理運営を行っている。

図4-11　横浜市黄金町エリアの再生された建物が並ぶ街並み

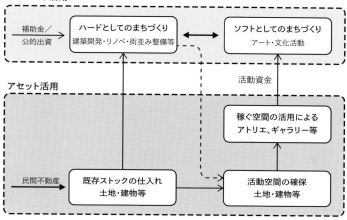

図4-10　黄金町エリアマネジメントにおけるまちづくり活動とアセット活用の関係

表4-4　黄金町エリアマネジメントセンターの概要

| 組織名称 | 黄金町エリアマネジメントセンター |
|---|---|
| 活動地域 | 神奈川県横浜市中区黄金町 |
| 活動期間 | 2009年4月 |
| 組織形態 | NPO法人 |
| 事業規模 | 1億2000万円（賃貸収入等：2019年） |
| 組織の概要 | 風俗営業を一掃し、地域再生を行う。アート活動を中心とした街づくり。かつての風俗飲食店をアトリエやギャラリー にリノベーションし運用。不動産事業と街づくりが一体化している。 |
| 主な収入源 | 補助金、調査委託事業、管理費 |
| 公的資金等 | 平成30年度　活動計算書<br>入会金・会費収益：35万6000円（2.97%）<br>補助金等収益：7130万9000円（59.63%）<br>（横浜市、文化庁、トヨタ財団）<br>事業収益：4558万9485円（38.06%）<br>　家賃収益：2047万4887円（17.09%）<br>バザール：114万円（0.95%）<br>グッズ・書籍：551万1861円（4.60%）<br>芸術学校：22万4800円（0.18%）<br>横浜市委託事業：653万2737円（5.45%）<br>その他委託事業：1170万5200円（9.77%）<br>寄付収益：165万0002円<br>事業外収益：86万6485円<br>経常収益合計：1億1977万0972円 |
| まちづくり活動 | 街並みの整備、高架下の有効活用 |
| アセットの活用 | アセット収益（17%）　補助金（60%） |
| まちおこし事業 | アートを中心とした市民活動 |
| 衰退局面やリスク対応の工夫？ | 開発および運営の両面で補助金が過大 |
| CDCやDTとの違い | 補助金が過大、第三セクター的事業計画<br>目的や活動は NPOらしいが・・・ |
| アセット規模 | アトリエ67件・1200㎡、高架下450㎡、その他360㎡ |
| データ資料元 | ヒアリングおよびアニュアルレポート |

## 5. 岩手県紫波町のオガールプラザ紫波町

　オガールプラザ一帯の開発は、岩手県紫波町がもともと保有していた紫波町の紫波中央駅の前にある34haの土地から始まった。紫波町が入手した土地は、購入後に町の財政が悪化したことから10年間も塩漬けになっており、その土地の再生と町の活性化を狙ったプロジェクトであった。PPP方式の公民連携プロジェクトとしてスタートし、2009年に「紫波町公民連携基本計画」が策定され、オガール紫波株式会社が設立された。2011年には、まず岩手県フットボールセンターを開場し、次に紫波町の図書館や飲食などの商業施設、そして産直マルシェが入るオガールプラザが2012年にオープン。2014年には、バレーボールに特化した合宿施設であるオガールベースとエネルギーステーションがオープン、2015年には紫波町新庁舎がオープンし、2016年、2017年にはオガールセンター、オガール保育園がオープンした。

　ただの塩漬けの土地であったものが、今では町民のアメニティ施設だけでなく、スポーツ施設や文化施設、あるいは庁舎や広場もあるシビック・センターとして生まれ変わった。しかも、多様な官民連携の手法を用い、オガールプラザ、岩手県フットボールセンターではPPPの手法、紫波町新庁舎ではPFIの手法、その他オガールベースやオガール保育園では事業者公募の形をとり、紫波町のリスクや出資は最低限に絞り、多くは民間から資金を調達して行われている。

　PPPやPFIでは、プロジェクト・ファイナンスによるSPC方式をとっており、紫波町からの出資、民都機構からの出資、そして銀行からの融資によってイニシャルコストを確保している。そして、事業的にも持続性のある仕組みとなっている。アセットの活用という点においては、アセット・ファイナンスがそのまま、事業の仕組みに取り込まれ、また、その仕組みがそのまま運用時における収益の確保にもつながっているから、開発時、運用時の両方においてリスクを減らすことにも成功しており、CDCの事例に非常に近いレベルの仕組みとして成功しているといえよう。

図4-13　岩手県紫波町、オガールプラザ紫波町の建物

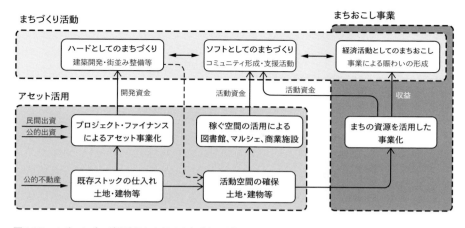

図4-12　オガールプラザ紫波町におけるまちづくり活動とアセット活用とまちおこし事業の関係

表4-5　オガールプラザ紫波町の概要

| | |
|---|---|
| 組織名称 | オガールプラザ紫波町 |
| 活動地域 | 岩手県紫波郡紫波町 |
| 活動期間 | 2009年6月 |
| 組織形態 | 株式会社 |
| 事業規模 | 53.4億（建設事業費等：2009〜17年） |
| 組織の概要 | 日本初の本格的な公民連携による不動産事業。10年以上塩漬けになっていた行政の土地を再生。ポテンシャルの低い住宅街における街づくり事業。自立した財務体質を確立。証券化などの仕組みも活用。 |
| 主な収入源 | 不動産開発費、不動産賃料 |
| 公的資金等 | 公的資金等<br>岩手県フットボールセンター：PPP方式<br>　1億7500万円（町支出額：6000万円）<br>　日本サッカー協会補助金：約7500万円<br>　町の補助金：6000万円<br>オガールプラザ：PPP方式<br>　約10億7000万円（町支出額：8億1000万円）<br>　社会資本整備総合交付金：2億8000万円<br>　民都出資：6000万円<br>オガールベース：事業者公募<br>　約7億2000万円／木造建築技術先<br>　導事業補助金：約9200万円<br>　その他金融機関融資<br>エネルギーステーション：随意契約<br>　約5億円<br>　地域の再生可能エネルギー等を活用した自立分散型地域作りモデル事業<br>　補助金：1億5000万円<br>紫波町新庁舎：PFI（BTO方式）<br>　約33億8000万円／木造建築技術先 |

| | |
|---|---|
| | 　導事業補助金：2億7700万円／一般<br>　財源：約31億円<br>オガールセンター：代理人方式<br>　約3億1000万円（町支出額：4000万円）<br>　代理人方式、定期借地権設定<br>オガール保育園：事業者公募<br>　約3億3000万円（町支出額：2億2000万円）<br>　保健所等整備補助金：1億9800万円<br>　その他金融機関融資<br>オガールタウン：分譲<br>　エコハウス高断熱住宅57戸を分譲 |
| まちづくり活動 | 町の整備、開発、土地の有効活用 |
| アセットの活用 | 開発：SPC＋行政出資、民都出資<br>運用：行政家賃、アセットベース |
| まちおこし事業 | 市民活動のサポート、図書館サービス、商業施設サービス等 |
| 衰退局面やリスク対応の工夫？ | 十分 |
| CDCやDTとの違い | CDCに近い開発コストにおける責任の工夫はされているが、Tax Creditのような工夫はない。 |
| アセット規模 | 21.2haの土地<br>・岩手県フットボールセンター（1億7500万円）／・オガールプラザ（5822㎡／10億7000万円）／・オガールベース（4267㎡／7億2000万円）／・エネルギーステーション（155㎡／5億円）／・紫波町新庁舎（6650㎡／33億8000万円）／・オガールセンター（1189㎡／3億1000万円）／・オガール保育園（1192㎡／3億3000万円） |
| データ資料元 | ヒアリングおよび書籍「公民連携の教科書」より |

## 6. 東京都千代田区のアーツ千代田3331

　千代田区にある旧錬成中学校（1978年竣工）は、都心部の少子化による統廃合を受けて2005年に閉校した。建物は7250㎡あり、都市型の学校らしく校庭がない。その隣にある錬成公園（1993㎡）と合わせて、アートによる文化芸術の拠点づくりを目指し、千代田区は2008年に運営団体の事業プロポーザルを公募した。

　そのころ、千代田区でアート活動を行っていたCommand Nの中村政人氏と、千代田区および中央区で活動を行っていたアフタヌーン・ソサエティの清水義次氏が一緒になってCommand Aを組織し、その事業プロポーザルに応募することになった。アートとしての文化事業部は中村氏が推進し、清水氏が事業の仕組みを組み合わせるという形で、建物のリノベーションによる整備、アートや文化に関わるコンテンツ、そしてそれらをまとめて事業として成立する仕組みを合わせて提案に反映し、公募を勝ち取った。

　公園からアプローチする新しい入り口を設けたことで街へ開かれた建物となり、各教室がシェアオフィスやギャラリーとして生まれ変わった。収入の少ないアーティストの家賃は安く設定し、社会性のある事業を行っているところは中間の高さに設定、そして営利企業には高めの家賃を設定することで、収益性と社会性を両立させる試みを行っている。また、1階に開かれたイベントスペースやギャラリーを設けることで、年間80〜90万人もの来館者を数えるまでになっている。そして、千代田区からの5年間という委託期間を受けて、5年以内に回収できる程度の投資で運営していくという方針から、投資額を抑えて黒字化を早く行い、回収期間を短く設定することで、事業的にも安定した運営を行っている。現在は2期目の5年間の再委託を受けている。（2020年時点）

図4-15　アーツ千代田3331の建物

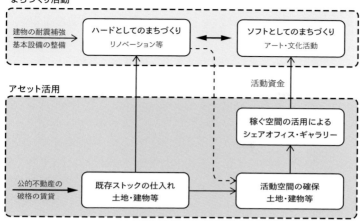

まちづくり活動

建物の耐震補強
基本設備の整備 → ハードとしてのまちづくり
リノベーション等 ⟷ ソフトとしてのまちづくり
アート・文化活動

アセット活用

活動資金

稼ぐ空間の活用による
シェアオフィス・ギャラリー

公的不動産の
破格の賃貸 → 既存ストックの仕入れ
土地・建物等 → 活動空間の確保
土地・建物等

図4-14　アーツ千代田3331のまちづくり活動とアセット活用の関係

表4-6　アーツ千代田3331の概要

| 組織名称 | アーツ千代田3331 |
|---|---|
| 活動地域 | 東京都千代田区 |
| 活動期間 | 2010年3月 |
| 組織形態 | 合同会社 |
| 事業規模 | 1億7000万円（賃貸収入等：2012年） |
| 組織の概要 | 千代田区から廃校を安く借り上げて運営<br>アート活動を中心としたエリア再生・街づくりを担っている。<br>不動産を活用し、民間と行政の連携という意味では、重要な先行事例。 |
| 主な収入源 | 不動産賃料 |
| 公的資金等 | 年間の事業売上：約2億5000万円<br>収入源：賃料、イベント収入、飲食収入等<br>支出<br>千代田区への賃貸料（143万円／月）<br>アートに関わる人件費<br>メンテナンス費用等 |
| まちづくり活動 | 廃校の再生・有効活用 |
| アセットの活用 | 運用：賃料収入 |
| まちおこし事業 | アートおよびシェアオフィスによる市民活動 |
| 衰退局面やリスク対応の工夫？ | 十分 |
| CDCやDTとの違い | DTと同等の工夫はされているが、CDCのような開発における工夫はない。 |
| アセット規模 | 旧錬成中学校<br>地上3階、地下1階、約7250㎡ |
| データ資料元 | ヒアリングおよび千代田区資料 |

125

日本のまちづくりにおけるアセットを活用した再生方法

## 7. リノベーション・スクール

　リノベーション・スクールは、もともとは一般社団法人HEAD研究会におけるリノベーション・タスク・フォースの活動から派生したものである。筆者も含むブルースタジオの大島芳彦氏や東京大学の松村秀一氏らが集まって各地のリノベーションまちづくりの事例を訪問し、ディスカッションやシンポジウム、あるいはフィールドワークを行ってきた。その動きのなかで、東北大震災の直後に北九州で行ったイベントがきっかけとなった。その後、北九州市では行政の方々と北九州市出身でHEAD研究会のメンバーでもある嶋田洋平氏、九州工業大学の徳田光弘氏、そして前述の清水義次氏らがまとまってリノベーション・スクールが2011年より開始された。

　リノベーション・スクールの目的は、実際の物件を扱った事業企画の演習による遊休不動産の再生を通して、エリア全体の価値を高めて地域を再生することである。そして、そのスクールに参加する人たちの自主性を後押しし、小さな手づくりのビジネスの担い手を育成して、実践的な地域にある課題を解決していくことで、より広がりをもったまちづくりにつなげていくことに特徴がある。

　日程は3泊4日（2泊3日の場合もある）、初日のオリエンテーションから始まって、レクチャーを受け、そして街に繰り出してフィールドワークを行う。そこから各チームに分かれて、担当の空き物件を再生させるためのアイディアについて、日夜、活発な議論を行い、まちづくりの経験があるユニットマスターらを講師として指導を受けつつも、参加者が自らアイディアを構想し、ディスカッションを行い、企画を詰めていく。その際、事業性や収支、あるいはリノベーションのデザインやロゴのデザイン、あるいはビジネスの仕組みについてまでをとりまとめ、最終日に各チームがプレゼンテーションを行う。

　参加者は学生もいれば、すでに社会人として経験のある人たちも多く、さらには行政の担当部署の方々もいたりすることから、短い期間にも関わらずアイディアにあふれていて、情熱もあり、そして事業性も担保された具体的な事業が提案される。

　2011年より、最初は手弁当で始まったリノベーション・スクールは、2013年には運営を担う株式会社リノベリングが設立され、専属のスタッフによる運営を行うようになった。それ以降、開催回数が増加し、日本全国の自治体から依頼がくるようになり、2019年3月時点では、それまでに53都市での開催実績を上げるまでになった。そのうち、筆者は熱海

におけるリノベーション・スクールに講師の1名として参加している。

　その間に事業化されたリノベーション案件の数については、2018年の国土交通省の報告では、2014年から2016年までの間に、2014年は13件、2015年は30件、2016年も30件で、合計73件もの成果を上げているという。そして、それらの特徴は、補助金には頼らず、住民の自発的な経営によって街に貢献できる事業が生まれてきている。

　受講生らが作り上げる各物件は、小規模のリノベーション案件が多く、狭い範囲の小さなスケールで近隣とのつながりやコミュニティの生成を促すような事業が多く、各不動産については購入や開発による大きな規模のものはほとんどない。むしろ、地域の地主やビルオーナーたちを巻き込んで、物件を借りて事業を始めるという形が多いことから、どちらかといえば日本的な「まちおこし事業」を創出することによって、街の賑わいの形成や経済的な自立を目指したものが多い。

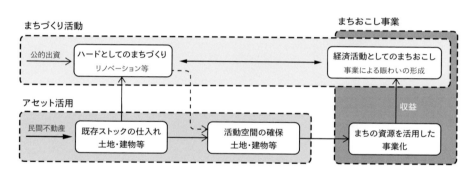

図4-16　リノベーション・スクールにおけるまちづくり活動とアセット活用とまちおこし事業の関係

図4-17　左：福岡県北九州市の再生された建物、右：熱海でのリノベーション・スクール集合写真

表4-7　リノベーション・スクールの概要

| 組織名称 | リノベーション・スクール |
|---|---|
| 活動地域 | 全国各地 |
| 活動期間 | 2011年8月 |
| 組織形態 | 株式会社 |
| 事業規模 | 全国30カ所以上で開催 |
| 組織の概要 | 不動産をリノベーションすることによってまちの再生活動を3泊4日のスクール形式で行う。建物のオーナー、まちづくりに貢献したい住民や起業を目指す人たちをマッチングし、実際に起業に結びつけて、まちづくりの推進に成果あり。 |
| 主な収入源 | 補助金、売上 |
| 公的資金等 | 各市町村からの運営委託費用により運営<br>平成26年度：9都市 10回<br>　山形県山形市、東京都豊島区、静岡県熱海市、静岡県浜松市、福井県福井市、鳥取県鳥取市、和歌山県和歌山市、鹿児島県鹿屋市、北九州市（2回）<br>平成27年度：8都市 10回<br>　岩手県紫波町、山形県鶴岡市、茨城県水戸市、東京都豊島区、愛知県岡崎市、鳥取県鳥取市、和歌山県和歌山市（2回）、北九州市（2回）<br>平成28年度：20都市 27回<br>　東京都（4回）、愛知県豊田市、宮城県仙台市、北九州市（2回）、神奈川県三浦市、静岡県浜松市（2回）、静岡県沼津市（2回）、岩手県紫波町、福井県福井市、山梨県甲府市、宮崎県都城市、愛知県岡崎市、埼玉県草加市、鳥取県鳥取市（2回）、香川県丸亀市、和歌山県和歌山市、群馬県富岡市、静岡県熱海市、神奈川県川崎市、山形県鶴岡市 |
| まちづくり活動 | 建物のリノベーション |
| アセットの活用 | なし |
| まちおこし事業 | 事業サービスの立ち上げ（店舗等）<br>市民事業のサービス提供 |
| 衰退局面やリスク対応の工夫？ | 十分ではない |
| CDCやDTとの違い | 価値の下がった空き不動産で開始し、イニシャルコストをミニマム化して、ランニング重視な計画を立てている点において、リスクに対する工夫はある |
| アセット規模 | 73件（立上げ件数：2014～16年）<br>実績<br>平成26年度：13件<br>・遊休不動産活用等:8件（北九州市8件）<br>・家守会社設立:4件（北九州市、和歌山県和歌山市、静岡県浜松市、鳥取県鳥取市、各1件）<br>・家守構想策定:1件（静岡県浜松市）<br>平成27年度：30件<br>・遊休不動産活用等:16件（北九州市2件、山形県山形市2件、東京都豊島区1件、静岡県熱海市3件、静岡県浜松市1件、福井県福井市1件、和歌山県和歌山市6件）<br>・家守会社設立:13件（岩手県盛岡市1件、岩手県花巻市1件、宮城県仙台市2件、東京都豊島区2件、愛知県岡崎市1件、愛知県豊田市1件、福井県福井市1件、和歌山県和歌山市2件、鳥取県鳥取市1件、山形県山形市1件）<br>・家守チーム組織:1件（東京都新宿区1件）<br>平成28年度：30件<br>・遊休不動産活用等:21件（北九州市2件、岩手県盛岡市1件、岩手県花巻市1件、宮城県仙台市1件、宮城県丸森町1件、東京都豊島区4件、神奈川県横浜市1件、愛知県岡崎市3件、愛知県豊田市1件、福井県福井市1件、和歌山県和歌山市2件、鳥取県鳥取市1件、鹿児島県鹿屋市1件、東京都中野区1件）<br>・家守会社設立:7件（岩手県盛岡市、岩手県花巻市、東京都豊島区、東京都北区、神奈川県横浜市、静岡県浜松市、愛知県岡崎市、各1件）<br>・家守構想策定:2件（東京都豊島区、宮城県仙台市、各1件） |
| データ資料元 | 民間まちづくり活動の促進と官民連携の深化による都市再生のあり方に関する調査・検討、業務報告書、平成30年3月、国土交通省都市局 まちづくり推進課 |

## 8. 株式会社リビタ

　株式会社リビタは、2005年に都市デザインシステム（現、株式会社UDS）と東京電力が共同出資して設立された。当初は、東京電力のもつ遊休不動産をリノベーションしながら、コーポラティブ共同住宅の分野で実績のある都市デザインシステムのノウハウを融合したプロジェクトを行っていた（2012年より京王電鉄の子会社化）。1棟丸ごとリノベーションを行って分譲に仕立てたりしながら、区分マンションの各住戸のリノベーション事業も推し進めていた。

　そういった背景としてもっていたことから、通常の不動産ディベロッパーのような利益重視の開発ではなく、むしろ各プロジェクトに対する社会的な役割やコミュニティの形成にフォーカスしており、そういった意味ではリビタは共同住宅の住民らのコミュニティやコミューナルな性質をより高めるようなコンセプトを元々もっていたといえる。

　その後、古い社員寮や団地をリノベーションしてシェアプレイス事業を開始。住民らが集まって交流するスペースを豊かに確保した新しい集合住宅のスタイルを打ち出した。その他、戸建リノベーションやマンションのリノベーション、あるいは倉庫のリノベーション、シェア型複合ホテルやシェアオフィスなど、従来はなかなか不動産ディベロッパーも手を出さなかった分野でのリノベーションによる事業化に成功し、2016年時点では、96棟、3995戸もの実績をもつまでに成長した。

　事業モデルとしては、安く仕入れた既存物件を創意工夫のある解決法でリノベーションやコンバージョンを行い、シェア型のコンテンツで住む人たちや使う人たちのコミュニティ活動を重要視した作りと、設備関係をシェアすることによるメリットを最大化した形で、住まう人たちや使う人たちにも、コスト的にもデザイン的な魅力においても訴求力の高いプロジェクトを提供してきている。

図4-18　左：リビタの手がけた日野市多摩平団地再生、右：シェアプレイス田園調布南の共用スペース

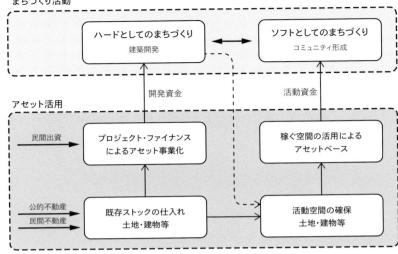

まちづくり活動

| ハードとしてのまちづくり | ソフトとしてのまちづくり |
| 建築開発 | コミュニティ形成 |

アセット活用

開発資金　　　　　　　　　　　活動資金

民間出資 → プロジェクト・ファイナンス によるアセット事業化

稼ぐ空間の活用による アセットベース

公的不動産
民間不動産 → 既存ストックの仕入れ 土地・建物等

活動空間の確保 土地・建物等

図4-19　リビタにおけるまちづくり活動とアセット活用の関係

表4-8　株式会社リビタの概要

| 組織名称 | 株式会社リビタ |
|---|---|
| 活動地域 | 関東地区 |
| 活動期間 | 2005年5月 |
| 組織形態 | 株式会社 |
| 事業規模 | 212億円（売上高：2019年） |
| 組織の概要 | リノベーションに特化した不動産ディベロッパー<br>社員寮などの建物をサブリースでシェアハウス化<br>行政からの補助金なしに経営的に自立した収益を上げている<br>現在は若者向けのシェアハウス事業を行っている |
| 主な収入源 | 不動産賃料、不動産再生・開発費 |
| 公的資金等 | |
| まちづくり活動 | 建物の再生リノベーション、有効活用 |
| アセットの活用 | アセット開発利益。運用利益 |
| まちおこし事業 | なし |
| 衰退局面や<br>リスク対応の<br>工夫? | 価値の下がった空き不動産から事業計画を始める点において、工夫は<br>ある |
| CDCやDTと<br>の違い | CDCのような、リスクヘッジの工夫はない<br>いわゆる普通の不動産開発と同じ |
| アセット規模 | 96棟、3995戸（2016年）<br>1棟まるごとリノベーション分譲マンション：39棟、1276戸<br>リノベーション済みマンション：511戸<br>R100T TOKYO：1棟分譲：6棟39戸、1戸分譲：32戸<br>戸建てリノベーション（Hows Renovation）：9棟<br>リノベーションフルサポート：396件<br>シェア型賃貸住宅「シェアプレイス」：15棟995戸<br>シェア型企業寮・一般賃貸マンション：21棟、1172室<br>シェアスペース・オフィス棟複合施設：5棟<br>シェア型複合ホテル：1棟 |
| データ資料元 | ヒアリングおよび内山氏資料（2016年） |

## 日本の事例とCDC、DTの比較と考察

　前述のように、日本における「まちづくり」には、ハードとしての建築や街並み、あるいはリノベーションによるもの、それからソフトとしてのコミュニティ形成や支援、そして、経済活動としてのまちおこし事業が含まれて理解されていることが多い。そして、従来はこれらの活動は政府からの補助金や寄付などによって賄われることが多く、資金力や持続性が問題になることがあった。

　また、CDCやDTにおいては、まちづくり活動としては、どちらかといえばコミュニティの形成や支援活動に重きが置かれているのに対して、日本のまちづくりでは経済活動としてのまちおこし事業に重きが置かれている傾向がある。これはアメリカやイギリスにおける貧困層やマイノリティ層ほどには、日本ではコミュニティ問題がまだ顕在化しておらず、むしろ貧困問題よりは、街の経済的な衰退を問題として捉えていることから、街に賑わいをもたらすことが目的化することが多い。

　一方、アセットの活用に関しては、それぞれの事例になんらかの工夫がされていた。アセットの活用から得た収益をソフトのまちづくりの活動資金として活用したり、アセット活用による自立性を担保しており、新しい時代のプロジェクト・ファイナンスとアセットベースの運用に一歩踏み込んでいるものもある。あるいは、各地域の地元住民を啓発しノウハウの提供をしていくような、インターミディアリー的な役割を担う組織も登場し、政府からの補助金がなくても、営利企業として十分に安定した実績を重ねてきている企業もある。

　以上のように、日本における従来のまちづくりの考え方に、CDCやDTのアセット活用の方法論をつなぎ合わせることは、日本における不動産を活用したまちづくりの事例において採用されてきた方法を検証することによって、図4-21のように十分に可能であると考えられる。欠けているものがあるとすれば、CDCにおけるLISC、DTにおけるDTAのような、アセット活用の高度なノウハウの伝授や資金調達におけるサポートを担う、インターミディアリーのような組織である。

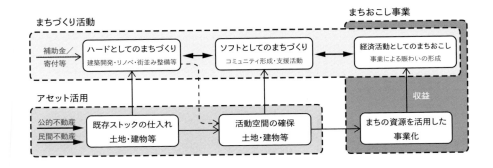

図4-20　日本におけるまちづくり活動とアセット活用とまちおこし事業の関係

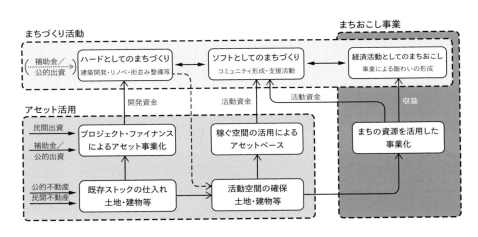

図4-21　今後の目指すべき日本におけるまちづくり活動とアセット活用とまちおこし事業の関係

5 章

全国のコミュニティ・アセットによる地域再生

4章までにコミュニティ・アセットに関わる様々な考察を行ってきた。特にアメリカやイギリスの事例に対して、日本におけるまちづくりでは、アセットの活用が十分にできてこなかったことについても述べた。一方で、日本において、不動産やアセットを味方につけるような進め方をして成功を収める事例も少しずつであるが増えてきている。特に2010年代に入ってからは成功事例が次の成功事例を導くなど、時代の流れの中で、空き家や空きビルを活用することが、自分たちの可能性を広げるツールになり得ると考えた人たちが増えてきている。そして、まだそのノウハウも確立していない時期において、それぞれのおかれた環境の中で試行錯誤の中から突破口を見出し、関係者を説得して資金を調達し、暗中模索の中から実現に結びつけた事例である。

　これまでの事例と違うのは、必ずしも公共側が主導のプロジェクトではなく、むしろ民間側が主体となって公共的な役割を果たすプロジェクトであるという点だ。あるいは、たとえ公共が主導で起こしたプロジェクトであったとしても、実は公共側にいる個人がいわば一人の民間人として主導的な役割を果たし、公共などの関係機関を巻き込んで成功した事例である。つまり、日本においても、地域や住民の主体性が育ちつつあるということも示している。

　こうして、コミュニティの新しい形を模索する民間主導もしくは民間と公共が連携して既存のストックなどの施設を再生し運営するような、「新しい公共性」に基づいたコミュニティ・アセットの再生や活性化などの取組みが、各地で行われるようになってきた（表5-1、図5-1）。

　本章では、表5-1のリストにある事例の中から15の事例を抽出して、実際に現場を訪れて運営者にインタビューを行ったうえで、その先駆的な施設における内容をここに紹介する。

住居　　宿泊　　公共拠点　物販・　　飲食　　交流　　コワーキング　貸し　　その他
　　　　　　　　　　　サービス　　　　　スペース　　　　　　　オフィス

表5-1　コミュニティ・アセットの事例リスト

| | 施設名 | 所在地 | 開始年 |
|---|---|---|---|
| 1 | 冷泉荘プロジェクト | 福岡県福岡市 | 2006年 |
| 2 | 尾道空き家再生プロジェクト | 広島県尾道市 | 2008年 |
| 3 | アーツ千代田 | 東京都千代田区 | 2010年 |
| 4 | オガール | 岩手県紫波郡紫波町 | 2012年 |
| 5 | 立川市子供未来センター | 東京都立川市 | 2012年 |
| 6 | MORIUMIUS | 宮城県石巻市 | 2013年 |
| 7 | 油津商店街 | 宮崎県日南市 | 2014年 |
| 8 | ONOMICHI U2 | 広島県尾道市 | 2014年 |
| 9 | BUKATSUDO | 神奈川県横浜市 | 2014年 |
| 10 | 円頓寺商店街 | 愛知県名古屋市 | 2015年 |
| 11 | PlanT | 東京都日野市 | 2015年 |
| 12 | MTRL 京都 | 京都府京都市 | 2015年 |
| 13 | 道の駅 保田小学校 | 千葉県鋸南町 | 2015年 |
| 14 | IRORI石巻 | 宮城県石巻市 | 2016年 |
| 15 | いいかねPalette | 福岡県田川市 | 2016年 |
| 16 | 南池袋公園＋ラシーヌ | 東京都豊島区 | 2016年 |
| 17 | UNICO A | 神奈川県川崎市 | 2016年 |
| 18 | 坂井市竹田農山村交流センター | 福井県坂井市 | 2016年 |
| 19 | GoodJob!センター香芝 | 奈良県香芝市 | 2016年 |
| 20 | 幕張ネイバーフッド・ポッド | 千葉県千葉市 | 2017年 |
| 21 | 隼Lab. | 鳥取県八頭郡八頭町 | 2017年 |
| 22 | NIPPONIA | 千葉県香取市佐原 | 2018年 |
| 23 | 三好市地域交流拠点施設 | 徳島県三好市 | 2018年 |
| 24 | ユクサおおすみ海の家 | 鹿児島県鹿屋市 | 2018年 |
| 25 | yuinowa | 茨城県結城市 | 2018年 |
| 26 | ヤマキウ南倉庫 | 秋田県秋田市 | 2019年 |
| 27 | KAGAN HOTEL | 京都府京都市 | 2019年 |
| 28 | ジョイン・スポット袖ヶ浦 | 千葉県習志野市 | 2021年 |

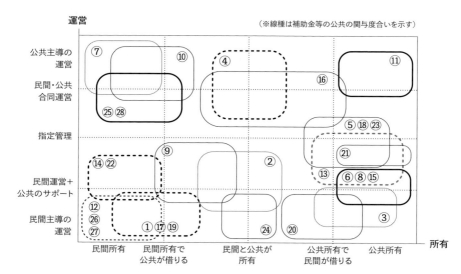

図5-1　運営・所有形態マトリックス

手作り感のあるクリエイティブな空間

# unico
神奈川県川崎市

　川崎の駅から線路に沿って、さくら通りを南下し、少し行った先にある市電通りをガードをくぐって渡り、そして斜め右に行くと、集合住宅や工場などが混在するエリアに、unico-A（ウニコア）はある。鉄筋コンクリート造の5階建てのがっちりした建物の道路側には、センスある看板や木材のパーツが無造作に並んでおり、工場というよりはクリエイティブな工房のような佇まいになっている。

　入り口らしき箇所が何カ所かあるが、左の体育館のようなunicourtでもなく、右側の中庭に抜けるunico-Bでもなく、真ん中の看板やらフロア案内らしきものがあるところを入って行くと、ざっくりとした空間にはカフェ「IBIS」があり、手作りのような木材パーツが組み合わされてカウンターがあり、手前から奥にかけて、テーブルとイスが並んでいる。コンクリートに塗装で仕上げた壁、炭入りらしきダークなモルタル仕上げの床、そして中を行き来するアーティストらしき人たち。ここはニューヨークでもロンドンでもなく、紛れもなく「川崎」なのだが、クリエイティブ

なエネルギーがあふれており、看板やサインにも、造作家具にも手作り感のある雰囲気になっている。

　鉄筋コンクリート5階建てで1750㎡あるunico-Aから始まったこの施設の再生は、手前の700㎡のunico-B、そして向こう側にあるバスケットコートがあるunicourtも合わせて、3つのビルが合わさっており、その中にはカフェやコワーキングスペース、レストランやシェアハウスまである複合施設として生まれ変わった。

　オーナーは、この地で1965年から営業を続けていた株式会社ヨネヤマ。食品の容器や包

装を生産しており、1946年からすでに創業76年になる老舗である。しかし、工場はすでにここからは移転し、10年ぐらいはシャッターを閉めて使われなくなっていた建物であった。

　ここをディベロッパーに売れば、あっという間にマンションに変わってしまうことはわかっていたが、会社を育ててくれたこの地をそのまま手放すのも忍びなく、地域への恩返しとして何かできないかと川崎市やら様々な人たちとやり取りする中で、VUILDという会社を設立しデジタル技術による建築のファブリケーションを目指していた秋吉浩気氏と出会い、そこからこのプロジェクトが動き出した。リノベーションの設計はオンデザインの西田司氏、運営に株式会社NENGOが加わり、ヨネヤマがイニシアティブをとって進める体制ができあがり、2017年の7月にはunico-Aがオ

ープン、翌年にはunico-Bもできあがり、そしてunicourtも加わって現在の形になった。

　unico-Aの1階にはVUILDのファブリケーション工房を中心に、カフェのIBIS、ブリューワリーのTKBrewing、そして、Twenty minutes barがある。2階には隠れ家ダイニングのBaumhaus sun（バームハウス・サン）がある。そして3〜5階はシェアオフィスであるunico workになっている。

　一方、unico-Bでは、1階には中庭のunico gardenがあり、前述のVUILDが作成したアーチ状のオブジェと緑豊かな空間が作られており、その他にランドリーのLandry & Style Granzがある。2階には株式会社ヨネヤマの本社が戻ってきて、元は社員寮であった3〜4階は、シェアハウス「川崎日進アパートメント"85"」として生まれ変わった。

　鉄骨造のunicourtは、バスケットボールの
フルコート1面と、ハーフの1面があり、貸し
スポーツ施設として稼働させている。

　地域に貢献したいという思いから、建物全
体にシェアの発想が行き渡っている。VUILD
がコンピュータから出力・ファブリケーショ
ンした木材の部材がいたるところにあり、古
いコンクリートとデジタルに切り出された木
材、そしてクリエイティブなロゴやディスプ
レイなど、ざっくりとインダストリアルな佇
まいと、生き生きとした創造性が合わさって、
私が若いころにロンドンやニューヨークで感
じたエネルギーの息吹がここにはあふれてい
るように感じる。クリエイティブなエネルギ

ーをもった人たちが集まり、交流し、そして
ここから新しいものが生み出されていく。川
崎は日本のSOHOになっていくのかもしれな
い。

　特筆すべきは、オーナーである株式会社ヨネ
ヤマの姿勢であろう。行政でもない一介の民間
会社であるヨネヤマが、この先代から受け継
いだアセット資産を無駄にせず、その記憶を
大切にしながらも、そこに地域コミュニティ
に貢献すべく新しい人材やエネルギーが入っ
てくるスペースを創り出した。そして、その
古いビルの味わいを残しつつ、無理のない手
作り感のあるクリエイティブな空間が、人々
を引き寄せているように思う。

シェアハウス

カフェ
ブリューワリー
レストラン

あり

シェアオフィス

工房
本社
その他

バスケットコート
スポーツ施設

## アセット概要

| | | | | |
|---|---|---|---|---|
| 施設名称 | UNICO | | 開始時期 | 2017年7月〜 |
| 施設の概要 | 発酵してる？をスローガンにデザインシンカーが集まる創造的複合施設。 | | 事業の概要 | オーナーの全額出資。収入源は不動産賃料。 |
| 所在地 | 神奈川県川崎市川崎区日進町 | | 資本 | 民間 |
| 用途 | 複合施設・シェアオフィス | | 公的資金等 | なし |
| 延床面積 | unico-A：1750㎡、 | | 所有者 | 株式会社ヨネヤマ |
| | unico-B：700㎡、 | | 運営組織 | 株式会社ヨネヤマ |
| | unicourt：— | | 元の用途 | 工場 |
| 構造・階数 | 鉄筋コンクリート造5階建て | | アセットの活用 | 自社ビルの活用 |
| 築年数 | 築53年 | | リスク低減の工夫 | イニシャルコストの低減 |
| 工事方法 | リノベーション | | データ資料元 | ヒアリングおよびHP情報 |

東北における先駆的リノベーション事業

# THE 6

宮城県仙台市

　2004年より仙台を中心に福島や岩手など、東北全域でリノベーション工事の会社を営んできた株式会社エコラ。2009年には、一般社団法人リノベーション住宅推進協議会に加わり、東北におけるリノベーション事業の普及を率先して努める中で、東京でリノベーション事業の先駆的な役割を果たしてきた株式会社リビタと接点があり、仙台においてリノベーション事業の立ち上げを模索した。2015年に6階建ての鉄筋コンクリートビルに出会い、事業化による再生を決意した。このビルは、東北大震災による被害で買い手が誰もつかない状況であったが、ビルの再生と同時にリビタの協力を得てシェア型複合施設としてリノベーションを行い、2016年5月にオープンした。

　元々は1階がピロティの駐車場、2〜3階がオフィス、4〜6階が集合住宅だったこの建物を、1階はピロティの駐車場のままだが路面でのイベントが開催できるスペースとし、2階はテナントスペースのままだが、3階を直営のシェアオフィスとして運営し、4〜6階の部分はSOHOのオフィスとし、そのうち14室ほどは

レジデンスとして、ビル全体のそれぞれのフロアが組み合わさって機能するように構成した。

また、SOHOやレジデンス、あるいは2階のテナントスペースは、安定的な収入を得られるようにする一方で、3階を建物全体のシェアスペースに見立てて有機的に機能するように運営し、1階の駐車場部分を地域への開かれた場所として使えるようにしながらも、普段は駐車場として機能させるなど、まちづくりや地域貢献、コミュニティの生成に配慮しながら、アセット全体としては安定した収入、安定した運営ができるように計画されている。

エコラは、この施設を皮切りに、次々に古いビルの事業化に乗り出している。2020年には、1981年築の10階建てのビルを再生しTNERをオープン。TNERを逆さまに読むと「RENT」。シェアオフィスとアパートを組み合わせた施設として運営している。2021年には、築46年の11階建てビルを用途変更し、カフェはホテル、シェアラウンジ、アパートメントからなる複合施設をオープンした。

このプロジェクトの重要なポイントは、日本中のどこにでもあるようなビル、悪い言い方をすれば特徴も個性もないビルを、その不動産的視点による事業性もきちんと検証したうえで、その安定収入を背景に、一部のスペースを開放的な場作りとして様々な人たちが交流し、刺激し合えるような共有ゾーンを設けてアセットの活用の広がりをもたせ、地域の人材が集えるような公共的な役割を果たしているところである。つまり、民間の事業ビルであるにもかかわらず、たとえば行政が行うような公民館のような役割も併せ持たせつつ、その事業性も担保している点において、リビタが行ってきた事業と同様に価値のあるものであろう。

シェアプレイスを運営してきたリノベーションの先駆者であるリビタ、あるいはそこから独立したu.companyの内山博文氏のサポートを受け、東北におけるリノベーション事業の先駆的な役割を果たし始めている株式会社エコラには、今後も目を離せない。

レジデンス

グッズ販売

あり

シェアオフィス

貸しフロア
SOHO

シェアキッチン
マルシェ兼
駐車場等

### アセット概要

| | |
|---|---|
| 施設名称 | THE 6 |
| 施設の概要 | 働く場所、暮らす場所、その2つの間の空間がコンセプトのシェア型複合施設。 |
| 所在地 | 宮城県仙台市青葉区 |
| 用途 | シェアオフィス・レジデンス |
| 延床面積 | 2247.82㎡ |
| 構造・階数 | 6階建ての鉄筋コンクリート造 |
| 築年数 | 築36年 |
| 工事方法 | リノベーション |
| 開始時期 | 2016年5月〜 |

| | |
|---|---|
| 事業の概要 | 銀行融資。主な収入源は不動産賃料。 |
| 資本 | 民間 |
| 公的資金等 | なし |
| 所有者 | 株式会社エコラ |
| 運営組織 | 株式会社エコラ |
| 元の用途 | オフィス・集合住宅 |
| アセットの活用 | 震災被害ビルを廉価に購入 |
| リスク低減の工夫 | レジデンス等の安定収入を確保した上で、シェアオフィス等の変動による収入のリスクをカウント |
| データ資料元 | ヒアリングおよびHP情報 |

創造都市ムーブメントの起点

# BUKATSUDO

神奈川県横浜市

1993年に竣工した地上70階建ての横浜ランドマークタワー。埋め立て地である「みなとみらい」にある超高層ビルである。当時、日本で2番目に高かったこのビルの足下に、ドックヤード・ガーデンがある。ドックヤードの名の通り、元は「旧横浜船渠第2号ドック」と呼ばれ、船を建造するための楕円形状をしたドック（船渠）は1896年に建造されたものだ。日本に現存する最古の石造りドックである。ランドマークタワー開発時に、横浜市とその当時の土地のオーナーが話し合って保存

することを決定し、1989年には横浜市認定歴史的建造物に認定され、1997年には重要文化財に指定された。

開発者である三菱地所は、このドックヤードを保存しつつ、その周囲の地下を商業施設として開発し活用してきた。ドックヤードの周囲をぐるりと地下の商業スペースが取り囲んでおり、そのうちの道路側の三角形の地下1階の区画は、建物本体からのアクセス性に難があり、テナント付きにも問題があったことから、その活用方法については試行錯誤して

全国のコミュニティ・アセットによる地域再生

きた。最終的には、そのスペースを横浜市と協力してむしろ公共的な役割を担う場所として再活用することで、このプロジェクトが立ち上がることになった。

公共的な利用に供するために、三菱地所が保有するこのスペースをまずは横浜芸術文化振興財団が廉価に借り受け、そのスペースを横浜市の提唱するクリエイティブな創造都市の拠点として、公共性の高い利活用をするために株式会社リビタが委託を受けて管理・運用をしている。つまり、横浜市、三菱地所、リビタの三者が集まった公民連携によるプロジェクトであり、2014年6月にオープンした。

スペースは全部で250坪あり、アトリエ、スタジオ、ホール、キッチン、ストレージ、部室、ルーム、コーヒースタンド、ワークラウンジのスペースとして活用する。大人の日常を豊かにする活動を「部活」と呼び、利用者の自由な部活の拠点であり、家でも会社でもない、もうひとつの居場所、街のシェアスペースがコンセプトである。

このプロジェクトの興味深いポイントはいくつかある。ランドマークタワーそのものは、横浜市の中では一等地であり建物そのものも高価な事業施設であるから非常に地価の高い場所である。しかし、このドックヤードを保存するために生まれてしまった死角のような場所ができてしまったために、その活用のために公共性の高い解決方法をとったということになる。また、ランドマークタワー側から見ればアクセス性はよくないが、実は街の道路側からのアクセス性は高く、階段を降りたすぐのところにあり、公共的な用途に向いた場所であったといえるだろう。

さらに、横浜市は、リチャード・フロリダらが提唱していたクリエイティブ・シティ論に立脚した都市の活性化をテーマにしており、クリエイティブな人材が新たな都市産業を生み出していくという考え方を採用している。つまり、クリエイティブな発想をした人たちが集まりやすい環境を整えることが、将来の横浜の活性化につながるという。

アルファベットでBUKATSUDOとネーミングされたこの施設は、オープンなプランとなっており、カフェやあるいは個別のブースがあったり、あるいはシェアキッチンなどもあり、様々な活動を通じて利用者が交流できるような仕掛けになっている。フリーランスのクリエーターが多いのかと思ったが、場所柄か大企業に勤める人たちがアフターファイブに利用することも多いそうだ。大企業に勤めて安定を求めるようなサラリーマン社会か

ら脱却し、個人のクリエイティビティが企業
や街や都市を突き動かしていくような、そう
いうムーブメントの起点となるような場として
期待できるのではないだろうか。

| | | | | コーヒー<br>スタンド | イベント<br>スペース<br>スタジオ<br>ホール | シェアオフィス<br>アトリエ | 部室<br>ルーム | キッチン<br>ストレージ |

### アセット概要

| 施設名称 | BUKATSUDO | 資本 | 民間＋公共支援 |
|---|---|---|---|
| 施設の概要 | 日常を豊かにする大人の「部活」の拠点 | 公的資金等 | 横浜市 |
| | | 所有者 | 三菱地所株式会社 |
| 所在地 | 神奈川県横浜市西区みなとみらい | 運営組織 | 借主：横浜市芸術文化振興財団、運営：株式会社リビタ |
| 用途 | シェアオフィス | | |
| 延床面積 | 約825㎡ | 元の用途 | 飲食店・店舗 |
| 構造・階数 | 超高層ビル施設の地下1階 | アセットの活用 | 空き店舗の活用 |
| 築年数 | 築32年 | リスク低減の工夫 | 公的な目的（まちづくり）のため、財団が安く借り受けた上で、運営を委託 |
| 工事方法 | 内装リフォーム | | |
| 開始時期 | 2014年6月〜 | データ資料元 | ヒアリングおよび説明資料より |
| 事業の概要 | リビタがテナントとして内装事業に投資、5年で回収できるスキーム | | |

コミュニティを先に生成

# 幕張ネイバーフッド・ポッド

千葉県千葉市

千葉県が所有していた土地を民間のディベ
ロッパーに売却する際に、エリア・マネジメ
ントをきちんとすることを条件に入札を公募
した結果、7社（三井不動産レジデンシャル、
野村不動産、三菱地所レジデンス、伊藤忠都
市開発、東邦地所、富士見地所、袖ケ浦興業）
の共同事業体が落札した。17.5haの土地を10
年かけて開発し、6棟の高層マンションで4000
戸規模の集合住宅が計画された。

　通常は、大規模集合住宅開発であれば、建

物が建ってから住民が入居し、それから自治
体が立ち上がるというプロセスを経るのだが、
このプロジェクトでは、この常識を覆す方法
で行われることになった。まず、建物ができ
あがる前から、コミュニティの育成に取りか
かり、そのコミュニティへ参加してくれた人、
興味をもってくれた人たちが、結果的に入居
するという方法である。今までのマンション
販売の常識からすれば不可能のように思える
のだが、このプロジェクトでは、その不可能

にチャレンジすることが必須条件であった。

　まずは、普通はマンションショールームを仮設で建設して、それを個別に販売するところから入るわけだが、その見直しから始まった。ショールームの代わりに、コミュニティ・スペースをまずは立ち上げることになった。それがこの「幕張ネイバーフッド・ポッド」である。しかし、そのコミュニティ・スペースにいつもの営業社員を配置したところでコミュニティは生まれない。そこで、その運営を任されることになったのが幕張PLAYである。

　中央に設けられた楕円型の広場に面した土地に、仮設のコミュニティ・スペースは立ち上げられた。スペースの中央にはコミュニティ・スペースが設けられ、左右にはそれぞれ、カフェとブリューワリーが出店、さらに防音の音楽スタジオも用意された。ただ、それだけでは通常の商業施設となんら変わらない。そこで、ここでは店員を「キャスト」と呼んでおり、彼らはただの店員ではなく、実は近隣の住民や千葉市内のコミュティを運営しているような地域の面白い人たちを選りすぐって配置し、その人たちを中心にして、徐々に人

の活動とつながりを作る場所となるように運営している。音楽の演奏、シンポジウム、地元の発表会、起業家の発表会や交流会などのイベントを開催し、徐々に地元や近辺の人のつながりを編み込みながら、活動が広がっていくようにした。つまり、面白い人たちが集まって、人の活動とつながりを作る場所として、建物が建つ前に「先に」コミュニティを生成しようというチャレンジングな試みである。

　10年かけて少しずつ開発されることから、マンションが少しずつ建てられては住民が増えていく。この仮設のスペースは、新しくできる住棟の1階に設けられるB-Pam（Bay-Park Area Management）CENTERに最終的には移行する。このマンションを「販売」するのではなく、マンションに住まう「コミュニティを作る」ことから始める新しいこの進め方。その成否については、今後、長い年月を経て明らかになるが、少なくとも現時点では、それなりの成果が上がりつつあるという。この新しいやり方はマンション業界の売り方を根本から変えるかもしれない。

全国のコミュニティ・アセットによる地域再生

|  | カフェ<br>ブリューワリー | コミュニティ<br>スペース |  |  | 防音スタジオ |
| --- | --- | --- | --- | --- | --- |

**アセット概要**

| | | | |
| --- | --- | --- | --- |
| 施設名称 | 幕張ネイバーフッド・ポッド | 事業の概要 | オーナーJVによる |
| 施設の概要 | 幕張ベイパークの準備施設としてオープンした複合施設。「人が住む前にコミュニティを作る」をコンセプトとして生まれた | 資本 | 民間 |
| | | 公的資金等 | なし |
| | | 所有者 | 7社のディベロッパーJV（三井不動産レジデンシャル、野村不動産、三菱地所レジデンシャル、伊藤忠都市開発、東邦地所、富士見地所、袖ケ浦興業） |
| 所在地 | 千葉県千葉市美浜区若葉 | | |
| 用途 | コミュニティ・施設 | | |
| 延床面積 | 約500㎡ | 運営組織 | 幕張PLAY株式会社 |
| 構造・階数 | 平屋 | 元の用途 | — |
| 築年数 | — | アセットの活用 | 空き地、広場の活用 |
| 工事方法 | 新築 | リスク低減の工夫 | 仮設建物・収益施設による活性化 |
| 開始時期 | 2017年9月〜 | データ資料元 | ヒアリングおよび説明資料 |

クリエイティブ・ネットワークの顕在化

# MTRL kyoto（FabCafe Kyoto）
京都府京都市

　京都の五条通と烏丸通のすぐ近く、大通から一本入ったところにある MTRL Kyoto は、2015年12月にオープンした。MTRL とは、英語でマテリアル（素材）のこと。そして、運営している会社は、広告会社でありクリエイティブ・カンパニーの株式会社ロフトワーク。数多くのクリエーターをネットワーク化して様々なクリエイティブなサービスを提供している。主要なクライアントには、大手企業や地方自治体、あるいは国の機関なども名を連ねており、幅広く活動をしている。東京に本社があるロフトワークは、京都に支社を立ち上げる際に、その場所を単にオフィスとして使うのではなく、地元や企業をつなげる活動の場として活用することを目的として、この場所のリノベーションを行った。

　マテリアルと向き合い、企業や研究機関、地方自治体、クリエーターが相互につながり、新しいプロダクトの研究開発やブランディングを行う拠点として考えられている。MTRL は京都だけでなく、東京や香港にも拠点を構えている。この場所では、素材を活かしたプロダクトの展示を行ったり、あるいは素材に関わるシンポジウムやイベントを行ったり、あるいは新しいプロダクトの研究開発のためのミーティングが行われたりしており、常に新しいビジネスや交流がここから発信していくような活力に満ちたスペースになっている。MTRL が手掛けてきたプロジェクトとしては、企業との新しい素材を活用した新規事業開発、あるいはロボットの研究開発など多岐にわたる。そして、MTRL というスペースがあるこ

とで、彼らの活動が空間として立ち現れ、外部から依頼してくる人たちにとっても、その可能性を理解するきっかけになっているという。

　印刷所として使われていたスペースをリノベーションし、1階はカフェとFabCafe、そしてイベントスペースとなっている。2階にはミーティングルームや宿泊可能な和室もある。そして、3階はロフトワークのオフィススペースになっている。1階にあるFabCafeは、デジタルデータから出力できる3Dプリンターやレーザーカッター、UVプリンターなど、デジタルによる工作機器が設置されており、新しい物作りの可能性を広げていくような試みもできるようになっている。

　元々あった木造の築120年の建物の魅力を活かすために、京都らしい路地が奥へとつながっていくような空間構成になっており、また、古い建物の素材がむしろ露出し、必要以上に新しい素材で仕上げてしまわずに、古い建物ならではの素材感を味わえるように工夫

してある。特に1階はカフェとしても活用できるオープンな構成でありながら、そこでビジネスミーティングが開かれていたり、あるいは、クリエーターが作業に没頭しているといった、まるで研究所か大学のキャンパスのような雰囲気になっており、ひとつの企業のスペースの枠を越えて、京都という町につながり、そして京都の町のクリエーターや企業につながっていくような広がりをもっている。

　このプロジェクトにおいて特徴的なのは、企業の中に閉じているはずの空間が街に開かれており、自由に出入りできると同時に、アウトソーシング可能なロフトワークのネットワークが顕在化されるところに魅力があることであろうか。広く一般に開かれているわけではないが、特定の興味をもった層には確実に届く訴求力の強さがあり、そして、街そのものが大学とか研究所のようにネットワーク化していくような、新しい場のあり方の可能性が広がる。

全国のコミュニティ・アセットによる地域再生

カフェ

イベント
スペース

ミーティング
ルーム
和室

オフィス
（支店機能）

FabCAFE

## アセット概要

| | | | | |
|---|---|---|---|---|
| 施設名称 | MTRL Kyoto | | 開始時期 | 2015年12月～ |
| 施設の概要 | 素材をキーワードにしたFabカフェ。MTRLは、企業や研究機関、地方自治体、ユニークな素材を扱う企業などをつなげ、素材の信用と開発や製品開発、新市場にむけたブランディングなどをサポートしている。 | | 事業の概要 | オーナー会社の京都支店（3F）を兼ねる。交流スペース、コワーキングスペースとして運営 |
| | | | 資本 | 民間 |
| | | | 公的資金等 | なし |
| | | | 所有者 | 株式会社ロフトワーク |
| 所在地 | 京都府京都市下京区本塩竈町 | | 運営組織 | 株式会社ロフトワーク |
| 用途 | イベント・交流スペース | | 元の用途 | 印刷所 |
| 延床面積 | 386.05㎡ | | アセットの活用 | 空き古民家の活用 |
| 構造・階数 | 木造3階建て | | リスク低減の工夫 | 自社利用の支店としての利用、営業・交流スペースとしての活用 |
| 築年数 | 築120年 | | | |
| 工事方法 | リノベーション | | データ資料元 | ヒアリングおよび説明資料 |

エリアの空き店舗をゼロにした手腕
# ヤマキウ南倉庫
秋田県秋田市

　秋田駅から徒歩で南西に20分ほどのところにある南通亀の町。かつては賑わいのあった市街地であるが、近年は空きビルも増えていた。そこに株式会社See Visionsを率いる商業施設のプロデューサーでありグラフィックデザイナーでもある東海林諭宣氏がまちづくりに参画し、地域の再生が始まった。2013年にオープンしたカメバルを皮切りに、2014年にはサカナ・カメバールなどを手掛け、そして、2015年には、地元で味噌・醤油・酒の蔵元を営んできたヤマキウのオーナーから、空きビルになっていたRC造の3階建て、180㎡の「ヤマキウビル」の運営を任され、3階に自社オフィス、2階に貸しオフィス、そして1階にカフェや飲食店をオープンさせて運営を行った。こういった一連の再生から徐々にこのエリア

が注目されるようになり、その影響でこの周辺での他の出店も増えた結果、空き店舗がゼロになったという。

　その後、使われなくなっていた築43年のヤマキウの1300㎡もある酒保管庫の活用についても相談された。オーナーである小玉康明氏は、このビルを活用して地域貢献できて、安定した運営ができれば、利回りが十分でなくてもやるべきという考えのもと、See Visionsが事業計画を立て、オーナーが初期投資を全額負担し、その費用を賃料で返却していくというスキームにより実行され、2019年6月にオープンした。

　稼働率60％で15年で元がとれる計算となっており、利回りとしては7％程度だが、オーナーとしては、一時的な儲けよりも安定して継

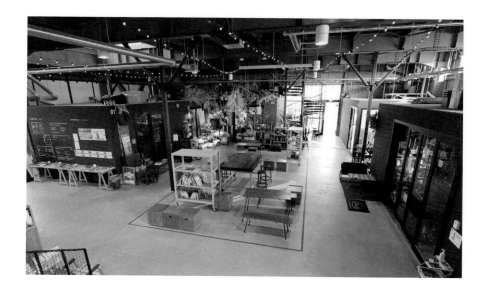

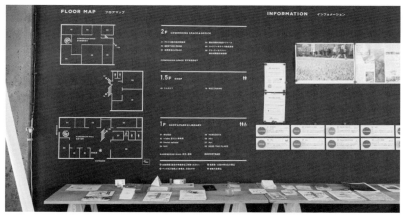

続的に事業が続けられることと地域に対する
貢献ができることを重視した。つまり、民間
のプロジェクトであるにもかかわらず、パブ
リック・マインドの高いプロジェクトとなっ
ている。

　2階建ての鉄骨造の倉庫は1300㎡もあり、通
常の使い方では持て余すような広さであるが、
むしろ、その中に小さな店舗が建ち並び、ギ
ャラリー、ライブラリー機能をもつパブリッ
クスペース、10のショップ、6のオフィス、コ
ワーキングスペースなどがある複合施設にな
っている。室内は、屋根付きの公園をイメー
ジして、真ん中部分にオープンスペースを設

け、広々と余裕のある配置となっており、寒
く長い冬に雪も降る秋田でも、1年を通じて楽
しめる空間構成となっている。

　この周辺エリアにおける小さな店舗を一つ
ひとつ丁寧に再生させていった結果として、
このエリアの価値を高めていったことが最大の
功績であろう。そういった時間をかけたエリ
ア全体の活性化がなければ、この面積が大き
なヤマキウ南倉庫の成功もなかっただろうと
思われる。小さな成功が次の成功を導き、そ
して、他の出店意欲をも引き出す。場の価値
の再生が、街というエリア全体の価値を創り
出す好例といえるだろう。

ショップ

あり
（隣接施設）

パブリック
スペース

コワーキング
スペース

オフィス

ギャラリー

## アセット概要

| | | | | |
|---|---|---|---|---|
| 施設名称 | ヤマキウ南倉庫 | | 資本 | 民間（オーナー） |
| 施設の概要 | 倉庫＋リノベーションでSYNERGYを生む創庫。 | | 公的資金等 | なし |
| | | | 所有者 | 小玉醸造株式会社 |
| 所在地 | 秋田県秋田市南通亀の町 | | 運営組織 | 株式会社See Visions |
| 用途 | 複合商業スペース、オフィス | | 元の用途 | 酒保管倉庫 |
| 延床面積 | 1300㎡ | | アセットの活用 | 空き倉庫の活用 |
| 構造・階数 | 鉄骨造2階建て | | リスク低減の工夫 | イニシャルコストはオーナー負担、家賃収入を抑えて持続性を優先 |
| 築年数 | 築43年 | | | |
| 工事方法 | リノベーション | | データ資料元 | ヒアリングおよび説明資料 |
| 開始時期 | 2019年6月〜 | | | |
| 事業の概要 | オーナーの全額出資。オーナーは家賃収入、See Visionsは運営費収入 | | | |

民間資本によるコミュニティ・アセット

クリエイティビティの集合アトリエ

# 冷泉荘プロジェクト

福岡県福岡市

　博多の中洲にほど近い川端商店街の一本横の細い道を行くと、RC造5階建て、地下1階のこのビルが突然現れる。1958年に建てられた築64年のビルで、古いマンションのようにも見えるが、いわゆるレトロな雑居ビルである。最近の言い方では、ビンテージ・ビルとでもいえようか。

　オーナーである吉原住宅有限会社の吉原氏は、福岡を中心に活動をしており、「古い建物を大切に活かす（ビルのストック活用）」を基本理念に活動している。2000年に父の会社を継ぎ、老朽化したこのビルを目の当たりにして途方に暮れていた。2005年ころにはこのビルは廃墟寸前まで傷んでおり、空き室も多くてこのままでは継続が難しい状況であった。そして、2006年ころからこのビルの活用・活性化のためにまずは若手アーティスト向けのプロジェクトを実験的に3年間続け、2009年にはアジアトリエンナーレの街中の会場として使用し、こういった実験期、準備期を経て、2010年に正式に「リノベーション・ミュージアム冷泉荘」という名の集合アトリエとして

再スタートした。そして　2011年には耐震補強も施し、築100年を目指して長く活用していく体制が整った。

　全部で25室あり、人、街、文化をコンセプトとして、フォトスタジオ、NPO法人、ものづくり工房、建築設計事務所、語学教室、カフェ、レンタルスペースとして使用されている。各部屋はセルフリノベーションを可として、原状回復義務をなくしたことで、それぞれの入居者が自由に創意工夫をしてDIYしており、多様な入居者が集まっている。また、ユニークな常駐の管理人もおり、入居者相互の交流も盛んである。定期的にオープンアートイベントとして、「れいせん荘ピクニック」が開催されており、多くの人たちが集うイベントになっている。

　このプロジェクトの特徴としては、クリエイティブ・シティ、つまりは創造系都市の発想に近い。アート、あるいはアーティストが

都市の空き室や空きビルをクリエイティブに活用することで、創造的な都市の活用が可能になり、強いては街全体の活性化の起点になりうるということである。ニューヨークでは、SOHOという倉庫街をアーティストが自由に活用したことで、アトリエやアートギャラリーが生まれてきたように、アーティストやデザイナーといった創造的な職業には、古いビルを前向きに活用する想像力のイマジネーションと、それを面白い場に変えていく、創造力というクリエイティビティが備わっている。そして、多くの人に対して展示したり、説明したり、あるいはプレゼンテーションをしたりと、作品を通じて人を集めて交流を促すような結節点を創り出すような力が彼らにはあるように思う。このように、彼らが率先的に街を「使い倒す」ことで、死にかけていた街が息を吹き返し、新たな活力を生み出すことになる。

|  |  |  | ショップ | カフェ・ベーグル | 多目的スペース |  | アトリエオフィス | コミュニティ・センター |

## アセット概要

| 施設名称 | リノベーション・ミュージアム冷泉荘 |
| --- | --- |
| 施設の概要 | 福岡の古い建物を大切にするという理念のもと、「ひと」「まち」「文化」を大切に思う人たちが集まる場。 |
| 所在地 | 福岡県福岡市博多区上川端町 |
| 用途 | 集合アトリエ |
| 規模 | 25室 |
| 構造・階数 | RC造5階建て地下1階 |
| 築年数 | 築64年 |
| 工事方法 | リノベーション |
| 開始時期 | 2010年〜 |

| 事業の概要 | 不動産会社による投資、運営、家賃収入 |
| --- | --- |
| 資本 | 民間 |
| 公的資金等 | なし |
| 所有者 | 吉原住宅有限会社 |
| 運営組織 | 吉原住宅有限会社 |
| 元の用途 | 雑居ビル |
| アセットの活用 | 雑居ビルの転用 |
| リスク低減の工夫 | 空きビルになりかけていた物件を、準備期間を設け徐々に整備 |
| データ資料元 | ヒアリングおよび説明資料 |

団地再生の活性化
# ジョイン・スポット袖ケ浦
千葉県習志野市

　高度成長期の1967年に建築された築55年になる袖ケ浦団地は、全69棟、3000戸を越える大規模団地であり、その中心にある袖ケ浦団地ショッピングセンターのすぐ横にあるのが、団地の4年後に建てられた築51年になる銀行が入っていた2階建ての建物である。床面積は616㎡あり、その1階部分（311㎡）を利用したのが、このジョイン・スポット袖ケ浦である。

　長く地域の銀行として使われてきたが、昨今の銀行の統廃合や支店数の減少の流れを受けて、2020年の1月に閉店し空きビルとなっていた。その空きビルを今後、どのように使っていくかを模索する中で、試験的にこの空きビルを活用して地域のコミュニティに貢献できないかどうか実証実験を行うことになり、管理をしている日本総合住生活株式会社（以下JS）を中心に、団地を所有管理している都市再生機構（以下UR）、そして、この地域のまちづくりを長く推し進めてきていた千葉工

業大学（田島研、鎌田研、磯野研）が連携して、2021年度よりこのスペースを盛り上げていくことになった。

　ジョイン・スポットという名前は、日本総合住生活の通称であるJSにちなんでいる。人々が集まり、つながる場所として使われてほしいという考え方を表したものだ。元銀行ビルの内装を剥がしただけの無機質な状態から活動が始まったこのプロジェクトは、地元の人たちを巻き込むために始めたとはいえ、当初はまだ誰にも知られておらず、また、その準備もできない状態から、JS、UR、そして千葉工大の学生らが集まって、セルフビルドで空間を作り上げるところから始まった。

　廃材を集め、その廃材を使ってデッキスペースを作る。あるいは、人工芝によって、無機質なコンクリート床に彩りを与える。それらの作業をみんなで汗をかきながら進めていくことで、この空間が誰かのものではなく、そこに汗をかいた人たちの心のもちようを変え、

全国のコミュニティ・アセットによる地域再生

その空間を使って、それから盛り上げていくために協力をしていくことが、まさに住民たちを巻き込んでいくためのきっかけ作りとなっていった。

そして、キャンプ用品を主に使って家具を配置し、アウトドアのような広々とした空間が現れ、壁には千葉工大の学生たちが年月をかけて進めてきた袖ケ浦団地のまちづくりの様子が貼り出される。今、生まれたばかりのはずの空間だが、この袖ケ浦団地における歴史や思い出も織り込まれて、何か懐かしい、居心地のよいスペースが出現した。

そこでは、ジョイントークと題された定期的なイベントが催され、様々なテーマで住民たちが集まり語り合う機会が設けられた。最初は一部の関係者だけが集まっていたこの場所も、徐々に地元の人たちを巻き込んで広がっていった。特に、千葉工業大学の田島則行

研究室を中心として以前から続けていた夏の袖団ウィーク（コロナ禍で中止）、あるいは秋の袖団ウィークエンド（無事開催）、それから新しいメニューとして、JSが中心となって開催した「ウラ庭マルシェ」などのイベントが徐々に浸透し、袖ケ団地だけでなく、周辺の若い住民らもこの袖ケ浦団地に駆けつけてくれるようになり、大きな成果をもたらした。

いってみれば、団地内の活性化のつもりで行っていた活動が、団地という枠を越えて、団地自体が地域の広場のように機能する、地域のハブとしてのコミュニティ・アセットの可能性が垣間見えた。この施設は2年間の時限プロジェクトであり、その後は、団地内の別の施設が新たな拠点となる。そこでも地域全体のハブになれるような、そんな団地の「広場」としてのポテンシャルが活用されることを期待したい。

イベント
スペース

コワーキング
スペース

**アセット概要**

| | | | |
|---|---|---|---|
| 施設名称 | ジョイン・スポット袖ケ浦 | 事業の概要 | 空きビルの短期利用 |
| 施設の概要 | 団地の魅力とは何かを改めて考える<br>きっかけになる場。 | 資本 | 民間 |
| | | 公的資金等 | なし |
| 所在地 | 千葉県習志野市袖ケ浦 | 所有者 | 日本総合住生活株式会社 |
| 用途 | 交流スペース | 運営組織 | 日本総合住生活株式会社 |
| 延床面積 | 1F面積　311㎡、2F面積　304㎡、<br>延床面積　615㎡ | 元の用途 | 銀行ビル |
| | | アセットの活用 | 空きビルの活用 |
| 構造・階数 | RC造2階建て | リスク低減の工夫 | 空きビルの短期活用、DIYワーク<br>ショップによるイニシャルコストの低<br>減 |
| 築年数 | 築51年 | | |
| 工事方法 | DIY | | |
| 開始時期 | 2021年4月〜 | データ資料元 | ヒアリングおよび説明資料 |

開かれた交流の場
# 三好市地域交流拠点施設「真鍋屋」〜MINDE〜
徳島県三好市

四国のちょうど真ん中あたり、徳島県三好市にあった幕末に建てられた旧真鍋家の商家をリノベーションしたのがこの三好市地域交流拠点施設「真鍋屋」になる。通称〜MINDE〜というのは、徳島県で使われる阿波弁で「○○してみない？」というのを、「〜みんで？」ということから きているという。この建物が真鍋家の好意により、土地家屋が無償で三好市へ寄贈されたことから、地域の交流拠点として活用されることになった。

幕末の商家の建物を活用しているということは、古い日本建築の保存改修工事と思いきや、これが思い切ったリノベーションを行っており、その大胆さがとても新しい。道路側からは、昔ながらの町家や蔵の伝統的な建築と見えるが、中庭側に入って振り返ると一面ガラス張り。古民家の伝統的かつ骨太でダイナミックな木造の架構が大胆に露出されていて、プランも広々と開放的になっており、交流拠点として自由に使えるように工夫されている。

木造とはいえ、いくつかの建物が連なって中庭を囲んでコの字型を形成している。2階建ての木造で、全部で690㎡もある複合施設である。カフェ、レストラン、ショップ、オフィス、交流スペースがあり、そのほか移住支援や開業支援をするための、お試し住宅、お試しオフィス、そしてお試しキッチンまであ

169

全国のコミュニティ・アセットによる地域再生

る。そして、中庭では地域の交流イベントが開催できるようになっている。

　たとえば、地元店主や市民サークル、あるいはUターン、Iターンによる多くの人たちが関われるようなイベントを開催した賑わいを創出したり、移住促進やトライアル、企業交流や誘致のサポートを行ったり、あるいは、市民の健康意識を向上させるために、食事や食の楽しみを主題にした交流イベントを催したり、さらには、お茶会、ワイン講座、ジビエを味わう会など、この場を開かれた場として様々な利用を推進することで、三好市における関係人口の増加や活性化を狙っているという。

　通常は古い建物を活用する際は、その建物のもとの姿を尊重しすぎて自由な活用ができないことが多いが、この建物でここまで大胆なリノベーションができた背景には、地域に開かれた透明性を確保することが重要であったという。建物の中で何が起きているのかわからないような施設ではなく、建物の中で様々な活動が目に見える形で開かれているような、そういう三好市の姿勢や考え方が、この施設の中庭側のガラス張りの立面やオープンなプランに現れているといえるだろう。

　運営は地域再生推進法人として、一般社団法人の三好みらい創造推進協議会が行っている。2015年ころから活動を続けている民間事業者と行政が歩み寄り、2018年よりこの真鍋屋のオープンと同時に事業を開始している。この場を活用した移住促進事業やその他空き家活用事業なども行っている。持続可能なまちづくりを推進するために、仕事・交流・住まい・健康の確保と人材の循環を通した人の流れづくりを推進しているという。

　本プロジェクトの特徴としては、行政主導で推進された施設であるにもかかわらず、民間の視点、住民や来訪者らが自由に受け入れられていると感じられるよう、隅々までホスピタリティが行き渡っていることにある。そして、そのホスピタリティは堅苦しい「おもてなし」ではなく、自由でそれぞれの人が思いのままに利用できるような、あるいは、関わり方を自由に選択できるような、押しつけがましさが全くない、居心地のよさにつながっていると思う。

お試し住宅

移住者支援
窓口

チャレンジ
ショップ

カフェ
居酒屋

パブリック
スペース

ワーキング
スペース

お試し
オフィス

## アセット概要

|  |  |  |  |
|---|---|---|---|
| 施設名称 | 三好市地域交流拠点施設「真鍋屋」〜MINDE〜 | 事業の概要 | 建物は個人からの寄付、三好市による運営 |
| 施設の概要 | 「食べる」「住む」「学ぶ」「働く」ための、商家を利用した市域交流拠点施設。 | 資本 | 公共 |
| | | 公的資金等 | 全額 |
| 所在地 | 徳島県三好市池田町 | 所有者 | 徳島県三好市役所 |
| 用途 | 交流拠点施設 | 運営組織 | 地域再生法人三好みらい創造推進協議会 |
| 延床面積 | 690.68㎡ | | |
| 構造・階数 | 木造2階建て | 元の用途 | 商家の建物 |
| 築年数 | 築100年以上 | アセットの活用 | 古民家の活用 |
| 工事方法 | リノベーション | リスク低減の工夫 | 古いビルの活用による有効活用 |
| 開始時期 | 2018年5月〜 | データ資料元 | ヒアリングおよび説明資料 |

地域資源を引き出す住民らの結束力

# ちくちくぼんぼん 坂井市竹田農山村交流センター

福井県坂井市

　福井県の市街地から外れた山中の街道沿いにある竹田地区は、竹田川の源流にあたり、豊かな自然環境と長く共存してきた地域である。近年は少子高齢化による過疎化が急激に進んでいたものの、地元住民の危機感もあってまちづくりがとても盛んな地域である。その活動を支えているのが、一般社団法人竹田文化共栄会である。竹田地区のほぼ全戸（108戸）が加入しており、この熱心な地域の住民の活動が、キャンプ場や公園、農産物直売所やレストラン、あるいは庭園や広場などの地域の運営施設を支えている。

　2010年に廃校となった旧竹田小学校を自然体験宿泊施設である「ちくちくぼんぼん・坂井市竹田農山村交流センター」としてリノベーションを施して2016年にオープン。竹田の自然を活かした様々な体験プログラムを用意している。里山で学ぶ、吉谷黄金伝説ツアー、獣道ぽんぽんウォーク、宙観測、里山収穫体験などである。また、川や森で遊ぶと題して、冒険ダムカヌー、たけだ風の谷のプレーパーク、どろ遊園地＆ドラム缶風呂、水生生物さがし＆川遊びなどがある。その他、自然で作るワークショップとして、木材を使ったスプーン作り、サンドアートキャンドル作り、豆腐作りや竹馬作りなど、豊富な体験メニューを用意している。

　県内外の子供たちをターゲットにしており、

団体研修やスポーツ合宿に対応している。小学校だった諸室を有効活用し、1階を交流ホールとして体験ホール、交流ホール、ラウンジ、体育館、2階は研修フロアとして、食堂、多目的ルーム、木工ルーム、図書コーナーを用意している。そして、3階を宿泊フロアとして大小の和室や洋室を用意して、約100人が泊まれる自由度の高い構成として様々なニーズに対応できるようにしている。

　元小学校であった建物だけに、多くの人数が同時に使用するにも廊下や階段の幅も十分にとられており、団体の活動や宿泊にも十分に対応できるだけのキャパシティがある。また、体育館などのスポーツや校庭を活用した活動が可能なところも、こういった団体研修やスポーツ合宿にはうってつけの施設である

といえるだろう。

　そして、本プロジェクトの特筆すべき点は、プロジェクトの事業としては行政主導によるものになっているが、この過疎化して人口も少ない農村部にこれだけの充実した施設を整備できるのは、一にも二にも、地元の住民たちの熱心かつ精力的な街おこしへの思いと実績があるからだ。住民が街を魅力的にするために行動し、その行動に行政が応える。理想的な公民連携の姿がここにあるように思う。そして、この過疎地の旧小学校は、過疎地ゆえに閉校したのだが、過疎地だからこそあるこの竹田地区の魅力的な自然環境を前面に打ち出すことで、その環境を強みに変えることができた。

| | | | | | | | | |
|---|---|---|---|---|---|---|---|---|
| 宿泊 | | | | 食堂 | 交流ホール | 多目的ルーム | | 体育館図書コーナー |

## アセット概要

| | |
|---|---|
| 施設名称 | ちくちくぼんぼん・坂井市竹田農山村交流センター |
| 施設の概要 | 学校の名残を損なうことなく、その機能を活かした様々な体験プログラムのある体験型宿泊施設。 |
| 所在地 | 福井県坂井市丸岡町 |
| 用途 | 自然体験宿泊施設 |
| 延床面積 | 1863.3㎡ |
| 構造・階数 | RC造3階建て |
| 築年数 | 築40年 |
| 工事方法 | リノベーション |

| | |
|---|---|
| 開始時期 | 2016年7月〜 |
| 事業の概要 | 坂井市による事業、運営を地元住民の組織に委託 |
| 資本 | 公共＋民間 |
| 公的資金等 | 全額 |
| 所有者 | 福井県坂井市役所 |
| 運営組織 | 一般社団法人　竹田文化共栄会 |
| 元の用途 | 小学校 |
| アセットの活用 | 廃校小学校の活用 |
| リスク低減の工夫 | 空き校舎の有効活用 |
| データ資料元 | ヒアリングおよび説明資料 |

今、ここを活かした環境

# ユクサおおすみ海の学校

鹿児島県鹿屋市

　これほどの素晴らしい環境の小学校が日本にあったのか…、と思わせるような絶景の敷地。錦江湾の海岸沿いに沿ったしおかぜ街道から外側にぽっこりと出っ張った高台に校庭と校舎があり、日本で一番海に近い小学校といわれていたという。「ユクサ」とは鹿児島弁で「ようこそ」の意、そして大隅半島にあることから「ユクサおおすみ海の学校」は、そのまま「ようこそ大隅の海の学校」へ、という意味になる。それほど、この場所の景観は一度体験したら忘れられないものだ。

　もともと、鹿屋市の菅谷小学校として120年の歴史を閉じたのが2013年。その廃校をなんとかしようと、東京をベースに活躍するリノベーション設計事務所のブルースタジオ代表の大地山博氏が実は鹿屋市出身だったことから、鹿屋市で活躍する地元の建築家である川端康文氏（プラスディ設計室／大隅家守舎）と意気投合し、再生案を鹿屋市役所に持ち込んだという。そこからそのプロジェクトが動き出し、最終的には公募で選定されて小学校の再生に乗り出した。

「おおすみの人と自然が先生です」という
わかりやすいテーマで、子供たちや大人も含
めて、体験を通して学ぶ場を作り、大隅半島
における素晴らしい自然環境を体験しながら、
滞在観光型の施設として再生させた。鉄筋コ
ンクリート造2階建てのこの施設は、校舎が約
1200㎡、体育館が約470㎡、敷地面積は1.7ha、
海面から13mぐらい高台にあり、海岸線から
突出していることから、まるで海の上に浮か
ぶ緑の楽園のように見える。ドローンから撮
影した写真は、まるでアニメにも登場しそう
なおとぎ話のような美しい光景である。そし
て、その校庭から見晴らす景色は、世界中の
どのリゾートとも競えるぐらいの魅力がある。

116名が泊まれる宿泊施設、キャンプ場と
して使える校庭、海辺まで降りて行けば磯遊び、
海のアクティビティもできる。その他、レス
トランやBBQもできるリゾート環境が整って
いる。また、校舎には、食堂、地域の産品を

扱うショップ、チョコレート工場、自由に使
える教室や体育館など、様々なアクティビテ
ィに対応が可能で、観光、スポーツ合宿、企
業や大学などの研修、修学旅行などの体験学
習に対応可能だ。

川端氏の大隅家守舎と大地山氏のブルース
タジオで共同出資して、Katasudde出資会社
を設立しこの施設の運営を行っている。つま
り、施設の所有権としては依然として鹿屋市
の公共のものだが、これだけの敷地のポテン
シャルを存分に活かして「今、ここでしかで
きないもの」を引き出すのは、おそらく「公
共」側の発想では難しく、民間側から発想した
からこそできているといえるだろう。この素
朴かつ魅力的な環境をこれからも内外に発信
し続けることが、この小学校のみならず、こ
の地域全体の創生につながっていくことは間
違いない。

宿泊

自転車
ショップ
地域産品
ショップ

カフェ・バー
BBQパーク

あり

シェアオフィス

あり

キャンプサイト
体育館
ツリーハウス
プラベートビーチ

**アセット概要**

| | |
|---|---|
| 施設名称 | ユクサおおすみ海の学校 |
| 施設の概要 | 錦江湾にかこまれた絶景の敷地。子供達、大人達も、体験を通して楽しみながら学ぶ場を作る。大隅半島における日常と体験、滞在型観光の発掘・促進および県外、国外への発信、食堂や地域産品ショップなどの機能を併せた体験滞在型宿泊施設。 |
| 所在地 | 鹿児島県鹿屋市天神町 |
| 用途 | 交流・自然体験宿泊施設 |
| 延床面積 | 1222.08㎡ |
| 構造・階数 | RC造2階建て |
| 築年数 | 築46年 |

| | |
|---|---|
| 工事方法 | リノベーション |
| 開始時期 | 2017年7月〜 |
| 事業の概要 | 鹿屋市所有の廃校を民間事業が投資運営 |
| 資本 | 公共＋民間 |
| 公的資金等 | あり |
| 所有者 | 鹿児島県鹿屋市 |
| 運営組織 | 株式会社katasudde（大隅家守舎×ブルースタジオ） |
| 元の用途 | 小学校 |
| アセットの活用 | 廃校小学校の活用 |
| リスク低減の工夫 | 空き校舎の有効活用 |
| データ資料元 | ヒアリングおよび説明資料 |

企画・経営・運営を統合した若者の推進力

# 隼Lab.

鳥取県八頭町

鳥取県八頭町は鳥取市の市街地から車や電車で30分ぐらい、典型的な日本の山間地域であり、少子化、高齢化、空き家の増加、街の財源減少、後継者不足など、日本の地方の典型的な問題を多く抱えている地域である。この八頭町にある隼小学校が閉校することになったとき、ここを人々が集まる地域の拠点として活用したいという声があがり、3名の若者（古田琢也氏、盛岡若葉氏、米村昇悟氏）が中心となって株式会社シーセブンを設立し、地元の八頭町役場、鳥取銀行と協力して、「日本一人口が少ない田舎から、日本の未来のモデルになる田舎をつくる」、というコンセプトで事業化を推進し始めた。そして、2017年3月に閉校した隼小学校が、「隼Lab.」（はやぶさらぼ）としてオープンしたのは2017年12月である。

元小学校の校舎を活用し1階は地域に開かれたフロアであり、カフェやセレクトショップ、ワークショップに利用する図工室、シェアキッチンとしての家庭科室、そしてシェアライブラリーとしての図書館。2階と3階は主にワークスペースとして活用し、シェアオフィスやコワーキングスペースとして利用。オフィスは15社が借りており、コワーキングスペースは30社が利用。多様な働き方を応援するスペースなども用意している。平日は平均して60名程度の人たちがここで働いており、地元の雇用創出、都市部からのUターンの受け皿、あるいは移住者などへの窓口としても機能している。

ここに入居する企業と地元の産業をつなげ

ていくようなコラボレーションにも注力しており、地元の農業とのコラボレーションや地元の住民らに業務を委託したりなど、新しい試みも生まれている。また、地元住民との連携を深めるために、この地区の住民が加入する住民組織も設立し、地域住民との同意形成がスピーディに行われるような仕組み作りも行っている。そして、何よりこの隼Lab.が大事にしているのが、コミュニティの希薄化に対する対策である。地域の内外から人々が集まり、コミュニティが生まれる場を作ることを大切にするため、300回近くものイベントを開催し、年間5万7000名の人々が訪れたという（新型コロナウィルス以前の実績）。そして、町の事業についても、民間からの立場で協力支援をしており、移住者定住支援業務や

ふるさと納税業務なども行政と連携して行っているという。

　本プロジェクトにおいては、まずはこの小学校の再生を事業化するために集まった3名の若者が、1人は東京で場作り立案や事業化を経験、1人は銀行において経営支援を経験、そして1人が、ローカルベンチャー、町役場での業務を経験し、3名のノウハウを統合することで、隼小学校のスペース事業化の推進力となった。いわば、企画、経営、運営の3つの側面を網羅したうえでの事業化シナリオであり、その企画・立案が地元の大人たちを突き動かした。そして、町役場や地元の銀行が拒絶反応を示さずに、温かい心で支援したことでプロジェクトの骨格ができあがり、場作りの成功と推進力につながった。

全国のコミュニティ・アセットによる地域再生

|  |  |  まちづくり委員<br>訪問看護 |  ショップ |  カフェ |  コミュニティ・スペース |  ワーキングスペース<br>図工室 | あり | 体育館<br>シェアキッチン<br>ライブラリー |

*(アイコン行：まちづくり委員／訪問看護、ショップ、カフェ、コミュニティ・スペース、ワーキングスペース／図工室、あり、体育館／シェアキッチン／ライブラリー)*

## アセット概要

| 施設名称 | 隼Lab. |
|---|---|
| 施設の概要 | カフェやショップ、レンタル・パブリックスペースなどの機能を持ち合わせた暮らし・仕事・学びのコミュニティ複合施設。 |
| 所在地 | 鳥取県八頭郡八頭町 |
| 用途 | 交流・オフィス複合施設 |
| 延床面積 | 3358.31㎡ |
| 構造・階数 | RC造3階建て |
| 築年数 | — |
| 工事方法 | リノベーション |
| 開始時期 | 2017年12月〜 |

| 事業の概要 | 株式会社シーセブンハヤブサを中心に官民一体(八頭町役場と地域住民)となって運営 |
|---|---|
| 資本 | 公共+民間 |
| 公的資金等 | あり |
| 所有者 | 鳥取県八頭町役場 |
| 運営組織 | 株式会社シーセブンハヤブサ |
| 元の用途 | 小学校 |
| アセットの活用 | 廃校小学校の活用 |
| リスク低減の工夫 | 空き校舎の有効活用 |
| データ資料元 | ヒアリングおよび説明資料 |

障害のある人たちのための芸術創造の場

# GoodJob！センター香芝

奈良県香芝市

　斬新なデザインのこの建物が、実は社会福祉法人が経営する建物だとは誰も気づかない。内部も吹抜けがあるダイナミックな空間構成、デザインされた商品が陳列されており、制作工房、アトリエ、あるいはカフェのようでもあり、実にかっこいい。実はここが、障害のある人たちを支援する社会福祉法人わたぼうしの会が運営する施設である。わたぼうしの会は、障害のある人、子供や高齢の人などが安心して地域の中で生きていくことを支援し、芸術や文化活動を通じて障害のある人の学び・社会参加・仕事作りを支援している。

　このGoodJob！センター香芝では、アート・デザイン・ビジネスの仕事作りとして、障害のある人たちが自分たちの手で様々なアート商品の開発や制作を行っている。障害のある人たちと社会の働き方をデザインする取組みであり、福祉の垣根を越えた様々な分野の人たちが協働しており、その試みが評価されてグッドデザイン賞ベスト100も受賞している。その拠点として、創造性の開発、関係性の創造、機械性の開拓という3つのテーマを掲げて障害者の豊かな暮らしのために、商品の開発、生産を行い、流通にまで携わっている。たとえば、デジタル技術を活用し、3Dプリンターや視線入力装置などを活用してクリエイティブな仕事作りをしたり、あるいはIoT（Internet of Things）を活かしたインク

ルーシブ（許容してくれる）なワークプレイ
ス作りなど、様々な可能性を追求している。
　この建物は新築で、土地の提供を受けての
ち、前記の目的を達成するために、コンペで
設計者が選定された。建物は約470㎡の木造
2階建てで、若い建築家、o+h/一級建築士事
務所の大西麻貴＋百田有希によって設計され
た。コンセプトは「町並みをつくるアートの
森」。壁や屋根や天井、そして家具が同列に扱
われ、それらが集まって再構成されたような
空間であり、施設の主旨をよくとらえて、み
んなの気配や人のつながりを感じられるよう
工夫されている。開かれた空間、落ち着いて
作業できる空間など、それほど大きくない施
設の中に多様な空間が展開する。

　社会福祉法人ということで、ハンディキャ
ップのある人たちを支えるための活動である
ことから、営利団体のようにすべてを収益で
まかなうことは難しいが、日本ではチャリテ
ィや寄附などの文化が定着していないにもか
かわらず、土地は寄附、建設費の6割を自己資
金でまかない（融資を含む）、4割を補助金や
寄付金などを活用しして事業を成立させてい
る。その斬新でダイナミックな空間で働いて
いる障害者の方たちは、その豊かな空間をき
っと楽しんでいるに違いない。空間の面白さ、
事業の巧みさ、そして、目的の崇高さが交わ
って、これこそが理想的なコミュニティのた
めの最高の施設なのではないかと思う。

| | | | ショップ | カフェ | フリースペース<br>アトリエ<br>ホール | アトリエ<br>工房 | 運営事務所 | ギャラリー<br>ストック<br>ルーム |

## アセット概要

| | |
|---|---|
| 施設名称 | GoodJob！センター香芝 |
| 施設の概要 | 障害のある人たちとともに新しい仕事を作り出すことをコンセプトにした複合施設。 |
| 所在地 | 奈良県香芝市下田西 |
| 用途 | シェア工房・交流センター |
| 延床面積 | 471.17㎡ |
| 構造・階数 | 木造2階建て |
| 築年数 | — |
| 工事方法 | 新築 |
| 開始時期 | 2016年9月〜 |

| | |
|---|---|
| 事業の概要 | 社会福祉法人として運営 |
| 資本 | 社会福祉法人（寄附） |
| 公的資金等 | あり、日本財団、香芝市、日本郵便 |
| 所有者 | 社会福祉法人たんぽぽの会 |
| 運営組織 | 社会福祉法人たんぽぽの会 |
| 元の用途 | — |
| アセットの活用 | 寄附された土地の活用 |
| リスク低減の工夫 | 土地、寄贈。補助金によるイニシャルコストの軽減 |
| データ資料元 | ヒアリングおよび説明資料 |

森と海と明日と──子供たちの自然体験施設

# MORIUMIUS

宮城県石巻市

　今、この石巻市雄勝町にあるこの施設を訪ねるには、仙台から車で延々と続く大自然の中を行くことになる。川沿いに走り続け、途中から山間部を通り抜けて上り下りし最後に海岸沿いに延びる絶壁に沿って目的地に着く。その途中にあったはずの津波で流された雄勝町が消えてしまったことに気づくのは帰り道であった。

　MORIUMIUSは、森と海と明日、Moriは森、杜、守、Umiは海、そしてusは明日あるいは私たち。モリウミアスという名前のこの廃校を利用した施設は、築90年の木造の小学校が2002年に廃校になり、そのOBが購入していたが、それを東北大震災直後の2012年に非営利団体が譲り受けてこの計画がスタートした。元々は、震災後のボランティアとして被災地支援に石巻に来ていた油井元太郎氏らが、この半壊状態の建物を再生するために、延べで5000人以上のボランティアや地元住民が関わって少しずつ再生を進めていった。また、あるときは隈研吾氏などの国際的な建築家が海外からの学生を連れ添って現地を訪れ、その再生方法の提案ワークショップを行ったりして施設の計画を検討したり、あるいは、クラウド・ファンディングや補助金、寄付金を活用して事業を軌道に乗せ、2015年6月にオープンに漕ぎ着けた。

　その過程で編み出されたコンセプトが半開（ハンカイ）な状態を活用した開かれた場作りである。木造の建物は、遠くからは解体途中の建物のようにも見える。壁や柱を取り払ってオープンにした部分もある。あるいは別の見方をすれば、修復中の工事途中のような仮設的な施設となっており、いずれにせよその開放感により、周りの自然環境と密接なつながりを体験できる。寄付金等で建設した別棟もふたつ追

加され、宿泊施設、レストラン、コミュニティ・スペース、温浴施設、ビオトープなどがあり、子供たちが大自然を満喫できる複合体験施設として考えられている。古い校舎のリノベーションは、オンデザイン・パートナーズの西田司氏が手掛け、露天風呂は遠野未来氏、アネックスの設計は中村好文氏が手掛けている。

　地元の方々にも協力を仰ぎ、子供たちが都市部ではできないような、周囲にある海、漁港、森林などの美しい自然を体験することで自然と共に生きる力を覚醒させる。そういったコンセプトや考え方に共感して、世界中から多くの人たちがこの石巻の施設を訪れ、共感してくれた。この施設の素晴らしいところは、この施設があることでその修復や利用というフェーズをともに共有することで、施設そのものの存在がコミュニティのつながりを体現する施設たりうるということである。修復した柱、取り外した梁の後に残ったほぞ、小さな傷、ハンカイな建築のすべてが、この空間を立ち上げるために共有した経験であり記憶である。そしてその記憶がまた新たに訪れる人たちの新しい記憶として受け継がれていく。心のリレーこそが、この古い建物を維持、再生していくことの素晴らしさであろう。

あり

宿泊

レストラン

コミュニティ・
スペース

体験工房
温浴施設

**アセット概要**

| | |
|---|---|
| 施設名称 | MORIUMIUS |
| 施設の概要 | 被災した小学校をリノベーションした自然をより近く感じられる体験型宿泊施設。 |
| 所在地 | 宮城県石巻市雄勝町 |
| 用途 | 自然体験児童向け宿泊施設 |
| 延床面積 | 839.2㎡ |
| 構造・階数 | 木造2階建て |
| 築年数 | 築90年 |
| 工事方法 | リノベーション |
| 開始時期 | 2015年6月〜 |
| 事業の概要 | クラウドファンディングや寄附、DIYなどにより整備 |

| | |
|---|---|
| 資本 | 非営利団体（寄附） |
| 公的資金等 | あり |
| 所有者 | 公益社団法人MORIUMIUS |
| 運営組織 | 公益社団法人MORIUMIUS |
| 元の用途 | 小学校 |
| アセットの活用 | 廃校小学校の活用 |
| リスク低減の工夫 | カタール・フレンドシップ・ファンディング、その他企業等から支援を受ける。5000人以上のボランティアによって再生 |
| データ資料元 | ヒアリングおよび説明資料 |

街のイベントから始まる場作り

# yuinowa

茨城県結城市

　茨城県の南西部、栃木県に接しているところに結城市はある。古くから城下町を形成しており、寺院や神社など、歴史を感じさせる建物がちらほらと点在している。この結城市の北部市街地を中心として、地元出身の若者が集まって2010年より「結いプロジェクト」を開始した。結城市にかけて「結いの市」と題して、街中を回遊しながら、結城紬を代表として、様々なジャンルのアーティストが出店するマルシェを毎年秋に開催してきた。一方、2014年からは「結いのおと」と題して、街のところどころにステージを設けて、街中が音楽に染まる街中回遊型の音楽祭を毎年春に開催してきた。

　このふたつの「結いプロジェクト」の活動が地元の住民らの信頼につながり、築90年の呉服屋だった約60坪の2階建ての民家を借り受ける許可につながり、改修をして2017年に「yuinowa」としてオープンした。関係者には商工会議所などの街の運営に関わる人間もいるが、そういった仲間が集まって株式会社TMO結城（Town Management Organization結城）という官民共同で出資した組織を作り、彼らが中心になって、市民や行政などと連携してまちづくりを行う組織を設立し運営している。コワーキングスペースやチャレンジショップ、貸し会議室やオープンスペースを設けて、コミュニティの輪を広げていくような

全国のコミュニティ・アセットによる地域再生

194

拠点として活用されている。また、デザイナーや会計や起業などの専門家、あるいは投資家など、様々なスキルをもった人たちが集まり、そういった街の運営に関わる様々な人たちの結節点として機能しており、その他、IT系の人材の育成や交流も進めるために、ヤフー株式会社の地方創生推進室や、白鷗大学とも連携している。

まちづくりのためのイベントの継続的開催が人のつながりを作り、人のつながりが顕在化する形でyuinowaというスペースが実現化し、そしてまた、そのyuinowaを起点として、他の空き家や空き店舗の活用が始まるきっかけになってきている。つまり、yuinowaは「まち」「ひと」「しごと」が相互に絡むような交流の拠点として機能しており、このyuinowaの活動をきっかけとして、地元内外の人たちが出会ったり交流したり、新しい可能性が開かれたりするような場作りが可能になっている。今後は、さらに近くの古民家を購入してクラウド・ファンディングで資金を調達し、街の空き家を使った民泊施設として展開する予定である。

このプロジェクトで特徴的なことは、まちづくりの活動の継続性が起点となって、場作りが始まったということにある。そして、民間が中心となりながらも、行政の立場に近い人たちも共同することで、民間主導ながらも公民連携の形で、行政が後押しして応援するような、いわば、ボトムアップな理想的な力関係でまちづくりが進んでいることにある。

| | | | ショップ | カフェ | イベント<br>スペース | コワーキング<br>スペース | あり |
|---|---|---|---|---|---|---|---|

### アセット概要

| 施設名称 | yuinowa |
|---|---|
| 施設の概要 | コミュニティの輪を広げていくための拠点としてのシェアスペース。 |
| 所在地 | 茨城県結城市結城 |
| 用途 | シェアオフィス・交流施設 |
| 延床面積 | 200㎡ |
| 構造・階数 | 木造2階建て |
| 築年数 | 築90年 |
| 工事方法 | リノベーション |
| 開始時期 | 2017年〜 |

| 事業の概要 | 主な収入源は施設利用料とその他イベント（街のガイドツアーなど）の収入。公的資金は結城市。 |
|---|---|
| 資本 | 半公共＋半民間 |
| 公的資金等 | あり |
| 所有者 | 民間オーナー |
| 運営組織 | 株式会社TMO結城 |
| 元の用途 | 呉服店 |
| アセットの活用 | 空き家の活用 |
| リスク低減の工夫 | 空き家の有効活用 |
| データ資料元 | ヒアリングおよび説明資料 |

# あとがき
## コミュニティ・アセットへの期待

　本書の最後になって言うのもどうかと思いますが、実は「コミュニティ・アセット」という言葉にたどり着いたのはわりと最近のことです。ずいぶんと長いこと、実践や研究を続けていく中で、いつも自分がやりたいこと、あるいは自分が大切にしたいことと、それを呼ぶ名前がしっくりとこなかった。「建築」も「空間」も違う。「不動産」じゃない。「場」でもない。自分が考えているあるべき姿を言葉で表現できずにいたことが、この本を書かなければならない理由だったかもしれません。最初に出版社に提示した企画書では、「コミュニティ・アセット」という言葉はどこにも書いていませんでした。

　この本は、2012年から2020年まで取り組んでいた東京大学大学院で書き上げた博士論文「米・英都市の衰退地域における地域社会主体の近隣地域再生の手法と組織に関する研究」を書籍化する構想から始まりました。しかし、3年で書くべき博士論文を期限いっぱいの8年間もかけて書いてしまっていたことから、書籍化するにあたってはその8年間に世に現れた新しい事例も網羅する必要があり、博士論文に追加してその後の日本での事例を調べることから作業が始まっています。

　同時に、千葉工業大学で教鞭をとりながら、田島研究室で学生らとの研究活動についても、この本のテーマと合わせて一緒に学生らと共同研究の体制に入ることで、より相乗効果が生まれるのではと思い、作業を進めていきました。

　最近の事例については、学生らと一緒に調査を行い、当初のインタビューについては、オンラインで学生らと一緒に運営者らの話を聞くことができました。そして、学生らとも議論を重ねていく過程で、徐々に自分が必要としている「場」、あるいは「空間」の輪郭がおぼろげに明らかになっていきました。特に、各事例の運営者らのプロジェクト立ち上げの話を聞くにつれて、こういう情報はやはりメディアとかインターネットだけで調べてわかったつもりになるのはよくない。一次情報に触れることの大切さをあらためて学んだ気がしました。つまり、各運営者のス

トーリーは、直接話を聞くと実に面白いのです。それぞれの人の考え方や仕事の環境から、それぞれがモチベーションをもって勇気を絞り、そして、関係者らを巻き込んで突き進んでいく話が実に面白い。こういう環境で、こういう出会いがあって、こういう支援があったから、こういう空間ができたんだ…、という経緯に触れるにつれて、自分がこれまでやってきたこととも重なってきました。

　そんな途中の段階で「コミュニティ・アセット」という言葉が、突然、降ってきました。「アセット」という言葉は、投資関連の言葉でもあるので、ビジネスビジネスした匂いを消せない言葉でした。一方、「コミュニティ」という言葉は、あまりに楽観的で抽象的であり、何を指しているのかわかりにくい言葉です。私がしたいこと、してきたことをどのように呼んでいいか、長年、答えが出せないでいる中で、このふたつを並べたときに現れる響き、「コミュニティ」のための「アセット」というコノテーションは、自分がやりたかったことを的確に言い当てているように思うと同時に、こんなに一般的で普通の言葉の組み合わせであるにもかかわらず、実にシャープで強さのあるフレーズであると感じました。そして、自分の過去の活動や研究全般を「コミュニティ・アセット」をからめて説明できることに半ば驚きました。様々な研究者等にもこの言葉の意味を伝えるにあたっては、自分の想像以上に聞き手がその言葉の奥行きを理解してくれることに気づきました。

　そして、この本の前半には、自分のパーソナル・ヒストリーについても記述すべきと思い立ちました。理論や調査、あるいは研究ばかりでは、なぜ、コミュニティ・アセットが必要なのかを伝えるのは難しい。でも、実は自分自身がこの研究に行き着いた経緯には、30年前、あるいは20年前でもその呼び名は知らなかったものの、「コミュニティ・アセット」を求めて突き進んでいたことを書き記せば、その実体験を通して現れるリアリティが、きっと読者に伝わるに違いないと。

　本書は、前述のように、東京大学大学院に提出した博士論文を下敷きにしています。本書における、アメリカやイギリス、それから、日本のまちづくりについての部分（2〜4章）は、博士論文を元にして加筆・修正をした部分です。ただし、博士論文の執筆時には、まだ主題に上っていなかった「コミュニティ」と「アセット」というふたつの言葉の考え方については、今回あらためて調べ直して書き足したうえで、全体の流れを再調整しました。したがって、2章については、大幅に前半部分を書き足したうえで後半につなげています。そして、5章については、今回、

各施設を新しく調査をして追加しました。

　当初は、2020年の最初から現地調査に行くつもりでいましたが、この本の構想が固まった時期がコロナ禍とも重なり、当初の取材はオンラインのみになってしまいました。結果的には、オンラインだったので学生らとインタビューを共有できたのでよかった面もありますが、実際には現地に行ってみないとわからないことも多くあるはずです。2021年の後半からコロナ禍における制限が徐々に緩和されていく中で、タイミングを見て各施設の運営者にアポをとり、現地への調査旅行を進めていきました。石巻や山形、あるいは四国や九州、あるいは山陰など、日本中の様々なエリアへ、他の仕事とスケジュールを調整しつつ現地訪問を繰り返しインタビューを行いました。

　どの施設でも、いつも思ったのは「もっと早く来ればよかった…」ということです。現地に来れば、その苦労も、その志も、そしてその思いも伝わってきます。この人がいたから、この施設ができたのだということが手にとるように理解できます。これこそが、コミュニティ・アセットなのだとあらためて思いました。今回のインタビューに応じてくださった皆様、本当にお忙しい中で時間を割いてくださり、ありがとうございました。とても勉強になりました。

　もうひとつ、取材はしたものの、誌面のページ数の関係で取捨選択せざるを得なかったことから、実はこの本に掲載しなかった事例がいくつかあります。その方々には、あらためてここでお詫びいたします。今後、またあらためてなんらかの形で、別の研究なり出版なりに反映させたいと思っておりますので、ご容赦いただければと思います。

　本書は、コミュニティ・アセットが、今後の日本の地域再生の仕組みのひとつとして、これまで以上に貢献できることを願って書かれたものです。当初は博士論文をまとめるぐらいのつもりで始めたものが、結果的には1991年から今日までの30年間を貫く、超大作になってしまいました。映画流にいえば、構想30年、調査研究に10年、そして映画化？（書籍化）に3年を要してしまった超大作です。これが、今後の空き家や遊休不動産の再生・活用のための指針となり、建築・空間・場の活用を推進して、コミュニティ・アセットによる活性化に貢献できれば何よりです。

謝辞

　　まず、博士論文をまとめるにあたって、東京大学大学院で博士論文を指導していただいた大野秀敏先生、出口敦先生にあらためて御礼を申し上げます。自分がやってきたことに対する理論化が十分にできずに足踏みしていた私に対して、厳しくも暖かいご指導をいただけたことが、今日、この本における研究の成果につながったと思います。本当にありがとうございました。

　　この本を作成するにあたって、千葉工業大学の田島研究室の学生らが協力してくれました。時には作図、あるいはインタビュー、あるいは資料のまとめや表の作成などに力を発揮してくれました。特に院生の山形佳樹君、佐々木美優さん、丸山華奈さんらのおかげで、研究がどんどん前に進みました。本当にありがとう。

　　コミュニティ・アセットというコンセプトが明確になってからは、HEAD研究会にコミュニティ・アセットTFを立ち上げることになり、その理事長である東京大学の松村秀一先生にはたいへんお世話になりました。前理事長の松永安光先生、また、理事の新堀学さんにもお世話になりました。また、コミュニティ・アセットTFの立ち上げをともに歩んでくれた東京工芸大の森田芳朗教授、日本大学の広田直行教授には様々な議論に乗っていただき、この本を執筆するうえでの参考になる意見をたくさんいただけました。ありがとうございました。

　　今回、この本を執筆するにあたって、第1章で書かせていただいたように、私の20代からの人生30年が大きくこのテーマに関連していることに、あらためて気づかされました。ロンドンでの留学でも、オープンスタジオNOPEを立ち上げるときも、テレデザインで設計事務所としてプロジェクトを行うときも、いつも様々なメンバーが支えてくれたことを思い出します。一人一人の名前についてはここでは触れませんが、あのときの、あのコラボレーション、あの共同作業があったからこそ、今、この地点にたどり着いているのだと、あらためて思いました。最後に資料をまとめているときに、その当時の写真や記録を振り返りながら、懐かしく思い出しました。いろいろお世話になりました。

　　妻の弘美、娘の理沙にあらためて御礼を伝えたいと思います。博士論文からこの本の執筆にいたるまで、ずいぶんと長い時間がかかりましたが、文句ひとついわずに付き合ってくれました。というか、いい具合に放っておいてくれたおかげで、なんとか形にすることができました。感

謝いたします。

　そして、イギリスにいる息子の弘と一世にも、この本ができあがったら報告したいと思います。

　最後に、この本を世に出す決断をしてくださり、なおかつ私の遅筆を辛抱強く長い間待ってくださった、鹿島出版会の相川幸二氏をはじめとする関係者の皆様、本当にありがとうございました。

2023年5月、江東区の自宅にて

## 参 考 文 献

- 饗庭伸『都市をたたむ　人口減少時代をデザインする都市計画』花伝社、2015年12月

- 秋葉武「1960年代におけるNPOの生成——市民活動の析出——（上）（下）」『立命館産業社会論集』第43巻第1号、pp.23-34、2007年6月、第43巻第2号、pp.45-60、2007年9月

- 阿部祐子「シアトル市パイク・プレイス・マーケット歴史地区の建造物保全における課題」『日本建築学会大会学術講梗概集（東北）』pp.361-362、2009年8月

- 阿部祐子「シアトル市の2歴史地区における保全運動とその論点」『日本建築学会大会学術講演梗概集（九州）』pp.351-352、2007年8月

- 猪谷千香『町の未来をこの手でつくる・紫波町オガールプロジェクト』幻冬舎、2016年9月

- 内田奈芳美「パブリック・ディベロップメント・オーソリティ（PDA）に見る市民事業のあり方、アメリカシアトル市」『季刊まちづくり』21号、pp.73-77、学芸出版社、2008年12月

- 内田奈芳美「13章　まちづくり市民事業を育て支援する仕組み」『まちづくり市民事業、新しい公共による地域再生』pp.199-210、学芸出版社、2011年3月

- 宇随幸雄「リノベーションまちづくりの現状と課題に関する研究」『Urban Study』Vol.69、pp.28-65、一般社団法人民間都市開発推進機構、2020年1月

- 海老塚良吉「アメリカの住宅政策と民間非営利住宅事業」『国建協情報』2008年5月号、国際建設技術協会

- 遠州尋美「合衆国のコミュニティ開発における税制誘導の効果　低所得者住宅投資税制控除の活用とインターミディアリの役割」『大阪経大論集』53（2）、pp.27-44、2002年7月

- 大野秀敏他『シュリンキング・ニッポン——縮小する都市の未来戦略』鹿島出版会、2008年8月

- 大野秀敏『ファイバーシティ：縮小時代の都市像』東京大学出版会、2016年8月

- 大野秀敏、出口敦、岡部明子、田島則行他『コミュニティによる地区経営』鹿島出版会、2018年9月

- 岡田徹太郎「アメリカ住宅政策における政府関与の間接化とその帰結」、渋谷博史、内山昭、立岩寿一編『福祉国家システムの構造変化—日米における再編と国際的枠組み』pp.110-165、東京大学出版会、2001年11月

- 岡田徹太郎「アメリカ型福祉国家とコミュニティ—住宅政策にみる市場と社会の論理—」、経済理論学会編『季刊経済理論』第41巻第2号、桜井書店、2004年7月

- 岡田徹太郎「アメリカにおける住環境の保障と住宅政策」『海外社会保障研究』第152号、pp.59-71、国立社会保障・人口問題研究所、2005年9月

- 岡田徹太郎「サンフランシスコ・ベイエリアの非営利開発法人—財務諸表にみる非営利組織の姿」『都市問題』第101巻第10号、東京市政調査会、2010年4月

- 岡田徹太郎「アメリカの低所得者向け住宅開発プロジェクト—サンフランシスコ・ベイエリアにおける非営利組織と政府の役割—」、渋谷博史・中浜隆編『アメリカ・モデル福祉国家I』pp.219-244、昭和堂、2010年

- 岡田徹太郎『アメリカの住宅・コミュニティ開発政策』東京大学出版会、2016年11月

- 小田切康彦、新川達郎「英国におけるディベロップメント・トラストの発展に関する研究」『同志社政策科学研究』8（2）、pp.159-175、2006年12月

- 角谷嘉則『株式会社黒壁の起源とまちづくりの精神』創成社、2009年4月

- 加藤春恵子『福祉市民社会を創る　コミュニケーションからコミュニティへ』新曜社、2004年3月

- クラレンス・ペリー著、倉田和四生訳『近隣住区論 — 新しいコミュニティ計画のために』鹿島出版会、1975年11月

- 児玉知章、池田祥「コミュニティ組織による近隣

202

参考文献

再生の試み ─ クリーブランド市、シリーズ都市再
生2」、小泉秀樹・矢作弘編『持続可能性を求めて
─海外都市に学ぶ』pp.66-85、日本経済評論社、
2005年6月

・『コミュニティ・マート構想事業調査報告書 ─
商店街再開発手法に関する調査研究 ─』社団法
人コミュニティ・マートセンター、1989年3月、
1990年3月、1991年3月、1992年3月

・佐藤滋「序章　まちづくり市民事業とは何か」『ま
ちづくり市民事業、新しい公共による地域再生』
pp.9-38、学芸出版社、2011年3月

・佐藤滋「第1章　まちづくりのこれまでとこれから」
『まちづくり教書』pp.9-37、鹿島出版会、2017
年2月

・澤村明「まちづくりNPOの理論と課題」『新潟大学
マネジメントスクール研究叢書2』渓水社、2004
年10月

・篠原二三夫「民間資本による災害復興時における
住宅供給手法の検討─米国アフォーダブル賃貸
住宅税額控除制度（LIHTC）の可能性を追う─」
『ニッセイ基礎研REPORT』ニッセイ基礎研究
所、2011年11月

・鈴木伸治『黄金町読本2010』p.104、横浜市立
大学国際総合科学部鈴木伸治ゼミ、2010年3月

・高橋恒、福田成二、伊藤庸一、岩隈利輝「近隣に
おける生活行為と空間について─コミュニティ計
画の基礎的研究-3─」『日本建築学会論文報告
集』第306号、pp.103-114、1981年8月

・清水陽子、中山徹「アメリカの人口減少都市にお
ける非営利組織CDCの地域改善活動とその役
割 ─ ミシガン州フリント市Salem Housingを事
例として ─」『都市計画論文集』Vol.49、No.3、
2014年10月

・清水義次『リノベーションまちづくり・不動産事業
でまちを再生する方法』学芸出版社、2014年9月

・清水義次、岡崎正信、泉英明、馬場正尊『民間主
導・行政支援の公民連携の教科書』日経BP社、
2019年1月

・鈴木進、川原晋「9章　まちづくり市民事業の到達
点」『まちづくり市民事業、新しい公共による地域
再生』pp.127-162、学芸出版社、2011年3月

・田島則行、出口敦「ニューヨーク市サウス・ブロ
ンクスにおけるCDCの形成過程に関する研究」
『日本建築学会計画系論文集』第85巻第773号、
2020年7月

・田島則行、出口敦「ロンドンのディベロップメント・
トラストによるアセットを活用した近隣の再生方
法に関する研究」『日本都市計画学会都市計画論
文集』Vol.56、No.2、pp.281-292、日本都市計
画学会、2021年10月

・谷口功「コミュニティにおける主体形成に関する
一考察」『コミュニティ政策2』pp.173-189、コミュ
ニティ政策学会、2004年7月

・西山康雄「社会的企業が都市高速道路下の空間
を経営し、社会サービスを供給する─ロンドンの
ウェストウェイ開発トラストの場合」『日本建築学
会計画系論文集』第577号、pp.97-104、2004
年3月

・西山康雄、西山八重子『イギリスのガバナンス型
まちづくり─社会的企業による都市再生』学芸出
版社、2008年4月

・西山八重子「市民社会をささえる都市ガバナンス
─ロンドン・コイン・ストリートのコミュニティ再
生事業」『分断社会と都市ガバナンス』pp.47-75、
日本経済評論社、2011年8月

・日本政策投資銀行地域企画チーム『PPPの進歩
系、市民資金（ファイナンス）が地域を築く、市民
の志とファイナンスの融合』ぎょうせい、2007年1
月

・根本祐二『地域再生に金融を活かす ─ 公民連携
の鍵をにぎる金融の役割』学芸出版社、2006年
4月

・野沢慎司、高橋勇悦「東京のインナーエリアに
おける近隣関係──墨田区K地区調査より──」
『総合都市研究』第34号、pp.51-64、1988年

・荻原正三、東正則「近隣交流の範囲と要因につ

いて（集落計画における住居単位に関する研究2）」
『日本建築学会大会学術講演梗概集（北海道）』
1969年8月

・ 林泰義、小野啓子他『NPO教書―創発する市民
のビジネス革命、財団法人ハウジングアンドコ
ミュニティ財団』風土社、1997年12月

・ 林泰義、小野啓子他「都市再生に挑戦する―
アメリカのコミュニティ開発法人」『地域開発』
Vol.360、pp.1-57、1994年9月

・ 林泰義、小野啓子他「都市再生に挑戦するⅡ―
アメリカのコミュニティ開発法人」『地域開発』
Vol.363、pp.32-58、1994年12月

・ 林泰義、小野啓子他「アメリカのコミュニティ開発
と日本の状況」『地域開発』Vol.371、pp.1-69、
1998年8月

・ 日詰一幸「コミュニティと市民運動：アメリカにお
けるコミュニティ開発法人の経験」『静岡大学法政
研究』3（2）、pp.99-120、静岡大学、1998年12
月

・ 平山洋介『コミュニティ・ベースト・ハウジング ―
現代アメリカの近隣再生』ドメス出版、1993年9
月

・ 平山洋介『アメリカの住宅政策、欧米の住宅政策
―イギリス・ドイツ・フランス・アメリカ』ミネル
ヴァ書房、1999年3月

・ 福川裕一「高松市丸亀町商店街と都市再生特別
措置法」『地域開発』Vol. 562、pp.36-41、日本
地域開発センター、2011年7月

・ 前山総一郎「都市行政における市民事業体の準
自治化をめぐる基礎研究のための覚え書き―
PPPとPDAのディメンション―」『八戸大学紀要』
第41号、pp.1-18、2010年10月

・ 前山総一郎「準自治体Public Development
Authority（PDA）の起源と法的ステイタス」『八
戸大学紀要』第42号、pp.1-9、2011年6月

・ 前山総一郎「ネオリベラルと都市開発とエリアマ
ネジメント組織の有効性―米国シアトル市におけ
るエリアマネジメント組織・公共開発機構（PDA）

を事例として―」『福山市立大学都市経営学部紀
要、都市経営』No. 8、pp.9-23、2015年12月

・ 宮田修司、張喜淳、塩崎賢明「住民主体のまちづ
くりにおける非営利組織に関する研究―英国の
ディベロップメント・トラストの活動を通して」『平
成10年度日本建築学会近畿支部研究報告集』
pp.493-496、1998年5月

・ 宮本愛、児玉知明「まちづくりNPOの資金・活
動・事業―イギリス・日本の事例と提案―Part2
コミュニティ事業とディベロップメント・トラスト」
pp.4-41、まちづくり支援 東京らんぽ、2003年3
月

・ 宮本愛「ディベロップメント・トラストと近隣再生
――イギリス」『シリーズ都市再生②、持続可能性
を求めて―海外都市に学ぶ』pp.138-157、日本
経済評論社、2005年6月

・ 松元一明「「市民活動」概念の形成―近接概念と
の関係性と時代背景を中心に―」『法政大学学
術機関リポジトリ』大学院紀要、67巻、pp.183-
213、2011年10月

・ 宗野隆俊「公共領域と非政府主体－住宅政策、
都市計画とコミュニティ開発法人」『彦根論叢』
No.361、pp.119-138、2006年7月／No.362、
pp.65-83、2006年9月／ No.363、pp.25-46、
2006年11月

・ 宗野隆俊『近隣政府とコミュニティ開発法人　 ア
メリカの住宅政策にみる自治の精神』ナカニシヤ
出版、2012年12月

・ 丸尾直美、宮垣元、矢口和宏『コミュニティの再
生・経済と社会の潜在力を活かす』中央経済社、
2016年3月

・ 村山顕人、小泉秀樹「ダウンタウンの市街地形成
と都市圏の成長管理の融合 ― 米国ワシントン州
シアトル市ダウンタウンの事例研究―」『日本建築
学会大会学術講演梗概集（関東）』pp.677-678、
2001年9月

・ 村山顕人、小泉秀樹、大方潤一郎「シアトル市ダ
ウンタウンの空間形成を巡る議論と活動の展開
過程：1960-2000」『2001年度第36回日本都市

計画学会学術研究論文集』pp.307-312、2001年

・ 村山顕人「成熟都市の計画策定技法の探究：米国諸都市のダウンタウン・プランに見る方法と技術」『東京大学大学院博士論文』2004年

・ 矢作弘『「縮小都市」の時代』角川書店、2009年12月

・ Adam Tinson, Carla Ayrton, Karen Barker,"Theo Barry Born and Otis Long (2017)", London Poverty Profile 2017, "Trust for London", New Policy Institute

・ Banana Kelly Community Improvement Association,

・ https://www.bkcianyc.org (accessed 2019. 10. 04)

・ Brian P. Kalthoff: An Analysis of Historic Preservation and Affordable Housing Incentives in Seattle's Chinatown – International District, Master Thesis for University of Washington, 2012

・ Companies House (accessed 2020. 05. 12)

  https://beta.companieshouse.gov.uk/company/03573630/filing-history? page=2

・ Community-Based Housing Organizations in New York State, http://www.nyshcr.org/rent/HousingOrgs.htm (accessed 2015. 12. 31)

・ Deborah Wallace, Rodrick Wallace,'Scales of Geography, Time, and Population: The Study of Violence as a Public Health Problem'," American Journal of Public Health ",Vol. 88, No.12, pp.1853-1858, 1998. 12

・ DeRienzo, H.,"The Concept of Community, Lessons from the Bronx", IPOC di Pietro Condemi, 2008. 9

・ Development Trusts Association (2001) developing an asset-base, Development Trusts Association

・ Diane K. Levy, Jennifer Comey, Sandra Padilla," KEEPING THE NEIGHBORHOOD AFFORDABLE: A Handbook of Housing Strategies for Gentrifying Areas", The Urban Institute, 2006

・ DTAS: Development Trusts Association Scotland: So you want to set up a development trust?, The essential guide to getting it right, 2011,

・ https://locality.org.uk/membership/members/(accessed 2020. 02. 28)

・ DTAS member network, https://dtascot.org.uk/dtas-member-network/our-members (accessed 2020. 02. 28)

・ DTA Wales Our members, https://dtawales.org.uk/our-members/(accessed 22020. 02. 28)

・ DTNI Members 2019, https://www.dtni.org.uk/members-directory(accessed 2020. 02. 28)

・ The Enterprise Foundation, https://www.enterprisecommunity.org(accessed 2019. 10. 04)

・ 5th National Community Development Census, 2005, NCCED; National Congress for Community Economic Development, 2005

・ The Ford Foundation,https://www.ford-foundation.org(accessed 2019. 10. 04)

・ Frisch, M., Servon, L.J.,'CDCs and the Changing Context for Urban Community Development: A review of the Field and the Environment', "Journal of Community Development Society", Community Development Society, Volume 37, No.4, pp.88-108, 2006. 12

・ Hoffman, A.V.,"House by House Block By

Block – The Rebirth of America's Urban Neighborhood", Oxford University Press, 2004. 10

・ Gittell, R., Wilder, M.,'Community Development Corporations: Critical Factors That Influence Success', "Journal of Urban Affairs", Taylor & Francis, Vol. 21 No. 3, pp.341-362, 1999

・ Gratz, R.B.,"The Living City – How America's cities and being revitalized by thinking small in a big way", Simon & Schuster, 1989。富田靭彦・宮路真知子訳、林泰義監訳『都市再生』晶文社、1993年6月

・ Gonzalez, E.,"The Bronx", Columbia University Press, 2004. 11

・ Jonnes, J.,"South Bronx Rising, The rise, fall, and resurrection of an American city", Fordham University Press, 2002. 1

・ Krumholz, N., Keating, W.D., Star, P.D., Chupp, M.C.,'The Long-Term Impact of CDCs on Urban Neighborhoods: Case Studies of Cleveland's Broadway-Slavic Village and Tremont Neighborhoods', "Journal of Community Development Society", Community Development Society, Volume 37, No. 4, pp.33-52, 2006. 12

・ Liou, Y.T., Stroh, R.C.,'Community Development Intermediary Systems in the United States: Origins, Evolution, and Functions', "Journal of Housing Policy Debate", Taylor & Francis, Volume 9, Issue 3, pp.575-594, 1998

・ Local Initiatives Support Corporation, http://www.lisc.org (accessed 2019. 10. 04)

・ Locality (2016) Places & Spaces - The future of community asset ownership, www.Locality.org.uk(accessed 2020. 02. 28)

・ Locality (2016) Our Impact – A powerful national network driving positive change in local communities, www. Locality.org.uk(accessed 2020. 02. 28)

・ Locality(2018)Building Powerful Communities Through Community Asset Transfer, https://www. Locality.org.uk(accessed 2020. 02. 28)

・ National Housing Federation, https://www.housing.org.uk (accessed 2020. 05. 12)

・ Metropolitan Improvement District Research & Market Analysis,"2011 Downtown Demographics Report", Downtown Seattle Association

・ Mid-Bronx Desperadoes Community Housing Corporation,

・ https://mbdhousing.org(accessed 2019. 10. 04)

・ Nye, N., Glickman, N.J.,'Working Together: Building Capacity for Community Development', "Journal of Housing Policy Debate", Taylor & Francis, Volume 11, Issue 1 pp.163-198, 2000

・ "PIKE PLACE MARKET: 100 YEARS, Celebrating America's Favorite Farmer's Market", Sasquatch Books, 2007

・ The Pratt Institute Center for Community and Environment Development, https://www.picced.org (accessed 2019. 10. 04)

・ Sahd, B,"Community Development Corporations and Social Capital: Lessons from the South Bronx, Community-Based Organizations – The Intersection of Social Capital and Local Context in Contemporary Urban Society", Wayne State University Press, 2004. 2

・ Southeast Bronx Community Organization, http://sebcodevelopment.org (accessed 2019. 10. 04)

・ Steve Wyler,"A history of community asset

参考文献

ownership", Development Trusts Association, 2009.

· Vidal, A.: Rebuilding Communities: A National Study of Urban Community Development Corporations, NY: Community Development research Center, Graduate School of Management and Urban Policy, New School for Social Research, 1992

· Vidal, A.,"Beyond Housing: Growing Community Development Systems", The Urban Institute, 2005. 6

· Walker, C.,"Community Development Corporations and their Changing Support Systems", The Urban Institute, 2002. 12

## 図 版 ・ 表 出 典

＊1　Deborah Wallace, Rodrick Wallace,'Scales of Geography, Time, and Population: The Study of Violence as a Public Health Problem', "American Journal of Public Health", Vol. 88, No.12, pp.1853-1858, 1998. 12

＊2　Bill Twomey, "Images of America, South Bronx", p.65, Arcadia Publishing, 2002

＊3　http://www.panoramio.com/user/701296/tags/Bronx by Robert Ronan (accessed 2014. 2. 14)

＊4　上：Wolfen (1981), A Cool Look Back at NYC,　Transportation Infrastructure, http://www.streetfilms.org/wolfen-1981/、下：Google Map

＊5　岡田徹太郎『アメリカの住宅・コミュニティ開発政策』(東京大学出版会、2016年11月)、EBALDCのプロジェクト「Jack London Gate」プロジェクトの数値に照らし合わせて再編

＊6　Urban Strategies Council: Major Ethnic Groups in Alameda County及びにUrban Displacement Project: Mapping Displacement and Gentrification in the San Francisco Bay Areaの地図を元に筆者が作成。

＊7　Metropolitan Improvement District Research & Market Analysis：2011 Downtown Demographics Report, Downtown Seattle Associationの図を参考に筆者が作成。

＊8　左："PIKE PLACE MARKET:100 YEARS, Celebrating America's Favorite Farmer's Market", Sasquatch Books, 2007。Museum of History and Industry at Seattle所蔵、右：Pike Place Market Foundation所蔵

＊9　Ministry of Housing, Communities & Local Government (2019) The English Indices of Deprivation 2019, Consumer Data Research Centre (CDRC), https://maps.cdrc.ac.uk/#/geodemographics/imde2019/default/BTTTFFT/10/-0.1500/51.5200/

著者略歴

田島則行（たじま・のりゆき）

建築家、千葉工業大学准教授、博士（環境学）、一級建築士、宅地建物取引士
1964年東京都生まれ。工学院大学建築学科卒業、AAスクール（イギリス）大学院修了。東京大学大学院博士後期課程修了。1993年に独立。1999年にテレデザインを設立。2013年に千葉工業大学に着任。設計デザイン活動の一方で、数多くのリノベーション、まちづくり、地域再生プロジェクトを手掛けている。JCDデザイン優秀賞受賞、INAXデザインコンペ入選、グッドデザイン賞、建築家協会優秀作品選、都市住宅学会・学会賞著作賞、伊勢崎市景観まちづくり賞、国際学会（WBC2022）最優秀論文賞など受賞多数。
主な著書：Tokyo-a guide to recent architecture（Ellipsis）、シティ・オブ・ビット（彰国社）、フィールドワークメソッド（INAX出版）、最高に気持ちのいい住まいのリノベーション（エクスナレッジ社）、建築のリテラシー（彰国社）、この間取りがすごい（エクスナレッジ社）など。
主な作品：REN-BASE UK01、電力館リニューアル、c-MA3、howfficeシェアオフィス、Esq広尾、Gビル神宮前、Re-ismリノベーション、Hill Top House、Platform-R & Lucian、国際寮など。

コミュニティ・アセットによる地域再生 空き家や遊休地の活用術

2023年9月20日　第1刷発行

| | |
|---|---|
| 著者 | 田島則行（たじまのりゆき） |
| 発行者 | 新妻 充 |
| 発行所 | 鹿島出版会 |
| | 〒104-0061 |
| | 東京都中央区銀座6-17-1 銀座6丁目－SQUARE7階 |
| | 電話　03-6264-2301 |
| | 振替　00160-2-180883 |
| ブックデザイン | 舟山貴士 |
| 印刷製本 | 壮光舎印刷 |

本書の内容に関するご意見・ご感想は下記までお寄せください。
URL:https://www.kajima-publishing.co.jp/
e-mail:info@kajima-publishing.co.jp

「食品」の安全と信頼をめざして

改訂8版

# 食品表示検定

## 認定テキスト・中級

一般社団法人 食品表示検定協会 編著

ダイヤモンド社

# 改訂8版発刊に寄せて

　『食品表示検定認定テキスト・中級』は、一般社団法人食品表示検定協会が年2回実施している食品表示検定中級試験のテキストとして、2年に一度改訂・発行されています。食品表示検定には初級、中級、上級があり、初級が表示を正しく読み取る能力の評価に重点を置いているのに対し、中級は食品の表示を正確に作成できる能力の評価を目的としています。本テキストは中級試験の試験勉強のために編集されましたが、食品表示基準や通知、Q&A の内容を食品別、事項別に解説し、豊富な表示事例と相まって、実践的でわかりやすい食品表示のガイドとして使うことができるようになっています。

　2021年1月の改訂7版発行以来、食品の表示制度については、玄米及び精米に係る表示の改正（2021年3月）、自主回収の届出制度（2021年6月）、遺伝子組換えに関する対象農産物へのからしなの追加（2022年3月）、原料原産地表示制度の移行期間の終了（2022年3月末）、特定遺伝子組換え農産物からの高オレイン酸遺伝子組換え大豆の削除（2022年3月）などの変更が行われました。Q&A やガイドラインによるものとしては、しいたけの原産地表示（2022年3月）やアサリの産地表示（2022年3月）に関する見直し、「食品添加物の不使用表示に関するガイドライン」の公表（2022年3月）などがありました。今回の改訂では、これらの制度や運用の見直しも反映させています。

　食品の生産・製造現場と販売される場所が遠く離れた現代社会では、食品の内容や取扱いについて生産者が直接消費者に説明することが難しくなりました。食品の表示は、食品を製造・販売する生産者や食品関連事業者から消費者に向けた重要なメッセージです。消費者は表示を頼りに、食品を摂取する際の安全性の確保を図り、自主的かつ合理的な食品の選択を行っています。食品関連事業者は、常に食品表示に関する最新の制度に基づき、消費者が食品の内容を正しく理解できるような表示の作成に務める義務があります。

　本書は、食品表示検定試験を受験される方のみならず、広く食品表示制度全般を学び、消費者に正しい情報を伝えようとする方々の参考書としてお役に立つものと確信しています。

　本書の活用を通じて食品表示制度が正しく普及し、食品への知識・関心が高まることにより、健全な食生活の実現、食品事故の防止、食品ロスの削減など消費者の生活の向上や、食品産業のさらなる発展につながることを期待しています。

一般社団法人 食品表示検定協会<br>
理事長　湯川剛一郎

食品表示検定協会

# 食品表示検定について

後援：一般社団法人 日本農林規格協会（JAS協会）
　　：日本チェーンストア協会

## 食品表示は消費者と事業者との信頼の架け橋です

　食品表示は、消費者にとってその商品の品質を判断し購入する上で、貴重な情報源となっています。また、食品に関わる事業者は常に、安全・安心な食品を提供することが求められており、正しい食品情報を消費者に伝える上で、食品表示は重要な役割を果たしています。

　生産者、食品メーカー、小売業者、消費者まで含めた、幅広い分野の皆さんに、食品表示の知識を習得する機会として「食品表示検定」を活用していただきたいと考えています。

【各級の概要】

　初級と中級は、どちらからでも受験していただけます。なお、上級は中級合格者の方が対象です。

**初級**
〈対象者〉
・食品表示を理解し、商品を選択したい消費者の方
・商品の生産、製造、流通に携わり、食品表示の基本を知りたい方（学生、販売員、販売パートの方など）
〈メリット〉
・食品表示の基礎知識を得ることができ、安心・安全な食品を選択する目を養える。
・販売などの実際の業務の場で知識を役立てることができる。

**中級**
〈対象者〉
・食品表示の知識が必要とされる、生産、製造、流通の現場の方（品質管理部門員、販売部門員の方など）
〈メリット〉
・食品表示に関するお客様からの質問に的確に答えられるようになる。
・食品表示に関する専門的な知識を得て、業務に活かすことができる。

**上級**
〈対象者〉
・中級合格者の方が対象です。
・食品表示を食品の生産、製造、流通において責任を持って業務を行う方（品質管理部門責任者、販売部門責任者の方など）
〈メリット〉
・食品表示に責任を持ち業務を実施することができる。
・食品表示の不備等があった場合、的確な対応をすることができる。
・社内資格制度、昇格制度の要件の１つとすることができる。

# 食品表示検定・中級のご案内

## 試験概要

| | |
|---|---|
| 実施時期 | 年2回、6月と11月を目処に実施しています。 |
| 受験資格 | 年齢・資格などは問いません。<br>食品表示の知識を必要とする生産、製造、流通の現場の方（品質管理部門員、販売部門員の方など）をはじめ、どなたでも受験していただけます。 |
| 試験内容 | 認定テキストからの基礎知識と、それを理解した上での応用力を問います。 |
| 出題形式 | CBT方式（コンピューターを利用した試験）による3択又は4択の選択問題です。 |
| 試験時間 | 90分 |
| 合格基準 | 70点以上が合格です（100点満点）。 |
| 試験場所 | 全国300か所以上のテストセンターの中から会場を選んで受験できます。 |

※受験料、試験日時、試験場所、申込み期間、申込み方法及び試験方法等の詳細は、（一社）食品表示検定協会のホームページでご確認ください。

## お問い合わせ先

| | |
|---|---|
| 主　催 | 一般社団法人 食品表示検定協会 |
| 住 所 ・連 絡 先 | 〒103-0004　東京都中央区東日本橋3丁目12-2　清和ビル5階<br>各種お問い合わせは、ホームページ内「お問い合わせ」よりお願いします。<br>https://www.shokuhyoji.jp/contact/ |
| 最新情報 | 検定試験の最新情報は、食品表示検定協会ホームページでご確認ください。<br>**https://www.shokuhyoji.jp** |

上記の記載内容は、2022年10月1日時点のものです。予告なしで変更する場合があります。

## 本書の使い方

- ●本書は、一般社団法人 食品表示検定協会が主催する「食品表示検定・中級」向けの協会認定テキストとして作成したものです。食品表示についての考え方を学ぶためのものであり、食品メーカーやスーパー等での食品表示ラベル作成のためのマニュアルではありません。法律の改正は随時行われていますので、実際に食品表示ラベルを作成される際は、関連する法律や基準等の最新版を入手の上、各法律の表示担当機関にご確認ください（法律・基準の内容は、特別な年月日の記載がない場合は 2022 年 10 月 1 日現在の内容に基づいています）。

- ●本書で触れている食品表示に関する法令の内容は、一部抜粋したものであり、各法律の全内容を解説しているものではありません。また、わかりやすさを優先しているため、法令の用語をそのまま使用していない場合もあります。

- ●食品表示ラベルの実例は、食品表示の知識を学ぶことを目的として一般的な事例を採用しています。ただし別記様式枠外へ表示すべき内容については、紙面の都合上、一般的な表示位置とは異なる場合がありますのでご注意ください。また、例示した表示が必ずしも「推奨される表示」とは限りませんのでご了解ください。

- ●栄養成分表示については、すべての加工食品に義務付けられていますが、原則として表示を掲載していません。また、米トレーサビリティ法による産地情報の伝達については、別記様式欄外に表示することも可能なため、本文中の表示例では省略している場合があります。

- ●学習のために、食品表示例に太文字、下線等で内容を強調したものがありますが、実際の食品表示にはありません。あくまでも学習用に付加したものです。

- ●索引を付けていますので、知りたい項目を探す際にご活用ください。

- ●本書について修正情報がある場合は協会ホームページに掲載いたします。

○本書に関するご意見・ご質問は、協会ホームページのお問い合わせフォームよりお願いします（電話でのお問い合わせにはお答えいたしかねますのでご了承ください）。
○個別の商品の表示等、本書の記述を超えた内容のご質問には回答できません。

（お問い合わせフォーム）https://www.shokuhyoji.jp/contact/

- ●**実際の商品の表示に関することは、お近くの保健所や消費者庁（食品表示企画課）にお問い合わせください。**
  消費者庁：03-3507-8800（代表）

目次

改訂 8 版
食品表示検定認定テキスト・中級

改訂8版発刊に寄せて ⋯⋯ 1

食品表示検定について ⋯⋯ 2

食品表示検定・中級のご案内 ⋯⋯ 3

本書の使い方 ⋯⋯ 4

第 **① 章** 食品表示を規定している法の体系

**1-1** 食品表示の目的 ⋯⋯ 12

**1-2** 食品表示に関する法体系 ⋯⋯ 14

**1-3** 食品表示基準の概要 ⋯⋯ 21

**1-4** その他の食品表示制度 ⋯⋯ 27

**コラム** 総額表示について ⋯⋯ 30

第 **② 章** 生鮮食品の表示

**2-1** 生鮮食品の表示の原則 ⋯⋯ 32

**2-2** 生鮮食品の表示の例（農産物）⋯⋯ 38

    2-2-1 野菜・果物 ⋯⋯ 38

    2-2-2 玄米及び精米 ⋯⋯ 41

**2-3** 生鮮食品の表示の例（畜産物）⋯⋯ 45

    2-3-1 食肉 ⋯⋯ 45

    2-3-2 食肉（牛肉）⋯⋯ 51

2-3-3 ● 食用鶏卵 ····· 55

**2-4** ● **生鮮食品の表示の例（水産物）**····· 57

2-4-1 ● 鮮魚 ····· 57

2-4-2 ● パックされた生かき ····· 62

2-4-3 ● 容器包装されたふぐ ····· 64

第

# ③ 加工食品の表示

章

**3-1** ● 加工食品の表示の原則 ····· 68

**3-2** ● 名称等 ····· 72

**3-3** ● 原材料名 ····· 74

**3-4** ● 添加物 ····· 77

**3-5** ● 原料原産地名の表示について ····· 79

**3-6** ● 内容量 ····· 93

**3-7** ● 期限表示 ····· 96

**3-8** ● 保存方法 ····· 100

**3-9** ● 原産国名 ····· 102

**3-10** ● 製造者・輸入者・販売者 ····· 105

コラム　プラントベース食品 ····· 112

第

# 事例でわかる食品表示

章

**4-1** ● 農産加工品 ····· 114

4-1-1 ● カット野菜ミックス ····· 114

4-1-2 ● 乾しいたけ ····· 116

4-1-3 ● 農産物漬物 ⋯⋯ 117

4-1-4 ● 納豆・豆腐 ⋯ 121

**4-2** ● **畜産加工品** ⋯⋯ 125

4-2-1 ● 合挽肉 ⋯⋯ 125

4-2-2 ● 成型肉・味付け肉 ⋯⋯ 126

4-2-3 ● 食肉製品（ハム・ベーコン・ソーセージ）⋯⋯ 128

4-2-4 ● 食肉製品（チルドハンバーグステーキ）⋯⋯ 132

4-2-5 ● 飲用乳（牛乳・乳飲料）⋯⋯ 136

4-2-6 ● 乳製品（ナチュラルチーズ・プロセスチーズ）⋯⋯ 142

4-2-7 ● 乳製品（発酵乳・乳酸菌飲料）⋯⋯ 145

4-2-8 ● 乳製品（アイスクリーム類）⋯⋯ 148

**4-3** ● **水産加工品** ⋯⋯ 152

4-3-1 ● 海藻類（塩蔵わかめ・のり）⋯⋯ 152

4-3-2 ● ふぐ加工品 ⋯ 154

4-3-3 ● うなぎ加工品 ⋯⋯ 156

4-3-4 ● 塩蔵品（魚卵）⋯⋯ 158

4-3-5 ● 魚肉練り製品（かまぼこ）⋯⋯ 160

**4-4** ● **加工食品** ⋯⋯ 162

4-4-1 ● ゆでめん・生めん ⋯⋯ 162

4-4-2 ● 乾めん・即席めん ⋯⋯ 164

4-4-3 ● 調理冷凍食品（冷凍えびフライ）⋯⋯ 169

4-4-4 ● 調味料類（しょうゆ・みそ）⋯⋯ 175

4-4-5 ● 調味料類（ドレッシング類・食酢）⋯⋯ 181

4-4-6 ● 乾燥スープ ⋯⋯ 186

4-4-7 ● 食用植物油脂（なたね油・香味食用油）⋯⋯ 188

4-4-8 ● マーガリン類（マーガリン・ファットスプレッド）⋯⋯ 191

4-4-9 ● 缶詰・瓶詰（農産物缶詰・ジャム類）⋯⋯ 194

4-4-10 ● 容器包装詰加圧加熱殺菌食品・レトルトパウチ食品 ⋯⋯ 199

4-4-11 ● はちみつ類 ⋯⋯ 203

4-4-12 ● 菓子類（ビスケット類・米菓類・洋生菓子詰合せ）⋯⋯ 207

4-4-13 ● パン類（食パン・菓子パン）⋯⋯ 212

4-4-14 ● もち ⋯⋯ 214

4-4-15 ● 飲料類（ミネラルウォーター類・清涼飲料・ベビー飲料）⋯⋯ 216

4-4-16 ● レギュラーコーヒー ⋯⋯ 224

4-4-17 ● 弁当・惣菜（弁当・惣菜・調理パン・おにぎり）⋯⋯ 227

**4-5 ● 酒類** ······ 234

4-5-1 ● 酒類（単式蒸留焼酎）······ 234

第

# 5 表示の個別解説

章

**5-1 ● 添加物表示の解説** ······ 242

**5-2 ● アレルゲンを含む食品の表示の解説** ······ 256

**5-3 ● 遺伝子組換え食品表示の解説** ······ 269

**5-4 ● 有機食品表示と特別栽培農産物の解説** ······ 278

**5-5 ● 商品を特徴付ける任意表示の解説** ······ 288

5-5-1 ● 特色のある原材料表示の解説 ······ 288

5-5-2 ● 地理的表示保護制度 ······ 291

5-5-3 ● 地域団体商標制度 ······ 294

**5-6 ● 保健機能食品・特別用途食品の解説** ······ 298

5-6-1 ● 栄養機能食品 ······ 299

5-6-2 ● 機能性表示食品 ······ 302

5-6-3 ● 特定保健用食品 ······ 307

5-6-4 ● 特別用途食品（「特定保健用食品」を除く。）······ 310

**5-7 ● 不当景品類及び不当表示防止法の解説** ······ 313

**5-8 ● 米トレーサビリティ法の解説** ······ 321

**5-9 ● 牛トレーサビリティ法の解説** ······ 328

**5-10 ● 業務用食品の表示の解説（業務用添加物を除く。）** ······ 331

**5-11 ● 酒税法及び酒類業組合法の解説** ······ 338

**5-12 ● 資源の有効な利用の促進に関する法律の解説** ······ 344

**5-13 ● 食品表示マークの解説(JASマーク・公正マーク・スマイルケア食のマーク)** ······ 352

**5-14 ● 飲食店における表示の解説** ······ 357

**5-15 ● 計量法の解説** ······ 364

第 **6** 章 ○ # 栄養成分表示の解説

**6-1** ● 栄養成分表示（栄養成分の量及び熱量に係る表示）について ⋯⋯ 370
**6-2** ● 表示対象成分とその表示方法について ⋯⋯ 373
**6-3** ● 栄養強調表示等について ⋯⋯ 379

**コラム** 注意喚起表示 ⋯⋯ 385


### 資料編

資 料 1 ● いろいろな食品のマーク ⋯⋯ 388
資 料 2 ● 計量法の特定商品（食品のみ抜粋）⋯⋯ 392
資 料 3 ● 食品表示に関する自治体条例 ⋯⋯ 397
資 料 4 ● 食品衛生法において保存方法の基準が定められている食品 ⋯⋯ 401
資 料 5 ● 加工食品に分類される食品（食品表示基準 別表第1）⋯⋯ 402
資 料 6 ● 生鮮食品に分類される食品（食品表示基準 別表第2）⋯⋯ 404
資 料 7 ● 栄養成分及び熱量の表示単位及び許容差の範囲（食品表示基準 別表第9より）⋯⋯ 406
資 料 8 ● 栄養機能食品として表示ができる栄養成分の例（食品表示基準 別表第11より）⋯⋯ 408
資 料 9 ● 栄養成分の補給ができる旨の表示の基準値（食品表示基準 別表第12より）⋯⋯ 409
資 料 10 ● 栄養成分又は熱量の適切な摂取ができる旨の表示の基準値（食品表示基準 別表第13より）⋯⋯ 410
資 料 11 ● 原料原産地表示について個別ルールのある食品（22の食品群と5品目）

（食品表示基準 別表第15に該当するもの）⋯⋯ 411


索引 ⋯⋯ 418

第1章

# 食品表示を
# 規定している
# 法の体系

# 1-1 ● 食品表示の目的

## 1 ● 食品表示の機能

　食品は、人の生命や健康を支える上で、また、おいしさという楽しみを人に与え、生活の質（QOL：Quality of Life）を維持・向上するという意味において、日々の生活に必要不可欠なものです。

　現在の市場で流通する食品は、食品衛生法に基づく規格基準、輸入検疫制度等の適切なリスク管理が行われることにより、その安全性が確保される仕組みが整えられています。したがって、食品の購入時に、表示を見て食品そのものの安全性を確認しなければ購入の選択ができないということは基本的にはないと考えられます。

　一方で、米粉を使ったパンのような新しい加工食品が次々と発売されている中で、食物アレルギー患者は自分にとって安全な食品かどうかの判断をしなくてはなりません。また、食品は品質が変化する特性を有しており、安全性を維持した状態で供給・消費されることが求められます。

　すなわち、食品に関する情報は、消費者が自らの求める食品を適切に選択することや、食品を最もよい状態で安全に消費できるようにするために重要です。このように食品表示は、食品の供給者である食品関連事業者から消費者への情報の架け橋としての機能を持っています。

　そして、この機能は、安全かつ最良の条件で消費してもらいたいという食品関連事業者の要望を満たすものでもあります。

　また、万が一食品に事故が生じた場合、食品表示は、その原因の究明や製品回収などの措置を迅速かつ的確に行うための手がかりになるなどの機能も有しています。

【消費者の商品選択の際に有効な情報】

　消費者が食品を選択する際、単に食品のみならず、その食品に関する情報をセットで求める傾向が時代とともに強まっています。

　その食品の主要な原材料がどこで生産されたのか、どのような栄養価を有するか等、消費者にとって関心のある事項は年々増えつつあります。それらの情

報の重要性に個人差はあるものの、食品表示は食品を選択するための有効な手段として、その重要性は増しています。

**【食品の安全など消費に際して必要な情報】**

　食品を購入した時点では食品としての安全性に問題がなくとも、摂取までの時間の経過や保存方法によって安全性が損なわれる場合があります。また、消費者がアレルギー患者である場合や消費者の摂取時の健康状態などによって健康危害が発生する可能性もあります。

　このような事態を回避するため、食品表示は食品の最適な保存方法やその期間など、消費者に必要とされる情報を食品関連事業者から伝える機能を果たしています。

# 2●途切れのない情報伝達の必要性

　一次生産から消費までの、食品及びその材料の生産、加工、流通、保管及び販売に関わる一連の段階をフードチェーン＊（食品安全基本法では食品供給行程）といいます。こうした生産（川上）から消費（川下）へのフードチェーンの実態は、中食も含めた加工食品の増加に伴い年々複雑化する傾向にあります。

　そのような中でも、消費者に提供される食品に適正な表示をするためには、その食品に関連する情報がフードチェーン全体を通じて適切に伝わらなければなりません。アレルゲンを含んでいるかどうかや、原材料の原産地に関する情報など、食品の外見から判断できない事項については、生産（川上）から消費（川下）までの正確な情報伝達が不可欠です。

　こうした状況から、一般消費者向け食品以外に業務用食品についても表示義務が課せられています。これらの業務用表示の媒体としては、例外的に送り状等への記載を認めている食品もありますが、食品を摂取する際の安全性に関する情報の表示については情報伝達を確実なものとするため、原則として、一般消費者向け食品同様、容器包装の見やすい場所に記載しなければならないこととされています。

　このように、生産から販売に至る事業者が、常に適正な表示のルールを認識するとともに、関連する情報を的確に管理しておく必要があります。

　＊ ISO 22000：2018「食品安全マネジメントシステム—フードチェーンのあらゆる組織に対する要求事項」に基づく考え方。

# 1-2● 食品表示に関する法体系

## 1●食品表示に関する基本法

　法律には、国の制度・政策に関する理念、基本方針を示すとともに、その方針に沿った措置を講ずるべきことを定めている基本法と、その目的・内容等に適合するように行政諸施策を定めている個別法があります。

　食品の表示に関しては、「食料・農業・農村基本法」「食品安全基本法」「消費者基本法」の中で、適正な表示の重要性が位置付けられます。

**・食料・農業・農村基本法**

　食料の安定供給の確保に関する施策の１つとして、食品産業の健全な発展と共に、食料消費に関する施策の充実を目指しており、その方法として、消費者の合理的な選択に資するため、食品の衛生管理・品質管理の高度化、食品の表示の適正化を推進することが定められています。

**・食品安全基本法**

　食品の安全性の確保に関する施策の策定にあたっては、食品の表示が食品の安全性の確保に関し重要な役割を果たしていることにかんがみ、食品の表示の制度の適切な運用の確保や食品に関する情報を正確に伝達するための措置がなされなくてはならないとされています。

**・消費者基本法**

　国は消費者が商品の選択を誤ることがないようにするため、商品及び役務について品質等に関する広告その他の表示に関する制度を整備する等の施策を講ずることとされています。

　さらに「食育基本法」でも７つの基本理念の中に、「食に関する適切な判断力を養い」とあり、この中に食品表示についての知識も含まれていると考えられています。このように複数の基本法で、食品の適正な表示に向けての法整備の必要性が定められています。

## 2●食品表示に関する個別法

　上記の基本法を受けて食品表示に関する行政諸施策を定めている個別法のうち、最も基礎となるものが2015年（平成27年）に施行された食品表示法です。これは、食品衛生法、JAS法、健康増進法の3法でそれぞれ定めていた食品への表示の基準を一元化したものです。

　この一元化にあたって、食品以外の商品も対象とした法律については現行の法体系を残し、特定の食品のみを対象としたものについても個別法として残ることになりました。その結果、「不当景品類及び不当表示防止法（景品表示法）」「計量法」「不正競争防止法」などが、対象商品の一部として、食品の表示を規制しています。

　そして、「酒税の保全及び酒類業組合等に関する法律（酒類業組合法）」「牛の個体識別のための情報の管理及び伝達に関する特別措置法（牛トレーサビリティ法）」「米穀等の取引等に係る情報の記録及び産地情報の伝達に関する法律（米トレーサビリティ法）」等が、特定の食品について当該食品に係る諸制度の一部として表示のルールも規定しています。

　結果として食品表示について、現在関連がある主な法律は図表1のようになっています。

### 図表1　食品表示に関係する主な法律

| 法律名称 | 目的及び食品表示との関わり | 表示対象 | 具体的な表示事項等 |
|---|---|---|---|
| 食品表示法 | 食品を摂取する際の安全性の確保及び自主的かつ合理的な食品の選択の機会の確保に関して重要な役割を果たす販売の用に供する食品表示について基準等を規定。また、基準等を遵守させるための罰則を含めた法的枠組みを規定 | 医薬品、医薬部外品を除くすべての飲食物（加工食品（酒類を含む。）、生鮮食品、添加物） | 食品表示基準で定める事項〈横断的義務表示〉〈個別的義務表示〉〈推奨表示〉〈任意表示〉食品表示基準の概要は第1章1-3参照 |
| 食品衛生法 | 安全性確保の観点から必要とされる食品及び添加物の基準等を規定 | 食品表示法の対象となる食品及び添加物のうち、安全性の確保のための基準等が必要とされるもの（保存方法等の表示については食品表示法により義務付けが行われる） | ・保存温度の規定<br>・添加物の安全性確保基準の規定 |

15

| 法律名称 | 目的及び食品表示との関わり | 表示対象 | 具体的な表示事項等 |
|---|---|---|---|
| 健康増進法 | 国民の健康増進のために特別用途表示の承認等を規定 | 特別用途食品として販売する食品 | ・特別用途食品として許可（承認）を受けた表示の内容、許可（承認）証、その他<br>→詳細は第5章5-6参照 |
| | 国民の保健の向上を目的として、健康の保持増進効果等について、虚偽誇大表示の禁止 | 食品として販売される物の容器包装への表示及び広告（対象者に広告媒体事業者を含む。） | |
| 不当景品類及び不当表示防止法（景品表示法） | 一般消費者の利益を保護することを目的として虚偽・誇大な広告の禁止 | 食品及びその広告（法律自体は食品に限定されない。） | |
| 計量法 | 適正な計量の実施を確保するための計量の基準を規定 | 容器包装に入れられ、密封された政令で指定された特定商品（法律自体は食品に限定されない。） | 〈義務表示〉<br>・内容量<br>・表記者の氏名又は名称及び住所 |
| 資源の有効な利用の促進に関する法律（資源有効利用促進法） | 廃棄物の発生の抑制や再生資源の利用を促進するため指定表示製品制度等を規定 | 容器包装して販売される食品すべて（対面での量り売り販売を含む。）（法律自体は食品に限定されない。） | 〈義務表示〉<br>・識別マーク<br>〈任意表示〉<br>・自主的に行っている分別用のマーク |
| 不正競争防止法 | 国民経済の健全な発展のため、商品の原産地、品質等を誤認させるような表示を禁止 | 食品及びその広告（法律自体は食品に限定されない。） | |
| 酒税の保全及び酒類業組合等に関する法律（酒類業組合法） | 酒税の確保及び酒類の取引の安定を図るため酒類の表示基準等を規定 | アルコール分1度以上の飲料、又は溶解してアルコール分1度以上の飲料とすることができる粉末状のもの | 〈義務表示〉<br>・アルコール分<br>・税率適用区分<br>・20歳未満の者の飲酒の禁止に関する法律に基づく表示<br>〈一部の酒類〉<br>・吟醸酒等の特定名称<br>・原材料の表示、その他 |
| 牛の個体識別のための情報の管理及び伝達に関する特別措置法（牛トレーサビリティ法） | BSE防止と牛肉の個体識別のための情報の提供を促進するための措置を規定 | 国内で生まれ、又は生体で輸入されたすべての牛及びその肉（内臓肉や挽肉等は除く。） | 〈義務表示〉<br>・個体識別番号 |
| 米穀等の取引等に係る情報の記録及び産地情報の伝達に関する法律（米トレーサビリティ法） | 米穀等の産地情報の伝達を義務付け、表示の適正化を図るための措置を規定 | 主要食糧、米飯類、米加工食品等に該当する指定米穀等 | 〈義務表示〉<br>・米穀の産地情報 |
| 農産物検査法 | 農産物の公正かつ円滑な取引とその品質の改善とを助長する農産物検査規格を規定 | 米穀（もみ、玄米及び精米）、小麦、大豆、そば等（全10品目） | 米穀の産地・品種及び生産年を表示する際の根拠の1つとなる。 |

| 法律名称 | 目的及び食品表示との関わり | 表示対象 | 具体的な表示事項等 |
|---|---|---|---|
| 日本農林規格等に関する法律（JAS法） | 農林物資の品質の改善等のためにJASにより一定の品質・作り方試験等の基準を規定 | JASに基づいて生産・流通された食品（有機食品を含む。） | ・有機JAS<br>・（一般）JAS<br>・特色JAS |
| 医薬品、医療機器等の品質、有効性及び安全性の確保等に関する法律（薬機法）* | 保健衛生上の危害の発生及び拡大の防止を目的として未承認薬（医薬品ではないもの）に医薬品と誤認される効能効果の表示を禁止 | 食品に医薬品と誤認されるような表示がされた場合に未承認薬とみなされて対象となる。 | |
| 特定農林水産物等の名称の保護に関する法律（地理的表示法） | 特定の産地と品質等の面で結び付きのある農林水産物・食品の産品の名称（地理的表示）を知的財産として保護 | 食用農林水産物、政令で指定された非食用農林水産物等 | 生産者団体が定めた生産地や生産方法等の基準を満たす産品にのみ当該産品の名称の表示（＝地理的表示（GI））を認める。 |
| 商標法 | 商標を保護することにより、商標が付された商品やサービスの出所を表示する機能、品質を保証する機能及び広告機能を持たせる。 | 文字、図形、記号、立体的形状若しくは色彩又はこれらの結合、音その他政令で定めるものであって、商品を生産・販売する者がその商品について使用するもの | 関さば、越前がに等の商品名 |

＊ 「医薬品医療機器等法」と省略する場合もあります。

# 3 ● 食品表示法の概要

　ここでは、食品表示の基礎となる、食品表示法の成り立ちと概要を解説します。前述したように、食品一般を対象として、その内容に関する情報の提供を義務としてきた法律には、これまで食品衛生法、JAS法及び健康増進法の3法があり、それぞれの法律は、その目的に合致する情報を消費者に提供するよう求めていました。

## これまで各法律が情報提供を求めてきた内容
・食品衛生法：食品の安全性の確保のために公衆衛生上必要な情報
・JAS法　　：消費者の選択に資するための品質に関する情報
・健康増進法：国民の健康の増進を図るための栄養成分及び熱量に関する情報

　これらのうち、食品表示について定めていた部分を一元化し、よりわかりやすい制度にするために、2013年（平成25年）6月に食品表示法が公布され、2015年（平成27年）4月1日から施行されました。

## 【食品表示法の目的】
　3つの法令の表示の基準を一元化し、整合性の取れたものにするために作ら

れた食品表示法の目的（第1条）は、

①基準の策定その他の必要な事項を定めることにより、その適正を確保し、
もって一般消費者の利益の増進を図るとともに、

②食品衛生法、健康増進法及びJAS法に定める措置と相まって、国民の健康
の保護及び増進並びに食品の生産及び流通の円滑化並びに消費者の需要に即
した食品の生産の振興に寄与する、
こととしています。

　これは、①食品に適正な表示がされることにより、それを消費者が活用して、
食品を摂取する際の安全性や自主的・合理的に食品を選択する機会を確保する
ことができるようになり、同時に②改定後の食品衛生法等の法令に則った食品
の製造が行われることとの相乗効果により、国民の健康増進や食品産業の振興
につなげていく、ことを表しています。

## 【食品表示法の基本理念】

　食品表示法の基本理念（第3条）では、消費者基本法の理念を踏まえ、食品
表示に関する施策は消費者の権利の尊重と共に、消費者自らが自主的に行動す
ることができることを支援するものであることと規定しています。同時に、食
品の表示を行うことは事業者に相応のコスト負担を強いるものであることか
ら、小規模事業者への配慮等も明記されています。

## 【食品表示基準の策定】

　そして、この目的を達成するために、食品に表示されるべき事項について内
閣府令（「食品表示基準」）を定めるとしています（第4条）。食品関連事業者
が食品に表示すべき事項とその際のルールを定めたもので、すべての基本とな
るものです。詳細については次節で説明します。

## 【食品表示法の遵守に向けた措置】

　食品表示法では、守られなかったときに備えて、不適正な表示に対する措置
として行政による指示（第6条）が行われます。この中には、食品を摂取する
際の安全性に重要な影響を及ぼす事項を別途内閣府令＊により定め、それに該
当する表示が不適切な食品の販売に際し、緊急の必要があると認められるとき
は、その食品を販売しようとしている食品関連事業者に対して、食品の回収の
命令や営業の停止を命ずることも含まれています。

　　＊この内閣府令の正式名称：「食品表示法第6条第8項に規定するアレルゲン、消費期限、食品

を安全に摂取するために加熱を要するかどうかの別その他の食品を摂取する際の安全性に重要な影響を及ぼす事項等を定める内閣府令」

## 食品リコール情報の届出制度

食品リコール情報の届出制度とは、食品関連事業者等が食品の安全性に関する食品表示基準に従った表示がされていない食品の自主回収を行う場合に、行政機関への届出を義務付けるもの（第10条の2）です。届出対象となるのは、前述の内閣府令で定めるアレルゲン、保存の方法、消費期限又は賞味期限などの生命又は身体に対する危害の発生の可能性のある事項について食品表示基準に従った表示がされていない場合です。当該届出に係る食品リコール情報については、事業者より電子申請にて報告されたものが行政機関において消費者に情報提供されます。リコール情報サイトを見ると、アレルギー表示の欠落、期限表示の誤表示のほか、添加物等の基準値違反などでリコールが行われていることがわかります。

## 【差止請求及び申出の制度】

また、それ以外の対応策として、食品表示法では、適格消費者団体による差止請求の制度（第11条）と申出の制度（第12条）が、不適正表示事案による被害の防止策として設けられています。

## 差止請求の制度

差止請求権とは、食品企業などが、現に違法や不当な行為を行っている場合や行うおそれがある場合に、その行為をやめるよう請求（差止請求）することができる権利です。この制度は、消費者契約法や景品表示法などでも導入されています。

適格消費者団体とは、消費者全体の利益擁護のために差止請求権を適切に行使することができる適格性を備えた消費者団体として、内閣総理大臣の認定を受けたもので、不特定多数の消費者の利益擁護のための活動を主たる目的とし、その活動を相当期間継続して適正に行っていること、体制及び業務規程が適切に整備されていること、理事会の構成及び決定方法が適正であること、消費生活の専門家及び法律の専門家が共に確保されていること、などの要件を満たした団体となっています。

適格消費者団体は、2022年（令和4年）9月現在、23団体が登録されており、これらの団体が消費者契約法や景品表示法に基づいて差止請求を行った事例には、レンタル・リース、教養娯楽、医療福祉関係などが多く見受けられますが、いわゆる健康食品も含まれています。

## 申出の制度

　一方、申出（第12条）とは、何人も販売の用に供する食品に関する表示が適正でないため一般消費者の利益が害されていると認めるときは、食品表示法に基づく手続きに従い、その旨を申し出て適切な措置をとるべきことを求めることができる制度です。申出先は内閣総理大臣又は農林水産大臣（酒類の表示については財務大臣）ですが、従来食品衛生法により定められてきた事項については、内閣総理大臣に申し出ることとなっています。申出を受けた内閣総理大臣、農林水産大臣又は財務大臣は、必要な調査を行い、その申出の内容が事実であると認めるときは、食品表示基準の策定や指示等の措置その他の適切な措置をとらなければならないこととされています。

## 【罰則】

　さらに食品表示法では、不適切な表示や虚偽の表示をした食品を販売した場合に、それぞれ懲役若しくは重い罰金が科せられます。

　特に食品表示法第6条第8項に基づく安全性に関わる不適切な表示に対する是正の指示に従わなかった法人に対しては、3億円以下の罰金刑を科すなど、それ以外の表示事項に関する違反に比べて非常に重い罰則を設けています。なお、食品リコール情報の届出をしない又は虚偽の届出をした者にも罰金刑が科せられます（第17条から第23条）。

# 1-3 ● 食品表示基準の概要

## 1 ● 食品表示基準の体系

### 【対象となる食品】

　食品表示法は、食品全般を対象にしており、生鮮食品、加工食品のほか、添加物、酒類も対象となります。ただし、薬機法（医薬品、医療機器等の品質、有効性及び安全性の確保等に関する法律）に規定する医薬品や、医薬部外品は含まれません。食品表示基準も、同じ範囲の食品を対象としています。

### 【食品表示基準の9つの区分】

　食品表示基準の全体の体系としては、食品表示法第4条第1項において、「食品」及び「食品関連事業者等」の区分ごとに定めるとされています。

　すなわち、

①食品は

　　「加工食品」

　　「生鮮食品」

　　「添加物」

　の3つに、

②食品関連事業者等は

　　「一般（消費者）用の食品を扱う食品関連事業者」

　　「業務用の食品を扱う食品関連事業者」

　　「食品関連事業者以外の販売者」

　の3つに区分され、全体では9つの区分で表示の基準が整理されています。なお、食品関連事業者とは、食品の製造業者、加工業者（調整や選別をする事業者を含む。）、輸入業者、卸売業者を含む販売業者を指します。

　また、個々の区分の中でも横断的に定められている表示事項（横断的表示事項）と、個別の食品の特性に合わせて表示が義務付けられている事項（個別的表示事項）があります。

**食品表示基準の体系**

(括弧内は食品表示基準の参照先条文)

| 食品関連事業者等／食品区分 | 食品関連事業者 | | 食品関連事業者以外の販売者 |
|---|---|---|---|
| | 一般消費者に販売される形態の食品を販売する場合 | (左記以外の)業務用食品を販売する場合 | |
| 加工食品 | ①(第3条～第9条)<br>1.表示事項<br>(1)横断的事項<br>(2)個別的事項<br>2.表示の特例、方式等<br>3.表示禁止事項 | ②(第10条～第14条)<br>1.表示事項<br>(1)横断的事項<br>(2)個別的事項<br>2.表示の特例、方式等<br>3.表示禁止事項 | ③(第15条～第17条)<br>1.表示事項<br>2.表示の方式等<br>3.表示禁止事項 |
| 生鮮食品 | ④(第18条～第23条)<br>1.表示事項<br>(1)横断的事項<br>(2)個別的事項<br>2.表示の特例、方式等<br>3.表示禁止事項 | ⑤(第24条～第28条)<br>1.表示事項<br>(1)横断的事項<br>(2)個別的事項<br>2.表示の特例、方式等<br>3.表示禁止事項 | ⑥(第29条～第31条)<br>1.表示事項<br>2.表示の方式等<br>3.表示禁止事項 |
| 添加物 | ⑦(第32条～第36条)<br>1.表示事項<br>2.表示の方式等<br>3.表示禁止事項 | ⑧(同左)<br>1.表示事項<br>2.表示の方式等<br>3.表示禁止事項 | ⑨(第37条～第39条)<br>1.表示事項<br>2.表示の方式等<br>3.表示禁止事項 |

## 【食品の3区分】

　食品表示法の制定以前、JAS法及び健康増進法においては「加工食品」と「生鮮食品」とに区分して基準が設けられていましたが、食品衛生法においては両者の区分なく、表示が必要な食品について基準が定められていました。これは、衛生上の危害の防止という食品衛生法の目的において、「加工食品」「生鮮食品」で異なることがないためです。

　食品表示法においては、「加工食品」と「生鮮食品」を区分して、食品表示基準の別表第1と第2＊でまとめています。また、製造と加工に関する定義も食品表示法のもとでまとめられています（図表3）。

　＊別表第1については資料編 資料5を、別表第2については資料編 資料6参照。

## 図表 3 食品表示制度における加工、製造等の定義

| 食品区分 | 用語 | 定義 |
|---|---|---|
| 加工食品 | 製造 | その原料として使用したものとは本質的に異なる新たな物を作り出すこと。 |
| | 加工 | あるものを材料としてその本質は保持させつつ、新しい属性を付加すること。 |
| 生鮮食品 | 調整 | 一定の作為を行うが加工には至らないもの。 |
| | 選別 | 一定の基準によって仕分け、分類すること。 |

　例えば、「農産物を乾燥させた干し柿や乾しいたけ」は加工食品ですが、「出荷できる水分量まで乾燥させた豆類」は生鮮食品です。このように個々の食品に対して行われた一定の行為（例えば乾燥）が新しい属性を付加したかどうかで、生鮮食品と加工食品とが区分されます。具体的には前述の食品表示基準の別表第1と第2のいずれに分類されているかで判断します。

　また、「添加物」は、食品表示法第2条第1項に基づき、食品衛生法第4条第2項に「食品の製造の過程において又は食品の加工若しくは保存の目的で、食品に添加、混和、浸潤その他の方法によって使用するもの」と規定されているものをいいます。

### 【食品関連事業者等の3区分】

　「食品関連事業者」が販売する食品を、一般消費者に販売する場合と、食品製造業者や外食店に販売する場合とに区分して必要な表示事項を定めています。

　一般（消費者）用の食品とは、加工食品及び添加物のうちそれぞれ一般消費者に販売される形態となっているもの、及び生鮮食品のうち加工食品の原材料とならないものをいいます。

　業務用食品とは、一般消費者に販売される形態となっているもの以外の加工食品と添加物、及び生鮮食品のうち加工食品の原材料となるものをいいます（ただし、業務用の加工食品でも、一般消費者に販売される可能性のあるものは一般消費者向けの食品として区分されます。）。

　さらに、食品表示法には、食品関連事業者等の中に、反復継続性のない販売を行う「食品関連事業者以外の販売者」という区分を設けています。この区分の販売者には、例えば、小学校のバザーで袋詰めの自家製クッキーを販売する保護者や町内会の祭りで瓶詰めの手作りジャムを販売する町内会の役員などが該当します。

　消費者の長期的な食生活を考えれば、バザー等で販売される食品に表示がさ

れないからといって、消費者の選択の機会や健康増進の機会が大きく失われるものではないことから、栄養成分表示等の義務までは課されていませんが、たとえ一度きりの販売であるとしても、身体や生命に重大な危害を与えるおそれがある安全性の確保及び健康の保護・増進に必要な表示事項は、表示義務が課されています。

## 2●販売形態ごとの適用範囲

　消費者に販売される食品の義務表示の範囲に関しては、食品表示以外の手段による情報取得の可能性、事業者の実行可能性を勘案して図表4及び図表5のように定められています。

**図表4　販売形態別 食品表示基準の適用の概要（一般消費者用の生鮮食品）**

| 販売形態 | | 適用範囲 |
|---|---|---|
| 容器包装あり | 生産した場所以外で販売 | 適用対象（横断的及び個別的義務表示事項すべてについて表示が必要） |
| | 生産した場所で販売、又は無償サンプル | 適用対象【限定的】（安全性の確保及び健康の保護・増進に必要な事項について表示が必要） |
| 容器包装なし | 生産した場所以外で販売 | 適用対象【限定的】（合理的選択に資する表示事項について表示が必要） |
| | 生産した場所で販売 | 適用対象外 |
| 設備を設けてその場で飲食させる場合 | | |

**図表5　販売形態別 食品表示基準の適用の概要（一般消費者用の加工食品）**

| 販売形態 | | 適用範囲 |
|---|---|---|
| 容器包装あり | 製造した場所以外で販売 | 適用対象（横断的及び個別的義務表示事項すべてについて表示が必要） |
| | 製造した場所で販売、又は無償サンプル | 適用対象【限定的】（安全性の確保及び健康の保護・増進に必要な事項について表示が必要） |
| 容器包装なし | 製造した場所以外で販売 | 適用対象外* |
| | 製造した場所で販売 | |
| 設備を設けてその場で飲食させる場合 | | |

　＊生食用牛肉の注意喚起表示については対象となります。

　設備を設けてその場で飲食させる例として、レストラン等の外食では、店員に内容を確認した上で注文することが可能であることや、日替わりメニュー等の表示切替えに係る対応が困難であることを踏まえて、一部の表示*を除き、原則として表示義務は課されていません。また、惣菜などの加工食品を量り売りで対面販売するときのように容器包装せずに食品を販売する場合も、店員に内容を確認できることから表示義務はありません。

　業務用の食品に関しても類似の枠組みが定められています。ただ業務用食品の場合は、流通の途中で用途が変わることもあり得ます。このような場合は、取引関係者が情報のやり取り可能な関係性を持っているという前提のもと、足りない情報は川上に遡って取得することも必要となります。

　なお、食品表示基準における容器包装とは、食品衛生法に規定された容器包装のことを指し、「食品又は添加物を入れ、又は包んでいる物で、食品又は添加物を授受する場合そのままで引き渡すもの」をいいます。食品を店頭で量り売りする場合に、販売のつど食品を包みますが、これは消費者が持ち帰るための単なる運搬容器であり、食品表示基準の容器包装には当たりません。

　また、業務用の食品を運搬する際に使用される、タンクローリーやコンテナ、通い箱のような事業者が納品後に持ち帰りする外装容器も、容器包装には含まれませんが、業務用加工食品の場合は義務表示事項がありますので、この場合は送り状や納品書等に表示を行います。

　　＊2011年（平成23年）10月1日から、生食用食肉に対しては、販売形態にかかわらず、リスクがある旨等の注意喚起に関する表示が義務付けられています。また、米トレーサビリティ法では外食店や弁当で提供されるご飯の原料米に関する原産地情報の消費者への伝達が、牛トレーサビリティ法では一定の条件のもとで、牛肉の個体識別番号の伝達が義務付けられています。

# 3 ● 食品表示基準の改正状況

　2015年（平成27年）より施行された食品表示基準ですが、これまでに数回の改正が行われています。

## 【原料原産地表示制度】

　食品を購入する際、その原材料の生産地についての情報を商品選択に利用している消費者が多いことから、国内で製造又は加工されたすべての加工食品を対象に、原料原産地表示が義務付けられることになり、2017年（平成29年）9月1日に食品表示基準の改正が行われました。

その改正以前に原料原産地表示義務のあった22の食品群と4品目についての表示ルールはそのまま引き継がれ、表示義務のなかった加工食品については「製品に占める重量割合が上位1位の原材料（対象原材料）」の原料原産地表示が必要となりました。このほかに、おにぎりののりも個別の品目として表示対象に追加されました。

　表示の方法は、国別に重量割合の高いものから順に国名を表示することが基本ですが、食品関連事業者の負担にも配慮し、新たな追加品目については例外的な表示方法も認められています。

　　※原料原産地表示制度については、第3章 3-5参照。

## 【遺伝子組換え表示の厳格化】

　現在の食品表示基準では、分別生産流通管理を行った上で、遺伝子組換えの混入率が5％以下である大豆やとうもろこしを使った加工食品には、任意表示として「遺伝子組換えでない」と表示できますが、2019年（平成31年）4月に改正された食品表示基準では、定められた分析法で遺伝子組換えであることが検出されない場合にのみ「遺伝子組換えでない」と表示できることになりました。

　この改正された食品表示基準の施行は2023年（令和5年）4月からとなっています（施行されるまでの期間は、現在の表示が認められます）。

　　※遺伝子組換え食品の表示については、第5章 5-3参照。

　上にあげたもののほか、2018年（平成30年）の改正で防かび剤フルジオキソニルの使用対象食品が拡大され、2020年（令和2年）の改正で精米年月日の事項名が精米時期に変更されたほか、2022年（令和4年）の改正では遺伝子組換え農産物として「からしな」が追加され、高オレイン酸遺伝子組換え大豆が義務表示対象から外れるなどの改正が行われました。今後も時勢に合わせた改正が続くと考えられます。食品表示を行う際は、常に最新の法令を確認し、正しい表示となるように努める必要があります。

# 1-4 ● その他の食品表示制度

　食品表示制度は、これらの法令以外にも、地方公共団体の条例等で規定された基準に基づく表示や、公正競争規約など、業界の自主的な取組みに基づくものもあります。

【公正競争規約】

　公正競争規約は、景品表示法*の規定により、事業者又は事業者団体（協議会）が、消費者庁長官及び公正取引委員会の認定を受けて、表示又は景品類に関する事項について自主的に設定する業界のルールです。

　景品表示法は、優良誤認や有利誤認等の不当な表示を禁止し、対象もチラシ、パンフレット、ポスター、看板、新聞・雑誌広告、テレビCMなど広範に及びますが、この法律は多種多様な事業分野の広範な商行為を取り締まりの対象にしているため、規定は一般的で抽象的なものにならざるをえません。これに対し、公正競争規約は、事業者又は事業者団体が自らの業界について規定を設けるものですから、その業界の商品特性や取引の実態に即して、景品表示法だけでなく、食品表示法、計量法等他の関係法令による事項も広く取り入れて、的確に、より具体的に、きめ細かく規定することができます。

　公正競争規約は、消費者庁長官及び公正取引委員会によって認定されたものですから、通常はこれを守っていれば景品表示法に違反することはありません。また、公正競争規約の運用は、業界に精通した運用機関（公正取引協議会等）により行われるので、規制が的確かつ効果的になされることが期待されています。したがって、協議会に所属していない場合にもその内容を確認しておくことが望まれます。

　　＊景品表示法についての詳細は、第5章 5-7参照。

## 表示に関する公正競争規約（食品のみ抜粋）

マーガリン類／飲用乳／ナチュラルチーズ・プロセスチーズ及びチーズフード／アイスクリーム類及び氷菓／発酵乳・乳酸菌飲料／果実飲料等／トマト加工品／コーヒー飲料等／豆乳類／レギュラーコーヒー及びインスタントコーヒー／もろみ酢／食品缶詰／粉わさび／削りぶし／凍り豆腐／生めん類／辛子めん

たいこ食品／ハム・ソーセージ類／食肉／即席めん／包装食パン／鶏卵／食酢／みそ／ドレッシング類／しょうゆ／食用塩／観光土産品／はちみつ類／ビスケット類／チョコレート類／チョコレート利用食品／ローヤルゼリー／チューインガム／特定保健用食品／ビール／輸入ビール／ウイスキー／輸入ウイスキー／泡盛／酒類小売業*／単式蒸留焼酎

　　＊売り場の表示についての規約。


【行政から出されるガイドライン、条例等】
　食品表示に関する通知による行政指導、ガイドライン、Q&Aによって示される解説等についても情報の収集に努めることが重要です。
　特に、2022年（令和4年）4月に出された「食品添加物の不使用表示に関するガイドライン」は単なる指針との位置付けでなく、食品表示基準Q＆A別添として策定されたものです。表示禁止事項に抵触するかどうかの判断基準にもなることから、経過措置期間が設定されていますが、これはガイドラインとしては異例の措置です。
　現在、食品表示基準に関するものをはじめとして、多くの法令や通知が消費者庁のウェブサイトから閲覧可能です。
　また、東京都をはじめ地方自治体が食品の表示に関する条例*を定めていることも多くありますので、販売予定の地域における条例等を確認しておくことも必要となります。

　　＊自治体条例については、資料編 資料3参照。


【各種マーク類】
　さらに、各種マーク類も広義では表示に当たり、重要な役割を果たしています。マークとしては、JAS法に基づくJASマーク、健康増進法に基づく特別用途食品マークや特定保健用食品マーク、公正競争規約に基づく公正マークなどがあります。
　マーク類は、一般的にその商品が一定の要件を満たすことを消費者に伝えるための任意の認定制度となっていますが、JAS法に基づき有機食品と表示する際の有機JASマークや資源有効利用促進法に基づく容器包装の識別マークは義務表示となっています。

　以上のように、食品表示制度は、多岐の分野にわたり、かつ任意での積極的

な対応が望まれるものもあることから、自分が取り扱っている食品に関して、個々の法令や仕組み等がどのように関与しているかを確認しておくことが重要です。

# Column

**総額表示について**

　「総額表示」とは消費者に商品の販売やサービスの提供を行う課税事業者が、値札やチラシなどにおいて価格を表示する際に、消費税額（地方消費税額を含む。）を含めた価格を表示することをいいます。

　これは、消費税が導入された際、「税抜価格表示」では消費者にとって最終的な支払額がわかりにくく、また「税抜価格」「税込価格」が混在していると価格の比較がしづらいといった状況が生じたために講じられた対策です。

　このような理由から、総額表示制度は事業者間の取引は対象となっていません。

　具体的な表示としては、次に掲げるような表示が「総額表示」に該当します。

【本体価格100円で税率10％の例】
　・110円
　・110円（税込）
　・110円（税抜価格100円）
　・110円（うち消費税額等10円）
　・110円（税抜価格100円、消費税額等10円）

　ポイントとしては、支払総額である「110円」さえ表示されていればよく、「消費税額等」や「税抜価格」が表示されていても構いません。例えば、「100円（税込110円）」とされた表示も、消費税額を含んだ価格が明瞭に表示されていれば、「総額表示」に該当します。

　また、食肉などの量り売り商品の単位価格についても、総額表示の対象とされます。単位価格にも「税抜価格」を併記することはできますが、一見安く見える「税抜価格」を強調するような表示は、消費者の誤認を招くおそれがありますので、注意が必要です。

# 第2章

# 生鮮食品の表示

# 2-1● 生鮮食品の表示の原則

## 1●生鮮食品

　「加工食品」は「製造又は加工された食品」と定義され、調味や加熱等をしたものが該当します。「生鮮食品」は「加工食品及び添加物以外の食品」と定義され、単に水洗いや切断、冷凍したものが該当し、具体的には食品表示基準別表第2に掲げられたものをいいます（資料編　資料6「生鮮食品に分類される食品」参照）。

　生鮮食品のうち、加工食品の原材料となるものを業務用生鮮食品といい、それ以外のものを一般用生鮮食品といいます。2015年（平成27年）4月の食品表示法の施行以前、JAS法においては「生鮮食品」と「加工食品」とを区分して、また食品衛生法においては両者を区分することなく、表示基準が設けられていました。

　2015年（平成27年）4月に施行された食品表示基準では、JAS法の定義を踏まえて「生鮮食品」と「加工食品」が区分されました。それにより、従前の食品衛生法では「加工食品」の区分ではなかった、ドライマンゴーのような簡単な加工（乾燥）を施したものが「加工食品」として取り扱われることになりました。

　一方、かき（殻付き）をむき身にしたもののように「一定の作為を加えるが加工にいたらないもの（調整）」として、「生鮮食品」に該当するものであっても、加工にいたらない一定の作為を加えることにより食品衛生上の危害発生のおそれがあるものについては、従前の食品衛生法の規定が食品表示基準に引き継がれ、農産物、畜産物、水産物、又は個別の食品それぞれに表示事項が規定されています。

**一定の作為は加えるが、「加工」に至らない「調整」の例**
○キャベツ、白菜等を半分に切断する。
○米穀、豆類等を収穫後、輸送又は保存のために乾燥させる。
○切り身、むき身の鮮魚介類を凍結させる。
○1種類の農畜水産物を切断して容器包装する。
　・キャベツを千切りにして包装したもの

・あじをたたきにして包装したもの

○産地や部位が異なる同種の農畜水産物を切断して容器包装する。

・カットしたフロリダ産と南アフリカ産のグレープフルーツの盛り合わせ

・牛のロース肉とバラ肉の焼き肉用セット

・マグロの赤身とトロの刺身盛り合わせ

**あるものを材料としてその本質は保持させつつ新しい属性を付加した「加工」の例**

○食肉を合挽する。

○香り、食味や風味の向上、食感の変化のために果実を乾燥させる。

○大正エビの尾部（及び殻）のみを赤変させるために加熱（ブランチング）する。

○かつおの表面をあぶる。

○異種の農畜水産物を切断して容器包装する。

・カットしたパインアップルとメロンの盛り合わせ

・牛のロース肉と豚のバラ肉の焼き肉用セット

・マグロとハマチの刺身盛り合わせ

・魚又は食肉と野菜を組み合わせた鍋セット

# 2●一般用生鮮食品に表示すべき事項

一般用生鮮食品には、食品関連事業者が、一般用生鮮食品を販売する際に表示する事項（横断的義務表示）と、個々の食品の特性に応じて表示する事項（個別的義務表示）とがあります。

【横断的義務表示】

一般用生鮮食品には、「名称」と「原産地」を表示します。

そのほかに、放射線を照射した食品の場合は「放射線照射に関する事項*」、特定保健用食品の場合は「特定保健用食品に関する事項」、遺伝子組換え食品の表示の対象農産物の場合は「遺伝子組換え農産物に関する事項」、乳児用規格適用食品の場合は「乳児用規格適用食品である旨」、計量法第13条第1項に規定する特定商品であって密封されたものの場合は「内容量」及び「食品関連事業者の氏名又は名称及び住所」を表示します。

＊発芽防止の目的で、ばれいしょへの放射線照射が認められており、その場合は、「放射線を照射した旨」及び「照射した年月日である旨の文字を冠したその年月日」を表示する。

※特定保健用食品に関する事項は第5章 5-6を、遺伝子組換え食品に関する事項は第5章 5-3を、乳児用規格適用食品に関する事項は第4章 4-4-15内「3・ベビー用飲料」を、特定商品に関する事項は第5章 5-15参照。

　原産地については、農産物は生産した土地で収穫されること、畜産物は生まれた場所、飼養された場所、と畜された場所がそれぞれ異なる場合があること、水産物は特定の水域で漁獲されること等、それぞれの生産実態を考慮して、農産物、畜産物及び水産物に分けてその表示方法が定められています（図表1）。
　同じ種類の生鮮食品で複数の原産地のものを混合した場合、その製品に占める重量の割合の高いものから順に原産地を表示します。
　贈答用の果物の詰め合わせ商品のように異なる種類の生鮮食品で原産地が異なるものを詰め合わせた場合は、それぞれの生鮮食品の名称と原産地を併記します。

**図表1　生鮮食品の主な表示事項**

| | 名称 | 原産地（国産品） | 原産地（輸入品） | 容器又は包装に入れられた特定商品＊1 | その他＊2 |
|---|---|---|---|---|---|
| 農産物 | その内容を表す一般的な名称 | 都道府県名 ●市町村名その他一般に知られている地名可 | 原産国名 ●一般に知られている地名可 | 内容量、食品関連事業者の氏名又は名称及び住所 | ●玄米・精米の原料原米について ●しいたけは、栽培方法　　　　　他 |
| 畜産物 | | 国産である旨 ●主たる飼養地が属する都道府県名、市町村名その他一般に知られている地名可 | 原産国名 | | ●食肉に鳥獣の種類を表示　　　　　他 |
| 水産物 | | 漁獲した水域名か養殖場がある都道府県名 ●水域名による表示が困難な場合は、水揚港名、又は水揚港がある都道府県名可 ●水域名に水揚港名、水揚港が属する都道府県名の併記可 | 原産国名 ●水域名の併記可 | | ●冷凍品を解凍したものは「解凍」と表示 ●養殖したものは「養殖」と表示　　　　　他 |

※上段の見出しは「横断的義務表示事項」（名称・原産地・容器又は包装に入れられた特定商品＊1）および「個別的義務表示事項」（その他＊2）

＊1　容器又は包装に入れられた特定商品とは計量法第13条第1項に規定する特定商品であって密封（商品を容器に入れ、又は包装して、その容器若しくは包装又はこれらに付した封紙を破棄しなければ、当該物象の状態の量を増加し、又は減少することができないようにすることをいう。）されたものをいう。
＊2　対象商品については図表2参照。

【個別的義務表示】

　一般用生鮮食品のうち、個別に表示事項が定められているものは、図表2のとおりです。

図表2 **個別的表示事項が定められている生鮮食品**

①玄米及び精米

②シアン化合物を含有する豆類

③しいたけ

④アボカド、あんず、おうとう、かんきつ類、キウィー、ざくろ、すもも、西洋なし、ネクタリン、パイナップル、バナナ、パパイヤ、ばれいしょ、びわ、マルメロ、マンゴー、もも及びりんご

⑤食肉（鳥獣の生肉（骨及び臓器を含む。）に限る。）

⑥生乳、生山羊乳、生めん羊乳及び生水牛乳

⑦鶏の殻付き卵

⑧水産物

⑨切り身又はむき身にした魚介類（生かき及びふぐを除く。）であって生食用のもの（凍結させたものを除く。）

⑩ふぐの内臓を除去し、皮をはいだもの並びに切り身にしたふぐ、ふぐの精巣及びふぐの皮であって生食用でないもの

⑪切り身にしたふぐ、ふぐの精巣及びふぐの皮であって生食用のもの

⑫冷凍食品のうち、切り身又はむき身にした魚介類（生かきを除く。）を凍結させたもの

⑬生かき

出典：食品表示基準 別表第24 より

# 3 ● 表示方法

【販売形態等による表示事項の違い】

　一般用生鮮食品を販売する際、その販売形態等により表示を必要としない事項があります。

　販売形態による表示の適用範囲については、第1章1-3「食品表示基準の概要」「2・販売形態ごとの適用範囲」に述べていますが、具体的に表示を必要としない事項は、図表3のとおりです。

## 図表3 販売形態等により表示を必要としない事項（一般用生鮮食品）

| 販売形態 | | 表示を必要としない事項 | 備考 |
|---|---|---|---|
| 容器包装あり | ・生産した場所以外で販売する場合 | － | すべての表示が必要です。 |
| | ・生産した場所で直接販売する場合<br>・不特定若しくは多数の者に対して譲渡（販売を除く。）する場合 | ・名称*<br>・原産地<br>・内容量<br>・食品関連事業者の氏名又は名称及び住所<br>・玄米及び精米に関する事項<br>・栽培方法（しいたけに限る。）<br>・解凍した旨及び養殖された旨（水産物に限る。） | 食品を摂取する際の安全性に関する表示事項については義務表示となります。<br>（例）<br>・放射線照射に関する事項<br>・乳児用規格適用食品である旨<br>・食肉に関する事項　他 |
| 容器包装なし | ・生産した場所以外で販売する場合 | ・放射線照射に関する事項<br>・乳児用規格適用食品である旨<br>・内容量、食品関連事業者の氏名又は名称及び住所<br>・個別に表示事項が定められている食品（図表2 ①〜⑬）について、定められた事項（しいたけの栽培方法、水産物の解凍した旨及び養殖された旨を除く。） | 自主的かつ合理的な食品選択に関する表示事項については義務表示となります。<br>（例）<br>・名称<br>・原産地<br>・栽培方法（しいたけに限る。）<br>・解凍した旨及び養殖された旨（水産物に限る。）　他 |
| | ・生産した場所で直接販売する場合<br>・不特定若しくは多数の者に対して譲渡（販売を除く。）する場合 | 適用対象外 | 適用対象外のため、表示は必要ありません。ただし、これらの場合も、生食用牛肉のリスク表示は必要です。 |
| 設備を設けてその場で飲食させる場合 | | | |

＊以下の食品は名称の表示を省略することができません。

　容器包装に入れられたシアン化合物を含有する豆類、アボカド、あんず、おうとう、かんきつ類、キウィー、ざくろ、すもも、西洋なし、ネクタリン、パイナップル、バナナ、パパイヤ、ばれいしょ、びわ、マルメロ、マンゴー、もも、りんご、食肉（鳥獣の生肉（骨及び臓器を含む。）に限る。）、生乳、生山羊乳、生めん羊乳、生水牛乳、鶏の殻付き卵、切り身又はむき身にした魚介類（生かき及びふぐを除く。）であって、生食用のもの（凍結させたものを除く。）、ふぐの内臓を除去し、皮をはいだもの並びに切り身にしたふぐ、ふぐの精巣及びふぐの皮であって生食用でないもの、切り身にしたふぐ、ふぐの精巣及びふぐの皮であって生食用のもの、冷凍食品のうち、切り身又はむき身にした魚介類（生かきを除く。）を凍結させたもの及び生かき

　「生産した場所で直接販売する場合」の「生産」とは、農産物であれば農業生産、畜産物であれば飼養、水産物であれば漁ろうそのものをいい、単なる切

断、冷凍等は含まれません。

　したがって、「生産した場所で直接販売する場合」とは、具体的には、生産者が生産した生鮮食品を自らその場（水産物であれば水揚げした場所）で消費者に直接販売する場合をいいます。

【表示の方法等】
　邦文で、その食品を購入し、又は使用する者が読みやすく理解しやすいような用語で正確に表示します。

　表示に用いる文字の色は、背景の色と対照的な色とします。容器包装への表示に用いる文字は、日本産業規格に規定する8ポイント以上の大きさの統一のとれた文字とします。ただし、表示可能面積がおおむね150㎠以下のものに表示する場合は、5.5ポイント以上の大きさの文字とします。

　容器包装に入れられた生鮮食品の場合は、容器包装を開けずに見ることのできる見やすい箇所に表示します。ただし、次の事項については、製品に近接した場所に掲示する等の方法で表示することができます。
　ア．名称*
　イ．原産地
　ウ．遺伝子組換え農産物に関する事項
　エ．栽培方法
　オ．解凍した旨
　カ．養殖された旨

　　　*名称については、保健機能食品ではない食品で、かつ農産物（放射線を照射した食品、シアン化合物を含有する豆類を除く。）、鶏の殻付き卵、水産物（ふぐを含む切り身又は生かきを含むむき身にした魚介類を除く。）についてのみ、近接した掲示により表示することが可能。

　なお、容器包装の形態等により、当該包装に直接表示することが困難な場合は、以下の箇所への表示をもって、容器包装への表示に代えることができます。
①透明な容器包装に包装されている等で、必要な表示事項が外部から容易に確認できる場合にあっては、当該容器包装に内封されている表示書
　なお、鶏の殻付き卵に関する賞味期限の表示については、表示書に代えてすべての卵の殻に直接印字することにより表示することもできます。
②容器包装に結び付ける等、当該容器包装と一体となっている場合にあっては、当該容器包装に結び付けられた札、票せん、プレート等
　容器包装に入れられていない生鮮食品は、製品に近接した掲示その他の見やすい場所に立て札、ポップ等で表示します。

## 2-2 ● 生鮮食品の表示の例（農産物）

## 2-2-1 ● 野菜・果物

〈ブロッコリーの表示例〉

| 名　　称 | ブロッコリー |
|---|---|
| 原 産 地 | 埼玉県 |

〈しいたけの表示例〉

| 名　　称 | しいたけ（菌床） |
|---|---|
| 原 産 地 | 徳島県 |

〈必要な表示事項〉

| 表示事項 | 対象となる農産物 |
|---|---|
| 名称 | すべて |
| 原産地 | すべて |
| 遺伝子組換え農産物に関する事項 | 該当する農産物のみ |
| 内容量及び食品関連事業者の氏名又は名称及び住所 | 該当する農産物のみ（精米・玄米、豆類等） |
| 栽培方法 | しいたけ |
| 放射線照射に関する事項 | ばれいしょ（該当する場合） |
| 添加物 | 果実やばれいしょ |

【名称】

　名称は、その内容を表す一般的な名称で表示しますが、その内容を的確に表現していれば標準和名等で表示することもできます。また、地域特有の名称があるものについては、その名称が一般に理解されると考えられる地域であれば、地域特有の名称で表示することもできます。

【原産地】

○国産品にあっては、都道府県名を表示します。ただし、市町村名その他一般に知られている地名に代えることができます。

○輸入品にあっては、原産国名を表示します。ただし、一般に知られている地名（カリフォルニア州、福建省等）に代えることができます。

○同じ種類の農産物で、複数の原産地のものを混合した場合は、その製品に占める重量の割合の高いものから順に表示します。

○贈答用の果物盛りかごのように、異なる種類の農産物で複数の原産地のものを詰め合わせた場合は、その農産物それぞれの名称に原産地を併記します。

　「一般に知られている地名」として、具体的には、以下のような表示をすることができます。

　・郡名（例：秩父郡）

　・島名（例：屋久島）

　・一般に知られている旧国名（例：尾張、土佐）

・一般に知られている旧国名の別称（例：信州、甲州）

・その他一般に知られている地名（例：房総（地域名））

　農産物の原産地は、都道府県名で表示することが原則であるため、都道府県より広い範囲を表す地域名を原産地として表示することは認められません（例：四国、九州）。

## 【内容量及び食品関連事業者の氏名又は名称及び住所】

　農産物のうち、米穀、麦類及び豆類（乾燥させた大豆などの豆類。ただし、枝豆など未成熟のものは除く。）は、計量法の特定商品に該当し、密封するときに表記義務がかかるものであるため、計量法に従い、内容量及びその表記者の氏名又は名称及び住所を表示します。

## 【しいたけの栽培方法の表示】

　しいたけは、「名称」「原産地」のほかに「栽培方法」を表示します。栽培方法は、原木栽培と菌床栽培*があり、原木栽培の場合は「原木」と、菌床栽培の場合は「菌床」と、原木栽培及び菌床栽培によるしいたけを混合したものの場合は、重量の割合の高いものから順に「原木・菌床」又は「菌床・原木」と表示します。

> ＊原木栽培：クヌギ、コナラ等の原木に種菌を植え付ける栽培方法。
> 　菌床栽培：おが屑にふすま、ぬか類、水等を混合してブロック状、円筒状等に固めた培地に種菌を植え付ける栽培方法。

## 【しいたけの原産地】

　しいたけの原産地については、原木又は菌床培地に種菌を植え付けた場所（植菌地）を原産地とします。農産物は通常は作付地と採取地が同一ですが、しいたけは植菌地と採取地が異なる場合もあり、菌糸が培地の中に伸張するまでの培養初期段階の環境が子実体の形成に大きな影響を及ぼすと考えられるため植菌地を原産地とします。

## 【放射線照射に関する事項】

　わが国では、じゃがいもの芽止めのために放射線が照射される場合があります。この場合には、放射線を照射した旨及び放射線を照射した年月日である旨の文字を冠したその年月日を表示します。

【果物やばれいしょに関わる添加物表示】

　アボカド、あんず、おうとう、かんきつ類、キウィー、ざくろ、すもも、西洋なし、ネクタリン、パイナップル、バナナ、パパイヤ、ばれいしょ、びわ、マルメロ、マンゴー、もも及びりんごについては、防かび剤*（防ばい剤）を使用した場合、添加物の表示が必要になります。

　容器包装に入れないでバラ売りする場合であっても、防かび剤を使用した旨を陳列用容器、値札、品名札又はこれらに近接した提示物に、表示するよう指導されています。

　売り場掲示の例：「この○○には防かび剤（フルジオキソニル）を使用しています」

　　　＊防かび剤については、第5章 5-1参照。


【生鮮食品として扱われるカットした農産物】

　一定の作為は加えるが、加工には該当しないものとして、1種類の果物を単にカットしたものは生鮮食品として表示します。

〈産地が異なるグレープフルーツをカットし、容器包装に入れた製品の表示例〉

| 名称 | グレープフルーツ |
|---|---|
| 原産地 | 南アフリカ産、フロリダ産 |
| 添加物 | 防かび剤（イマザリル） |

加工年月日　○○○○年○月○日*

　＊自治体条例（東京都、大阪市、神戸市）に基づき、グレープフルーツをカットして包装した日を「加工年月日」として表示します。

　1種類の農産物で複数の原産地のものを混合した製品の原産地については、その生鮮食品の製品に占める重量の割合の高いものから順に表示します。

　なお、この例の「フロリダ」はアメリカのフロリダ州のことで、一般に知られている地名として原産国名（アメリカ）に代えて表示しています。

## 2-2-2 ● 玄米及び精米

**〈単一原料米の表示例〉**

| 名称 | 精米 | | |
|---|---|---|---|
| 原料玄米 | 産　地 | 品　種 | 産　年 |
| | 単一原料米<br>○○県　　　○○ヒカリ　　　○○年産 | | |
| 内容量 | ○kg | | |
| 精米時期 | 令和○年○月上旬 | | |
| 販売者 | ○○米穀株式会社<br>○○県○○市○○町○－○－○<br>電話番号○○○（○○○）○○○○ | | |

**〈必要な表示事項〉**

| 名称 |
|---|
| 原料玄米 |
| 内容量 |
| 精米時期等（年月旬又は年月日） |
| 販売者（食品関連事業者の氏名又は名称、住所及び電話番号） |

### 【名称】

「玄米」「もち精米」「うるち精米（又は精米）」「胚芽精米」のうちから、それぞれ該当する名称を表示します。少量の精麦やあわなどの雑穀を混合したものも、食品表示基準では米穀に含まれます。

### 【原料玄米】

「原料玄米」には、「産地」「品種」「産年」「使用割合」を表示しますが、単一原料米か、複数原料米かによって、表示する項目が異なります。

| 単一原料米 | 産地、品種及び産年（生産年をいう。）が同一であり、かつ、その根拠を示す資料を保管している玄米を原料として用いるもの |
|---|---|
| 複数原料米 | 単一原料米以外のものをいい、原料玄米の産地、品種若しくは産年が同一でない玄米を原料として用いるもの |

原料玄米の「産地」は、国産品にあっては、都道府県名、市町村名その他一般に知られている地名を、輸入品にあっては、原産国名又は一般に知られている地名を表示します。

なお、玄米及び精米にあっては、輸入品についての「一般に知られている地名」とは、国名を含む地名となっているので注意が必要です（例：アメリカ・カリフォルニア州）。

### ①単一原料米の場合

「単一原料米」と表示し、「産地」「品種」「産年」を併記します。

## ②複数原料米を用いる場合

・「複数原料米」と表示します。国産品には「国内産」、輸入品には「原産地の国名」を、それぞれ、使用割合の高い順にその使用割合と併せて表示します。また、「産地」「品種」「産年」の根拠を示す資料を保管している原料玄米の場合は、原産国名及び使用割合の次に括弧を付してそれぞれの「産地」「品種」「産年」を表示することができます。

・複数の原料玄米のうち、一部の原料玄米についてのみ「産地」「品種」及び「産年」の3つの表示事項の一部を表示することができます。ただし、この場合は、国単位で表示項目を揃えて表示します。

・使用割合については、パーセントによる表示はしないで、4.5割のように割合で表示します。

### 〈原料玄米が国内産のみの場合の表示例〉

| | 産地 | 品種 | 産年 | 使用割合 |
|---|---|---|---|---|
| 原料玄米 | 複数原料米<br>国内産 | | | 10割 |
| | ○○県産 | ○○ひかり | ○○年産 | 5割 |
| | ○○県産 | △△にしき | ○○年産 | 3割 |
| | ○○県産 | ○○のゆめ | ○○年産 | 2割 |

### 〈輸入品の原料玄米を含む場合の表示例〉

| | 産地 | 品種 | 産年 | 使用割合 |
|---|---|---|---|---|
| 原料玄米 | 複数原料米<br>アメリカ産 | | | 6割 |
| | ○○州 | | ○○年産 | 4.5割 |
| | △△州 | | ○○年産 | 1.5割 |
| | 国内産 | | | 4割 |
| | ○○県産 | ○○にしき | ○○年産 | 2割 |
| | △△県産 | △△ひかり | ○○年産 | 2割 |

## ○表示事項の根拠を表示する場合

　単一原料米、複数原料米のいずれでも、産地、品種及び産年の全部又は一部を表示する場合においては、その表示事項の根拠となる情報の確認方法を表示することができます。

〈表示例〉
・農産物検査証明済み
・農産物検査証明による
・種子の購入記録及び生産記録による確認
・品種については、DNA検査済み
・米トレーサビリティ法による伝達

【内容量】
　精米は、計量法の特定商品に該当し、密封するときに表記義務がかかるもので、内容量をグラム又はキログラムの単位で表示します。
　精米に精麦又はあわなどの雑穀を混合したものにあっては、精麦又は雑穀を合計した内容重量を表示し、次に括弧を付して、「（精麦〇g、あわ〇g）」のように、雑穀等の最も一般的な名称と重量を単位を付して表示します。

【調製時期・精米時期】
　玄米は調製時期を、精米は精米時期を、輸入品で調製時期又は精米時期が不明なものは輸入時期を、それぞれ年月旬（上旬／中旬／下旬）又は年月日で表示します。
　調製時期、精米時期又は輸入時期の異なるものを混合した場合には、最も古い調製時期、精米時期又は輸入時期を表示します。「調製時期」とは、通常は籾摺・選別をした日を指します。

【販売者（食品関連事業者の氏名又は名称、住所及び電話番号）】
　表示内容に責任を有する者の氏名又は名称、住所及び電話番号を表示します。表示を行う者が精米工場である場合は「販売者」に代えて「精米工場」を表示します。

【新米の表示】
　新米と表示できるのは、一括表示欄外に表示する場合であって、原料玄米が生産された当該年の12月31日までに容器包装に入れられた玄米、又は原料玄米が生産された当該年の12月31日までに精白され、容器包装に入れられた精米に限定されています。

【容器包装の別記様式欄以外の箇所に、産地、品種又は産年を表示するとき】
・単一原料米の場合は、別記様式の原料玄米欄と同じ内容を、大きな文字で表

示することができます。

・複数原料米で、表示したい原料玄米の使用割合が50％以上の場合、「ブレンド」等複数原料米であることを示す用語を、産地、品種又は産年で使用している文字のうち、最も大きな文字と同等程度以上の大きさで表示することにより「○○県産□□ヒカリブレンド」等と表示することができます。

・複数原料米で、表示したい原料玄米の使用割合が50％未満である場合、その使用割合を、産地、品種又は産年を表す用語のうち、最も大きく表示してあるものと同等程度以上の大きさの文字で表示することにより「○○県産□□ヒカリ30％使用」等と表示することができます（この場合はパーセント表示でも差し支えない。）。

# 2-3 ● 生鮮食品の表示の例（畜産物）

## 2-3-1 ● 食肉

### 〈豚肉（無包装品）の表示例〉

| 名　　称 | 豚かたロース |
|---|---|
| 原産地 | 国産 |
| 単位価格 | 100g当たり　○○○円（税込） |

### 〈鶏肉（包装品）の表示例〉

秋田県産　若鶏もも肉（皮なし）

消費期限　　　　　　保存方法
　○○.○○.○○　　　　１０℃以下

100g当たり
（税込）○○○円　　　お値段
内容量　　　　　　○○○円
○○○g　　　　　（税込）

加工者 株式会社○○スーパー○○店
○○県○○市○○町○ー○ー○

### 〈必要な表示事項〉※豚肉・鶏肉の場合

| 表示事項 | 無包装品 | 包装品 | 根拠基準等 |
|---|---|---|---|
| 名称（鳥獣の種類・部位名） | ○ | ○ | ①③④⑤ |
| 原産地 | ○ | ○ | ①③④⑤ |
| 内容量 | − | ○ | ①②③ |
| 単位価格 | ○ | ○ | ③ |
| 販売価格 | ○ | ○ | ③ |
| アレルゲン | − | ○ | ① |
| 消費期限 | − | ○ | ①③ |
| 保存方法 | − | ○ | ①③ |
| 添加物 | − | ○ | ① |
| 加工所の所在地及び加工者の氏名又は名称 | − | ○ | ①②③ |
| 冷凍に関する事項 | ○ | ○ | ③⑤ |
| 処理を行った旨及び飲食の際に十分な加熱を要する旨 | − | ○ | ① |
| 皮なし（鶏肉のみ） | ○ | ○ | ⑤ |

①食品表示基準 ②計量法 ③食肉の表示に関する公正競争規約* ④食肉小売品質基準 ⑤食鶏小売規格

＊「食肉の表示に関する公正競争規約」の対象は「生肉」であるため、調味料、香辛料等で味付けした食肉は、加熱加工をしていないものであっても、公正競争規約に基づく表示の対象とはなりません。

## 【名称】

　「牛肉」「豚肉」「鶏肉」等と、その内容を表す一般的な名称を表示します。

　食肉の場合、「牛」「馬」「豚」「めん羊」「鶏」等と、鳥獣の内臓の場合も、「牛肝臓」「心臓（馬）」等と、「鳥獣の種類」を表示しなければなりません。

　ただし、「ビーフ」「ポーク」等の名称から鳥獣の種類が十分判断できるものは、鳥獣の種類の表示を省略することができます。また、「食肉の表示に関する公正競争規約」等に基づき、「豚かたロース」「鶏もも肉」等と、食肉の種類名に加えて部位名を表示することとされています。

　２種類以上の部位を混合したときは、混合比率の高い順に部位を表示しま

す。挽肉、こま切れ等食肉の性質上、部位の表示が困難な場合は、「豚挽肉」「牛こま切れ」等と、食肉の種類名と形態を組み合わせて名称とします。

　無包装品の場合は、店頭に陳列された食肉ごとに、表示カード（下札又は置札）を用いて、外部から見やすいように表示します。表示カードについては公正競争規約で規定があり、使用する文字は、42ポイント以上の大きさの肉太の文字とします。

【原産地】
　畜産物については、生きたまま産地を移動し複数の産地で飼養された後、と畜等を経て製品になる場合があります。2か所以上の飼養地で飼養された場合に、国単位でみて最も飼養期間の長い国を原産地として表示します。
・国産品にあっては、国産である旨を表示します。国産の表示は、主たる飼養地が属する都道府県名、市町村名その他一般に知られている地名に代えることができます。
・畜産物における国産品とは、国内における飼養期間が、外国における飼養期間（2以上の外国において飼養された場合には、それぞれの国における飼養期間。以下同じ。）より長い家畜を、国内でと畜して生産したものをいいます。
・輸入品にあっては、原産国名を表示します。輸入品には、国内における飼養期間が、外国における飼養期間より短い家畜を、国内でと畜して生産したものを含みます。2以上の外国において飼養された場合には、その中で飼養期間が最も長い国が原産国となります（図表1）。

**図表 1　飼養期間と原産地表示**

・挽肉や切り落としのように、同じ種類の畜産物で、複数の原産地のものを混合した場合、その製品に占める重量の割合の高いものから順に表示します。
・銘柄牛（ブランド牛）のように名称に地名が含まれる場合で、主たる飼養地が属する都道府県と銘柄等に含まれる地名が異なっている場合は、その畜産物の原産地が「銘柄等に含まれる地名」であるとの誤認を消費者に与えるおそれがあることから、主たる飼養地が属する都道府県名、市町村名その他一

般に知られている地名を原産地として表示しなければなりません。

## Q&A

**Q：輸入した食肉の原産地の表示の仕方について、米国産を USA や US と表示することは認められますか？**

A：食品の表示は消費者に商品選択の情報を提供することが目的ですので、表示事項の表示は、日本語で理解しやすい用語でしなければなりません。このため、米国産を USA や US とする表示は、原則的には認められません。

**Q：「一般に知られている地名」として「九州産」「四国産」等と表示することはできますか。**

A：都道府県を超える「九州」「四国」等の地域名は、畜産物の原産地表示の原則である「国産」の範囲に入ります。よって、地域名の範囲が明確である場合には「国産」表示に代えて「九州産」「四国産」等と表示することが可能です。

　畜産物に「一般に知られている地名」を原産地として表示する際には、表示する地域での飼養期間が国内の他の地域での飼養期間よりも長いことが必要となります。なお、飼養期間の比較は、一般的に同レベルと思われる地域同士（九州と四国、信州と A 県等）で行う必要があります。

【保存方法】

　食品衛生法で定められている保存方法の基準（10℃以下）に従って保存方法を表示します。

【内容量】

　食肉は、計量法の特定商品に該当し、密封するときに表記義務がかかるもので、内容量をグラム又はキログラムの単位で表示します。

【単位価格】

　100g 当たりの価格を表示します。

　ステーキ用切り身肉、丸焼用の若どり等、100g 当たりの販売価格を表示することだけでは適当でない場合は、1 切、1 枚等の単位により「1 切○○円位」等と表示した上で、100g 当たりの価格を併記します。また、「1 切○○円」等と表示し、「100g 当たり○○円位」と併記することもできます。

　無包装品の場合は、商品と同一の視野に入る場所に、表示カードにより表示

します。

## 【冷凍に関する事項】

冷凍した状態で仕入れた食肉、又は小売販売業者が冷凍した食肉は、「冷凍」「フローズン」と、それを解凍して販売する場合は「解凍品」等と表示します。なお、鶏肉の場合、凍結品は「凍結品」、解凍品は「解凍品」と表示しなければなりません。

## 【処理を行った旨及び飲食の際に十分な加熱を要する旨】

食肉の食感や風味を向上させる目的で、食肉に下記①〜③のような処理が行われることがあります。
①刃を用いてその原型を保ったまま筋及び繊維を短く切断する処理（テンダライズ処理）
②小肉塊を容器包装に入れ調味液を加えること（タレかけ）、小肉塊を調味液に浸漬すること（漬け込み）、調味料に浸潤させる処理（タンブリング処理）
③肉塊又は挽肉を金属製容器にきつく詰め、凍結して形を整えた後、一定の厚みに切る処理（ポーションカット）

これらの処理を行ったかどうかは、外観上で区別することが困難であるため、処理を行った場合は、「処理を行った旨及び飲食の際に十分な加熱を要する旨」を表示する必要があります。この場合、「あらかじめ処理してありますので中心部まで十分に加熱してお召し上がりください。」「あらかじめ処理してありますので十分に加熱してください。」等と表示します。

なお、食品表示基準においては、①は「生鮮食品」に区分され、②及び③*は「加工食品」に区分されます。

　　　*②及び③の表示方法については、第4章 4-2-2参照。

## Q&A

**Q：**「処理を行った旨及び飲食の際に十分な加熱を要する旨」の表示は、なぜ、行われるようになったのですか？

**A：**食肉による食中毒を未然に防止するために表示されるようになりました。

家畜や家禽の腸管には、カンピロバクターやサルモネラ菌、O157などの病原性大腸菌等、食中毒の原因となる菌が存在することがあります。普通、細菌は肉（筋肉）中には存在していません。家畜等を解体するときに内臓から汚染したり、

肉をカットする加工作業中に人や器具、水等から汚染したりします。この場合でも、筋肉組織に細菌はなかなか入り込めないため、肉の表面を汚染するだけのことが多いのです。これが、処理を行うことによって、筋肉の内部にまで入り込んでしまう可能性が高くなります。

いったん菌が内部まで入り込んでしまうと、表面を焼いただけでは殺菌ができないため、肉の中心部まで「食中毒菌が死滅する75℃で1分間以上の加熱」を行うように表示することで、食中毒を未然に防ぐことができるようにしています。

> **関連情報**
>
> ## O157の特徴
> ・「ベロ毒素」という腸管出血を引き起こす毒素を産生します。
> ・感染力が強く、少ない菌数でも発病します。（特に乳幼児や高齢者は、重篤な症状となることが多い。）
> ・牛や羊等の動物の腸管内に生息します。（糞便を介して食品や井戸水等が汚染されることもある。）
> ・75℃で1分間以上の加熱で死滅します。
>
> ### 感染経路
> ・菌が口から入って感染（経口感染）します。
> 　O157が付着した食品を調理した器具等を通して、別の食品が汚染される「二次汚染」による感染や、感染者の便やおう吐物等からの「二次感染」にも注意することが必要です。

## 【黒豚の表示】

「黒豚」の表示については、「食肉小売品質基準」「和牛等特色ある食肉の表示に関するガイドライン」「食肉の表示に関する公正競争規約」において、「黒豚」と表示できるものは、バークシャー純粋種の豚の肉に限ると定められています。

・バークシャー純粋種の豚肉でないにもかかわらず、「黒豚」と表示すること、黒豚の写真、図案、絵柄を用いること、また「黒豚の血を引く」「バークシャーを交配した」等の説明文を表示すること等「黒豚」と誤認されるおそれのある表示をすることは不当表示に該当します。

・「黒豚」の表示は、品種を規定しており、国産、外国産にはかかわりません。しかしながら、外国産のものが国産の黒豚と誤認されることを防ぐため、名称として表示する以外にシール等の任意表示を行う場合でも、「黒豚」と表

示する場合には、必ず原産地を併記しなければなりません。


【地鶏の表示】
　JAS法の「地鶏肉の日本農林規格」において、次のように定められています。

## ①生産方法の基準

- ・素びな　：在来種（明治時代までに国内で成立し、又は導入され定着した鶏の品種）由来血液百分率が50％以上のものであって、出生の証明（在来種からの系譜、在来種由来血液百分率及びふ化日の証明）ができるものを使用していること。
- ・飼育期間：ふ化日から75日間以上飼育していること。
- ・飼育方法：28日齢以降平飼い（鶏舎内又は屋外において、鶏が床面又は地面を自由に運動できるようにして飼育する飼育方法）で飼育していること。
- ・飼育密度：28日齢以降1㎡当たり10羽以下で飼育していること。

〈在来種の例〉

会津地鶏、烏骨鶏、鶉矮鶏、尾長鶏、コーチン、軍鶏、小国鶏、矮鶏 等

（「地鶏肉の日本農林規格」別表より抜粋）

## ②表示方法

　通常の鶏肉の表示に加え、父鶏母鶏の組合せ、飼育期間、飼育方法、内容量、生産業者（小分けしたものにあっては、小分け業者）の氏名又は名称及び住所を表示します。また、地鶏肉の日本農林規格の定義に合致しないブロイラー*や廃鶏の鶏肉に「地鶏」と表示することは不当表示に該当します。

　　＊ブロイラーとは鶏の品種に関わりなく、ふ化後3か月未満の若鶏で食用に供する目的で飼育されている鶏を示す総称です。

# 2-3-2 ● 食肉（牛肉）

## 〈牛肉（包装品）の表示例〉

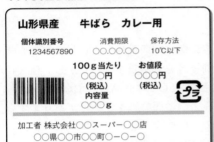

山形県産　牛ばら　カレー用

個体識別番号　　消費期限　　保存方法
1234567890　　○○.○○.○○　　10℃以下

100ｇ当たり　　お値段
○○○円　　○○○円
（税込）　　（税込）
内容量
○○○ｇ

加工者 株式会社○○スーパー○○店
　　　　○○県○○市○○町○－○－○

## 〈必要な表示事項〉※牛肉の場合

| 表示事項 | 無包装品 | 包装品 | 根拠基準等 |
|---|---|---|---|
| 名称（牛である旨・部位名） | ○ | ○ | ①③④ |
| 原産地 | ○ | ○ | ①③④ |
| 個体識別番号又は荷口番号 | ○ | ○ | ③⑤ |
| 内容量 | － | ○ | ①②③ |
| 単位価格 | ○ | ○ | ③ |
| 販売価格 | － | ○ | ③ |
| アレルゲン | － | ○ | ① |
| 消費期限 | － | ○ | ①③ |
| 保存方法 | － | ○ | ①③ |
| 添加物 | － | ○ | ① |
| 加工所の所在地及び加工者の氏名又は名称 | － | ○ | ①②③ |
| 冷凍に関する事項 | ○ | ○ | ③ |
| 処理を行った旨及び飲食の際に十分な加熱を要する旨 | － | ○ | ① |
| 生食用である旨、と畜場及び食肉加工施設 | － | ○ | ① |
| 生食はリスクがある旨及び抵抗力の弱い者は食肉の生食を控えるべき旨 | ○ | ○ | ① |

①食品表示基準　②計量法　③食肉の表示に関する公正競争規約　④食肉小売品質基準　⑤牛トレーサビリティ法

## 【個体識別番号】

　牛肉については、「牛の個体識別のための情報の管理及び伝達に関する特別措置法（牛トレーサビリティ法）＊」に基づき、10桁の個体識別番号を表示します。

　　＊牛トレーサビリティ法については、第5章 5-9参照。

## 表示対象

　個体識別番号表示の対象となるのは、国内で出生し飼養された牛及び海外から生体のまま輸入し、日本で飼養された牛から得られた牛肉（特定牛肉）です。したがって、国内で飼養していない輸入牛肉は対象となりません。また、下記の牛肉は対象になりません。

《対象にならないもの》
・牛肉を原料又は材料とした製造品、加工品又は調理品
・牛肉を肉挽機でひいたもの
・牛肉の整形に伴い副次的に得られるもの（レバー、モツ等の内臓肉、舌、頬肉、こま切れ等）

## 表示方法

　食肉の容器包装又は店舗の見やすい位置に個体識別番号を表示します。原則としては１つの特定牛肉に１つの個体識別番号を表示します。しかし、仕入れ先が、２頭以上の牛の部分肉を１箱にまとめて１つの商品としている場合や、精肉製造段階で２頭以上の牛の部分肉から１つの商品にする場合があります。

　このように、１つの特定牛肉が、複数の牛のいずれから得られたものであるか識別することが困難な場合には、複数の個体識別番号を並べて表示することができます。ただし、このような対応は、50頭以下の牛から得られた場合に認められます。

　また、個体識別番号に代えて荷口番号のような番号又は記号であって個体識別番号に対応するものを表示することができます。この場合、荷口番号等を表示した者の氏名又は名称と、電話番号等の連絡先を併記して、消費者の求めに応じて荷口番号等に対応する個体識別番号を提供する必要があります。

## 【生食用食肉（牛肉）の表示】

　生食用の牛肉については、次の事項を表示します。
① 「生食用」「生で食べられます。」等と、生食用である旨を文字で明確に表示する必要があり、「ユッケ用」「牛刺し用」等の表示を生食用である旨の表示に代えることはできません。
② とさつ又は解体が行われたと畜場の所在地の都道府県名（輸入品にあっては、原産国名）及びと畜場である旨を冠した当該と畜場の名称
③ 生食用食肉の加工基準に適合する方法で加工が行われた施設の所在地の都道府県名（輸入品にあっては、原産国名）及び加工施設である旨を冠した当該加工施設の名称
④ 「一般的に食肉の生食は食中毒のリスクがあります。」「食肉（生食）は、重篤な食中毒を引き起こすリスクがあります。」等と、一般的に食肉の生食は食中毒のリスクがある旨の文言
⑤ 「子供、高齢者、食中毒に対する抵抗力の弱い方は食肉の生食をお控えください。」「お子様、お年寄り、体調の優れない方は、牛肉を生で食べないでく

ださい。」等、子供、高齢者その他食中毒に対する抵抗力の弱い者は食肉の生食を控えるべき旨の文言

「子供」「高齢者」「その他食中毒に対する抵抗力の弱い者」については例示ではなく、これらすべてを表示する必要があります。

容器包装に入れて販売する場合は、①〜⑤を容器包装の見やすい箇所に記載し、容器包装に入れずに販売する場合は、④及び⑤を店舗の見やすい箇所（店頭掲示等）に表示する必要があります。

また、生食用の牛肉の保存方法は、食品衛生法に定められている保存方法の基準に従って、4℃以下と表示します。

なお、生食用の牛肉を飲食店（店舗）で、容器包装に入れないで、そのまま提供する場合においても、上記の④及び⑤の内容を、店舗の見やすい場所（店頭掲示、メニュー等）に掲示します。

関連
情報

**生食用食肉（牛肉）の表示の背景**

生食用食肉等の安全性確保については、これまで、「生食用食肉の衛生基準」（平成10年9月11日付け生衛発第1358号別添）により、適切な衛生管理や表示が行われるよう指導が行われてきましたが、2011年（平成23年）4月に発生した飲食チェーン店での腸管出血性大腸菌（O157）による食中毒事件を受け、厚生労働省において罰則を伴う強制力のある生食用食肉（牛肉）の規格基準が策定され、それに併せて消費者庁において表示の基準が定められました。

生食用食肉の規格基準では、成分規格とともに加工基準も定められており、その中に肉塊の表面から深さ1cm以上の部分までを60℃で2分間以上加熱する方法又はこれと同等以上の殺菌効果を有する方法で加熱殺菌を行うよう定められています。

**内臓肉等の生食の禁止**

牛レバーの内部には、鮮度や衛生管理の方法にかかわらず、腸管出血性大腸菌がいることがあります。また、豚肉は、E型肝炎ウイルス、食中毒菌、寄生虫に汚染されているおそれがあります。そのため、現在、牛レバー、豚肉（内臓を含む。）を生食用として販売・提供することは食品衛生法で禁止されています。

また、鶏肉には生食用の衛生基準がありませんが、流通しているものはすべて加熱用です。これらの肉を生で食べると食中毒になる可能性があります。

（東京都のホームページに基づく）

【和牛の表示】

　「和牛等特色ある食肉の表示に関するガイドライン」「食肉の表示に関する公正競争規約」において、「和牛」と表示できる牛の品種が、次のように定められています。

①黒毛和種

②褐毛和種

③日本短角種

④無角和種

⑤ ①〜④の品種間の交配による交雑種

⑥ ⑤と①〜⑤の交配による交雑種

　⑤及び⑥の品種の牛肉を「和牛」と表示して販売する場合、「和牛間交雑種」の文言、又は品種の組み合わせを併記する必要があります。品種の組み合わせは、黒毛和種を「黒」、褐毛和種を「褐」、日本短角種を「短」、無角和種を「無」と、また、①〜⑤の品種間の交配による交雑種を「和牛間交雑種」と記号化して、「褐×黒」「褐黒」「和牛間交雑×黒」等と表示することができます。

　従来は、外国産の上記品種の牛肉に対しても「和牛」と表示することができましたが、上記ガイドラインにより、上記①〜⑥の品種であることが家畜改良増殖法に基づく登録制度等により証明でき、かつ、国内で出生し国内で飼養された牛であることが牛トレーサビリティ制度により確認できる牛の肉に限り「和牛」と表示できることとなりました。

　なお、「WAGYU」「わぎゅう」「ワギュウ」等「和牛」と類似した表示や和牛の品種名の表示は、和牛の要件を満たす牛の肉のみに認められています。

## 2-3-3 ● 食用鶏卵

〈パック詰鶏卵の表示例（生食用の殻付き鶏卵）〉

| 農林水産省規格（卵重）<br>L*<br>64g〜70g未満<br>卵重計量責任者○○○○ | 名称 | 鶏卵 |
|---|---|---|
| | 原産地 | ○○県 |
| | 賞味期限 | ○○.○○.○○ |
| | 選別包装者<br>住所 | ○○県○○市○○町○−○−○ |
| | 選別包装者<br>氏名 | 有限会社○○養鶏場 |
| | 保存方法 | お買い上げ後は冷蔵庫（10℃以下）で保存してください。 |
| | 使用方法 | 生で食べる場合は賞味期限内に使用し、賞味期限経過後及び殻にヒビの入った卵を飲食に供する際は、なるべく早めに、十分に加熱調理してお召し上がりください。 |

＊S、M、Lといった表示は、鶏卵規格取引要綱の中の鶏卵の取引規格に従って表示します。

〈必要な表示事項〉

| 表示事項 | 根拠基準等 |
|---|---|
| 名称 | ①②③ |
| 原産地 | ①②③ |
| アレルゲン | ① |
| 賞味期限 | ①②③ |
| 保存方法 | ①②③ |
| 添加物 | ① |
| 採卵者又は選別包装者の氏名又は名称及び所在地 | ①②③ |
| 使用方法 | ①②③ |
| 生食用である旨 | ①③ |
| 加熱加工用である旨及び加熱殺菌の必要性 | ①③ |
| 内容量 | ②③④ |
| 等級 | ②③ |
| 卵重計量責任者の氏名 | ②③ |

①食品表示基準 ②鶏卵の表示に関する公正競争規約 ③鶏卵規格取引要綱 ④自治体条例

【名称】

「鶏卵」等と、その一般的な名称を表示します。

【原産地】

国産品にあっては、国産である旨を表示します。ただし、国産の表示に代えて採卵地が属する都道府県名、市町村名その他一般に知られている地名を表示することができます。なお、養鶏場の住所と採卵地が一致している場合は、原産地表示がされているものとみなされます。

輸入品にあっては、原産国名を表示します。

【賞味期限】

生食用の場合は、鶏卵の生食が可能である期限を賞味期限である旨の文字を冠してその年月日を表示します。

加熱加工用の場合は、産卵年月日、採卵年月日、重量及び品質ごとに選別した年月日又は包装年月日を冠してその年月日を表示することで、賞味期限に代えることができます。

## 【保存方法】
　生食用のものは、10℃以下で保存することが望ましい旨を表示します。

## 【採卵者又は選別包装者の氏名又は名称及び所在地】
　採卵した施設又は鶏の殻付き卵を重量及び品質ごとに選別し、包装した施設の所在地（輸入品にあっては、輸入業者の営業所所在地）及び採卵した者又は鶏の殻付き卵を重量及び品質ごとに選別し、包装した者（輸入品にあっては、輸入業者）の氏名を表示します。

## 【使用方法】
　生食用、加熱加工用のいずれかに応じて表示します。
○生食用の場合
　・「生食用」「生で食べられます。」等と生食用である旨
　・「賞味期限経過の後は、十分に加熱調理する必要があります。」の文言等、
　　賞味期限を経過した後は、飲食に供する際に加熱殺菌を要する旨
○加熱加工用の場合
　・加熱加工用である旨
　・飲食に供する際に加熱殺菌を要する旨

## 【内容量（卵重により区分された種類）】
　パック詰め鶏卵は、洗卵選別包装施設等における計量時の重量に基づき、包装形態に応じて以下の事項を表示します。地方自治体の条例*により別に定められている場合は、その定めに従います。
・農林水産省規格品の単一種類パック詰めの場合、重量の区分（卵重区分）に応じ規定された「LL」～「SS」までの種類及び「最軽量」～「最重量」の範囲（卵重範囲）を表示します。
・農林水産省規格品以外のパック詰め又は混合規格パック詰めについては、包装される卵重区分、卵重範囲、正味重量のいずれかを表示します。

　　＊大阪市消費者保護条例については、資料編 資料３参照。

# 2-4 ● 生鮮食品の表示の例（水産物）

## 2-4-1 ● 鮮魚

〈サンマ（無包装）の表示例〉

| 名　称 | サンマ |
|---|---|
| 原産地 | 青森県沖 |

〈単品刺身（包装品）の表示例〉

長崎県産　ハマチ（刺身用）

（養殖・解凍）　　消費期限　　　要冷蔵
　　　　　　　　○○.○○.○○　（１０℃以下）

お値段
（税込）　○○○円　［プラ］

加工者 株式会社○○スーパー○○店
　　　　○○県○○市○○町○ー○ー○

〈必要な表示事項〉

| 表示事項 | 無包装品 | 包装品 |
|---|---|---|
| 名称 | ○ | ○ |
| 原産地 | ○ | ○ |
| アレルゲン | － | ○ |
| 消費期限 | － | ○ |
| 保存方法 | － | ○ |
| 添加物 | － | ○ |
| 加工所の所在地及び<br>加工者の氏名又は名称 | － | ○ |
| 生食用である旨 | － | ○ |
| 解凍した旨 | ○ | ○ |
| 養殖された旨 | ○ | ○ |

## 【名称】

　その内容を表す一般的な名称として「魚介類の名称のガイドライン」（消費者庁「食品表示基準について」別添）にならって表示します。なお、表示に用いる文字は、カタカナ、ひらがな、漢字又はそれらの混合文字で表示することができます。

### （1）一般ルール

　魚介類は、種による形態や品質の違いが価格に反映される場合が多いため、原則として種ごとの名称（標準和名）で表示します。

　なお、消費者に正確な情報を提供する一方で、なじみのない標準和名等の表示により消費者が混乱することのないように配慮する必要があります。このため、種に応じて、標準和名を基本としつつも、より広く一般に使用されている名称があれば、この名称を表示することができます。

| 標準和名 | 一般的に使用されている名称 |
|---|---|
| キアンコウ | アンコウ |
| ホッコクアカエビ | アマエビ、ナンバンエビ |

　複数の種の間で形態や品質の差が判然でないため、種名の表示が困難な場合や、消費者の商品選択にとって有用でない場合には、複数の魚介類の総称を表示することができます。

| 標準和名 | 総称 |
|---|---|
| ハマグリ<br>チョウセンハマグリ<br>シナハマグリ | ハマグリ |

## （2）成長名、季節名による表示

　成長段階に応じた名称（成長名）や季節に応じた名称（季節名）があり、成長名や季節名がその内容を表すものとして一般に理解されるものである場合は、それらの名称を表示することができます。

　ただし、季節名は日本国内でのその時期の呼び名であり、輸入される外国産魚類には季節名を表示できません。

| 成長名の例：ブリ | ⇒ワカシ→イナダ→ワラサ→ブリ（東京）<br>⇒ツバス→ハマチ→メジロ→ブリ（大阪） |
|---|---|
| 季節名の例：サケ | アキサケ・アキアジ（秋頃に産卵のため沿岸に回遊してきたもの）<br>トキサケ・トキシラズ（春から初夏に沿岸に回遊してきたもの） |

## （3）地方名

　地域特有の名称（地方名）があり、その地方名が一般に理解される地域では、その地方名を表示することができます。

| 標準和名（種名） | 地方名（対象地域） |
|---|---|
| スルメイカ | マイカ（三陸、北海道） |
| コウイカ | マイカ（瀬戸内海） |
| マアナゴ | ハモ（北海道・東北、山陰） |

## （4）海外漁場魚介類及び外来種

　海外漁場魚介類及び外来種については、標準和名が付けられていない種もあ

ることから、消費者に優良誤認を生じさせないような配慮をし、（1）の生鮮魚介類の名称の一般ルールに従って、その内容を最も的確に表し一般に理解される名称を表示します。

　例えば、アメリカ原産のナマズであるチャネルキャットフィッシュにシミズダイ、カワフグ等分類学上無関係な高級魚介類に似せた名称を付すことで、あたかもその類縁種であるかのような誤認を与えることがないよう、「使用できない名称」を定めています。

| 種・亜種の標準和名又は使用できる一般的名称 | 使用できない名称例 |
|---|---|
| チャネルキャットフィッシュ | シミズダイ、カワフグ |
| ムラサキイタヤガイ、パープリッシュ・スキャロップ | ホタテガイ |

## （5）交雑種・改良種

　異種・異属間で人為的に交配して作出された魚介類の名称については、交雑に用いた魚介類の名称を表示し、「交雑種である旨」を併記します。
例）ブリ×ヒラマサ（交雑種）

## （6）ブランド名

　ブランド名（商品名）は、魚介類の「名称」ではないことから、魚介類の名称として使用することはできません。

| ブランド名（商品名） | 関さば | 越前がに | 大間まぐろ |
|---|---|---|---|
| 標準和名 | マサバ | ズワイガニ | クロマグロ |

【原産地】
○国産品にあっては、水域名を表示します。ただし、水域名の表示が困難な場合にあっては、水揚げした港名又は水揚げした港が属する都道府県名を水域名に代えて表示することができます。また、水域名に水揚げした港名又は水揚げした港が属する都道府県名を併記することができます。水域名については、「生鮮魚介類の生産水域名の表示のガイドライン」（平成15年6月、水産庁）や、「東日本太平洋における生産水域名の表示方法について」（平成23年10月、水産庁）にならって表示することが基本となります。なお、「近海」「遠洋」等の表示は水域名の表示としては不適切です。

○養殖された水産物は、地域名（主たる養殖場が属する都道府県名をいう。）

を表示します。

　２か所以上の養殖場で養殖した場合は、餌を与えて育てた期間の一番長い場所が原産地となります。ただし、第２段階の養殖の方が第１段階よりも期間は短いものの、重量の増加が第１段階よりも大きい場合には、第２段階の都道府県を原産地とします（第１段階は種苗の育成期間であり養殖期間には含まれないと解釈します）。

○輸入品にあっては、原産国名を表示します。原産国名に水域名を併記することができます。

　水産物の原産国は、世界税関機構（WCO）の協定に基づき、関税法施行令及び同法施行規則において、「一の国において漁ろうにより得られた物品」については、当該漁ろう活動が行われた国（領海が属する国）、「一の国の船舶により公海並びに本邦の排他的経済水域の海域及び外国の排他的経済水域の海域で採捕された水産物」については、当該船舶が属する国とされています。したがって、外国船舶が漁獲して国内の港に水揚げしたものは、輸入品になるので、注意が必要です。

○同じ種類の水産物で複数の原産地のものを混合した場合は、その製品に占める重量の割合の高いものから順に表示します。

○輸入したアサリの原産地は、国内での畜養（貝類を短期間一定の場所に保管すること）の有無にかかわらず輸出国です。なお、例外として、輸入した稚貝のアサリを区画漁業権に基づき１年半以上育成（養殖）し、育成等に関する根拠書類を保存している場合には、国内の育成地を原産地として表示することができます。

【保存方法】
　生食用鮮魚介類は、食品衛生法で定められている保存方法の基準（10℃以下）に従って保存方法を表示します。

【生食用である旨】
　刺身、生食用のサク、寿司ネタ等、生食用鮮魚介類（切り身又はむき身にした鮮魚介類であって、生食用のもの）は、「生食用」「刺身用」「そのままお召し上がりになれます。」等と表示します。

**【解凍した旨】**

凍結させたものを解凍したものである場合は、「解凍」と表示します。

**【養殖された旨】**

養殖されたものである場合は「養殖」と表示します。養殖とは、「幼魚等を重量の増加又は品質の向上を図ることを目的として、出荷するまでの間、給餌することにより育成すること」をいいます。このため、給餌を行っていない海藻や貝類等の場合には、養殖した旨の表示は必要ありません。

---

**関連情報**

**さしみのツマの取扱い**

単品の刺身にツマ、大葉等が添えられて容器包装されていることがあります。この場合、全体としてこれを1つの生鮮食品ととらえ、主たる商品である刺身についてのみ、生鮮食品として名称及び原産地の表示が必要となり、ツマの表示は不要です。

**刺身盛り合わせの表示**

2種類以上の刺身を盛り合わせたものは、「加工食品」に該当します。その場合に、重量割合が第1位の水産物の産地を原料原産地として表示します。ただし、小売店の店内で加工してそのまま販売する場合には、原料原産地名は義務表示とはなりません。

---

# 2-4-2 ● パックされた生かき

## 〈生かき（生食用）の表示例〉

| 名称 | 生かき（生食用） |
|---|---|
| 消費期限 | ○○.○○.○○ |
| 保存方法 | 10℃以下で保存してください。 |
| 採取水域 | ○○県○○湾 |
| 加工者 | ○○水産（株）<br>○○県○○市○○町○－○－○ |

## 〈生かき（加熱加工用）の表示例〉

| 名称 | 生かき（加熱加工用） |
|---|---|
| 原産地 | ○○県 |
| 消費期限 | ○○.○○.○○ |
| 保存方法 | 10℃以下で保存してください。 |
| 加工者 | ○○水産（株）<br>○○県○○市○○町○－○－○ |

## 〈必要な表示事項〉

| 表示事項 | 生食用 | 加熱加工用 |
|---|---|---|
| 名称 | ○ | ○ |
| 原産地 | （○） | ○ |
| アレルゲン | ○ | ○ |
| 消費期限 | ○ | ○ |
| 保存方法 | ○ | ○ |
| 添加物 | ○ | ○ |
| 加工所の所在地及び<br>加工者の氏名又は名称 | ○ | ○ |
| 生食用であるかないかの別 | ○ | ○ |
| 採取された水域 | ○ | － |
| 解凍した旨 | ○ | ○ |

## 【名称】

その内容を表す一般的な名称を表示します。

名称例：生かき、むき身かき、から付きかき、冷凍かき等

## 【生食用であるかないかの別】

生食用又は加工用の別を表示します。

生食用以外のものは、「加熱調理用」「加熱加工用」等と、加熱しなければならないことを明確に表示します。

## 【採取水域（採取された海域又は湖沼）】

生かきによる食中毒が疑われる場合、被害の拡大を防止するため、採取水域まで遡って調査を行うことが必要になります。そのため、生食用かきにあっては、採取水域を次により表示します。

・国産の生食用生かきにあっては、各都道府県等が定める採取水域の名称
・輸入された生食用生かきにあっては、輸入時に添付される衛生証明書に記載されている採取水域の名称をカタカナ表記に改めて表記するとともに輸出国名
・蓄養等複数の採取水域において生育されたかきについては、原則として採取

される直前の採取水域の名称

なお、「加熱加工用のかき」には採取水域の表示義務はありません。

## 【原産地】

　原則は、第2章2-4-1「鮮魚」の【原産地】を参照のこと。「生食用」は、採取水域を表示することで原産地表示に代えることができます。

## 【保存方法】

　生食用のかきについては、食品衛生法で定められている保存方法の基準（10℃以下（生食用冷凍かきは -15℃以下））に従って保存方法を表示します。

## 【解凍の表示】

　冷凍した「かき」を解凍して販売する場合は、「解凍」と表示します。

## 2-4-3 ● 容器包装されたふぐ

〈単品刺身の表示例〉

```
長崎県産　ふぐうす造り（生食用）
原料ふぐの種類：とらふぐ（標準和名）

（養殖）        消費期限        要冷蔵
              ○○.○○.○○    （10℃以下）
              加工年月日
              ○○.○○.○○

|||||||||||||  お値段　○○○円        ♻
              （税込）

加工者 株式会社○○水産
      長崎県○○市○○町○−○−○
```

〈必要な表示事項〉※冷蔵の状態で販売している場合

| 表示事項 | 内臓を除去し、皮をはいだふぐ並びに切り身等で生食用でないふぐ | 切り身等で生食用のふぐ |
|---|---|---|
| 名称 | ○ | ○ |
| 原産地 | ○ | ○ |
| アレルゲン | − | ○ |
| 消費期限 | ○ | ○ |
| 保存方法 | − | ○ |
| 添加物 | − | ○ |
| 処理年月日 | ○ | − |
| 処理事業者の氏名又は名称及び住所 | ○ | − |
| 加工年月日 | − | ○ |
| 加工所の所在地及び加工者の氏名又は名称 | − | ○ |
| 原料ふぐの種類 | ○ | ○ |
| 漁獲水域名(なしふぐのみ) | ○ | ○ |
| 生食用であるかないかの別 | − | ○ |
| 解凍した旨 | ○ | ○ |
| 養殖された旨 | ○ | ○ |

　ふぐは猛毒のふぐ毒テトロドトキシンを持ちます。毒力の強さはふぐの種類及び部位によって著しく異なるため、有毒部位の除去等の処理により、人の健康を損なうおそれがないと認められるふぐの種類及び部位（可食部位）並びにその漁獲水域が定められています。また、その処理については、都道府県知事等が認める者及び施設で行わなければなりません。

　適切な処理を行うことが困難な一般消費者に対してふぐを販売する場合は、認められた種類であり、かつ、適正な処理を行ったものである必要があります。ふぐは、「内臓を除去し、皮をはいだもの（いわゆる身欠きふぐ）」や「切り身にしたもの（生食用）」「切り身にしたもの（生食用でないもの）」のように、処理方法及び生食用であるか否かに応じて表示事項が定められています。

【生食用であるかないかの別】

　生食用のものには「生食用である旨」を表示し、凍結させたもので生食用でない場合は「生食用でない旨」を表示します。

【処理年月日、処理事業者の氏名又は名称及び住所】

　内臓を除去し、皮をはいだふぐ並びに切り身等で生食用でないふぐは、その処理をした年月日を処理年月日である旨の文字を冠して表示します。また、その事業者の氏名又は名称及び住所（処理施設の所在地）を表示します。

【加工年月日、加工所の所在地及び氏名又は名称】

　切り身等で生食用のふぐは、加工年月日である旨の文字を冠してその加工年月日又はロット番号（ロットが特定できるもの）のいずれかを表示します。また、加工所の所在地及び氏名又は名称を表示します。

【原料ふぐの種類】

　原料ふぐの種類を、次に掲げる標準和名で、「標準和名」の文字を併せて表示します。

## ふぐの標準和名

| とらふぐ | からす | まふぐ | しまふぐ | しょうさいふぐ | なしふぐ |
|---|---|---|---|---|---|
| こもんふぐ | ひがんふぐ | くさふぐ | ごまふぐ | あかめふぐ | むしふぐ |
| めふぐ | しろさばふぐ | くろさばふぐ | かなふぐ | よりとふぐ | くまさかふぐ |
| ほしふぐ | さざなみふぐ | もようふぐ | いしがきふぐ | はりせんぼん | ひとづらはりせんぼん |
| ねずみふぐ | はこふぐ | さんさいふぐ | | | |

【原産地】

　他の水産物と同様に表示しますが、次の「なしふぐ」だけは漁獲水域名を表示します。

【漁獲水域名】

　「なしふぐ」については、有明海、橘湾、香川県及び岡山県の瀬戸内海域で漁獲された「なしふぐ」の筋肉を原材料とするもの又は有明海及び橘湾で漁獲され、長崎県が定める要領に基づき処理された「なしふぐ」の精巣を原材料とするもののみ、販売が認められており、そのふぐの漁獲水域を表示します。

**なしふぐの喫食**

　「なしふぐ」は、食用可能とされてきましたが、1988年（昭和63年）から1989年（平成元年）にかけて発生した輸入なしふぐによる食中毒や長崎県産のなしふぐから毒性が検出されたことにより、1993年（平成5年）に販売が禁止されました。

　しかしながら、長崎県及び熊本県周辺では、長年にわたってなしふぐの喫食が行われていたため、毒性及びその処理等の方法に関して検討した結果、処理等により毒の移行を適切に防止すれば、一般に人の健康を損なうおそれがないと認められることが判明しました。

　これにより、1995年（平成7年）より、有明海及び橘湾で漁獲され、有毒部位から筋肉部への毒の移行を防止するための措置が適切に実施されたなしふぐについて、販売等が認められました。その後、前記の漁獲水域名の項に記載された水域や一定の精巣についても販売等が認められています。

第3章

# 加工食品の表示

# 3-1 ● 加工食品の表示の原則

## 1 ● 加工食品

　「加工食品」は、食品表示基準 別表第1に掲げられたものをいいます（資料編 資料5「加工食品に分類される食品」参照）。

　また、加工食品のうち、消費者に販売される形態となっているものを一般用加工食品といい、それ以外の加工食品（複合原材料として加工食品の原材料になるもの等を含む。）を、業務用加工食品といいます。

## 2 ● 加工食品に表示すべき事項

　加工食品に表示すべき事項は、食品表示基準に基づき、「名称」「原材料名」「添加物」「原料原産地名（2017年（平成29年）9月より国内で製造されたすべての加工食品に対象拡大）」「内容量」「賞味期限又は消費期限」「保存方法」「原産国名（輸入品のみ）」「製造者（輸入品にあっては、輸入者）等の氏名又は名称及び住所」「栄養成分表示」「アレルゲンを含む旨（特定原材料の7品目）」「遺伝子組換え食品を使用した旨」等が規定されています。

　食品表示基準施行前は原材料の一部として「原材料名」に表示されていた「添加物」が別項目とされ、任意表示であった「栄養成分表示」が義務表示事項となりました。

　これらの表示は、食品を摂取する際の安全性の確保及び自主的かつ合理的な食品選択の機会の確保に関して重要な役割を果たすことから、製造業者や販売業者等に義務付けられているものです。

　表示事項は、横断的義務表示事項のほかに、個別的義務表示事項が定められています。横断的義務表示事項はもとより、個別的義務表示事項に個別に表示の方法が示されている食品については、それぞれの規定に基づいて表示をしなければなりません。

　また、任意表示事項として、「特色ある原材料の表示」「栄養成分の強調表示」等について規定されています。なお、表示に関する公正競争規約が定められている品目については、その規定に従って表示することが求められます。

**【加工食品の表示例（栄養成分表示を除く。）】**

## 〈横断的義務表示の例（キャンデー）〉

| 名　　　称 | キャンデー |
|---|---|
| 原 材 料 名 | 水あめ、砂糖、濃縮グレープ果汁 |
| 添 　加 　物 | 酸味料、香料 |
| 内 　容 　量 | 70g |
| 賞 味 期 限 | 令和○年○月○日 |
| 保 存 方 法 | 直射日光、高温多湿を避けて保存してください。 |
| 原 産 国 名 | イタリア |
| 輸 　入 　者 | □□堂（株）<br>○○県○○市○○町○-○-○ |

【必要な表示事項】
・名称
・原材料名
・添加物
・原料原産地名（国内で製造した食品のみ）
・内容量
・賞味期限／消費期限
・保存方法
・原産国名（輸入品のみ）
・製造者

## 〈横断的義務表示の例（タレ付き肉）〉

| 名　　　称 | 豚ばら肉味付け |
|---|---|
| 原 材 料 名 | 豚バラ肉、しょう油（大豆・小麦を含む）、みりん、野菜（たまねぎ、しょうが、にんにく）、りんご果汁、香辛料 |
| 添 　加 　物 | 調味料（アミノ酸等）、酸味料、ペクチン（りんご由来） |
| 原料原産地名 | 国産（豚ばら肉） |
| 内 　容 　量 | 200g |
| 消 費 期 限 | ○○○○年○月○日 |
| 保 存 方 法 | 10度以下で保存してください |
| 製 　造 　者 | □□食品（株）<br>○○県○○市○○町○-○-○ |

【必要な表示事項】
特定原材料を原料とする加工食品や、特定原材料に由来する添加物を含む食品には基本的な表示事項に加え、アレルゲンの表示が必要です。

## 〈個別的義務表示の例（マカロニ類）〉

| 名　　　称 | マカロニ |
|---|---|
| 原 材 料 名 | デュラム小麦のセモリナ（カナダ製造） |
| 内 　容 　量 | 300g |
| 賞 味 期 限 | ○○○○年○月○日 |
| 保 存 方 法 | 直射日光、高温多湿を避けて保存してください。 |
| 調 理 方 法 | 標準ゆで時間9分 |
| 製 　造 　者 | □□製粉（株）<br>○○県○○市○○町○-○-○ |

【必要な表示事項】
マカロニ類には、基本的な表示事項に加え、「調理方法」の表示が必要です。

## 3●表示方法

　容器包装の見やすい箇所に、食品表示基準に規定されている別記様式、又はこれらと同等程度にわかりやすいプライスラベル等の方法により表示します。

〈表示例：別記様式〉

| 名　　　称 | 鶏から揚げ |
|---|---|
| 原材料名 | 鶏肉(国産)、小麦粉、でん粉、食塩、植物油脂(大豆を含む)、香辛料、砂糖、脱脂粉乳、揚げ油(植物油) |
| 添加物 | 増粘多糖類、pH調整剤、リン酸塩(Na)、調味料(アミノ酸等) |
| 内容量 | 150g |
| 消費期限 | ○○．○○．○○ |
| 保存方法 | ○○℃以下で保存してください。 |
| 製造者 | ○○食品(株) |
| | ○○県○○市○○町○－○－○ |

〈表示例：プライスラベル〉

鶏から揚げ

鶏肉(国産)、小麦粉、でん粉、食塩、植物油脂(大豆を含む)、香辛料、砂糖、脱脂粉乳、揚げ油(植物油)／増粘多糖類、pH調整剤、リン酸塩(Na)、調味料(アミノ酸等)

| バーコード | 内容量(g) | ○○○g |
|---|---|---|
| | 100g当たり | ○○○円(税込) |
| | 価　格(円) | ○○○円(税込) |

保存方法　○○℃以下　消費期限　○○年○○月○○日
製造者　(株)○○
　　　　○○県○○市○○町○－○－○

## 4●食品の表示に関する留意点

・表示に用いる文字及び枠の色は、背景の色と対照的な色とします。

・表示に用いる文字は、日本産業規格で規定する8ポイントの活字以上の大きさの文字を使用します。ただし、表示可能面積がおおむね150㎠以下のものは、5.5ポイント以上の大きさの文字とすることができます。

・個別的義務表示事項については、表示箇所や文字の大きさが別途定められている場合もあります。

・容器包装の表示可能面積がおおむね30㎠以下であるものにあっては、「原材料名[*1]」「添加物[*1][*2]」「原料原産地名」「内容量[*1][*3]」「原産国名」「製造所又は加工所の所在地及び製造者又は加工者の氏名又は名称」「遺伝子組換え食品に関する事項」「乳児用規格適用食品である旨」及び「栄養成分表示」を省略することができます。

　　＊1　特定保健用食品及び機能性表示食品を除く。
　　＊2　ただし、アスパルテームを使用した場合、L－フェニルアラニン化合物を含む旨の表示は省略できません。
　　＊3　ただし、計量法の特定商品に該当する場合は省略できません。

## 【表示可能面積の考え方について】

　表示可能面積とは、基本的には容器包装の表面積全体を指します。したがって、一般的に商品名、写真などが記載されている表面も含まれます。

　ただし、食パンなどにおいて、袋の口をしぼって留めてある場合、しぼられた箇所になんらかの文字が印刷されていても消費者がそれを読むことは困難なことから、表示可能面積として扱われていません。

# 3-2 ● 名称等

【基本的な考え方】

　別記様式に記載する名称は、食品の内容を的確に表現する一般的な名称で表示します。事項名については、「名称」に代えて「品名」「品目」「種類別」「種類別名称」と表示することができます。

【表示方法】

①食品表示基準に名称が定められている品目のうち、次の図表1に掲げるものについては、その定義に従った名称を表示し、その定義に合わない食品にあっては、この名称を使用することはできません。

<table>
<tr><td colspan="2">**図表 1** **食品表示基準で名称の使用が限定されている食品**</td></tr>
<tr><td>・トマト加工品</td><td>・塩蔵わかめ</td></tr>
<tr><td>・乾しいたけ</td><td>・みそ</td></tr>
<tr><td>・マカロニ類</td><td>・しょうゆ</td></tr>
<tr><td>・ハム類</td><td>・ウスターソース類</td></tr>
<tr><td>・プレスハム</td><td>・ドレッシング及びドレッシングタイプ調味料</td></tr>
<tr><td>・混合プレスハム</td><td>・食酢</td></tr>
<tr><td>・ソーセージ</td><td>・乾燥スープ</td></tr>
<tr><td>・混合ソーセージ</td><td>・食用植物油脂</td></tr>
<tr><td>・ベーコン類</td><td>・マーガリン類</td></tr>
<tr><td>・魚肉ハム及び魚肉ソーセージ</td><td>・チルドハンバーグステーキ</td></tr>
<tr><td>・削りぶし</td><td>・チルドミートボール</td></tr>
<tr><td>・うに加工品</td><td>・チルドぎょうざ類</td></tr>
<tr><td>・うにあえもの</td><td>・豆乳類</td></tr>
<tr><td>・乾燥わかめ</td><td>・にんじんジュース及びにんじんミックスジュース</td></tr>
</table>

出典：食品表示基準 別表第5より

②乳及び乳製品にあっては、「乳及び乳製品の成分規格等に関する省令（乳等省令）」第2条の定義に従った種類別を表示します。また、事項名も「種類別」又は「種類別名称」と表示します。

③はちみつ等のように公正競争規約や地方自治体の条例に名称に関する規定のあるものは、規則に基づき適正な名称を表示します。

④食品表示基準や公正競争規約等による基準に名称の規定がない品目については「その内容を表す一般的な名称」として、消費者にわかりやすい名称を事業者の判断により表示します。この場合、消費者に誤認を与えないか、誇大でないか、脚色していないか等について留意する必要があります。

⑤新製品等で業界内にあっても、未だ名称が広く通用していない食品の場合は、どのような内容の食品であるかを社会通念上判断できるものであれば、その名称として表示することができます。

【商品名との関係について】

①商品名がその内容を表す一般的な名称であれば、名称として使用することができます。

②名称に括弧を付して商品名を併記することは、併記により名称を誤認させるものでなければ、差し支えありません。

③一般的な名称に当たらない商品名を名称として表示することはできません。

【表示する箇所】

①別記様式欄の名称欄に表示します。

②一般的な名称を商品名として使用している場合、その商品名は名称であると判断され、別記様式欄の名称の表示を省略することができます。

③名称を商品の主要面に記載すれば、別記様式欄の名称の表示を省略できます。

## Q&A

**Q：商品名が一般的な名称ではない場合、一般的な名称を商品名に併記すれば、別記様式欄の名称を省略することができますか？**

A：商品名に近接した箇所に一般的な名称を明瞭に表示する場合には、別記様式欄における名称の表示を省略することが可能です。

　この場合、一般的な名称を商品名に比べて著しく小さく表示する等の方法は、消費者に誤認を与える可能性があることから名称の省略は認められません。

### 〈名称欄を省略した表示例〉

**（主要面）**

ポテチ○○（スナック菓子）

**（別記様式欄）**

| 原材料名 | じゃがいも(国産)、○○、○○ |
|---|---|
| 添加物 | ○○ |
| 内容量 | 100g |
| 賞味期限 | ○○.○○.○○ |
| 保存方法 | 直射日光、高温多湿を避けて保存してください。 |
| 製造者 | (株)△△△　○○県○○市○○町○-○-○ |

# 3-3 ● 原材料名

【基本的な考え方】

　使用した原材料（添加物を除く。）を、原材料に占める重量の割合の高いものから順に、その一般的な名称をもって表示します。食品表示基準や公正競争規約に表示方法の規定があるものについては、それらに従って表示します。

【複合原材料について】

①複合原材料とは、「2種類以上の原材料からなる原材料」のことをいいます。具体的には、すでに加工された製品を仕入れ、新たに製造する製品の原材料として使用するものなどをいい、しょうゆ、ビーフエキス等の調味料のほか、弁当・惣菜の具材等がそれに該当します。

②複合原材料については、その複合原材料の名称の次に括弧を付して、それを構成する添加物以外の原材料を重量の割合の高いものから順に表示します。

③複合原材料を構成する原材料のうち、複合原材料の原材料に占める重量の割合の高い順が3位以下であって、かつ、当該割合が5％未満の原材料については「その他」とまとめて表示することができます。

④複合原材料が製品の原材料に占める割合が5％未満である場合又は複合原材料の名称からその原材料が明らかである場合には、その複合原材料についての原材料の表示を省略することができます。

⑤「複合原材料の名称からその原材料が明らかである場合」とは、次の場合が該当します。

　・複合原材料の名称に主要原材料が明示されている場合

　　　例：鶏唐揚げ、鯖味噌煮等

　・複合原材料の名称に主要原材料を総称する名称が明示されている場合

　　　例：ミートボール、魚介エキス、植物性たん白加水分解物等

　・JAS、食品表示基準 別表第3、公正競争規約で定義されている場合

　　　例：ロースハム、マヨネーズ等

　・上記以外で一般にその原材料が明らかである場合

　　　例：かまぼこ、がんもどき等

⑥複合原材料中の添加物は、製品全体に含まれる他の添加物と併せて別に表示

します。

⑦④や⑤の例のように複合原材料についての原材料の表示を省略した場合でも、使用された添加物の表示とアレルゲンを含む旨の表示は省略することができません。

例：

原材料名：鶏唐揚げ（大豆・小麦を含む）

添加物　：調味料（アミノ酸等）、安定剤（カラギナン）、着色料（カロチノイド色素）

⑧複合原材料のうち、ココア調製品のように、単に混合しただけで、原材料の性状に大きな変化がないものの場合は、その複合原材料についての原材料（ココアパウダー、砂糖等）を他の原材料と併せて、原材料に占める重量の割合の高いものから順に表示することができます。

## 〈弁当の具材としての鶏唐揚げ・ごまあえの表示例〉

### 例1：複合原材料の原材料の表示をすべて行った表示

| 名　　称 | 弁当 |
|---|---|
| 原材料名 | ご飯（米（国産））、鶏唐揚げ（鶏肉、小麦粉、植物油脂、しょうゆ（大豆・小麦を含む）、食塩、砂糖、こしょう）、ゆで卵、ごまあえ（さやいんげん、人参、ごま、しょうゆ、砂糖）、のり |
| 添加物 | 調味料（アミノ酸等）、pH調整剤、安定剤（カラギナン）、保存料（ポリリジン）、着色料（カロチノイド色素）、甘味料（ステビア） |
| ・・・ | ・・・ |

（網かけ）部分は、鶏唐揚げの名称からその原材料が明らかであるため、省略することができる。ただし、添加物とアレルゲンを含む旨の表示は省略することができない。

### 例2：複合原材料の原材料の表示を省略した表示

| 名　　称 | 弁当 |
|---|---|
| 原材料名 | ご飯（米（国産））、鶏唐揚げ（大豆・小麦を含む）、ゆで卵、ごまあえ（さやいんげん、人参、ごま、その他）、のり |
| 添加物 | 調味料（アミノ酸等）、pH調整剤、安定剤（カラギナン）、保存料（ポリリジン）、着色料（カロチノイド色素）、甘味料（ステビア） |
| ・・・ | ・・・ |

ごまあえは、名称からその原材料が明らかであるとはいえないため、（　）内の原材料すべてを省略することはできない。ただし、しょうゆ、砂糖のごまあえに占める重量の割合がいずれも5％未満であれば、「しょうゆ」「砂糖」の表示をその他とまとめることができる。

## 【同種の原材料を複数種類使用する場合】

　原材料に「野菜」「食肉」「魚介類」と同じ種類の食材を複数使用する場合、原材料に占める重量の割合の高いものから順に、「野菜」「食肉」「魚介類」等の原材料の総称を表す一般的な名称の次に括弧を付して、それぞれの原材料に占める重量の割合の高いものから順に、「野菜（にんじん、たまねぎ）」のようにまとめて表示することができます。

　　※添加物表示については第5章 5-1を、アレルギー表示については第5章 5-2を、遺伝子組換え食品表示については第5章 5-3参照。

# 3-4 ● 添加物

## 【基本的な考え方】

　食品の製造過程で加工や保存の目的で使用される添加物については、食品を安全に摂取し、自主的かつ合理的に選択するために必要な情報として食品表示基準で表示の方法が定められています。

## 【表示方法】

①使用する添加物は、原則として、すべて表示します。

②表示にあたっては、添加物に占める重量の割合の高いものから順に表示します。

③原則として、物質名で表示しますが、物質名に用途名を併せて表示する方法や、使用目的を示す一括名で表示する方法があります。また、表示が免除される場合があります。

## 【表示する箇所】

　原材料と添加物を明確に区分して表示します。

　別記様式欄に「添加物」の事項欄を設けて表示する方法のほか、事項欄を設けずに、原材料名欄に「／（スラッシュ）」などの記号や改行することで明確に区分して表示することも認められています。

　　※添加物表示については第5章 5-1を、添加物に含まれるアレルゲンの表示については第5章
　　　5-2参照。

### 〈例1：添加物欄を設けて表示する場合〉

| 名称 | キャンデー |
|---|---|
| 原材料名 | 水あめ（国内製造）、砂糖、濃縮グレープ果汁 |
| 添加物 | クエン酸、香料 |

## 〈例2：原材料名欄に原材料名と区分して表示する場合〉
### ①原材料と添加物を記号で区分する例

| 名称 | キャンデー |
|---|---|
| 原材料名 | 水あめ（国内製造）、砂糖、濃縮グレープ果汁／クエン酸、香料 |

### ②原材料と添加物を改行して区分する例

| 名称 | キャンデー |
|---|---|
| 原材料名 | 水あめ（国内製造）、砂糖、濃縮グレープ果汁<br>クエン酸、香料 |

### ③原材料と添加物を罫線で区分する例

| 名称 | キャンデー |
|---|---|
| 原材料名 | 水あめ（国内製造）、砂糖、濃縮グレープ果汁 |
| | クエン酸、香料 |

# 3-5 ● 原料原産地名の表示について

## 1 ● 原料原産地名表示の義務化の経緯

　加工食品の製造に用いる原材料について、その調達先の多様化やグローバル化が進むにつれ、加工食品の原材料の原産地も考慮した上で、商品選択をしたいとの消費者の要望が高まりました。

　2000年（平成12年）から、加工食品の品目ごとに製造・流通実態等を踏まえた検討が行われ原料原産地表示を義務付ける制度が導入されました。まず、“梅干し”と“らっきょう漬け”が対象となり、その後に順次追加され、2017年（平成29年）の原料原産地表示制度の改正前には、22の食品群と4つの品目が対象となっていました。

　これまでに義務化された食品は、「品質の差異」に着目して品目を選定してきた経過があり、加工食品の中でも比較的加工度の低いものが選定されてきたといえます。

　消費者等からのさらに拡大してほしいとの要望を受けた形で、2016年（平成28年）から、「加工食品の原料原産地表示制度に関する検討会」で、原料原産地名表示について検討が重ねられ、

・国内で製造されたすべての加工食品を原料原産地表示の対象とすること、

・原材料のうちで重量上位1位のものに原料原産地名を表示すること、

・国別重量順表示を原則とするが、表示の実行可能性を考慮し「又は表示」や「大括り表示」等の他の表示方法も認めること、

・食品表示基準 別表第15に定められていた22食品群＋4品目は、これまでと同じ「国別重量順」等の原料原産地表示ルールを適用すること、

　等の方針が取りまとめられ、これに沿って原料原産地表示に関する食品表示基準の改正が2017年（平成29年）9月に施行され、約4年の経過措置期間を経て、2022年（令和4年）4月に完全施行となりました。

## 2 ● 2017年9月以前にすでに原料原産地表示義務のあった22の食品群＋4品目におにぎりの「のり」を加えた個別の表示ルール

　原料の品質の差異が加工食品としての品質に反映されると一般的に認識されている22の食品群と4つの品目（図表1）については、これまでと同じ「国別重量順」等の原料原産地表示ルールを適用することになっています。

　さらに、2017年（平成29年）9月の改正で、4品目におにぎり（米飯類を巻く目的でのりを原材料に使用しているものに限る。また、おにぎりと他の食材を組み合わせたものを除く。）が追加され、原材料の「のり」については、重量順位に関係なく原産地表示が義務付けられました。これらの個別ルールのある品目は、食品表示基準の別表第15にまとめられています。

**図表1　2017年9月以前から原料原産地表示義務のあった22の食品群と4品目＋おにぎりの「のり」（食品表示基準 別表第15）**

| 横断的に表示方法が規定されている22食品群 | | | |
|---|---|---|---|
| 農産加工品 | ①乾燥したもの | ②塩蔵したもの | ③ゆで・蒸したもの、あん　④異種混合したもの |
| | ⑤緑茶・緑茶飲料 | ⑥もち | ⑦いり・あげ落花生、いり豆 |
| | ⑧黒糖及び黒糖加工品 | | ⑨こんにゃく |
| 畜産加工品 | ⑩調味したもの | ⑪ゆで・蒸したもの | ⑫表面をあぶったもの |
| | ⑬衣を付けたもの | ⑭異種混合したもの | |
| 水産加工品 | ⑮乾燥したもの | ⑯塩蔵したもの | ⑰調味したもの　⑱こんぶ巻 |
| | ⑲ゆで・蒸したもの | ⑳表面をあぶったもの | ㉑衣を付けたもの |
| その他 | ㉒生鮮食品を異種混合したもの | | |

| 個別に表示方法が規定されている4品目＋おにぎりの「のり」 |
|---|
| ①農産物漬物　②野菜冷凍食品　③うなぎ加工品　④かつお削りぶし<br>⑤おにぎりの「のり」 |

　　※資料編 資料11「原料原産地表示について個別ルールのある食品（22の食品群と5品目）（食品表示基準　別表第15に該当するもの）」参照。

　これらの22の食品群については、製品の原材料及び添加物に占める、単一の農畜水産物の重量の割合が50％以上である食品が、表示の対象となります。

ただし、かつお削りぶしについては、従来、原料原産地として「かつおのふしの産地」を○○産と表示していましたが、ふし自体は加工食品であることから、後述する新しい原料原産地表示のルールである「製造地」表示をすることとなります。つまり、以前はふしの製造地であっても○○産との記載が認められていましたが、現在は○○製造との表記に変更する必要があります。

　なお、加工食品全般について、表示された産地名が加工地を示すのか、原材料の産地を示すのかが不明瞭な表示は、禁止されています＊。

　　＊産地名の意味を誤認させるような表示の禁止については、第4章 4-3-2参照。

## 3 ● 原料原産地表示の対象外について

　国内で製造し、又は加工したすべての加工食品（輸入品を除く。）が原料原産地表示の対象となりますが、以下の場合は、対象外若しくは省略することができます。

〈対象外〉

・加工食品を設備を設けて飲食させる場合（外食）

・食品を製造し、又は加工した場所で販売する場合

・不特定又は多数の者に対して譲渡（販売を除く。）する場合

・容器包装に入れずに販売する場合

・他法令によって表示が義務付けられている場合

　①「酒税の保全及び酒類業組合等に関する法律」（酒類業組合法）

　　例：ワイン　等

　②「米穀等の取引等に係る情報の記録及び産地情報の伝達に関する法律」

　　（米トレーサビリティ法）

　　例：米加工品　等

〈省略できるもの〉

・容器包装の表示可能面積がおおむね30㎠以下の場合

## 4 ● 新しい原料原産地表示の基本ルール

　改正された原料原産地表示制度では、表示の対象となる加工食品の原材料のうち、水及び添加物を除いた製品に占める重量割合が上位1位となる「対象原材料」に原料原産地名を表示することが必要です。

　なお、2017年（平成29年）9月以前から原料原産地表示制度のあった22食品群＋4品目では、引き続き「国別重量順」等の従来のルールが適用され、22食品群のうちこれまで原料原産地名の表示義務がなかった重量割合上位1位かつ

50％未満の原材料には、新しい原料原産地表示の基本ルールが適用されます。

　50％以上の原材料は、重量割合１位になることは必然ですので、これまで原料原産地表示制度のあった22食品群＋４品目については、ほとんどの場合表示内容に変更の必要はありません。ただし、前述したかつお削りぶしについては、かつおのふしが産地表示から製造地表示になることと、昆布巻において昆布以外の具材が１位になる場合等に注意が必要となります。

　原料原産地表示の基本ルールは以下のとおりです。
・対象原材料の産地について、国別に重量割合の高いものから順に国名を表示する「国別重量順表示」を原則とする。
・対象原材料が加工食品の場合、中間加工原材料の「製造地」を表示する。
・原産国が３か国以上ある場合は、重量割合の高いものから順に国名を表示し、３か国目以降を「その他」と表示することができる。
・「国別重量順表示」が難しい場合には、一定の条件のもとで、「又は表示」や「大括り表示」の表示を認める。
・原料原産地表示の方法は、原料原産地名欄を設けて表示するか、又は原材料名欄に表示された原材料名の次に括弧書きで表示する。

【国別重量順表示】
　対象原材料の産地を原材料名に対応させて表示し、産地が複数の国にわたる場合は、重量の割合の高い国から「、」でつないで表示します。

〈国別重量順表示の例〉

**原料原産地名欄を設けて表示**

| 名称 | ウインナーソーセージ |
|---|---|
| 原材料名 | 豚肉、豚脂肪、たん白加水分解物、還元水あめ、食塩、香辛料／調味料（アミノ酸等）、リン酸塩（Na、K）、・・・ |
| 原料原産地名 | アメリカ（豚肉） |

**原料原産地を原材料の次に括弧を付して表示**

| 名称 | ウインナーソーセージ |
|---|---|
| 原材料名 | 豚肉（アメリカ）、豚脂肪、たん白加水分解物、還元水あめ、食塩、香辛料／調味料（アミノ酸等）、リン酸塩（Na、K）、・・・ |

以下この章では、主に原料原産地名の欄を設けて表示した例を示します。

　対象原材料の産地が３か国以上ある場合は、重量割合の高い国から順に表示し、３か国目以降を「その他」と表示することができます。

**原産国が３か国以上ある場合で「その他」を用いた表示**

| 名称 | ウインナーソーセージ |
|---|---|
| 原材料名 | 豚肉、豚脂肪、たん白加水分解物、還元水あめ、食塩、香辛料／調味料（アミノ酸等）、リン酸塩（Na、K）、・・・ |
| 原料原産地名 | カナダ、アメリカ、その他（豚肉） |

**「その他」を用いて表示箇所を明示した上で枠外に表示**

| 名称 | ウインナーソーセージ |
|---|---|
| 原材料名 | 豚肉、豚脂肪、たん白加水分解物、還元水あめ、食塩、香辛料／調味料（アミノ酸等）、リン酸塩（Na、K）、・・・ |
| 原料原産地名 | 枠外下部に記載 |

原料豚肉の原産地名　カナダ、アメリカ、その他

　前述の「国別重量順表示」が難しい場合に認められている表示方法としては、「又は表示」「大括り表示」及び「大括り表示＋又は表示」があります。

**【又は表示】**
　「又は表示」は、産地として使用可能性がある複数国を、使用が見込まれる重量割合の高いものから順に「又は」でつないで表示する方法で、過去の使用実績等に基づき表示されるものです。
　一定期間における国別使用実績又は使用計画からみて、今後の１年間で国別の重量順位の変動や産地切り替えが行われる見込みがあり、国別重量順表示が困難な場合に用いることができます。「又は表示」をする場合は、一定期間における使用実績又は使用計画における対象原材料に占める重量の割合の高いものから順に表示した旨の注意書きを付記する必要があります。
　この表示方法を採用する場合は、当該表示に至った根拠書類の保管が必要になり、保管期間については、「賞味（消費）期限に加えて１年間」又は「賞味期限の表示を省略している製品については、製造してから５年間」が求められています。

## 〈又は表示の表示例〉

### 原料原産地が2か国の場合の表示

| 名称 | ウインナーソーセージ |
|---|---|
| 原材料名 | 豚肉、豚脂肪、たん白加水分解物、・・・ |
| 原料原産地名 | カナダ又はアメリカ（豚肉） |

※豚肉の産地は、昨年度の使用実績順によるものです。

### 3か国以上使用し、3か国目以降を「その他」と括って表示

| 名称 | ウインナーソーセージ |
|---|---|
| 原材料名 | 豚肉、豚脂肪、たん白加水分解物、・・・ |
| 原料原産地名 | カナダ又はアメリカ又はその他（豚肉） |

※豚肉の産地は、昨年度の使用実績順によるものです。

　使用割合が5％未満である対象原材料の原産地については、誤認防止のために、当該原産地の後に括弧を付して、一定期間における使用割合が5％未満である旨の表示が必要です。

### 使用割合が5％未満の産地がある場合の表示

| 名称 | ウインナーソーセージ |
|---|---|
| 原材料名 | 豚肉、豚脂肪、たん白加水分解物、・・・ |
| 原料原産地名 | カナダ又はアメリカ又は日本（5％未満）（豚肉） |

※豚肉の産地は、昨年度の使用実績順・割合によるものです。

　なお、注意書きについては表示例に示したほか、次のような記載等が表示可能で、消費者にとってわかりやすいことが必要です。
・○○の産地は、2020年から2年間の使用実績順
・○○の産地は、過去1年間の使用実績順
・○○の産地は、賞味期限の1年前から2年前までの使用実績順
・○○の産地は、令和3年9月から令和4年8月までの使用実績順
・○○の産地は、製造1年前の使用実績順

## 【大括り表示】

　「大括り表示」は、３以上の外国の産地表示を「輸入」と括って表示する方法です。

　なお、輸入品と国産を混合して使用する場合には、輸入品と国産との間で、重量割合の高いものから順に表示します。一定期間における国別使用実績又は使用計画からみて、国別重量順表示が困難な場合に用いることができます。

　表示方法については、「輸入」のほかに「外国産」「外国」などの表示でも可能です。また、輸入より狭い範囲を表す、一般的に知られている地域名等（EU、アフリカ、南米等）の表示も可能ですが、例えばEUと記載する場合、「輸入」と表示する場合と同様に、EU域内の国で３か国以上から輸入しており国別重量表示が困難な場合に限られます。アフリカ、南米も同様です。

　対象原材料が、中間加工原材料に該当する場合は「外国製造」として括ります。

　大括り表示には、「又は表示」のような注意書きは不要ですが、根拠資料の保管は「又は表示」と同様に必要です。

### 〈大括り表示の表示例〉

#### 国産を含まず、３か国以上の輸入品を「輸入」と括って表示

| 名称 | ウインナーソーセージ |
|---|---|
| 原材料名 | 豚肉、豚脂肪、たん白加水分解物、・・・ |
| 原料原産地名 | 輸入（豚肉） |

#### 国産と、３か国以上の輸入品を使用し、３か国以上の輸入品の合計が、国産よりも多い場合

| 名称 | ウインナーソーセージ |
|---|---|
| 原材料名 | 豚肉、豚脂肪、たん白加水分解物、・・・ |
| 原料原産地名 | 輸入、国産（豚肉） |

#### 国産と、３か国以上の輸入品を使用し、国産が３か国以上の輸入品の合計より多い場合

| 名称 | ウインナーソーセージ |
|---|---|
| 原材料名 | 豚肉、豚脂肪、たん白加水分解物、・・・ |
| 原料原産地名 | 国産、輸入（豚肉） |

## 【大括り表示＋又は表示】

　「大括り表示＋又は表示」は、過去の使用実績等に基づき、3以上の外国の産地表示を「輸入」と括って表示できるとした上で、「輸入」と「国産」を、使用が見込まれる重量割合の高いものから順に、「又は」でつないで表示する方法です。

　一定期間における国別使用実績又は使用計画からみて、大括り表示のみでは表示が困難な場合に用いることができます。「大括り表示＋又は表示」をする場合は、一定期間使用割合の高いものから順に表示した旨の注意書きを付記する必要があります。

### 〈大括り表示＋又は表示の表示例〉

**国産と3か国以上の輸入品を使用し、3か国以上の輸入品の合計が国産よりも多い場合**

| 名称 | ウインナーソーセージ |
|---|---|
| 原材料名 | 豚肉、豚脂肪、たん白加水分解物、・・・ |
| 原料原産地名 | 輸入又は国産（豚肉） |

※豚肉の産地は、昨年度の使用実績順によるものです。

**国産と3か国以上の輸入品を使用し、3か国以上の輸入品の合計が国産よりも多い場合（原料原産地を原材料の次に括弧を付して表示）**

| 名称 | ウインナーソーセージ |
|---|---|
| 原材料名 | 豚肉（輸入又は国産）、豚脂肪、たん白加水分解物、・・・ |

※豚肉の産地は、昨年度の使用実績順によるものです。

**国産と3か国以上の輸入品を使用し、国産が3か国以上の輸入品の合計よりも多い場合**

| 名称 | ウインナーソーセージ |
|---|---|
| 原材料名 | 豚肉、豚脂肪、たん白加水分解物、・・・ |
| 原料原産地名 | 国産又は輸入（豚肉） |

※豚肉の産地は、昨年度の使用実績順によるものです。

## 使用割合が5％未満の産地がある場合の表示

| 名称 | ウインナーソーセージ |
|---|---|
| 原材料名 | 豚肉、豚脂肪、たん白加水分解物、・・・ |
| 原料原産地名 | 輸入又は日本（5％未満）（豚肉） |

※豚肉の産地は、昨年度の使用実績順・**割合**によるものです。

　なお、【大括り表示＋又は表示】の場合も、使用割合が5％未満である対象原材料の原産地については、誤認防止のために、当該原産地の後に括弧を付して、一定期間における使用割合が5％未満である旨の表示が必要です。

## 【製造地での表示】

　加工食品の原材料が加工食品である場合、これを「中間加工原材料」といいます。パンの原材料である「小麦粉」のように、単一の農畜産物からできている加工食品の場合もあれば、めんつゆの原材料である「しょうゆ」のように複数の原材料からできている（複合原材料の）中間加工原材料もあります。

　対象原材料が加工食品の場合は、原則として、当該中間加工原材料の製造地を「○○製造」と表示します。この場合も、複数の国から仕入れた中間原材料を混合して使用している場合は、重量の割合の高い順に表示します。

　中間加工原材料が国産品の場合は「国内製造」の表示に代えて、「○○製造」（○○は、都道府県名その他一般に知られている地名とする。）と表示することができます。

　また、例えば、中間加工原材料である対象原材料「りんご果汁」の生鮮原材料「りんご」の原産地が判明している場合には、「○○製造」の表示に代えて、当該原材料名「りんご」とともにその原産地の国名を表示することができます。

　この場合、あくまでも生鮮原材料まで遡った産地を表示することが必要です。「国別重量順表示」が難しい場合に認められている表示方法としては、「又は表示」、「大括り表示」及び「大括り表示＋又は表示」があります。

## 〈製造地表示の表示例〉

### 製造地を表示

| 名称 | 清涼飲料水 |
|---|---|
| 原材料名 | りんご果汁、果糖ぶどう糖液糖、果糖／酸味料、ビタミンC |
| 原料原産地名 | ドイツ製造（りんご果汁） |

## 製造地を原材料名の次に括弧を付して表示

| 名称 | 清涼飲料水 |
|---|---|
| 原材料名 | りんご果汁（ドイツ製造）、果糖ぶどう糖液糖、果糖／酸味料、ビタミンC |

## 製造地の又は表示

| 名称 | 清涼飲料水 |
|---|---|
| 原材料名 | りんご果汁、**果糖ぶどう糖液糖**、果糖／酸味料、ビタミンC |
| 原料原産地名 | ドイツ製造又は国内製造（りんご果汁） |

※りんご果汁の製造地は、○○○○年の使用実績順

## 製造地の大括り表示

| 名称 | 清涼飲料水 |
|---|---|
| 原材料名 | りんご果汁、果糖ぶどう糖液糖、果糖／酸味料、ビタミンC |
| 原料原産地名 | 外国製造（りんご果汁） |

〈中間加工原材料の生鮮原材料の産地が判明している場合の表示例〉

## 中間加工原材料の原料の産地を遡って表示

| 名称 | 清涼飲料水 |
|---|---|
| 原材料名 | りんご果汁、果糖ぶどう糖液糖、果糖／酸味料、ビタミンC |
| 原料原産地名 | ドイツ（りんご）、ハンガリー（りんご） |

〈中間加工原材料が複合原材料の場合の表示例〉

## 複合原材料の製造地を表示する場合（皮を購入し使用しているもの）

| 名称 | どらやき |
|---|---|
| 原材料名 | 皮（卵、小麦粉、砂糖）（国内製造）、つぶあん（砂糖、小豆、水飴）／膨張剤 |

・複合原材料の原料原産地表示について、生鮮原材料の産地まで遡って表示する場合、複合原材料の原材料に占める重量割合が最も高い原材料（複合原材料の重量割合上位１位の原材料）の産地の表示が必要です。

・また、複合原材料の生鮮原材料の産地を遡って表示する場合、複合原材料の

重量割合上位１位の原材料が、製品全体での重量割合上位２位の原材料よりも重量が少ない場合であっても、表示義務の対象は複合原材料の重量割合上位１位の原材料です。
・この場合、複合原材料の原材料の表示は、産地を表示する原材料名だけでなく、複合原材料の原材料の表示方法に従い表示することが必要です。

**複合原材料の原材料の産地を遡って表示する場合（皮を購入し使用しているもの）**

| 名称 | どらやき |
|---|---|
| 原材料名 | 皮（卵（国産）、小麦粉、砂糖）、つぶあん（砂糖、小豆、水飴）／膨張剤 |

**複合原材料の原材料の産地を遡って表示する場合（皮を購入し使用しているもので、原料原産地名欄を設けて表示）**

| 名称 | どらやき |
|---|---|
| 原材料名 | 皮（卵、小麦粉、砂糖）、つぶあん（砂糖、小豆、水飴）／膨張剤 |
| 原料原産地名 | 国産（卵） |

　一方、下記の「つぶあん」を仕入れて製造した菓子パンの例では、対象原材料「つぶあん」の重量割合上位１位の原材料は、加工食品である砂糖です。こういったケースでは、複合原材料であるつぶあんを製造した国を（○○製造）として表示します。

**複合原材料の製造地を表示する場合（粒あんを購入し、使用しているもの）**

| 名称 | 菓子パン |
|---|---|
| 原材料名 | つぶあん（砂糖、小豆、水飴、その他）（国内製造）、小麦粉、糖類・・・ |

　下記の例のように、砂糖の生鮮原材料まで遡ることをせず、任意の段階での製造地表示をすることは認められていません。

**生鮮原材料まで遡っていない不適切な例（粒あんを購入し、使用しているもの）**

| 名称 | 菓子パン |
|---|---|
| 原材料名 | つぶあん（砂糖（国内製造）、小豆、水飴、その他）、小麦粉、糖類・・・ |

【おにぎりの「のり」】

　また、前述の基本ルールとは別に、新しい原料原産地表示ルールにおいておにぎりにあっては、「のり」の名称の次に括弧を付して、当該のりの原料となる原そうの原産地について国別重量順に表示することになりました。具体的には、のりとのりの原そうの産地が同一の産地となることから、「のり（国産）」あるいは「のり（原そう（国産））」のように、のりの名称の次に括弧を付して、のりの原料となる原そうの原産地を表示します。

　ただし、以下の場合は対象外です。

・おにぎりと他の食材を組み合わせたもの（唐揚げ、たくあんなどの「おかず」と一緒に容器包装に入れた場合）

・酢飯と具材を組み合わせた料理をのりで巻いたもの（巻き寿司、軍艦巻き、手巻き寿司等、いわゆる寿司に該当する場合）


〈おにぎりの表示例〉

| 名称 | おにぎり |
| --- | --- |
| 原材料名 | 米飯（米（国産））、鮭、のり（国産）、食塩 |

　　※ 「おにぎり」の原材料である「米飯」については、米トレーサビリティ法（米穀等の取引等に係る情報の記録及び産地情報の伝達に関する法律）に基づき原料米の産地情報を表示することになります。


# 5●重量割合上位1位の原材料の考え方について

・豆腐等、原材料に占める重量割合が最も高い原材料が水である場合は、水は原料原産地表示の対象に含めないことから、水以外の原材料（例：大豆等）が対象となります。

・ガムのように食品全体の中で添加物が最も重量割合が高い場合、その添加物について原料原産地表示を行う必要はなく、あくまでも原材料の中で、重量割合上位1位の原材料について原料原産地表示を行います。また、添加物のみで構成されている食品については、原料原産地表示を行う必要はありません。

・ベーキングパウダーのような添加物に、賦形剤としてコーンスターチなどの食品の原材料が含まれている場合については、製品が添加物であることから、原料原産地表示の対象にはなりません。

・重量割合上位1位の原材料が2つ以上ある場合、重量割合上位1位となるす

べての原材料に原料原産地表示を行う必要があります。

例：原材料Ａが 40％、原材料Ｂが 40％、原材料Ｃが 15％、原材料Ｄが ５％
　　の場合、原材料Ａと原材料Ｂは同率で重量割合上位１位となることか
　　ら、原材料Ａと原材料Ｂが対象となります。

・同種の原材料を消費者にわかりやすくする等の事由により、「野菜（○○、
△△）」等、まとめ書きをしている場合、原材料単位でみて重量割合上位１
位の原材料に、原料原産地表示を行う必要があります。そのため、まとめ書
きしていることによって、原材料名欄の一番先頭に「野菜（○○、△△）」
と表示されていても、使用した原材料単位で比較すると、原材料名欄で２番
目以降に表示されている原材料が最も重量割合が高い場合は、表示順にかか
わらず、その重量割合上位１位の原材料が原料原産地表示の対象になりま
す。

例：野菜 50g（キャベツ 30g、玉ねぎ 15g、ニラ ５g）と 豚肉 40g を使用
　　したギョウザの場合、野菜としてまとめ書きをすると、野菜が重量割合
　　上位１位となりますが、原材料単位で考えた場合には、豚肉 40g、キャ
　　ベツ30g、玉ねぎ 15g、ニラ ５g の順となることから野菜とまとめ書き
　　をしたとしても、重量割合上位１位の豚肉が表示の対象となります。

| 原材料名 | 野菜（キャベツ、玉ねぎ、ニラ）、豚肉（Ａ国産）*、小麦粉、・・・ |
|---|---|

＊豚肉の原料原産地名が義務表示

・複数の加工食品Ａ、Ｂが、個別に包装されるなど区分けされてはいるが、そ
れを組み合わせて１つの製品とする食品において、別記様式の原材料名欄で
もその構成要素となる加工食品Ａ、Ｂに区分けして原材料表示をしている場
合であっても、加工食品Ａ、Ｂそれぞれの重量割合上位１位の原材料のうち、
より重量の重い原材料の、原料原産地名を表示します。なお、同じ原材料が
Ａ、Ｂそれぞれに使用されているなど、製品全体で考えると同じ原材料が複
数回表示される場合でも合算は行わないこととします。

このような製品として、以下が考えられます。

①調理などによりＡ、Ｂを合わせた形で食するもの
　例：麺にスープが添付されているもの

　　　　　加工食品Ａ：うどん（小麦粉100ｇ、食塩３ｇ、・・・）
　　　　　加工食品Ｂ：スープ（食塩５ｇ、粉末うすくちしょうゆ４ｇ、・・・）

各構成要素となる加工食品Ａ、Ｂそれぞれの重量割合上位１位の原材料のうち、製品全体で考えて重量割合が最も高い原材料に原料原産地表示を行います。上記の例の場合、小麦粉の重量割合が上位１位の原材料になります。

②それぞれが独立しており、別々に食するもの
　　例：チョコレートとクッキーの組み合わせ

　　　　加工食品Ａ：チョコレート（カカオマス 40g、砂糖 25g、・・・）
　　　　加工食品Ｂ：クッキー（小麦粉 35g、砂糖 25g、・・・）

　上記の例の場合、チョコレートとクッキーを合算すると砂糖が重量割合上位１位となりますが、合算は行いません。したがって、当該加工食品において原料原産地表示の対象となる原材料は「カカオマス」となります。
　なお、構成要素ごとに原材料表示を行っているような製品については、各構成要素の重量割合上位１位の原材料のすべてに産地を表示することが望ましいです。この場合なら、クッキーの対象原材料である小麦粉の製造地（又は小麦の原産地）も任意で表示することが望まれます。
　ただし、お中元用の詰め合わせ食品など、個別食品ごとに販売することが可能な食品を詰め合わせている場合は、構成要素である個別食品ごとにすべての義務表示事項を表示する必要があります。すなわち個別食品ごとに重量割合上位１位の原材料について原料原産地表示が必要です。

【業務用加工食品の扱い】
　消費者に販売される一般加工食品で重量割合上位１位となる原材料に用いられる業務用加工食品及び業務用生鮮食品では、その産地に関する情報を、容器包装や、送り状、納品書又は規格書等で製造業者等に伝達する必要があります。

# 3-6 ● 内容量

## 【基本的な考え方】

　計量して販売される商品の内容量については、計量法及び食品表示基準で表示方法が定められています。

　計量法第13条で指定されている商品（具体的には「特定商品の販売に係る計量に関する政令」第5条に掲げるもので、これを特定商品という。）を、容器包装に入れ密封した場合に限り、特定物象量（内容量）及びその表記者の氏名・住所の表示が義務付けられているため、その規定に従って表示します。

　また、特定商品以外のものは、食品表示基準の規定により表示し、さらに公正競争規約等に規定があるものについては、それらの規定に従って表示します。

## 【表示方法】

①特定商品（「計量法」の規定による表示）

・特定商品については、特定物象量を、量目公差（定められた許容誤差）の範囲内になるよう計量し、その数値が1万以上とならないような計量単位を用いて、質量であればグラム（g）やキログラム（kg）、体積であればミリリットル（ml）、リットル（L）等の法定計量単位で表示します。

　　※計量法については、第5章 5-15及び資料編 資料2参照。

②特定商品以外（「食品表示基準」の規定による表示）

・特定商品以外のものについては、内容重量、内容体積又は内容数量を、それぞれグラム（g）、キログラム（kg）、ミリリットル（ml）、リットル（L）、個数、枚数等の単位で表示します。

・固形物に充填液を加え「缶又は瓶に密封したもの」で、固形物の管理が可能なものにあっては、固形量及び内容総量を表示します。ただし、固形量と内容総量がおおむね同一の場合又は充填液を加える主たる目的が内容物を保護するためのものである場合は、固形量を表示します。

・固形物に充填液を加えプラスチック製の容器等、「缶及び瓶以外の容器包装」に密封したもの（たけのこ、山菜等の野菜の水煮、こんにゃく等）にあって

は、固形量を表示することができます。

・食品表示基準において、内容量の表示に個別の規定がある食品は、それぞれ
の規定に従って表示します。（例：乾燥スープ）

〈食品表示基準に個別の規定のある食品の表示例（乾燥スープ）〉

| | |
|---|---|
| 名　　　称 | 乾燥スープ(ポタージュ) |
| 原材料名 | ○○(△△製造)、○○、○○、○○ |
| 添 加 物 | ○○ |
| 内 容 量 | 48g(1人150mlで3人前) |
| 賞味期限 | 令和○年○月○日 |
| 保存方法 | 直射日光を避け、常温で保存してください。 |
| 調理方法 | ○○ |
| 製 造 者 | ○○食品株式会社 |
| | ○○県○○市○○町○－○－○ |

・公正競争規約に規定のある食品はそれに従って表示します。（例：包装食パン）

〈公正競争規約に規定のある食品の表示例（包装食パン）〉

1斤　「1斤」は340g以上です。

| | |
|---|---|
| 名　　　称 | 食パン |
| 原 材 料 名 | 小麦粉、○○、○○、○○ |
| 添 加 物 | ○○ |
| 原料原産地名 | 国内製造（小麦粉） |
| 内 容 量 | 6枚 |
| 賞 味 期 限 | 枠外下部に記載 |
| 保 存 方 法 | 直射日光、高温多湿を避けて保存してください。 |
| 製 造 者 | ○○○○株式会社 |
| | ○○県○○市○○町○－○－○ |

賞味期限：○○．○○．○○

※包装食パンの「1斤」の表示については、第4章 4-4-13参照。

・特定商品以外で内容量を外見上容易に識別できるものについては、内容量の
表示を省略することができます。
なお、「内容量を外見上容易に識別できる」とは、製品が容器包装された状
態で、容器包装を開かずに、内容数量を外見から容易に判別することができ
る場合をいいます。

【表示する箇所】
①基本的には、別記様式欄に「○○g」や「○○ml」等の単位を明記して表

示します。なお、容器包装の主要面（通常、商品名が記載されている面）の目立つ位置で、その食品の一般的な名称と同一視野に、単位を明記して表示すれば、別記様式欄の内容量の表示を省略することができます。なお、主要面に行う表示に「内容量」の事項名を付す必要はありません。

ただし、商品名が一般的な名称とは認められない場合や内容量を大きな袋の隅に小さく表示する等、主要面での表示が明瞭でない場合には、別記様式欄の内容量の表示を省略することはできません。

②内容総量、固形量等についても内容量と同様、容器包装の主要面に名称とともに明瞭に表示されている場合には、別記様式欄の内容総量、固形量等の表示を省略することができます。

ただし、上記の場合、複数の内容量が表示されますので、それぞれの数字の意味が不明瞭とならないよう、商品の主要面において「内容総量」「固形量」等の事項名を付して表示することが必要です。

③事前に別記様式欄に内容量を表示することが困難な場合は、別記様式欄に記載箇所を表示することで、別記様式欄以外の箇所に表示することができます。

### 〈内容量の別記様式欄外の表示例〉

```
名　　称　○○○○
原材料名　○○(△△製造)、○○、○○、○○、○○
添 加 物　○○
内 容 量　枠外右下に記載
賞味期限　○○年○○月○○日
保存方法　直射日光を避けて保存してください。
製 造 者　株式会社○○製菓
　　　　　○○県○○市○○町○－○－○
```

内容量　250 g

この場合、「この面右下に記載」「枠外下部に記載」のように記載箇所が明瞭にわかるように表示し、背景の色と対照的な見やすい色で印字するなど適切に表示することが必要です。

# 3-7 ● 期限表示

【基本的な考え方】

　食品の期限表示の用語には、品質劣化の速度により区分された「消費期限」と「賞味期限」の２種類があります。原則として、すべての加工食品に期限表示が義務付けられています。なお、この期限は未開封の状態で、表示された保存方法に従って保存した場合の期限を表示します。

図表
1 **期限表示の用語及び定義**

| 用語 | 定義 |
|---|---|
| 賞味期限 | 定められた方法により保存した場合において、期待されるすべての品質の保持が十分に可能であると認められる期限を示す年月日をいう。ただし、当該期限を超えた場合であっても、これらの品質が保持されていることがあるものとする。 |
| | 対象食品例：スナック菓子、即席めん類、缶詰、牛乳、乳製品等 |
| 消費期限 | 定められた方法により保存した場合において、腐敗、変敗その他品質の劣化に伴い安全性を欠くこととなるおそれがないと認められる期限を示す年月日をいう。 |
| | 対象食品例：弁当、調理パン、惣菜、生菓子類、食肉、生めん類等 |

　賞味期限の定義の後段に「ただし、当該期限を超えた場合であっても、これらの品質が保持されていることがあるものとする。」とあります。これは、賞味期限を過ぎた食品が、直ちに衛生上の危害が生じるわけではないのに廃棄されることがあるため、食料資源の有効利用の観点から、消費者への啓発も含めて規定されているものです。

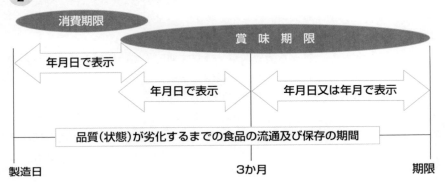

**図表2** 消費期限、賞味期限の考え方

消費期限

賞味期限

年月日で表示

年月日で表示　　　　　年月日又は年月で表示

品質（状態）が劣化するまでの食品の流通及び保存の期間

製造日　　　　　　　　　　　3か月　　　　　　　　　　　期限

　なお、期限表示が必要な食品は、生鮮食品から加工食品までその対象が多岐にわたるため、個々の食品の特性に十分配慮した上で、食品の安全性や品質等を的確に評価するため、客観的な項目（指標）に基づいて科学的、合理的に設定した期限を表示する必要があります。

**【期限表示の設定方法】**

　当該食品の情報を最もよく把握している製造業者等が適正に設定します。

　設定の手法としては、食品全般に共通した期限表示の設定に関する科学的な根拠の指標として、厚生労働省と農林水産省が共同で作成した「食品期限表示の設定のためのガイドライン」で示している、理化学試験、微生物試験、官能検査の結果をもとに食品製造業者等が適正な期限を設定します。

　なお、輸入食品については、輸入業者が自らの責任において期限表示を行うことが必要です。輸入業者は、期限の設定根拠となる資料等を国外の製造業者等から入手し、わが国の法令に合致していることを確認して表示を行います。合致していない場合には、製造業者が設定した期限等を基本に、必要な情報の確認と試験等を行い、科学的な根拠に基づいた適切な期限を改めて設定する必要があります。いずれの場合でも、期限の設定にあたっては、必要に応じて輸送保管上の特性も考慮する必要があります。

**【表示方法】**

　期限表示は、邦文をもって当該食品の購入者又は使用者が読みやすく、理解しやすい用語により正確に表示する必要があります。別記様式欄に「賞味期限」又は「消費期限」の事項名を設け、以下のように、その年月日又は年月を表示

します。

　なお、別記様式欄にあらかじめ記入しておくことが難しい場合は、別記様式欄に具体的な記載箇所を明示した上で、枠外に表示することができます。

１．製造又は加工した日から消費期限又は賞味期限までの期間が３か月以内の場合、次のように年月日をもって表示します。
　　①2023年６月１日　　②2023．６．１　　③23．６．１
　　④令和５年６月１日　⑤Ｒ５年６月１日　⑥5．6．1

　上記の②、③及び⑥について、「．（ピリオド）」の印字が困難なときは省略することができます。この場合において、月又は日が１桁のとき、２桁目は「０」と表示します。（③の例：230601）

　　　※令和の元号をＲの頭文字で表記することは可能です。

２．製造又は加工した日から賞味期限までの期間が３か月を超える場合、次のように年月をもって表示するか、１の方法により表示します。
　　①2023年９月　　　　②2023．９　　　　③23．９
　　④令和５年９月　　　⑤5．9

　上記の②、③及び⑤について、「．（ピリオド）」の印字が困難なときは省略することができます。この場合において、月が１桁のとき、２桁目は「０」と表示します。（③の例：2309）

３．２のように、年月をもって表示する場合、賞味期限の日が属する月の前月の年月を表示します。ただし、その日が月の末日である場合は、当該年月を表示することができます。
　　〈表示例〉
　　【年月日を表示する場合】→【年月日に代え、年月で表示する場合】
　　「賞味期限：令和５年３月10日」→「賞味期限：令和５年２月」
　　「賞味期限：令和５年６月30日」→「賞味期限：令和５年６月」

　輸入食品において海外の消費者向けに期限が表示されていても、次の例示のように消費期限又は賞味期限を表す旨の文字もなく、日付も「年→月→日」以外の順で表示されるなど、日本の習慣になじみが薄い表示方法は、認められていません。輸入業者が責任を持って、適正な表示をする必要があります。
　　例：① Before End APR.23　　② 04－23　　③14.11.2023

## 【期限表示の省略】

　品質の劣化がきわめて少ないものとして、次に掲げるものについては、期限表示を省略することができます。

**図表3　期限表示を省略することのできる品目**

- ・でん粉
- ・チューインガム
- ・冷菓
- ・砂糖
- ・アイスクリーム類
- ・食塩及びうま味調味料
- ・酒類
- ・飲料水及び清涼飲料水（ガラス瓶入りのもの（紙栓を付けたものを除く。）又はポリエチレン製容器入りのものに限る。）
- ・氷

## 【ロット番号、工場記号、その他の記号との併記】

　ロット番号、工場記号、その他の記号を消費期限又は賞味期限の表示に併記する場合は、消費期限又は賞味期限が明らかにわかるように表示することが必要です。例えば消費期限又は賞味期限が「2023年9月6日」でロット番号「A63」の場合、「230906A63」とすると、消費期限又は賞味期限が不明確となるので適切な表示ではありません。

### 〈正しい表示例〉

　消費期限　令和5年9月6日 A63
　賞味期限　5.9.6　LOT　A63
　賞味期限　23.9.6／A63

# 3-8 ● 保存方法

【基本的な考え方】

　賞味期限等の期限表示は、定められた方法により保存することを前提にしていることから、期限表示に併せて保存方法を、「要冷凍（－18℃以下）」「－15℃以下で保存」「10℃以下で保存」「4℃以下で保存」「直射日光を避け、常温で保存」などのように、法令で定められた保存温度や流通、家庭等において可能な保存の方法を、読みやすく、消費者が理解しやすいような用語で別記様式の枠内に表示します。

【表示方法】

①その製品の特性にあった保存の方法を具体的に表示します。

②食品衛生法により、保存基準が定められている食品、例えば冷凍食品は「－15℃以下で保存」、鶏の液卵は「8℃以下で保存」というように、その基準に合う保存方法を具体的かつ平易な用語により表示します。（資料編　資料4「食品衛生法において保存方法の基準が定められている食品」参照。）

③常温で保存すること以外に留意すべき特段の事項がないものについては、常温で保存する旨の表示を省略できます。

④常温で保存するものであっても、常温以外に表示された期限に影響を与える直射日光を避ける等の留意すべき事項がある場合は、保存方法として表示します。（例：直射日光を避け、常温で保存してください。）

⑤常温で保存することが可能な食品のうち、「飲用乳」及び「無菌充填豆腐」については、次のように表示します。

### 飲用乳

　常温保存可能品な飲用乳については、保存方法の欄に「常温を超えない温度で保存」等と、常温を超えない温度で保存する必要があることが明らかにわかるように表示します。また、「種類別（種類別名称）」の次に「（常温保存可能品）」の文字を併せて表示することが必要です。

### 無菌充填豆腐

　無菌充填豆腐については、保存方法の欄に常温を超えない温度で保存する旨を「直射日光や高温多湿を避け常温で保存してください。」等と表示しま

す。また、主要面等、消費者にとってわかりやすい場所に「常温保存可能品」の文字を併せて表示します。

> ※豆腐製造の技術の進歩に伴い、連続流動式の加熱殺菌機で殺菌した後、無菌的に充填を行った「無菌充填豆腐」の製造が可能となり、これらについては調査の結果、常温保存が可能であることが確認されたため、食品衛生法において「豆腐」に係る規格基準の改正が行われました。これに伴い、2018年（平成30年）9月21日に「食品表示基準」で、要冷蔵で販売される豆腐とは別に「無菌充填豆腐」に関する表示事項が定められました。

　なお、「飲用乳」「無菌充填豆腐」のいずれについても、開封後はできる限り早く消費すること、開封後保存する場合は、10℃以下に冷却して保存すること等その適正な取扱いを容器包装に表示すること等によって、消費者の啓発を十分に図ることとされています。

⑥品質の劣化がきわめて少ないものについては、期限表示の省略と同様に保存方法の表示についても省略できます。なお、期限表示について省略が可能な品目から「うま味調味料」を除いた9品目について省略が可能です。

> ※期限表示を省略することのできる品目については、第3章 3-7図表3参照。

⑦期限表示は別記様式枠外に単独で表示できますが、保存方法を単独で枠外に表示することはできません。ただし、期限表示を枠外に表示する場合に限り、枠外の期限表示と近接した場所に保存方法を表示することができます。この際、期限表示と同様に記載箇所を別記様式枠内に具体的に明示します。

⑧開封後に保存方法を変更することが望ましい食品については、開封後の取扱方法を別記様式の枠外に「開封後は4℃以下で保管してください。」などのように表示するか、枠内に表示する場合も「使用上の注意」等と事項名を記載し保存方法とは異なるものであることを明らかにした上で表示することが推奨されています。

## 〈⑦の保存方法を別記様式欄外に表示する例〉

| | |
|---|---|
| 名　　　称 | 洋生菓子 |
| 原 材 料 名 | 小麦粉（国内製造）、砂糖、○○、○○ |
| 添 　加　 物 | 乳化剤（大豆由来）、○○、○○ |
| 内 　容　 量 | 1個 |
| 消 費 期 限 | 枠外右記 |
| 保 存 方 法 | 枠外右記 |
| 製 　造　 者 | 株式会社　○○製菓<br>○○県○○市○○町○－○－○ |

消費期限
○○.○○.○○
保存方法
10℃以下で保存してください。

# 3-9 ● 原産国名

**【基本的な考え方】**
　加工食品の原産国名は、食品表示基準及び景品表示法に基づいて表示します。

## 食品表示基準
　食品表示基準では、次の①～④に該当する輸入した加工食品に対して、原産国名の表示を義務付けています。

## 原産国名を表示する必要がある輸入品
①容器包装され、そのままの形態で消費者に販売される製品（製品輸入）
②バルクの状態で輸入されたものを、国内で小分けし容器包装した製品
③製品輸入されたものを、国内で詰め合わせた製品
④その他、輸入された製品について、国内で「商品の内容について実質的な変更をもたらす行為」が施されていない製品

## 景品表示法
　景品表示法においては、「商品の原産国に関する不当な表示」（告示）で、国内で生産された商品についてその商品が国内で生産されたものであることを一般消費者が判別することが困難であると認められるときは「国産」等と表示すること、又は外国で生産された商品についてその商品がその原産国で生産されたものであることを一般消費者が判別することが困難であると認められるときは、その原産国名を表示することを義務付けています。
　この告示では、原産国を「その商品の内容について実質的な変更をもたらす行為が行なわれた国」としており、図表1に掲げる品目について「実質的な変更をもたらす行為」の内容を定義しています。

## 図表1　「商品の原産国に関する不当な表示」の原産国の定義に関する運用細則（景品表示法）

| 品目 | 実質的な変更をもたらす行為 |
|---|---|
| 緑茶・紅茶 | 荒茶の製造[*1] |
| 清涼飲料（果汁飲料を含む。） | 原液又は濃縮果汁を希釈して製造したものにあっては希釈 |
| 米菓 | 煎焼又は揚[*2] |

[*1]　摘み取った茶の葉を乾燥させるまでの一次加工したものを荒茶といいます。ただし、食品表示基準 Q&A では、インドとスリランカで製造された紅茶の荒茶（インド産6割、スリランカ産4割）と少量のドライフルーツと香料を A 国で混合して日本に輸入した場合、その製品の原産国は A 国との判断がされています。これは、「香り」は紅茶の品質及び特性に重要な要素であり、実質的な変更をもたらすと判断されているためです。

[*2]　ただし、食品表示基準 Q&A では、上記の煎焼又は揚の行為に加え、素焼きしたおかきを輸入し国内で味付けする行為についても、商品の内容について実質的な変更をもたらす行為に該当するため、原産国表示は不要としています。

### 原産国の変更をもたらす行為に含まれないもの

　原産国の変更をもたらす行為に含まれないものとして、次の①～⑦が掲げられます。このため、輸入された製品について、当該行為を国内で行った場合であっても、製品輸入した製品と同様に「実質的な変更をもたらす行為」が行われた国を原産国として表示します。

・景品表示法において商品の内容について実質的な変更をもたらす行為に含まれないもの
　①商品にラベルを付けその他表示を施すこと
　②商品を容器に詰め、又は包装すること
　③商品を単に詰め合わせ、又は組み合わせること
　④簡単な部品の組み立てをすること
・関税法基本通達において原産国の変更をもたらす行為に含まれないもの
　⑤単なる切断
　⑥輸送又は保存のための乾燥・冷凍・塩水漬けその他これに類する行為
　⑦単なる混合

### 輸入した加工食品でその製造工程が2か国以上にわたる場合の注意事項

　製品の製造工程が2か国以上にわたる場合で、その商品の重要な構成要素が

複数あり、そのいずれの部分も重要性に優劣がつけられない場合、又は商品の重要な製造工程が複数あり、そのいずれの工程も重要性に優劣がつけられない場合であって、それらが別々の国で行われているときは、消費者に誤認を与えないよう、それらの国をすべて原産国として表示します。

【表示方法】
　輸入品については、原産国名を別記様式欄に表示します。

## Q&A

Q：次の場合は、原産国名はどのように表示すればよいのですか。
　　① A国産のいりごまとB国産のちりめんじゃこをC国で混合した場合
　　② A国産のいりごまとB国産のいりごまをC国で混合した場合
A：①のように、複数の種類のものを混合した場合は、混合したところが原産地となるため、C国が原産国となります（C国が日本である場合は、原産国名の表示は不要ですが、対象原材料について原料原産地表示が必要です。）。
②のように、同じ種類のものを混合した場合は、単なる混合であることから原産国の変更はなく、製品に占める重量の割合の高い順にA国とB国を表示してください。

Q：輸入した荒茶を用いて国内で仕上げ茶にした緑茶は、どのように表示するのですか。
A：緑茶については、荒茶を製造した国を原産国としています。一方、国内で仕上げ茶にした緑茶は、原料原産地表示の対象となっており、原料原産地として、荒茶を製造した国を表示することが必要です（表示例1）。
なお、製品輸入した緑茶については、輸入業者が表示義務者となり、原産国名等を表示してください（表示例2）。

### 〈表示例1　A国から輸入した荒茶を使用し、国内で仕上げを行った場合〉

```
名　　　　　称　煎茶
原 材 料 名　茶
原料原産地名　A国

　　　：
```

### 〈表示例2　A国で仕上げ包装されたものを輸入し、そのまま販売する場合〉

```
名　　　　　称　煎茶
原 材 料 名　茶

　　　：

原 産 国 名　A国
輸 入 者　（株）○○商事
　　　　　　　東京都△△区△△町△－△
```

# 3-10 ● 製造者・輸入者・販売者

**【基本的な考え方】**

　加工食品の食品関連事業者の表示については、次の２つの規定による表示が義務付けられています。

① （表示責任者の表示）消費者等がその商品に対する問い合わせ等を行うために必要な表示として、表示内容に責任を持つ者の氏名又は名称及び住所を表示することを規定。

② （製造者等の表示）　衛生上の危害が発生した場合の問い合わせ先としての機能を有することから、製造所又は加工所の所在地及び製造者又は加工者の氏名又は名称についても表示することを規定。

　これら①及び②は目的が異なるため、それぞれ適切な事項名で表示することが必要です。

　ただし、表示責任者の氏名又は名称及び住所と、製造所又は加工所の所在地及び製造者又は加工者の氏名又は名称とが同一である場合には、表示責任者の氏名又は名称及び住所を表示することで両規定を満たしているものとみなされます。

**【表示方法】**

　原則として、食品関連事業者のうち、表示内容に責任を持つ者の氏名又は名称及び住所を、事項名を付して別記様式の枠内に表示を行い、製造所又は加工所の所在地及び製造者又は加工者の氏名又は名称を、事項名を付して枠外の近接した場所に表示します。ただし、どちらが表示責任者であるか合意の上、両方を枠内に表示することも可能です。

**事項名の表示**

　事項名については、その製品の製造業者である場合には「製造者」、加工業者である場合は「加工者」、輸入業者である場合は「輸入者」とすることが原則です。なお、製造業者、加工者又は輸入業者との合意等により、これらの者に代わって販売業者が表示責任者となる場合は、事項名を「販売者」と表示し

ます。

　なお、事項名に記載する「製造者」「加工者」のいずれに該当するかの判断は、図表1に示す加工行為を行った者が「加工者」となり、この加工行為以外（例：食肉からハムを製造する。）を行った者が「製造者」となります。

**図表1　加工食品の食品関連事業者の行為が「加工」とみなされる例**

| 加工とみなされる行為 | | 行為の例 |
|---|---|---|
| 形態の変更 | 切断 | 加工食品のハムをスライスする。 |
| | 整形 | 加工食品のブロックベーコンの大きさと形を整える。 |
| | 選別 | 加工食品の煮干しを大きさにより選別する。 |
| | 破砕 | 生鮮食品の大豆を砕いて挽き割り大豆にする。加工食品を少し砕く。 |
| | （異種）混合 | 生鮮食品のキャベツとレタスを混合する。加工食品同士の異種混合。 |
| 容器包装の変更 | （異種）盛り合わせ | 生鮮食品のマグロとイカを盛り合わせる。生鮮食品のマグロと加工食品のゆでだこを盛り合わせる。 |
| | 小分け | 加工食品のうなぎ蒲焼をバルクで仕入れて小分けする。 |
| 加塩 | | 加工食品の塩鮭に加塩して辛口にする。 |
| 骨取り | | 加工食品の塩サバの骨を取る。 |
| 表面をあぶる | | 生鮮食品のカツオの表面をあぶってたたきにする。 |
| 冷凍 | | 加工食品を単に冷凍する。（冷凍食品を製造することを除く。） |
| 解凍 | | 冷凍ゆでだこを自然解凍する。 |
| 結着防止 | | 加工食品の干しブドウが固まらないように植物性油脂を塗布する。 |

## 表示責任者の表示

　消費者等がその商品に対する問い合わせ等を行うために必要な表示とされているため、問い合わせ等に応答できる者の氏名又は名称及び住所であれば、法人の場合であっても、必ずしも法人登記されている名称又は住所である必要はありません。

## 製造者等の表示

①所在地の表示

　「製造所又は加工所の所在地」における製造又は加工とは、最終的に衛生状

態を変化させる製造又は加工であり、個人の場合は最終的に衛生上のリスクを生じさせる行為を行った店舗や工場等の住所を、法人の場合はその所在地を表示します。

所在地の表示にあたっては、住居表示に従って住居番号まで表示します。指定都市（政令指定都市）や県庁が所在する市の場合、「道府県名」の表示は省略することができます。

②氏名又は名称の表示

「製造者又は加工者の氏名又は名称」は、①の最終的に衛生上のリスクを生じさせる行為を行った店舗や工場等の名称ではなく、個人の場合には製造又は加工する者の氏名を、法人の場合には法人登記した法人名や会社の代表権を有する支店等の名称を表示します。ただし、株式会社を（株）、合資会社を（資）、合名会社を（名）、有限会社を（有）と略記することができます。

なお、基本的な考え方で記載したように表示責任者の表示と製造者等の表示が同一である場合は、枠外に記載する「製造所又は加工所の所在地及び製造者又は加工者の氏名」の表示は不要となります。

また、製造者の氏名又は名称（登記した法人名）に屋号を併記することはできますが、屋号のみの表示はできません。このため表示する場合は、「△△屋（代表者○○○○）」「株式会社○○物産（△△屋）」となります。

### 〈別記様式枠内の「表示責任者の表示」と、枠外の「製造者等の表示」が、同一の場合の例〉

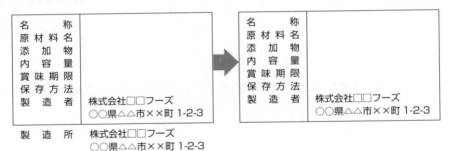

Q：A国から甲社がバルク輸入した「うなぎ蒲焼き」を甲社が小分け包装し販売する場合の表示方法を教えてください。（甲社が小分け包装のみ行った場合）

A：当該製品は国内で甲社がバルク製品を小分けし最終包装していますが、単に小分け包装した場合は製品の内容を実質的に変更する行為に当たらないので、原産国としてA国の表示をする必要があります。なお、小分けの行為は加工食品における加工行為に該当しますので、輸入品であっても、加工者の表示が必要となります。

**〈バルク製品を小分けした場合の表示例〉**

```
名      称  うなぎ蒲焼き
原 材 料 名  ……
添   加   物  ……
内   容   量  ……
賞 味 期 限  ……
保 存 方 法  ……
原 産 国 名  A国
加   工   者  株式会社  甲社  △△県△△市△△町△－△
```

Q：A国から甲社がバルク輸入した「うなぎ蒲焼き」を乙社が小分け包装し、丙社が表示内容を含めて責任を持ち販売する場合の表示方法を教えてください。（乙社が小分け包装のみ行い、丙社が販売者として表示内容に責任を持つ場合）

A：丙社が表示内容に責任を持つ旨乙社との間で合意がなされている場合には、丙社が当該表示内容に責任を持つことを前提として販売者として表示することができます。なお、この場合であっても、加工所の所在地及び加工者（乙社）の氏名又は名称の表示が必要です。

**〈バルク製品を小分けして、販売者が表示内容に責任を持つ場合の表示例〉**

```
名      称  うなぎ蒲焼き
原 材 料 名  ……
添   加   物  ……
内   容   量  ……
賞 味 期 限  ……
保 存 方 法  ……
原 産 国 名  A国
販   売   者  株式会社  丙社  □□県□□市□□町□－□
加   工   者  有限会社  乙社  ○○県○○市○○町○－○
```

## 【製造者氏名、製造所所在地の例外的表示（製造所固有記号制度）】

食品表示基準では、「製造所の所在地及び製造者の氏名又は名称」の表示を義務付けていますが、この表示を、あらかじめ消費者庁長官に届け出た製造所固有記号の表示をもって代えることができる制度が製造所固有記号制度です。

①製造所固有記号の表示は、原則として、同一製品を２以上の製造所（委託先の他社工場を含む。）で製造し、包材の共有化のメリットが生じる場合にのみ認められます。

「同一製品」とは、同一の規格で同一の包材を使用した製品をいいます。「同一の規格」とは、原則として、その製品の原材料や添加物の配合、内容量等、通常包材に表示される内容が同一であることをいい、「同一の包材」とは、包材のうち、いわゆるデザイン部分だけではなく、いわゆる表示部分（法定されている表示だけでなく、法定されていない表示も含まれます。）についても同一であることをいいます。ただし、製造所固有記号や消費期限・賞味期限等、製造所において包材に印字することを前提とする表示部分については、包材の同一性に影響を与えないとされています。

なお、業務用加工食品は、消費者には販売されないため、消費者が業務用加工食品の表示を確認して情報を取得することはないこと、事業者間で規格書等により製品情報の伝達管理等が行われるため、製造所の所在地及び製造者の氏名又は名称が把握できない事態は生じないと考えられることから、同一製品を２以上の製造所で製造していなくても製造所固有記号を使用することができます。

②製造所固有記号の届出は、オンライン（製造所固有記号制度届出データベース）により行います。この新しいシステムは2016年（平成28年）４月１日から開始されました。また、５年ごとの更新申請が必要となります。

③製造所固有記号は、アラビア数字、ローマ字、平仮名、片仮名又はこれらの組み合わせによるものに限り、文字数は10文字以内とします。

④製造者の住所（法人の場合は、本社所在地）及び名称を表示し、製造者が届け出た製造所固有記号を、原則として、製造者の住所、氏名又は名称の次に、「＋」を冠して表示します。

⑤容器包装の形態等から判断して、製造者の名称の次に製造所固有記号を表示することができない場合は、製造者の名称の次に当該記号の記載箇所を明記し、他の箇所に表示することができます。この場合、原則として、当該記号が「製造所固有記号」である旨を明記します。

⑥食品関連事業者として販売者を表示する場合、販売者の住所、氏名又は名称の次に製造所固有記号を表示します。

⑦同一製品を自社工場と他社工場（製造委託）で製造している場合は、「製造者」又は「販売者」の事項名を省略することができます。

⑧乳、乳製品及び乳又は乳製品を主要原料とする食品は、販売者と製造所固有記号で表示することはできません。

⑨食品の処理工程が製造よりむしろ加工と解される場合（切断、混合、解凍等）は、加工者の氏名及び加工所の所在地を表示します。

⑩製造された製品（バルク）を仕入れ、最終的に衛生状態を変化させる行為として小分け作業を行う場所は、「加工所」に該当しますが、当該小分け行為を行う場所について、同一製品を2以上の場所で加工している場合には、製造所固有記号の使用が認められます。

【製造所固有記号を使用する際の応答義務】

　「製造所の所在地及び製造者の氏名又は名称」を、「製造所固有記号」に代えて表示する場合は、次の①〜③のいずれかの事項を表示する必要があります。

①製造所の所在地又は製造者の氏名、若しくは名称の情報の提供を求められたときに回答する者の連絡先

②製造所固有記号が表す製造所の所在地及び製造者の氏名又は名称を表示したウェブサイトのアドレス

③その製品を製造しているすべての製造所の所在地又は製造者の氏名、若しくは名称並びに製造所固有記号

　なお、業務用加工食品については、製造所固有記号を表示することによって課せられる応答義務はありません。

〈製造所固有記号を使用した際の表示例〉

（製造者として本社住所を表示し、実際の製造所について製造所固有記号を利用する場合）

①製造所について回答する者の連絡先

```
製造者　○○株式会社　＋ＡＢ
　　　　東京都○○区○○町○－○
```

お客様ダイヤル　0120-○○○-○○

　　※お客様ダイヤルは別記様式内に書いてもよい。

## ②製造所について表示したウェブサイトアドレス

| | |
|---|---|
| 製造者 | ○○株式会社　＋ＡＢ |
| | 東京都○○区○○町○－○ |

当社ウェブサイトアドレス　http://www.○○○

※アドレスは別記様式内に書いてもよい。

※二次元バーコードを枠外に表示してもよい。

## ③すべての製造所の名称と住所

| | |
|---|---|
| 製造者 | ○○株式会社　＋ＡＢ |
| | 東京都○○区○○町○－○ |

製造所固有記号
ＡＡ：○○工場　○○県○○市○○町…
ＡＢ：△△工場　△△県△△市△△町…

# Column

**プラントベース食品**

　近年、多様な消費者の嗜好を反映し、動物性原材料ではなく、植物由来の原材料を使用した食品が増えています。プラントベース食品は、このような植物由来の原材料を使用し、畜産物や水産物に似せて作られていることが特徴です。これまでに、大豆や小麦などから、「肉」、「卵」、「ミルク」、「バター」、「チーズ」などの代替となる加工食品が製造・販売されています。また、一部の飲食店においてメニューとして提供もされています。

　「大豆肉」や「大豆から作ったハンバーグ」と表示されている加工食品でも、すべて植物由来の原材料であるものや、一部の原材料や食品添加物に動物由来のものが含まれているものなど、さまざまなものがあります。また、食物アレルギーの消費者が誤認して商品を購入する可能性もあります。

　このような「プラントベース食品」について、消費者庁から景品表示法と食品表示法に関する Q&A が公表されています。また、「大豆ミート食品類の日本農林規格」も定められました。これらを踏まえ、消費者がプラントベース食品の内容物を正しく理解し、商品が選択されるような食品表示が求められています。

第 4 章

# 事例でわかる
# 食品表示

第4章では、一般用加工食品の表示について、具
体例をあげながら、商品ごとに定められた個別
的表示事項を中心に解説していきます。横断的
表示事項については第3章を参照してください。

# 4-1 ● 農産加工品

# 4-1-1 ● カット野菜ミックス

## 〈カット野菜ミックスの表示例〉

前提：キャベツ45%、サニーレタス35%、人参10%、
たまねぎ10%を混合したもの

| 名称 | カット野菜ミックス |
|---|---|
| 原材料名 | キャベツ、サニーレタス、人参、たまねぎ |
| 原料原産地名 | 愛知県（キャベツ） |
| 内容量 | 200g |
| 消費期限 | ○○.○○.○○ |
| 保存方法 | 10℃以下で保存してください。 |
| 加工者 | ○○食品　株式会社<br>○○県○○市○○町○-○-○ |

加工年月日：○○.○○.○○

| 必要な表示事項 | 食品表示基準<br>以外の法令等 |
|---|---|
| 名称 | |
| 原材料名 | |
| 添加物 | |
| 原料原産地名 | |
| 内容量 | |
| 消費期限 | |
| 保存方法 | |
| 加工者 | |
| △加工年月日等 | 自治体条例 |

## 【加工食品区分の範囲】

　生鮮食品単品のカット野菜・果物は、「生鮮の野菜・果物を単に切断したもの」
として、生鮮食品として取り扱われますが、サラダミックスのように各々の生
鮮食品が混合されて、1つの製品としてそのまま飲食、調理等されるものにつ
いては、加工食品として取り扱われ、加工食品の基準に従って必要な表示を行
います。

　また、生鮮食品であるカット野菜に、加工食品であるゆでたブロッコリー、
ポテトサラダ等を加えたものも当然ながら加工食品に該当します。

　一方、キャベツと紫キャベツをカットして混ぜ合わせた商品は、いわゆる異
種混合に相当しないので、生鮮食品となり名称と原産地の表示が必要です。

## 【原料原産地名】

　異種混合したカット野菜は、原料原産地に関する個別ルールのある22の食品
群の1つです（食品表示基準　別表第15 1の（4））。このため、生鮮食品のみで
構成されたもので、単一で原材料及び添加物に占める重量の割合が50％以上の
対象原材料がある場合は、その産地を、国別重量順に表示します。対象原材料
の重量の割合が50％未満の場合は、「又は表示」なども可能です。

　対象原材料が国産品の場合は、国産である旨の表示に代えて、都道府県名そ
の他一般に知られている地名で表示することができます。原料原産地表示では

生鮮食品としての原産地表示とは違い、国産である旨の表示が原則なので、「国産」よりも狭く限定された「九州産」「関東産」などの地域名での表示も可能です。原材料が輸入品の場合は、その原産国名を原料原産地名として表示します。

　また、重量割合が上位2位以降の原材料についても、任意で原料原産地を表示することができます。

### 〈任意ですべての原材料について原料原産地を表示した例〉

| 原材料名 | キャベツ（愛知県産）、サニーレタス（長野県産）、人参（千葉県産）、たまねぎ（北海道産） |
|---|---|

### 【内容量】

　内容重量をグラム又はキログラムの単位で、単位を明記して表示します。

　また、「炒め物用野菜ミックス」「カレー用ミックス野菜」等は、1食分、3人前等と表示することもできます。

### 【加工年月日、調製年月日について】

　カットした野菜等に関しては、自治体条例により加工年月日や調製年月日の表示が必要です。

　　※自治体条例については、資料編 資料3「食品表示に関する自治体条例」参照。

## Q&A

**Q：ベビーリーフは、生鮮食品ですか、加工食品ですか？**

A：ベビーリーフについては、複数種類の幼葉を混ぜ合わせたものであるものの、幼葉を摘み取った状態のまま袋詰めしており、個々の幼葉の原形がわかり、判別することができるため、生鮮食品に該当します。ただし、ベビーリーフを原形がわからないくらいにさらにカットした場合は、複数の野菜を切断した上で混ぜ合わせたものと同様と考えられ、加工食品に該当します。加工食品又は生鮮食品に該当するかは商品の状態により判断が必要です。

# 4-1-2 ● 乾しいたけ

## 〈乾しいたけの表示例〉

| 名称 | 乾しいたけ(スライス) |
|---|---|
| 原材料名 | しいたけ(菌床)(国産) |
| 内容量 | 30g |
| 賞味期限 | ○○.○○.○○ |
| 保存方法 | 直射日光や高温多湿を避けて保存してください。 |
| 製造者 | 株式会社○○<br>○○県○○市○○町○-○-○ |

| 必要な表示事項 | 食品表示基準<br>以外の法令等 |
|---|---|
| 名称 | |
| 原材料名(栽培方法) | |
| 原料原産地名 | |
| 内容量 | 計量法 |
| 賞味期限 | |
| 保存方法 | |
| △原産国名 ※輸入品のみ | |
| 製造者 | |

### 【名称】

　乾燥きのこ類のうち、「乾しいたけ」は食品表示基準に定める名称の規定に従い、「乾しいたけ」と表示します。ただし、薄切りしたものは、名称の次に括弧を付して、「乾しいたけ（スライス）」と表示します。

　なお、どんこ以外の乾しいたけの混入が重量で30％以下のものは「乾しいたけ（どんこ）」と、こうしん以外の乾しいたけの混入が重量で30％以下のものは「乾しいたけ（こうしん）」と表示することができます。

・乾しいたけ：しいたけ菌の子実体を乾燥したもので全形のもの。
・どんこ：　　乾しいたけのうち、かさが七分開きにならないうちに採取したしいたけ菌の子実体を使用したもの。
・こうしん：　乾しいたけのうち、かさが七分開きになってから採取したしいたけ菌の子実体を使用したもの。

### 【原材料名及び栽培方法】

　原木栽培のものは、しいたけの文字の次に括弧を付して、「しいたけ（原木）」と、菌床栽培のものは「しいたけ（菌床）」と表示します。原木栽培及び菌床栽培によるしいたけを混合したものは、原材料に占める重量の割合の高いものから順に「しいたけ（原木・菌床）」又は「しいたけ（菌床・原木）」と表示します。

### 【原料原産地名】

　しいたけに準じて、植菌地（原木又は菌床培地に種菌を植え付けた場所）を

原料原産地として表示します。

【内容量】
　計量法の特定商品に該当するため、内容重量をグラム又はキログラムの単位で、単位を明記して表示します。

【表示禁止事項】
・「名産」の用語
・品評会等で受賞したものであるかのように誤認させる用語及び官公庁が推奨しているかのように誤認させる用語

# 4-1-3 ● 農産物漬物

## 〈農産物しょうゆ漬け類の表示例〉

| 名称 | ふくじん漬 |
|---|---|
| 原材料名 | 大根、きゅうり、なた豆、なす、その他、漬け原材料（糖類（果糖ぶどう糖液糖、砂糖）、しょうゆ、食塩、りんご酢）／調味料（アミノ酸等）、酸味料、（一部に小麦・大豆・りんごを含む） |
| 原料原産地名 | 国産（大根、きゅうり、なす）、中国（なた豆） |
| 内容量 | 320g |
| 賞味期限 | ○○．○○．○○ |
| 保存方法 | 冷蔵庫（10℃以下）で保存してください。 |
| 製造者 | （株）○○漬物<br>○○県○○市○○町○−○○ |

| 必要な表示事項 | 食品表示基準以外の法令等 |
|---|---|
| 名称 | |
| 原材料名 | |
| 添加物 | |
| 原料原産地名 | |
| 内容量 | 計量法 |
| 消費期限又は賞味期限 | |
| 保存方法 | |
| △原産国名 ※輸入品のみ | |
| 製造者 | |

## 〈農産物赤とうがらし漬け類の表示例〉

| 名称 | はくさいキムチ（刻み） |
|---|---|
| 原材料名 | はくさい、大根、人参、その他、漬け原材料（糖類（砂糖・ぶどう糖果糖液糖））、唐辛子、食塩、にんにく、ねぎ、魚醤（魚介類）、りんご酢、かつおエキス、オキアミ塩辛、生姜） |
| 添加物 | 調味料（アミノ酸等）、酸味料、増粘多糖類、パプリカ色素 |
| 内容量 | 120g |
| 賞味期限 | ○○．○○．○○ |
| 保存方法 | 要冷蔵（10℃以下） |
| 原産国名 | 韓国 |
| 輸入者 | （株）○○食品<br>○○県○○市○○町○−○○ |

【名称】

　食品表示基準の規定に従い、次のように表示します。

　「たくあん漬」「ふくじん漬」「わさび漬」「らっきょう酢漬」「梅干」「キムチ」等定められた名称があるものは、その名称を、その他のものは「ぬか漬」「しょうゆ漬」「かす漬」「酢漬」「塩漬」等と、一般的な名称を表示します。

　薄切り、細刻、小切りしたものは、名称の次に括弧を付して「○○漬（薄切り）」又は「○○漬（刻み）」と表示します。1種類の農産物を漬けたものについては「きゅうり○○漬」等と、はくさい以外の農産物キムチは、主原料の名称を付し「きゅうりキムチ」「だいこんキムチ」等と表示することができます。

【原材料名】

　使用した原材料を、次の①と②に区分し、①及び②の順に表示します。

①漬けた原材料は、「だいこん」「なす」等と、一般的な名称で原材料に占める重量の割合の高いものから順に表示します。ただし、漬けた原材料が5種類（内容重量が300g以下のものにあっては、4種類）以上のものは、原材料に占める重量の割合の高いものから順に4種類（内容重量が300g以下のものにあっては、3種類）以上を表示し、その他の原材料を「その他」と表示することができます。

②漬けた原材料以外の原材料は、「漬け原材料」の文字の次に括弧を付して、「米ぬか」「食塩」「とうがらし」等と、その最も一般的な名称を原材料に占める重量の割合の高いものから順に表示します。

　砂糖類にあっては、「砂糖」「ぶどう糖」「果糖」「水あめ」等と、その最も一般的な名称を表示し、砂糖と混合されたものにあっては、「砂糖・ぶどう糖果糖液糖」等と表示することができます。使用した砂糖類が2種類以上の場合は、「砂糖類」又は「糖類」の文字の次に括弧を付して、（砂糖、ぶどう糖）等と、原材料に占める重量の割合の高いものから順に表示することができます（図表1）。

【添加物】

　使用した添加物を、添加物に占める重量の割合の高いものから順に、規定に従い表示します。ただし、栄養強化の目的で使用される添加物に係る表示の省略規定は適用しないため、他の添加物と同様に表示することが必要です。

**図表1 農産物漬物における砂糖類の表示方法**

| ケース | 表示の方法の例 | |
|---|---|---|
| ぶどう糖果糖液糖<br>果糖ぶどう糖液糖<br>高果糖液糖 | 異性化液糖 | |
| 砂糖混合ぶどう糖果糖液糖 | 砂糖・ぶどう糖果糖液糖 | 砂糖・異性化液糖 |
| 砂糖混合果糖ぶどう糖液糖 | 砂糖・果糖ぶどう糖液糖 | |
| 砂糖混合高果糖液糖 | 砂糖・高果糖液糖 | |
| 砂糖類を2種類以上使用 | 「砂糖類」又は「糖類」の文字の次に括弧を付して、「砂糖類（砂糖、ぶどう糖）」等と、原材料に占める重量の割合の高いものから順に表示する。 | |
| 砂糖及び砂糖混合ぶどう糖果糖液糖を併用する場合 | 砂糖類<br>（砂糖・ぶどう糖果糖液糖） | 砂糖類<br>（砂糖・異性化液糖） |
| 砂糖及び砂糖混合果糖ぶどう糖液糖を併用する場合 | 砂糖類<br>（砂糖・果糖ぶどう糖液糖） | |
| 砂糖及び砂糖混合高果糖液糖を併用する場合 | 砂糖類<br>（砂糖・高果糖液糖） | |

出典：食品表示基準 別表第4より

**【原料原産地名】**

　国内で製造された農産物漬物は原料原産地に関する個別ルールのある食品の1つです（食品表示基準 別表第15 2）。対象原材料だけでなく、原材料及び添加物の重量に占める割合が、上位4位（内容重量が300g以下のものにあっては上位3位）までのもので、かつ5％以上の農産物又は水産物の原産地名を、原材料に占める重量の割合の高い原産地の順に、原料原産地名の事項欄を設けて表示するか、原材料名欄のそれぞれの原材料名の次に括弧書きで国別重量順に表示します。

## 農産物漬物における原料原産地名の表示方法

①基本的な表示方法
　・原材料名欄の当該原材料名の次に括弧書きする場合
　　原材料名：大根（中国、国産）、きゅうり（中国）、人参（国産）
　・原料原産地名欄を設けて表示する場合
　　原料原産地名：中国、国産（大根）、中国（きゅうり）、国産（人参）
②表示すべき原材料の原産地が1か所の場合
　例：原料原産地名：中国（大根、きゅうり、人参）
　　　原料原産地名：中国
③原材料が1種類のみで原産地が2か所の場合
　例：原料原産地名：中国（大根）、国産（大根）

第4章

4-1

事例でわかる食品表示●農産加工品

119

原料原産地名：中国、国産
④表示すべき複数の原材料の原産地が２か所の場合
　　例：原料原産地名：中国（大根、きゅうり）、国産（大根、人参）
　　　　原料原産地名：中国、国産（大根）、中国（きゅうり）、国産（人参）

## 内容量に対応した原材料名と原料原産地名の表示方法とその例

| | 内容量が300g以下の漬物 | 内容量が300gを超える漬物 |
|---|---|---|
| 漬けた原材料 | 漬けた原材料が４種類以上ある漬物の場合<br>例：大根、きゅうり、なた豆、なす、れんこん | 漬けた原材料が５種類以上ある漬物の場合<br>例：大根、きゅうり、なた豆、なす、れんこん |
| 原材料名 | 原材料に占める割合の高いものから順に３種類を表示<br>例：大根、きゅうり、なた豆、その他 | 原材料に占める割合の高いものから順に４種類を表示<br>例：大根、きゅうり、なた豆、なす、その他 |
| 原料原産地名 | 原料及び添加物に占める割合が高い農産物又は水産物の上位３位までのもので、かつ５%以上の原産地を表示<br>例：国産（大根、きゅうり）、中国（なた豆） | 原料及び添加物に占める割合が高い農産物又は水産物の上位４位までのもので、かつ５%以上の原産地を表示<br>例：国産（大根、きゅうり、なす）、中国（なた豆） |

## 【内容量】

　計量法の特定商品に該当するため、内容重量をグラム又はキログラムの単位で、単位を明記して表示します。

　農産物漬物のうち、小切り、細刻していないものにあっては、ぬか、液汁、かす、塩等を除いた*1状態の内容重量を表示します。

　小切り、細刻した「しょうゆ漬」「酢漬」にあっては液汁を含む内容重量を、「かす漬」「みそ漬」「こうじ漬」「もろみ漬」等にあっては、かす、みそ、こうじ、もろみ、及び液汁を含む*2内容重量を表示します。

　また、きゅうりなど、らっきょう以外の農産物を丸ごと漬け込んだものなどは、食品表示基準に従い内容数量を個数の単位で表示することも可能です。

　　＊１　袋詰商品の液汁を除く方法は、固形物が出ない程度に開封し、開封部分を下にして、液汁が滴下の状態になったところで計量する。
　　＊２　刻み漬等で液汁とも計量するものについては、内容量に占める固形物の割合は、表示量の75%（表示量が300g以下のものにあっては70%）以上とする。
　　※表示例にある「ふくじん漬け」は、内容物が液に浸る程度の液汁を含んで計量します。
　　※漬物の種類ごとの計量方法については、ウエブサイト等で計量法の「特定商品の販売に係る計量に関する計量方法等について」別紙「農産物漬物の計量方法」を参照してください。

【表示禁止事項】

・品評会等で受賞したものであるかのように誤認させる用語及び官公庁が推奨
　しているかのように誤認させる用語。ただし、品評会等で受賞したものと同
　一仕様によって製造された商品であって、受賞年を併記してあるものを除
　く。

# 4-1-4● 納豆・豆腐

## 1●納豆

### 〈納豆の表示例〉

| 名称 | 納豆 |
|---|---|
| 原材料名 | 納豆（大豆（アメリカ又はカナダ）、納豆菌）、添付たれ（糖類（砂糖・ぶどう糖果糖液糖）、醤油（大豆・小麦を含む）、食塩、醸造酢、昆布エキス）、添付からし（からし、醸造酢、水飴、食塩、香辛料） |
| 添加物 | 添付たれ（調味料（アミノ酸等）、アルコール、ビタミンB₁）、添付からし（酸味料、うこん色素） |
| 内容量 | （納豆50g、たれ7g、からし1.2g）×3個 |
| 賞味期限 | ○○．○○．○○ |
| 保存方法 | 要冷蔵（10℃以下）で保存 |
| 製造者 | 株式会社　○○食品工業<br>　○○県○○市○○町○-○-○ |

| 必要な表示事項 | 食品表示基準以外の法令等 |
|---|---|
| 名称 | |
| 原材料名 | |
| 添加物 | |
| 原料原産地名 | |
| 内容量 | |
| 消費期限又は賞味期限 | |
| 保存方法 | |
| △原産国名 ※輸入品のみ | |
| 製造者 | |

※大豆の産地は、今年度の使用計画順です。

【原材料名及び原料原産地名】

　原材料の大豆については、「大豆」「丸大豆」「ひきわり大豆」等と表示します。
また、対象原材料について原料原産地を表示します。

　大豆が原材料の大部分を占める納豆、豆腐については、消費者に対して情報
提供する観点から、別記様式の「原材料名」について、使用した大豆を、次の
①及び②の例示のように表示することができます。

①「中生光黒」「いわいくろ」「丹波黒」等の品種の黒大豆を使用した場合

　・黒大豆のみを使用：「原材料名　黒大豆」

・黒大豆以外の大豆と混合して使用：「原材料名　大豆（黒大豆○○％）」
② 「青丸くん」「キヨミドリ」「あきたみどり」等の品種の青大豆を使用した場合
・青大豆のみを使用：「原材料名　青大豆」
・青大豆以外の大豆と混合して使用：「原材料名　大豆（青大豆○○％）」

## 複数の加工食品を組み合わせた製品の原材料の記載

　納豆のように「たれ」や「からし」を添付する「複数の加工食品を組み合わせた製品」について、構成要素ごとに分割し、まとめて表示した方がわかりやすくなる場合には、使用した原材料及び添加物を構成要素ごとに分割し、メインとなる構成要素から順に項目名を付けて、それぞれ重量の割合の高い順に原材料を記載することもできます。

### 〈表示例〉

| 原材料名 | 【納豆】大豆（アメリカ又はカナダ）、納豆菌<br>【添付たれ】糖類（砂糖・ぶどう糖果糖液糖）、醤油（大豆・小麦を含む）、食塩、醸造酢、昆布エキス<br>【添付からし】からし、醸造酢、水飴、食塩、香辛料 |
|---|---|
| 添加物 | 【添付たれ】調味料（アミノ酸等）、アルコール、ビタミンB₁<br>【添付からし】酸味料、ウコン色素 |

## 【内容量】

　内容重量をグラム又はキログラムの単位で、内容数量は個数等の単位で、単位を明記して表示します。納豆に添付するたれやからしは、一般に付随的なものと考えられることから内容量の表示を省略することができます。

# 2●豆腐

## 〈豆腐の表示例〉

| 名称 | 絹ごし豆腐 |
|---|---|
| 原材料名 | 丸大豆（国産）／塩化マグネシウム（にがり） |
| 内容量 | 380g |
| 賞味期限 | ○○.○○.○○ |
| 保存方法 | 要冷蔵（10℃以下）で保存してください。 |
| 製造者 | 有限会社　○○豆腐<br>○○県○○市○○町○‐○‐○ |

| 必要な表示事項 | 食品表示基準以外の法令等 |
|---|---|
| 名称 | |
| 原材料名 | |
| 添加物 | 自治体条例 |
| 原料原産地名 | |
| 内容量 | |
| 消費期限又は賞味期限 | |
| 保存方法 | |
| △原産国名 ※輸入品のみ | |
| 製造者 | |

## 【名称】

「もめん豆腐」「きぬごし豆腐」「充填豆腐」「寄せ豆腐」等と豆腐の種類を表示します。

## 【原材料名及び原料原産地名】

成分を調製するような加工処理をしていない大豆を使用する場合は、「大豆」又は「丸大豆」と表示します。成分を調整するような加工処理をしている大豆を使用する場合は、「脱脂加工大豆」「粉末大豆たん白」「全粒粉大豆」等と、最も一般的な名称を表示します。

また、対象原材料について原料原産地を表示します。

## 【添加物】

豆腐等に使用される、大豆から搾った豆乳を凝固させるための添加物である凝固剤は、「グルコノデルタラクトン」等の「物質名」で表示するか、「一括名」で「凝固剤」「豆腐用凝固剤」と表示します。

### にがりの表示

凝固剤のうち、塩化マグネシウムと粗製海水塩化マグネシウムを使用した場合については、「にがり」の文字を物質名に括弧を付して表示することができます。ただし、「にがり」だけの表記や「凝固剤（にがり）」という表記は認められません。

表示例：塩化マグネシウム（にがり）

粗製海水塩化マグネシウム（にがり）等

### 豆腐の製造に使用されるその他の添加物表示

大豆から豆乳を作る過程において、激しく泡が出て、きれいな組織の食感のよい豆腐が作りにくくなることがあります。なめらかに仕上げるため、「消泡剤」としてグリセリン脂肪酸エステルや炭酸カルシウム（又はシリコーン樹脂）等の添加物を使用しますが、加工中に消滅又は最終食品に残っていても微量、かつ、その成分による影響を最終食品に及ぼさないものは、「加工助剤」として扱われ、表示を省略することができます。

ただし、京都府では自治体条例により、消泡目的の添加物についても表示が必要です。

※自治体条例については、資料編 資料3参照。

## 【内容量】

　内容重量をグラム又はキログラムの単位で、単位を明記して表示します。また、１丁、半丁等の内容個数による表示が可能です。内容量を外見上容易に識別できるものは、内容量の表示を省略することができます。

## 【保存方法】

　商品の特性に従い、「10℃以下で保存してください。」等と表示します。

　また、無菌充填豆腐にあっては、消費者にわかりやすい箇所に「常温保存可能品」の文字を表示するとともに、保存方法の欄には、「直射日光や高温多湿を避け、常温で保存してください。」等と表示します。なお、開封後はできる限り早く消費するなど、適正な取扱いが必要な旨を表示します。

## 【遺伝子組換え表示】

　納豆や豆腐の原料である大豆については、加工後も組み換えられたDNA又はこれによって生じたたんぱく質が検出されるため、「遺伝子組換え」や「遺伝子組換え不分別」等の表示が義務付けられています。

　なお、遺伝子組換えに関する任意表示制度について、情報が正確に伝わるように食品表示基準の改正が行われ、2023年（令和5年）4月1日に施行されます。

　納豆や豆腐にあっては、大豆が分別生産流通管理されて、意図せざる混入を5％以下に抑えられている場合、「適切に分別生産流通管理された旨」の表示が可能になりました。

表示例：
・「原材料に使用している大豆は、遺伝子組換えの混入を防ぐため分別生産流通管理を行っています」
・「大豆（分別生産流通管理済み）」等

　また、この改正により、「遺伝子組換えでない」と表示することができるのは、分別生産流通管理を行った上で、所定の方法で検査を行い遺伝子組換え農産物の混入がないと認められる場合に限られることとなります。

　　　※遺伝子組換え食品表示については、第5章 5-3参照。

## 4-2 ● 畜産加工品

## 4-2-1 ● 合挽肉

### 〈合挽肉の表示例〉

| 名称 | 牛豚合挽肉 |
|---|---|
| 原材料名 | 牛肉、豚肉 |
| 原料原産地名 | 米国産（牛肉） |
| 内容量 | 400g |
| 消費期限 | ○○.○○.○○ |
| 保存方法 | 要冷蔵（10℃以下で保存） |
| 加工者 | ○○ミート　株式会社<br>○○県○○市○○町○-○-○ |

| 必要な表示事項 | 食品表示基準<br>以外の法令等 |
|---|---|
| 名称 | 公正競争規約* |
| 原材料名 | |
| 原料原産地名 | |
| 内容量 | 計量法、公正競争規約* |
| 消費期限 | 公正競争規約* |
| 保存方法 | 公正競争規約* |
| 加工者 | 公正競争規約* |

＊食肉の表示に関する公正競争規約

### 【加工食品の範囲】

　鳥獣の生肉を単に切断した食肉は、「生鮮の食肉を単に切断したもの」として、生鮮食品として取り扱われます。一方で、牛と豚等、異種の食肉を盛り合わせた焼き肉セットや、異種の食肉を混ぜて挽いた合挽肉など、複数の種類の家畜、家きん等の食肉を混ぜ合わせたものや、食肉と野菜を組み合わせたものは異種混合として、それ自体が1つの調理された食品となるため加工食品として取り扱われ、加工食品の基準に従って必要な表示を行います。

### その他、加工食品に区分されるもの

・たたき牛肉（表面をあぶったもの）
・スパイスをふりかけた食肉（調味したもの）
・焼肉のたれに漬けた食肉（加工食品と生鮮食品を混合し味付けしたもの）
・パン粉を付けた豚カツ用豚肉（表面に衣を付けたもの）
・タンブリング処理（調味料に浸潤させる処理等）を行った食肉

### 【名称】

　公正競争規約では、小売販売業者が、種類の異なる食肉を事前に混合した挽肉については、混合比率の多いものの順に「牛・豚合挽肉」等と混合された食肉の種類を表示することを定めています。単なる「合挽」という表示は、その

内容を表す一般的な名称とは認められません。

## 【原材料名及び原料原産地名】

使用した原材料を原材料に占める重量の割合の高いものから順に、「牛肉」「豚肉」「鶏肉」等と、食肉の種類名を表示します。

また、異種混合した食肉は、原料原産地に関する個別ルールのある22の食品群の1つです（食品表示基準 別表第15 1の（14））。このため、対象原材料について国別重量順に原料原産地を表示します。

## 【内容量】

容器包装に密封したものは、計量法の特定商品に該当するため、内容重量をグラム又はキログラムの単位で、単位を明記して表示します。

## 【保存方法】

食品衛生法で定められている食肉の保存方法の基準（10℃以下）に従って保存方法を表示します。

# 4-2-2 ● 成型肉・味付け肉

## 〈味付け肉の表示例〉

| 名称 | ラム肉味付け |
|---|---|
| 原材料名 | 羊肉、醤油（大豆・小麦を含む）、りんご果汁、野菜（たまねぎ、生姜、にんにく）、みりん、発酵調味料、食酢、ワイン、香辛料／調味料（アミノ酸等）、酸味料 |
| 原料原産地名 | 豪州産（羊肉） |
| 内容量 | 400g |
| 消費期限 | ○○.○○.○○ |
| 保存方法 | 要冷蔵（10℃以下で保存） |
| 製造者 | 株式会社 ○○食肉<br>○○県○○市○○町○-○-○ |

タレかけ処理してありますので、中心部まで十分に加熱してください。

| 必要な表示事項 | 食品表示基準以外の法令等 |
|---|---|
| 名称 | |
| 原材料名 | |
| 添加物 | |
| 原料原産地名 | |
| 内容量 | 計量法 |
| 消費期限又は賞味期限 | |
| 保存方法 | |
| △原産国名 ※輸入品のみ | |
| 製造者 等 | |
| 処理を行った旨及び飲食の際に十分な加熱を要する旨<br>●別記様式枠外に表示 | |

## 〈ポーションカット肉の表示例〉

| 名称 | 牛サイコロステーキ（成型肉） |
|---|---|
| 原材料名 | 牛肉（米国産）、牛脂、食塩／リン酸Na、カゼインNa（乳由来）、酵素 |
| 内容量 | 400g |
| 消費期限 | ○○.○○.○○ |
| 保存方法 | 10℃以下で保存 |
| 製造者 | ○○ミート株式会社<br>○○県○○市○○町○-○-○ |

あらかじめ処理してありますので、中心部まで十分に加熱してから、お召し上がりください。

### 【原材料名及び原料原産地名】

　使用した原材料を原材料に占める重量の割合の高いものから順に、その最も一般的な名称をもって表示します。また、使用した食肉については、鳥獣の種類を「牛」「馬」「豚」「めん羊」「鶏」等と、その動物名で表示し、内臓にあっては、「牛肝臓」、「心臓（馬）」等と表示します。

　なお、「ビーフ」「ポーク」等の名称から鳥獣の種類が十分判断できるものは、鳥獣の種類の表示を省略することができます。

　また、調味した食肉や成型肉は、原料原産地に関する個別ルールのある22の食品群の1つです（食品表示基準 別表第15 1の（10）、（14））。このため、対象原材料について国別重量順に原料原産地を表示します。

### 【保存方法】

　食品衛生法で定められている食肉の保存方法の基準（10℃以下）に従って保存方法を表示します。

### 【処理を行った旨及び飲食に供する際に十分な加熱を要する旨】

　「処理を行った旨」又は「飲食に供する際にその全体について十分な加熱を要する旨」の表示が必要なものは、調味料に浸潤させる処理、他の食肉の断片を結着させ成型する処理、その他病原微生物による汚染が内部に拡大するおそれのある処理を行ったものです。

　また、「調味料に浸潤させる処理」とはタンブリング処理、「その他病原微生物による汚染が内部に拡大するおそれのある処理」とは、ポーションカット（肉塊又は挽肉を金属製容器にきつく詰め、凍結して形を整えた後、一定の厚みに切ること。）、タレかけ（小肉塊を容器包装に入れた後、調味液を加えること。）、漬け込み（小肉塊を調味液に浸漬すること。）、及びミキシング（小肉塊に調味料を加え、ミキサーで揉みほぐすこと。）等、処理を施していない食肉

と外観上の区別が困難な処理をいいます。なお、外観上、容易に未処理の食肉と区別ができるような処理を施したハンバーグ等には、適用されません。

# 4-2-3 ● 食肉製品（ハム・ベーコン・ソーセージ）

## 〈ソーセージの表示例〉

加熱食肉製品（加熱後包装）

| 名称 | ポークソーセージ（ウインナー） |
|---|---|
| 原材料名 | 豚肉、結着材料（でん粉、植物性たんぱく（小麦・大豆を含む）、乳たんぱく）、食塩、水あめ、香辛料／リン酸塩（Na）、調味料（アミノ酸等）、pH調整剤、酸化防止剤（ビタミンC）、発色剤（亜硝酸Na） |
| 原料原産地名 | 枠外下部、商品名下に記載 |
| 内容量 | 150g |
| 賞味期限 | ○○.○○.○○ |
| 保存方法 | 冷蔵（10℃以下）で保存してください。 |
| 製造者 | ○○ハム　株式会社　+H1<br>東京都○○区○○町-○-○ |

賞味期限は、未開封で保存した場合の期限です。
開封後は、お早めにお召し上がりください。

【製造所固有記号】
H1:△△工場　北海道△△市△△町△-△
H2:□□工場　栃木県□□市□□町□-□
H3:××工場　長野県××市××町×-×

商品名
## ポークウインナー
【原料豚肉の原産地】
アメリカ、国産

| 必要な表示事項 | 食品表示基準以外の法令等 |
|---|---|
| 名称<br>△無塩せきソーセージである旨<br>※無塩せきソーセージのみ | 公正競争規約 |
| 原材料名 | 公正競争規約 |
| 添加物 | 公正競争規約 |
| 原料原産地名 | 公正競争規約 |
| △でん粉含有量<br>※でん粉含有率が3%を超えるハム、5%を超えるソーセージのみ | 公正競争規約 |
| 内容量 | 計量法、公正競争規約 |
| 消費期限又は賞味期限 | 公正競争規約 |
| 保存方法 | 公正競争規約 |
| △原産国名 ※輸入品のみ | 公正競争規約 |
| 製造者等 | 公正競争規約 |
| 食肉製品の区分 | |
| △包装後加熱か加熱後包装かの別 ※加熱食肉製品のみ | |
| △ pH ※非加熱食肉製品のみ | |
| △水分活性<br>※非加熱食肉品、特定加熱食肉製品のみ | |
| △殺菌方法（温度及び時間）<br>※加圧加熱殺菌ソーセージのみ | 公正競争規約 |
| △国産品である旨<br>※国産品で外国製と誤認のおそれがあるもの | 公正競争規約 |

【食肉製品の区分及び区分別の必要表示事項】
　食肉製品とは、食品衛生法施行令で定める「ハム、ソーセージ、ベーコンその他これらに類するもの」をいいます。また、食品表示基準により、図表1に

あるような食肉製品の区分に応じた必要な事項を表示します。なお、加熱食肉製品では、容器包装に入れた後、加熱殺菌したものに「包装後加熱」と、加熱殺菌した後容器包装に入れたものに「加熱後包装」と表示します。

**図表 1　食肉製品の区分及び必要表示事項**

| 食肉製品の区分 | 定義 | 表示事項 |
| --- | --- | --- |
| 非加熱食肉製品<br>例）生ハム、ラックスハム等 | 食肉を塩漬けした後、燻煙し又は乾燥させ、かつ、その中心部の温度を63℃で30分間加熱する方法、又はこれと同等以上の効力を有する方法による加熱殺菌を行っていない食肉製品であって、非加熱食肉製品として販売するもの（乾燥食肉製品を除く。） | ・非加熱食肉製品である旨<br>・水素イオン指数（pH）<br>・水分活性 |
| 特定加熱食肉製品<br>例）ローストビーフ等 | その中心部の温度を63℃で30分間加熱する方法、又はこれと同等以上の効力を有する方法以外の方法による加熱殺菌を行った食肉製品（乾燥食肉製品・非加熱食肉製品を除く。） | ・特定加熱食肉製品である旨<br>・水分活性 |
| 乾燥食肉製品<br>例）サラミソーセージ、ドライソーセージ、ビーフジャーキー等 | 乾燥させた食肉製品であって、乾燥食肉製品として販売するもの | ・乾燥食肉製品である旨 |
| 加熱食肉製品<br>例）ロースハム、ベーコン、チルドハンバーグステーキ等 | 乾燥食肉製品、非加熱食肉製品及び特定加熱食肉製品以外の食肉製品 | ・加熱食肉製品である旨<br>・包装後加熱か加熱後包装かの別 |

【名称】

　食品表示基準では、ソーセージの名称を定め、その名称の用語を用いて表示することとしています。例えば、湯煮又は蒸煮により加熱したクックドソーセージは、太さ等の規格により「ボロニアソーセージ」、「フランクフルトソーセージ」、「ウインナーソーセージ」等と表示します。また、原材料として1種類の家畜若しくは家きん又はこれに同種類の原料臓器類を使用し、原料魚肉類を加えていないものは、「ポークソーセージ（フランクフルト）」「チキンソーセージ（ウインナー）」等と表示することができます。

　また、製造工程で、食塩、糖類、発色剤*、香辛料等に肉を漬け込む工程を「塩漬」といいますが、この際、発色剤を使用しないで漬け込んだ製品は、「無塩漬ソーセージ」に区分され、名称を「無塩せきソーセージ」と表示します。これらのうち、例えばフランクフルトソーセージに該当するものは、「無塩せきフランクフルトソーセージ」と表示することができます。無塩漬ソーセージ

で、加圧加熱殺菌したものは、名称の文字の次に括弧を付して「無塩せきソーセージ（加圧加熱）」等と表示します。

なお、ブロック、スライス又はその他の形状に切断して包装したものは、名称の文字の次に括弧を付して「ボロニアソーセージ（ブロック）」「ポークソーセージ（フランクフルト・スライス）」等と、その形状を表示します。

＊発色剤として使われる亜硝酸ナトリウム等には、原料肉の色素を固定することで色調を与えるほか、臭みを消す効果、ボツリヌス菌の増殖を抑制する効果があります。

【原材料名及び原料原産地名】

使用した原材料は、「豚肉」「豚脂肪」「香辛料」等と、その最も一般的な名称をもって、原材料に占める重量の割合の高いものから順に表示します。ただし、魚肉を使用した場合は、「魚肉」の文字の次に、括弧を付して、「たら」等と、その最も一般的な名称を表示します。

使用した畜肉、種もの又は結着材料が２種類以上である場合は、「畜肉」「種もの」「結着材料」等の文字の次に、括弧を付して、それぞれ「豚肉、牛肉」「でん粉、小麦粉」等と、原材料に占める重量の割合の高いものから順に表示します。

なお、使用した砂糖類が２種類以上の場合は、「砂糖類」又は「糖類」の文字の次に、括弧を付して、（砂糖、ぶどう糖）等と、原材料に占める重量の割合の高いものから順に表示し、砂糖と砂糖混合ぶどう糖果糖液糖等を併用する場合は（砂糖・ぶどう糖果糖液糖）と、砂糖及び砂糖混合果糖ぶどう糖液糖を併用する場合は（砂糖・果糖ぶどう糖液糖）と、砂糖及び砂糖混合高果糖液糖を併用する場合は（砂糖・高果糖液糖）と表示します。

また、対象原材料について原料原産地を表示します。

【添加物】

使用した添加物を、添加物に占める重量の割合の高いものから順に、規定に従い表示します。ただし、栄養強化の目的で使用される添加物に係る表示の省略規定は適用しないため、他の添加物と同様に表示することが必要です。

【内容量】

計量法の特定商品に該当するため、内容重量をグラム又はキログラムの単位で、単位を明記して表示します。

## 【保存方法】

　食品衛生法の規定により、保存方法の基準が次のように定められています。
①非加熱食肉製品及び特定加熱食肉製品で水分活性が0.95以上：4℃以下
②非加熱食肉製品及び特定加熱食肉製品で水分活性が0.95未満：10℃以下
③加熱食肉製品：10℃以下
④冷凍食肉製品：－15℃以下

## 【でん粉含有率】

　ソーセージ、混合ソーセージで、結着材料のでん粉（加工でん粉を含む。）、小麦粉、コーンミールの含有率が5％を超えるものは、でん粉含有率を表示します。プレスハム、混合プレスハムの場合は、でん粉含有率が3％を超える場合、同様に表示します。

## 【殺菌方法】

　無塩漬ソーセージを除くクックドソーセージのうち、加圧加熱ソーセージに該当するもの（気密性のある容器包装に充填した後、120℃で4分間加熱する方法又はこれと同等以上の効力を有する方法により殺菌したもの（缶詰、瓶詰を除く。））は、殺菌方法（温度及び時間）を表示します。

## 【表示禁止事項】

・ハム類、プレスハム、ソーセージ、ベーコン類において、「特級」「上級」又は「標準」の用語と紛らわしい用語
・プレスハムにおいて、原料肉を2種類以上使用したものにおける原料肉の一部の名称を特に表示する用語
・ソーセージ・混合ソーセージにおいて、使用する原料畜肉の種類及び原料臓器類が2種類以上の家畜等のものに一部の名称を特に表示する用語
・プレスハム・混合プレスハム・ソーセージにおいて、でん粉等のつなぎ（ソーセージは、でん粉等の結着材料）を使用したものについて、原材料のすべてが食肉であるかのように誤認させる用語
・ハム類、プレスハム、混合プレスハム、ソーセージ、混合ソーセージ、ベーコン類の共通事項として、品評会で受賞したものであるかのように誤認させる用語及び官公庁が推奨しているかのように誤認させる用語。ただし、品評会等で受賞したものと同一仕様によって製造された製品で、受賞年を併記してあるものは、この限りでない。

【その他の表示事項】

　ハム・ソーセージ類の表示に関する公正競争規約では、優良誤認を避けるために、次に例示する内容を含めた表示基準を定めています。

・国産品で外国製品と誤認されるおそれのあるものには、「国産品」である旨を表示します（和文によるか外国の文字によるかを問わず、外国の国名、地名等を容器包装に表示する場合など。）。

・複数の原料肉を使用している場合であって、特定の品種、産地等の原料肉を使用している旨を表示するときは、当該原料肉の使用割合（製品全体に占める使用割合。以下同じ。）が50％を超える場合に表示できるものとし、「○○肉使用」「○○肉入り」等と表示し、かつ、その使用割合を同表示に併記しなければならない。

・原料肉として黒豚を使用している旨を表示する場合は、当該原料肉は、「食肉小売品質基準」（農林水産省畜産局長通達）に定めるバークシャー純粋種の豚の肉でなければならない。

# 4-2-4 ● 食肉製品（チルドハンバーグステーキ）

## 〈チルドハンバーグステーキの表示例〉

加熱食肉製品（加熱後包装）

| 名称 | チルドハンバーグ |
|---|---|
| 原材料名 | 食肉等（牛肉（米国）、豚肉、豚脂）、たまねぎ、つなぎ（パン粉、卵白）、粒状植物性たん白、食塩、香辛料／調味料（アミノ酸等）、ソース（砂糖、醸造酢、トマト、ポークエキス、しょうゆ、でん粉、香辛料）、（一部に牛肉・豚肉・小麦・卵・大豆・乳成分・りんごを含む） |
| 内容量 | 120g（固形量80g） |
| 賞味期限 | ○○.○○.○○ |
| 保存方法 | 10℃以下で保存 |
| 製造者 | ○○食品工業株式会社　○○工場<br>○○県○○市○○町○-○-○ |

調理方法：加熱調理してお召し上がりください。

| 必要な表示事項 | 食品表示基準<br>以外の法令等 |
|---|---|
| 名称 | |
| 原材料名（添加物を含む） | |
| 原料原産地名 | |
| 内容量 | 計量法 |
| 賞味期限 | |
| 保存方法 | |
| △原産国名 ※輸入品のみ | |
| 製造者　等 | |
| 食肉製品の区分 | |
| 調理方法<br>●枠外に記載 | |

　加工食品のハンバーグは、その原材料や保存温度、殺菌方法等の違いから、「チルド」「冷凍」「レトルト」に分類され、食品表示基準において、それぞれ

基準が定められています。この中で「チルドハンバーグ」はその原材料について、原材料及び添加物に占める食肉の重量の割合が50％を超え、かつ、植物性たん白の重量の割合が20％以下であるものと定義されています。この原材料に関する規定から「チルドハンバーグ」は食肉製品に分類されます。

## 【食肉製品の区分及び区分別の必要表示事項】

　「チルドハンバーグ」は、その定義で成形した後に加熱調理することが定められているため、食肉製品の中の加熱食肉製品に区分され、加熱食肉製品である旨及び容器包装に入れた後に加熱殺菌したものか、加熱殺菌した後に容器包装に入れたものかの別の表示が必要です。

## 【名称】

　食品表示基準に定める名称の用語を用いて、「チルドハンバーグステーキ」又は「チルドハンバーグ」と表示します。

　魚肉、臓器及び可食部分、肉様の組織を有する植物性たん白を使用していないもので、原材料として１種類の家畜又は家きんの食肉のみを使用したものは「チルドハンバーグステーキ（ビーフ）」「チルドハンバーグ（ポーク）」「チルドハンバーグ（チキン）」等と表示します。

## 【原材料名】

　使用した原材料は、次の①〜③までの区分により、原材料に占める重量の割合の高いものから順に表示します。

①ハンバーグの原材料は、「牛肉」「粒状植物性たん白」「こしょう」等と、その最も一般的な名称をもって、原材料に占める重量の割合の高いものから順に表示します。使用した食肉等、つなぎ、野菜等が２種類以上である場合は、「食肉等」（食肉のみを使用した場合は、「食肉」）「つなぎ」又は「野菜等」（野菜のみを使用した場合は、「野菜」）の文字の次に、括弧を付して、それぞれ原材料に占める重量の割合の高いものから順に表示します。また、使用した肉様の組織を有する植物性たん白が２種類以上である場合は、「粒状・繊維状植物性たん白」等と、魚肉は「魚肉」の文字の次に、括弧を付して、その最も一般的な名称で、原材料に占める重量の割合の高いものから順に表示します。

②ソースを加えた場合のソースの原材料は、「ソース」の文字の次に、括弧を付して、「トマトピューレー、こしょう」等と、その最も一般的な名称をもって、ソースの原材料に占める重量の割合の高いものから順に表示します。

③具を加えた場合の具の原材料は、「具」「付け合わせ」等の文字の次に、括弧を付して、「チーズ、ベーコン」等と、その最も一般的な名称をもって、原材料に占める重量の割合の高いものから順に表示します。いずれの区分においても、こしょうその他の香辛料は、「香辛料」と表示することができます。

## 【原料原産地名】

チルドハンバーグのように同種の原材料を「食肉等」「野菜等」とまとめ書きしたものであっても、対象原材料は、原材料1種類ごとに比較して最もその重量の割合の高いものが該当するため、食肉等を2種類以上使用している場合は、食肉以外のものが対象原材料になることがあります。

原材料の個別重量順位が「たまねぎ＞鶏肉＞豚肉＞牛肉＞・・」の場合、対象原材料は「たまねぎ」となります。

## 【添加物】

使用した添加物は、ハンバーグ、ソース、具とに区分し、それぞれの原材料名の表示に併記して、原材料に占める重量の割合の高いものから順に、規定に従い表示します。

また、上記の規定にかかわらず、原材料名欄の次に添加物欄を設けて、ハンバーグの原材料に添加したもの、ソースの原材料に添加したもの及び具の原材料に添加したものに区分して、ソースの原材料に添加したものにあっては「ソース」の文字の次に括弧を付して表示することもできます。

ただし、栄養強化の目的で使用される添加物に係る表示の省略規定は適用しないため、他の添加物と同様に表示することが必要です。

## 【内容量】

計量法の特定商品に該当するため、内容重量をグラム又はキログラムの単位で、単位を明記して表示します。

なお、ソースを加えたものは、内容重量及びソースを除いた固形量をグラム又はキログラムの単位で、単位を明記して表示します。

## 【保存方法】

食品衛生法で保存方法の基準が定められていない「チルドハンバーグステーキ」では、製品の特性に従って、「10℃以下で保存すること。」等と表示します。

なお、チルドハンバーグステーキには品質に関するJASがありますが、その格付けを行っているものであっても、保存方法として具体的な温度帯は定め

られていません。

　チルド食品は食品別に適切な温度帯が設定されており、一般的には0℃～＋10℃の温度帯で流通しています。

## 【調理方法】

　食品の特性に応じて「加熱調理してお召し上がりください。」等と表示します。

## 【表示禁止事項】

・「レトルトパウチ食品」の用語、若しくは「調理冷凍食品」の用語又はこれらの用語と紛らわしい用語
・「上級」又は「標準」の用語と紛らわしい用語
・原料食肉を2種類以上使用したものについて、原料食肉のうち、特定の種類を特に強調する用語
・魚肉、臓器及び可食部分又は肉様の組織を有する植物性たん白等を使用したものについて、原材料のすべてが食肉であるかのように誤認させる用語
・品評会等で受賞したものであるかのように誤認させる用語及び官公庁が推奨しているかのように誤認させる用語。ただし、品評会等で受賞したものであるかのように誤認させる用語については、品評会等で受賞したものと同一仕様によって製造された製品（ソースを加えたものは、ソースを含む。）であって、受賞年を併記してあるものに表示する場合は、この限りでない。

## 4-2-5 ● 飲用乳（牛乳・乳飲料）

### 〈牛乳の表示例〉

| 種類別名称 | **牛乳** |
|---|---|
| 商品名 | ○○高原牛乳 |
| 無脂乳固形分 | 8.3％ 以上 |
| 乳脂肪分 | 3.5％ 以上 |
| 原材料名 | 生乳 100％ |
| 原料原産地名 | 国産 |
| 殺菌 | 130℃　2秒間 |
| 内容量 | 500ml |
| 賞味期限 | 容器上部に記載 |
| 保存方法 | 10℃以下で保存してください。 |
| 開封後の取扱い | 開封後は賞味期限にかかわらず、できるだけ早くお飲みください。 |
| 製造所所在地 | ○○県○○市○○町○ - ○ - ○ |
| 製造者 | 株式会社　○○乳業 |

### 〈乳飲料の表示例〉

| 種類別名称 | **乳飲料** |
|---|---|
| 商品名 | **いちごアンドみるく** |
| 無脂乳固形分 | 7.0％ |
| 乳脂肪分 | 3.0％ |
| 原材料名 | 生乳（50％以上）（国産）、砂糖、いちご果汁 |
| 添加物 | 安定剤（増粘多糖類）、ビタミンC、乳化剤、香料 |
| 内容量 | 200ml |
| 賞味期限 | 容器上部に記載 |
| 保存方法 | 10℃以下で保存してください。 |
| 開封後の取扱い | 開封後は賞味期限にかかわらず、お早めにお飲みください。 |
| 製造所所在地 | ○○県○○市○○町○ - ○ - ○ |
| 製造者 | 株式会社　○○乳業　＋N1 |

お客様ダイヤル：0120-○○○ - ○○○

| 必要な表示事項 | 食品表示基準以外の法令等 |
|---|---|
| 種類別名称<br>△常温可能である旨<br>　※常温保存可能品のみ | 公正競争規約 |
| 商品名 | 公正競争規約 |
| 無脂乳固形分及び乳脂肪分 | 公正競争規約 |
| 原材料名 | 公正競争規約 |
| 添加物 | 公正競争規約 |
| 原料原産地名 | 公正競争規約 |
| 殺菌温度及び時間 | 公正競争規約 |
| 内容量 | 計量法、<br>公正競争規約 |
| 賞味期限又は消費期限 | 公正競争規約 |
| 保存方法 | 公正競争規約 |
| 開封後の取扱い | 公正競争規約 |
| 製造所所在地 | 公正競争規約 |
| 製造者　等 | 公正競争規約 |
| 生乳の使用割合<br>　※牛乳は「生乳100％」、<br>　加工乳・乳飲料は「生乳（50％以上）」又は「生乳（50％未満）」 | 公正競争規約 |
| △原産国名　※輸入品のみ | |

〈主要面の商品名表示部分〉　　〈公正マーク〉

果汁3％

### 【種類別名称】

　飲用乳の種類は、食品衛生法に基づく乳等省令により図表1のように区分されています。生乳を原料として、成分を調整していないものが「牛乳」や「特別牛乳」です。また、牛乳は図表2に示す成分で構成されており、「成分調整牛乳」は、生乳から一部の成分を除去し調整したもの、「低脂肪牛乳」「無脂肪

牛乳」は、「成分調整牛乳」であって乳脂肪分を調整したものです。事項名は、飲用乳の表示に関する公正競争規約により「種類別名称」とし、この区分に準じて、それぞれ「牛乳」「特別牛乳」「成分調整牛乳」「低脂肪牛乳」「無脂肪牛乳」「加工乳」「乳飲料」と表示します。

### 図表1 飲用乳の種類別名称と成分規格

| | 種類別名称 | 原材料 | 成分の調整 | 無脂乳固形分(%) | 乳脂肪分（%） |
|---|---|---|---|---|---|
| 乳 [「牛乳」と名が付くもの] | 牛乳 | 生乳のみ (100%) | 成分無調整 | 8.0% 以上 | 3.0% 以上 |
| | 特別牛乳 | | | 8.5% 以上 | 3.3% 以上 |
| | 成分調整牛乳 | | 乳成分の一部を除いたもの | 8.0% 以上 | — |
| | 低脂肪牛乳 | | 乳脂肪分の一部を除いたもの | 8.0% 以上 | 0.5% 以上 1.5% 以下 |
| | 無脂肪牛乳 | | 乳脂肪分のほとんどすべてを除いたもの | 8.0% 以上 | 0.5% 未満 |
| | 加工乳 | 牛乳、乳製品の一部（全粉乳、脱脂粉乳等） | — | 8.0% 以上 | — |
| 乳製品 | 乳飲料 | 牛乳、乳製品、乳以外の成分（カルシウム、ビタミン、コーヒー、果汁等） | — | 乳固形分 3.0% 以上 | |

種類別名称の表示に用いる文字は、「乳飲料」以外の「乳」は10.5ポイントの活字以上、「乳飲料」は14ポイントの活字以上の太字の活字で表示します。

「種類別名称」は「種類別」と表示することができます。常温保存可能品にあっては、種類別名称の次に「（常温保存可能品）」の文字を10.5ポイントの活字以上の太字の活字で表示します。

### 図表2 牛乳の成分

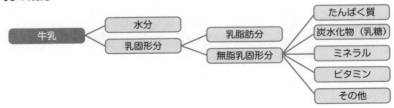

【商品名】
　商品名の表示に用いる文字は、飲用乳の表示に関する公正競争規約により、10.5ポイントの活字以上の太字の活字を用いることとされています。

【無脂乳固形分及び乳脂肪分等】
　無脂乳固形分及び乳脂肪分の重量百分率を、種類別に対応し、次の①〜⑤のとおり、それぞれパーセントの単位で小数第1位まで表示します。
①牛乳、特別牛乳は、年間を通じての無脂乳固形分及び乳脂肪分の成分値の最低値に「以上」を付して表示する。
②成分調整牛乳は、無脂乳固形分又は乳脂肪分の組成を調整する目的で一部を除去した成分は組成値を、一部を除去しない成分及び処理に伴い意図せずに微量成分が除去される成分は、年間を通じての最低値に「以上」を付して表示する。
③低脂肪牛乳及び無脂肪牛乳は、乳脂肪分（ただし、乳脂肪分を含む場合に限る。）は組成値を表示し、無脂乳固形分は年間を通じての最低値に「以上」を付すか、調整した組成値を表示する。
④加工乳は、無脂乳固形分及び乳脂肪分の組成値を表示する。ただし、生乳を50％以上使用する商品で、主要成分の強調表示をしない場合には、主要成分に「以上」を付して表示することができる。
⑤乳飲料は、無脂乳固形分及び乳脂肪分並びに乳脂肪分以外の脂肪分（植物性脂肪分等）の組成値を表示する。ただし、生乳を50％以上使用する商品で、主要成分の強調表示をしない場合には、主要成分に「以上」を付して表示することができる。

【原材料名及び原料原産地名】
①牛乳、特別牛乳、成分調整牛乳、低脂肪牛乳及び無脂肪牛乳は、「生乳100％」と表示します。
②加工乳は、乳等省令で定められた主要原材料を、水を除き、配合割合の高いものから順に表示します。ただし、原材料のうち、生乳については、生乳50％以上使用の場合、「生乳（50％以上)」と、生乳50％未満使用の場合、「生乳（50％未満)」と表示します。
③乳飲料は、使用した乳、乳製品及び主要混合物の名称を配合割合の高いものから順に表示します。ただし、原材料のうち、生乳については、生乳50％以上使用の場合、「生乳（50％以上)」と、生乳50％未満使用の場合、「生乳（50％未満)」と表示します。

また、原料原産地名として対象原材料が生乳の場合はその原産地を国産等と表示します。

## 【殺菌温度及び時間】

　殺菌温度、殺菌時間を表すものであることを明らかにするため、「殺菌」「殺菌温度」「殺菌時間」等の文字の前又は後に表示します。

　温度は、摂氏75℃以上で加熱殺菌するものにあっては、「摂氏85度」又は「132℃」等と、当該処理場で行っている実際の殺菌温度を表示します。「75℃以上」「130℃以上」等と表示することはできません。なお、保持式により63℃から65℃までの間で加熱殺菌するものは、「63℃～65℃」又は「63～65℃」と表示することができます。

　時間は、「分」又は「秒」で表し、当該処理場で行っている実際の殺菌時間を正確に表示します。「15分間以上」等と表示することはできません。

　殺菌しない特別牛乳はその旨を表示します。また、乳飲料については、殺菌温度及び時間の表示を省略することができます。

## 【内容量】

　計量法の特定商品に該当するため、内容重量をグラム又はキログラムの単位で、若しくは内容体積をミリリットル又はリットルの単位で、単位を明記して表示します。

## 【保存方法】

　食品衛生法で定められている保存方法の基準（10℃以下）に従って、保存方法を表示します。

## 【開封後の取扱い】（飲用乳の表示に関する公正競争規約より）

　「開封後は、消費期限又は賞味期限にかかわらず、できる限り早く消費する」旨及び「開封後、保存する場合は、摂氏10度以下で保存する」旨を表示します。ただし、保存方法の表示に「摂氏10度以下で保存する」旨が表示されている場合は、開封後の保存温度の表示は省略することができます。

## 【製造所所在地、製造者】

　牛乳や加工乳等においては、乳処理場の所在地、乳処理業者の氏名又は名称を、また、乳飲料については製造者の情報を、製造所所在地と製造者の氏名又は名称として表示します。

飲用乳では乳処理場や製造所所在地、乳処理業者や製造者の表示に代えて、販売者と製造所固有記号により表示することはできません。ただし、実際に乳の処理を行っている乳処理場や製造所の所在地の代わりに乳処理業者や製造者の住所（法人の場合は、原則として本社所在地）をもって表示する場合には、乳処理業者や製造者の所在地、氏名又は名称の次に乳処理場や製造所を示す製造所固有記号を表示することができます。

【その他の表示事項】（飲用乳の表示に関する公正競争規約より）
　このほかに、別記様式欄以外の場所に、下記の表示が必要となります。
・種類別名称：商品名と密着した周辺部分に、四角い枠で囲んだ「種類別」の文字を前に付して1か所以上表示します。
・商品名：当該容器に表示される文字の中で、最も大きな文字で表示します。
・常温保存可能品にあってはその旨：別記様式欄に表示するほか、商品名の周辺部分に、「常温保存可能品」と1か所以上表示します。
・保存方法及び開封後の取扱い：購入者の注意を喚起するために、別記様式欄以外の場所に1か所以上表示します。

【特定の表示事項及び基準】（飲用乳の表示に関する公正競争規約より）
「特濃」「濃厚」等の強調する表示
　「無脂乳固形分8.5％以上及び乳脂肪分3.8％以上」の飲用乳には、「特濃」「濃厚」等の乳成分が濃い印象を与える文言を表示することができます。
成分無調整の表示
　「成分無調整」の文言は、牛乳及び特別牛乳に限り表示することができます。
生乳の使用割合
　生乳使用に関する表示を別記様式欄以外にしようとする場合の表示基準は、次のとおりです。
①牛乳、特別牛乳、成分調整牛乳、低脂肪牛乳及び無脂肪牛乳に生乳使用割合を表示する場合は、商品名の周辺部に1か所「生乳100％使用」と表示します。
②加工乳及び乳飲料では、「生乳たっぷり」等豊富に生乳を使用している印象を与える文言を用いる場合、生乳を50％以上使用することを条件とし、「生乳○○％使用」と固定値を表示します。
③加工乳及び乳飲料では、「生乳使用」等生乳を使用している印象を与える文言を用いる場合、「生乳○○％使用」と固定値を表示します。

## 商品名に「乳」又は「ミルク」等の表示

①牛乳、特別牛乳、成分調整牛乳、低脂肪牛乳、無脂肪牛乳及び加工乳は、当該牛乳等を示す文言として、「ミルク」又は「乳」を用いることができます。

②無脂乳固形分8.0％以上の乳飲料には、「ミルク」又は「乳」の文言を用いることができます。ただし、乳脂肪以外の脂肪を含む場合は、「ミルク」又は「乳」の文言を用いることはできません。

③ ②の規定にかかわらず商品名と性状から、①に規定する飲用乳と異なることが明らかであって、無脂乳固形分4.0％以上の乳飲料には、当該乳飲料を示す文言として、「ミルク」又は「乳」を用いることができます。

## 無果汁の表示基準

「無果汁の清涼飲料水等についての表示」の適用を受ける果実の名称を用いた商品名の乳飲料には、「無果汁である旨」を明瞭に表示しなければなりません。

①果汁又は果肉が使用されていない場合は、「無果汁」と表示します。

②重量百分率で５％未満の果汁又は果肉が使用されている場合は、「無果汁」と表示します。ただし、帳簿書類によってその百分率の数値を証明することができる場合に限り、「果汁若しくは果肉の割合」を百分率の整数値で、「果汁○％」「果汁・果肉○％」「果肉○％」のいずれかで表示することができます。

③ ①又は②の表示は、商標又は商品名の表示（２か所以上に表示されている場合は、そのうちで最も目立つもの）と同一視野に入る場所に、背景の色と対照的な色で、かつ14ポイント以上の大きさの肉太の活字で表示します。

※無果汁の清涼飲料水等についての表示については、第4章 4- 4-15参照。

## 【牛乳パックの切り欠き】

種類別名称「牛乳」の500ミリリットル以上の大きさの屋根型紙パック容器の上端には、半円形に切り欠きがあるものがあります。これは視覚障害のある方が容器の屋根の部分に触れることで、容易に牛乳と他の飲料を判別し、切り欠きの反対側にある容器の開け口を確認することができるようにするためのものです。

種類別名称「牛乳」以外の製品に切り欠きを行うことはできません。

# 4-2-6 乳製品（ナチュラルチーズ・プロセスチーズ）

## 〈ナチュラルチーズの表示例〉

| 種類別 | ナチュラルチーズ |
|---|---|
| 原材料名 | めん羊乳、食塩 |
| 内容量 | 120g |
| 賞味期限 | ○○.○○.○○ |
| 保存方法 | 要冷蔵（10℃以下） |
| 原産国名 | フランス |
| 輸入者 | 株式会社 ○○貿易<br>○○県○○市○○町○-○-○ |

この製品は、包装後加熱殺菌したものです。

## 〈プロセスチーズの表示例〉

| 種類別 | プロセスチーズ |
|---|---|
| 原材料名 | ナチュラルチーズ（国内製造） |
| 添加物 | 乳化剤、カロチノイド色素 |
| 内容量 | 150g |
| 賞味期限 | ○○.○○.○○ |
| 保存方法 | 10℃以下で保存してください。 |
| 製造者 | 株式会社 ○○ファーム<br>北海道○○市○○町○-○-○ |

| 必要な表示事項 | 食品表示基準以外の法令等 |
|---|---|
| 種類別 | 公正競争規約 |
| 原材料名 | 公正競争規約 |
| 添加物 | 公正競争規約 |
| 原料原産地名 | 公正競争規約 |
| 内容量 | 計量法、公正競争規約 |
| 賞味期限又は消費期限 | 公正競争規約 |
| 保存方法 | 公正競争規約 |
| △原産国名 ※輸入品のみ | 公正競争規約 |
| 製造者 | 公正競争規約 |
| △加熱殺菌した旨<br>※容器包装後、加熱殺菌したもののみ | 公正競争規約 |
| △飲食に供する際に加熱する旨<br>●種類別名に併記<br>※飲食に供する際に加熱を要するもののみ | 公正競争規約 |
| △原料乳の動物の種類<br>※ナチュラルチーズで牛以外の動物の乳を原料としたもののみ | 公正競争規約 |

　チーズは、食品衛生法の乳等省令の成分規格等の規定により「ナチュラルチーズ」と「プロセスチーズ」に区分されます。

| 区分 | 乳等省令による定義 |
|---|---|
| ナチュラルチーズ | ① 乳、バターミルク（バターを製造する際に生じた脂肪粒以外の部分をいう。以下同じ。）、クリーム又はこれらを混合したもののほとんどすべて又は一部のたん白質を酵素その他の凝固剤により凝固させた凝乳から乳清の一部を除去したもの又はこれらを熟成したものをいう。<br>② ①に掲げるもののほか、乳等を原料として、たん白質の凝固作用を含む製造技術を用いて製造したものであって、①に掲げるものと同様の化学的、物理的及び官能的特性を有するものをいう。 |
| プロセスチーズ | ナチュラルチーズを粉砕し、加熱溶融し、乳化したものをいう。 |

## 【種類別】

　食品衛生法に基づく乳等省令の定義に従った種類別をナチュラルチーズには「ナチュラルチーズ」、プロセスチーズには「プロセスチーズ」と、14ポイントの活字以上の大きさの統一のとれた太文字で表示します。

　「種類別」に代えて、「種類別名称」と表示することができます。

　また、ナチュラルチーズで飲食に供する際に加熱を必要とするもの（ソフト及びセミハードのものに限る。*）にあっては、「種類別○○」の次に飲食に供する際に加熱する旨を併記します。

　　表示例：「種類別ナチュラルチーズ（要加熱）」
　　　　　　「種類別ナチュラルチーズ（加熱が必要）」

　　　*対象のソフト及びセミハードについては、コーデックスのナチュラルチーズの一般規格で脂肪以外のチーズ重量中の水分含量（%）を指し、ソフトは67%を上回るもの、セミハードは54〜69%のものをいう。

## 【原材料名及び原料原産地名】

　使用した原材料は、原材料に占める重量の割合の高いものから順に、その最も一般的な名称をもって表示します。また、牛以外の動物の乳を原材料として製造したナチュラルチーズは、当該動物の種類を「山羊乳」「めん羊乳」「水牛乳」等と表示します。

　また、対象原材料が生乳の場合は原産地を、対象原材料がナチュラルチーズのような加工食品の場合はその製造地を、原料原産地名として表示します。

## 【内容量】

　計量法の特定商品に該当するため、内容重量をグラム又はキログラムの単位で、単位を明記して表示します。

## 【保存方法】

　食品衛生法で保存方法の基準が定められていない「ナチュラルチーズ」等は、製品の特性に従って保存方法を表示します。

　なお、リステリア*が増殖する可能性のあるナチュラルチーズの保存温度及び期限表示の設定については、「食品期限表示の設定のためのガイドライン」等を踏まえ、適切に科学的根拠に基づいて設定し、表示する必要があります。

　　　*リステリアは、4℃以下の低温や、12%食塩濃度下でも増殖できる点が特徴の病原性の細菌で、一般的な食中毒菌と同様に加熱により死滅する。

## 【製造者】

製造所所在地と製造者の氏名又は名称を表示します。乳製品では製造所所在地、製造者の表示に代えて、販売者と製造所固有記号により表示することはできません。ただし、製造所所在地の代わりに製造者の住所（法人の場合は、原則として本社所在地）をもって表示する場合には、製造者の所在地、氏名又は名称の次に、製造所を示す製造所固有記号を表示することができます。

　※【製造者】の内容については、発酵乳、乳酸飲料、アイスクリーム類においても共通です。

## 【加熱殺菌した旨】

容器包装に入れた後、加熱殺菌したナチュラルチーズ（ソフト及びセミハードのものに限る。）には、「容器包装に入れた後、加熱殺菌した旨」を表示します。
表示例：「包装後加熱」「包装後加熱殺菌」「容器包装後加熱殺菌済み」等

## 【特定の表示事項及び基準】（ナチュラルチーズ、プロセスチーズ及びチーズフードの表示に関する公正競争規約より）

### 国名の表示

・商品名に国名を表示する場合：当該国産のチーズ分の重量が、製品中のチーズ分の重量の75％以上であり、かつ、その重量割合を見やすい場所に明瞭に表示すれば、商品名に国名を表示できます。

・商品名以外に国名を表示する場合：当該国産のチーズ分の製品中のチーズ分に占める重量の割合を、見やすい場所に明瞭に表示します。

・当該国で製造された割合が100％の場合は割合の表示を省略できます。

### 原産地の表示

・商品名に原産地を表示する場合：当該産地のチーズ分の重量が、製品中のチーズ分の重量の60％以上であり、かつ、その重量割合を見やすい場所に明瞭に表示した上で、商品名に原産地を表示します。

・商品名以外に原産地を表示する場合：当該産地のチーズ分の製品中のチーズ分に占める重量の割合を、見やすい場所に明瞭に表示します。

・当該国で製造された割合が100％の場合は割合の表示を省略できます。

### 特定表示事項

・他の香味の著しく強いチーズが含まれている旨の表示：ブルーチーズ、カマンベールチーズその他の香味の著しく強いチーズが含まれている旨を表示する場合は、当該チーズ分の製品中のチーズ分に占める重量の割合を、見やすい場所に明瞭に表示します。この場合において、その旨を商品名に表示する場合は、「○○チーズ入り」「○○チーズイン」又は「○○チーズブレンド」

と表示します。

# 4-2-7 ● 乳製品（発酵乳・乳酸菌飲料）

## 〈発酵乳の表示例〉

| 種類別 | 発酵乳 |
|---|---|
| 無脂乳固形分 | 9.5% |
| 乳脂肪分 | 3.0% |
| 原材料名 | 生乳（国産）、脱脂濃縮乳 |
| 内容量 | 250g |
| 賞味期限 | ○○．○○．○○ |
| 保存方法 | 10℃以下で保存してください。 |
| 製造者 | 株式会社　○○乳業　○○工場<br>○○県○○市○○町○-○-○ |

## 〈乳酸菌飲料の表示例〉

| 種類別 | 殺菌済み乳酸菌飲料（乳製品） |
|---|---|
| 無脂乳固形分 | 3.2% |
| 原材料名 | 乳（国産）、砂糖、ぶどう糖果糖液糖、乳酸菌粉末 |
| 添加物 | 安定剤（ペクチン）、香料 |
| 内容量 | 200ml |
| 賞味期限 | 枠外下部に記載 |
| 保存方法 | 要冷蔵 10℃以下 |
| 製造者 | ○○乳業　株式会社<br>○○県○○市○○町○-○-○<br>製造所固有記号は別記様式枠外下部、賞味期限の右側に記載 |

賞味期限：○○．○○．○○ /+N2
当社ホームページ :http://www.・・・・・・・

| 必要な表示事項 | 食品表示基準以外の法令等 |
|---|---|
| 種類別 | 公正競争規約 |
| 無脂乳固形分及び乳脂肪分 | 公正競争規約 |
| 乳脂肪分以外の脂肪分 | 公正競争規約 |
| 原材料名 | 公正競争規約 |
| 添加物 | 公正競争規約 |
| 原料原産地名 | 公正競争規約 |
| 内容量 | 計量法、公正競争規約 |
| 賞味期限又は消費期限 | 公正競争規約 |
| 保存方法 | 公正競争規約 |
| △原産国名 ※輸入品のみ | |
| 製造者 | 公正競争規約 |
| △発酵後に殺菌した旨（種類別名に併記する）※発酵後に殺菌したもののみ | 公正競争規約 |
| △乳製品である旨（種類別名に併記する）※無脂乳固形分が 3.0% 以上の乳酸菌飲料 | 公正競争規約 |
| △低温発酵である旨 ●枠外に記載 ※製造時の発酵温度が摂氏 25 度前後のもの | 公正競争規約 |
| △生乳の使用 | 公正競争規約 |
| △国産である旨 ※国産のもので、原産国の誤認を招くおそれのあるもののみ | 公正競争規約 |
| △果実・果汁の使用について ※果実の名称を使用した商品名やデザインなどで果汁や果肉を使用しているようなイメージを与えるもののみ | 公正競争規約 |

【種類別】
　乳等省令では、乳又はこれと同等以上の無脂乳固形分を含む乳等を乳酸菌又は酵母で発酵させ、糊状又は液状にしたもの又はこれらを凍結したものを「発

酵乳」と、乳等を乳酸菌又は酵母で発酵させたものを加工し、又は主要原料とした飲料（発酵乳を除く。）を「乳酸菌飲料」と定義しています。この乳等省令の定義に従った「発酵乳」等を、「種類別」の事項名を用いて表示します。

　「乳酸菌飲料」のうち、無脂乳固形分が3.0％未満の場合には「乳酸菌飲料」と、無脂乳固形分が3.0％以上の場合には「乳酸菌飲料（乳製品）」と表示します。また、発酵後に殺菌した発酵乳及び乳酸菌飲料については、「殺菌済み乳酸菌飲料」等と殺菌した旨の表示をします。

　種類別（乳製品である旨又は殺菌した旨の併記を含む）は、公正競争規約により商品名（2か所以上に表示されている場合は、そのうちで最も目立つもの）と同一視野に入る場所にも、8ポイント以上の太文字で表示します。

　なお、「種類別」に代えて、「種類別名称」と表示することができます。

### 【無脂乳固形分、乳脂肪分、乳脂肪分以外の脂肪分】

　無脂乳固形分、乳脂肪分、乳脂肪分以外の脂肪分の重量百分率をパーセント（％）の単位で小数第1位まで表示します。1％以上のものにあっては、小数第1位の数値が1から4までは0と、6から9までは5として、0.5％間隔で表示することができます。乳脂肪分以外の脂肪分を含むものは、油脂の個々の名称及びその重量百分率を小数第1位まで表示します。なお、「植物性脂肪分〇.〇％」「乳脂肪分以外の動物性脂肪分〇.〇％」等と、それぞれの脂肪分の総量を取りまとめて表示することができます。

### 【原材料名及び原料原産地名】

　使用した原材料は一般的な名称をもって表示しますが、原材料のうち、生乳、牛乳、無脂肪牛乳等は「乳」と、クリーム、バター、濃縮乳、無糖練乳、加糖練乳、全粉乳、脱脂粉乳等は「乳製品」と表示することができます。

　また、対象原材料が生乳の場合は原産地を、対象原材料が牛乳や砂糖のような加工食品の場合はその製造地を表示します。

### 【内容量】

　計量法の特定商品に該当するため、内容重量をグラムの単位で、又は内容体積をミリリットルの単位で、単位を明記して表示します。

### 【製造時の発酵温度が摂氏25度前後の旨の表示】

　発酵乳又は乳酸菌飲料に用いられる乳酸菌の増殖の至適温度は、一般的に35℃～40℃ですが、カスピ海ヨーグルト、北欧のビーリなどの伝統的発酵乳

は、至適温度が20℃〜30℃の乳酸菌を発酵に用いる製品もあります。

　これらの乳酸菌数について測定が可能になったことから、製造時の発酵温度が25℃前後のものには、「低温発酵」等、製造時の発酵温度が25℃前後である旨の文言を別記様式の枠外に表示します。

## 【特定の表示事項及び基準】
### （発酵乳、乳酸菌飲料の表示に関する公正競争規約より抜粋）

### 乳酸菌数等の表示

　容器又は包装には、乳酸菌数を表示することができません。ただし、食品衛生法に定める「特定保健用食品」及び「機能性表示食品」には、食品表示基準に定める基準により表示することができます。

### 生乳の使用の表示

　生乳を使用している旨を強調（「生乳たっぷり」「生乳仕立て」「生乳使用」等）して表示する場合は、当該表示と同一視野に明瞭に、内容量に占める生乳の使用割合を「生乳○○％使用」又は「生乳○○％以上使用」と表示します。

### 表示禁止事項

・乳酸菌飲料に「○○ヨーグルト」「ヨーグルトのような乳酸菌飲料」等の表示
・発酵乳、乳酸菌飲料又はその原材料が「純」、「純正」等である旨の表示
・発酵乳、乳酸菌飲料が濃厚である旨の表示
・保健飲料、美容飲料、栄養食品、自然食品、機能○○食品等の保健機能食品と誤認される表示

### 無果汁の表示基準

　「無果汁の清涼飲料水等についての表示」の適用を受ける発酵乳、乳酸菌飲料には、「無果汁である旨」を表示します。

　　※「無果汁の清涼飲料水等についての表示」については、第4章 4-4-15参照。

# 4-2-8 ● 乳製品（アイスクリーム類）

## 〈アイスクリーム（カップ入り）の表示例〉

| 種類別 | アイスクリーム（バニラ） |
|---|---|
| 無脂乳固形分 | 10.0% |
| 乳脂肪分 | 11.0% |
| 卵脂肪分 | 0.6% |
| 原材料名 | 牛乳（国内製造）、乳製品、卵黄（卵を含む）、水あめ、砂糖／乳化剤（大豆由来）、安定剤（増粘多糖類）、香料 |
| 内容量 | 120ml |
| 製造者 | 株式会社 ○○乳業 ＋N3<br>東京都○○区○○町○-○-○ |

保存上の注意：ご家庭では -18℃以下で保存してください。
当社ウェブサイトアドレス http://www. ・・・・

## 〈ラクトアイス（スティック）の表示例〉

商品名：チョコバー

| 種類別 | ラクトアイス |
|---|---|
| 無脂乳固形分 | 4.0% |
| 植物性脂肪分 | 7.5% |
| チョコレート脂肪分 | 0.6% |
| 原材料名 | 砂糖（国内製造）、植物油脂、チョコレート、ココアパウダー、加糖練乳、脱脂濃縮乳、水あめ／安定剤（増粘多糖類）、乳化剤、香料、（一部に乳成分・大豆を含む） |
| 内容量 | 70g |
| 製造者 | ○○乳業　株式会社○○工場<br>○○県○○区○○町○-○-○ |

保存上の注意：ご家庭では -18℃以下で保存してください。

| 必要な表示事項 | 食品表示基準以外の法令等 |
|---|---|
| 種類別 | 公正競争規約 |
| 無脂乳固形分及び乳脂肪分 | 公正競争規約 |
| 乳脂肪分以外の脂肪分 | 公正競争規約 |
| 原材料名 | 公正競争規約 |
| 原料原産地名 | 公正競争規約 |
| 添加物 | 公正競争規約 |
| 内容量 | 公正競争規約 |
| 賞味期限<br>※省略することができる。 | 公正競争規約 |
| 保存方法<br>※省略することができる。 | 公正競争規約 |
| △原産国名<br>※輸入品のみ | 公正競争規約 |
| 製造者 | 公正競争規約 |
| 保存上の注意<br>※保存方法を省略した場合<br>●別記様式枠外 | 公正競争規約 |
| △国産である旨<br>※国産のもので、原産国の誤認を招くおそれのあるもののみ | 公正競争規約 |
| △果実・果汁の使用について<br>※果実の名称を使用した商品名やデザインなどで果汁や果肉を使用しているようなイメージを与えるもののみ | 公正競争規約 |

アイスクリーム類は乳等省令の成分規格等の規定により次の3つの種類に区分されます。また氷菓は、アイスクリーム類及び氷菓の表示に関する公正競争規約により次のとおりに定義されています。

【アイスクリーム類と氷菓の定義】

| 種類別／用語 | | 乳等省令等による定義 |
|---|---|---|
| アイスクリーム類 | アイスクリーム | 乳又はこれらを原料として製造した食品を加工し、又は主要原料としたものを凍結させたものであって、重量百分率で乳固形分 15.0% 以上、うち乳脂肪分 8.0% 以上のものをいう。 |
| | アイスミルク | 乳又はこれらを原料として製造した食品を加工し、又は主要原料としたものを凍結させたものであって、重量百分率で乳固形分 10.0% 以上、うち乳脂肪分 3.0% 以上のものをいう。ただし、アイスクリームに該当するものを除く。 |
| | ラクトアイス | 乳又はこれらを原料として製造した食品を加工し、又は主要原料としたものを凍結させたものであって、重量百分率で乳固形分 3.0% 以上のものをいう。ただし、アイスクリーム及びアイスミルクに該当するものを除く。 |
| 氷菓 | | 糖液若しくはこれに他食品を混和した液体を凍結したもの又は食用氷を粉砕し、これに糖液若しくは他食品を混和し再凍結したもので、凍結状のまま食用に供するものをいう。ただし、「アイスクリーム類」に該当するものを除く。 |

【種類別】
　乳等省令の定義に従った種類別を、アイスクリームには「アイスクリーム」、アイスミルクには「アイスミルク」、ラクトアイスには「ラクトアイス」と、それぞれ14ポイントの活字以上の大きさの統一のとれた文字で表示します。
　なお、「種類別」に代えて、「種類別名称」と表示することができます。
　種類別を、別記様式欄のほかに、商品名の表示と同一視野に入り、かつ、見やすい場所に明瞭に表示します。ただし、商品名と別記様式欄が同一面又は隣接する2面にある場合は、これを省略することができます。

【無脂乳固形分、乳脂肪分、乳脂肪分以外の脂肪分】
　無脂乳固形分、乳脂肪分、乳脂肪分以外の脂肪分の重量百分率をパーセント（％）の単位で、小数第1位まで表示します。ただし、1％以上のものは、小数第1位の数値が1から4までは0と、6から9までは5として、0.5％間隔で表示することができます。
　乳脂肪以外の脂肪を含む製品には、油脂の固有の名称（卵脂肪分、チョコレート脂肪分、等）及びそれぞれの重量百分率を表示します。ただし、植物性

脂肪又は乳脂肪以外の動物性脂肪に取りまとめ、それぞれの総量で表示できます。

## 【原材料名及び原料原産地名】

使用した原材料は、原材料に占める重量の割合の高いものから順に、一般的な名称をもって表示します。クリーム、濃縮乳、全粉乳、脱脂粉乳、加糖粉乳等にあっては「乳製品」と表示することもできます。

また、対象原材料が生乳の場合は原産地を、対象原材料が牛乳や砂糖のような加工食品の場合は製造地を、原料原産地名として表示します。

## 【内容量】

カップ入りのものは、体積（ミリリットル又はリットル）を単位を明記して表示します。カップ入り以外のものは、体積、内容重量（グラム又はキログラム）、個数等を、単位を明記して表示します。なお、業務用のものは内容量の表示を省略することができます。

## 【賞味期限・保存方法の表示省略規定】

賞味期限、保存方法の表示事項は、食品の特性上、品質の変化がきわめて少ないものとして表示を省略できます。その場合は、別記様式の枠外に、保存上の注意として「ご家庭では－18℃以下で保存してください。」等と表示します。

## 【特定の表示事項及び基準】
### （アイスクリーム類及び氷菓の表示に関する公正競争規約より）
### 特定名称の表示

アイスクリーム類及び氷菓の商品名にチョコレートなどの特定の名称を使用する際は公正競争規約の基準に適合している必要があります。アイスクリームに関する基準を一部抜粋して紹介します。

・チョコレート又はチョコの名称：重量百分率でカカオ分を1.5％以上含むこと。
・コーヒーの名称：重量百分率でコーヒー（生豆に換算したもの）を1.0％以上含むこと。
・まっ茶の名称：重量百分率でまっ茶を0.5％以上含むこと。
・バニラの名称：バニラの香気を含むこと。

### 表示禁止事項

・ラクトアイス、氷菓に「ミルク」若しくは「MILK」の文字を用いた商品名（氷ミルク等）、又はミルク等が豊富に含まれているかのような文言（「ミルクの

風味が高い」等）を表示すること。

・乳脂肪以外の食用油脂を添加したものに「アイスクリーム」と表示すること。ただし、チョコレート、卵黄及び風味原料から移行する食用油脂は含みません。

・商標、商品名として数字を含む表示をすること。ただし、乳脂肪の含有率を示す数字、果汁の含有率を示す数字、2種以上の組み合わせ製品であることを示す数字、社名又は屋号に基づく数字、その他誤認されるおそれがないものについては、この限りではありません。

# 4-3 ● 水産加工品

## 4-3-1 ● 海藻類（塩蔵わかめ・のり）

### 1 ● 塩蔵わかめ

#### 〈塩蔵わかめの表示例〉

| 名称 | 塩蔵わかめ |
|---|---|
| 原材料名 | わかめ（国産）、食塩 |
| 食塩含有率 | 50% |
| 内容量 | 80g |
| 賞味期限 | ○○．○○．○○ |
| 保存方法 | 要冷蔵（10℃以下） |
| 使用方法 | 塩抜きして使用すること |
| 製造者 | 有限会社　○○水産<br>北海道○○市○○町○-○-○ |

| 必要な表示事項 | 食品表示基準<br>以外の法令等 |
|---|---|
| 名称<br>●容器包装の表面にも表示 | |
| 原材料名 | |
| 原料原産地名 | |
| △食塩含有率<br>※ 40%を超える場合の<br>み | |
| 内容量 | |
| 消費期限 | |
| 保存方法 | |
| 使用方法 | |
| △原産国名※輸入品のみ | |
| 製造者　等 | |

【名称】

　食品表示基準に定める名称の用語を用いて、塩蔵わかめにあっては「塩蔵わかめ」、湯通し塩蔵わかめにあっては「湯通し塩蔵わかめ」と表示します。また、製品主要面に表示される商品名に名称の用語を使用していない場合は、商品名の近くに14ポイント以上の大きさの文字で名称を表示します。

　なお、塩蔵わかめについては、食品表示基準に示された当該食品の定義に合致しない食品に対してこの名称を表示することができません。

【原材料名】

　わかめにあっては、「わかめ」と表示します。ただし、乾燥わかめを水戻しして塩蔵わかめを製造したものにあっては、乾燥わかめを使用した旨を表示します。塩はわかめを食する際に取り除かれるものですが、原材料名には「食塩」と表示します。

【原料原産地名】

　国内で加工した塩蔵わかめについては、原料原産地表示に関する個別ルール

のある22の加工食品（食品表示基準　別表第15　1の（16））に該当します。この場合は、対象原材料であるわかめの原産地を国別重量順に原料原産地名欄を設けて表示するか、又は原材料名欄に表示された原材料名の次に括弧書きで表示します。食塩含有率が50％の製品であっても、当該食塩は保存性を高めるために使用されているものであって、製品の主要な構成要素とはみなされないため、わかめの原産地を表示することになります。

## 【食塩含有率】

　食塩含有率が40％を超える場合は、実含有量を下回らない10の整数倍の数字により、％の単位をもって、単位を明記して表示します。

## 【使用方法】

　「塩抜きして使用すること」等と表示します。

## 【表示禁止事項】

・「天然」又は「自然」の用語。ただし、天然わかめを使用した場合は、この限りでない。
・「本場」又は「特産」の用語。（当該産地で採取されたわかめを当該産地で処理包装したものについて、産地名を表す用語とともに表示する場合を除く。）
・乾燥わかめを水に戻したものにあっては、「新鮮」その他新しさを示す用語。
・品評会等で受賞したものであるかのように誤解させる用語及び官公庁が推薦しているかのように誤解させる用語

# 2●のり

## 〈のりの表示例〉

| 名称 | 焼きのり |
|---|---|
| 原材料名 | 乾のり（国産） |
| 内容量 | 10枚 |
| 賞味期限 | ○○. ○○. ○○ |
| 保存方法 | 直射日光、高温多湿を避けて保存してください。 |
| 製造者 | 株式会社　○○海苔<br>千葉県○○市○○町○-○-○ |

| 必要な表示事項 | 食品表示基準以外の法令等 |
|---|---|
| 名称 | |
| 原材料名 | |
| 原料原産地名 | |
| 内容量 | |
| 賞味期限 | |
| 保存方法 | |
| △原産国名※輸入品のみ | |
| 製造者　等 | |

## 【名称】

　焼きのり、味付けのり、もみのり、刻みのりなど、その内容を表す一般的な名称を表示します。

【原料原産地名】

　国内で製造したのりについては、原料原産地表示に関する個別ルールのある22の加工食品（食品表示基準 別表第15 1の（15））に該当します。この場合は、対象原材料であるのりの原そうの原産地を国別重量順に原料原産地名欄を設けて表示するか、又は原材料名欄に表示された原材料名の次に括弧書きで表示します。具体的にはのりとのりの原そうの産地が同一の産地になることから「のり（国産）」等と表示します。

　一方、刻みのり、もみのりのように細切り若しくは細刻したもの又は粉末状にしたのりは、別表第15 1の（15）には該当しませんが、対象原材料については原料原産地名の表示が必要です。


# 4-3-2 ● ふぐ加工品

## 〈ふぐ加工品の表示例〉

| 名称 | フグ一夜干 |
|---|---|
| 原材料名 | シロサバフグ（標準和名）、食塩／調味料（アミノ酸等）、pH調整剤 |
| 原料原産地名 | 中国 |
| 内容量 | 2尾 |
| 賞味期限 | ○○．○○．○○ |
| 保存方法 | 要冷蔵（10℃以下） |
| 製造者 | ○○水産　株式会社<br>○○県○○市○○町○-○-○ |

加工年月日　　△△．△△．△△

| 必要な表示事項 | 食品表示基準以外の法令等 |
|---|---|
| 名称 | |
| 原材料名（原料ふぐの種類） | |
| 添加物 | |
| 原料原産地名 | |
| 内容量 | |
| 消費期限又は賞味期限 | |
| 保存方法 | |
| △原産国名<br>　※輸入品のみ | |
| 製造者　等 | |
| 加工年月日又はロット番号<br>　※ロットが特定できるもの | |
| △漁獲水域名<br>　※なしふぐの場合 | |
| △生食用でない旨<br>　※冷凍食品の場合 | |

【原材料名】

　原料ふぐの種類を標準和名で表示するとともに、「標準和名」の文字を表示します。

## 【原料原産地名】

　国内で製造された塩干魚類については、原料原産地表示に関する個別ルールのある22の加工食品の1つ（食品表示基準 別表第15 1の（15））に該当します。この場合は、対象原材料である魚の原産地を国別重量順に原料原産地名欄を設けて表示するか、又は原材料名欄に表示された原材料名の次に括弧書きで表示します。

　なお、次に掲げる加工食品は、別表第15 1の（15）には該当しませんが、対象原材料については原料原産地名の表示が必要です。

### 別表第15 1の（15）に該当しないもの

・細切り若しくは細刻したもの又は粉末状にしたもの（あじの開き等をほぐし身にしたもの等）
・しょうゆ干し、みりん干し、くさや等のように調味液（しょうゆ、みりん、くさや汁、魚しょうゆ等）に浸してから干したもの
・魚介類を炭火等で焼いた後、乾燥させた焼干魚介類（焼あご等）
・燻煙をかけて製品とするくん製魚介類（にしんのくん製等）
・調味後、ローラーでのばすのし魚介類（のしイカ等）

## 【内容量】

　外見上容易に識別できるものについては、内容量の表示の省略が可能です。

## 【加工年月日又はロット番号】

　ふぐが包装され製品となった年月日を加工年月日である旨の文字を冠して表示するか、又はロット番号のいずれかを表示します。ロット番号を表示する場合は、消費期限又は賞味期限に頼らなくてもロットが特定でき、かつ、加工年月日表示よりもロット単位が粗くならないようにします。

## 【漁獲水域名】

　なしふぐ（有明海、橘湾、香川県及び岡山県の瀬戸内海域で漁獲されたもの）の筋肉を原料とするもの又はなしふぐ（有明海、橘湾で漁獲され、長崎県が定めた要領に基づき処理されたもの）の精巣を原料とするものは漁獲水域名を表示します。

## 【生食用でない旨】

　冷凍食品のうち、切り身にしたふぐを凍結したものにおいて、生食用ではないものにあっては、「加工用」、「フライ用」、「煮物用」と生食用ではない旨を

表示します。

【産地名の意味を誤認させるような表示の禁止】

　A国産のフグを原料として、山口で加工したフグ一夜干に「山口産」と強調表示があった場合、「山口」が加工地なのか原料原産地なのか、不明確であり、消費者は強調表示を見て「山口」が原料原産地であると誤認する可能性があります。

　このように、加工地の表示をあたかも原料の原産地であるかのように誤認させるような表示が「産地名の意味を誤認させるような表示」に該当します。

　このような場合、「加工地：山口、原料原産地：A国」等と、区別して明記することにより、それぞれの産地名の意味が明確にわかるように表示する必要があります。

# 4-3-3 ● うなぎ加工品

## 〈うなぎ加工品の表示例〉

| 名称 | うなぎの蒲焼き |
|---|---|
| 原材料名 | ニホンウナギ（国産）、醤油（大豆・小麦を含む）、砂糖、みりん、清酒／調味料（アミノ酸等）、アナトー色素 |
| 内容量 | 1尾 |
| 消費期限 | ○○．○○．○○ |
| 保存方法 | 10℃以下で保存してください。 |
| 製造者 | 合資会社　○○商店<br>○○県○○市○○町○‐○‐○ |

| 必要な表示事項 | 食品表示基準以外の法令等 |
|---|---|
| 名称 | |
| 原材料名<br>（原料原産地を含む） | |
| 添加物 | |
| 内容量 | |
| 消費期限又は賞味期限 | |
| 保存方法 | |
| △原産国名 ※輸入品のみ | |
| 製造者　等 | |

【うなぎ加工品の定義】

　食品表示基準ではうなぎ（ウナギ属に属するものをいう。）を開き、これを焼き若しくは蒸したもの又はこれにしょうゆ、みりん等の調味液を付けた後、焼いたもの（これらを細切したものを除く。）をうなぎ加工品と定義しています。

## 【原材料名】

うなぎの中でジャポニカ種にあっては、「魚介類の名称のガイドライン」の標準和名に基づき「ニホンウナギ」と表示することが推奨されています。

## 【原料原産地名】

国内で製造された「うなぎ加工品」（蒲焼き、白焼き）については、食品表示基準 別表第15 4に該当し、個別にうなぎの原料原産地を表示することが義務付けられています。

原料原産地の表示方法は、原材料名欄の「うなぎ」の文字の次に、国別重量順に括弧書きで表示します。なお、うなぎ加工品を細刻したものは、別表第15 4には該当しませんが、国内で製造された加工食品である場合は、新しい原料原産地表示の対象となります。

## 【内容量】

外見上容易に識別できるものについては、内容量の表示の省略が可能です。

## 【製造者等】

食品関連事業者を表示する際の事項名として、加熱調理、味付けなどの製造行為を行ったものは製造者と、小分けなどの衛生状態を変化させる加工行為のみを行ったものは加工者として表示を行います。小分け包装されたうなぎ加工品を輸入し、そのままの形で国内で販売する場合は、輸入者の表示と原産国名の表示が必要です。

例えばバルクのうなぎ加工品を輸入し、国内で小分け包装して販売する場合、
①加工者が表示責任者の場合は加工者と表示し原産国名の表示が必要です。
②販売者が表示責任者の場合は、販売者及び小分け包装した者を加工者と表示し、同じく原産国名の表示が必要です。

一方バルクのうなぎ加工品を輸入し、国内でさらに味付けなどの製造行為を行い、小分け包装して販売する場合は、製造者が表示責任者の場合は製造者と表示した上で、うなぎの原料原産地の表示が必要です。

## 【養殖の表示・天然の表示】

### 養殖の表示

うなぎの蒲焼き等の加工品については、養殖と表示する義務はありません。

### 天然の表示

養殖の定義に該当しないものについて、すべてが天然と表示できるというこ

とではありません。事実として自然に生育したものであることを証明できるものについてのみ「天然」と表示することができます。

# 4-3-4 ● 塩蔵品（魚卵）

## 〈たらこの表示例〉

| 名称 | 塩たらこ |
|---|---|
| 原材料名 | スケトウダラの卵巣（アメリカ又はロシア）、食塩／調味料（アミノ酸等）、ソルビット、酒精、トレハロース、酸化防止剤（V.C）、甘味料（カンゾウ、ステビア）、ナイアシン、発色剤（亜硝酸Na） |
| 内容量 | 200g |
| 賞味期限 | ○○．○○．○○ |
| 保存方法 | 10℃以下で保存してください。 |
| 製造者 | 株式会社　○○水産<br>○○県○○市○○町○-○-○ |

| 必要な表示事項 | 食品表示基準<br>以外の法令等 |
|---|---|
| 名称 | |
| 原材料名 | |
| 添加物 | |
| 原料原産地名 | |
| 内容量 | 計量法 |
| 消費期限又は賞味期限 | |
| 保存方法 | |
| △原産国名 ※輸入品のみ | |
| 製造者　等 | |

スケトウダラの卵巣の原産地は、当社における○○年の取扱い実績の多い順に表示しています。詳細は当社にお尋ねください。

## 〈辛子めんたいこの表示例〉

| 名称 | 辛子めんたいこ |
|---|---|
| 原材料名 | スケトウダラの卵巣（ロシア）、食塩、清酒、果糖ぶどう糖液糖、唐辛子、醤油（大豆・小麦を含む） |
| 添加物 | 調味料（アミノ酸等）、酸化防止剤（V.C）、発色剤（亜硝酸Na） |
| 内容量 | 120g（1～2本入り） |
| 賞味期限 | ○○．○○．○○ |
| 保存方法 | 10℃以下で保存してください。 |
| 製造者 | 株式会社　○○水産<br>○○県○○市○○町○-○-○ |

| 必要な表示事項 | 食品表示基準<br>以外の法令等 |
|---|---|
| 名称 | 公正競争規約 |
| 原材料名 | 公正競争規約 |
| 添加物 | 公正競争規約 |
| 原料原産地名 | 公正競争規約 |
| 内容量 | 公正競争規約 |
| 消費期限又は賞味期限 | 公正競争規約 |
| 保存方法 | 公正競争規約 |
| △原産国名 ※輸入品のみ | 公正競争規約 |
| 製造者　等 | 公正競争規約 |

【原材料の性質等により特別な事情がある場合の原料原産地表示】

　塩たらこ等については、原料原産地表示に関する個別ルールのある22の加工食品（食品表示基準　別表第15　1の（16））に該当し、魚卵の原産地を「国別重量順」に表示することが原則ですが、原材料の調達先が頻繁に変わるなど、原材料の原産地の重量割合を商品ごとに特定できない場合があります。

原材料について２以上の原産地のものを混合して製造する場合（例：ロシア産、米国産の原料のみを使用した場合）で、原材料に占める重量割合が特定できない場合は、「すけとうだらの卵巣（ロシア又はアメリカ）」等と、「又は」でつないだ例外表示が認められており、別途その旨を消費者が認識できるように「原料原産地は、当社における○○年の取扱い実績の多い順に表示しています。」「詳細は当社にお尋ねください。」等と、必ずしも商品ごとの重量割合順に表示しているものではないことを明記します。

　なお、通常、国産原料が米国産又はロシア産の原料と混合使用されることはないことから、国産原料と外国産原料の両方を原料として表示することは想定していません。

　また、問い合わせ等に対応できるように、根拠となる書類等を保持しておくことが必要です。

　　例：○○年の原料取扱い割合が、ロシア６割、米国４割の場合
　　〈表示例〉
　　　　　原材料名：スケトウダラの卵巣（ロシア又は米国）、食塩
　　〈別記様式枠外の注釈例〉
　　　　　スケトウダラの卵巣の原産地は、当社における○○年の取扱い実績の多い順に表示しています。詳細は当社のお客様窓口（電話○○○○）にお尋ねください。

**【辛子めんたいこの原産国についての考え方及び原料原産地表示】**

　輸入した辛子めんたいこについては、「辛子めんたいこ食品の表示に関する公正競争規約」により、スケトウダラの卵巣に唐辛子を主原料とする調味液等で味付けした国を原産国として表示します。また、くらげ、かずのこ、いか、あわび、椎茸その他の農水産物を一定割合以上の辛子めんたいこであえた「辛子めんたいこあえもの」で、製品として輸入したものについては、農水産物を辛子めんたいこであえた国を原産国として表示します。

　国内で製造した「辛子めんたいこ」は、生又は解凍した魚介類及び海藻類（生鮮品）を単に調理したもの（個別ルールのある22の加工食品）には該当しませんが、対象原材料となる魚卵の原産地を「国別重量順」に表示することを原則としつつ、「塩たらこ」と同様の方法で表示します。

【内容量】

　塩かずのこ、塩たらこ、すじこ、いくら、キャビアは計量法の特定商品に該当するため、内容重量をグラム又はキログラムの単位で、単位を明記して表示します。辛子めんたいこは計量法の特定商品には該当しませんが、前述の公正競争規約に基づき、内容重量をグラム又はキログラムで単位を明記して表示します。この場合、本数を単位とともに併記することができます。

# 4-3-5 ● 魚肉練り製品（かまぼこ）

## 〈魚肉練り製品（かまぼこ）の表示例〉
## 商品名：ぐちいり笹かまぼこ

原材料配合割合：ぐち5％（仕込み時）

| 名称 | 焼抜きかまぼこ |
|---|---|
| 原材料名 | 魚肉（たら、えそ、ぐち）、卵白（卵を含む）、でん粉、砂糖、みりん、食塩、ぶどう糖／酒精、調味料（アミノ酸等） |
| 原料原産地名 | 国産（たら） |
| 内容量 | 120g |
| 賞味期限 | ○○.○○.○○ |
| 保存方法 | 10℃以下で保存してください。 |
| 製造者 | 株式会社　○○蒲鉾<br>○○県○○市○○町○-○-○ |

でん粉含有率：3％

| 必要な表示事項 | 食品表示基準以外の法令等 |
|---|---|
| 名称 | |
| 原材料名 | |
| 添加物 | |
| 原料原産地名 | |
| 内容量 | |
| 消費期限又は賞味期限 | |
| 保存方法 | |
| △原産国名　※輸入品のみ | |
| 製造者　等 | |
| △でん粉含有率<br>　※でん粉を使用したもの | 自治体条例 |
| △原材料配合割合<br>　※商品名に原材料の一部の名称を使用したもの | 自治体条例 |

【名称】

　魚肉練り製品（かまぼこ）の名称は、その製法や形状から、「板付きかまぼこ」「蒸しかまぼこ」「焼きちくわ」「はんぺん」「揚げかまぼこ」、香味及び食感から「風味かまぼこ」や、特殊な包装に入れた「特殊包装かまぼこ」等と表示します。

## 【原材料名】

　添加物以外の原材料は、最も一般的な名称で、原材料に占める重量の割合の高いものから順に表示します。原材料の魚については、魚肉の文字の次に括弧を付して、魚類をまとめて表示することもできます。

　なお、原材料を魚類ごとに表示することが困難な場合などは、特定の種類の魚類の名称を表示していない場合に限り、複数種類の魚類を一括して「魚」又は「魚肉」と表示することが認められています。

　また、すり身にしたものを仕入れて使用する場合で、網で無分別に捕獲したものを原材料としている場合は、「魚肉すり身（魚介類)」とまとめることもでき、この表示は「えび」や「かに」といった特定原材料に関するアレルギー表示の代替表記とみなされます。

　　　※アレルギー表示については、第5章 5-2参照。

## 【原料原産地名】

　魚肉の練り製品は、鮮魚の魚肉から製造する場合、すり身を原材料とする場合、また、鮮魚とすり身を併用して使用する場合があります。いずれも原材料名としては「魚肉」等とまとめて表示することができますが、原料原産地名については、それらの実態に即して表示します。具体的には、原料原産地名として、使用した鮮魚については「国産（たら)」等と、使用したすり身については「A国製造（魚肉すり身)」等と表示します。

## 【自治体条例に基づく表示事項】

　かまぼこのでんぷん含有率や、商品名に原材料の一部の名称が付された商品に対する原材料配合割合の表示については、自治体によっては条例で義務付けているところがあります。自治体条例の内容については資料編 資料3「食品表示に関する自治体条例」を参照してください。

# 4-4 ● 加工食品

## 4-4-1 ● ゆでめん・生めん

### 〈なま中華めんの表示例〉

| 品名 | なま中華めん |
|---|---|
| 原材料名 | めん（小麦粉（国内製造）、食塩、でん粉、卵白（卵を含む）、小麦たん白／酒精、かんすい、クチナシ色素）<br>スープ（ポークエキス、醤油（大豆・小麦を含む）、豚脂、食塩、砂糖、たん白加水分解物、チキンエキス（ゼラチンを含む）、植物油脂、香辛料／調味料（アミノ酸等）、酒精、カラメル色素、増粘多糖類） |
| 内容量 | 270g（めん120g×2、スープ15g×2） |
| 賞味期限 | ○○．○○．○○ |
| 保存方法 | 要冷蔵（10℃以下） |
| 使用上の注意 | 賞味期限内にお召し上がりください。 |
| 製造者 | ○○製麺　株式会社<br>○○県○○市○○町○-○-○ |

〈主要面の表示〉

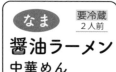

| 必要な表示事項 | 食品表示基準以外の法令等 |
|---|---|
| 品名<br>なま、ゆで、むし、油揚げ又は半なまの別<br>　※なま、ゆで、むし等の表示が商品名又は品名に表示されていない場合、自治体条例によりなま、ゆで、むし等の表示をする<br>　●容器包装の表面にも表示 | 公正競争規約<br>自治体条例 |
| 原材料名 | 公正競争規約 |
| 添加物 | 公正競争規約 |
| 原料原産地名 | 公正競争規約 |
| 内容量 | 公正競争規約 |
| 消費期限又は賞味期限 | 公正競争規約 |
| 保存方法 | 公正競争規約 |
| 使用上の注意<br>　●記載箇所を明記の上、枠外に記載できる。 | 公正競争規約 |
| △原産国名<br>　※輸入品のみ | |
| 製造者　等 | 公正競争規約 |
| 要冷蔵<br>　※要冷蔵品のみ<br>　●容器包装の表面に記載 | 公正競争規約 |

【品名】

　生めん類の表示に関する公正競争規約に基づき、「うどん」「中華めん」等の品名と「なま、ゆで、むし、油揚げ又は半なまである旨」を併せて、「なま中華めん」「ゆでうどん」等と表示します。なお「品名」については、「名称」と表示することができます。

【原材料名】

　生めん類の表示に関する公正競争規約に基づき、使用した原材料を「めん」「添付してあるスープ・つゆ」「具」とに区分し、これらの事項を重量の多い順

に、「めん」「スープ」「つゆ」「具」等の文字の次に、括弧を付して、それぞれの原材料をその原材料に占める重量の割合の高いものから順に、その最も一般的な名称で表示します。

## 【添加物】

使用した添加物を、「めん」「添付してあるスープ・つゆ」「具」とに区分して、添加物に占める重量の割合の高いものから順に、それぞれ「めん」「スープ」「つゆ」「具」等の文字の次に、括弧を付して、規定に従い表示します。

## 【内容量】

ゆでめん、むしめんは、内容重量をグラムの単位で、単位を明記して表示します。スープ・つゆ等又は具を添付する場合は、総重量及びめんの重量、スープ・つゆ等の重量、具の重量をそれぞれ表示します。ただし、スープ・つゆ等と具の重量の表示は省略することができます。

## 【特定の表示事項】（生めん類の表示に関する公正競争規約より）
### 容器包装の表面に表示すべき事項
・容器包装の表面には、品名を肉太文字で他のいかなる表示よりも大きい文字で表示します。ただし、品名以外の商品名を表示するときは、商品名の上下左右いずれかに26ポイント以上の大きさの文字で品名を表示します。また、「なま、ゆで、むし、油揚げ又は半なまの別」を品名又は商品名の上部、左上又は右上に、26ポイントの活字以上の大きさの文字で○又は□の枠で囲んで表示します（１字の場合は34ポイント以上）。
・要冷蔵品については「要冷蔵」の文字を、15ポイント以上の大きさの文字で表面の目立つ場所に表示します。
### 使用上の注意
別記様式欄に「使用上の注意」の事項名で「消費期限（又は賞味期限）内にお召し上がりください。」「開封後はお早めにお召し上がりください。」等と表示します。ただし、別記様式欄に表示することが困難な場合は、他の箇所に表示することができます。

# 4-4-2 ● 乾めん・即席めん

## 1 ● 干しそば

### 〈干しそばの表示例〉

| 名称 | 干しそば |
|---|---|
| 原材料名 | めん（小麦粉（小麦（アメリカ産又は国産（5% 未満）））、そば粉、食塩）<br>添付調味料（醤油（大豆・小麦を含む）、砂糖、削りぶし（かつお、さば）、発酵調味料、食塩／調味料（アミノ酸等）、カラメル色素）<br>やくみ（七味とうがらし） |
| そば粉の配合割合 | 2 割 |
| 内容量 | 556g（めん200g × 2、添付調味料 75g × 2、やくみ 3g × 2） |
| 賞味期限 | ○○.○○.○○ |
| 保存方法 | 直射日光を避け、湿度の低い常温で保存してください。 |
| 調理方法 | 枠外下部に記載 |
| 製造者 | 株式会社 ○○製麺<br>○○県○○市○○町○-○-○ |

小麦の産地順・割合は、令和○年の使用実績による。

| 必要な表示事項 | 食品表示基準以外の法令等 |
|---|---|
| 名称 | |
| 原材料名（添加物を含む。） | |
| 原料原産地名 | |
| △そば粉の配合割合<br>※そば粉の配合割合が 30% 未満の干しそばの場合<br>●商品名に近接した箇所に、14 ポイント以上の大きさの活字で表示した場合は省略できる。 | |
| 内容量 | 計量法 |
| 賞味期限 | |
| 保存方法 | |
| 調理方法<br>●記載箇所を明記の上、枠外に記載できる。 | |
| △原産国名 ※輸入品のみ | |
| 製造者 等 | |

#### 調理方法

①大きめの鍋で、たっぷりのお湯を沸騰させ、麺をほぐしながら入れます。軽くかきまぜ、お好みで 5 〜 6 分間ゆでます。
②ゆで上がったら湯をこぼし、冷水でもみ洗いします。
③ザルに上げ、よく水を切ってから器に盛り付けてください。

## 【名称】

　小麦粉又はそば粉に食塩、やまのいも、抹茶、卵等を加えて練り合わせた後、製めんし、乾燥した乾めん類のうち、そば粉を使用しているものを「干しそば」と、それ以外を「干しめん」と表示します。

　また、「干しめん」については、めんの形状によって「うどん」「ひやむぎ」「そうめん」「きしめん」等と、また、かんすいを使用したものは「中華めん」と表示することができます。このうち、手延べめんの基準に準じて製造されたものを、それぞれ「手延べ干しそば」「手延べ干しめん」「手延べ干し中華めん」等と表示することができます。

## 【原材料名】

　めんの原材料について、その最も一般的な名称を、原材料に占める重量の割合の高いものから順に表示します。ただし、調味料、やくみ等を添付したものは、めんの原材料について「めん」の文字の次に、括弧を付して、その最も一般的な名称を、原材料に占める重量の割合の高いものから順に表示します。

　添付してある調味料の原材料は、「添付調味料」「つゆ」「たれ」等の文字の次に、括弧を付して、その最も一般的な名称を、原材料に占める重量の割合の高いものから順に表示します。なお、砂糖及びその他の砂糖類は、「砂糖類」又は「糖類」と表示することができます。添付してあるやくみ等の原材料は、「やくみ」等の文字の次に、括弧を付して、その最も一般的な名称を、原材料に占める重量の割合の高いものから順に表示します。

## 【添加物】

　使用した添加物を、添加物に占める重量の割合の高いものから順に、めんに添加したものは、めんの原材料名の表示に併記して、添付調味料、やくみ等に添加したものは、添付調味料、やくみ等の原材料名の表示に併記して、規定に従って表示します。

　ただし、栄養強化の目的で使用される添加物に係る表示の省略規定は適用されないため、他の添加物と同様に表示することが必要です。

　なお、「添加物」の項目欄を設け、めんに添加したもの、添付してある調味料、やくみ等に添加したものに区分して、それぞれ「めん」「添付調味料」「つゆ」「たれ」「やくみ」等の文字の次に、括弧を付して表示することもできます。

## 【そば粉の配合割合】

　食塩以外の原材料及び添加物に占めるそば粉の重量の割合をいいます。そば粉の配合割合が30％未満の干しそばは、実配合割合を上回らない数値により「２割」「20％」等と、そば粉の配合割合が10％未満のものは、「１割未満」「10％未満」等と表示します。ただし、そば粉の配合割合を商品名に近接した箇所に、14ポイント以上の大きさの活字で表示した場合は、別記様式のそば粉の配合割合の事項を省略することができます。

## 【内容量】

　計量法の特定商品に該当するため、内容重量をグラム又はキログラムの単位で、単位を明記して表示します。

　また、「添付調味料」又は「やくみ」を添付したものは、内容重量及びめん

の重量をグラム又はキログラムの単位で表示します。

## 【調理方法】

　乾めんは調理が必要な食品のため、食品の特性に応じた調理方法を表示します。ただし、調理方法を一括して表示することが困難な場合には、調理方法の欄に表示箇所を表示すれば、他の箇所に表示することができます。

## 【表示禁止事項】

・手延べ干しそば又は手延べ干しめん以外のものに「手延べ」その他これに類似する用語
・産地名を表す用語。ただし、製めんした地域で包装まで行ったものに表示する場合や、製めん地以外で包装したものに製めん地として産地名を明記することは差し支えない。

# 2●即席めん

## 〈即席めんの表示例〉

| 名称 | 即席カップめん |
|---|---|
| 原材料名 | 油揚げめん（小麦粉（国内製造）、植物油脂、でん粉、食塩、粉末卵）、植物油脂、ポークエキス、食塩、糖類、豚肉、ねぎ、メンマ、醤油、豚脂、チキンエキス、香辛料、たん白加水分解物、昆布エキス／調味料（アミノ酸等）、ソルビトール、炭酸カルシウム、カラメル色素、かんすい、増粘剤（キサンタン）、香料、酸化防止剤（ビタミンE）、クチナシ色素、ビタミンB₂、ビタミンB₁、（一部に小麦・卵・大豆・鶏肉・豚肉・ゼラチンを含む） |
| 内容量 | 87g（めん63g） |
| 賞味期限 | フタ下部に記載 |
| 保存方法 | 直射日光を避け、常温で保存してください。 |
| 製造者 | ○○食品　株式会社<br>大阪府○○市○○町○-○-○ |
| 製造所 | ◇◇県◇◇市◇◇町◇-◇-◇ |

調理方法：①かやく、粉末スープをめんの上にあけます。②熱湯を内側の線まで注ぎ、ふたをしてください。③3分後、よくかき混ぜてお召し上がりください。
使用上の注意：やけどに注意してください。

| 必要な表示事項 | 食品表示基準以外の法令等 |
|---|---|
| 名称 | 公正競争規約 |
| 原材料名 | 公正競争規約 |
| 添加物 | 公正競争規約 |
| 原料原産地名 | 公正競争規約 |
| 内容量 | 計量法、公正競争規約 |
| 賞味期限 | 公正競争規約 |
| 保存方法 | 公正競争規約 |
| 調理方法<br>●枠外記載できる。 | 公正競争規約 |
| △使用上の注意<br>※食器として使用できる容器にめんを入れているものに限る。 | 公正競争規約 |
| △原産国名　※輸入品のみ | 公正競争規約 |
| 製造者　等 | 公正競争規約 |

（フタ下部の表示）
賞味期限：○○．○○．○○

## 【名称】

「即席中華めん」「即席和風めん」「即席欧風めん」「即席カップめん」「生タイプ即席めん」等と、その最も一般的な名称を表示します。

## 【原材料名】

めんの原材料は、「めん」（油揚げめんは、「油揚げめん」）の文字の次に、括弧を付して、その最も一般的な名称を、原材料に占める重量の割合の高いものから順に表示します。

添付調味料、かやくの原材料は、その最も一般的な名称を、原材料に占める重量の割合の高いものから順に表示します。また、「スープ」「かやく」等、各構成要素を表す文字の次に括弧を付して、それぞれの原材料に占める割合の高いものから順に表示することもできます。

## 【添加物】

即席めんについては栄養強化の目的で使用される添加物に係る表示の省略規定は適用されないため、他の添加物と同様に表示することが必要です。

## 【内容量】

計量法の特定商品に該当するため、内容重量をグラム又はキログラムの単位で、単位を明記して表示します。

また、「添付調味料」又は「かやく」を添付したものは、内容重量及びめんの重量をグラム又はキログラムの単位で、単位を明記して表示します。

## 【調理方法の表示】

即席めんは調理が必要な食品のため、食品の特性に応じた調理方法を、容器又は包装の見やすい箇所に表示します。

## 【使用上の注意】

食器として使用できる容器にめんを入れているもので、容器を加熱するものは「調理中及び調理直後は、容器に直接手を触れないこと。」等と、容器を加熱しないものは「やけどに注意」等と容器又は包装の見やすい箇所に表示します。

## 【表示禁止事項】

・かやくのうち、特定のものを特に強調する用語

（調理後の当該かやくの重量が調理後のめんの重量の２％未満の場合）
・そば粉の配合割合が30％未満のものに、「そば」の用語
・生タイプ即席めん以外のものに、「生タイプ」の用語

# 4-4-3 ● 調理冷凍食品（冷凍えびフライ）

## 〈冷凍えびフライの表示例〉

（冷凍食品）

| 名称 | 冷凍えびフライ |
|---|---|
| 原材料名 | えび（インドネシア）、衣（パン粉、小麦粉、鶏卵、でん粉、砂糖、食塩、植物油脂、粉末状植物性たんぱく（大豆を含む）、脱脂粉乳、たんぱく加水分解物（豚肉を含む））／調味料（アミノ酸等）、加工でん粉、pH調整剤、膨張剤、パプリカ色素 |
| 内容量 | 150g（10尾） |
| 賞味期限 | ○○.○○.○○ |
| 保存方法 | -18℃以下で保存してください。 |
| 凍結前加熱の有無 | 加熱してありません。 |
| 加熱調理の必要性 | 加熱してお召し上がりください。 |
| 販売者 | ○○冷凍食品　株式会社<br>○○県○○市○○町○-○-○ |
| 製造者 | 株式会社△△冷凍　△△工場<br>△△県△△市△△町△△-△ |

〈使用方法〉
天ぷら鍋又はフライパンに油を入れて、約170℃で4分間揚げてください。

※調理冷凍食品のうち、「冷凍めん類」に関連する「生めん類の表示に関する公正競争規約」については割愛しています。第4章 4-4-1「ゆでめん・生めん」の項を参照してください。

| 必要な表示事項 | 食品表示基準以外の法令等 |
|---|---|
| 名称 | |
| 原材料名 | |
| 添加物 | |
| 原料原産地名 | 自治体条例 |
| △衣の率又は皮の率<br>※食品表示基準で定める割合を超える場合 | |
| 内容量 | 計量法 |
| 賞味期限 | |
| 保存方法 | |
| △原産国名 ※輸入品のみ | |
| 製造者　等 | |
| 飲食に供する際に加熱を要するかの別 | |
| 凍結直前に加熱されたものであるかの別<br>※加熱調理の必要性のあるもののみ | |
| 冷凍食品である旨 | |
| 使用方法<br>●枠外記載<br>・解凍方法、調理方法等<br>△自然解凍が可能である旨<br>※自然解凍調理冷凍食品のみ | 自治体条例<br>業界自主基準 |
| 内容個数<br>●枠外記載<br>※内容個数の管理が困難でないもの | |
| △油で揚げている旨<br>●枠外記載<br>※食用油脂で揚げた後、凍結し、容器包装に入れたもの | |
| △ソースを加えた旨又はソースで煮込んだ旨<br>●枠外記載<br>※ソースを加えたもの又はソースで煮込んだもの | |
| △原料米の産地<br>※冷凍米飯類に限る。 | 米トレ法 |

業界：一般家庭向け弁当用自然解凍調理冷凍食品等の製造・販売に係わる取扱要領（一般社団法人日本冷凍食品協会）

## 【冷凍食品である旨】

　「冷凍食品」等と、冷凍食品である旨を表示します。

## 【名称】

　調理冷凍食品のうち指定された品目（冷凍フライ類、冷凍しゅうまい、冷凍ぎょうざ、冷凍春巻、冷凍ハンバーグステーキ、冷凍ミートボール、冷凍フィッシュハンバーグ、冷凍フィッシュボール、冷凍米飯類、冷凍めん類）においては、食品表示基準に定める名称の用語を用いて、「冷凍フライ類」「冷凍しゅうまい」「冷凍ぎょうざ」「冷凍春巻」「冷凍ハンバーグステーキ」「冷凍ミートボール」「冷凍フィッシュハンバーグ」「冷凍フィッシュボール」等と表示します。また、冷凍米飯類については、「冷凍米飯類」「冷凍チャーハン」「冷凍焼きおにぎり」等と、冷凍めん類については、「冷凍めん類」「冷凍うどん」「冷凍スパゲッティ」等と、その製品の最も一般的な名称をもって表示します。

　上記の指定された品目以外の調理冷凍食品において、例えばピザ、グラタン、肉まん等は「冷凍ピザ」「冷凍エビグラタン」「冷凍肉まん」等と、その最も一般的な名称で表示します。

　なお、冷凍の文字は、省略することができます。

## 【原材料名】

　調理冷凍食品のうち上記の指定された品目において、例えば冷凍えびフライの場合、使用した原材料を、次の①及び②の区分により、原材料に占める重量の割合の高いものから順に、次のように表示します。

①原材料（加熱調理用の食用油脂を除く。）は、次のア及びイの区分により表示します。

　　ア．使用したフライ種の原材料は、「えび」と、その最も一般的な名称をもって表示します。

　　イ．使用した衣の原材料は、「衣」の文字の次に括弧を付して、「パン粉」等その最も一般的な名称をもって表示します。ただし、砂糖類は「砂糖類」又は「糖類」と、香辛料は「香辛料」と記載することができます。

②加熱調理用の食用油脂は、「揚げ油」の文字の次に括弧を付して、その最も一般的な名称をもって表示します。

　冷凍フライ類以外の指定された品目の場合も、使用した原材料を「ソース、具、調味料、かやく、加熱調理用の食用油脂以外の原材料」及び「ソース」「具」「調味料」「かやく」「加熱調理用の食用油脂」とに区分し、原材料に占める重量の割合の高いものから順に表示します。この場合、めんにあっては「めん」

の文字の次に、括弧を付して、ソースや具にあっては「ソース」「具」の文字の次に、括弧を付して、原材料の名称を表示します。

指定された品目以外の調理冷凍食品においては、使用した原材料を、原材料に占める重量の割合の高いものから順に、その一般的な名称をもって表示します。

## 【添加物】

調理冷凍食品のうち上記の指定された品目において、例えば冷凍えびフライの場合、使用した添加物を、添加物に占める重量の割合の高いものから順に、原材料名の区分（①及び②）ごとに併記します。

冷凍フライ類以外の指定された品目の場合も、使用した添加物を「めん、ソース、調味料、かやく以外の原材料」及び「めん」「ソース」「調味料」「かやく」とに区分し、それぞれの原材料名に併記して表示するか、添加物名欄を設け、それぞれを区分して、「めん」「ソース」「つゆ」等の文字の次に、括弧を付して表示します。

ただし、これらの指定された品目において、栄養強化の目的で使用される添加物に係る表示の省略規定は適用されないため、他の添加物と同様に表示することが必要です。

指定された品目以外の調理冷凍食品においては、使用した添加物を、添加物に占める重量の割合の高いものから順に表示します。

## 【衣の率、皮の率】

冷凍魚フライ、冷凍えびフライ、冷凍いかフライ、冷凍かきフライ、冷凍コロッケ及び冷凍カツレツの衣の率は、実比率を下回らない5の整数倍の数値により、パーセントの単位で、単位を明記して別記様式枠内に表示します。

冷凍しゅうまい、冷凍ぎょうざ、冷凍春巻の皮の率は、実比率を下回らない5の整数倍の数値により、パーセントの単位で、単位を明記して表示します。

ただし、衣の率、皮の率が食品表示基準で定める割合（例：油で揚げていない冷凍えびフライの場合は50％）以下の場合は、表示する必要はありません。

## 【内容量】

冷凍食品は、計量法の特定商品に該当するため、内容重量をグラム又はキログラムの単位で、単位を明記して表示します。冷凍ハンバーグステーキ、冷凍ミートボール、冷凍フィッシュハンバーグ、冷凍フィッシュボールにソースを加えたものは、内容重量及びソースを除いた固形量をグラム又はキログラムの

単位で、単位を明記して表示します。

## 【飲食に供する際に加熱を要するかの別】

　加熱調理の必要性の有無を、「加熱してお召し上がりください。」「加熱用」等と、飲食に供する際に加熱を要するかの別を示す文言を別記様式枠内又は枠外に表示します。名称の表示に併記することもできます。

## 【凍結直前に加熱されたものであるかの別】

　飲食に供する際に加熱を要するものについては、凍結させる直前に加熱されたものであるかどうかの別を、「凍結前加熱」「加熱してあります。」「加熱してありません。」等と別記様式枠内又は枠外に表示します。

## 《調理冷凍食品で指定された品目における、別記様式への表示事項以外に必要な表示事項のまとめ》

## 【使用方法】

　使用方法として、解凍方法、調理方法等を容器包装の見やすい箇所に表示します。自然解凍調理冷凍食品については、「自然解凍調理が可能です。」「凍ったままでお弁当に盛り付けてください。」等と、自然解凍による利用が可能である旨を使用方法として表示します。

## 【内容個数】

　内容個数の管理が困難でないものについて、内容量の表示とは別に、○個入り、○尾入り、○枚入り、○人前等と、内容個数を容器包装の見やすい箇所や、別記様式の内容量欄に表示します。

## 【油で揚げている旨】

　食用油脂で揚げた後、凍結し、容器包装に入れたものにあっては、「油で揚げてあります。」等と、商品名の表示されている箇所に近接した箇所に16ポイント以上の大きさの文字で表示します。

## 【ソースを加えた旨又はソースで煮込んだ旨】

　冷凍ハンバーグステーキ、冷凍ミートボール、冷凍フィッシュハンバーグ又は冷凍フィッシュボールにあっては、ソースを加えた旨又はソースで煮込んだ旨を容器包装の見やすい箇所に16ポイント以上の大きさの文字で表示します。

【食肉の率、魚肉の率】

　冷凍のハンバーグステーキ、ミートボールにあっては、食肉の含有率を、冷凍のフィッシュハンバーグ、フィッシュボールにあっては、魚肉の含有率を実比率を上回らない5の整数倍の数値により、パーセントの単位で、単位を明記して表示します（いずれも具又はソースを加えたものにあっては、具及びソースを除く。）。

　表示には容器包装の見やすい箇所に16ポイント以上の大きさの文字を用います。食肉の含有率、魚肉の含有率が食品表示基準で定める割合（40％）以上の場合は、表示する必要はありません。

【冷凍めん類に関する事項】（生めん類の表示に関する公正競争規約より）

・冷凍めん類の名称は、「冷凍ゆでうどん」等と、「冷凍食品である旨」、及び「なま、ゆで、むし、油揚げ又は半なまである旨」と名称を併せて表示します。また、スープ・つゆ等及び具を加えて調理したものは、「冷凍うどん（調理済み）」等と表示します。

・「名称」及び、「要冷凍」の文字を、15ポイントの活字以上の大きさの文字で表面の目立つ場所に表示します。

《その他の表示》

【自治体条例に基づく表示事項】

　調理冷凍食品の原料原産地表示や原材料配合割合の表示や使用上の注意の表示については、自治体によっては条例で義務付けているところがあります。自治体条例の内容については資料編 資料3「食品表示に関する自治体条例」を参照してください。

# ミニコラム：冷凍食品と冷凍品

　「冷凍食品」とは、食品衛生法では、「製造し、又は加工した食品（清涼飲料水、食肉製品、鯨肉製品、魚肉練り製品、ゆでだこ及びゆでがにを除く。）及び切り身又はむき身にした鮮魚介類（生かきを除く。）を凍結させたもので、容器包装に入れられたもの」と定義されており、食品衛生法に基づき、都道府県知事より「冷凍食品製造業」又は「複合型冷凍食品製造業」の営業許可を取得した施設等で製造し、食品衛生法に定める保存基準、成分規格に適合したものをいいます。

　「冷凍食品」には、「冷凍食品である旨」「保存方法は、−15℃以下で保存する旨」のほか、加工や製造した食品には、「飲食に供する際に加熱を要するかの別」「凍結させる直前に加熱されたものであるかどうかの別」、切り身又はむき身にした冷凍魚介類には、「生食用であるかないかの別」等の表示が必要となります。

　冷凍食品の中の「調理冷凍食品」とは、農畜水産物に、選別、洗浄、不可食部分の除去、整形等の前処理及び調味、成形、加熱等の調理を行ったものを凍結し、包装し、及び凍結したまま保持したものであって、簡便な調理をし、又はしないで食用に供されるものをいいます。4-4-3「調理冷凍食品」にあるような表示をします。

　一方「冷凍品」とは、一般に出荷時に冷凍状態で流通する、魚全体を冷凍したいわゆる冷凍魚、輸入冷凍食肉等をいいます。食肉や鮮魚では、生鮮食品としての表示の一部として冷凍である旨、又は解凍した旨を表示する必要があります。また、このほかに製造業者が製品の鮮度保持の目的で、商品を冷凍した状態で流通させている「冷凍流通品」といわれるような製品もあります。

# 4-4-4 ● 調味料類（しょうゆ・みそ）

## 1 ● しょうゆ

### 〈有機しょうゆの表示例〉

| 名称 | 有機しょうゆ（本醸造） |
|---|---|
| 原材料名 | 有機大豆（国産）、有機小麦、食塩 |
| 内容量 | 300ml |
| 賞味期限 | ○○.○○.○○ |
| 保存方法 | 直射日光や高温多湿を避けて、常温で保存してください。 |
| 製造者 | ○○醸造　株式会社<br>○○県○○市○○町○-○-○ |

〈容器表面の任意表示〉

天然醸造

〈容器表面の有機JASマーク義務表示〉

○○分析研究所

### 〈うすくちしょうゆの表示例〉

| 名称 | うすくちしょうゆ（混合醸造） |
|---|---|
| 原材料名 | 脱脂加工大豆（国内製造）、小麦、食塩、アミノ酸液、ぶどう糖／アルコール |
| 内容量 | 1リットル |
| 賞味期限 | ○○.○○.○○ |
| 保存方法 | 直射日光や高温多湿を避けて、常温で保存してください。 |
| 販売者 | ○○醤油　株式会社　+S1<br>○○県○○市○○町○-○-○ |

開栓後はできるだけ冷蔵庫に保存してください。
お客様ダイヤル：0120-○○○-○○○

| 必要な表示事項 | 食品表示基準以外の法令等 |
|---|---|
| 名称<br>・有機加工食品である旨<br>※有機加工食品のみ | 公正競争規約<br>有機加工食品JAS |
| 原材料名 | 公正競争規約<br>有機加工食品JAS |
| 添加物 | 公正競争規約 |
| 原料原産地名 | 公正競争規約 |
| 内容量 | 計量法、<br>公正競争規約 |
| 賞味期限 | 公正競争規約 |
| 保存方法 | 公正競争規約 |
| △原産国名 ※輸入品のみ | 公正競争規約 |
| 製造者 等 | 公正競争規約 |

【しょうゆの定義】
　しょうゆとは、次ページの本醸造方式、混合醸造方式、混合方式で製造された液体調味料又はこれに砂糖類、アルコール等を補助的に加えたものをいいます。

## 製造方法の種類と定義

| 製造方法の種類 | 定義 |
|---|---|
| 本醸造方式によるもの | 大豆（脱脂加工大豆を含む。）若しくは大豆及び麦、米等の穀類（これに小麦グルテンを加えたものを含む。）を蒸煮又はその他の方法で処理して、こうじ菌を培養したもの（以下「しょうゆこうじ」という。）又はしょうゆこうじに米を蒸し、若しくは膨化したもの若しくはこれをこうじ菌により糖化したものを加えたものに食塩水又は生揚げを加えたもの（以下「もろみ」という。）を発酵させ、及び熟成させて得られた清澄な液体調味料をいう。なお、製造工程においてセルラーゼ等の酵素を補助的に使用したものを含む。 |
| 混合醸造方式によるもの | もろみにアミノ酸液、酵素分解調味液又は発酵分解調味液を加えて発酵させ、及び熟成させて得られた清澄な液体調味料をいう。 |
| 混合方式によるもの | 本醸造方式、混合醸造方式若しくは生揚げ又はこのうち2つ以上を混合したものにアミノ酸液、酵素分解調味液若しくは発酵分解調味液又はこのうち2つ以上を混合したものを加えたものをいう。 |

【名称】

食品表示基準に定める名称の用語を用いて、「こいくちしょうゆ」「うすくちしょうゆ」等と表示します。

食品表示基準による名称の用語の定義は、次のとおりです。また、この定義に合致しないものにこの用語を名称として使用することはできません。

| 名称の用語 | 定義 |
|---|---|
| こいくちしょうゆ | しょうゆのうち、大豆にほぼ等量の麦を加えたもの又はこれに米等の穀類を加えたものをしょうゆこうじの原料とするものをいう。 |
| うすくちしょうゆ | しょうゆのうち、大豆にほぼ等量の麦を加えたもの又はこれに米等の穀類若しくは小麦グルテンを加えたものをしょうゆこうじの原料とし、かつ、もろみは米を蒸し、若しくは膨化したもの又はこれをこうじ菌により糖化したものを加えたもの又は加えないものを使用するもので、製造工程において色沢の濃化を抑制したものをいう。 |
| たまりしょうゆ | しょうゆのうち、大豆若しくは大豆に少量の麦を加えたもの又はこれに米等の穀類を加えたものをしょうゆこうじの原料とするものをいう。 |
| さいしこみしょうゆ | しょうゆのうち、大豆にほぼ等量の麦を加えたもの又はこれに米等の穀類を加えたものをしょうゆこうじの原料とし、かつ、もろみは食塩水の代わりに生揚げを加えたものを使用するものをいう。 |
| しろしょうゆ | しょうゆのうち、少量の大豆に麦を加えたもの又はこれに小麦グルテンを加えたものをしょうゆこうじの原料とし、かつ、製造工程において色沢の濃化を強く抑制したものをいう。 |

「本醸造」「混合醸造」などの製造方法を、名称の次に括弧を付して「こいくちしょうゆ（本醸造）」「うすくちしょうゆ（混合醸造）」「たまりしょうゆ（混合）」等と、併せて表示します。

有機加工食品の場合は「有機しょうゆ」「しょうゆ（有機）」「オーガニック

しょうゆ」等と、有機加工食品である旨を名称に記載します。

※有機食品の表示については、第5章 5- 4参照。

【原材料名】
　大豆は「大豆」又は「脱脂加工大豆」の別に表示します。その他の原材料については「アミノ酸液」「酵素分解調味液」「発酵分解調味液」と表示します。
　有機農産物、有機加工食品等にあっては、一般的な名称に「有機」等の文字を冠して表示します。

【内容量】
　計量法の特定商品に該当するため、内容体積をミリリットル又はリットルの単位で、単位を明記して表示します。

【天然醸造の表示】
　本醸造方式で造られたしょうゆのうち、セルラーゼ等の酵素によって醸造を促進したものでなく、かつ、食品衛生法施行規則別表第１に掲げる添加物（指定添加物）を使用していないものについては、「天然醸造」の用語を別記様式外に表示することができます。ただし、これ以外の表現として「天然」「自然」の用語を使用することはできません。

【表示禁止事項】
・「超特選」「特選」「特製」「特吟」「上選」「吟上」「優選」又は「優良」、その他「特級」「上級」又は「標準」の用語と紛らわしい用語、及び「濃厚」の用語。ただし、しょうゆの日本農林規格による格付が行われたものであって、それぞれ規定する用語を表示する場合は、この限りでない。
・混合方式によるものについての「醸」の用語（原材料名の表示に使用する場合を除く。）
・「天然」又は「自然」の用語、「純」「純正」その他純粋であることを示す用語や、「生」「生」「生引き」の用語（特定の場合を除く。）
・減塩の用語。ただし、しょうゆ100g 中の食塩量が９ｇ以下のしょうゆには、表示することができる。

【特定用語の使用基準】（しょうゆの表示に関する公正競争規約より一部抜粋）
丸大豆の用語
　「丸大豆」の用語は、原材料である大豆について、脱脂加工大豆を使用して

いないしょうゆに限り表示することができます。ただし、別記様式の原材料名に「丸大豆」と表示することはできません。大豆と脱脂加工大豆を合わせて使用する場合は、「丸大豆」の用語のほか、絵、写真等を使用することもできません。

## 熟成に関する用語

「長熟」「長期熟成」である旨の用語は、こいくちしょうゆ、たまりしょうゆ、さいしこみしょうゆのうち、それぞれ本醸造方式によるものであって、もろみ熟成期間が1年以上のしょうゆについて、当該用語に近接して醸造期間を「○年」（年未満切捨て）と併記の上、表示することができます。

## 生<sub>なま</sub>の用語

「生<sub>なま</sub>」の用語については、火入れを行わず、火入れの殺菌処理と同等な処理を行ったものについては、表示することができます。

# 2 ● みそ

## 〈みその表示例〉

| 名称 | 米みそ（だし入り） |
|---|---|
| 原材料名 | 米（国産）、大豆（遺伝子組換えでない）、食塩、かつお節粉末、かつおエキス、昆布エキス |
| 添加物 | 酒精、調味料（アミノ酸等） |
| 内容量 | 750g |
| 賞味期限 | ○○.○○.○○ |
| 保存方法 | 直射日光や高温多湿を避けて、常温で保存してください。 |
| 製造者 | ○○味噌　株式会社<br>○○県○○市○○町○-○-○ |

開封後は、冷蔵保存してください。

| 必要な表示事項 | 食品表示基準以外の法令等 |
|---|---|
| 名称 | 公正競争規約 |
| 原材料名 | 公正競争規約 |
| 原料原産地名 | 公正競争規約 |
| 添加物 | 公正競争規約 |
| 内容量 | 計量法、公正競争規約 |
| 賞味期限 | 公正競争規約 |
| 保存方法 | 公正競争規約 |
| △原産国名 ※輸入品のみ | 公正競争規約 |
| 製造者　等 | 公正競争規約 |

## 【みその定義】

みそとは、大豆若しくは大豆及び米、麦等の穀類を蒸煮したものに、米や麦等の穀類を蒸煮してこうじ菌を培養したものを加えたもの、又は大豆を蒸煮してこうじ菌を培養したもの、若しくはこれに米、麦等の穀類を蒸煮したものを加えたものに食塩を混合し、これを発酵及び熟成させたもの、又はこれに砂糖類、風味原料等を加えたもので半固体状のものをいいます。

## 【名称】

食品表示基準に定める名称の用語を用いて、「米みそ」「麦みそ」「豆みそ」「調合みそ」等と表示します。

食品表示基準による用語の定義は、次のとおりです。

| 用語 | 定義 |
|---|---|
| 米みそ | みそのうち、大豆（脱脂加工大豆を除く。以下みその項において同じ。）を蒸煮したものに、米を蒸煮してこうじ菌を培養したもの（米こうじ）を加えたものに食塩を混合したものをいう。 |
| 麦みそ | みそのうち、大豆を蒸煮したものに、大麦又ははだか麦を蒸煮してこうじ菌を培養したもの（麦こうじ）を加えたものに食塩を混合したものをいう。 |
| 豆みそ | みそのうち、大豆を蒸煮してこうじ菌を培養したもの（豆こうじ）に食塩を混合したものをいう。 |
| 調合みそ | みそのうち、米みそ、麦みそ又は豆みそを混合したもの、米こうじに麦こうじ又は豆こうじを混合したものを使用したもの等米みそ、麦みそ及び豆みそ以外のものをいう。 |

　ただし、かつおぶし粉末等の風味原料を加えたものであって、それらの"原材料及び添加物に占める重量の割合"が、調味の目的で使用されるグルタミン酸ナトリウム等の添加物の"原材料に占める重量の割合"を上回るものは、「米みそ」等の文字の次に、括弧を付して、「だし入り」と表示します。

**【原材料名】**

　原料は、「大豆」「米」「大麦」「はだか麦」「とうもろこし」「脱脂加工大豆」「小麦」「食塩」等と、その最も一般的な名称を、原材料に占める重量の割合の高いものから順に表示します。

　ただし、「調合みそ」であって、「米みそ」「麦みそ」又は「豆みそ」を2種類以上混合したものにあっては、「米みそ」「麦みそ」又「豆みそ」と原材料に占める重量の割合の高いものから順に表示し、その文字の次に括弧を付して、当該みそに使用した原料の名称を原材料に占める重量の割合の高いものから順に表示します。

　原料以外の原材料にあっては、「砂糖」「水あめ」「かつおぶし粉末」等と、その最も一般的な名称を、原材料に占める重量の割合の高いものから順に表示します。

**【内容量】**

　計量法の特定商品に該当するため、内容重量をグラム又はキログラムの単位で、単位を明記して表示します。

**【表示禁止事項】**

・食品衛生法施行規則別表第1に掲げる添加物（指定添加物）を使用したものにあっては、「純」「純正」又は「純粋」を示す用語
・「天然」その他「自然」の用語。ただし、加温により醸造を促進したもので

なく、かつ、添加物（指定添加物）を使用していないものについての「天然醸造」の用語を除く。

・醸造期間を示す用語。ただし、醸造期間が当該用語の示す期間に満ちている場合は、この限りでない。

・品評会等で受賞したものであるかのように誤認させる用語及び官公庁等が推奨しているものであるかのように誤認させる用語

## 【特定用語の使用基準】（みその表示に関する公正競争規約より一部抜粋）

### 生の用語

発酵容器（仕込み）に充填した後、出荷のための容器包装作業の前後において加熱殺菌処理を施さないものに限り、表示することができます。

### 天然醸造

加温により醸造を促進したものではなく、かつ、指定添加物を使用しないものに限り、表示することができます。

### だし入りみそ

みそに用いる原材料のうち、かつおぶし、煮干魚類、こんぶ等の粉末又は抽出濃縮物、魚醤油、たん白加水分解物、酵母エキス等の重量の総和が、グルタミン酸ナトリウム、イノシン酸ナトリウム等の重量の総和を超えるものに限り、表示することができます。

# 2024年 食品表示検定試験

## 2024年度の初級・中級試験は、前期は5/30〜、後期は11/1〜開催！

☀ 累計受験者18万人超！「食品業界」で働く方に欠かせないスキル

- 食品表示を読み解く力や適切な表示を行う力を養うため、食品メーカーや小売業の方、学生の方など幅広い層の方が「食品表示検定試験」を受験されています。
- 頻繁に改正される食品表示に関する法令等について、体系的に知識を確認する機会としてご活用いただけます。
- 「食品表示検定試験」の累計受験者数は、現在18万人を超え、約8万人が「食品表示診断士」として活躍されています。商社・小売業・外食・中食産業等で受験を推奨していただいている企業・団体が約9,000団体となり、多くの企業や団体で社員教育の一環として導入いただいております。「食品表示検定試験」へのチャレンジをお待ちしております。

## ☀ 初級・中級はCBT方式を導入！ お近くの会場で受験できます

- 初級・中級は、CBT方式（コンピュータを利用した受験）で実施します。

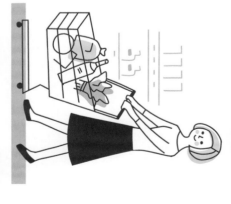

# 各級のご紹介

## 受験者の業種別比率

■食品製造業　■食品卸・商社　■その他業種
■食品小売業　■外食・中食　■学生・一般

### 初級

**こんな方にオススメ**
- 食品業界に携わり「食品表示」の基礎を知りたい方
- 食品業界、食品小売業に就職を希望される方
- 食品表示に興味があり、商品選択に役立てたい消費者の方

**こんなメリットがあります**
- 食品業界に欠かせない「表示」の基礎が学べる
- 食品表示の基礎を理解し、「安全・安心」な商品選択に活かせる

第28回 初級
- 36.4%
- 19.3%
- 12.4%
- 15.1%
- 14.3%
- 2.5%

| 受験者数 | 2,939人 |
|---|---|
| 合格率 | 53.3% |
| 平均点 | 69.3点 |

### 中級

**こんな方にオススメ**
- 食品業界の商品開発のご担当者、食品販売責任者
- 食品工場、食品仕入れ部門などのご担当者
- 品質管理、品質保証のご担当者

**こんなメリットがあります**
- 食品表示の専門知識を業務に活かせる
- 仕入れや販売業務で顧客からの質問や疑問に答えられる

第28回 中級
- 47.5%
- 18.9%
- 10.0%
- 9.1%
- 11.9%
- 2.6%

| 受験者数 | 3,556人 |
|---|---|
| 合格率 | 49.7% |
| 平均点 | 68.2点 |

### 上級

**こんな方にオススメ**
- 品質保証などの責任者、実務者
- 食品表示が正確かどうか検証する部門の責任者、実務者
- 食品表示の相談を受ける方（公的機関、コンサルタント）

**こんなメリットがあります**
- 食品表示のエキスパートとして活躍できる
- 食品表示を作成・指導できる

第13回 上級
- 51.2%
- 14.3%
- 12.4%
- 14.1%
- 4.2%
- 3.8%

| 受験者数 | 502人 |
|---|---|
| 合格率 | 13.1% |
| 平均点 | 63.9点 |

※初級からでも中級からでも自由に級を選んでご受験いただけます。同一回での初級・中級の併願受験も可能です。
※上級は、中級食品表示診断士の有資格者（中級合格者）であることが受験条件です。

## 2024年　食品表示検定試験実施概要

「食品表示検定試験」は、初級、中級は前期と後期の年2回、上級は年1回開催します。初級・中級は CBT方式、上級試験はPBT方式（単一日の全国一斉ペーパー試験）で実施します。※実施概要は変更となる場合もあります。最新情報はHPでご確認ください。

| 回　次 | 第29回（前期） | | 第30回（後期） | | 第14回（後期） |
|---|---|---|---|---|---|
| 受験級 | 初級 | 中級 | 初級 | 中級 | 上級 |

| 試験時間 | 90分 | 前半・後半で計150分。途中休憩1回あり |
|---|---|---|
| 試験方式 | CBT方式 | PBT方式（単一日のペーパー試験） |
| 試験地区 | 全国300カ所以上のテストセンター | 札幌、仙台、東京、名古屋、大阪、広島、福岡 |
| 申込方法〈個人〉 | インターネットからマイページ登録、申込＆お支払 | |
| 申込方法〈団体〉※各級単位で10名以上 | ①責任者が事前申請期間にインターネットから受験人数を申請＆お支払<br>②受験者がインターネットからマイページ登録＆申込 | 団体申込なし |
| 受験申込期間 | 4月4日(木)～5月16日(木) | 9月5日(木)～10月18日(金) | 8月26日(月)～10月16日(水) |
| 受験料（税込） | 〈初級〉5,280円、〈中級〉8,800円 | 22,000円 |
| | 団体割引あり（各級単位で20名以上の場合5%） | 割引適用なし |
| 受験資格 | 学歴、年齢、性別、国籍の制限なし | 中級食品表示診断士（中級合格者） |
| 出題範囲 | 〈初級〉 New 「改訂8版食品表示検定認定テキスト・初級」<br>※2024年1月発行。2024年度の試験は改訂8版に準拠して出題されますのでご注意ください。<br>〈中級〉 New 「改訂8版食品表示検定認定テキスト・中級」<br>※2023年1月発行。2024年度の試験は改訂8版に準拠して出題されます。 | 食品表示全般に対する試験で、食品表示ガイドライン、Q&A等から出題<br>法令、ガイドライン、Q&A等から出題 |
| 出題形式 | テストセンターのPCを使用した選択式 | マークシート方式、記述式 |
| 合格基準 | 70点以上が合格（100点満点） | 80点以上が合格（100点満点） |

食品表示検定対策セミナー　　インターネットに接続しているPC、タブレット、スマートフォン等により繰り返し視聴いただける「オンデマンド講座」もご用意しています。

＼詳細はHPをご参照ください／

食品表示検定

https://www.shokuhyoji.jp

主催｜一般社団法人食品表示検定協会

後援｜一般社団法人日本農林規格協会（JAS協会）
　　　日本チェーンストア協会

# 4-4-5● 調味料類（ドレッシング類・食酢）

## 1●ドレッシング類

### 〈マヨネーズの表示例〉

| 名称 | マヨネーズ |
|---|---|
| 原材料名 | 大豆油（国内製造）、卵黄（卵を含む）、醸造酢（りんご酢、米酢）、糖類（砂糖、水あめ）、食塩、レモン果汁 |
| 添加物 | 調味料（アミノ酸等）、香辛料抽出物 |
| 内容量 | 300g |
| 賞味期限 | ○○.○○.○○ |
| 保存方法 | 直射日光を避けて、常温で保存してください。 |
| 販売者 | 株式会社　○○フーズ<br>東京都○○区○町○-○-○ |

製造所：○○油脂株式会社
　　　　○○県○○市○○町○-○-○

| 必要な表示事項 | 食品表示基準以外の法令等 |
|---|---|
| 名称 | 公正競争規約 |
| 原材料名 | 公正競争規約 |
| 原料原産地名 | 公正競争規約 |
| 添加物 | 公正競争規約 |
| 内容量 | 計量法、公正競争規約 |
| 賞味期限 | 公正競争規約 |
| 保存方法 | 公正競争規約 |
| △原産国名 ※輸入品のみ | 公正競争規約 |
| 製造者　等 | 公正競争規約 |

### 〈乳化液状ドレッシングの表示例〉

商品名：シーザーサラダドレッシング

| 名称 | 乳化液状ドレッシング |
|---|---|
| 原材料名 | 食用植物油脂（大豆油（大豆（アメリカ、カナダ））、なたね油）、りんご酢、チーズ、レモン果汁、砂糖、食塩、卵黄（卵を含む）、アンチョビソース、にんにく、酵母エキス、香辛料／調味料（アミノ酸等）、増粘剤（キサンタンガム） |
| 内容量 | 150ml |
| 賞味期限 | ○○.○○.○○ |
| 保存方法 | 直射日光を避け、常温で保存してください。 |
| 製造者 | 株式会社　○○食品<br>○○県○○市○○町○-○-○ |

開栓後は冷蔵庫（1℃〜10℃）に保存し、
なるべく1か月以内にお召し上がりください。

### 【ドレッシング類の定義】

　ドレッシングとは、食用植物油脂（香味食用油を除く。）及び食酢若しくはかんきつ類の果汁に食塩、砂糖類、香辛料等を加えて調製し、水中油滴型に乳化した半固体状若しくは乳化液状の調味料又は分離液状の調味料であって、主としてサラダに使用するもの、又はそれらにピクルスの細片等を加えたものを

いいます。

　食品表示基準による用語の定義は、次のとおりです。

| 用語 | | 定義 |
|---|---|---|
| 半固体状ドレッシング（ドレッシングのうち、粘度が 30 パスカル・秒以上のものをいう。） | マヨネーズ | 半固体状ドレッシングのうち、卵黄又は全卵を使用し、かつ、必須原材料、卵黄、卵白、たんぱく加水分解物、食塩、砂糖類、はちみつ、香辛料、調味料（アミノ酸）、酸味料及び香辛料抽出物以外の原材料を使用していないものであって、原材料に占める食用植物油脂の重量の割合が 65% 以上のものをいう。 |
| | サラダクリーミードレッシング | 半固体状ドレッシングのうち、卵黄及びでん粉又は糊料を使用し、かつ、必須原材料、卵黄、卵白、でん粉（加工でん粉を含む。）、たんぱく加水分解物、食塩、砂糖類、はちみつ、香辛料、乳化剤、糊料、調味料（アミノ酸等）、酸味料、着色料及び香辛料抽出物以外の原材料を使用していないものであって、原材料に占める食用植物油脂の重量の割合が 10% 以上 50% 未満のものをいう。 |
| | 半固体状ドレッシング | マヨネーズ、サラダクリーミードレッシング以外のもの |
| 乳化液状ドレッシング | | ドレッシングのうち、乳化液状のものであって、粘度が 30 パスカル・秒未満のものをいう。 |
| 分離液状ドレッシング | | ドレッシングのうち、分離液状のものをいう。 |
| ドレッシングタイプ調味料 | | 1. 食酢又はかんきつ類の果汁に食塩、砂糖類、香辛料等を加えて調製した液状又は半固体状の調味料であって、主としてサラダに使用するもの（食用油脂を原材料として使用していないものに限る。）<br>2. 1にピクルスの細片等を加えたもの |

【名称】

　食品表示基準に定める名称の用語を用いて、「マヨネーズ」「乳化液状ドレッシング」等と表示します。

　なお、ドレッシング類については食品表示基準に示された定義に合致しない食品に対して、その名称を表示することはできません。

【原材料名】

　使用した原材料を、原材料に占める重量の割合の高いものから順に、次の①～④の規定に従い表示します。

①食用植物油脂は、「食用植物油脂」と表示します。また、食用植物油脂については、「食用植物油脂」の文字の次に括弧を付して、「大豆油、なたね油」等と、原材料に占める重量の割合の高いものから順に表示することができます。ただし、表示する食用植物油脂が1種のときは、「食用植物油脂」の文字及び当該文字の次に付する括弧を省略して、「大豆油」「なたね油」等と表示することができます。

②食酢は「醸造酢」等と、かんきつ類の果汁は、「レモン果汁」等とその最も一般的な名称をもって表示します。醸造酢にあっては、「醸造酢」の文字の次に括弧を付して、「米酢、りんご酢」等と、原材料に占める重量の割合の高いものから順に表示することができます。ただし、醸造酢が１種のときは、「醸造酢」の文字及び当該文字の次に付する括弧を省略して、「米酢」「りんご酢」等と表示することができます。

③砂糖類は、「砂糖類」又は「糖類」の文字の次に括弧を付して、「砂糖、ぶどう糖」等と、原材料に占める重量の割合の高いものから順に表示します。砂糖及び砂糖混合ぶどう糖果糖液糖を併用する場合並びに砂糖混合ぶどう糖果糖液糖にあっては、「砂糖・ぶどう糖果糖液糖」等と表示します。ただし、表示する砂糖類が１種である場合は、「砂糖類」又は「糖類」の文字及び当該文字の次に付する括弧を省略することができます。

④食用植物油脂、醸造酢、かんきつ類の果汁、砂糖類及び添加物以外の原材料は、「卵黄」「たんぱく加水分解物」等と、その最も一般的な名称をもって表示します。ただし、からし、こしょうその他の香辛料は、「香辛料」と表示することができます。

## 【内容量】

計量法の特定商品に該当します。

また、食品表示基準により、半固体状ドレッシングは、内容重量をグラム又はキログラムの単位で、乳化液状ドレッシング及び分離液状ドレッシングは、内容体積をミリリットル又はリットルの単位で、単位を明記して表示します。

## 【表示禁止事項】

・ドレッシングタイプ調味料にあっては、「ドレッシング」「マヨネーズ」等ドレッシングと誤認させる用語。ただし、製品100g中の脂質量が3g未満のものについて「ノンオイルドレッシング＊」と表示する場合は、この限りでない。

＊「ノンオイルドレッシング」又はこれに類似する用語は、食品表示基準の規定に従い、ドレッシングタイプ調味料のうち、製品100g中の脂質量が3g未満のものに限り表示することができます。なお、「ドレッシング類の表示に関する公正競争規約」において、このうち脂質量が100g中0.5g以上3g未満のものについて「ノンオイルドレッシング」又はこれに類似する用語を表示する場合は、「原材料に食用油脂を使用していない」旨及び「含有する脂質は原材料の〇〇等に由来するものである」旨の表示を行うこととしています。

## 2●食酢

### 〈食酢の表示例〉

| 名称 | 穀物酢 |
|---|---|
| 原材料名 | 小麦（アメリカ）、酒かす、米、コーン、アルコール |
| 酸度 | 4.3% |
| 内容量 | 900ml |
| 賞味期限 | ○○．○○．○○ |
| 保存方法 | 直射日光を避けて保存。 |
| 製造者 | 株式会社　○○醸造<br>○○県○○市○○町○‐○‐○ |

〈主要面の表示〉

さわやか穀物酢
醸造酢

| 必要な表示事項 | 食品表示基準以外の法令等 |
|---|---|
| 名称 | 公正競争規約 |
| △醸造酢の混合割合<br>※醸造酢を混合した合成酢のみ<br>●別記様式欄のほか、商品名の表示されている箇所に近接して表示 | 公正競争規約 |
| 原材料名 | 公正競争規約 |
| 原料原産地名 | 公正競争規約 |
| 添加物 | 公正競争規約 |
| 酸度 | 公正競争規約 |
| △希釈倍数<br>※希釈して使用するもののみ | 公正競争規約 |
| 内容量 | 計量法、公正競争規約 |
| 賞味期限 | 公正競争規約 |
| 保存方法 | 公正競争規約 |
| △原産国名　※輸入品のみ | 公正競争規約 |
| 製造者　等 | 公正競争規約 |
| 「醸造酢」「合成酢」の用語<br>●商品名の表示されている箇所に近接して表示 | 公正競争規約 |

【名称】

　食品表示基準に定める名称の用語を用いて、「米酢」「米黒酢」「大麦黒酢」、それ以外の穀物酢は「穀物酢」と表示し、また、「りんご酢」「ぶどう酢」、それ以外の果実酢は「果実酢」と表示します。穀物酢及び果実酢に区分されない醸造酢は「醸造酢」と表示します。さらに、添加物の氷酢酸又は酢酸の希釈液に、砂糖類、酸味料、調味料、食塩等を加えたもの及びそれに醸造酢を混合したものは「合成酢」と、表示します。

　なお、食酢については、食品表示基準に示された定義に合致しない食品に対してその名称を表示することはできません。

### 【合成酢による醸造酢の混合割合及び添加物の表示】

　醸造酢を混合した合成酢は、醸造酢の混合割合（製品の総酸量に対する混合された醸造酢の酸量の百分比をいう。）を、実混合割合を上回らない10の整数倍の数値（実混合割合が10％未満の場合は、実混合割合を上回らない整数値）により、パーセント（％）の単位で、単位を明記して、内容量ごとに規定され

た文字の大きさで表示します。

　また、合成酢に使用される氷酢酸又は酢酸については、一括名で「酸味料」と表示することはできず、「氷酢酸」又は「酢酸」と表示します。

## 【酸度】
　パーセントの単位で、小数第1位までの数値を、単位を明記して表示します。

## 【希釈倍数】
　希釈して使用されるもの（高酸度酢）は、「〇倍に希釈」と表示します。

## 【内容量】
　計量法の特定商品に該当するため、内容体積をミリリットル又はリットルの単位で、単位を明記して表示します。なお、粉末酢にあっては、グラム又はキログラムの単位で、単位を明記して表示します。

## 【「醸造酢」「合成酢」の用語】
　醸造酢は「醸造酢」と、合成酢は「合成酢」と、商品名の表示されている箇所に近接して、内容量ごとに規定された文字の大きさで表示します。

## 【表示禁止事項】
・「天然」又は「自然」の用語
・「黒酢」その他これに類する用語。ただし、米黒酢又は大麦黒酢に表示する場合は、この限りでない。
・「純〇〇酢」その他これに類似する用語。ただし、原材料として、米のみを使用した米黒酢について「純米黒酢」と、玄米のみを原材料として使用した米黒酢について「純玄米黒酢」と、大麦黒酢について「純大麦黒酢」と表示する場合、1種類の穀類、果実、野菜、その他の農産物又は蜂蜜のみを使用したものについて、〇〇に当該原材料名を使用する場合は、この限りでない。
・「静置発酵」その他これに類似する用語（特定の場合を除く。）
・原材料の一部の名称を、他の原材料の名称に比べて特に表示する用語（特定の場合を除く。）
・合成酢についての「醸造」等の用語。ただし、原材料名及び醸造酢の混合割合の表示に使用する場合は、この限りでない。
・品評会等で受賞したものであるかのように誤認させる用語及び官公庁等が推奨しているものであるかのように誤認させる用語

# 4-4-6 ● 乾燥スープ

## 〈乾燥スープの表示例〉

| 名称 | 乾燥スープ（ポタージュ） |
|---|---|
| 原材料名 | スイートコーンパウダー（国内製造）、デキストリン、砂糖、食用植物油脂（大豆を含む）、でん粉（小麦を含む）、乳糖、食塩、全粉乳、チキンパウダー、オニオンエキスパウダー、香辛料、乳たんぱく、酵母エキス<br>うきみ（クルトン） |
| 添加物 | 調味料（アミノ酸等）、増粘剤（グァーガム） |
| 内容量 | 52g（13g × 4 袋、1 人 120ml で 4 人分） |
| 賞味期限 | ○○．○○．○○ |
| 保存方法 | 直射日光を避けて、常温で保存してください。 |
| 調理方法 | 熱湯（1 人分当たり 120ml）を注ぎ、すぐにかきまぜてください。 |
| 販売者 | 株式会社　○○食品　+K1<br>東京都○○区○○町 - ○ - ○<br>お客様ダイヤル　0120-○○○ - ○○○ |

| 必要な表示事項 | 食品表示基準以外の法令等 |
|---|---|
| 名称 | |
| 原材料名 | |
| 添加物 | |
| 原料原産地名 | |
| 内容量 | 計量法 |
| 賞味期限 | |
| 保存方法 | |
| 調理方法<br>●記載箇所を明記の上、枠外に記載できる。 | |
| 原産国名 ※輸入品のみ | |
| 製造者　等 | |
| △「コンソメ」「ポタージュ」の用語<br>※商品名にそれぞれの用語を使用していない場合<br>●商品名に近接した箇所に 14 ポイント以上の大きさの文字で表示 | |

〈主要面の表示〉

**おいしいスープ**
〈ポタージュ〉

※商品名に「ポタージュ」の用語を使用していない場合に限る

## 【名称】

　食品表示基準に定める名称の用語を用いて、乾燥コンソメは「乾燥スープ（コンソメ）」と、乾燥ポタージュは「乾燥スープ（ポタージュ）」と、その他の乾燥スープは「乾燥スープ」と表示します。ただし、その他の乾燥スープは「乾燥スープ（中華風）」「乾燥スープ（和風）」等と、スープの特性を表す用語を表示することができます。

## 【原材料名】

　使用した原材料を、次の①及び②の区分により、①及び②の順に、それぞれ

定めるところにより表示します。

①うきみ又は具以外の原材料は、その最も一般的な名称をもって、原材料に占める重量の割合の高いものから順に表示します。香辛料は「香辛料」と表示することができます。

②うきみ又は具は、「うきみ」「具」又は「うきみ・具」の文字の次に、括弧を付して、その最も一般的な名称をもって、原材料に占める重量の割合の高いものから順に表示します。

【添加物】

栄養強化の目的で使用される添加物に係る表示の省略規定は適用しないため、他の添加物と同様に表示することが必要です。

【内容量】

計量法の特定商品に該当するため、内容重量をグラム又はキログラムの単位で、単位を明記して表示します。また、内容重量の表示の文字の次に、括弧を付して「1人〇〇 ml で〇人前」等と表示します。ただし、1人前ずつ個包装されているものは、「1人〇〇 ml で〇人前」等の表示を省略することができます。

【調理方法】

水若しくは牛乳を加えて加熱するものであるか、又は水、熱湯若しくは牛乳を加えるものであるかの別及びその加えるものの量を表示します。ただし、調理方法を一括して表示することが困難な場合には、調理方法の欄に記載箇所を表示すれば、他の箇所に表示することができます。

【「コンソメ」又は「ポタージュ」の用語】

商品名中に「コンソメ」又は「ポタージュ」の用語を使用していない場合は、乾燥コンソメは「コンソメ」と、乾燥ポタージュは「ポタージュ」と商品名の表示されている箇所に近接して、14ポイント以上の大きさの文字で表示します。

【表示禁止事項】

原材料のうち特定のものを特に強調する用語。ただし、次に掲げる場合を除く。

①使用した原材料の重量が食品表示基準に定められた基準量以上である原材料（以下「基準量以上の原材料」という。）の名称、又はスープの特性を表す香

辛料等の名称を冠した商品名を用いる場合

②商品名に併せて基準量以上の原材料の名称、又はスープの特性を表す香辛料等の名称を表示する場合

③商品名に併せて特定の原材料（基準量以上の原材料を除く。）を含む旨及び当該原材料の重量を表示する場合

# 4-4-7 ● 食用植物油脂（なたね油・香味食用油）

## 〈食用なたね油の表示例〉

| 名称 | 食用なたね油 |
|---|---|
| 原材料名 | 食用なたね油（なたね（カナダ産）） |
| 内容量 | 500g |
| 賞味期限 | ○○.○○.○○ |
| 保存方法 | 直射日光を避けて、常温で保存してください。 |
| 製造者 | 株式会社　○○油脂<br>○○県○○市○○町○-○-○ |

## 〈香味食用油の表示例〉

| 名称 | 香味食用油 |
|---|---|
| 原材料名 | 食用ごま油（国内製造）、食用なたね油、唐辛子 |
| 内容量 | 35g |
| 賞味期限 | ○○.○○.○○ |
| 保存方法 | 直射日光を避けて、常温で保存してください。 |
| 製造者 | 株式会社　○○食品<br>○○県○○市○○町○-○-○ |

| 必要な表示事項 | 食品表示基準以外の法令等 |
|---|---|
| 名称 | |
| 原材料名 | |
| 添加物 | |
| 原料原産地名 | |
| 内容量 | 計量法 |
| 賞味期限 | |
| 保存方法 | |
| △原産国名※輸入品のみ | |
| 製造者　等 | |

【食用植物油脂の定義】

　食品表示基準において、食用植物油脂とは、「食用サフラワー油、食用ぶどう油、食用大豆油、食用ひまわり油、食用小麦はい芽油、食用とうもろこし油、食用綿実油、食用ごま油、食用なたね油、食用こめ油、食用落花生油、食用オリーブ油、食用パーム油、食用パームオレイン、食用調合油及び香味食用油をいう。」と定められており、上記の名称に示された油糧作物から採取した油であって、食用に適するように処理されたものです。

　また、食用調合油は「食用植物油脂に属する油脂（香味食用油を除く。）の

うち、いずれか2つ以上の油を調合したもの」、香味食用油は「食用植物油脂に属する油脂に香味原料（香辛料、香料又は調味料）等を加えたものであって、調理の際に当該香味原料の香味を付与するもの」をいいます。

　植物性の食用油脂にはこのほかに、食用パームステアリン、食用パーム核油、食用ヤシ油といった常温で固体の油や、常温で液体の亜麻仁油、えごま油などがありますが、「食用植物油脂」は上記に限られます。

【名称】

　食品表示基準に定める名称の用語を用いて、「食用サフラワー油」「食用大豆油」「食用綿実油」「食用ごま油」「食用なたね油」「食用こめ油」「食用オリーブ油」「食用調合油」「香味食用油」等と表示します。ただし、香味食用油は「ラー油」等と表示することができます。

　なお、「精製」「サラダ油」の用語については、JASにより、使用できる範囲が定められています。

　また、「食用サフラワー油」「食用調合油」などの名称は、食品表示基準に示された当該食品の定義に合致しない食品に対して、使用することはできません。

【原材料名】

　食用植物油脂の製造所で使用した原材料がひまわりの種子等の油糧用農産物であっても、農産物の名称ではなく、原料食用油脂の名称で表示します。

①原料食用油脂は、「食用サフラワー油」「食用ぶどう油」「食用なたね油」等と表示し、食用調合油及び香味食用油は、原材料に占める重量の割合の高いものから順に表示します。

　ただし、食用サフラワー油及び食用ひまわり油のうち、ハイリノレイック種の種子から採取したものは「ハイリノール」と、ハイオレイック種の種子から採取したものは「ハイオレイック」と、これらを併用する場合は「ハイリノール、ハイオレイック」等と、原材料に占める重量の割合の高いものから順に、原料食用油脂の名称の文字の次に、括弧を付して表示することができます。

②香味食用油に使用される原料食用油脂以外の原材料は、「しょうが」「しょうゆ」「ポークエキス」等と、その最も一般的な名称をもって、原材料に占める重量の割合の高いものから順に表示します。ただし、しょうがその他の香辛料にあっては、「香辛料」と表示することができます。

## 【原料原産地名】

　食用植物油脂の場合は原材料に農産物を使用していても、原材料名を「食用〇〇油」と表示するため、対象原材料となる加工食品の製造地を、また、対象原材料となる加工食品の原材料まで遡り表示する場合はその原産地を、「国別重量順表示」を原則としつつ、原料原産地名欄を設けて表示するか、又は原材料名欄に表示された原材料名に対応させて括弧書きで表示します。

　これが困難な場合には、一定の条件を満たす場合に限り、「又は表示」や「大括り表示」による例外表示が認められています。

## 【遺伝子組換え表示】

　ステアリドン酸は脂肪酸の一種です。ステアリドン酸産生遺伝子組換え大豆及びこれを原材料として使用した大豆油については、非遺伝子組換え大豆及びこれを原材料として使用した大豆油と科学的に品質の差異が認められるため、表示が義務付けられています。

## 【添加物】

　食用植物油脂については栄養強化の目的で使用される添加物に係る表示の省略規定は適用しないため、他の添加物と同様に表示することが必要です。

## 【内容量】

　計量法の特定商品に該当します。食用植物油脂は熱膨張の影響を受けやすいという製品の特性から、内容体積ではなく内容重量を、グラム又はキログラムの単位で、単位を明記して表示します。

## 【表示禁止事項】

・「精製〇〇油」「〇〇サラダ油」「精製調合油」又は「調合サラダ油」等の用語。ただし、食用植物油脂のJASによる格付が行われたものに表示する場合は、この限りでない。
・「精製」その他等級を示す用語と紛らわしい用語
・食用調合油において、原料食用油脂の一部の油脂名を特に表示する用語。ただし、当該原料食用油脂の含有率が一定以上であるなどの諸条件を満たす場合は、この限りでない。

# 4-4-8 ● マーガリン類（マーガリン・ファットスプレッド）

## 〈マーガリンの表示例〉

| 名称 | マーガリン |
|---|---|
| 原材料名 | 大豆油（国内製造）、なたね油、食用精製加工油脂、全粉乳、食塩 |
| 添加物 | 乳化剤（大豆由来）、着色料（β-カロテン、アナトー色素）、酸化防止剤（V.E）、香料 |
| 内容量 | 250g |
| 賞味期限 | ○○.○○.○○ |
| 保存方法 | 10℃以下で保存してください。 |
| 製造者 | 株式会社　○○油脂<br>○○県○○市○○町○-○-○ |

## 〈ファットスプレッドの表示例〉

マーガリン類

| 名称 | 風味ファットスプレッド（加糖） |
|---|---|
| 油脂含有率 | 65% |
| 原材料名 | 食用植物油脂（大豆を含む、国内製造）、食用精製加工油脂、チョコレート（乳成分を含む）、砂糖、はちみつ／乳化剤（大豆由来）、香料、着色料（β-カロテン） |
| 内容量 | 300g |
| 賞味期限 | ○○.○○.○○ |
| 保存方法 | 要冷蔵（10℃以下で保存） |
| 製造者 | 株式会社　○○食品　+A1<br>東京都○○区○○町○-○-○ |

１歳未満の乳児には与えないでください。
製造所固有記号
　　A1:○○工場　○○県○○市・・・・・・
　　A2:△△工場　△△県△△市・・・・・・

| 必要な表示事項 | 食品表示基準以外の法令等 |
|---|---|
| 名称 | 公正競争規約 |
| △油脂含有率<br>※ファットスプレッドのみ | 公正競争規約 |
| 原材料名 | 公正競争規約 |
| 添加物 | 公正競争規約 |
| 原料原産地名 | 公正競争規約 |
| 内容量 | 計量法<br>公正競争規約 |
| 賞味期限 | 公正競争規約 |
| 保存方法 | 公正競争規約 |
| △原産国名 ※輸入品のみ | 公正競争規約 |
| 製造者　等 | 公正競争規約 |
| △名称の用語<br>※商品名に名称の用語を使用していない場合のみ<br>●商品名に近接した箇所に14ポイント以上の大きさの文字で表示 | 公正競争規約 |

## 【マーガリン類の種類と用語の定義】

マーガリン類の定義は、次のように定められています。

| 用語 | 定義 |
|---|---|
| マーガリン | 食用油脂（乳脂肪を含まないもの又は乳脂肪を主原料としないものに限る。）に水等を加えて乳化した後、急冷練り合わせをし、又は急冷練り合わせをしないで作られた可そ性のもの又は流動状のものであって、油脂含有率（食用油脂の製品に占める重量の割合をいう。）が 80% 以上のものをいう。 |
| ファットスプレッド | 次に掲げるものであって、油脂含有率が 80% 未満のものをいう。<br>(1)食用油脂に水等を加えて乳化した後、急冷練り合わせをし、又は急冷練り合わせをしないで作られた可そ性のもの又は流動状のもの<br>(2)食用油脂に水等を加えて乳化した後、果実及び果実の加工品、チョコレート、ナッツ類のペースト等の風味原料を加えて急冷練り合わせをして作られた可そ性のものであって、風味原料の原材料及び添加物に占める重量の割合が油脂含有率を下回るもの。ただし、チョコレートを加えたものにあっては、カカオ分が 2.5% 未満であって、かつ、ココアバターが 2% 未満のものに限る。 |

## 【名称】

食品表示基準の名称の用語を用いて、それぞれ「マーガリン」、「ファットスプレッド」と表示し、流動状のものは、名称の次に、括弧を付して「(流動状)」と表示します。

また、ファットスプレッドのうち、風味原料を加えたものは「風味ファットスプレッド」と、糖類又ははちみつを加えたものは、名称の次に、括弧を付して「(加糖)」と表示します。

なお、上記マーガリン類の定義に合致しない食品に対してこれらの名称を使用することはできません。

## 【名称の用語】

商品名に「マーガリン」「ファットスプレッド」などの名称の用語を使用していない場合は、別記様式に記載した名称のほかに、その名称を商品名に近接して、14ポイント以上の大きさの文字で表示します。

### 〈名称の用語例①〉商品名に名称が含まれず、近接して名称を表示している例

ファットスプレッド
さわやかソフト

商品名に近接して、14ポイント以上の大きさの統一のとれた文字で、名称を表示

## 〈名称の用語例②〉 商品名に名称が含まれている例

　また、ファットスプレッドについては、マーガリン類の表示に関する公正競争規約による表示として「マーガリン類」の文字を別記様式による表示に隣接して8ポイント以上の大きさの文字で表示します。

【油脂含有率（ファットスプレッドに限る。）】
　ファットスプレッドについては、油脂含有率をパーセントの単位で、単位を明記して表示します。

【原材料名】
　使用した原材料を、次の①及び②の区分により、それぞれ定められた内容で表示します。
①食用油脂は、原材料に占める重量の割合の高いものから順に、「大豆油」「綿実油」「牛脂」「硬化油」等と、その最も一般的な名称をもって表示します。ただし、大豆油等の食用植物油脂は「食用植物油脂」と、牛脂等の動物油脂は「食用動物油脂」と、硬化油等の食用精製加工油脂は「食用精製加工油脂」と表示することができます。
②食用油脂以外の原材料は、原材料に占める重量の割合の高いものから順に、次のア及びイに規定する内容で表示します。
　ア．「粉乳」「いちごジャム」「食塩」「カゼイン」「からし」等と、その最も一般的な名称で表示します。ただし、からしその他の香辛料は、「香辛料」と表示することができます。
　イ．砂糖類は、「砂糖」「水あめ」「ぶどう糖」「ぶどう糖果糖液糖」「果糖ぶどう糖液糖」「高果糖液糖」等と、その最も一般的な名称で表示するほか、砂糖混合ぶどう糖果糖液糖は「砂糖・ぶどう糖果糖液糖」と表示する方法があります。なお、使用した砂糖類が2種類以上の場合は、「砂糖類」又は「糖類」の文字の次に、括弧を付して、「砂糖、水あめ」等と、原材料に占める重量の割合の高いものから順に表示し、砂糖及び砂糖混合ぶどう糖果糖液糖を併用する場合は「砂糖・ぶどう糖果糖液糖」と表示します。

【添加物】

　マーガリン類については栄養強化の目的で使用される添加物に係る表示の省略規定は適用されないため、他の添加物と同様に表示することが必要です。

【内容量】

　計量法の特定商品に該当するため、内容重量をグラム又はキログラムの単位で、単位を明記して表示します。

# 4-4-9 ● 缶詰・瓶詰（農産物缶詰・ジャム類）

## 1 ● 缶詰（農産物缶詰）

### 〈農産物缶詰の表示例〉

| 名称 | パインアップル・シラップづけ（ヘビー） |
|---|---|
| 形状 | 輪切り |
| 内容個数 | 10枚 |
| 原材料名 | パインアップル（フィリピン産）、砂糖 |
| 固形量 | 340グラム |
| 内容総量 | 565グラム |
| 賞味期限 | 缶底記載 |
| 保存方法 | 直射日光・高温多湿を避けて保存してください。 |
| 使用上の注意 | 開封後はガラスなどの容器に移し換えてください。 |
| 製造者 | 株式会社　○○缶詰<br>○○県○○市○○町○-○-○ |

| 必要な表示事項 | 食品表示基準以外の法令等 |
|---|---|
| 名称 | 公正競争規約 |
| 形状、大きさ、基部の太さ、粒の大きさ、果肉の大きさ、果粒の大きさ、（農産物の種類に合わせて表示）<br>●枠外に記載できる。 | 公正競争規約 |
| △内容個数<br>※パインアップルの輪切り等の場合に限る<br>●枠外に記載できる。 | 公正競争規約 |
| 原材料名 | 公正競争規約 |
| 添加物 | 公正競争規約 |
| 原料原産地名 | 公正競争規約 |
| 固形量及び内容総量<br>※固形量の管理が困難な場合は内容量 | 計量法、公正競争規約 |
| 賞味期限 | 公正競争規約 |
| 保存方法 | 公正競争規約 |
| 使用上の注意<br>●枠外に記載できる。 | 公正競争規約 |
| △原産国名 ※輸入品のみ | 公正競争規約 |
| 製造者　等 | 公正競争規約 |
| △形状を表す図柄等<br>※パインアップルに限る | |

〈主要面の表示〉

パインアップル
（輪切り）

〈缶底の表示〉

○○．○○．○○

【名称】

・詰めた農産物について「グリンピース」「みかん」等と、その最も一般的な
名称をもって表示します。黄もも、洋なし、パインアップル、さくらんぼ又
はぶどうを含んだ4種類以上の果実を配合したものは、「フルーツカクテル」
と、2種類以上の農産物を詰めたものは、「2種混合果実」「3種混合野菜」
「混合農産物」等と表示します。

・充填液を加えたものは、「みかん・シラップづけ（ライト）」等と、「・（ナカ
グロ）」を付して充填液の種類の名称を表示します。

・充填液を加えていないものは、「大豆・ドライパック」等と表示することが
できます。

・農産物の加工品又は精米を詰めたものは、「フルーツみつ豆」「くり甘露煮」
「ゆであずき」「赤飯」等と表示します。

【形状・大きさ等及び内容個数】

　1種類の農産物及び果実を詰めたものは、その形状を表示します。使用した
農産物が全形のものは「全形」又は果実名に「丸」の文字を冠して「丸みかん」
のように表示します。またカットした形状に応じて「2つ割り」「4つ割り」「薄
切り」と、輪切りのものは「輪切り」等と表示します。

　このほか、食品表示基準に基づいて、農産物の種類により「大きさ」「基部
の太さ」「粒の大きさ」「果肉の大きさ」「果粒の大きさ」を表示します。

　ただし、内容物の形状を容易に確認することができる瓶詰は、この限りでは
ありません。

　パインアップルの2つ割り及び輪切り並びにりんごの輪切りのものを詰めた
ものは、固形量及び内容総量とは別に「○個」「○枚」等と表示します。ただ
し、製造工程上の技術的理由等から内容個数を把握できない場合は、この限り
ではありません。

【内容量】

　計量法の特定商品に該当するため、内容重量をグラム又はキログラムの単位
で、単位を明記して表示します。固形物に充填液を加えたもの（固形量の管理
が困難なものを除く。）は、固形量及び内容総量を表示します。ただし、内容総
量については、固形量と内容総量がおおむね同一の場合、又は充填液を加える
主たる目的が内容物を保護するための場合は、表示を省略することができます。

【使用上の注意】
　内面塗装缶以外を使用した缶詰は、使用上の注意として「開缶後はガラス等の容器に移し換えること。」等と表示します。

【表示箇所等】
　前述の「形状」や「大きさ」等、また「内容個数」や「使用上の注意」については、別記様式内に一括して表示することが困難な場合には、項目名の欄に表示箇所を表示すれば、他の箇所に表示することができます。

【その他必要な表示】
・アスパラガス缶詰又は瓶詰のうち、冷凍したアスパラガスを使用したもの、パインアップル缶詰又は瓶詰のうち、冷凍した果肉を使用したものは、「冷凍原料使用」と商品名に近接した箇所に表示します。
・グリンピース缶詰又は瓶詰のうち、もどし豆を使用したものは、「もどし豆」と、マッシュルーム缶詰又は瓶詰のうち、塩蔵したマッシュルームを水で戻して使用したものは、「もどし原料使用」と商品名に近接した箇所に表示します。
・えのきたけ缶詰又は瓶詰のうち、えのきたけをしょうゆ、砂糖類等と煮込んだものは「固形分」を商品名に近接した箇所に、実固形分を上回らない10の整数倍の数値によりパーセントの単位をもって表示します。
・パインアップル缶詰は、形状を表す写真、絵又は図柄を表示します。

【表示禁止事項】
・「天然」又は「自然」の用語
・「純正」その他純粋であることを示す用語

## 2 ● 瓶詰（ジャム類）

### 〈瓶詰ジャム類の表示例〉

| 名称 | ブルーベリージャム |
|---|---|
| 原材料名 | ブルーベリー（長野県産）、糖類（砂糖、ぶどう糖） |
| 添加物 | ゲル化剤（ペクチン：リンゴ由来）、酸味料 |
| 内容量 | 150 グラム |
| 賞味期限 | 枠外下部に記載 |
| 保存方法 | 直射日光を避け、常温で保存してください。 |
| 製造者 | 有限会社　○○農園<br>長野県○○市○○町 - ○ - ○ - ○ |

賞味期限：○○ . ○○ . ○○

使用上の注意：開封後は、10℃以下で保存してください。

| 必要な表示事項 | 食品表示基準以外の法令等 |
|---|---|
| 名称 | |
| 原材料名 | |
| 添加物 | |
| 原料原産地名 | |
| 内容量 | 計量法 |
| 賞味期限 | |
| 保存方法 | |
| △原産国名 ※輸入品のみ | |
| 製造者　等 | |
| 使用上の注意<br>●容器包装の見やすい箇所に表示<br>※糖度が60 ブリックス度以下のもの | |

【名称】

　食品表示基準の用語の定義に従い、次のように表示します。

① ジャムのうち、1種類の果実等を使用したものは、当該果実等の名称を冠して「いちごジャム」「りんごジャム」「あんずジャム」等と、2種類以上の果実等を使用したものは「ミックスジャム」と表示します。

② ジャム類のうち、かんきつ類の果実を原料とし、果皮を含むものは「マーマレード」と表示します。

③ ジャム類のうち、果実等の搾汁を原料としたものを「ゼリー」と表示します。

④ 下記のア～ウについては、上記①～③の規定により表示する文字の次に「（プレザーブスタイル）」と表示することができます。

　ア．ベリー類（いちごを除く。）の果実を原料とし、全形の果実を保持したもの

　イ．いちごの果実を原料とし、全形又は2つ割りの果実を保持したもの

　ウ．ベリー類以外の果実等を原料とし、5 mm以上の厚さの果肉等の片を原料とし、その原形を保持したもの

【原材料名】

　使用した原材料を、次の①～③に定めるところにより表示します。

① 「いちご」「なつみかん」「砂糖」「ぶどう糖果糖液糖」「レモン果汁」等と、その最も一般的な名称をもって、原材料に占める重量の割合の高いものから

順に表示します。また、糖類については「異性化液糖」などの用語を使用することができます。

② 2種類以上の果実等を使用したものについては、①の規定にかかわらず、「果実等」（果実のみを使用した場合は「果実」、野菜のみを使用した場合は「野菜」）の文字の次に、括弧を付して、当該果実等の名称を「（いちご、りんご）」等と、原材料に占める重量の割合の高いものから順に表示します。

ただし、マーマレードは、「果実」に代えて「かんきつ類」と表示することができます。

③ 2種類以上の砂糖類を使用したものについては、①の規定にかかわらず、「砂糖類」又は「糖類」の文字の次に、括弧を付して、当該砂糖類の名称を「砂糖、水あめ」等と、原材料に占める重量の割合の高いものから順に表示します。

## 【添加物】

ジャム類について栄養強化の目的で使用される添加物に係る表示の省略規定は適用されないため、他の添加物と同様に表示することが必要です。

## 【内容量】

計量法の特定商品に該当するため、内容重量をグラム又はキログラムの単位で、単位を明記して表示します。また、ポーションタイプのように、包装されたものが2個以上同一の容器に入れられたものは、内容重量の表示の文字の次に、括弧を付して「○g×△袋」等と表示します。

## 【使用上の注意】

糖用屈折計の示度（以下「糖度」という。）が60ブリックス度以下のものは、「開封後は、10℃以下で保存すること。」等と、容器又は包装の見やすい箇所に、背景の色と対照的な色で明瞭に表示します。

## 【表示禁止事項】

・「特級」の用語と紛らわしい用語

・2種類以上の果実等を使用したものについて、当該果実等のうち特定の種類のものを特に強調する用語。ただし、果実等の配合の割合が30％以上60％未満の場合において「ミックスジャム」の文字に当該果実等を含む旨の用語を付した商品名を用いる場合、及び当該果実等の配合の割合が60％以上の場合において「ミックスジャム」の文字に当該果実等名を冠した商品名を用いる

場合は除く。

・通常より糖度が低い旨を示す用語。ただし、糖度が55ブリックス度以下のものについて、当該糖度を下回らない整数値により「糖度50度」等と併記する場合は除く。

・果実等を多く含有している旨を示す用語

# 4-4-10 ● 容器包装詰加圧加熱殺菌食品・レトルトパウチ食品

## 1 ● 容器包装詰加圧加熱殺菌食品 (レトルトパウチ食品及び缶詰・瓶詰を除く。)

### 〈ツナフレークの表示例〉

| 名称 | まぐろフレーク |
|---|---|
| 原材料名 | きはだまぐろ、野菜エキス、食塩／調味料（アミノ酸等） |
| 原料原産地名 | 国産（きはだまぐろ） |
| 内容量 | 80g |
| 賞味期限 | ○○.○○.○○ |
| 保存方法 | 直射日光を避けて、常温で保存してください。 |
| 製造者 | 株式会社 ○○水産 +MY 山口県○○市○○町○-○-○ |

本品は食品を気密性のある容器包装に密封した後、加圧加熱殺菌しています。
【製造所固有記号】
MF: △△工場 福岡県△△市△△町△-△
MY: ××工場 山口県××市××町×-×

| 必要な表示事項 | 食品表示基準以外の法令等 |
|---|---|
| 名称 | |
| 原材料名 | |
| 添加物 | |
| 原料原産地名 | |
| 内容量 | 計量法 |
| 賞味期限 | |
| 保存方法 | |
| △原産国名 ※輸入品のみ | |
| 製造者 等 | |
| 気密性のある容器包装に入れ密封した後、加圧加熱殺菌した旨 ●容器包装の見やすい箇所 | |

### 【容器包装詰加圧加熱殺菌食品とレトルトパウチ食品の違い】

　容器包装詰加圧加熱殺菌食品とは、食品衛生法により「食品（清涼飲料水、食肉製品、鯨肉製品及び魚肉練り製品を除く。）を気密性のある容器包装に入れ、密封した後、加圧加熱殺菌したもの」と定義されています。

　また、レトルトパウチ食品は、食品表示基準により「プラスチックフィルム若しくは金属はく又はこれらを多層に合わせたものを袋状その他の形状に成形した容器（気密性及び遮光性を有するものに限る。）に調製した食品を詰め、

199

熱溶融により密封し、加圧加熱殺菌したもの」と定義されています。

すなわち「レトルトパウチ食品」に該当するものは、遮光性のある容器包装であることに特徴があります。

【密封した後、加圧加熱殺菌した旨】

気密性のある容器包装に入れ、密封した後、加圧加熱殺菌した食品にあっては、その旨を容器包装の見やすい場所に表示します。

## 2●レトルトパウチ食品

### 〈まあぼ豆腐のもとの表示例〉

| 名称 | まあぼ豆腐のもと |
|---|---|
| 原材料名 | 豚肉（国産）、野菜（ねぎ、しょうが、にんにく）、しょうゆ、でん粉、豆板醤、砂糖、植物油脂（大豆油、ごま油）、味噌、食塩、香辛料／調味料(アミノ酸等)、（一部に小麦・大豆・豚肉・ごまを含む） |
| 殺菌方法 | 気密性容器に密封し、加圧加熱殺菌 |
| 内容量 | 200g |
| 賞味期限 | ○○.○○.○○ |
| 保存方法 | 直射日光を避けて、常温で保存してください。 |
| 製造者 | ○○食品　株式会社<br>○○県○○市○○町○-○-○ |

●本品は、レトルトパウチ食品です。
〈調理方法（3人前）〉
① 豆腐を1口大に・・・
② ・・・・・・・・・
③ ・・・・・・・・・

| 必要な表示事項 | 食品表示基準以外の法令等 |
|---|---|
| 名称 | |
| 原材料名 | |
| 添加物 | |
| 原料原産地名 | |
| 内容量 | 計量法 |
| 賞味期限 | |
| 保存方法 | |
| △原産国名 ※輸入品のみ | |
| 製造者　等 | |
| 気密性のある容器包装に入れ密封した後、加圧加熱殺菌した旨<br>●容器包装の見やすい箇所 | |
| レトルトパウチ食品である旨<br>●容器包装の見やすい箇所 | |
| △調理方法<br>●容器包装の見やすい箇所<br>※調理の必要なもののみ | |
| △内容量（「○人前」）<br>●容器包装の見やすい箇所<br>※調理の必要なもののみ | |
| △使用した食肉等若しくはその加工品又は魚肉の含有率<br>●容器包装の見やすい箇所<br>※食品表示基準で定める使用割合に満たないもののみ | |
| △原料米の産地<br>※米飯類に限る | 米トレ法 |

【名称】

レトルトパウチ食品にあっては、食品表示基準に定める名称の用語を用いて、「カレー」「ハヤシ」「ハンバーグ」「パスタソース」「まあぼ料理のもと」（表示例のように豆腐とともに調理するものにあっては「まあぼ豆腐のもと」と表

示できます。）「まぜごはんのもと」「どんぶりもののもと」「シチュー」「スープ」「和風汁物」「米飯類」等と表示します。

　なお、名称の規定がないものは、その内容物を識別できる最も一般的な名称をもって表示します。

【原材料名】

　使用した添加物以外の原材料を、次の①～③までの区分により、①～③の順に、それぞれの定めるところにより表示します。

①使用した原材料を、最も一般的な名称をもって、原材料に占める重量の割合の高いものから順に表示します。また、使用した食肉等、魚肉、野菜若しくは果実又はつなぎが２種類以上である場合は、「食肉等」「野菜・果実」、又は「つなぎ」等の文字の次に括弧を付して、それぞれ「牛肉、豚肉、牛肝臓」「たまねぎ、にんじん、りんご」「パン粉、でん粉」等と、原材料に占める重量の割合の高いものから順に表示します。植物性たん白を２種類以上使用した場合は「粒状・繊維状植物性たん白」「繊維状・粒状植物性たん白」のように重量の割合の高いものから順に表示します。

②スープの場合、うきみの原材料は、「うきみ」の文字の次に、括弧を付して、その最も一般的な名称をもって、原材料に占める重量の割合の高いものから順に表示します。

③ハンバーグステーキ又はミートボールの場合、ソースの原材料は、「ソース」の文字の次に、括弧を付して、その最も一般的な名称をもって、原材料に占める重量の割合の高いものから順に表示します。

【添加物】

　使用した添加物は、原材料名の表示に併記して、添加物に占める重量の割合の高いものから順に規定に従い表示します。ハンバーグステーキ又はミートボールのソースに添加したものにあっては、上記の③のとおり区分して表示されたソースの原材料名の表示に併記します。

　また、上記の規定にかかわらず、添加物の事項を設けて表示することもできます。ハンバーグステーキ又はミートボールのソースの原材料に添加したものは、区分して「ソース」の文字の次に、括弧を付して表示します。

【内容量】

　計量法の特定商品に該当するため、内容重量をグラム又はキログラムの単位で、単位を明記して表示します。

・ハンバーグ、ミートボールでソースを加えたものは、内容重量及びソースを除いた固形量を表示します。

・別記様式の内容量とは別に「○人前」と表示します。調理しないもの（単に温めるものを含む。）の場合は、義務表示ではありません。

## 【容器包装詰加圧加熱殺菌食品である旨及びレトルトパウチ食品である旨】

食品を気密性のある容器包装に入れ、密封した後、加圧加熱殺菌した旨を示す文言を、「気密性容器に密封し加圧加熱殺菌」等と、容器包装の見やすい箇所に表示します。別記様式内に「殺菌方法」として表示することもできます。また、レトルトパウチ食品である旨を容器包装の見やすい箇所に表示します。

## 【調理方法】

調理するものは、容器包装の見やすい箇所に表示します。ただし、調理しないもの（単に温めるものを含む。）の場合は、義務表示ではありません。

## 【原材料の配合割合】

レトルトパウチ食品にあっては、カレー及びハヤシ、パスタソース、まあぼ料理のもと、牛どんのもと、シチュー、ハンバーグステーキ、ミートボールにおいて、食肉、魚肉等の割合が規定に定める割合に満たないときは、パーセントの単位で、その配合割合を容器包装の見やすい箇所に表示します。

例えば、まあぼ料理のもとの場合は、食肉の重量が原材料及び添加物の重量に占める割合が６％に満たない場合に、その配合割合を表示します。

# 4-4-11 ● はちみつ類

## 〈はちみつの表示例〉

| 名称 | はちみつ |
|---|---|
| 原材料名 | アカシアはちみつ（国産） |
| 内容量 | 500g |
| 賞味期限 | 枠外下部に記載 |
| 保存方法 | 直射日光を避け、常温で保存してください。 |
| 製造者 | 株式会社　○○養蜂園<br>○○県○○市○○町○-○-○ |

1歳未満の乳児には与えないでください。

賞味期限：○○．○○．○○

| 必要な表示事項 | 食品表示基準以外の法令等 |
|---|---|
| 名称 | 公正競争規約<br>自治体条例 |
| 原材料名 | 公正競争規約 |
| 原料原産地名 | 公正競争規約 |
| 添加物 | 公正競争規約 |
| 内容量 | 計量法、<br>公正競争規約 |
| 賞味期限 | 公正競争規約 |
| 保存方法 | 公正競争規約 |
| △原産国名<br>※輸入品のみ | 公正競争規約 |
| 製造者　等 | 公正競争規約 |
| △添加した原材料の割合又は重量<br>※精製はちみつや糖類、巣はちみつ等を使用しているもののみ<br>●枠外表示可 | 自治体条例<br>公正競争規約（巣はちみつについて） |
| 1歳未満の乳児は摂取を控える旨の注意喚起表示 | 厚生労働省の指導<br>公正競争規約 |

【名称】

　はちみつ類の名称は、「はちみつ類の表示に関する公正競争規約」に基づき、「はちみつ」（みつばちが植物の花みつを採集し，巣房に貯え熟成した天然の甘味物質であって、組成基準に適合したもの）「甘露はちみつ」（みつばちが植物の分泌物又は同分泌物を吸った他の昆虫の排出物を採集し、巣房に貯え熟成した天然の甘味物質であって、組成基準に適合したもの）「巣はちみつ」（幼虫のいない巣房に貯えられたはちみつ又は甘露はちみつで、巣全体又は一部を封入したもの）「巣はちみつ入りはちみつ」（はちみつ又は甘露はちみつに巣はちみつを加えたもの）と表示します。

　また、これ以外のはちみつ類にあっては、はちみつから臭い、色等を取り除いたものを「精製はちみつ」と、はちみつに重量百分比で40％未満の異性化液糖その他の糖類を加えたものを「加糖はちみつ」と、東京都条例に準じて表示します。

## 【原材料名】

　使用した原材料を、原材料に占める重量の割合の高いものから順に、「はちみつ」「甘露はちみつ」「巣はちみつ」「異性化液糖」等と表示します。はちみつ類の名称に採蜜源の花名を付す場合は、名称の前に花名を「○○」と記載した「○○はちみつ」等の一般的な名称を表示します。

　なお、有機はちみつ*を使用した場合は「有機はちみつ」等と、また、採蜜源の花名を付す場合は「有機○○はちみつ」等と表示することができます。

　　　*次ページ【特定事項の表示基準】の「有機」参照。

## 【原料原産地名】

　対象原材料であるはちみつ類の採蜜国名を、原料原産地名欄を設けて表示するか、又は原材料名欄に表示された原材料名に対応させて括弧書きで表示します。

　なお、同一の採蜜国のはちみつの採蜜源の花名が複数にわたる場合は、公正競争規約に準じて下記の例のように表示します。
・原材料名欄に採蜜国を表示する場合は、次の①又は②
　①原材料名：はちみつ（アカシア、レンゲ、ひまわり）（A 国）
　②原材料名：はちみつ（A 国）（アカシア、レンゲ、ひまわり）
・原料原産地欄に採蜜国を表示する場合は、次の③又は④
　③原材料名：はちみつ（アカシア、レンゲ、ひまわり）
　　原料原産地：A 国（はちみつ（アカシア、レンゲ、ひまわり））
　④原材料名：はちみつ（アカシア、レンゲ、ひまわり）
　　原料原産地：A 国（アカシアはちみつ、レンゲはちみつ、ひまわりはちみつ）

## 【原材料の割合又は重量（主に東京都条例による表示）】

　精製はちみつを使用したはちみつ類においては精製はちみつの、加糖はちみつにおいては使用した糖類の、巣はちみつ入りはちみつにおいては巣はちみつの製品に占める重量の割合をパーセントで表示します。

　また、製品に占める重量割合で0.05パーセント以上のローヤルゼリー、0.1パーセント以上の花粉若しくは果汁を使用又は添加したはちみつ類においては、ローヤルゼリー、花粉若しくは果汁の原材料に占める重量（g）又は重量の割合（％）を表示します。

　これらの表示は、原材料名欄における原材料名の次に括弧を付して表示するか、別記様式枠内又は枠外の近接した箇所に項目名を設けて表示します。

なお、巣はちみつ入りはちみつにあっては商品名を表示してある箇所の直上又は直下に「巣はちみつ入り」と表示します。

## 【内容量】

　計量法の特定商品に該当するため、内容重量をグラム又はキログラムの単位で、単位を明記して表示します。

## 【注意喚起表示】

　はちみつは乳児ボツリヌス症の原因となる場合があるため、1歳未満の乳児は摂取を控えるよう厚生労働省より指導されています。その旨を「1歳未満の乳児には与えないでください。」又は「1歳未満の乳児には食べさせないでください。」の文言を使って明瞭に表示します。

　なお、ボツリヌス菌は熱に強いので、加熱処理すれば安全と誤解される表示をしないようにするとともに、はちみつだけでなく、はちみつ入りの飲料・菓子などの加工食品にも「1歳未満の乳児には与えないでください。」という注意喚起の表示をします。

## 【特定事項の表示基準】（はちみつ類の表示に関する公正競争規約より）

　はちみつ類の商品名等に次に掲げる事項を表示する場合は、各々の基準に従い表示します。

### 純粋等

　「純粋」「天然」「生」「完熟」「ピュア」「ナチュラル」「Pure」「Natural」その他これらと類似の意味内容を表す文言を表示しようとする場合は、「純粋」又は「Pure」という文言に統一して表示します。

### 有機

　はちみつは有機JASの対象となっていませんので、有機JASマークを付すことはできません。はちみつに「有機」「オーガニック」その他これらと類似の意味内容を表す文言を表示しようとする場合は、日本の有機認証制度と同等性が認められた外国の公的な認証制度において有機性が認められたはちみつ類の製品輸入であって、当該認証制度のマークが商品に表示されていなければなりません。

　また、当該認証制度のマークが表示されたはちみつ類をバルクで輸入し、国内で製品化する場合には、国内の加工の全段階を通じて、有機食品の信頼性が保たれている必要があります。

## 国産

「国産」という文言を表示する場合には、優良誤認を避けるため、原料原産地名として他の採蜜国と併せて表示する場合を除き、その原料蜜のすべてが国内で採蜜されたものでなければなりません。

## 採蜜源の花名

採蜜源の花名を表示する場合には、当該はちみつのすべて又は大部分を当該花から採蜜し、その花の特徴を有するものであって、かつ、採蜜国名を表示しなければなりません。なお、表示している採蜜源と異なるはちみつを混合することはできません。

また、採蜜源の花名を表示しない製品に、特定の花から採蜜したはちみつであると誤認させる花の絵などを表示することもできません。

## 特定の原材料を使用している旨を強調する表示

特色ある採蜜源の花名を「○○はちみつ入り」等と商品名に強調して表示する場合は、その重量割合を強調表示に近接した場所又は別記様式枠内の当該特色のある原材料の次に括弧を付して表示します。

また、マヌカ（フトモモ科の常緑低木）の花から採蜜したはちみつについては、ニュージーランド政府の基準に基づきマヌカの単花蜜と認められる場合は「マヌカハニー」と容器包装の正面に表示し、原材料名欄にも花名を表示します。マヌカハニーの成分値が一定以上含まれる百花蜜と認められる場合はその旨を容器包装等で説明することを条件として「マルチフローラルマヌカハニー」である旨を、表示することができます。ただしこの場合は原材料名に花名は表示せず、「マヌカハニーをブレンドした」といった表示はできません。

# 4-4-12 ● 菓子類（ビスケット類・米菓類・洋生菓子詰合せ）

## 1 ● ビスケット類

### 〈ビスケットの表示例〉

商品名　ビスケット（チョコ）

| 名称 | ビスケット |
|---|---|
| 原材料名 | 小麦粉（国内製造）、ショートニング、砂糖、ぶどう糖、植物油脂、小麦全粒粉、デキストリン、チョコレート、脱脂粉乳、小麦胚芽、食塩、全粉乳 |
| 添加物 | 膨張剤、香料、乳化剤（大豆由来） |
| 内容量 | 12枚 |
| 賞味期限 | 枠外下部に記載 |
| 保存方法 | 直射日光・高温多湿を避けて保存してください。 |
| 製造者 | ○○製菓　株式会社 東京都○○区○○町○-○-○ |

賞味期限：○○．○○．○○

製造所：○○製菓㈱　△△工場
　　　　△△県△△市△△町 - △ - △

製品には万全を期しておりますが、万一不都合がございましたら、お買い上げの月日・店名をお書きそえの上、箱ごとお送りください。代品と送料をお送りいたします。

| 必要な表示事項 | 食品表示基準以外の法令等 |
|---|---|
| 名称 | 公正競争規約 |
| 原材料名 | 公正競争規約 |
| 添加物 | 公正競争規約 |
| 原料原産地名 | 公正競争規約 |
| 内容量 | 計量法、公正競争規約 |
| 賞味期限 | 公正競争規約 |
| 保存方法 | 公正競争規約 |
| △原産国名 ※輸入品のみ | 公正競争規約 |
| 製造者　等 | 公正競争規約 |
| △事故品を取り替える旨 ※輸入品は省略可 ●枠外表示可 | 公正競争規約 |

### 【種類別名称】

「ビスケット類の表示に関する公正競争規約」に基づき、「ビスケット」「クラッカー」（又は「乾パン」又は「プレッツェル」）「カットパン」「パイ」（又は「パフ」）等と表示します。

ビスケットのうち、「手づくり風」の外観を有し、糖分、脂肪分の合計が重量百分率で40％以上のもので、嗜好に応じ、卵製品、乳製品、ナッツ、乾果、蜂蜜等により製品の特徴付けを行って風味よく焼きあげたものは「クッキー」と表示することができます。

### 【原材料名】

使用した原材料は、製品に占める重量の割合の高いものから順に、その最も一般的な名称で表示します。

なお、公正競争規約に基づき、ビスケット類の原材料として、チョコレート類の表示に関する公正競争規約に規定するチョコレート生地＊又は準チョコ

第4章

4 - 4

事例でわかる食品表示 ● 加工食品

207

レート生地*を使用するものにあっては、それぞれチョコレート、準チョコレートと表示することができます。

> *チョコレート類の公正競争規約では、チョコレート類をカカオ豆由来の成分の量によって、チョコレート生地と準チョコレート生地に区分しています。

## 【内容量】

計量法の特定商品に該当するため、量目公差を超えないように計量し、内容重量をグラム又はキログラムの単位を明記して表示します。

### 計量法第13条の特定商品に該当し、内容重量により表示することが定められている菓子類

| | |
|---|---|
| ビスケット類、米菓及びキャンデー | ナッツ類、クリーム、チョコレート等をはさみ、入れ、又は付けたものを除くものとし、1個3g未満のものに限る。 |
| 油菓子 | 1個3g未満のものに限る。 |
| 水ようかん | くり、ナッツ類等を入れたものを除くものとし、缶入りのものに限る。 |
| プリン及びゼリー | 缶入りのものに限る。 |
| チョコレート | ナッツ類、キャンデー等を入れ、若しくは付けたもの又は細工ものを除く。 |
| スナック菓子 | ポップコーンを除く。 |

ただし、上記に該当しない次の場合は、内容個数で表示することができます。
・ビスケット類にクリーム、チョコレート、ジャム、マシュマロ、あん等をはさんだもの、又はビスケット類の表面にチョコレート等を被覆したもの
・ビスケット類の1個の重量が3g以上のもの

## 【原産国名の表示】

ビスケット類の原産国は、公正競争規約に基づき、次に掲げる行為が行われた国とします。
・ビスケット、クラッカー、カットパン及びパイにあっては焙焼
・加工品にあっては、サンドイッチ、コーチング、アイシング等の加工

## 【特定の表示事項】（ビスケット類の表示に関する公正競争規約より）
### 事故品を取り替える旨

「万一、事故品がありましたら、お買い上げの月日・店名をお書きそえの上、箱ごと下記へお送りください。代品、送料をお送りします。」等と表示します。

輸入品は省略することができます。

## 特定の原材料を使用している旨の表示

　バター、チーズ、ミルク、その他の乳製品、卵製品、果物類、野菜類、蜂蜜、コーヒー、ナッツ類、チョコレートその他の原材料を使用している旨を商品名、絵、写真、説明文等で表示する場合、これらの含有量が、公正競争規約で定める基準量以上でなければなりません。

　ただし、次の場合は、基準量未満であっても、上記の原材料を使用している旨を表示することができます。

①使用している旨を表示した原材料の製品に占める重量の割合を「バター1％使用」等と、明瞭に商品名に併記した場合

②使用している旨を表示した原材料と、その香料を合わせて使用しているものについて、「バター香料使用」等と、明瞭に商品名に併記した場合

③果実類の香料のみを使用しているものについて、当該果物の香料を使用した旨を「オレンジ香料使用」等と、明瞭に商品名に併記した場合

④2種類以上の果物の香料を使用しているものについて、「フルーツ香料使用」と、明瞭に商品名に併記した場合

⑤④のもの又は果物の香料を使用した製品を2種類以上詰め合わせたものについて、「フルーツ香料使用」と、明瞭に商品名に併記した場合

　なお商品名に、バター、チーズ、ミルクその他の乳製品の名称を使用する場合は、重量百分率（ミルクの場合は乳固形量）を、商品名に併記しなければなりません。

## 表示禁止事項

・製品の大きさ又は形状が、包装の絵又は写真と著しく異なると誤認されるおそれがあるような表示をすること

・「最高級」「極上」等最上級を意味する文言及びこれらに類する文言を客観的な事実に基づく根拠なしに表示すること

## 2 ● 米菓類

### 〈米菓の表示例〉

| 名称 | 米菓 |
|---|---|
| 原材料名 | うるち米（国産、米国産）、植物油脂、砂糖、しょうゆ（大豆・小麦を含む）、でん粉／調味料（アミノ酸等）、乳化剤、カラメル色素 |
| 内容量 | 5枚 |
| 賞味期限 | ○○.○○.○○ |
| 保存方法 | 直射日光・高温多湿を避けて常温で保存。 |
| 製造者 | 株式会社　○○本舗<br>○○県○○市○○町○-○-○ |

| 必要な表示事項 | 食品表示基準以外の法令等 |
|---|---|
| 名称 | |
| 原材料名 | |
| 原料米の産地情報<br>●枠外表示可 | 米トレ法 |
| 添加物 | |
| 内容量 | 計量法 |
| 賞味期限 | |
| 保存方法 | |
| △原産国名 ※輸入品のみ | |
| 製造者　等 | |

【名称】

　「米菓」「せんべい」「うるちせんべい」「塩せんべい」「あられ」等と、その最も一般的な名称で表示します。

【原料米等の産地情報】

　うるち米、もち米、うるち米粉又はもち米粉（以下「うるち米等」という。）を主な原材料とした生地、又はうるち米等を原材料に含む生地を、焼いて又は揚げて製造し、あられ、せんべい、おかきその他の「米菓」と称して販売するものについては、米トレーサビリティ法に基づき、原料米の産地を表示します。また、せんべいやあられ等に、ピーナッツ、干魚等を混ぜて袋詰めしたものを「米菓」と称して販売するものも、原料米の産地表示の対象となります。

　このように、米トレーサビリティ法で原料米の産地情報を消費者に伝達している米菓については、新しい原料原産地表示制度の対象外となっています。

　なお、原料米の産地情報については、原材料名欄に表示するほか、別記様式枠外に「国産米使用」のように表示したり、産地情報に関する問い合わせ先を表示するなどの方法で伝達することもできます。

　　※米トレーサビリティ法については、第5章 5-8参照。

【内容量】

　計量法の特定商品に該当するため、内容重量をグラム又はキログラムの単位で、単位を明記して表示します。ただし、1個の重量が3g以上の米菓については、内容個数で表示することができます。

# 3●洋生菓子詰合せ

## 〈洋菓子詰合せの表示例〉

| 名称 | 洋生菓子　詰合せ |
|---|---|
| 原材料名 | 〈ゼリー〉オレンジ果汁（アメリカ製造）、砂糖、ぶどう糖<br>〈カスタードプリン〉牛乳（国内製造）、生クリーム（乳成分を含む）、砂糖、卵黄（卵を含む）、洋酒 |
| 添加物 | 〈ゼリー〉ゲル化剤（増粘多糖類）、香料、酸味料<br>〈カスタードプリン〉トレハロース、加工デンプン、ゲル化剤（増粘多糖類）、香料、カラメル色素 |
| 内容量 | 6個（ゼリー3個、プリン3個） |
| 消費期限 | ○○○○.○○.○○ |
| 保存方法 | 要冷蔵（10℃以下で保存） |
| 製造者 | 株式会社　○○製菓<br>東京都○○区○○町○-○-○ |

開封後はお早めにお召し上がりください。

## 【詰合せ製品に関する表示】

　1個ごとにばら売りされる可能性がある場合は、個別に表示することが必要ですが、販売方法が詰合せの形態に限られた場合は、外箱等に一括して表示してあれば、中身の個々に表示する必要はありません。

## 【名称】

　2種類以上の製品を詰め合わせた場合は、「洋菓子詰合せ」等と、その内容を表す一般的な名称を表示します。

## 【原材料名】

　数種類の製品を詰め合わせた場合の表示は、個々の名称の文字の次に、括弧を付して、「〈ゼリー〉オレンジ果汁、砂糖、……〈カスタードプリン〉牛乳、生クリーム（乳成分を含む）、砂糖……」等と、それぞれの製品ごとに、その最も一般的な名称で、原材料に占める重量の割合の高いものから順に表示します。この際、アレルゲンは、商品ごとに表示する必要があります。

## 【期限表示・保存方法】

　期限表示は、製品ごとに表示する必要があります。ただし、外箱に表示する場合は、期限の早い方又はそれぞれの製品の期限を表示します。

　保存方法については、それぞれの製品の特性に従って表示しますが、同じ保存方法であれば、1つにまとめて表示することができます。

# 4-4-13 ● パン類（食パン・菓子パン）

## 〈食パンの表示例〉

| 名称 | 食パン |
|---|---|
| 原材料名 | 小麦粉（国内製造）、砂糖、ショートニング、脱脂粉乳、イースト、食塩／乳化剤（大豆由来）、イーストフード、カゼインNa、ビタミンC |
| 内容量 | 6枚 |
| 消費期限 | 枠外下部に記載 |
| 保存方法 | 直射日光・高温多湿を避けて保存してください。 |
| 製造者 | ○○製パン　株式会社<br>○○県○○市○○町○-○-○ |

製造所固有記号は別記様式枠外下部、消費期限の右側に記載

1斤（1斤は340g以上です。）

お客様相談室:0120-○○○-○○○

消費期限:○○.○○.○○/+P1

| 必要な表示事項 | 食品表示基準以外の法令等 |
|---|---|
| 名称 | 公正競争規約 |
| 原材料名 | 公正競争規約 |
| 添加物 | 公正競争規約 |
| 原料原産地名 | 公正競争規約 |
| 内容量 | 公正競争規約 |
| 消費期限又は賞味期限 | 公正競争規約 |
| 保存方法 | 公正競争規約 |
| △原産国名 ※輸入品のみ | 公正競争規約 |
| 製造者　等 | 公正競争規約 |
| △保証内容重量<br>●別記様式枠外に記載 | 公正競争規約 |

## 〈菓子パンの表示例〉

商品名:りんごジャムパン

| 名称 | 菓子パン |
|---|---|
| 原材料名 | フラワーペースト（国内製造）、りんごジャム、小麦粉、砂糖、ぶどう糖果糖液糖、鶏卵、植物油脂（大豆を含む）、パン酵母、脱脂粉乳、食塩、ショートニング |
| 添加物 | イーストフード、酸化防止剤（V.C）、糊料（増粘多糖類）、香料、保存料（ソルビン酸）、酸味料、着色料（カロチン、紅花黄） |
| 内容量 | 3個 |
| 消費期限 | 枠外下部に記載 |
| 保存方法 | 直射日光・高温多湿を避けて保存してください。 |
| 製造者 | ○○ベーカリー　株式会社<br>○○県○○市○○町○-○-○ |

消費期限:○○.○○.○○

（参考）食パンに使用しているビタミンCは生地の改良を目的としたものです。一方、菓子パンに使用しているV.Cはジャムの酸化防止剤として使用されています。同じビタミンCでも用途により表示方法が異なります。

## 【名称】

　食品表示基準の用語の定義に従い、直方体又は円柱状の焼型に入れて焼き上げた食パンは「食パン」と、菓子パンは「菓子パン」と、その他のパンは「パン」と表示します。ただし、その他のパンのうち、パン生地を圧延し、これを切断、成形したものを焼いたものは、「カットパン」と表示することができます。

## 【原材料名】

　使用した原材料を、原材料に占める重量の割合の高いものから順に、その最も一般的な名称で表示します。ただし、砂糖その他の砂糖類は「砂糖類」又は「糖類」と、シナモンその他の香辛料は「香辛料」と表示することができます。

## 【内容量】

　パン類は内容数量を表示します。ただし、1個のものは、省略することができます。また、カットパンについては、内容数量に代えて内容重量をグラム又はキログラムの単位で、単位を明記して表示することができます。

　包装食パン（製造所で包装し小売店に出荷される食パン）は、内容数量を枚数で表示します。

## 【特定の表示事項】（包装食パンの表示に関する公正競争規約より）

### 包装食パンの保証内容重量の表示

　保証内容重量の表示を、商品名と同一視野に入る場所又は別記様式欄の枠外で別記様式欄と同一視野に入る場所に、次のように表示します。

・包装食パン1個の重量が340グラム以上のものについて「1斤」と表示します。また、1斤を340グラムとして換算した重量を、斤を単位として、「半斤」「1.5斤」等と表示することができます。

　　表示例：

　　　170g 以上の場合：半斤

　　　510g 以上の場合：1.5斤　　等

・保証内容重量の表示には、「1斤は340グラム以上です。」と併記します。

### 包装食パンの強調表示

　パン生地にチーズやレーズンなど、特定の原材料を練り込んで使用している旨を強調して表示する場合には、次に掲げる当該原材料ごとに定めた基準配合割合を満たしている必要があります。

| 原材料 | 基準配合割合（小麦粉 100 に対する重量比率） |
|---|---|
| チーズ | 「乳及び乳製品の成分規格等に関する省令」で定めるチーズを 5% 以上 |
| ミルク又は牛乳 | 乳固形分を 5% 以上（うち、乳脂肪を 1.35% 以上） |
| 蜂蜜 | 4% 以上 |
| レーズン又は干しぶどう | 25% 以上 |

# 4-4-14 ● もち

## 〈よもぎもちの表示例〉

前提：もち米が50%以上のもの
　　　（もち米55%、もち米粉40%、
　　　　よもぎ5%）

| 名称 | よもぎもち |
|---|---|
| 原材料名 | 水稲もち米（国産）、もち米粉（もち米（国産））、よもぎ |
| 内容量 | 300g |
| 賞味期限 | ○○.○○.○○ |
| 保存方法 | 直射日光・高温多湿を避けて、常温で保存してください。 |
| 製造者 | 有限会社　○○製菓<br>○○県○○市○○町○-○-○ |

| 必要な表示事項 | 食品表示基準以外の法令等 |
|---|---|
| 名称 | |
| 原材料名 | |
| 50%以上を占めるもち米の原料原産地名 | |
| 50%未満の原料米の産地情報 | 米トレ法 |
| 内容量 | 計量法 |
| 賞味期限 | |
| 保存方法 | |
| △原産国名 ※輸入品のみ | |
| 製造者　等 | |

## 〈包装もちの表示例〉

前提：もち米が50%未満のもの
　　　（タイ産米のもち米粉60%、国産米のもち米粉40%）

| 名称 | 包装もち |
|---|---|
| 原材料名 | もち米粉 |
| 内容量 | 1kg |
| 賞味期限 | ○○.○○.○○ |
| 保存方法 | 直射日光・高温多湿を避けて、常温で保存してください。 |
| 販売者 | 株式会社　○○食品　+M1<br>○○県○○市○○町○-○-○ |

製造所固有記号のお問い合わせ先：○○○-○○-○○○○
この製品に使用したもち米粉は、タイ産、国産のもち米を使用しています。

| 必要な表示事項 | 食品表示基準以外の法令等 |
|---|---|
| 名称 | |
| 原材料名 | |
| 原料米の産地情報 | 米トレ法 |
| 内容量 | 計量法 |
| 賞味期限 | |
| 保存方法 | |
| △原産国名 ※輸入品のみ | |
| 製造者　等 | |

【原料原産地表示】

　国内で製造した、のしもち、切りもち、草もち、豆もち等について、原材料及び添加物に占めるもち米の重量の割合が50%以上である場合は、原料原産地表示に関する個別ルールのある22の加工食品（食品表示基準 別表第15 1の（6）もち）に該当します。この場合は、対象原材料であるもち米の原産地を、「国別重量順」に原料原産地名欄を設けて表示するか、又は原材料名欄に表示

された原材料名の次に括弧書きで表示します。

　原材料が国産品の場合は、国産である旨の表示に代えて、都道府県名その他一般に知られている地名で表示することができます。原材料が輸入品の場合は、その原産国名を原料原産地名として表示します。

## 【原料米の産地情報】

　米トレーサビリティ法においてもちは、もち米や、もち米粉等を原材料として作られたものと定められています。このもちに該当するものについては、もち米や米粉などすべての「米穀等」について、その使用割合にかかわらず産地情報の伝達が必要です。

　すなわち、製品の重量に占めるもち米の割合が50％以上である場合は、もち米の原料原産地名を表示するとともに、重量順が2位以下のもち米粉などの米穀類について米トレーサビリティ法に基づく産地情報の伝達が必要です。

　同様に製品の重量に占めるもち米の割合が50％に満たない国産のもち及び輸入品のもちについては、米トレーサビリティ法に従って原料米の産地を表示します。

### 米トレーサビリティ法のもちとは

①もち米、若しくはもち米粉又はその両方（以下「もち米等」という。）のみを原材料とし、ついて又は練って製造したもの

②もち米等以外の原材料（甘味料を除く。）を含むものの、もち米等を主な原材料とし、ついて又は練って製造したものであって「もち」と称して販売しているもの

　なお、①又は②に該当するもの（以下「もち」という。）をさらに調理、加工等したもの（例えば、「もち」で他の原材料を包み込んでいるもの、「もち」に他の原材料をかけたもの、「もち」に他の原材料をまぶしたもの等）は、「もち」とは別の製品であるため、米トレーサビリティ法の原料米の表示の対象とはなりません。

　例：柏餅、きな粉もち

　　※米トレーサビリティ法については、第5章 5-8参照。

## 【内容量】

　計量法の特定商品に該当するため、内容重量をグラム又はキログラムの単位を明記して表示します。

# 4-4-15 ● 飲料類（ミネラルウォーター類・清涼飲料・ベビー飲料）

## 1 ● ミネラルウォーター類

### 〈ナチュラルミネラルウォーターの表示例〉

| 名称 | ナチュラルミネラルウォーター |
|---|---|
| 原材料名 | 水（鉱泉水）（炭酸ガス入り） |
| 内容量 | 500ml |
| 賞味期限 | ○○.○○.○○ |
| 保存方法 | 直射日光を避け、常温で保存してください。 |
| 原産国名 | イタリア |
| 輸入者 | 株式会社 ○○商事<br>○○県○○市○○町○-○-○ |

採水地：パラヴィソ

### 〈ミネラルウォーターの表示例〉

| 名称 | ミネラルウォーター |
|---|---|
| 原材料名 | 水（深井戸水）／塩化カルシウム |
| 内容量 | 1000ml |
| 賞味期限 | ○○.○○.○○ |
| 保存方法 | 直射日光を避け、常温で保存してください。 |
| 製造者 | 有限会社 ○○ウォーター<br>株式会社 ○○商事<br>○○県○○市○○町○-○-○ |

採水地：奈良市月ヶ瀬

＊開封後は早めにお召し上がりください。

| 必要な表示事項 | 食品表示基準以外の法令等 |
|---|---|
| 名称 | ガイドライン① |
| 原材料名 | ガイドライン① |
| 内容量 | 計量法<br>ガイドライン① |
| 賞味期限 | ガイドライン① |
| 保存方法 | ガイドライン① |
| 原産国名 ※輸入品のみ | ガイドライン① |
| 製造者 等 | ガイドライン① |
| 使用上の注意<br>●省略可能 | ガイドライン① |
| 使用方法<br>●省略可能 | ガイドライン① |
| 採水地 | ガイドライン① |
| △殺菌又は除菌を行っていない旨<br>※殺菌又は除菌を行っていないもの | ガイドライン① |
| △二酸化炭素を含有している旨<br>※発泡性を有するもの | ガイドライン① |
| △調整した旨<br>※「ミネラルの調整」「ばっ気」「複数採水地のものを混合」したもの | ガイドライン① |
| △フッ素含有<br>※フッ素含有原水のもの | 食品表示基準について② |

①ミネラルウォーター類の品質表示ガイドライン

②食品表示基準について（消費者庁通知・第139号）

## 【名称】

　ミネラルウォーター類は、農林水産省の「ミネラルウォーター類（容器入り飲用水）の品質表示ガイドライン」（以下、ガイドラインという。）に基づき、ミネラルの有無や製造方法の違いによって次のように区分され、名称は、該当する区

分により表示します。

| ナチュラルウォーター | 特定の水源*¹ から採水された地下水を原水とし、沈殿、濾過、加熱殺菌以外の物理的・化学的処理を行っていないもの |
|---|---|
| ナチュラルミネラルウォーター | 「ナチュラルウォーター」のうち、鉱化*² された地下水を原水としたもの |
| ミネラルウォーター | 「ナチュラルミネラルウォーター」を原水とし、品質を安定させる目的等のためにミネラルの調整、ばっ気、複数の水源から採水したナチュラルミネラルウォーターの混合等が行われているもの |
| 飲用水又はボトルドウォーター | 「ナチュラルウォーター」「ナチュラルミネラルウォーター」及び「ミネラルウォーター」以外のもの |

*1 特定の水源：水質、水量において安定した地下水の供給が可能な単独水源をいう。
*2 鉱化：地表から浸透し、地下移動中又は地下滞留中に地層中の無機塩類が溶解した地下水のことで、天然の二酸化炭素が溶解し、発泡性を有する地下水を含む。

## 【原材料名】

「水」と記載し、水の次に括弧を付して、原水（鉱水・鉱泉水・湧水・温泉水・浅井戸水・水道水等）の種類を表示します。ただし、原水の種類を原材料として表示することができます。

## 【添加物】

ミネラル等を添加したものは、製品に占める重量の割合の高いものから順に、「塩化カルシウム」「炭酸水素ナトリウム」等と表示します。

## 【原料原産地名】

原材料が水のみであるミネラルウォーター類については、原料原産地表示は必要ありません。

## 【内容量】

計量法の特定商品に該当するため、内容重量をグラム又はキログラムの単位で、若しくは内容体積をミリリットル又はリットルの単位で、単位を明記して表示します。

## 【賞味期限】

ガラス瓶入りのもの（紙栓をつけたものを除く。）又はポリエチレン製容器入りのものにあっては、表示を省略することができます。

【採水地】

　都道府県、郡、市、区及び町村（輸入品は、これに準ずる地名）を表示します。なお、これに加えて、字、若しくは地番又は採水源名を表示することができます。ただし、採水地が政令指定都市、県庁所在地の場合には、都道府県名を省略することができます。

【二酸化炭素（炭酸ガス）の含有】

　ナチュラルミネラルウォーターのうち、天然の二酸化炭素が溶解し、発泡性を有するものについては、二酸化炭素を含有している旨を「（炭酸ガス入り）」のように表示します。

【殺菌又は除菌を行っていない旨の表示】

　容器包装内の二酸化炭素圧力が摂氏20℃で98kPa（1.0kgf/㎠）未満であって、殺菌又は除菌が行われていないものは、殺菌又は除菌を行っていない旨を表示します。

【調整した旨の表示】

　ミネラルの調整を行ったものは「ミネラル調整」と、ばっ気を行ったものは「ばっ気処理」と、複数の水源から採水したナチュラルミネラルウォーターの混合を行ったものは「ナチュラルミネラルウォーター混合」と、それぞれ処理方法を表示します。ただし、商品の説明、特性等を記載した文中に処理方法が明記されている場合は、この限りではありません。

【フッ素含有】

　0.8mg/L を超えるフッ素を含有する原水を用いて製造されたミネラルウォーター類は、「7歳未満の乳幼児は、このミネラルウォーターの飲用を控えてください（フッ素濃度○ mg/L）。」の旨を表示することが推奨されています。

【禁止表示】

　ガイドラインでは、次の表示を禁止しています。
・医薬品的な効能・効果を表示し、又は暗示する表示
・ナチュラルウォーター、ナチュラルミネラルウォーター以外のものに対する「自然」「天然」の用語及びこれに類する用語
・一括表示事項又は、その他の表示事項の内容と矛盾する用語
・その他内容物を誤認させるような文字、絵、写真その他の表示

## 2●清涼飲料水（無果汁・緑茶飲料）

### 〈清涼飲料水（無果汁*）の表示例〉

| 名称 | 清涼飲料水 |
|---|---|
| 原材料名 | 果糖ぶどう糖液糖（国内製造）／酸味料、ビタミンC、香料 |
| 内容量 | 350ml |
| 賞味期限 | 缶底に記載 |
| 保存方法 | 高温・直射日光を避け保存してください。 |
| 製造者 | ○○飲料　株式会社<br>○○県○○市○○町○‐○‐○ |

製造所固有記号は、缶底賞味期限右側に記載
お客様ダイヤル：0120-○○○-○○○

〈主要面の商品名表示部分〉

爽やかオレンジ
無果汁

〈缶底部分〉
○○.○○.○○／＋W1

＊商品名中に果実の名称を使用する飲料及び色等によって果実の搾汁を使用すると印象づける飲料であって果汁の使用割合が5％未満のもの（果汁を含まないものを含む。）

| 必要な表示事項 | 食品表示基準以外の法令等 |
|---|---|
| 名称 | |
| 原材料名 | 公正競争規約 |
| 添加物 | |
| 原料原産地名 | |
| 内容量 | 計量法 |
| 賞味期限 | |
| 保存方法 | 公正競争規約 |
| △原産国名　※輸入品のみ | |
| 製造者　等 | |
| △無果汁である旨<br>※果汁飲料と誤認する可能性がある場合で果汁を含まないもの又は果汁の使用割合が5％未満のもの<br>●商品名と同一視野に表示する | 景品表示法、公正競争規約 |
| △「果汁10％未満」<br>※果汁の使用割合が5％以上10％未満のもの<br>●商品名と同一視野に表示する | 公正競争規約 |
| △使用方法<br>※希釈して飲用に供するもののみ | 公正競争規約 |
| 使用上の注意<br>●「開缶後はすぐにお飲みください」等（省略可能） | 公正競争規約 |

※表内の公正競争規約とは果実飲料等の表示に関する公正競争規約です。

### 〈清涼飲料水（緑茶）の表示例〉

| 名称 | 緑茶（清涼飲料水） |
|---|---|
| 原材料名 | 緑茶（国産）／酸化防止剤（V.C） |
| 内容量 | 500ml |
| 賞味期限 | キャップに記載 |
| 保存方法 | 高温・直射日光を避け保存してください。 |
| 販売者 | ○○飲料　株式会社　＋W2<br>○○県○○市○○町○‐○‐○ |

当社ホームページ　　http://www.・・・・・・・・
お問い合わせ：0120-○○○-○○○

| 必要な表示事項 | 食品表示基準以外の法令等 |
|---|---|
| 名称 | |
| 原材料名 | |
| 添加物 | |
| 原料原産地名 | |
| 内容量 | 計量法 |
| 賞味期限 | |
| 保存方法 | |
| △原産国名<br>※輸入品のみ | |
| 製造者　等 | |

## 【名称】

「清涼飲料水」等と、その最も一般的な名称を表示します。また、緑茶飲料については、「緑茶飲料」「緑茶（清涼飲料水）」の他、その内容を表す一般的な名称を表示します。

## 【添加物】

使用した添加物を、添加物に占める重量の割合の高いものから順に、規定に従って表示します。栄養強化の目的で使用されるもの（特別用途食品及び機能性表示食品を除く。）、「加工助剤」及び「キャリーオーバー」のいずれかに該当するものは表示を省略することができます。

## 【原料原産地名】

清涼飲料水については、水以外の原材料の中で、原材料に占める重量割合が最も高い原材料（対象原材料）に原料原産地表示を行います。水は慣例として原材料名欄に表示していない場合が多いことから、仮に、水を原材料の欄の一番初めに表示する製品であっても、原料原産地表示の対象としていないためです。

緑茶飲料については、輸入品（製品で輸入したもの）以外のものは、水を除いた原材料の重量に占める緑茶の割合が50％以上の場合、原料原産地表示に関する個別のルールのある22の加工食品（食品表示基準 別表第15 1の（5））に該当します。この場合の原料原産地表示については、対象原材料である緑茶の、荒茶の原材料となった茶葉の原産地を、国別重量順に原料原産地名の事項名を設けて表示するか、原材料名欄の原材料名の次に、括弧書きで表示します。

なお、国産の荒茶を使用している場合は、国産である旨を、外国産の荒茶を使用している場合は、原産国名を表示します。ただし、国産の場合は、国産である旨の表示に代えて都道府県名等で表示することができます。また、原料原産地表示が適切になされていれば、産地銘柄について表示することも認められています。

次に、原材料及び添加物に占める緑茶（茶葉）の割合が50％に満たないものは、原材料に占める重量割合が最も高い原材料の原料原産地を表示します。

## 【内容量】

計量法の特定商品に該当するため、内容重量をグラム又はキログラムの単位で、若しくは内容体積をミリリットル又はリットルの単位で、単位を明記して表示します。

## 【無果汁である旨】

　景品表示法により原材料に果汁[*1]又は果肉が使用されていないものについては「無果汁」と、5％未満の場合は「無果汁」又は「果汁○％」「果汁・果肉○％」等と、商標又は商品名の表示と同一視野に入る場所に、背景の色と対照的な色で、かつ、14ポイント以上の大きさの文字で見やすく表示します。

　無果汁であることや使用した果汁の割合（5％未満の実際の数値）を表示せずに、次のような表示を行うと不当表示となるので注意が必要です。

・当該清涼飲料水等[*2]の容器又は包装に果実の名称を用いた商品名等の表示
・当該清涼飲料水等の容器又は包装に果実の絵、写真又は図案の表示
・当該清涼飲料水等又はその容器、若しくは包装が、果汁、果皮又は果肉と同一又は類似の色、香り又は味に着色、着香又は味付けがされている場合のその表示

> [*1]　「果実」は、日本標準商品分類による果実を、「果汁」とは、果実を粉砕して搾汁、裏ごし等をし、皮、種子等を除去したものをいいます。
>
> [*2]　無果汁の清涼飲料水等とは、「清涼飲料水」「乳飲料」「はっ酵乳」「乳酸菌飲料」「粉末飲料」「アイスクリーム類」「氷菓」であり、清涼飲料水を含めて容器に入っているもの又は包装されているものに限られます。

## 【果汁10％未満の表示】

　果実飲料等の表示に関する公正競争規約に基づき、商品名中に果実の名称を使用する飲料及び色等によって果実の搾汁を使用すると印象づける飲料であって果汁の使用割合が5％以上10％未満のものについては、商品名と同一の視野に入る箇所に「果汁10％未満」と表示します。

## 【清涼飲料水である旨】

　ドリンク剤類似清涼飲料水[*]は、容器包装の見やすい箇所（商品名と同時に見える箇所）に8ポイント以上の大きさで「清涼飲料水」又は「炭酸飲料」の文字を他の表示事項と紛らわしくないように表示します。

> [*]医薬部外品等に該当し食品表示法の対象外となるドリンク剤に、よく似た容器包装の形態や商品名をもつ清涼飲料水のこと。

# 3 ●ベビー用飲料（乳児用規格適用食品に該当するもの）

## 〈ベビー用飲料の表示例〉

| 名称 | 30% りんご果汁入り飲料 |
|---|---|
| 原材料名 | りんご（国産）、果糖ぶどう糖液糖／クエン酸、酸化防止剤（ビタミンC） |
| 内容量 | 100ml |
| 賞味期限 | ○○．○○．○○ |
| 保存方法 | 高温・直射日光を避け、常温で保存してください。 |
| 製造者 | 株式会社　○○フード　+CB<br>○○県○○市○○町○‐○‐○ |

●本品は乳児用規格適用食品です。
●本製品にはアレルギー物質28品目中「りんご」が含まれています。
●開封後はすぐにお飲みください。
※本製品へのお問い合わせ、製造所固有記号については、お客様相談室にお問い合わせください。
お客様相談室：0120-○○-○○○○

| 必要な表示事項 | 食品表示基準以外の法令等 |
|---|---|
| 名称 | 公正競争規約 |
| 原材料名 | 公正競争規約 |
| 添加物 | 公正競争規約 |
| 原料原産地名 | 公正競争規約 |
| 内容量 | 計量法<br>公正競争規約 |
| 賞味期限 | 公正競争規約 |
| 保存方法 | 公正競争規約 |
| △原産国名<br>　※輸入品のみ | 公正競争規約 |
| 製造者　等 | 公正競争規約 |
| △乳児用規格適用食品である旨<br>　※乳児を対象としたものであって規格を適用しているもののみ | |
| △果汁の使用割合<br>　※果汁を10%以上含む果汁入り飲料の場合<br>　●商品名と同一視野に表示する | 公正競争規約 |
| △「果汁10%未満」<br>　※果汁の使用割合が5%以上10%未満のもの<br>　●商品名と同一視野に表示する | 公正競争規約 |
| △無果汁である旨<br>　※果汁飲料と誤認する可能性がある場合で果汁を含まないもの又は果汁の使用割合が5％未満のもの<br>　●商品名と同一視野に表示する | 景品表示法<br>公正競争規約 |
| △使用方法<br>　※希釈して飲用に供するもののみ | 公正競争規約 |
| 使用上の注意<br>　●「開缶後はすぐにお飲みください」等（省略可能） | 公正競争規約 |

※このほか業界自主規格による表示が推奨されています。
※表内の公正競争規約とは果実飲料等の表示に関する公正競争規約です。

## 【乳児用食品の規格基準が適用される食品とは】

　「乳児用規格適用食品」として乳児用食品の規格基準が適用されるのは、「乳児の飲食に供することを目的として販売するもの」とされています。この乳児の年齢については、児童福祉法等に準じて「1歳未満」が対象とされます。

　乳児用食品の範囲には、次のような食品がありますが、その表示内容等により一般消費者が乳児向けの食品であると認識する可能性の高いものを「乳児用食品」としています。

・乳児用調製粉乳及び乳児用調製液状乳（特別用途食品）
・アレルゲン除去食品及び無乳糖食品のうち、乳児（1歳未満）を対象とした粉ミルク（特別用途食品の病者用食品に該当するもの）
・調製粉乳（フォローアップミルク等）
・乳幼児向け飲料（飲用茶に該当する飲料は、飲料水の基準を適用）
・乳幼児向け菓子
・ベビーフード
・その他（服薬補助ゼリー、栄養食品等）

## 【乳児用規格適用食品である旨】

　原発事故を受けて2012年（平成24年）に施行された食品中の放射性物質の新基準値では、乳児用食品には一般食品の100ベクレル/kgより低い基準値である50ベクレル/kgが適用されました。これは成人より放射線の影響を受けやすい乳児の健康に配慮したものです。

　この規格を満たした乳児用食品として販売される食品であることが判別できるように、容器包装に入れられた乳児用規格適用食品については、「乳児用規格適用食品」の文字又はその旨を的確に示す文言を表示します。

表示例：
・乳児用規格適用食品
・本品は（食品衛生法に基づく）乳児用食品の規格基準が適用される食品です。
・乳児用食品の規格基準が適用される食品です。
・本品は乳児用規格適用食品です。
・乳児用規格適用食品です。
・乳児用規格適用

　ただし、容器包装の表示可能面積がおおむね30cm²以下であるもの、乳児用規格適用食品であることが容易に判別できるものについては、表示を省略することができます。

　なお、一般用加工食品など、乳児用規格適用食品以外の食品の容器包装に、

「乳児用規格適用食品」である旨や「乳幼児用規格適用食品」や「乳児用規格適合食品」等の紛らわしい用語を表示することは禁止されています。

【ベビーフード自主規格による表示】

　日本ベビーフード協議会では、「ベビーフード自主規格」から飲料部門を独立させる形で果汁類、清涼飲料水とイオン飲料について、「ベビー飲料自主規格」を制定しています。なお、対象となるベビーの範囲は、「乳児（1歳未満の児）」及び「幼児（生後1歳から1歳6か月頃までの児）」とされています。

　このベビー飲料自主規格は、微生物基準や、残留農薬、有害化学物質といった食の安全に係わる項目について網羅するとともに、飲料用容器として使用されているペットボトルや紙容器及び表示事項について幅広く規格を設けたものです。

　ベビー飲料の表示に関しては、製造・販売に携わる事業者としての良識に基づいて表示に関する事項を定めることで、一般消費者の適正な商品選択を保護し、公正な競争を確保することを目的として、義務表示事項のほかに、推奨する表示を定めています。

# 4-4-16 ● レギュラーコーヒー

## 〈レギュラーコーヒーの表示例〉 ※豆製品

| 品名 | レギュラーコーヒー |
|---|---|
| 原材料名 | コーヒー豆（生豆生産国名　ブラジル） |
| 内容量 | 200g |
| 賞味期限 | ○○．○○．○○ |
| 保存方法 | 直射日光、高温・多湿を避けて保存してください。 |
| 使用上の注意 | 開封後はできるだけ早く使用してください。 |
| 製造者 | 株式会社 ○○珈琲<br>○○県○○市○○町○-○-○ |

| 必要な表示事項 | 食品表示基準以外の法令等 |
|---|---|
| 品名又は名称 | 公正競争規約 |
| 原材料名<br>生豆生産国名（原料原産地名） | 公正競争規約 |
| 添加物 | |
| 内容量 | 計量法<br>公正競争規約 |
| 賞味期限 | 公正競争規約 |
| 保存方法 | 公正競争規約 |
| 使用上の注意 | 公正競争規約 |
| 挽き方 | 公正競争規約 |
| △原産国名<br>　※輸入品のみ | 公正競争規約 |
| 製造者　等 | |

## 〈レギュラーコーヒーの表示例〉 ※粉製品

| 品名 | レギュラーコーヒー |
|---|---|
| 原材料名 | コーヒー豆（生豆生産国名　ブラジル、コロンビア、他） |
| 内容量 | 40g（8g×5袋） |
| 賞味期限 | ○○. ○○. ○○ |
| 保存方法 | 直射日光、高温・多湿を避けて保存してください。 |
| 使用上の注意 | 開封後はできるだけ早く使用してください。お湯を使用しますので、やけどに注意してください。 |
| 挽き方 | 細挽き |
| 製造者 | 株式会社 ○○珈琲<br>○○県○○市○○町○ - ○ - ○ |

## 【品名又は名称】

　コーヒー豆や、コーヒー豆を挽いたレギュラーコーヒーについては、食品表示基準では個別の名称などの定めはなく、一般に公正競争規約の基準に従って表示されます。なお、公正競争規約では、コーヒーノキの種実を精製したコーヒー生豆を焙煎した「煎り豆」、「煎り豆にコーヒー生豆を加えたもの」及び、これらを挽いたものは、「レギュラーコーヒー」と表示します。また、レギュラーコーヒーとインスタントコーヒーを混合したもの及びインスタントコーヒーの製造工程における抽出液にレギュラーコーヒー粉末を混合して乾燥させたもののうち、最終製品の重量百分比率で、レギュラーコーヒーの割合が多いものは「レギュラーコーヒー」とみなされ、「レギュラーコーヒー（インスタントコーヒー入り）」と表示します。

## 【原材料名・生豆生産国名（原料原産地名）】

　原材料に占める重量の割合の高いものから順に、「コーヒー豆」「インスタントコーヒー」のようにその最も一般的な名称を表示します。

　公正競争規約に則って表示を行う場合は、「コーヒー豆」と表示した次に括弧を付して「生豆生産国名」を表示します。生豆生産国名の表示方法については、括弧内に生豆生産国名の見出しを付けて、そのコーヒー生豆の生産国名を「コーヒー豆（生豆生産国名　ブラジル）」のように表示します。

　また、コーヒー豆がブレンドされている場合は、生豆生産国のうち主要なものについて、その国名を原則として重量の多い順に表示します。3か国以上使用している場合には、原材料に占める重量の割合の高いものから順に2か国以上表示し、それ以外の国名については「その他」又は「他」と表示します。

## 【内容量】

　計量法の特定商品に該当するため、内容重量をグラム又はキログラムの単位で、単位を明記して表示します。

## 【使用上の注意】

　使用上の注意は、次の例に準じて具体的に文字又は絵表示等で表示します。
ア．開封後はできるだけ早く使用する。
イ．濡れたスプーン等は使用しない。
ウ．火傷に注意する。
　なお、使用上の注意を一括して表示することが困難な場合には、近接した他の箇所に表示することが認められています。

## 【挽き方】

　レギュラーコーヒーのコーヒー豆を挽いた粉製品については、「挽き方」の文字の後に、基準に基づいて「粗（荒）挽き」「細挽き」等と表示します（次ページの表参照）。
　なお、コーヒー豆を挽いていない豆製品については、挽き方の表示は必要ありません。

| 挽き方表記 | 基準 |
|---|---|
| 粗（荒）挽き | 挽いた粉粒はザラメ状又はそれ以上の粗さ　（ドリップグラインド）（コースグラインド） |
| 中挽き | グラニュー糖程度の粗さ　（ミディアムグラインド）（レギュラーファイングラインド） |
| 中細挽き | 中挽き、細挽きの中間の粗さ　（ミディアムファイングラインド） |
| 細挽き | グラニュー糖と白砂糖の中間の粗さ　（ファイングラインド） |
| 極細挽き | 細挽き以下の粗さ　（エキストラファイングラインド） |

# 4-4-17 ● 弁当・惣菜(弁当・惣菜・調理パン・おにぎり)

## 1 ● 弁当・惣菜・調理パン

### 〈弁当の表示例①〉

前提：透明でない容器に入れられたもの

| 名称 | 幕の内弁当 |
|---|---|
| 原材料名 | ご飯（米（国産））、鶏唐揚げ、鶏つくね、コンニャク煮、鮭塩焼き、卵焼き、椎茸煮、漬物、ごま／調味料（アミノ酸等）、酸味料、pH調整剤、グリシン、酸化防止剤（V.C）、ソルビット、甘味料（ステビア）、水酸化Ca、着色料（クチナシ、野菜色素）、膨張剤、（一部に卵・小麦・大豆・豚肉・鶏肉・さけ・ごま・りんご・ゼラチンを含む） |
| 消費期限 | ○○．○○．○○　23時 |
| 保存方法 | 17℃以下で保存してください。 |
| 製造者 | ○○フーズ　株式会社<br>○○県○○市○○町○‐○‐○ |

| 必要な表示事項 | 食品表示基準以外の法令等 |
|---|---|
| 名称 | |
| 原材料名 | |
| 添加物 | |
| 原料米の産地<br>※米トレ対象品目のみ | 米トレ法 |
| 原料原産地名<br>※対象原材料のみ | |
| 内容量 | |
| 消費期限 | |
| 保存方法 | |
| △原産国名 ※輸入品のみ | |
| 製造者　等 | |

### 〈弁当の表示例②〉

前提：外から何が入っているか見える容器に入れられたもの

| 名称 | 幕の内弁当 |
|---|---|
| 原材料名 | ご飯、おかず／調味料（アミノ酸等）、酸味料、pH調整剤、グリシン、酸化防止剤（V.C）、ソルビット、甘味料（ステビア）、水酸化Ca、着色料（クチナシ、野菜色素）、膨張剤、（一部に卵・小麦・大豆・豚肉・鶏肉・さけ・ごま・りんご・ゼラチンを含む） |
| 消費期限 | ○○．○○．○○　23時 |
| 保存方法 | 17℃以下で保存してください。 |
| 製造者 | ○○食品　株式会社<br>○○県○○市○○町○‐○‐○ |

〈表示例②の場合の店舗内POP表示〉

当店のお弁当は
国産米を100%
使用しています。

## 〈調理パン（店外加工品）の表示例〉

商品名：ポテト＆玉子サラダサンドイッチ

| 名称 | サンドイッチ |
|---|---|
| 原材料名 | パン（国内製造）、ポテトサラダ（ばれいしょ、半固体状ドレッシング、にんじん、たまねぎ、その他）、玉子サラダ（鶏卵、マヨネーズ、植物油脂、その他）、チョップドハム、レタス／調味料（アミノ酸等）、加工デンプン、pH調整剤、グリシン、酢酸Na、酸化防止剤（V.C、V.E）、増粘剤（加工デンプン、増粘多糖類、アルギン酸Na）、リン酸塩（Na）、トレハロース、乳化剤、着色料（カロテノイド、コチニール）、香辛料、イーストフード、酵素、発色剤（亜硝酸Na）、ビタミンC、（一部に小麦・乳成分・卵・大豆・豚肉・りんごを含む） |
| 内容量 | 2個 |
| 消費期限 | ○○.○○.○○ |
| 保存方法 | 直射日光・高温多湿を避け、お早めにお召し上がりください。 |
| 製造者 | ○○パン　株式会社<br>○○県○○市○○町○-○-○ |

## 【名称】

　名称は、弁当は「幕の内弁当」「のり弁当」「とんかつ弁当」「いなり寿司」等と、惣菜は「煮豆」「つくだ煮」「コロッケ」「マカロニサラダ」等と、調理パンは、「サンドイッチ」「ホットドッグ」「○○ハンバーガー」「焼きそばパン」等と、その内容を表す一般的な名称を表示します。

## 【原材料名及び添加物】

　原材料と添加物とを明確に区分し、それぞれ原材料に占める重量の割合の高いものから順に、原材料はその最も一般的な名称をもって、添加物は表示の規定に従って表示します。ただし、柏もちの「柏の葉」などのように、通常そのものを食さないものについては、原材料には該当しないため表示は不要です。

　また、弁当、惣菜など、多くの原材料を使用しており、別記様式部分に原材料名を表示すると複雑で見えにくくなるような場合は、別記様式の枠内に表示箇所を明示すれば、原材料名を別途表示することが認められています。

　この場合、別記様式と同じ面に近接して表示することが原則ですが、困難な場合、容易に確認できる別の面に表示することが可能です。

## 【複合原材料の表示】

　複合原材料については、当該複合原材料の名称の次に括弧を付して、当該複合原材料の原材料を重量の割合の高いものから順に、その一般的な名称をもって表示します。当該複合原材料の原材料が3種類以上ある場合で、当該複合原材料の原材料に占める重量の割合が3位以下であり、かつ当該複合原材料に占める重量の割合が5％未満の原材料は、「その他」と表示することができます。

　また、当該複合原材料が製品の原材料に占める重量の割合が5％未満である

とき又は複合原材料の名称からその原材料が明らかな場合\*は、当該複合原材料について原材料の表示を省略することができます。ただし、原材料の表示を省略した場合でもアレルゲンを含む旨及び添加物の表示を省略することはできません。

　例えば、原材料名欄に複合原材料名である「マヨネーズ」や「オムレツ」とのみ表示し、アレルギー表示を個別表示する際は、特定原材料の「卵」について、「マヨネーズ（卵を含む）」「オムレツ（卵を含む）」等の表示が必要です。

　　　\*複合原材料の名称からその原材料が明らかな場合については、第3章 3-3参照。
　　　※アレルギー表示の詳細は、第5章 5-2参照。

### 〈複合原材料の表示例とその省略例〉

　《複合原材料の原材料をすべて表示した場合》
　　鶏唐揚げ（鶏肉、小麦粉、植物油脂、しょうゆ（大豆・小麦を含む）、砂糖、香辛料）
　　　　　　　　↓
　《重量順3位以下で、重量割合が5％未満の原材料を「その他」と省略》
　　鶏唐揚げ（鶏肉、小麦粉、その他）（大豆・小麦を含む）

　　※アレルギー表示を個別表示とする場合、「その他」は食品名ではないため、「その他」の直後に括弧を付して特定原材料等を含む旨を表示することは好ましくありません。このため、「その他」と省略した場合は、上の例のように複合原材料の原材料名の括弧を閉じた後に括弧を付して特定原材料等を含む旨を表示します。


　《名称からその原材料が明らかな場合の省略》
　　鶏唐揚げ（大豆・小麦を含む）


### 【外から何が入っているか見える容器の表示】
　弁当のうち、外から中身が確認できる透明の容器で、一見して、その原材料がわかる「おかず」については、次のように簡素化して表示することができます。
①おかず類をまとめて「おかず」と表示すること。
②主なおかずを個別に表示し、これ以外のものについては、「その他おかず」「その他付け合わせ」と表示すること（のりの佃煮、ごま等）。

### 「おかず」と簡略化して表示することが可能なもの
　原則として、外観からその一般的な名称が明らかなもの（鶏の照り焼き、焼

鮭、目玉焼き、ポテトサラダ等）についてのみ「おかず」と表示することができます。外観からその一般的な名称が明らかでないものについては「おかず」と表示することはできません。

　ただし、フライや天ぷらのように衣で包まれ外観からその一般的な名称が明らかでないものについても、次のような場合は「おかず」「その他おかず」等と、省略して表示することができます。
・外観から主要原材料の推定が可能なもの
　　例：形状からエビであることが推定可能なエビフライ、切り口から推定可能なコロッケ等
・主要なおかずであって、弁当の名称に使用されているもの
　　例：ロースカツ弁当のロースカツ、メンチカツ弁当のメンチカツ等
・シール等で内容物が明確なもの
　　例：かにクリームコロッケである旨のシールが商品表面に添付してある場合

## 「おかず」と表示する場合の注意

　ごはんと一緒になっている「副食物」のみを「おかず」と表示することができるので、次の場合は、使用した原材料はすべて表示することが基本です。
・惣菜の盛り合わせや、オードブル等については、透明の容器で一見して原材料のわかるものについても「おかず」と簡略化して表示することはできません。
・「寿司」「おにぎり」「丼物」等については、「ごはん」と分離することができないため適用外となり、「ごはん」以外を「おかず」と表示することはできません。

## 【原料米の産地】

　米トレーサビリティ法により、各種弁当、各種おにぎり、ライスバーガー、赤飯、おこわ、米飯を調理したものについては、原料米の産地情報を消費者に伝達します。このように、米トレーサビリティ法の規定に基づき米穀の産地を表示する場合は、原料原産地表示の規定は適用されません。一方で、米を原材料として使用していても、おはぎや五平餅は米トレーサビリティ法の対象ではないため、その対象原材料について食品表示基準に従い原料原産地名を表示します。

## 米の産地情報の伝達方法

①産地情報を商品へ直接表示することにより伝達します。原材料名欄の原材料

名に括弧を付して表示する方法のほか、枠外に表示することも可能です。

②商品に問い合わせ窓口やホームページアドレスを記載し、産地情報を提供する方法も可能です。この場合には、問い合わせ先が単なるお客様相談窓口ではなく、「産地情報を入手するため」の照会先である旨の記載が必要です。また、ネット上での情報伝達の際には、当該商品の製造年月日やロット番号等と産地情報との対応関係が把握できるようにすることが必要です。

※米トレーサビリティ法については、第5章 5-8参照。

## 米の産地の表示方法

①国産品の場合は、「国産」「国内産」等と表示します。

都道府県名、市町村名や一般に知られた地名で表示することもできます。

②外国産の場合は、国名を表示します。

単に「カリフォルニア産」等と、国名を省略した表示はできません。

③米の産地が2か所以上の場合

〈複数産地の米を混合している場合〉

原材料に占める重量の割合の高い順に産地を表示します。

産地が3か所（3か国）以上の場合は、重量の割合の高い順に2か国を表示し、残りの産地を「その他」と表示することができます。

〈複数産地の米を混合しているが、その割合順序が変動する場合〉

過去の一定期間の使用割合の実績に基づいて産地の順番を表示することができます。この場合、「○○の産地は、当社における昨年度の取扱実績の多い順に記載しています。」等の注意書きを添えることが必要です。

## 【消費期限】

食品表示基準では、「時間」までの表示を義務付けていません。しかしながら、品質（状態）の劣化が特に早い弁当では、「年月日」に加えて、必要に応じて「時間」まで表示することが推奨されています。

## 【内容量】

内容量は、内容重量で表示するほかに、「1個」「1食」「1人前」等と、内容数量の単位で、単位を明記して表示します。弁当、おにぎり、サンドイッチ、惣菜等で、「1食」「1人前」であることや個数といった内容量が外見上容易に識別できるものは、内容数量の表示は省略が可能となります。

## 【特色のある原材料表示（任意表示）】

　「松阪牛肉使用」など、特定の原産地の原材料を使用した旨を表示した場合、消費者は弁当に使用された牛肉は「松阪牛肉」だけであると認識するものと考えられることから、その表示をした箇所に、同一の種類の原材料中、特定の原産地のものが占める重量の割合を表示します。

　　例：松阪牛肉使用（原料牛肉中松阪牛肉50％使用）

　なお、その割合が100％である場合は、割合の表示を省略することができます。

　　　　※特色のある原材料表示については、第5章 5-5-1参照。

# 2●おにぎり

## 〈おにぎり（店外加工品）の表示例〉

| 名称 | おにぎり（焼鮭） |
|---|---|
| 原材料名 | ご飯（米（国産））、鮭、焼のり（国産）、食塩／調味料（アミノ酸等）、酸味料、pH調整剤、炭酸カルシウム |
| 消費期限 | ○○.○○.○○　23時 |
| 保存方法 | 17℃以下で保存してください。 |
| 製造者 | ○○デリカフーズ株式会社<br>○○県○○市○○町○-○-○ |

| 必要な表示事項 | 食品表示基準<br>以外の法令等 |
|---|---|
| 名称 | |
| 原材料名 | |
| 添加物 | |
| 原料米の産地 | 米トレ法 |
| 原料原産地名<br>　●のりの原そうの原産地 | |
| 内容量 | |
| 消費期限 | |
| 保存方法 | |
| 製造者　等 | |

## 【原料原産地名】

　おにぎりについては、米トレーサビリティ法の規定に基づき米穀の産地を、原材料名欄に表示された原材料名の次に、括弧書きで表示するか、原材料名欄の枠外に表示します。

　また、2017年（平成29年）9月に施行された新たな加工食品の原料原産地制度により、おにぎりについては、「のり」についても原料原産地表示が義務付けられることとなりました。

　消費者が一般的におにぎりと認識するもので、米飯類を巻く目的でのりを原材料として使用したものは食品表示基準の別表第15 6に該当し、原材料の重量順位にかかわらず、のりの原料となる原そうの原産地を表示します。

### 表示方法

　のりは生産工程の特性上、のりとのりの原そうの産地が同一の産地となるこ

とから「のり（国産）」、あるいは「のり（原そう（国産））」のように、のりの名称の次に、括弧を付して、のりの原料となる原そうの原産地を表示します。

国産品は、国産である旨に代えて水域名、水揚げした港名又は水揚げした港が属する都道府県名、市町村名その他一般的に知られている地名を表示することができます。輸入品では、原産国名を表示します。また、原産国名に水域名を併記することができます。

表示方法は「国別重量順表示」で行うこととし、「又は表示」や「大括り表示」は認められません。

## 対象範囲

消費者が一般的におにぎりと認識する下記のようなものが対象です。

・販売時にのりが巻かれているもの

・食べる前にのりを自ら巻く形態のもの

ただし、他の原料原産地表示義務の対象と同様におにぎりを店内製造して販売する場合は対象になりません。

## 対象範囲外

・酢飯等で具材を巻いた巻き寿司、軍艦巻き、手巻き寿司など、いわゆる寿司に該当するもの

・唐揚げなどの「おかず」と一緒に容器包装にいれたもの（おにぎり弁当）

# 4-5 ● 酒類

# 4-5-1 ● 酒類（単式蒸留焼酎）

## 〈焼酎の表示例〉

| 品目 | 単式蒸留焼酎 |
|---|---|
| 原材料名 | 麦（国産）、米こうじ（国産米） |
| アルコール分 | 25 度 |
| 内容量 | 720ml |
| 製造者 | 株式会社○○酒造<br>○○県○○市○○町○‐○‐○ |

※ 20 歳未満の者の飲酒は、法律で禁じられています。

| 必要な表示事項 | 食品表示基準<br>以外の法令等 |
|---|---|
| 品目 | 酒税法<br>酒類業組合法<br>公正競争規約 |
| 原材料名 | 公正競争規約<br>業界自主基準 |
| 添加物 | 公正競争規約 |
| △原料米等の産地表示<br>　※米や米こうじを原材料<br>　とするもの | 米トレ法 |
| 原料原産地名 | |
| アルコール分 | 酒類業組合法<br>公正競争規約 |
| 内容量<br>　●名称とともに商品の主<br>　要面に表示した場合は<br>　省略できる。 | 酒類業組合法<br>計量法<br>公正競争規約 |
| 原産国名 ※輸入品のみ | 業界自主基準 |
| 製造者等 | 酒類業組合法<br>公正競争規約 |
| 20 歳未満の者の飲酒を禁<br>止する旨 | 酒類業組合法 |
| △発泡性を有する旨<br>　※その他の発泡性酒類の<br>　場合 | 酒類業組合法<br>公正競争規約 |
| △税率適用区分<br>　※発泡酒、その他の発泡<br>　性酒類、雑酒の場合 | 酒類業組合法 |

※表内の公正競争規約とは単式蒸留焼酎の表示
　に関する公正競争規約です。
※単式蒸留焼酎のうち、「泡盛」については「泡
　盛の表示に関する公正競争規約」を参照して
　ください。

　食品表示法の制定により、従来、酒類業組合法（酒税の保全及び酒類業組合
等に関する法律\*）等により規定されていた酒類の表示が食品表示基準に組み
入れられました。ただし、その一方で、酒類の表示は、国税庁所管の税の徴収
にも係わる表示事項が含まれるため、これらについては、従来どおりの表示を
行うこととなります。

酒類（業務用酒類を含む。）を販売する場合、食品表示基準の特例として、義務表示の「原材料名」「アレルゲン」「原産国名」の表示事項については、表示の必要はないとされています。また、任意表示の「特色のある原材料等に関する事項」についても、表示の対象から除外されています。

　なお、原則として表示が必要な表示事項の「期限表示」「保存方法」「栄養成分の量及び熱量」についても、表示を省略することが認められています。

　＊酒税法及び酒税の保全及び酒類業組合等に関する法律については、第5章 5-11参照。

## 【品目】

　一般の食品の「名称」が、酒類では「品目」に当たります。この品目は酒税法で定められた定義に従って表示します。単式蒸留焼酎の場合は、原則として「単式蒸留焼酎」と表示します。

　また、「単式蒸留焼酎」の表示に代えて、一般に慣熟した呼称があるものとして財務省令によって品目名ごとに定められた「焼酎乙類」「ホワイトリカー②」と表示することや、穀類、いも類等、特定の原材料を使用したものについて「本格焼酎」と表示することができます。

　黒こうじ菌を用いた米こうじ及び水を原料として発酵させたアルコール含有物を単式蒸留した「泡盛」には、泡盛である旨を表示します。

　なお、他の品目の酒類と誤認されるような商品名等の表示はできません。

　「品目」を商品の主要面に表示した場合は、別記様式部分の表示を省略することが認められています。

## 【添加物】

　食品表示基準では、酒類は「原材料名」「アレルゲン」「原産国名」の表示を要しないこととされています。このため、添加物のみを表示している場合があります。

　添加物の表示にあたっては、一般の食品と同様に使用した添加物を、添加物に占める重量の割合の高いものから順に、規定に従って表示します。また、キャリーオーバー、加工助剤、栄養強化剤に該当するものは表示の省略が可能です。

## 【原料米等の産地表示（米トレーサビリティ法）】

　米トレーサビリティ法の規定に基づき、対象品目である「単式蒸留焼酎（米焼酎）」「清酒」「みりん」に該当する場合は、米こうじに使用された米穀も含めて、原料米の産地情報の伝達を行います。使用した米穀の産地を、原材料名欄に表示された原材料名の次に、括弧書きで表示するか、原材料名欄の枠外に

表示します。

　また、産地情報の伝達は、原則として商品に表示する方法を用います。

## 【原料原産地名】

　米トレーサビリティ法に基づき原材料に占める重量の割合が最も高い原材料の原産地を表示（情報伝達）している場合、及び酒類業組合法に基づいて果実酒（ワイン）、甘味果実酒の原料の原産地名を表示している場合を除き、輸入品以外のものについては、対象原材料が生鮮食品の場合は原産地を、対象原材料が加工食品の場合は製造地を、国別重量順に原料原産地名欄を設けて表示するか、又は原材料名欄に表示された原材料名の次に、括弧書きで表示します。

　原料原産地の表示は国別重量順表示を原則としますが、それが難しい場合は、「又は表示」や「大括り表示」による例外表示が認められています。

## 原料原産地表示の留意点

　食品表示基準では酒類の原材料名について表示義務がないため、原材料名が表示されている場合、低アルコールリキュールの原材料表示自主基準等で定められた区分＊ごとに、原材料に占める重量の割合の高いものから順に表示されている品目もあります。

　このような場合は、原材料名の表示順にかかわらず、原材料に占める割合が最も高い原材料（重量割合上位1位の原材料）に原料原産地表示を行います。

　＊①製造する酒類を最も印象付ける原料酒類を第1順位とする方法
　　　（アルコール、酒精、ウオッカなどを第1位として表示）
　　②製造する酒類を最も特徴付ける原料を第1順位とする方法
　　　（果実、果汁、香味料などを第1位として表示）

## 【アルコール分】

　酒類業組合法によるアルコール分の表示は、税率区分に応じた表示を容器又は包装の見やすい箇所にアラビア数字による数値に「度」又は「%」の単位を付して容易に識別できる方法で表示します。

### 〈25度以上26度未満の場合の表示例〉

「25度以上26度未満」「25.0度以上25.9度以下」「25度」
「25%以上26%未満」「25.0%以上25.9%以下」「25%」

## 【内容量】

　計量法の特定商品に該当します。このため、内容量の表示は、体積（リット

ル又はミリリットル）で表示します。

主要面に「品目」と併せて表示する場合は、別記様式部分の表示を省略することが認められています。

## 【製造者等の名称及び所在地】

酒類に製造者等の名称を表示する場合、「漢字」「平仮名」又は「片仮名」で表示しなければなりません。また、個人の場合は氏名を表示し、屋号だけでの表示はできません。

ただし、ローマ字や数字「＆」などの記号を含む法人の名称を商標登録している場合は、名称の表示に併せて、その読み方を「平仮名」又は「片仮名」により表示する場合に限って、当該名称の商業登記法により登記されている文字の種別で表示することができます。

なお、製造場や加工所の所在地は、住居表示により住居番号まで表示します。

## 【20歳未満の者の飲酒防止】

酒類の容器又は包装には、酒類業組合法に基づく「20歳未満の者の飲酒防止に関する表示基準」により「20歳未満の者の飲酒は法律で禁止されている」旨を表示します。

ただし、専ら酒場や料理店に販売される用途のもの、内容量が50ml以下のものなどについては、表示を省略することができます。

邦文で、6ポイントの文字（360ml以下の容器は、5.5ポイント）以上の大きさの文字で表示します。

## 酒類の陳列場所への表示

「20歳未満の者の飲酒防止に関する表示基準」では、酒類の陳列場所の表示についても義務付けています。この基準に従って、酒類の陳列場所には、「酒類の売り場である」又は「酒類の陳列場所である」旨の表示と、「20歳以上の年齢であることを確認できない場合には酒類を販売しない」旨の表示を併せて行います。酒類の陳列場所が壁等により他の商品の陳列場所と明確に分離されていない場合については、酒類を他の商品と陳列棚又は陳列ケース等を使って明確に区分した上で表示するなどの工夫をして、陳列されている商品が酒類であることを購入者が容易に認識できる方法で表示することとされています。

また、陳列場所への表示は100ポイント以上の大きさの文字を使用し、邦文で表示します。

〈掲示するポスターの例〉

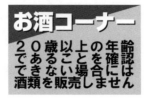

（国税庁：酒類の陳列場所における表示《サンプル》）

【酒類の地理的表示】

　その酒類に与えられた品質、評判等が本質的に地理的原産地（ワインのボルドー、シャブリや、ブランデーのコニャック等）に起因するものと考えられる場合、その酒類が世界貿易機関（WTO）の加盟国の"領域"又はその領域内の"地域"若しくは"地方"を原産地とするものであることを特定する表示を「地理的表示」といいます。

　この地理的表示については、TRIPS協定（知的所有権の貿易関連の側面に関する協定）で保護され、世界貿易機関加盟国では法的措置又は行政的措置を行うことが義務付けられています。

　わが国においては、酒税の保全及び酒類業組合等に関する法律の規定に基づき、「地理的表示に関する表示基準」が1994年（平成6年）12月に定められましたが、輸出を促進するために日本ブランドのブランド力向上の一環として地理的表示制度を活用するなど、考え方の変化に伴い、2015年（平成27年）10月30日に全面改正が行われ、名称も「酒類の地理的表示に関する表示基準」と改められました。

　この改定により、すでに日本での酒類の地理的表示の保護対象であった「ぶどう酒、蒸留酒及び清酒」に「その他の酒類」が追加され、すべての酒類が対象となりました。

　単式蒸留焼酎では、壱岐焼酎の産地である「壱岐」、球磨焼酎の産地である「球磨」、琉球泡盛の産地である「琉球」、薩摩焼酎の産地である「薩摩」等が保護の対象として指定されています。これらの産地を表示する地理的表示は、当該産地について定められた方法で製造されたもの以外については使用することはできません。

　表示方法としては、地理的表示に用いる文字は「日本文字」「外国の文字」によるかを問いません。また、産地名には、都道府県、市町村等の行政区画上の名称のほか、社会通念上、特定の地域を指す名称（例えば、明治前の旧地名）として一般的に熟知されている名称を含むものとされています。

## 【その他の業界自主基準による表示】
（酒類の広告・宣伝及び酒類容器の表示自主基準より一部抜粋）
### 低アルコールリキュール等の酒マークの表示等に関する自主基準
　低アルコールリキュールは、容器のデザイン等が清涼飲料と類似することなどから、誤飲事故が発生したため、業界では誤認防止を目的として酒マークの表示を自主的に定めています。

○表示方法：アルコール分10度未満のもので、缶容器及び300ml以下の缶以外の容器に入れられたものは、酒マークの表示を、次の方法により主たる商標を表示する側の胴部又は肩部の、消費者に容易に認識できる場所に表示します。この場合、主たる商標面が2つ以上のときは、各々の面に表示します。

ア．酒マークは、円形又は楕円形の中に「お酒」という文字を記す方式とし、文字の白抜き及び色刷りは自由とする。

イ．「お酒」という文字は、ゴシックの横書きとし、「酒」の文字には「さけ」というふりがなを付する。

ウ．「お酒」という文字の大きさは、350ml未満の容器にあっては20ポイント以上の大きさの活字、350ml以上の容器にあっては24ポイント以上の大きさの活字で表示する。

エ．ラベル等の地色とは対照色にする等、酒マークが鮮明になるようにし、円の中及び円の周囲には模様を付さないこととする。

### 注意表示
　2.0L超の容器に入れられたものにあっては、アルコールと健康問題等に関する事項として、容器の見やすい箇所に、6ポイントの活字以上の大きさの統一の取れた日本語で次の文言を表示します。

○妊産婦の飲酒に関する注意表示の文言：「妊娠中や授乳期の飲酒は、胎児・乳児の発育に悪影響を与えるおそれがあります。」

○酒類の消費と健康に関する注意表示の文言：「飲みすぎに注意」「お酒は適量を」

○酒類容器のリサイクルに関する注意表示の文言：「空き缶はリサイクル」

第5章

# 表示の個別解説

# 5-1 ● 添加物表示の解説

## 1 ● 添加物とは

　添加物とは、食品衛生法では、「食品の製造の過程において又は食品の加工、若しくは保存の目的で、食品に添加、混和、浸潤その他の方法によって使用するものをいう。」と定義されています。それ自身をそのままで飲食できるもの又は加工・調理することで飲食できるものが食品であり、添加物は、食品の製造や保存のために一定の目的をもって意図的に使われるものです。

　また、添加物は、図表1のように「指定添加物」「既存添加物」「天然香料」及び「一般飲食物添加物」に分類されます。

**図表1** 添加物の分類

| 添　加　物 | | | |
| --- | --- | --- | --- |
| 指定添加物<br>473 品目<br>（食品衛生法施行規則で<br>リスト化） | 既存添加物<br>357 品目<br>（厚生労働省告示で<br>リスト化） | 天然香料<br>基原物質<br>約 612 品目<br>（例示） | 一般飲食物<br>添加物<br>約 100 品目<br>（例示） |
| ⬆ | ⬆ | ⬆ | ⬆ |
| 厚生労働大臣が<br>指定した添加物 | 食経験等から例外<br>的に使用が認めら<br>れている添加物 | 動植物から得られるもの、通常食品として用<br>いられるもののうち消費者庁次長通知「食品<br>表示基準について」に例示されているもの | |

2022 年 8 月 30 日現在

【添加物の分類】
①指定添加物とは
　食品衛生法に基づき厚生労働大臣が安全性と有効性を確認して指定した添加物です。ソルビン酸や安息香酸等、主に化学的に合成されたものですが、安全

性については食品安全委員会の評価を受け、問題がないと判断されたものが指定されます。食品に添加する量についても、ADI（1日摂取許容量／体重1kgに対して摂取可能な量）に従い、安全とされている使用基準が個別に決められています。

②既存添加物とは

　1995年（平成7年）の食品衛生法改正の際に設定されたもので、すでにわが国において使用実績があり、長い食経験があるものについて、例外的に指定を受けることなく厚生労働大臣がその使用を認めた添加物です。例としては、クチナシ色素、ウコン抽出物、しらこたん白抽出物等があります。なお、現在、これらの既存添加物については、安全性の確認が推進されており、問題があるものは製造、販売、輸入などの禁止が行われています。

③天然香料とは

　動植物から得られる香料物質を、着香の目的で使用する添加物です。例としては、バニラ香料、カニ香料等があります。一般にその使用量は微量であり、既存添加物と同様に長い食経験から健康被害がないものとして使用が認められています。

④一般飲食物添加物とは

　「一般に食品として飲食に供されているもので、添加物として使用されているもの」と定義づけられています。オレンジ果汁を着色の目的で使用する場合などが、これに該当します。

## 2●添加物の役割

　加工食品を製造するために、さまざまな添加物が使用されていますが、どのような役割を果たしているのでしょうか。簡単にまとめると、以下のように整理できます。

| 食品の製造や加工のために必要なもの（製造用剤） | 例：消泡剤、ろ過助剤等 |
|---|---|
| 食品の風味や外観をよくするもの | 例：甘味料、着色料、香料等 |
| 食品の保存性を高めるもの | 例：保存料、酸化防止剤、防かび剤等 |
| 食品の栄養成分を強化するもの（栄養強化剤） | 例：ビタミン類、ミネラル類、アミノ酸類 |

　また、用途ごとに詳細に整理すると図表2のようになります。

## 図表 2　添加物の用途と主な物質名

| | 用途 | 目的 | 主な物質名 |
|---|---|---|---|
| 1* | 甘味料 | 食品に甘みを付けるため | アスパルテーム、アセスルファムカリウム、カンゾウ抽出物、キシリトール、サッカリン、サッカリンナトリウム、ステビア抽出物 |
| 2* | 着色料 | 着色して色調を調整するため（生鮮魚介、食肉、野菜に着色料を使用することは鮮度や品質に関する消費者の判断を誤らせるおそれがあるため禁止されています。） | アナトー色素、ウコン色素、カラメルⅠ、ニンジンカロテン、クチナシ黄色素、コチニール色素（カルミン酸色素）、食用赤色2号 |
| 3* | 保存料 | 腐敗や変敗の原因となる微生物の増殖を抑制し、保存性を高めるため | 安息香酸、安息香酸ナトリウム、しらこたん白抽出物、ソルビン酸、ソルビン酸カリウム、プロピオン酸 |
| 4* | 増粘剤・安定剤・ゲル化剤又は糊料 | なめらかさや粘り気を与えたり、粘性を高めて食品成分を均一に安定させるため | キサンタンガム、グアーガム、ペクチン、カラギナン、カルボキシメチルセルロースナトリウム |
| 5* | 酸化防止剤 | 酸化による品質の低下を防止するため | L-アスコルビン酸、カテキン、dl-α-トコフェロール |
| 6* | 発色剤 | ハム・ソーセージなどの色調と風味を調整するため | 亜硝酸ナトリウム、硝酸カリウム、硝酸ナトリウム |
| 7* | 漂白剤 | 原料などに含まれる好ましくない色素成分や着色物質を無色にして白くしたり、鮮明な色調に整えるため | 亜硫酸ナトリウム、次亜硫酸ナトリウム |
| 8* | 防かび剤（防ばい剤） | 主に外国産の柑橘類やバナナなどのカビの発生を抑制するため | イマザリル、オルトフェニルフェノール、チアベンダゾール、フルジオキソニル |
| 9 | ガムベース | チューインガムの基材 | 酢酸ビニル樹脂、ジェルトン、チクル |
| 10 | 苦味料 | 食品に苦味を与えるため | カフェイン抽出物、ナリンジン、ニガヨモギ抽出物 |
| 11 | 光沢剤 | 水分の蒸発を防いだり、逆に湿気から食品を保護するため | シェラック、パラフィンワックス、ミツロウ |
| 12 | 香料 | 香気を付けたり、又は増強するため | 香料：アセト酢酸エチル、アセトフェノン、アニスアルデヒド<br>既存添加物：香辛料抽出物<br>天然香料：アマチャ |
| 13 | 酸味料 | 酸味を与えたり、酸味の調整や味の調和のため | クエン酸、L-酒石酸、乳酸 |
| 14 | 軟化剤 | チューインガムを柔軟に保つため | グリセリン、D-ソルビトール |
| 15 | 調味料 | 本来昆布やかつお節の中にあって「だし」として昔から使われてきたものの旨味成分を化学的に合成したり抽出して旨味などを与えるため | アミノ酸：L-アスパラギン酸、L-グルタミン酸ナトリウム、<br>核酸：5'-イノシン酸二ナトリウム、<br>有機酸：クエン酸カルシウム、<br>無機塩：塩化カリウム |
| 16 | 凝固剤・豆腐用凝固剤 | 豆乳を豆腐様に凝固させるため | 塩化カルシウム、グルコノデルタラクトン、粗製海水塩化マグネシウム |
| 17 | 乳化剤 | 水と油のように本来混じり合わないものを混ぜ合わせるため | グリセリン脂肪酸エステル、ダイズサポニン、ショ糖脂肪酸エステル、卵黄レシチン |

| | 用途 | 目的 | 主な物質名 |
|---|---|---|---|
| 18 | 水素イオン濃度調整剤・pH調整剤 | 食品を適切なpH領域に保つため | クエン酸、L-酒石酸、フマル酸 |
| 19 | 膨張剤 | 蒸し菓子や焼き菓子をふっくらと膨張させるため | 炭酸水素ナトリウム、硫酸アルミニウムカリウム |
| 20 | 製造用剤 | イーストフード、かんすい、酵素、結着剤、消泡剤、抽出溶剤、日持向上剤、離型剤、ろ過助剤など統一的な用途名によって分類が難しい添加物の総称 | カゼインナトリウム、グリセリン脂肪酸エステル、アセトン、プロピレングリコール |
| 21 | 栄養強化剤 | 栄養成分の強化のため | ビタミン類：L-アスコルビン酸、ミネラル類：クエン酸カルシウム、アミノ酸類：L-イソロイシン |

＊「甘味料」「着色料」「保存料」「増粘剤・安定剤・ゲル化剤又は糊料」「酸化防止剤」「発色剤」「漂白剤」「防かび剤（防ばい剤）」については、表示の際に用途名併記が必要。

# 3 ● 添加物の表示方法

## 【表示の基本】

　食品に使用された添加物の表示方法については、食品表示法に基づく食品表示基準で詳細を定めており、原則として、食品に使用したすべての添加物の物質名を、添加物に占める重量の割合の高いものから順に表示します。

①容器包装に入れられた生鮮食品では、食品表示基準で個別に規定がある下記の品目を除いて、保存の目的で添加物を使用・添加した場合でも表示義務はありません。

## 添加物の表示が必要な生鮮食品

- ・シアン化合物を含有する豆類
- ・食肉（鳥獣の生肉（骨及び臓器を含む。）に限る。）
- ・鶏の殻付き卵
- ・切り身又はむき身にした魚介類（生かき及びふぐを除く。）であって、生食用のもの（凍結させたものを除く。）
- ・切り身にしたふぐ、ふぐの精巣及びふぐの皮であって、生食用のもの
- ・冷凍食品のうち、切り身又はむき身にした魚介類（生かきを除く。）を凍結させたもの
- ・生かき
- ・アボカド、あんず、おうとう、かんきつ類、キウィー、ざくろ、すもも、西洋なし、ネクタリン、パイナップル、バナナ、パパイヤ、ばれいしょ、びわ、マルメロ、マンゴー、もも及びりんご

出典：食品表示基準 別表第24より

※上記のアボカド、あんず、おうとう、かんきつ類等に対してそれぞれの使用基準に応じて、防かび剤として使用されるアゾキシストロビン、イマザリル、オルトフェニルフェノール（簡略名：OPP）、オルトフェニルフェノールナトリウム、ジフェニル、チアベンダゾール（簡略名：TBZ）、ピリメタニル、フルジオキソニル、プロピコナゾール及びジフェノコナゾールについては、無包装（バラ売り）であっても、売り場に表示することが指導されています。

②容器包装に入れられた加工食品では、原則として、使用したすべての添加物を、食品である原材料と区分し、添加物に占める重量の割合の高いものから順に表示します。

　　　※表示する際の区分の方法については、第3章 3-4参照。

③添加物には、水やデキストリンなどの副材（食品素材）が使用されている場合があります。これらの添加物製剤には成分の名称＊とその重量パーセントが表示されていますので、加工食品に表示する際は、主たる目的を担う成分の重量について、その割合の高い順に表示します。

　　　＊着香目的の場合は、「香気成分」などとまとめて表示することもできます。

④複合原材料中の添加物は、製品全体に含まれる他の添加物と併せて、重量の割合の高いものから順に表示します。

⑤食品を無包装の状態で店頭に陳列し、「バラ売り」や「量り売り」で販売されるものについては、原則として、表示義務はありません。

　ただし、バラ売り、量り売りなどの無包装で販売される加工食品に使用される甘味料のサッカリン、サッカリンカルシウム及びサッカリンナトリウムについては、売り場に表示することが指導されています。

⑥容器包装の表示可能面積が30㎠以下の場合は、表示を省略することができます。

⑦添加物の表示方法として、次の（1）～（3）の方法と、（4）の表示が免除される場合があるので、順に説明します。

（1）物質名による表示方法

（2）物質名に用途名を併記する表示方法

（3）一括名による表示方法

（4）表示が免除される場合

## （1）物質名による表示方法

①添加物は、原則として、その物質名を表示します。指定添加物、既存添加物及び一般飲食物添加物にあっては、「名称」（物質名）「別名」「簡略名」又は「類別名」のいずれかにより表示します。

| 名称（物質名） | 別名 | 簡略名又は類別名 |
|---|---|---|
| L－アスコルビン酸ナトリウム | ビタミンＣナトリウム | アスコルビン酸 Na、ビタミン C、V.C（ピリオドの省略不可） |
| 硫酸アルミニウムカリウム | 結晶物：カリミョウバン、ミョウバン<br>乾燥物：焼ミョウバン | カリミョウバン、ミョウバン |
| 炭酸水素ナトリウム | 重炭酸ナトリウム、重炭酸ソーダ | 炭酸水素 Na、重炭酸 Na、重曹 |

②天然香料の場合は、基原物質名又はその別名に「香料」の文字を付して表示します。

| 基原物質名（別名） | 添加物として表示する際の名称、別名 |
|---|---|
| アマチャ（甘茶） | アマチャ香料、甘茶香料 |
| イチゴ（ストロベリー） | イチゴ香料、ストロベリー香料 |
| ショウガ（ジンジャー） | ショウガ香料、ジンジャー香料 |

③同種の機能の添加物を併用する場合は、以下の例示のように、簡略化して表示することができます。

### 例①　酸及びその塩類を併用した場合

| 併用する物質名 | 簡略名 |
|---|---|
| 安息香酸及び安息香酸ナトリウム | 安息香酸 (Na) |
| クエン酸及びクエン酸ナトリウム | クエン酸 (Na) |
| ソルビン酸、ソルビン酸カリウム及びソルビン酸カルシウム | ソルビン酸 (K，Ca) |
| 乳酸、乳酸ナトリウム及び乳酸カルシウム | 乳酸 (Na，Ca) |
| 氷酢酸及び酢酸ナトリウム | 酢酸 (Na) |
| リン酸及びリン酸三ナトリウム | リン酸 (Na) |

## 例② 同じ酸の塩類を2種類以上併用した場合

| 併用する物質名 | 簡略名 |
|---|---|
| L - グルタミン酸カリウム及びL - グルタミン酸カルシウム | グルタミン酸塩（K，Ca） |
| DL- 酒石酸水素カリウム及び DL-酒石酸ナトリウム | 酒石酸塩（K，Na） |
| ステアリン酸カルシウム及びステアリン酸マグネシウム | ステアリン酸塩（Ca，Mg） |
| ステアロイル乳酸カルシウム及びステアロイル乳酸ナトリウム | ステアロイル乳酸塩（Ca，Na） |
| 炭酸ナトリウム及び炭酸マグネシウム | 炭酸塩（Na，Mg） |

## 例③ 各種のリン酸の塩類を併用した場合

| 併用する物質名 | 簡略名 |
|---|---|
| リン酸三ナトリウム及びピロリン酸四カリウム | リン酸塩（Na，K） |
| ピロリン酸二水素カルシウム及びピロリン酸四ナトリウム | リン酸塩（Ca，Na） |
| ポリリン酸カリウム及びメタリン酸カリウム | リン酸塩（K） |
| ピロリン酸四ナトリウム及びポリリン酸ナトリウム | リン酸塩（Na） |
| ピロリン酸四ナトリウム及びメタリン酸カリウム | リン酸塩（Na，K） |

## 例④ 塩違いの同種の化合物を2種類以上併用した場合

| 併用する物質名 | 簡略名 |
|---|---|
| 塩化カルシウム及び塩化マグネシウム | 塩化物（Ca，Mg） |
| 酸化カルシウム及び酸化マグネシウム | 酸化物（Ca，Mg） |
| フェロシアン化カリウム及びフェロシアン化ナトリウム | フェロシアン化物（K，Na） |

## （2）物質名に用途名を併記する表示方法

　添加物の用途は、甘味料や保存料等と数多くあります（図表2参照）。

　公衆衛生上の見地から、情報として必要性が高いと考えられる保存料や甘味料等、消費者の関心が高い添加物について、使用目的や効果を表示することで、消費者の理解を得やすいと考えられるものとして、図表3に掲げる8種類の用途の添加物については、物質名にその用途名を併せて表示しなければなりません。この場合は、「保存料（ソルビン酸K）」「甘味料（ステビア）」のように表

248

示します。

①物質名の表示中に「色」の文字を含む場合は、用途名（着色料）の表示は省略することができます。

　例：「赤色2号」と表示すれば、その用途名である「着色料」の表示は省略することができる。

②甘味料のうち、L－フェニルアラニン化合物である「アスパルテーム」については、フェニルケトン尿症（フェニルアラニン代謝異常症）の人は、その摂取を制限する必要があるため、「L－フェニルアラニン化合物を含む。」等と併記します。

③増粘、安定、ゲル化の目的で使用した添加物は、用途名を糊料と表示することができます。

④既存添加物及び一般飲食物添加物であって、その用途が増粘安定剤として規定されているキサンタンガムやカラギナン等の多糖類を2種以上併用する場合には、物質名の表示に代えて使用できる簡略名として「増粘多糖類」と表示することができます。なお、簡略名の「増粘多糖類」と表示する場合は、「増粘」の文字を含むため増粘剤又は糊料の用途名を省略することができます。

図表 3 **用途名と用途名表示例**

| | 用途 | 用途名 | 表示例 |
|---|---|---|---|
| 1 | 甘味料 | 甘味料 | 甘味料(サッカリンNa)<br>甘味料(アスパルテーム・L-フェニルアラニン化合物を含む。) |
| 2 | 着色料 | 着色料 | 着色料(アナトー)、赤色2号、アナトー色素 |
| 3 | 保存料 | 保存料 | 保存料(安息香酸Na) |
| 4 | 増粘剤・安定剤・ゲル化剤又は糊料 | ・主として増粘の目的で使用される場合は、増粘剤又は糊料<br>・主として安定の目的で使用される場合は、安定剤又は糊料<br>・主としてゲル化の目的で使用される場合は、ゲル化剤又は糊料 | ・増粘剤(グァー)<br>・安定剤(アマシード)<br>・ゲル化剤(CMC)<br>・糊料(加工デンプン、増粘多糖類) |
| 5 | 酸化防止剤 | 酸化防止剤 | 酸化防止剤(ビタミンC) |
| 6 | 発色剤 | 発色剤 | 発色剤(亜硝酸Na) |
| 7 | 漂白剤 | 漂白剤 | 漂白剤(次亜硫酸Na) |
| 8 | 防かび剤(防ばい剤) | 防かび剤又は防ばい剤 | 防かび剤(OPP)、防ばい剤(イマザリル) |

なお、2020年（令和２年）７月に「食品表示基準」が一部改正され、添加物に関する表示から「人工」及び「合成」の用語が削除されました。人工甘味料や合成保存料などのように用途名として、これらの文字を使用していた「甘味料」「保存料」「着色料」についても2022年（令和４年）４月１日以降に製造、加工又は輸入された一般用消費者向けの加工食品の添加物表示として「人工」及び「合成」の文字は使用できません。

## （3）一括名による表示方法

　通知で列挙した添加物を、その定義にかなう用途で用いる場合については「一括名」で表示することを認めています（図表４参照）。これらは、複数の組み合わせで効果を発揮することが多く、個々の成分まですべてを表示する必要性が低いと考えられる添加物や、食品中にも常在する成分であるため、一括名で表示しても表示の目的を達成できることから、一括名での表示を可能としたものです。

　例：「香料」通常多くの物質の組み合わせで使用され添加量が微量なもの
　　　「調味料（アミノ酸）」食品中にも常在成分として存在するもの
　　　「ガムベース」飲み下さないもの

図表4　**一括名とその定義**

| | 一括名 | 定義 |
|---|---|---|
| 1 | イーストフード | パン、菓子等の製造工程で、イーストの栄養源等の目的で使用される添加物とその製剤 |
| 2 | ガムベース | チューインガム用の基材として使用される添加物製剤 |
| 3 | かんすい | 中華めん類の製造に用いられるアルカリ剤で、炭酸カリウム、炭酸ナトリウム、炭酸水素ナトリウム及びリン酸類のカリウム又はナトリウム塩のうち１種類以上を含む。 |
| 4 | 苦味料 | 苦味の付与又は増強による味覚の向上又は改善のために使用される添加物とその製剤 |
| 5 | 酵素 | その有する触媒作用を目的として使用された、生活細胞によって生産された酵素類であって、最終製品においても失活せず効果を有する添加物及びその製剤 |
| 6 | 光沢剤 | 食品の保護及び表面に光沢を与える目的で使用される添加物とその製剤 |
| 7 | 香料 | 香気を付与又は増強するため使用される添加物とその製剤 |

| 8 | 酸味料 | 酸味の付与又は増強による味覚の向上又は改善のために使用される添加物とその製剤 |
|---|---|---|
| 9 | 軟化剤 | チューインガムを柔軟に保つために使用される添加物とその製剤 |
| 10 | 調味料 | 味の付与又は味質の調整等味覚の向上又は改善のために使用される添加物とその製剤（甘味の目的で使用される甘味料、酸味の目的で使用される酸味料又は苦味の目的で使用される苦味料を除く。） |
| 11 | 豆腐用凝固剤<br>凝固剤 | 大豆から調整した豆乳を豆腐様に凝固させる際に使用される添加物とその製剤 |
| 12 | 乳化剤 | 食品に乳化、分散、浸透、洗浄、起泡、消泡、離型等の目的で使用される添加物とその製剤 |
| 13 | 水素イオン濃度調整剤<br>pH調整剤 | 食品を適切なpH領域に保つ目的で使用される添加物とその製剤（中華めん類にかんすいの目的で使用される場合を除く。） |
| 14 | 膨脹剤、膨張剤<br>ベーキングパウダー<br>ふくらし粉 | パン、菓子等の製造工程で添加し、ガスを発生して生地を膨張させ多孔性にするとともに食感を向上させる目的で使用される添加物とその製剤 |

　「調味料」については、対象となる物質にアミノ酸、核酸、有機酸、無機塩の4グループがあり、その成分に応じて「調味料（アミノ酸）」「調味料（核酸）」等と表示します。また、これらの4グループの成分のうち2種以上を使用する場合は、使用量、使用目的等から代表的なものを「調味料（アミノ酸等）」のように（　）内に記載し、その他は（　）内の「等」として表します。

## （4）表示が免除される場合

　栄養強化の目的で使用される添加物、加工助剤、キャリーオーバーのいずれかに該当する場合は、表示が免除されます。

### ①栄養強化の目的で使用される添加物

　栄養強化の目的で使用されるビタミン類、ミネラル類、アミノ酸類については、表示が免除されています。ただし、栄養強化の目的で使用した添加物であっても、食品表示基準 別表第4において、個別に表示義務があるものについては表示が必要となります（農産物漬物、果実飲料等21食品）。また、同じ物質を使用していても、目的が違う場合は表示が必要になります。

## L－アスコルビン酸ナトリウムの例

| 添加物の使用目的 | 表示例 |
|---|---|
| 栄養強化 | 原則は表示不要（品目により表示が必要） |
| 酸化防止 | 酸化防止剤（ビタミンC）、酸化防止剤（V.C）、他 |
| 品質改良 | アスコルビン酸Na、ビタミンC、V.C、他 |

### ②加工助剤

加工助剤とは、食品の加工の際に添加されるもので、次の(1)～(3)のいずれかに該当するものをいいます。

(1)食品の完成前に除去されるもの

例：油脂製造時の抽出溶剤である「ヘキサン」

(2)最終的に食品に通常含まれている成分と同じになり、かつ、その成分量を増加させるものではないもの

例：ビールの原料水の水質を調整するための「炭酸マグネシウム」

(3)最終的に食品中にごくわずかな量しか存在せず、その食品に影響を及ぼさないもの

例：豆腐の製造工程中、大豆汁の消泡の目的で添加する「シリコーン樹脂」

### ③キャリーオーバー

キャリーオーバーとは、「食品の原材料の製造又は加工の過程において使用され、かつ、当該食品の製造又は加工の過程において使用されないものであって、当該食品中には、当該添加物が効果を発揮することができる量より少ない量しか含まれていないもの」をいいます。

### キャリーオーバーに該当する例・しない例

| 添加物の使用例 | 考え方 | 表示の要・不要 |
|---|---|---|
| 保存料（安息香酸Na）を含むしょうゆで味付けした煎餅 | 煎餅に対して保存料としての効果はないため、キャリーオーバーに該当する。 | 不要 |
| 着色料（クチナシ）を含むメロンソースを使用したメロンアイス | メロンアイスに色が付くので、着色料としての効果を発揮しているため、キャリーオーバーに該当しない。 | 必要 |
| 発色剤（亜硝酸Na）を使用したハムを入れたポテトサラダ | ハムはその原形をとどめているため、キャリーオーバーに該当しない。 | 必要 |

ただし、表示が免除される添加物に特定原材料等（アレルゲン）が含まれる場合について、アレルギー表示の省略はできないため、最終製品に当該添加物の表示を行い、その直後に括弧を付して特定原材料等に由来する旨を表示するか、添加物は表示せずに原材料の最後に一括して「（一部に〇〇・△△を含む）」と表示する必要があります。

### 添加物に特定原材料等が含まれる場合の個別表示の記載方法

| | 特定原材料等の数 | 個別表示の例 |
|---|---|---|
| 物質名の場合 | 1つ | 物質名（〇〇由来） |
| | 2つ以上で構成 | 物質名（〇〇・〇〇由来） |
| 一括名の場合 | 1つ | 一括名（〇〇由来） |
| | 2つ以上で構成 | 一括名（〇〇・〇〇由来） |
| 用途名併記の場合 | 1つ | 「用途名（物質名：〇〇由来）」又は「用途名（物質名（〇〇由来））」 |
| | 2つ以上で構成 | 「用途名（物質名：〇〇・〇〇由来）」又は「用途名（物質名（〇〇・〇〇由来））」 |

## 4●食品添加物不使用表示に関するガイドライン

　2022年（令和4年）3月30日の食品表示基準Q&Aの改正に伴い、「食品添加物不使用表示に関するガイドライン」が公表されました。このガイドラインは、食品添加物の不使用表示に関して消費者に誤認等を与えないよう留意が必要な具体的事項をまとめたもので、作成の背景には、誤認のおそれのある商品の存在や、過去の消費者意向調査により明らかになった食品添加物の安全性についての理解不足、商品選択の際に別記様式欄より食品添加物の不使用表示を見る消費者の存在などがあります。

　なお、このガイドラインは食品関連事業者等が、食品表示基準第9条に規定された表示禁止事項に当たるか否か自己点検を行う際に用いることを目的としており、食品添加物の不使用表示を一律に禁止するものではありません。

　各事業者には、2024年（令和6年）3月末までの間に本ガイドラインに沿った表示の見直しを行うことが求められています。

### 【食品添加物不使用表示ガイドラインの対象】
#### 対象となる食品と表示
　対象となるのは、一般用加工食品の容器包装への表示です。ただし、業務用

加工食品への表示や、食品関連事業者以外の販売者が販売する加工食品への表示について、一般用加工食品の表示禁止事項を準用する場合には、本ガイドラインについても併せて準用することとされました。

## 対象となる添加物

　食品衛生法で規定される添加物について不使用表示する場合が対象となります。

## 表示禁止事項に当たる不使用表示

　ガイドラインでは、食品表示基準で表示の禁止事項を定めた第9条のうち、消費者に誤認等を与えるものとして、次に規定された表示禁止事項に該当するおそれが高いと考えられる表示として取りまとめています。

## 表示禁止事項

| 第 1 号 | 実際のものより著しく優良又は有利であると誤認させる用語 |
|---|---|
| 第 2 号 | 義務表示事項（横断的義務表示事項及び個別的義務表示事項の規定により表示すべき事項）の内容と矛盾する用語 |
| 第 13 号 | その他内容物を誤認させるような文字、絵、写真その他の表示 |

出典：食品表示基準第9条第1項より

【不使用表示の類型と表示禁止事項に該当する例】

　原則として、一般用加工食品に対する強調表示などの任意表示については、消費者の商品の選択の機会確保のためや食品関連事業者等の商品の訴求の観点から、事実に即している限り、その表示の方法も含めて表示を行うか否かは食品関連事業者等に委ねられています。一方で、任意表示であっても「優良誤認表示」「矛盾する表示」「内容物を誤認させる表示」については、消費者の食品の選択の機会において正確な情報たり得ないとして例外的に表示を禁止していますが、詳細は規定されていませんでした。

　このため、本ガイドラインでは、内容が多岐にわたる不使用表示を図表5の10の類型に分け、現時点で食品表示基準の表示禁止事項に該当するおそれが高いと考えられる表示について、事業者が消費者に対して正確な情報提供を行うための留意点を取りまとめています。

| 類型 | 内容 | 現時点で表示禁止事項に該当する例 |
|---|---|---|
| 類型1 | 単なる「無添加」の表示 | 単に「無添加」とだけ記載した表示のうち、無添加となる対象が消費者にとって不明確な表示。 |
| 類型2 | 食品表示基準に規定されていない用語を使用した表示 | 「人工甘味料不使用」等、無添加あるいは不使用と共に、人工、合成、化学、天然等の用語を使用した表示。 |
| 類型3 | 食品添加物の使用が法令で認められていない食品への表示 | ① 清涼飲料水に本来使用が認められていない「ソルビン酸不使用」と表示。<br>② 食品表示基準の別の規定により使用が認められていない特定の添加物について無添加あるいは不使用と表示。 |
| 類型4 | 同一機能・類似機能を持つ食品添加物を使用した食品への表示 | ① 日持ち向上目的で保存料以外の添加物を使用した食品に、「保存料不使用」と表示。<br>② 既存添加物の着色料を使用した食品に、指定添加物の着色料が不使用である旨を表示。 |
| 類型5 | 同一機能・類似機能を持つ原材料を使用した食品への表示 | ① 原材料として、アミノ酸を含有する抽出物を使用した食品に、添加物としての調味料を使用していない旨を表示。<br>② 原材料として、乳化作用を持つ高度に加工した食品を使用した食品に、乳化剤を使用していない旨を表示。 |
| 類型6 | 健康、安全と関連付ける表示 | ① 体に良いことの理由として無添加あるいは不使用を表示。<br>② 安全であることの理由として無添加あるいは不使用を表示。 |
| 類型7 | 健康、安全以外と関連付ける表示 | ① おいしい理由として無添加あるいは不使用を表示。<br>② 「開封後」に言及せずに「保存料不使用なのでお早めにお召し上がりください」と表示。<br>③ 商品が変色する可能性の理由として着色料不使用を表示。 |
| 類型8 | 食品添加物の使用が予期されていない食品への表示 | ① 一般的に着色料が使用されておらず、かつ、食品元来の色を呈している食品に、「着色料不使用」と表示。<br>② 一般的に添加物を使用していないことから、消費者が添加物の使用を予期していない商品に対して添加物の不使用を表示(ミネラルウォーターに保存料や着色料の使用等)。 |
| 類型9 | 加工助剤、キャリーオーバーとして使用されている(又は使用されていないことが確認できない)食品への表示 | ① 原材料の一部に保存料を使用しながら、最終製品に「保存料不使用」と表示。<br>② 原材料の製造工程において食品添加物が使用されていないことが確認できないため、自社の製造工程に限定する旨の記載と共に無添加あるいは不使用を表示。 |
| 類型10 | 過度に強調された表示 | ① 商品の多くの箇所に、過剰に目立つ色で、〇〇を使用していない旨を記載する。<br>② 保存料、着色料以外の食品添加物を使用している食品に、大きく「無添加」と表示し、その側に小さく「保存料、着色料」と表示。 |

# 5-2 ● アレルゲンを含む食品の表示の解説

## 1 ● 食物アレルギーとアレルギー表示義務化の背景

　食物アレルギー（Food Allergy）とは、食物の摂取により生体に障害を引き起こす反応のうち、食物抗原に対する免疫学的反応によるものをいいます。食物に含まれるある特定のたん白質が私たちの体内で抗原（異物）と認識されて、抗原を排除するための抗体が作られます。このアレルギーの原因となる抗原を特に「アレルゲン」といいます。また、食物アレルギーの場合ではアレルゲンは「たん白質」であるとされています。

　その後、アレルギー体質を持っている人の場合、この抗原の侵入に対して過敏な反応を起こし、その結果、さまざまな形で引き起こされる本人にとっては好ましくない症状がアレルギー症状です。この症状には、「かゆみ、じんましん、唇やまぶたの腫れ、嘔吐、喘鳴」等がありますが、血圧低下、呼吸困難、意識障害等の重篤な症状であるアナフィラキシーショックを引き起こす場合もあります。

　このように、食物アレルギー患者にとって、原因食品を避けることは生命を守ることになり、自分の食するものの中に、自分が反応するアレルゲンを含むのかどうかを判断し、選別できるように情報提供が行われていることが重要です。

　アレルゲンを含む食品に関する表示（以下「アレルギー表示」という。）は、国際的な取組みの中で、1999年（平成11年）6月に、FAO ／ WHO 合同食品規格委員会（コーデックス委員会）総会において、アレルゲンとして知られる8種の原材料を含む食品（図表1）について、それを含む旨を表示することで合意され、加盟国で各国の制度に適した表示方法の検討が行われました。

## 図表1 アレルゲンとして知られる8種の原材料（コーデックス委員会による）

- グルテン含有穀物（小麦、ライ麦、大麦、オート麦、スペルト又はこれらの交雑種及びこれらの製品）
- 甲殻類及びこれらの製品
- 卵及び卵製品
- 魚類及び魚製品
- ピーナッツ、大豆及びこれらの製品
- 乳及び乳製品
- 木の実類及びその製品
- 亜硫酸塩（10 mg/kg 以上）

　わが国でも国際的な動向も踏まえて、消費者の健康危害の発生を防止する観点から、上記のアレルゲンを含む食品にあっては、それを含む旨の表示を義務付けることが必要であると考えられ、2001年（平成13年）にアレルギー表示が義務付けられました。

　義務の対象となる食品については、アレルゲンとして知られる8種の原材料のうち「亜硫酸塩」の表示は義務化されず、重篤な症状であるアナフィラキシーショックの発症が報告されていた「そば」の表示が義務化されています。

　また、最近ではナッツ類によるアレルギーの発症事例も増加しており、2019年（令和元年）9月19日「食品表示基準について」の一部改正において、特定原材料に準ずるものとして「アーモンド」が追加されました。

## 2●アレルゲンを含む食品

### （1）特定原材料

　食物アレルギー症状を引き起こすことが明らかになった食品のうち、特に発症数、重篤度から勘案して表示する必要性の高いものを食品表示基準において特定原材料として定め、2022年（令和4年）10月1日現在、これら7品目（品目については図表2参照）の表示を義務付けています。

### （2）特定原材料に準ずるもの

　食物アレルギー症状を引き起こすことが明らかになった食品のうち、症例数や重篤な症状を呈する者の数が継続して相当数みられるが、特定原材料に比べると少ないものを特定原材料に準ずるものとして、21品目（図表2参照）を定

めました。

め、これらを原材料として含む加工食品については、当該食品を原材料として含む旨を可能な限り表示するよう努めることとされています。

図表
2 **特定原材料及び特定原材料に準ずるもの（特定原材料等）**

| 分類・規定 | 品目 | 備考 |
|---|---|---|
| 特定原材料（7品目） | えび、かに、小麦,そば、卵、乳、落花生（ピーナッツ）* | 特に発症数、重篤度から勘案して表示する必要性の高いもの |
| 特定原材料に準ずるもの（21品目） | アーモンド、あわび、いか、いくら、オレンジ、カシューナッツ、キウイフルーツ、牛肉、くるみ、ごま、さけ、さば、大豆、鶏肉、バナナ、豚肉、まつたけ、もも、やまいも、りんご | 症例数や重篤な症状を呈する者の数が継続して相当数みられるが、特定原材料に比べると少ないもの |
|  | ゼラチン | 牛肉・豚肉由来のものが多く、本来は牛肉、豚肉としての表示が必要であるが、過去のパブリックコメント手続きでの要望や専門家からの指摘も多いため、「ゼラチン」として独立の項目が立てられたもの |

\* 落花生の品目について
「落花生」と表示した場合、殻付きのものをイメージさせるなど、ピーナッツと同一であることがわかりにくいとの意見もあり、従来、代替表記として使用されていた「ピーナッツ」の文言を「落花生」と同一のものとして、代替表記としての扱いも残したまま、例外的に食品表示基準で定めた特定原材料の品目に追加したものです。特定原材料の品目として表示する場合には、「落花生」に加えて、「ピーナッツ」「落花生（ピーナッツ）」の表示が可能です。

# 3●アレルギー表示の基本的な考え方

食品表示基準では、食物アレルギー患者を中心とした消費者のアレルゲンを含む食品に起因する健康被害を未然に防止するため、加工食品について、アレルゲンを含む旨の表示を義務付けています。

また、原則として、一般消費者に直接販売されない業務用食品や、加工食品の原材料、添加物を含め、食品流通のすべての段階において表示が必要です。

**対象となる品目**

アレルギー症状を引き起こすことが明らかにされた「特定原材料」及び「特定原材料に準ずるもの」を合わせた28品目です（図表2参照）。

特定原材料に準ずるものについては義務表示ではありませんが、このうち1品でもアレルギー表示を行うのであれば21品目すべてに関して、その有無を確認した上で、必要な表示を行います。

## 表示の対象範囲

　容器包装されて販売される特定原材料を原材料とする加工食品（酒類を除く。）又は特定原材料に由来する添加物です。ただし、設備を設けて飲食させる場合を除きます。なお、食品を製造し、又は加工した場所で容器包装に入れないで消費者に直接販売する場合も表示をする必要はありません。

　また、生鮮食品についても、特定原材料に由来する添加物を使用している場合は表示が必要です。

## 表示方法に関する注意

　特定原材料等のうち、高価なもの（あわび、まつたけ等）が含まれる加工食品については、特定原材料等がごく微量しか含有されていないにもかかわらず、あたかも多く含まれるかのような表示が行われると、消費者に誤認を生じさせるおそれがあります。

　このため、表示にあたっては、例えば「エキス含有」など、それらの含有量、形態に着目した表示を行うようにしてください。表示は消費者への正しい情報提供の場となりますので、それが主要原材料であるかのような誤解を与えないように表示します。

# 4●アレルギー表示が免除される特例

　アレルギー表示は、アレルギー患者の健康を守るという観点から、特定原材料に準ずるものを含め、すべて表示すべきです。しかし、表示の適正性の検証と監視指導の実現性から合理的に判断して、表示が免除される例外規定が設けられています。

## 表示が免除される例

・最終食品に含まれる特定原材料等の総タンパク量がアレルギーを発症しないと考えられるレベルの場合
・商品の輸送、運搬のために使用される通い箱等の運搬容器
・知見が不足している香料など

　原則として、特定原材料を含む食品にあっては、その含有量の多少にかかわらず表示する必要があります。ただし、特定原材料の総タンパク量が数 μg/ml 濃度レベル又は数 μg/g 含有レベルに満たない場合は、ほぼアレルギー症状は誘発しないであろうという専門家の判断により表示が免除されています。

　しかし、アレルギー表示が免除されるからといって、消費者への情報提供をしなくてもよいということではありません。表示が免除されている製品においてもアレルゲンに関する情報を求められた場合、正確な情報を提供することが必要です。

例えば、業務用加工食品で通い箱のような運搬容器の場合、容器包装の定義に当てはまらないため、アレルゲンの表示は免除されますが、伝票で情報を伝達するなど、最終的な商品にアレルゲンを含む旨を表示できるようにする必要があります。

このように正確な情報を把握するために、原材料の納入業者に対して、特定原材料等の含有の有無を問い合わせる、あるいは送り状又は納品書に合わせて原材料に関する情報を入手し、記録に残せるようにしておくことが重要となります。アレルギー表示を正確に行うためには情報の確実な管理が不可欠です。

# 5●アレルギー表示の方法

アレルギー表示が義務化された特定原材料7品目及び特定原材料に準ずるもの21品目について、食品表示基準の規定に従って表示を行います。

アレルギー表示にあたっては、それぞれの原材料や添加物の直後に括弧を付して、特定原材料等を含む旨を表示する個別表示を原則としています。

ただし、一括表示についても相当程度普及していること、また、一覧性があるなどのメリットを踏まえて、次のように個別表示することが難しい場合や、なじまない場合などについては、一括表示も可能とされています。

**【個別表示が難しい場合や個別表示がなじまない場合などの例】**
・個別表示よりも一括表示の方が文字数を減らせる場合であって、表示面積に限りがあり、一括表示でないと表示が困難な場合
・食品の複合原材料に使用されている添加物に特定原材料等が含まれているが、最終食品においてはキャリーオーバーに該当し、当該添加物が表示されない場合
・同一の容器包装内に容器包装されていない食品を複数詰め合わせる場合であって、容器包装内で特定原材料等が含まれる食品と含まれていない食品が接触する可能性が高い場合
・弁当などで裏面に表示がしてあると表示を確認するのが困難であるとの食物アレルギー患者からの意見を踏まえ、ラベルを小さくして表面に表示するため表示量を減らしたい場合

**【個別表示】**
個別表示における特定原材料等の表示方法は、食品名の次に括弧を付して、原材料の場合には「食品名（○○を含む）」と、添加物の場合には、原則として「物質名（○○由来）」と表示します。この際、特定原材料等が2つ以上あ

る場合は、「・」（ナカグロ）でつなぎます。

## 〈表示例１〉

| ア．原材料の場合「食品名（○○・△△を含む）」 | 例：しょうゆ（大豆・小麦を含む） |
|---|---|
| イ．添加物の場合「物質名（○○由来）」 | 例：レシチン（卵由来）、カゼイン（乳由来） |

※特定原材料の「乳」については、食品の場合は「乳成分を含む」と、添加物の場合は「乳由来」
と表示します。

　ただし、２種類以上の原材料又は添加物に同一の特定原材料が含まれている
場合は、繰り返しになるアレルギー表示は省略することができます。
　このような省略を行う際に「抗原性が認められないとまではいえないが、一
般的にアレルゲンが含まれていても摂取可能といわれている食品（しょうゆの
小麦と大豆、味噌の大豆、卵殻カルシウムの卵等）」については、その科学的
知見が得られるまでの間の対応として、次のような表示をすることが推奨され
ています（表示例２参照）。
①「一般的に摂取可能といわれている食品」以外の同一の特定原材料等が含ま
　れる原材料に含む旨を表示する。
②「一般的に摂取可能といわれている食品」にアレルギー表示をする場合は、
　別記様式欄の近接した箇所にその他の原材料にも同一の特定原材料等が含ま
　れている旨を表示する。

## 〈表示例２〉

　原材料に「しょうゆ」を使用している場合であって、同食品に大豆が含まれ
る「たん白加水分解物」と小麦が含まれる「酵母エキス」も原材料として使用
している場合。

### ①しょうゆ以外の原材料にアレルゲンを表示した例

| 原材料名 | ○○○○（△△△△、ごま油）、ゴマ、□□、×××、しょうゆ、マヨネーズ（卵を含む）、たん白加水分解物（大豆を含む）、卵黄、食塩、◇◇◇、酵母エキス（小麦を含む） |
|---|---|
| 添加物 | 調味料（アミノ酸等）、増粘剤（キサンタンガム）、甘味料（ステビア）、○○○○（乳由来） |

## ②しょうゆにアレルゲンを表示し別記様式の枠外にも表示した例

| 原材料名 | ○○○○ （△△△△、ごま油）、ゴマ、□□、×××、しょうゆ （大豆・小麦を含む）、マヨネーズ （卵を含む）、たん白加水分解物、卵黄、食塩、◇◇◇、酵母エキス |
|---|---|
| 添加物 | 調味料 （アミノ酸等）、増粘剤 （キサンタンガム）、甘味料 （ステビア）、○○○○ （乳由来） |

たん白加水分解物には大豆が、酵母エキスには小麦が含まれています。

### 【一括表示】

　一括表示における特定原材料等の表示方法は、原材料名欄と添加物欄の最後に「（一部に○○・△△を含む）」のように記載します。特定原材料等そのものが原材料に使用されている場合や、次に解説する代替表記等で表示されているものも含め、すべての特定原材料等を表示します。

### 〈表示例3〉

| 原材料名 | ○○○ （△△△△、ごま油）、ゴマ、□□、×××、しょうゆ、マヨネーズ、たん白加水分解物、卵黄、食塩、◇◇◇、酵母エキス／調味料 （アミノ酸等）、増粘剤 （キサンタンガム）、甘味料 （ステビア）、○○○○ （一部に小麦・卵・乳成分・ごま・大豆を含む） |
|---|---|

　※特定原材料の「乳」については、一括表示の場合は「乳成分を含む」と表示します。

　食品表示基準施行前は「（原材料の一部に○○を含む）」と表示し、特定原材料等そのものが原材料に使用されている場合や、代替表記で表示されている場合は、それらの表示を省略することができましたが、食品表示基準に則った表示では一括表示を見ればその製品に含まれるすべての特定原材料等がわかるように変更されています。

　なお、個別表示と一括表示を組み合わせて使用することはできません。

## 6 ●特定原材料等の代替表記とその拡大表記

　「代替表記」とは、特定原材料等を単に平仮名、片仮名、漢字等に変えたものなど、表示方法や言葉が違うが、特定原材料等と同じものであることが理解できる表記をいいます。

　例えば、特定原材料の「卵」の代替表記として、「玉子」「たまご」「タマゴ」「エッグ」「鶏卵」「あひる卵」「うずら卵」があり、この表示であれば、特定原材料である「卵」と同一であると理解できます。これらについては、個別表示において改めて「（○○を含む）」と表示する必要はありません。

　なお、この代替表記については「特定原材料等の代替表記等方法リスト」と

して、特定原材料7品目及び特定原材料に準ずるもの21品目についてリスト化され、それ以外の表現は、代替表記としては認められていません。

「拡大表記」とは、特定原材料等の名称やその代替表記を含むことにより、特定原材料等を使った食品であることが理解できるものをいい、代替表記とともにアレルゲンを含む食品の表示として認められています（図表3、図表4参照）。

例えば、代替表記を含む原材料名の「厚焼玉子」「ハムエッグ」も「卵」を使用しているものと理解できるものとして、代替表記の拡大表記に当たります。ただし、「卵黄」「卵白」については「卵」の文字が含まれているものの、製造上、完全分離が困難であること、及び事故防止の観点から、拡大表記として認められていません。このため、「卵黄（卵を含む）」「卵白（卵を含む）」とアレルギー表示をする必要があります。

**図表3　特定原材料の代替表記・拡大表記（表記例）**

| 特定原材料<br>（食品表示基準で定められた品目） | 代替表記<br>表記方法や言葉が違うが、特定原材料と同一であるということが理解できる表記 | | 拡大表記（表記例）<br>特定原材料名又は代替表記を含んでいるため、これらを用いた食品であると理解できる表記例 | |
|---|---|---|---|---|
| えび | 海老<br>エビ | | えび天ぷら<br>サクラエビ | |
| かに | 蟹<br>カニ | | 上海がに<br>マツバガニ | カニシューマイ |
| 小麦 | こむぎ<br>コムギ | | 小麦粉<br>こむぎ胚芽 | |
| そば | ソバ | | そばがき | そば粉 |
| 卵*1 | 玉子<br>たまご<br>タマゴ<br>エッグ | 鶏卵<br>あひる卵<br>うずら卵 | 厚焼玉子<br>ハムエッグ | |
| 乳 | ミルク<br>バター<br>バターオイル | チーズ<br>アイスクリーム | アイスミルク<br>ガーリックバター<br>プロセスチーズ<br>乳糖<br>乳たんぱく | 生乳<br>牛乳<br>濃縮乳<br>加糖れん乳<br>調製粉乳 |
| 落花生*2 | ピーナッツ | | ピーナッツバター<br>ピーナッツクリーム | |

＊1　「卵」について、「卵白」及び「卵黄」については、特定原材料名（卵）を含んでいるが、事故防止の観点から、拡大表記として含む旨の表示を省略することは不可とする。

＊2　落花生（ピーナッツ）の表記も可能。

第5章

5-2

表示の個別解説●アレルゲンを含む食品の表示の解説

図表4 **特定原材料に準ずるものの代替表記・拡大表記（表記例）**

| 特定原材料に準ずるもの（通知で定められた品目） | 代替表記 表記方法や言葉が違うが、特定原材料に準ずるものと同一であるということが理解できる表記 | | | 拡大表記（表記例） 特定原材料に準ずるものの名称又は代替表記を含んでいるため、これらを用いた食品であると理解できる表記例 | |
|---|---|---|---|---|---|
| アーモンド | | | | アーモンドオイル | |
| あわび | アワビ | | | 煮あわび | |
| いか | イカ | | | いかフライ | イカ墨 |
| いくら | イクラ スジコ | すじこ | | いくら醤油漬け | 塩すじこ |
| オレンジ | | | | オレンジソース | オレンジジュース |
| カシューナッツ | | | | | |
| キウイフルーツ | キウイ キーウィー | キウィー キーウィ | キウィ | キウイジャム キーウィージャム | キウイソース キーウィーソース |
| 牛肉 | 牛 ぎゅうにく | ビーフ ぎゅう肉 | 牛にく | 牛すじ ビーフコロッケ | 牛脂 |
| くるみ | クルミ | | | くるみパン | くるみケーキ |
| ごま | ゴマ | 胡麻 | | ごま油 すりゴマ ゴマペースト | 練りごま 切り胡麻 |
| さけ | 鮭 サーモン | サケ しゃけ | シャケ | 鮭フレーク 紅しゃけ | スモークサーモン 焼鮭 |
| さば | 鯖 | サバ | | さば節 | さば寿司 |
| 大豆 | だいず | ダイズ | | 大豆煮 大豆油 | 大豆たんぱく 脱脂大豆 |
| 鶏肉 | とりにく 鳥肉 鳥 | とり肉 鶏 とり | チキン | 焼き鳥 鶏レバー チキンスープ | ローストチキン チキンブイヨン 鶏ガラスープ |
| バナナ | ばなな | | | バナナジュース | |
| 豚肉 | ぶたにく ぶた肉 | 豚にく 豚 | ポーク | ポークウインナー 豚ミンチ | 豚生姜焼 |
| まつたけ | 松茸 | マツタケ | | 焼きまつたけ | まつたけ土瓶蒸し |
| もも | モモ | 桃 | ピーチ | もも果汁 白桃 | 黄桃 ピーチペースト |
| やまいも | 山芋 | ヤマイモ | 山いも | 千切りやまいも | |
| りんご | リンゴ | アップル | | アップルパイ 焼きりんご | リンゴ酢 りんご飴 |
| ゼラチン* | | | | 板ゼラチン | 粉ゼラチン |

＊ゼラチンは牛や豚を原材料として製造されるが、アレルギー表示としては「ゼラチン」とのみ表示すればよい。

**代替表記の例外規定ほか**

「たん白加水分解物」や「魚肉すり身」等に使用する魚介類は、網で無分別に捕獲したものをそのまま原材料として用いるため、特定原材料等のえび、かに、さば、さけ等が入っているかどうか把握できません。

このように、網で無分別に捕獲したものをそのまま原材料として用いている場合、「○○（魚介類）」と表示し、これをもって代替表記とみなすため、改めて「えびを含む」などの表示は省略できることとなり、これらは、代替表示の例外規定表示とされています。

この例外規定表示は、以下の6品目に限られています。

「たん白加水分解物（魚介類）」「魚醬（魚介類）」「魚醬パウダー（魚介類）」「魚肉すり身（魚介類）」「魚油（魚介類）」「魚介エキス（魚介類）」

これらを一括表示する場合は、「（一部に卵・魚肉すり身（魚介類）を含む）」等と表示します。なお、原材料名欄に単に「魚醬」や「魚肉すり身」などと表示できるのは、次の条件に当てはまる場合のみとされています。

① 「えび」や「かに」などの特定原材料等が含まれていないと判断できる場合
② 魚醬や魚肉すり身の原材料として「えび」や「かに」などの特定原材料等が含まれていると特定でき、「個別表示を行う場合で、他の原材料や添加物に同一の特定原材料等が含まれており、それに『えび』や『かに』などの表示をするため、魚醬等の個別表示部分の『えびを含む』等を省略する場合」又は、「一括表示部分に『えび』や『かに』などを表示する場合」

なお、食品表示基準施行前に、一般的に特定原材料等を使った食品であることが予測できる表記としてリスト化されていた特定加工食品と、その拡大表記については、事故や誤認が生じる可能性があるとして制度が廃止されました。

廃止された特定加工食品とは、「パン」「うどん」が「小麦」を、「マヨネーズ」が「卵」を原材料としていることが理解されていると見なし、特定原材料等の表記に代えることができるとされていたものです。

しかし、昨今、マヨネーズの原材料に卵が使われていることを知らない消費者が増えたことや、アレルギー患者向けの商品開発が進み、卵を使用していないマヨネーズに似たドレッシングや米粉で作ったロールパンが市販される等、必ずしも、特定原材料等を使った食品とは限らないといった状況が背景にあり、表示方法の見直しが行われました。

# 7 ●添加物のアレルギー表示の方法

特定原材料等に由来する添加物を含む食品について、アレルギー表示を行う場合、原材料への表記と同様に個別表記が原則となります。この場合、個々の

第5章 5-2 表示の個別解説 ● アレルゲンを含む食品の表示の解説

265

添加物の直後に括弧を付して（〜由来）と表示します。

**〈個別表示の例〉**

・「物質名（〜由来）」による方法
　カゼインナトリウム（乳由来）、レシチン（卵由来）等
・「一括名（〜由来）」による方法
　酵素（小麦由来）、調味料（アミノ酸：いか由来）等
・「用途名（物質名：〜由来）」
　保存料（しらこたん白：さけ由来）
　安定剤（ペクチン：りんご・オレンジ由来）等

　なお、同じ添加物（A）であるが、特定原材料○○由来の添加物（A-1）とそうでない添加物（A-2）を併用して使用した場合で、A-1の量が微少であった場合には「A（○○を含む）」と表示することも可能となります。
　また、添加物の別名又は簡略名で特定原材料等の文字が表示されていれば、その名称をもって（〜由来）の表示を省略することができます。
　例：卵殻カルシウム 等
　なお、添加物が加工助剤やキャリーオーバーに該当する場合は添加物の表示が免除されますが、特定原材料はごく微量でもアレルギーを発症することがあるため、特定原材料の7品目に由来する添加物が加工助剤やキャリーオーバーに該当しても特定原材料が含まれる旨を最終製品まで表示する必要があります。
　この場合、個別表示によるアレルギー表示はできないため、一括表示の方法により表示します。この際、原材料名欄は個別表示し、添加物欄は一括表示するといった表示方法は認められませんので、いずれも一括表示の方法で行うことになります。また、特定原材料に準ずる21品目に由来する添加物が加工助剤等に該当する場合も、可能な限り表示するようにします。

# 8●コンタミネーションに関する表示

　意図しない混入をコンタミネーションといいます。もともと特定原材料等を含まない加工食品であるにもかかわらず、同じ工場で特定原材料等を取り扱っているために意図せず混入する可能性がある場合や、原材料の採取方法により分別できずに混入してしまうことを指します。この場合、特定原材料等が混入する可能性があるからといっても、それが原材料ではないと判断される場合には、特定原材料等の表示義務はありませんが、例えば周辺機器の徹底した洗浄

や、器具等の使い分けにより、混入を防止する手段を講じる必要があります。

　しかし、十分な洗浄が実施できない製造機器を使って特定原材料を含む食品を製造した場合、同じラインで製造した食品に特定原材料が混入する危険性がかなり高いことになります。このような場合は、その食品に注意喚起表示を行うことが望ましいとされ、別記様式枠外に表示します。

　注意喚起の例として、次の①〜③のようなケースがあります。

①同一製造ラインの使用によるコンタミネーション

　「本品製造工場では落花生を含む製品を生産しています。」

　「そばを使用した設備で製造しています。」等

②原材料の採取方法によるコンタミネーション

　「本品で使用している、しらすは、かにが混ざる漁法で採取しています。」

③えび、かにを捕食していることによるコンタミネーション

　「本品（かまぼこ）で使用しているイトヨリダイは、えびを食べています。」

　ただし、特定原材料等が「入っているかもしれません。」「入っているおそれがあります。」等の「可能性表示」は認められていません。

　なお、配合していないにもかかわらず製造工程等で特定原材料等がその食品に必ず含まれるということであれば、その食品は特定原材料等を原材料として用いていると考えられますので表示が必要です。

# 9 ● 「特定原材料に準ずるもの」を使用しているか否かの表示方法等について

　表示する品目に関する留意事項として、特定原材料に準ずるものについては表示が義務付けられておらず、その表示がされていない場合に、「特定原材料に準ずるものを使用していない」又は「特定原材料に準ずるものを使用しているが、表示がされていない」の、いずれであるかを正確に判断することは困難です。このため、アレルゲンを含む食品の表示の対象が「特定原材料7品目」又は「特定原材料に準ずる21品目を含む28品目」のいずれであるかを別記様式枠外の近接した箇所に表示するように努めることとされています。

## 〈表示例〉

　「この食品のアレルゲンは特定原材料に準ずるものを含めて対象範囲としています。」

　「この食品は28品目のアレルゲンを対象範囲としています。」

　「アレルゲンは表示義務品目のみ対象範囲としています。」

　「アレルゲンは義務7品目を対象範囲としています。」

　「アレルゲン（28品目対象）」

「アレルゲン（特定原材料のみ）」

「アレルゲン（特定原材料に準ずるものも含む）」　等

　この中でも特に「特定原材料7品目」のみを表示対象としている場合は、ウェブサイト等の活用及び電話等による消費者からの問い合わせへの対応等、情報提供の充実が求められています。

## 10 ●特定原材料等を使用していないことに関する任意表示の留意点

　特定原材料等を使用していない旨の表示は、任意表示として認められていますが、必ずしも「含んでいない」ことを意味するものではありません。これは、表示をする者が、特定原材料等の使用の有無について、製造記録などにより適切に確認したことを意味するものです。

　このため、「使用していない」旨の表示をする場合は、コンタミネーションの防止対策の徹底も図るなど、できる限り、アレルゲンの混入を防止するよう努める必要があります。

　例えば、ケーキやコロッケのように、一般的には小麦や卵といった特定原材料を含むことが認識されている食品について、小麦や卵を使用しないで製造した場合に「本品は卵と小麦を使っていません。」等と、特定原材料を使用していない旨の任意表示を行っている場合であっても、必ずしも、特定原材料の含有がゼロであることでなく、製造過程の記録の確認に基づく表示であり、特定原材料が混入する危険性も考えられるので表示を行う際は十分な注意が必要です。

## 11 ●食品リコール情報の報告制度の創設

　2018年（平成30年）に食品衛生法及び食品表示法が改正され、2021年（令和3年）6月1日以降に食品関連事業者が食品の自主回収（リコール）を行う場合、これらの法律に基づいて行政に届け出ることが義務化されました。これはリコール情報を消費者に一元的かつ速やかに提供することで、健康危害を未然に防ぐことなどを目的としています。食品表示法に基づく自主回収の届出対象は、「食品表示法第6条第8項に規定するアレルゲン、消費期限、食品を安全に摂取するために加熱を要するかどうかの別その他の食品を摂取する際の安全性に重要な影響を及ぼす事項等を定める内閣府令」で定める事項について、食品表示基準に従った表示がされていない食品を販売し、自ら回収した場合です。具体的には、アレルゲン、消費期限等の表示の欠落などで回収した場合が該当します。

# 5-3 ● 遺伝子組換え食品表示の解説

## 1 ● 遺伝子組換え農産物とは何か

　農産物の品種改良は、交配・選抜で行われてきましたが、遺伝子組換え技術では、人工的に遺伝子を組み換えるため、種の壁を越えて他の生物に遺伝子を導入することができ、農産物等の改良の範囲を大幅に拡大できたり、改良の期間が短縮できたりします。

　農産物の品種改良の1つの方法として用いられている遺伝子組換え技術は、
①ある生物から特定のたんぱく質に対応する遺伝子を取り出し、
②改良しようとする生物の細胞の中に遺伝子を導入し、
③細胞がたんぱく質を合成するようになり、
④結果として、たんぱく質がもたらす新たな形質（除草剤耐性、害虫抵抗性等）
　を有するようになる技術です。

【日本国内の遺伝子組換え技術の利用状況】

　わが国では、遺伝子組換え農産物の食品としての安全性、飼料としての安全性、及び環境面で生物多様性への影響のそれぞれについて法律に基づいて科学的な評価が行われ、許可された品種の農産物のみが輸入及び国内流通を許されています。したがって、海外で流通していてもわが国には輸入できない遺伝子組換え農産物もあります。なお、食品としての遺伝子組換え農産物の商業的な栽培は現在国内では行われておらず、輸入農作物のみが流通しています。（観賞用の花卉は遺伝子組換えによる品種の商業栽培が行われています。）

　遺伝子組換え農産物の食品としての安全性は、遺伝子組換えを行う前の農産物の食経験、遺伝子、たんぱく質、栄養素の変化の有無、アレルギー評価等の項目についてチェックが行われています。

　2022年（令和4年）10月現在で、食品としての安全性審査の手続きを経た遺伝子組換え食品は9作物（大豆、とうもろこし、ばれいしょ、なたね、綿実、アルファルファ、てん菜、パパイヤ、からしな）の331品種です。これらの中には、一般の大豆では産生されないステアリドン酸が産生されるように遺伝子組換えが行われた品種など、通常の農産物と栄養価等が異なる遺伝子組換え農

産物もあります。

【ゲノム編集食品との違い】

　ゲノム編集技術とは、「特定の機能を付与することを目的として、染色体上の特定の塩基配列を認識する酵素を用いてその塩基配列上の特定の部位を改変する技術」のことで、この技術を応用した食品の流通については、2019年（令和元年）10月より厚生労働省に届出をした上で認められるようになりました。

　現在このゲノム編集技術応用食品について、個別の義務表示事項はありません。ただし、ゲノム編集技術を応用した結果、最終的に、外来の遺伝子又はその一部を含む場合は遺伝子組換え食品に該当するものとされ、表示の対象となります。

## 2●分別生産流通管理とは

　分別生産流通管理（IPハンドリング：Identity Preserved Handling）とは、遺伝子組換え農産物及び非遺伝子組換え農産物を生産、流通及び加工の各段階で善良なる管理者の注意をもって分別管理し、その旨を証明する書類により明確にした管理の方法をいいます。

【日本国内における分別生産流通管理の方法】

　具体的な分別生産流通管理の方法は、産地、作目、加工食品の種類等により異なりますが、標準的なケースとして消費者庁から「バルク輸送される北米産の非遺伝子組換え大豆及びデント種の非遺伝子組換えトウモロコシの分別生産流通管理の指針」が出されています。

　その考えに沿って、（一財）食品産業センターから「アメリカ産及びカナダ産のバルク輸送非遺伝子組換え原料（大豆、とうもろこし）確保のための流通マニュアル」「非遺伝子組換えばれいしょにより製造されたばれいしょ加工品確保のための流通マニュアル」が示されています。また、パパイヤについては、消費者庁から「ハワイ州産の遺伝子組換え及び非遺伝子組換えパパイヤ確保のための流通マニュアル」が示されています。

　これらのマニュアルは、生産、流通及び加工の各段階の、チェックポイント、管理方法、必要な記録等を示し、それらに基づき確認したことを示す証明書の様式例、証明書発行の流れ、証明書の保存期間等を記載しているので、このマニュアルに即した管理及び確認をしていれば、分別生産流通管理が行われ、かつ、適切な確認がなされたことになります。これらのマニュアルについては、消費者庁等のホームページで見ることができます。

これらのマニュアルとは異なる分別生産流通管理の方法を用いることもできますが、その場合には、マニュアルによる分別生産流通管理と同等又は同等以上の信頼性及び追跡可能性のある方法である必要があります。

**【分別生産流通管理の取扱いの例外】**

　また、分別生産流通管理を行っても、意図せざる遺伝子組換え農産物の一定の混入の可能性が避けられないことから、分別生産流通管理が適切に行われている場合には、遺伝子組換え農産物の意図せざる混入（大豆及びとうもろこしについては５％以下）があっても分別生産流通管理が行われた農産物と見なすこととされています。

**【分別生産流通管理に係る３つの状態】**

　遺伝子組換えのものが存在する農作物には、
①分別生産流通管理がなされた遺伝子組換え農産物
②分別生産流通管理がなされた非遺伝子組換え農産物
③分別生産流通管理がされておらずに遺伝子組換え農産物と非遺伝子組換え農産物が不分別
　の３つの状態があります。

　消費者が、遺伝子組換え農産物であることや、それが不分別の状態で混ざっていることを知るために、分別生産流通管理がなされた遺伝子組換え農産物の場合と、分別生産流通管理がされておらずに遺伝子組換え農産物と非遺伝子組換え農産物が不分別の場合に表示を義務付けています。

# 3 ●遺伝子組換え表示の対象となる食品

**【通常の農産物と栄養価等が同等なもの】**

　通常の農産物と組成、栄養価等が同等な遺伝子組換え農産物の場合に、表示義務の対象となるのは、大豆、とうもろこし、ばれいしょ、なたね、綿実、アルファルファ、てん菜、パパイヤ及びからしなの９種類の農産物と、これを原材料とし、加工工程後も組み換えられた DNA 又はこれによって生じたたんぱく質が検出できる加工食品33食品群です（図表１）。

　表示義務の対象となる加工食品の場合、その主な原材料（原材料の重量に占める割合の高い原材料の上位３位までのもので、かつ、原材料及び添加物の重量の５％以上であるもの）について義務表示の対象となります。加工食品は製造方法により、加熱温度や時間、発酵期間等の加工条件が異なり、例えば、納豆は、組み換えられた DNA が残存する製品も、残存しない製品も存在しま

すが、このような場合には、DNAや遺伝子組換え体の痕跡が残存する可能性のある食品群として義務表示対象食品となっています。

## 図表1 義務表示の対象となる食品

### 農産物　9作物

大豆（枝豆、大豆もやしを含む。）、とうもろこし、ばれいしょ、なたね、綿実、アルファルファ、てん菜、パパイヤ、からしな

| | 加工食品* 33食品群 | 対象農産物 |
|---|---|---|
| 1 | 豆腐・油揚げ類 | 大豆 |
| 2 | 凍豆腐、おから及びゆば | 大豆 |
| 3 | 納豆 | 大豆 |
| 4 | 豆乳類 | 大豆 |
| 5 | みそ | 大豆 |
| 6 | 大豆煮豆 | 大豆 |
| 7 | 大豆缶詰及び大豆瓶詰 | 大豆 |
| 8 | きな粉 | 大豆 |
| 9 | 大豆いり豆 | 大豆 |
| 10 | 1から9を主な原材料とするもの | 大豆 |
| 11 | 大豆（調理用）を主な原材料とするもの | 大豆 |
| 12 | 大豆粉を主な原材料とするもの | 大豆 |
| 13 | 大豆たん白を主な原材料とするもの | 大豆 |
| 14 | 枝豆を主な原材料とするもの | 枝豆 |
| 15 | 大豆もやしを主な原材料とするもの | 大豆もやし |
| 16 | コーンスナック菓子 | とうもろこし |
| 17 | コーンスターチ | とうもろこし |
| 18 | ポップコーン | とうもろこし |
| 19 | 冷凍とうもろこし | とうもろこし |
| 20 | とうもろこし缶詰及びとうもろこし瓶詰 | とうもろこし |
| 21 | コーンフラワーを主な原材料とするもの | とうもろこし |
| 22 | コーングリッツを主な原材料とするもの（コーンフレークを除く。） | とうもろこし |
| 23 | とうもろこし（調理用）を主な原材料とするもの | とうもろこし |
| 24 | 16から20を主な原材料とするもの | とうもろこし |
| 25 | ポテトスナック菓子 | ばれいしょ |
| 26 | 乾燥ばれいしょ | ばれいしょ |
| 27 | 冷凍ばれいしょ | ばれいしょ |
| 28 | ばれいしょでん粉 | ばれいしょ |
| 29 | 25から28を主な原材料とするもの | ばれいしょ |
| 30 | ばれいしょ（調理用）を主な原材料とするもの | ばれいしょ |
| 31 | アルファルファを主な原材料とするもの | アルファルファ |
| 32 | てん菜（調理用）を主な原材料とするもの | てん菜 |
| 33 | パパイヤを主な原材料とするもの | パパイヤ |

\* 加工食品については、その主な原材料（原材料の重量に占める割合の高い原材料の上位3位までのもので、かつ、原材料及び添加物の重量に占める割合が5％以上であるもの）について表示が義務付けられています。

**【遺伝子組換えに関する義務表示のないもの】**

　なお、33食品群に指定されていない、しょうゆや食用植物油等では、組み換えられた DNA 及びこれによって生じたたんぱく質が加工工程で除去・分解され、広く認められた最新の技術によってもその検出が不可能とされていることから遺伝子組換えに関する表示義務はありません（図表2）。

**図表 2　義務表示の対象食品群以外のものの例**

| 表示が不要な加工食品 | (参考) 対象農産物 |
|---|---|
| しょうゆ<br>大豆油 | 大豆 |
| コーン油<br>水飴<br>　水飴使用食品（ジャム類等）<br>液糖<br>　液糖使用食品（シロップ糖）<br>デキストリン<br>　デキストリン使用食品（スープ類等）<br>コーンフレーク | とうもろこし |
| 菜種油 | なたね<br>からしな |
| 綿実油 | 綿実 |
| 砂糖（てん菜を主な原材料とするもの） | てん菜 |

## 4 ●特定遺伝子組換え農産物とその加工食品

　通常の農産物と組成・栄養価等が著しく異なる遺伝子組換え農産物もあり、これを食品表示基準では、「特定遺伝子組換え農産物」と定義しています。

　ステアリドン酸[*1]産生遺伝子組換え大豆及び高リシン[*2]遺伝子組換えとうもろこしがあり、これらを原材料とする「加工食品」及びその「加工食品を主な原材料とするもの」が義務表示の対象とされています（図表3）。

　　*1　脂質を構成する不飽和脂肪酸の1種。
　　*2　たんぱく質を構成するアミノ酸の1種。

　特定遺伝子組換え農産物では、遺伝子組換え体としての特徴である組み換えられた DNA 又はこれによって生じたたんぱく質以外にも、通常の農産物と異なる形質があることから、それを原材料とした加工食品の場合には前述の33食品群にとらわれず、その遺伝子組換え農産物を主な原材料とするもの（当該形質を有しなくなったものを除く。）及びその加工食品を主な原材料とするものが義務表示の対象として指定されています。

例えば、ステアリドン酸産生遺伝子組換え大豆を主な原材料として大豆油や
しょうゆを製造した場合には、加工食品中に一般の大豆ではないステアリドン
酸があるので、消費者への情報提供の観点から、組成・栄養価が変わっている
ことと併せて遺伝子組換え技術を用いていることを表示することとしていま
す。
　しかし、高リシンとうもろこしを原材料としたコーン油では、ステアリドン
酸のような脂肪酸とは異なって、アミノ酸の一種であるリシンは油中に残ら
ず、通常のコーン油と組成・栄養価が変わらないので、このように「当該形質
を有しなくなった」場合には表示義務はありません。

図表
3　**義務表示の対象となる食品**

| 形質 | 加工食品 | 対象農産物 |
|---|---|---|
| ステアリドン酸産生 | 1　大豆を主な原材料とするもの（脱脂されたことにより、ステアリドン酸産生の形質を有しなくなったものを除く。）<br>2　1に掲げるものを主な原材料とするもの | 大豆 |
| 高リシン | 1　とうもろこしを主な原材料とするもの（高リシンの形質を有しなくなったものを除く。）<br>2　1に掲げるものを主な原材料とするもの | とうもろこし |

# 5●遺伝子組換え食品の表示のルール

　遺伝子組換え食品の表示の方法は、次のルールに基づき、農産物の場合には
名称の次に、加工食品の場合には原材料名の次に、括弧を付して表示します。
　なお、遺伝子組換え表示に、「GMO」（遺伝子組換え農産物の英語表記であ
る Genetically Modified Organisms の略）という表現を使用することは、消費
者にわからないおそれがありますので、日本語で「遺伝子組換え不分別」等と
表示する必要があります。同様に、遺伝子組換えでない旨を表すものとして、
「non-GM」等の表現も使用できません。

## （1）通常の農産物と組成、栄養価等が同等のものの場合
　対象農産物及び33加工食品群の場合の表示ルールは、分別生産流通管理の有
無により、次の①～③のとおりとなります（○○は、農産物又は加工食品の原
材料名）。
①分別生産流通管理が行われた遺伝子組換え農産物及びそれを主な原材料とす
　る場合（義務表示）
　→「○○（遺伝子組換え）」「○○（遺伝子組換えのものを分別）」等

〈表示例〉

| 名　称 | 豆腐 |
|---|---|
| 原材料名 | 大豆(遺伝子組換え)／凝固剤 |

②分別生産流通管理がされていない対象農産物及びそれを主な原材料とする場合（義務表示）

　→「○○（遺伝子組換え不分別）」

〈表示例〉

| 名　称 | 豆腐 |
|---|---|
| 原材料名 | 大豆(遺伝子組換え不分別)／凝固剤 |

③遺伝子組換え農産物が混入しないように適切に分別生産流通管理が行われた農産物及びそれを主な原材料とする場合

　→遺伝子組換えに関して表示不要

　又は（任意表示）

「○○（遺伝子組換えでない）」
「○○（遺伝子組換え混入防止管理済）」
「○○（分別生産流通管理済み）」等

〈表示例〉

| 名　称 | 豆腐 |
|---|---|
| 原材料名 | 大豆／凝固剤 |

又は

| 名　称 | 豆腐 |
|---|---|
| 原材料名 | 大豆(遺伝子組換え混入防止管理済)／凝固剤 |

　なお、現在は、分別生産流通管理を行った上で、意図せざる遺伝子組換え農産物の混入率が５％以下であれば、このような「遺伝子組換えでない」との表示を行うことができますが、関連情報に示すように、2023年（令和５年）４月からは、分別生産流通管理を行った上で、遺伝子組換え農産物の混入がないと認められる場合のみに「遺伝子組換えでない」との表示が許されることとなります。

　したがって、「遺伝子組換えでない」との表示を2023年（令和５年）４月以降も継続するのであれば、「５％以下」ではなく「不検出」になるよう分別生産流通管理の手法を見直していく必要があります。

　また、分別生産流通管理が適切に行われていない場合や、意図的に遺伝子組

換え農産物が混入された場合には、混入率が5％以下であっても、非遺伝子組換え農産物とは見なされません。したがって、適切な分別生産流通管理が行われていない限り、「遺伝子組換えでない」旨の表示は不適切であり、このような場合には、「遺伝子組換え不分別」である旨の表示をしなければなりません。

### （2）通常の農産物と組成、栄養価等が著しく異なるもの（特定遺伝子組換え農産物）の場合

　ステアリドン酸産生遺伝子組換え大豆及び高リシン遺伝子組換えとうもろこしの場合の表示ルールは、次のとおりです。

①ステアリドン酸産生遺伝子組換え大豆の場合（義務表示）
　「大豆（ステアリドン酸産生遺伝子組換え）」
　「大豆（ステアリドン酸産生遺伝子組換えのものを混合）」
　「食用大豆油（ステアリドン酸産生遺伝子組換え）」＊等
②高リシン遺伝子組換えとうもろこしの場合（義務表示）
　「とうもろこし（高リシン遺伝子組換え）」
　「とうもろこし（高リシン遺伝子組換えのものを混合）」等

　また、特定遺伝子組換え農産物を意図的に混合したもの及びこれを原材料とする加工食品については、「大豆（ステアリドン酸産生遺伝子組換えのものを60％混合）」等と、同一の作目に属する対象農産物に占める重量の割合を記載することができます。

　　　＊大豆油等、加工食品であっても遺伝子組換え対象農産物（この場合は大豆）から製造されていることが明らかにわかる場合は、「大豆油（大豆（遺伝子組換え））」の表示を基本とするが、「大豆油（遺伝子組換え）」等と表示することができる。

### （3）遺伝子組換え食品の表示が不要な加工食品に任意で遺伝子組換え食品の表示を行う場合

　対象農産物を原材料とする加工食品であっても、主な原材料には該当しない場合及び、義務表示の対象食品群以外のものは、遺伝子組換えに関して表示は不要ですが、任意表示する場合には前述の（1）に従って表示します。

### （4）遺伝子組換えのものが存在しない農産物等の表示

　遺伝子組換えのものが国内に存在しない農産物及びその加工食品については、その製品に使用した農産物のみが遺伝子組換えでないと消費者に誤認されるおそれがあるため、「遺伝子組換えでない」等の表示はできません。

　なお、一般にその農産物については遺伝子組換えのものが存在していないと

いうことを記載することは可能です（例：現在のところ、小麦、米については、遺伝子組換えのものは流通していません。）。

## 遺伝子組換え食品表示制度の改正

遺伝子組換え食品表示は、2001年（平成13年）の施行以来、新たな遺伝子組換え農産物の出現等を踏まえた改正はされてきましたが、表示ルールそのものの見直しとしては、2017年（平成29年）に、消費者庁に「遺伝子組換え表示制度に関する検討会」が設置されて検討されました。2018年（平成30年）3月に報告書がとりまとめられ、その報告書を踏まえて2019年（平成31年）に、遺伝子組換え食品表示に関しての食品表示基準改正がなされました。

現在の食品表示基準では、分別生産流通管理を行った上で、遺伝子組換えの混入率が5％以下であれば、「遺伝子組換えでない」と表示できますが、改正された食品表示基準では、分別生産流通管理を行った上で、遺伝子組換え農産物の混入がないと認められる場合にのみ「遺伝子組換えでない」と表示できることに厳格化されることとなりました。

しかし、この改正基準の施行は2023年（令和5年）4月1日からであり、それまでは従前基準が適用されます。食品表示基準の改正では、一般的には改正と同時に施行されるものの、改正内容の周知や表示改版等に一定期間が必要なために経過措置期間が設けられ、その期間内は、新旧のどちらの基準での表示も有効とされます。

遺伝子組換え食品の今回の改正では、「遺伝子組換えでない」との表示が、旧基準では「5％以下」であり、新基準では「不検出」と表示内容の意味合いが異なることや、「不検出」を判断する分析方法が開発中であることから、直ちに施行して経過措置期間を設けるのではなく、基準の改正から施行まで事業者が対応できるよう十分な期間をとったものです。

## 5-4 ● 有機食品表示と特別栽培農産物の解説

## 1 ● 有機食品と有機 JAS

　有機食品とは、農畜水産物の生産行程における自然循環機能や水環境の維持増進を図るため、化学的に合成された資材（農薬、肥料、添加物、医薬品ほか）の使用を避けることを基本として、環境への負荷をできる限り低減した生産方法により生産を行った農畜水産物やその加工食品のことです。そして、この生産方法の基準を規定しているのが有機 JAS です。

　農産物、畜産物やその加工食品等が有機 JAS に準拠して生産されたかどうかは、外観からは一般消費者には見分けがつきません。そのため、有機 JAS に適合した生産が行われていることを第三者機関が検査し、認証された事業者に、有機である旨の表示を行うこと、並びに「有機JASマーク」の使用を認め、消費者に伝えることができるようにしています。

　有機である旨の表示は任意表示の１つですが、「有機農産物」、「有機畜産物」、それらを原材料とした「有機加工食品」、「有機藻類」[*1]及び有機畜産物の餌となる「有機飼料」については有機 JAS で「生産の原則」や「有機」と表示できる条件が定められており、有機である旨を表示する際はこれに従います。

　また、これまで酒類は JAS 法の対象外とされていましたが、2022年（令和４年）に JAS 法が改正され、酒類も対象となりました。これを受けて2022年（令和４年）10月１日より、有機 JAS の対象として「有機酒類」が追加され、国税庁の「酒類における有機の表示基準」が廃止[*2]されました。

　なお、有機食品について、JAS 法施行令で定める「指定農林物資」には、「名称の表示」の適正化を図ることを目的として有機 JAS マークの貼付が義務付けられています。この「指定農林物資」には、農産物、畜産物及びそれらを原材料とした、酒類を含む加工食品が指定されています。

　＊１　有機藻類の JAS は2021年（令和３年）12月に制定されました。
　＊２　2025年（令和７年）10月１日までは廃止前の基準の適用が認められています。

# 2 ● 有機 JAS 制度の概要

## （1）有機食品の検査認証制度の概要

農林水産大臣より登録を受けた認証機関（登録認証機関）に、認証の技術的
基準を満たしていると認証を受けた生産農家や加工食品の製造業者が、生産・
製造過程の記録等に基づいて自ら生産・製造した食品を格付し、有機JASマー
クを貼付するなど、有機食品であることを表示して市場に供給する制度です。

## （2）認証事業者の種類

認証の対象となるのは「生産行程管理者」「小分け業者」及び「輸入業者」
の3つの事業者です（図表1）。なお、事業者が外国の場合は「外国生産行程
管理者」「外国小分け業者」となります。

**図表1 認証事業者の種類と主な対象**

| 認証事業者の種類 | 主な対象 |
| --- | --- |
| 生産行程管理者 | 有機農産物、有機畜産物及び有機加工食品、有機藻類の生産行程を管理し又は把握する事業者<br>生産する事業者が単独で認証を取得する場合は、生産する事業者を構成員とするグループ認証等が可能<br>また、販売業者が契約する生産事業者を管理する方法でも認証が可能 |
| 小分け業者 | 有機農産物、有機畜産物及び有機加工食品、有機藻類等を、単に小分けして再度有機JASマークを貼付する事業者<br>例えば、青果卸業者が、じゃがいもを小袋に詰め替え、有機JASマークを新たに袋に貼付する場合、精米業者が玄米を精米して小分けした袋に有機JASマークを貼付して販売する場合等が該当 |
| 輸入業者 | 指定農林物資について、JAS制度と同等の格付の制度を有する国*から、その国の制度において認証された有機農産物、有機畜産物、有機加工食品の輸入を行い、外国の政府機関その他これに準ずる機関が発行する証明書を入手したものについて有機JASマークを貼付する事業者 |

＊指定農林物資について、同等の格付の制度を有する国・地域（省令で指定）：
　有機農産物、有機畜産物及び有機加工食品については、アメリカ合衆国、オーストラリア、
　カナダ、スイス、有機農産物及び有機農産物加工食品については、アルゼンチン、英国、
　ニュージーランド、欧州連合の加盟国、台湾（2021年（令和3年）3月現在）

## （3）有機 JAS に定められている生産方法等の基準

**有機農産物**

・周辺で使用された禁止農薬や禁止肥料が入ってこないように管理し、種まき又は植付け前2年（多年生の植物にあっては、収穫前3年）以上の間、有機栽培を行った水田や畑で生産します。

・ほ場から出る農産物の残さに由来するたい肥等を利用し、禁止された化学肥料は使用せず、認められた肥料や土壌改良資材だけで土づくりをします。

・きのこ類の培養場やスプラウト類の栽培施設に関しては、周辺から使用禁止資材が飛来し、又は流入しないように必要な措置を講じます。

・スプラウト類の栽培管理においては、水と天然物質に由来する培地のみが使用可能で、人工照明の使用は禁止されています。

・遺伝子組換え技術は使用できません。

・害虫、病気、雑草対策は、農薬を使用しない方法で管理します。被害が大きくなる可能性がある場合には、認められた農薬だけが使用できます。

・収穫後も、有機以外の農産物が混ざったり、薬品等により汚染されることがないように管理します。

**有機加工食品**

・原材料として、有機農産物、有機畜産物、有機加工食品（例：有機しょうゆ）を使用します。原材料（食塩及び水を除く。）及び添加物（加工助剤を除く。）の重量に占める、有機でない原材料や添加物の重量の割合は、5％以下と定められています（図表2）。

**図表2 有機加工食品における原材料に関する条件**

| 有機加工食品 | | | |
|---|---|---|---|
| 有機原料 *1 | 非有機原料 *2 | 添加物 | 水・食塩（及び加工助剤） |
| A | B | C | D |

$$\frac{B+C}{A+B+C} \times 100 \leq 5\%$$

※ Dの水・食塩等は除く。

＊1　有機農産物、有機畜産物、有機加工食品、一般飲食物添加物として使用された有機食品

＊2　原材料として使用された有機加工食品のうち、製造時に配合された非有機の原材料については、非有機原料として計算する。配合が不明であれば、有機原料の重量の割合は一律95％（＝非有機原料は5％）として計算する。また水産物は非有機原料として計算します。

・添加物は、許可されたものに限り最小限度しか使用できません。
・製造過程や保管施設において、有機以外の製品が混ざったり、薬品によって汚染しないように管理します。

有機畜産物

・原則として、有機飼育した母親から生まれた個体を対象とします。
・野外への放牧や清潔な畜舎等、家畜がストレスの少ない環境で過ごせるような飼育をします。
・餌は有機飼料を与え、野外の飼育場も化学肥料や農薬等の使用禁止資材を使わず管理します。
・有機以外の畜産物が混ざったり、薬品により汚染しないように管理します。

有機飼料

・有機の飼料（えさ）は、原則として、有機農産物や有機加工食品と同じように作ります。
・複数の原料を配合する飼料では、使用できる原材料についても決められています。

有機藻類

・藻類は使用禁止資材に汚染されないように管理します。
・漁具（養殖又は採取に使用するロープ等）は、可能な限り繰り返し使用可能なものを使います。
・養殖場にあっては、次の期間は「有機藻類」のJASに従って管理します。
　●生育期間が6か月未満の藻類にあっては、収穫前6か月以上の間
　●生育期間が6か月以上の藻類にあっては、収穫前当該藻類の生育期間以上の間
・養殖場に使用する種苗にあっては、組換えDNA技術の使用はできません。
・海面養殖及び内水面養殖の場合、栄養素（窒素、リンなど）となる資材の使用はできません。
・採取場にあっては、「有機藻類」のJASに適合しない藻類が混入しないように管理します。

# 3●有機JAS制度における有機食品の表示方法

## （1）有機農産物の表示

　有機農産物については、有機農産物のJASに規定された次の表示例のいずれかにより名称の表示を行うとともに、食品表示基準により原産地を表示します。

「有機農産物○○」又は「○○（有機農産物)」、
「有機栽培農産物○○」又は「○○（有機栽培農産物)」、
「有機栽培○○」又は「○○（有機栽培)」、
「有機○○」又は「○○（有機)」、
「オーガニック○○」又は「○○（オーガニック)」

※「○○」には、その一般的な農産物の名称を記載します。

## （2）有機加工食品の表示

有機加工食品は、食品表示基準に基づき義務表示事項を表示し、名称と原材料名については、有機加工食品のJASの規定により、次のように表示します。

名称：「有機○○」又は「○○（有機)」、「オーガニック○○」又は「○○（オーガニック)」

原材料名：使用した原材料のうち、有機農産物、有機畜産物、有機加工食品にあっては、それらの一般的な名称に「有機」等の文字を冠して記載する。

※「○○」には当該加工食品の一般的な名称を記載します。

## （3）有機畜産物の表示

有機畜産物については、食品表示基準に基づき義務表示事項を表示し、名称については、有機畜産物のJASの規定により、次のように表示します。

「有機畜産物○○」又は「○○（有機畜産物)」、
「有機畜産○○」又は「○○（有機畜産)」、
「有機○○」又は「○○（有機)」、
「オーガニック○○」又は「○○（オーガニック)」

※「○○」には、当該畜産物の一般的な名称を記載します。

## （4）有機藻類の表示

有機藻類については、食品表示基準に基づき義務表示事項を表示し、名称については、有機藻類のJASの規定により、次のように表示します。

> 「有機藻類」（生鮮食品の場合）
> 「有機藻類〇〇」又は「〇〇（有機藻類）」（生鮮食品の場合）
> 「有機〇〇」又は「〇〇（有機）」（生鮮食品又は加工食品の場合）
> 「オーガニック〇〇」又は「〇〇（オーガニック）」（生鮮食品又は加工食品
> の場合）

※「〇〇」には食品表示基準の規定に従って当該藻類の一般的な名称を記載します。

　なお、有機藻類のJASでは、食品表示基準の生鮮食品に分類される有機藻類の名称の表示の規定にかかわらず、海水で生産された藻類にあっては「藻類」に代えて「海藻」と表示してもよいとされています。

## （5）有機JASマーク

　有機JASマークは、太陽と雲と植物をイメージし、農薬や化学肥料等の化学物質に頼らないで、自然界の力で生産された食品を表したマークです。

　登録認証機関より認証を受けた事業者のみが有機JASマークを貼付することができます。

　有機JASマークには様式が定められています。

・有機JASマークの高さは5mm以上とする。
・JASの文字の高さと認証機関名の文字の高さを
　同じとする。
・認証機関名は、略称を記載することができる。
・有機JASマークの色については特に定めはない。
・有機藻類にあっては、マークの上にJASと同じ
　高さで「有機藻類」と表記する。
・「有機藻類」の文字は「Organic algae」としても
　よい。
・海水で生産された有機藻類にあっては、「有機藻
　類」の文字は「有機海藻」又は「Organic seaweed」
　としてもよい。

　JAS制度は任意の制度ですが、「指定農林物資」として政令で指定されている「有機農産物」、「有機畜産物」及びそれらの加工食品については、必ず有機JASマークを貼付したものでなければ、「有機〇〇」「オーガニック〇〇」という表示はできません（図表3）。

なお、有機JASマークには、登録認証機関名又はその略称及び登録認証機関が認証ごとに付す番号（認証番号）を、容器包装等に表示します。ただし、生産者名等が特定できる場合、認証番号の表示は省略することができます。

**図表3 有機表示と有機JASマーク貼付の関係**

| 有機JASの区分 | 商品の例 | 指定農林物資の指定の有無 | 有機JASマーク貼付 |
|---|---|---|---|
| 有機農産物 | 米、野菜、果物、きのこ類、スプラウト類等 | 有 | 必須 |
| 有機加工食品 | 野菜加工品、しょうゆ、豆腐、ジュース等 | 有 | 必須 |
| | 牛乳、乳製品、ハム等 | | |
| | ミルクチョコレート等 | | |
| | 清酒等 | | |
| 有機畜産物 | 牛肉、卵等 | 有 | 必須 |
| 有機飼料 | 牧草、配合飼料等 | 無 | 任意 |
| 有機藻類 | コンブ、ワカメ、クロレラ等 | 無 | 任意 |

### （6）転換期間中有機食品の表示

転換期間中のほ場（有機農産物の生産の基準を満たすため転換を開始したほ場であって、まだ基準を満たしていないほ場）で生産された農産物、又はそれを原材料とした有機加工食品についても「有機」と表示することができますが、併せて「転換期間中」と表示します。

①有機農産物

名称、又は商品名の表示されている箇所に近接した箇所に「転換期間中」と表示します。

②有機加工食品

名称の前又は後、及び使用する転換期間中の原材料名の前又は後に、それぞれ「転換期間中」と表示します。

なお、商品名の表示されている箇所に近接した箇所に、背景の色と対照的な色で、14ポイント以上の大きさの統一がとれた活字で「転換期間中」と表示する場合は、名称及び原材料名欄の「転換期間中」の表示を省略することができます。

## （7）紛らわしい表示の禁止

　有機 JAS マークを貼付せずに（つまり有機ではない商品に）、有機と間違われるような紛らわしい表示をしてはいけません。次のような用語は、有機 JAS マークが貼付されていない農産物に使用してはならないとされています。

### 〈有機 JAS マークが貼付されていない場合、使用してはならない表示例〉

> 有機、有機農法、完全有機農法、完全有機、準有機、海外有機、有機率○ %、有機産直、有機○○（商標登録）、有機移行栽培、雨よけ有機栽培、有機土栽培、オーガニック、organic、有機の味、「外国（国名）有機認証品です。」等の説明

　一方、肥料に有機質肥料を使用した等、栽培方法の過程を強調することは、有機 JAS マークがなくても可能ですが、その商品があたかも有機商品であるかのように誤認を招くような表示はできません。

### 「有機無農薬」の表示

　有機 JAS マークを貼付するということは、有機 JAS に適合していることを証明するものです。有機 JAS は、無農薬栽培を定めた規格ではありません（緊急やむを得ない場合に限られた種類の農薬の使用が可能）。

　したがって、「有機 JAS 適合品＝無農薬」とはいえません。また、「無農薬」の表示は、消費者が「残留農薬がない」というような間違ったイメージを抱きやすく、優良誤認を招くため、後述する「特別栽培農産物に係る表示ガイドライン（平成19年改正）」においても、「無農薬栽培」「減農薬栽培」といった表現は禁止されています。

　このことから、有機農産物について、商品の包装に、「有機無農薬」という表示をすることは、たとえ無農薬が事実であっても好ましくありません。

## 4●有機 JAS の対象外の食品

　有機 JAS が制定されていない品目でも、有機の考え方で生産された食品であった場合、有機である旨を表示することが可能な場合があります。
①水産物（有機藻類を除く。）とその加工食品
　有機藻類を除く水産物とその加工食品は、有機 JAS がないため、有機 JASマークを貼付することはできません。しかし、有機 JAS がなく指定農林物資でもないので、民間の認証基準等に基づき「有機」と表示することは可能

です。

②一般的な液体肥料を使用した水耕栽培農産物や、れき耕栽培わさび

一般的な水耕栽培農産物は、いわゆる「土づくり」を行う等、土壌の性質に由来する農地の生産力を発揮させることを生産の原則として定めている有機農産物の JAS に適合しません。

また、れき耕栽培わさびについては、石で根を固定し、できるだけ土を除いた環境で栽培されており、土壌の性質に由来する農地の生産力を発揮させるという有機農産物の生産の原則に適合しないことから、有機農産物の対象とはなりません。

## 5● 「特別栽培農産物」の表示

### （1）特別栽培農産物とは

特別栽培農産物とは、「特別栽培農産物に係る表示ガイドライン（平成19年改正）」に準拠し、その農産物が生産された地域の慣行レベル（各地域の慣行的に行われている節減対象農薬及び化学肥料の使用状況）に比べて、節減対象農薬の使用回数が50％以下で、かつ、使用する化学肥料の窒素成分量が50％以下で栽培された農産物をいいます。

「節減対象農薬」とは、化学合成農薬であって、「有機農産物の JAS」で使用が認められている農薬以外のものです。

節減対象は、栽培期間中に散布する除草剤、殺菌剤、殺虫剤のほか、植付け前の土壌消毒剤、種子消毒剤なども対象となります。また、その使用回数は、散布した農薬の有効成分ごとにカウントすることになっています。

また、肥料に関しては、そのうちの窒素成分量に関してのみ比較します。

なお、各地域の慣行レベルについては、地方公共団体が定めたもの（地域ごとに定めたものを含む。）又は地方公共団体がその内容を確認したものとし、その使用実態が明確でない場合には特別栽培農産物の表示は行わないとされています。

### （2）特別栽培農産物の表示方法

節減対象農薬の使用状況については、容器、包装又は票片に表示しますが、できない場合は、当該内容を消費者が必要に応じて確認できるホームページのアドレス等情報入手の方法を一括表示の枠内に記載することもできます。

【表示内容】

次の事項を一括表示の枠内に表示します。

①「農林水産省新ガイドラインによる表示」（ガイドラインに準拠している旨）

②名称（「特別栽培農産物*」又は「特別栽培○○」）

③栽培責任者の氏名又は名称、住所及び連絡先

④確認責任者の氏名又は名称、住所及び連絡先

⑤特別栽培米にあっては、精米確認者の氏名又は名称、住所及び連絡先

⑥輸入品にあっては、輸入業者の氏名又は名称、住所及び連絡先

⑦栽培期間中に農薬を使用していない農産物には「農薬：栽培期間中不使用」と、節減対象農薬を使用していない農産物には「節減対象農薬：栽培期間中不使用」と、窒素成分を含む化学肥料を使用していない場合は、「化学肥料（窒素成分）：栽培期間中不使用」と表示し、節減対象農薬又は窒素成分を含む化学肥料を節減した農産物には「節減対象農薬：当地比○割減」「節減対象農薬：○○地域比○割減」、又は「化学肥料（窒素成分）：当地比△割減」と、節減割合を表示します。

　一括表示欄に、⑦の具体的な内容が確実に表示されている場合には、一括表示欄の枠外に「農薬未使用」、「農薬無散布」「農薬を使っていません」「農薬節減」「農薬節約栽培」といった消費者に誤解を与えず、特別な栽培方法を正確に消費者に伝えることができる内容の表示も行うことができます。

　ただし、「無農薬」「減農薬」「無化学肥料」「減化学肥料」等の用語を表示することはできません。

　　＊農産物の名称は別途必要。

## 〈特別栽培農産物（レタス）で節減対象農薬、化学肥料ともに慣行レベル５割減である場合の表示例〉

| 農林水産省新ガイドラインによる表示 |
| --- |
| 特別栽培レタス<br>節減対象農薬：当地比 ５割減<br>化学肥料（窒素成分）：当地比５割減<br>栽培責任者　△△農業法人　○○○出荷部<br>住　所　△△県△△町△△△<br>連絡先 TEL □□□−□□□−□□□□<br>確認責任者　○山○雄<br>住　所　△△県△△町△△△<br>連絡先 TEL □□□−□□□−□□□□ |

| 節減対象農薬の使用状況 | | |
| --- | --- | --- |
| 使用資材名* | 用途 | 使用回数 |
| ○○○○○ | 殺菌 | １回 |
| □□□□□ | 殺虫 | ２回 |
| △△△△△ | 除草 | １回 |

＊使用した資材は商品名ではなく、主成分を示す一般的名称を記載します。

# 5-5 ● 商品を特徴付ける任意表示の解説

## 5-5-1 ● 特色のある原材料表示の解説

### 1 ● 基本的考え方

「特色のある原材料」とは、特色のあることを示す用語を冠することにより、一般的名称で表示される原材料に対し差別化を図ったものです。これらの原材料の特色について特別に強調された表示による消費者の誤認を防止するために、一般用加工食品について食品表示基準第7条（業務用加工食品は同基準を準用（第12条））に表示の方法が規定されています。

具体的には、商品に「国産大豆使用」とのみ表示されている場合、消費者は「国産大豆」の使用割合を100％と認識すると考えられ、実際の「国産大豆」の使用割合が10％であった場合は、消費者の誤認を招くことになるため、「国産大豆10％使用」と使用割合を併記するといった規定が定められています。

なお、酒類に関しては、食品表示基準の特色のある原材料の規定は適用されません。

また、特定の原材料を強調表示するということは、基本的に当該原材料を使うことで製品の品質を高める効果があり、そのことをPRする目的を持つものと考えられます。強調表示を行う場合、事業者はその表示を行う根拠について明確に説明できることが必要です。

図表1のような内容を、以下のように表示する場合には、特色のある原材料を使用したことを強調表示しているとみなされ、使用割合を明示する必要があります。

(1) 製品表面に「国産大豆使用」、「特別栽培ねぎ入り」のように、強調して表示する場合
(2) 製品の名称が「宇治茶入り△△」のように特色のある原材料を使用した旨を示すものである場合
(3) 「有機小麦粉を使用し、…」のように説明書きに表示する場合
(4) 別記様式の原材料名として「うるち米（コシヒカリ）、…」のように表示する場合

## 特色のある原材料に該当する内容

| ①特定の原産地のもの | ・国産大豆使用絹豆腐　　　　・国内産山ごぼう使用<br>・トルコ産ヘーゼルナッツ使用　・三陸産わかめを使用　等<br>・十勝産小豆使用 |
|---|---|
| ②有機農産物、有機畜産物及び<br>　有機加工食品 | ・有機小麦粉使用　　　　　　・有機牛肉使用<br>・有機栽培こんにゃく芋から自社生産　等 |
| ③非遺伝子組換えのもの | ・非遺伝子組換え大豆使用　等 |
| ④特定の製造地のもの | ・群馬県で精製されたこんにゃく粉入り<br>・北海道で製造されたバターを使用　等 |
| ⑤特別な栽培方法により生産された農産物 | ・特別栽培ねぎ入り<br>・栽培期間中農薬不使用のにんじん使用　等 |
| ⑥品種名等 | ・とちおとめ使用　　　　　　・バークシャー種豚肉使用<br>・コシヒカリ入り　　　　　　・本まぐろ入り<br>・キタアカリ使用　　　　　　・クロマグロ使用<br>・ハルユタカ入り　　　　　　・タラバガニ入り<br>・和牛使用　　　　　　　　　・トラフグ使用<br>・黒毛和種牛肉使用　　　　　・ワタリガニ使用　等 |
| ⑦銘柄名、ブランド名、商品名 | ・宇治茶使用　　　　　　　　・金華ハム入り<br>・松阪牛使用　　　　　　　　・市販されている商品の商品名<br>・鹿児島黒豚使用　　　　　　　○○を「○○使用」　等<br>・越前がに入り |

一方、図表2のような強調表示は「特色のある原材料」の表示には該当しません。

## 特色のある原材料に該当しないもの

| ①それが一般的名称である<br>　場合<br>　例:「黒糖使用」 | 「黒糖」は「砂糖」を細分化した原材料であり、「黒糖」という名称が一般的名称として定着していることから、特色のある原材料の表示には該当しません。<br>【同様の例】三温糖、抹茶、玉露、かぶせ茶、黒酢、りんご酢 |
|---|---|
| ②一般的名称を用いてそれが<br>　多いことを強調した場合<br>　例:「青のりたっぷり」 | 「青のり」は一般的名称であることから、特色のある原材料に該当しません。「たっぷり」等含有量が多いことを強調して表示する場合は、製造者が当社比等の基準等を持ち、消費者からの問い合わせに対して明確に回答できることが必要です。 |
| ③製造方法を特徴として強調した場合<br>　例:「炭焼き焙煎麦使用」 | 加工食品の製造方法はきわめて多様であり、必ずしも明確な定義に基づく製法のみとは限りません。同じ製法名でも製造者によって別の製法をとることがあること、消費者にとって製法表示は商品のイメージとしてとらえられること等から明確な区分を行うことが困難であるため、製造方法に特色のある原材料については、特色のある原材料に該当しません。<br>【同様の例】二段仕込み、粗挽き、特製 |

# 2●表示の方法

　特色のある原材料を使用した旨を強調して表示する場合、次のいずれかの割合を当該表示に近接する箇所又は原材料名の次に、括弧を付して表示します。
・表示する特色のある原材料が、製品の原材料及び添加物に占める重量の割合
・表示する特色のある原材料が、特色のある原材料と同一の種類の原材料に占める重量の割合及び同一の種類の原材料に占める割合である旨
　特色のある原材料の割合の表示は、消費者が誤認しないように、強調した箇所のすべてに表示することが望ましいとされています。
　表示例：「炊き込みご飯のレトルトパウチ食品」において、コシヒカリを使用していることを表示する場合、次の2つの方法が考えられます。

## 【方法1】強調表示部分において「米に占める割合」であることを明記

　例1：「コシヒカリ50％使用（米に占める割合）」
　例2：「この商品に使用されている米のうち、コシヒカリは50％です。」

## 【方法2】別記様式欄の原材料名欄において割合を表示

　例：「原材料名：うるち精米（コシヒカリ50％）、…」

　また、状態（濃縮、乾燥等）の異なる同種の原材料を混合して使用する場合には、使用した状態で重量比較を行うのではなく、同等の状態に換算した重量で割合を算出します。
　なお、使用割合が100％の場合には、割合表示を省略することができます。一方で特色のある原材料を使用していても、そのことを表示しない場合は割合表示を行う必要はありません。

〈使用割合の表示方法〉
・使用割合は、△％又は△割と表示します。ただし、「△割」と割合表示を行う場合には、使用量が多いとの誤認を消費者に与えないよう四捨五入ではなく、切り捨ての数字を表示します。
　例：使用量79％→「79％」又は「7割」と表示。（「8割」の表示は不可）
　　　使用量5％→「5％」と表示。（「1割」の表示は不可）
・やむを得ぬ事情により使用割合が変動する場合は、想定される最小値を記載し、「○％以上」又は「○割以上」のように幅を持たせた表示を行うことができます。
　例えば、季節により使用割合が45％〜52％の範囲で変動する特色のある原材料を強調して表示する場合には、「45％以上」又は「4割以上」の表示が可能です。この場合、「45％〜52％」や「5割以上」のように表示することは、含有量が多いとの誤認を与える可能性があることから認められません。

# 5-5-2 ● 地理的表示保護制度

## 1 ● 地理的表示（GI：Geographical Indication）とは

　農林水産物・食品等の名称で、その名称から当該産品の産地を特定でき、産品の品質等の確立した特性が当該産地と結び付いているということを特定できる名称の表示をいいます。

　例えば、長野県の「市田柿」の場合、「生産地の人的要因」（下伊那郡高森町（旧市田村）発祥の「市田柿」のみを使用している等）、「生産地の自然的要因」（昼夜の寒暖差が大きいため高糖度の原料柿ができる等）により、産品の特性（特別に糖度が高い、もっちりとした食感、きれいな飴色等）がもたらされます。「市田柿」という名称から、地域で育まれた伝統を有し、その高い品質等が生産地と結び付いていることがわかります（図表1）。

**図表1　地理的表示のイメージ**

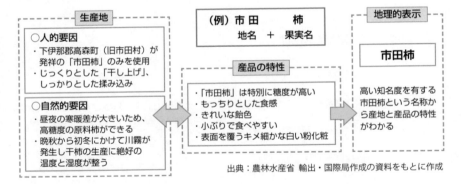

出典：農林水産省 輸出・国際局作成の資料をもとに作成

## 2 ● 地理的表示保護制度とは

　地理的表示保護制度とは、品質、社会的評価その他の確立した特性が産地と結び付いている産品について、その名称（地理的表示）を知的財産として保護するもので、貿易に関する知的所有権に関する協定（TRIPS協定）に位置付けられています。国際的にも広く認知されており、世界で100か国を超える国で地理的名称の保護が行われています。

日本においても地理的表示保護制度を創設するため、「特定農林水産物等の名称の保護に関する法律」（通称「地理的表示法」、「GI 法」）が、2015年（平成27年）6月から施行され、地理的表示を国に登録し、保護することができるようになりました。

　その後の2019年（平成31年）2月の改正により、GI 表示の相互保護が国家間の国際約束によって、実現可能となっています。

【制度の概要】

　生産者団体（生産業者・加工業者を構成員とする団体）が、「地理的表示」について農林水産大臣に申請します。（生産業者個人では申請できません。）なお、海外の生産者団体が、日本で申請することもできます。

　登録される産品には、品質や社会的評価等の「産品の特性」と、生産地の気候や風土・土壌等の「自然的な特性」や、伝統的な製法・文化等の「人的な特性」が結び付いていることが求められ、その状態でおおむね25年以上継続して生産されていることが必要です。

　審査を経て、登録されることにより、当該団体が「登録生産者団体」となります。これにより、登録生産者団体の構成員の生産業者が生産した特定農林水産物等に地理的表示及び GI マークを付することができます。

**図表2　地理的表示保護制度とは**

制度の大枠

①産品（特定農林水産物等）をその生産地や品質の基準等とともに登録。
（登録免許税として9万円。更新料は不要）

②登録内容を満たす産品には、「地理的表示」を使用可能。また、地理的表示と併せて登録標章（GI マーク）の使用が可能。
※登録内容を満たさない産品への GI マークの使用や、GI マークのみの使用は不可。

③地理的表示の不正使用は行政が取締り。

④地域の生産者は、既登録団体への加入や、新たに登録を受けた生産者団体の構成員となることで、地理的表示を使用可能。

効　果

○原則として、登録された基準を満たす産品のみに地理的表示が使用される。

○品質を守るもののみが市場に流通。
○GI マークにより、他産品との差別化が可能。

○訴訟等の負担なく、自らの産品のブランド価値を守ることにつながる。

○地域共有の財産として、産品の名称が保護される。

出典：農林水産省ホームページより

## 【登録標章（GI マーク）】

　GI マークは、登録された産品の地理的表示と併せて付すもので、産品の確立した特性と地域との結び付きが見られる真正な地理的表示産品であることを証するものです。

　GI マークは、地理的表示を使用する際に一緒に使用することができるものであり、登録されていない、又は基準を満たしていない農林水産物等には使用できません。違反した場合には、罰則が科されます。

　GI マークは、登録された GI 産品やその包装等のほか、ウェブサイト、のぼり旗、外食メニュー等の広告や価格表に使用することができます。

　GI マークは、大きな日輪を背負った富士山と水面をモチーフに、日本国旗の日輪の色である赤や伝統・格式を感じる金色を使用し、日本らしさを表現しています。

## 【対象となる産品】

　GI 法の対象となるのは「酒類を除く農林水産物等」であり、薬機法に規定する医薬品、医薬部外品等は対象外となっています。

①農林水産物（食用に供されるものに限る。）

　　例：精米、カット肉、きのこ、鶏卵、生乳、魚介類、麦、いも類、豆類、野菜、果実

②飲食料品（上記の①を除く。）

　　例：パン、めん類、惣菜、豆腐、菓子、清涼飲料水、魚の干物、なたね油

③非食用農林水産物

　　例：観賞用の植物、工芸農作物、立木竹、観賞用の魚、真珠等、政令で指定されたもの

④飲食料以外の加工品

　　例：飼料[*1]、漆、竹材、精油、木炭、木材、畳表、生糸等、政令で指定されたもの

　　＊1 農林水産物を原料又は材料として製造し、又は加工したものに限る。

　なお、酒類については、「酒類の地理的表示に関する表示基準（国税庁告示）」に基づき表示します[*2]。これは、産地に結び付いた酒類の特性が明確であり、その特性を維持するための管理が行われているものとして、国税庁長官が個別に指定した（又は国際交渉を通じて確認した）酒類の地理的表示についての基

準で、現在すでに指定されているものに、蒸留酒について壱岐、球磨、琉球、薩摩、清酒について白山などがあります。当該地理的表示の産地以外を産地とする酒類及び当該地理的表示に係る生産基準を満たさない酒類についてその地理的表示を使用することはできません。

　　　＊2 酒類の地理的表示については、第4章 4-5-1参照。

## 3●具体的な地理的表示の例

　現在すでに GI 法に基づいて登録されているものは、「あおもりカシス」「但馬牛」「神戸ビーフ」「夕張メロン」「江戸崎かぼちゃ」「八女伝統本玉露」「鹿児島の壺つくり黒酢」「くまもと県産い草」「鳥取砂丘らっきょう」「プロシュット ディ パルマ（イタリア）」「ルックガン ライチ（ベトナム）」等、42都道府県及び2か国からの計119産品（2022年8月現在）です。

　地理的表示は、地名を含む名称のほか、「越後○○」「江戸△△」といった旧国名や旧市町村名を含む名称や、地名を含まないが地域と結び付きのある名称も登録できます。

　また、地理的表示の登録申請を行う際には、「生産地」も記載しますが、歴史的な経緯等を踏まえ、「産品の特性」との結び付きが認められれば、産品の名称に付けられた地名以外で生産されている場合も、生産地に含めることができます。また、加工品の場合は、原材料がその産地で生産されている必要はありませんが、加工品の品質の特性と生産地（加工地）の結び付きを生産方法等により明らかにする必要があります。

# 5-5-3● 地域団体商標制度

## 1●地域団体商標制度とは

　商標とは、事業者が、自己（自社）の取り扱う商品・サービスを他人（他社）のものと区別するために使用するマーク（識別標識）です。

　このような、商品やサービスの識別標識を財産として守るのが「商標権」で、特許庁へ商標を出願して商標登録を受けることが必要です。従来の商標法では、地域名と商品名からなる商標は、商標としての識別力を有しない、特定の者の

独占になじまないとの理由により、図形と組み合わされた場合や全国的な知名度を獲得した場合を除き、商標登録を受けることはできませんでした。

一方、地域の事業者が協力して、地域特産の農作物などにブランドとしての名称を付けて生産、販売する場合、その名称を他人に勝手に使用されることを防ぐため、商標権を取得することが有効です。

そこで、「商標法」の一部が改正され、2006年（平成18年）より地域団体商標制度がスタートしました。これにより、「地域の名称＋商品（サービス）名」の文字のみから構成される商標について、一定の条件を満たせば、商標登録が受けられるようになり、この商標を「地域団体商標」といいます。

地域団体商標の商標権を取得すれば、信用を蓄積してきた地域ブランドを安心して使用することができます。また、他人の便乗使用を禁止することができます。これにより、権利者が地域ブランドを守り、育てていくことができるようになります。

なお、地域団体商標を出願する前から商標を不正な目的ではなく使用していた場合、引き続き商標を使用することが可能であり、その使用を差し止めることはできません（先使用権という。）。

ただし、他団体等の商品（サービス）との混同を防止するため、地域団体商標の権利者は、同じ商標を使用している者に対して、混同防止のための適切な表示、例えば、「この商品は○○組合とは関係のない商品です。」のような表示を商品に付すよう請求することができます。

## 2 ● 地域団体商標を出願できる条件

【出願できる法人】
①地域の事業協同組合（農業協同組合、漁業協同組合等）
②商工会、商工会議所
③特定非営利活動法人（NPO法人）
④これらに相当する外国の法人

※一定の条件で一般社団法人も出願可能。

【登録されるための条件】
①地域に根ざした団体の出願であること。
②上記の団体が、その構成員に使用させる商標であること。
③地域の名称と商品（サービス）に関連性があること。
④一定の地理的範囲で、ある程度有名であること。

**【出願できるもの】**

　登録できるのは、次の３つのパターンの「文字のみ」からなる商標です。なお、商標の構成文字は、図案化されていないことが条件です。

①地域名＋商品・サービスの普通名称（登録例：「釧路ししゃも」、「枕崎鰹節」）

②地域名＋商品・サービスの慣用名称（登録例：「唐津焼」、「和倉温泉」）

③地域名＋商品等の普通名称又は慣用名称＋産地等を表示する際に付される文字（登録例：「市川のなし」、「富山名産昆布巻かまぼこ」）

　地域の名称には、旧地名、旧国名、河川名、山岳名、海域名等も含まれます。

# 3 ● 地域団体商標マーク

　地域団体商標マークは、「地域の名物」が地域団体商標として特許庁に登録されていることを示す証しです。

　全体のデザインは昇る日の丸、日本地図により日本を感じさせ、「国のお墨付き」であることを想起させるデザインになっています。「Local Specialty」の文字は、「地域の名物」を意味し、北から南まで、全国各地の地域団体商標を表しています。

　「地域団体商標マーク」は、商標権を有する団体が使用の届出を特許庁に行うことで当該団体の構成員及び団体から商標の使用許諾を受けた者が、登録された商標に付して使用することができます。

# 4 ● 地理的表示保護制度と地域団体商標制度の違い

　どちらも「産品の名称」を保護するものですが、それぞれの制度の趣旨が異なるため、産品を取り巻く状況に応じ、いずれかの制度を選択するか、又は両者を組み合わせて利用することができます。

　なお、選択した制度を利用する場合の申請、出願先省庁は次のとおりです。

GI 制度：農林水産大臣（農林水産省）

地域団体商標制度：特許庁長官（特許庁）

**図表 3 両制度の比較**

どちらも産品の名称を保護するものであるが、根本的な考え方が異なる。産品を取り巻く状況に応じ、**いずれかの制度を選択**し、又は**両者を組み合わせて**利用することが可能。

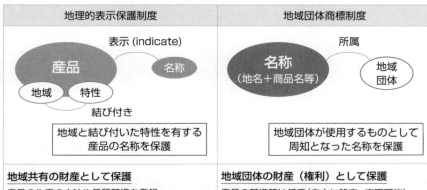

| 地理的表示保護制度 | 地域団体商標制度 |
|---|---|
| 地域と結び付いた特性を有する産品の名称を保護 | 地域団体が使用するものとして周知となった名称を保護 |
| **地域共有の財産として保護**<br>産品の生産の方法や品質基準を登録<br>生産者団体の事後追加も可 | **地域団体の財産（権利）として保護**<br>産品の基準等は任意（自由に設定・変更可能）<br>使用権を任意で設定可能 |
| **行政が取締り**<br>不正表示（類似表示を含む）を行政が監視・取締り<br>（構成員の管理は登録団体が行う必要あり） | **自己で権利行使**<br>ブランド戦略等に応じて自己で監視・権利行使<br>損害賠償請求も可 |

| その他の主な相違点 | | |
|---|---|---|
| 地理的表示保護制度 | | 地域団体商標制度 |
| 農林水産物、飲食料品等<br>（酒類等を除く） | 対象 | すべての商品・サービス |
| 生産・加工業者を構成員に含む団体、法人格を有しない地域のブランド協議会等、これらに相当する外国の団体 | 申請主体 | 事業協同組合等の特定の組合、商工会、商工会議所、NPO法人、一般社団法人、これらに相当する外国の法人 |
| 一定期間継続して生産されている必要<br>（伝統性） | 伝統性周知性 | 一定の需要者に認識されている必要<br>（周知性） |
| 地理的表示保護制度を持つ国との間で相互保護が実現した際には、当該国においても保護される | 海外での保護 | 各国に個別に登録を行う必要 |

出典：農林水産省 輸出・国際局資料をもとに作成

第5章

5-5

表示の個別解説 ● 商品を特徴付ける任意表示の解説

297

# 5-6 ● 保健機能食品・特別用途食品の解説

　保健機能食品制度は、一定の条件を満たした食品について、食品の機能性の表示をすることを認めるために創設された制度です。食生活が多様化し、さまざまな食品が流通するようになり、消費者が安心して食品の選択ができるように、メーカー又は販売者の適切な情報提示の必要性から2001年（平成13年）に制度化されました。

　当初、保健機能食品は、「コレステロールの吸収を抑える」など、健康の維持増進に役立つことが科学的根拠に基づいて認められ、表示されている効果や安全性について、国が個別に許可した「特定保健用食品」と、ビタミンやミネラルなど不足しがちな栄養成分を一定の基準量含む食品であれば、特に届出をしなくても、国が定めた表現によって機能性を表示できる「栄養機能食品」に限られていました。

　2015年（平成27年）４月に施行された食品表示基準に、保健機能食品の１つとして新たに「機能性表示食品」制度が導入され、現在、食品表示基準で定める保健機能食品は、「特定保健用食品」「栄養機能食品」及び「機能性表示食品」の３つに分類されます。

　なお、機能性表示食品には、一定の要件を満たせば、科学的根拠をもとに事業者の責任で特定の保健の目的が期待できる旨を表示することが可能ですが、栄養機能食品及び特定保健用食品と同様に保健機能食品に位置付けられるため、これらと重複して表示することはできません。これは、複数の機能性の表示があると、いずれの制度に基づく表示であるのか混乱を招くおそれがあること、また、各制度の趣旨が異なるためです。

　一方、健康増進法において、乳児、妊産婦、病者などの健康の保持・回復などに適する食品に「特別用途食品」と表示できる制度があり、特定保健用食品はその１つでもあります。

　分類は、図表１のとおりです。

**図表 1** 食品の名称と法的分類

| 一般食品 | 保健機能食品 | | 特別用途食品 | | 医薬品 |
|---|---|---|---|---|---|
| （いわゆる健康食品を含む。） | 栄養機能食品 | 機能性表示食品 | 特定保健用食品 | 特別用途食品 | （医薬部外品を含む。） |

## 5-6-1 ● 栄養機能食品

【栄養機能食品の概要】

　栄養機能食品とは、特定の栄養成分の補給のために利用される食品で、その栄養成分について機能の表示をしているものをいいます。

　対象食品は容器包装された一般用加工食品及び一般用生鮮食品で、栄養機能食品として販売するためには、食品表示基準に規定された当該栄養成分の含有量の基準を満たしている必要があります。また、定められた栄養成分の機能の表示のほか、消費者庁長官の個別の審査を受けたものではない旨等、表示しなければならない事項が定められていますが、国への許可申請や届出の必要はありません。

【対象となる栄養成分及び基準】

　栄養機能食品の表示の対象となる栄養成分及び基準は食品表示基準　別表第11に規定されています。図表2に示したカルシウムや鉄などのミネラル類、ビオチン、ビタミンAなどのビタミン類やn-3系脂肪酸などが該当し、当該栄養成分の1日当たりの摂取目安量に含まれる栄養成分量が、定められた基準（下限値及び上限値）に適合している必要があります。

　なお、栄養機能食品の基準を満たしているか否かは販売時に判断するものですが、摂食時に基準を満たさなくなる食品に表示することは望ましくありません。

**栄養機能食品として機能の表示ができる栄養成分**

| ミネラル | 亜鉛、カリウム*、カルシウム、鉄、銅、マグネシウム |
|---|---|
| ビタミン | ナイアシン、パントテン酸、ビオチン、ビタミン A、ビタミン B$_1$、ビタミン B$_2$、ビタミン B$_6$、ビタミン B$_{12}$、ビタミン C、ビタミン D、ビタミン E、ビタミン K、葉酸 |
| その他 | n-3 系脂肪酸 |

出典：食品表示基準　別表第11より

＊過剰摂取のリスクを回避するため、錠剤、カプセル等の食品は対象外。

【表示方法等】

　栄養機能食品には、一般用加工食品、一般用生鮮食品それぞれの横断的義務表示事項のほか、図表3の表示事項を表示します。

　なお、一般用生鮮食品の栄養機能食品にあっては、必要事項を記載した容器包装に入れて販売する必要があります。また、図表3の⑬保存の方法の表示も必要ですが、常温で保存すること以外に留意すべき事項がないものにあっては、省略することができます。

　栄養機能食品の対象となる栄養成分ごとの「栄養成分の機能」及び「摂取をする上での注意事項」は食品表示基準　別表第11に規定されています。この「栄養成分の機能」及び「摂取をする上での注意事項」に規定された文言は、表示内容の主旨が同じものであっても、変化を加えたり省略したりすることは認められません（図表3の②、⑤参照）。

　例えば、「カルシウム」の栄養成分の機能については「カルシウムは、骨や歯の形成に必要な栄養素です。」と表示し、「本品は、多量摂取により疾病が治癒したり、より健康が増進するものではありません。1日の摂取目安量を守ってください。」と定められた注意事項の文言を表示します。

　　※この他の「栄養成分の機能」及び「摂取をする上での注意事項」の文言の例については、資料編 資料8参照。

## 栄養機能食品の表示事項

①栄養機能食品である旨及び当該栄養成分の名称

②栄養成分の機能：

　食品表示基準 別表第11に栄養成分ごとに定められている文言を表示する。

③１日当たりの摂取目安量

④摂取の方法

⑤摂取をする上での注意事項：

　食品表示基準 別表第11に栄養成分ごとに定められている文言を表示する。

⑥バランスの取れた食生活の普及啓発を図る文言：

　「食生活は、主食、主菜、副菜を基本に、食事のバランスを。」と表示する。

⑦消費者庁長官の個別の審査を受けたものではない旨：

　「本品は、特定保健用食品と異なり、消費者庁長官の個別審査を受けたもので

　はありません。」と表示する。

⑧１日当たりの摂取目安量に含まれる機能に関する表示を行っている栄養成分

　の量が栄養素等表示基準値に占める割合

⑨栄養素等表示基準値の対象年齢及び基準熱量に関する文言

⑩調理又は保存の方法に関し特に注意を必要とするものにあっては、当該注意

　事項

⑪特定の対象者に対し注意を必要とするものにあっては、当該注意事項：

　妊産婦や乳幼児、薬等を服用している場合など摂取量に注意が必要な場合は

　その旨を表示する。

⑫栄養成分量及び熱量：

　「１日当たりの摂取目安量当たりの量」を表示する。

⑬保存の方法（生鮮食品であっても表示が必要）

⑭このほか、食品表示基準の横断的表示事項

商品名　●▲
栄養機能食品(ビタミンC)
ビタミンCは、皮膚や粘膜の健康維持を助けるとともに、抗酸化作用を持つ栄養素です。

名　　称：ビタミンC含有食品
原材料名：…、…、…
賞味期限：枠外○○に記載
内 容 量：○○g
製 造 者：△△株式会社

保存の方法：保存は高温多湿を避け、開封後はキャップをしっかりしめて早めにお召し上がりください。

1日当たりの摂取目安量：1日当たり2粒を目安にお召し上がりください。
摂取の方法及び摂取をする上での注意事項：
　本品は、多量摂取により疾病が治癒したり、より健康が増進するものではありません。
　1日の摂取目安量を守ってください。

栄養成分表示：2粒(1g)当たり
　エネルギー○kcal、たんぱく質○g、脂質○g、炭水化物○g、食塩相当量○g、ビタミンC○mg

1日当たりの摂取目安量に含まれる機能に関する表示を行っている栄養成分の量の栄養素等表示基準値に対する割合：ビタミンC ○%

栄養素等表示基準値
(18歳以上、基準熱量2,200kcal)

本品は、特定保健用食品と異なり、消費者庁長官による個別審査を受けたものではありません。

食生活は、主食、主菜、副菜を基本に、食事のバランスを。

(消費者委員会食品表示部会　資料を参考)

# 5-6-2 機能性表示食品

　食品の機能性とは、食品が持つ「おなかの調子を整える」「脂肪の吸収をおだやかにする」などの、特定の保健の目的が期待できる（健康の維持及び増進に役立つ）機能のことです。

　これまで、機能性を表示することができる食品は、国が個別に許可した特定保健用食品（トクホ）と、食品表示基準の規定に適合した栄養機能食品に限られていました。機能性を表示した商品の選択肢を増やすため、2013年（平成25

年）6月に閣議決定した規制改革実施計画に、「食品に企業等の責任において機能性を表示することを容認する。」という事項が盛り込まれました。

これを受けて、2015年（平成27年）4月に食品表示基準が施行された際に、機能性表示食品制度がスタートしました。

## 【機能性表示食品制度の概要】

機能性表示食品とは、科学的根拠に基づいた機能性が、事業者の責任において表示されたものです。販売前に、食品としての安全性及び機能性の根拠に関する情報などを消費者庁長官へ届け出た上で、消費者の商品の選択に資するよう、適正な表示などによる情報提供が行われます。ただし、特定保健用食品とは異なり、消費者庁長官の個別の許可を受けたものではありません。

なお、機能性表示食品として製品を販売するための要件は通知やガイドライン等で示されています。表示を行うためには、その表示方法だけではなく、安全性の確保、機能性表示を行う上での必要な科学的根拠、適正な表示による消費者への情報提供等、多くの要件を満たす必要があり、製品開発の段階から十分な準備をする必要があります。

## （1）届出制について

特定保健用食品とは異なり、個別の申請・許可の手順によらず、販売前の事前届出により表示することができます。機能性表示食品の表示をしようとする食品事業者は、販売60日前までに安全性や機能性等の根拠情報、販売する際に容器包装に表示する予定の「表示内容」を含めた製品情報等について、消費者庁長官に届出を行い、受理される必要があります。

また、消費者庁はこの情報を販売前に開示しますので、消費者に向けたわかりやすい形の情報を提供することが必要です。

## （2）機能性表示の範囲（対象食品・機能性関与成分・対象者）
### ①対象食品

機能性表示食品の対象となるのは、保健機能を有する成分（機能性関与成分）を含む容器包装に入れられた食品全般です。加工食品、生鮮食品を問わず対象になりますが、次の食品については対象外となっています。
・特別用途食品（特定保健用食品を含む。）及び栄養機能食品
・アルコールを含有する飲料
・脂質・飽和脂肪酸・コレステロール・糖類・ナトリウムの過剰な摂取につながる食品

## ②機能性関与成分

　機能性関与成分とは、特定の保健の目的（疾病リスクの低減に係るものを除く。）に資する成分をいい、作用機序が考察され、直接的又は間接的に定量可能な成分であることが必要です。たんぱく質、n－3系脂肪酸、ビタミン類やミネラル類等、厚生労働省が策定する「日本人の食事摂取基準」に摂取基準が策定されている栄養素を含め、食品表示基準 別表第9 *に掲げる成分は対象外ですが、たんぱく質の構成成分である各種アミノ酸やn－3系脂肪酸である α－リノレン酸、EPA 等のように、当該栄養素との作用の違いから、対象成分となり得るものがあります。

> ＊食品表示基準　別表第9については、資料編 資料7「栄養成分及び熱量の表示単位及び許容差の範囲」参照。

**図表5　対象成分となり得る構成成分等**

| 食品表示基準 別表第9に掲げる栄養成分 | 機能性関与成分の対象成分となり得る構成成分等（例） |
|---|---|
| たんぱく質 | 各種アミノ酸、各種ペプチド |
| n－6系脂肪酸 | γ－リノレン酸、アラキドン酸 |
| n－3系脂肪酸 | α－リノレン酸、EPA、DHA |
| 糖質 | キシリトール、エリスリトール、フラクトオリゴ糖、キシロオリゴ糖、ガラクトオリゴ糖、乳果オリゴ糖（ラクトスクロース） |
| 糖類 | L－アラビノース、パラチノース、ラクチュロース |
| 食物繊維 | 難消化性デキストリン、グアーガム分解物 |
| ビタミンA | プロビタミンA カロテノイド（β－カロテン、α－カロテン、β－クリプトキサンチン等） |

## ③対象者

　表示の範囲は、健康の維持・増進に関する表現のみを認めており、原則として、健康な人を対象としています。疾病に罹患している人、未成年者、妊産婦（妊娠を計画している者を含む。）及び授乳婦は対象となりません。

## 【表示方法等】
### （1）表示事項

　食品表示基準に定められた表示を行います。一般用加工食品、一般用生鮮食品それぞれの横断的義務表示事項のほか、図表6の事項を表示します。

## 機能性表示食品の表示事項

| 表示事項 | 一般用加工食品 | 一般用生鮮食品 |
|---|:---:|:---:|
| 保存の方法 | —*1 | ○ |
| 機能性表示食品である旨 | ○ | ○ |
| 科学的根拠を有する機能性関与成分及び当該成分又は当該成分を含有する食品が有する機能性 | ○ | ○ |
| 栄養成分の量及び熱量*2 | ○ | ○ |
| 1日当たりの摂取目安量当たりの機能性関与成分の含有量 | ○ | ○ |
| 1日当たりの摂取目安量 | ○ | ○ |
| 届出番号 | ○ | ○ |
| 食品関連事業者の連絡先（電話番号） | ○ | ○ |
| 食品関連事業者の氏名又は名称及び住所 | —*1 | ○ |
| 機能性及び安全性について、国による評価を受けたものでない旨*3 | ○ | ○ |
| 摂取の方法 | ○ | ○ |
| 摂取する上での注意事項 | ○ | ○ |
| バランスのとれた食生活の普及啓発を図る文言*4 | ○ | ○ |
| 調理又は保存の方法に関し特に注意を必要とするものにあっては当該注意事項 | ○ | ○ |
| 疾病の診断、治療、予防を目的としたものではない旨*5 | ○ | ○ |
| 疾病に罹患している者、未成年者、妊産婦（妊娠を計画している者を含む。）及び授乳婦に対し訴求したものではない旨*6 | ○ | — |
| 疾病に罹患している者は医師、医薬品を服用している者は医師、薬剤師に相談した上で摂取すべき旨*7 | ○ | ○ |
| 体調に異変を感じた際は速やかに摂取を中止し医師に相談すべき旨*8 | ○ | ○ |
| このほか、食品表示基準の横断的義務表示事項 | ○ | ○ |

＊1　横断的義務表示により表示すべき事項があるため。

＊2　1日当たりの摂取目安量当たりの量を表示する。

＊3　「本品は、事業者の責任において特定の保健の目的が期待できる旨を表示するものとして、消費者庁長官に届出されたものです。ただし、特定保健用食品と異なり、消費者庁

長官による個別審査を受けたものではありません。」と表示する。

* ＊４ 「食生活は、主食、主菜、副菜を基本に、食事のバランスを。」と表示する。
* ＊５ 「本品は、疾病の診断、治療、予防を目的としたものではありません。」と表示する。
* ＊６ 「本品は、疾病に罹患している者、未成年者、妊産婦（妊娠を計画している者を含む。）及び授乳婦を対象に開発された食品ではありません。」と表示する。
* ＊７ 「疾病に罹患している場合は医師に、医薬品を服用している場合は医師、薬剤師に相談してください。」と表示する。
* ＊８ 「体調に異変を感じた際は、速やかに摂取を中止し、医師に相談してください。」と表示する。

## （2）可能な機能性表示の範囲

　本制度は、原則として、健康な人（生活習慣病等に罹患する前の人又は境界線上の人）における健康の維持・増進に関する表現を認めたものです。この範囲内であれば、身体の特定の部位に言及した表現を行うことも可能です。

　一方、疾病の治療や予防を目的とする表示や、疾病リスク低減表示は本制度の対象外になります。表現によっては、食品表示法（表示禁止事項）、健康増進法並びに薬機法の規定に反することになりますので、十分な注意が必要です。

　また、届け出た成分以外の成分の強調等は認められません（別途、栄養成分表示における強調表示は除く。）。

　図表６にある表示事項の１つ「科学的根拠を有する機能性関与成分及び当該成分又は当該成分を含有する食品が有する機能性」については、例えば、「本品にはＡ（機能性関与成分）を○mg含みますので、Ｂの機能があります。」「本品にはＡ（機能性関与成分）を○mg含みますので、△△を□g／日程度摂取している方のＢに役立つことが報告されています。」等と、含まれる機能性関与成分と期待できる機能を表示します。

### 〈表示可能な例〉

・本品はDHAが含まれます。DHAには記憶をサポートする機能があることが報告されています。
・本品には難消化性デキストリン（食物繊維）が含まれています。難消化性デキストリンは、食後の血中中性脂肪の上昇を穏やかにすることが報告されています。

　　※「診断」「予防」「治療」「回復」「緩和」「処置」等の医学的な表現は使用できません。
　　※身体の特定の部位に言及した表現は可能です。

## （3）表示禁止事項

①疾病の治療効果又は予防効果を標榜する用語は使用できません。

　例：「花粉症に効果あり」「糖尿病の方にお奨めです」「風邪予防に効果あり」
　　　等の表現

②消費者庁長官に届け出た機能性関与成分以外の成分を「○○たっぷり」「△
　△強化」のように強調する用語（栄養成分の補給ができる旨の表示及び栄養
　成分又は熱量の適切な摂取ができる旨の表示をする場合を除く。）や主要面
　に機能性関与成分以外の成分名を目立つように特記した表示（商品名に当該
　成分名を使用したものを含む。）、機能性関与成分であると消費者に誤認を与
　えるような表示はできません。

③消費者庁長官の評価、許可等を受けたものと誤認させるような用語は使用で
　きません。

　例：「消費者庁承認」「消費者庁長官許可」「○○省推薦」「世界保健機関
　　　（WHO）許可」等、国や公的な機関に届け出た、承認を受けた、と誤認
　　　させる表現

④たんぱく質、脂質やビタミン、ミネラル等、食品表示基準 別表第9[*1]に掲
　げる栄養成分の機能を示す用語は使用できません。

　栄養機能食品にのみ表示できる食品表示基準 別表第11[*2]に掲げる表現を含
　め、栄養成分の機能を表示することはできません。

　　＊1　食品表示基準 別表第9については、資料編 資料7参照。
　　＊2　食品表示基準 別表第11については、資料編 資料8参照。

# 5-6-3 ● 特定保健用食品

## 【特定保健用食品の概要】

　特定保健用食品とは、身体の生理学的機能や生物学的活動に影響を与える保
健機能成分（関与成分）を含む食品で、特定の保健の目的が期待できる旨を表
示するものをいいます。

　また、その有効性及び安全性については、製品ごとに国（消費者委員会及び
食品安全委員会）によって審査され、表示については、消費者庁長官の許可又
は承認（海外で生産し、日本国内で販売する商品の場合）を受ける必要があり
ます。

なお、特定保健用食品は特別用途食品の一部ですが、2001年（平成13年）4月の保健機能食品制度の創設に伴い、さらなる安全性や有効性を確保する観点から、保健機能食品の1つとしても位置付けられています。

特定保健用食品には、「特定保健用食品」「特定保健用食品（疾病リスク低減表示）」「特定保健用食品（規格基準型）」「条件付き特定保健用食品」の4つの区分があります。

**図表7 特定保健用食品の区分と内容**

| 区分 | 内容 |
| --- | --- |
| 特定保健用食品 | 健康増進法の許可又は承認を受けて食生活において特定の保健の目的で摂取をする者に対し、その摂取により当該保健の目的が期待できる旨の表示をする食品 |
| 特定保健用食品（疾病リスク低減表示） | 関与成分の疾病リスク低減効果が医学的・栄養学的に確立されている場合、疾病リスク低減表示を認める特定保健用食品 |
| 特定保健用食品（規格基準型） | 特定保健用食品としての許可実績が十分である等科学的根拠が蓄積されている関与成分について規格基準を定め、個別審査なく、事務局において規格基準に適合するか否かの審査を行い許可する特定保健用食品 |
| 条件付き特定保健用食品 | 特定保健用食品の審査で要求している有効性の科学的根拠のレベルには届かないものの、一定の有効性が確認されている食品を、限定的な科学的根拠である旨の表示をすることを条件として、許可対象として認めているもの |

【表示方法等】

特定保健用食品には、容器包装の見やすい箇所に図表8の事項を表示します。許可証票又は承認証票は図表9のとおりです。

容器包装において、関与成分以外の原材料に係る事項を、強調して表示するなど、特定保健用食品制度の創設の趣旨に反するような表示を行ってはならないとされています。

## 図表8 特定保健用食品の表示事項

①商品名：申請時の商品名を表示する。

②許可証票又は承認証票

③特定保健用食品である旨：
「特定保健用食品」と表示する。条件付き特定保健用食品にあっては、「条件付き特定保健用食品」と表示する。

④許可等を受けた表示の内容：
許可等を受けた表示の内容のとおり表示する。その際、許可等を受けた表示の一部分のみを記載してはならない。

⑤栄養成分（関与成分）量及び熱量：
試験検査機関による分析結果を基に適切に表示する。関与成分の量については、消費期限又は賞味期限を通じて含有する値とし、表示する栄養成分の次に表示する。

⑥1日当たりの摂取目安量：
申請書に記載した内容を表示する。

⑦摂取の方法：
申請書に記載した内容を表示する。

⑧摂取をする上での注意事項：
申請書に記載した内容を表示する。

⑨バランスの取れた食生活の普及啓発を図る文言：
「食生活は、主食、主菜、副菜を基本に、食事のバランスを。」と表示する。

⑩関与成分について栄養素等表示基準値が示されているものにあっては、1日当たりの摂取目安量に含まれる当該関与成分の栄養素等表示基準値に対する割合：
関与成分が栄養素等表示基準値の示されている成分である場合、1日当たりの摂取目安量に基づき当該食品を摂取したときの関与成分摂取量の当該栄養素等表示基準値に占める割合を、百分率又は割合で表示する。

⑪調理又は保存の方法に関し、特に注意を必要とするものにあっては、当該注意事項

⑫許可等を受けた者が、製造者以外の者であるときは、その許可を受けた者の営業所所在地及び氏名（法人にあってはその名称）

⑬このほか、食品表示基準の横断的義務表示事項

出典：特定保健用食品の審査等取扱い及び指導要領（最終改正2022年（令和4年）8月31日消食表第343号）より一部改変

第5章 5-6 表示の個別解説●保健機能食品・特別用途食品の解説

**図表9** **特定保健用食品マーク**

特定保健用食品
（疾病リスク低減表示・規格基準型を含む。）　　条件付き特定保健用食品

> **関連情報**
>
> ### 指定成分含有食品について
>
> 　食品衛生法の改正により、特別の注意を必要とする成分（政令で指定されたコレウス・フォルスコリー、ドオウレン、プエラリア・ミリフィカ及びブラックコホシュの４種）を含む食品が「指定成分等含有食品」として区分され、食品関連事業者は消費者から体調の異変の連絡を受けた際は直ちに都道府県知事に届け出なければならないと定められました。（2020年（令和２年）６月１日より施行）
>
> 　この食品衛生法の改正を受けて食品表示基準も2020年（令和２年）３月27日に改正され、該当する食品には指定成分等含有食品である旨、食品衛生上特別の注意を必要とする成分である旨、食品関連事業者の電話番号、体調の異変を感じたときは医師に相談した上で食品関連事業者へ連絡すべき旨などが、新たに必要表示事項として定められました。

# 5-6-4 特別用途食品（「特定保健用食品」を除く。）

## 【特別用途食品の概要】

　特別用途食品とは、食品に本来含まれている栄養成分を増減して、乳児、幼児、妊産婦、病者といった健康上特別な状態にある人の発育又は健康の保持、若しくは回復のために供されることを目的とし、健康増進法に基づく許可又は承認（海外で生産し、日本国内で販売する商品の場合）を受けた食品です。

現在、特別用途食品には「病者用食品」「妊産婦・授乳婦用粉乳」「乳児用調製乳」「えん下困難者用食品」及び「特定保健用食品」があります。

本節においては、「特定保健用食品」を除く特別用途食品の表示について解説します。

## 【表示方法等】

特別用途食品の許可等を受けた食品には、容器包装の見やすい箇所に、図表10の事項を表示しなければなりません。また、このほかにも対象者の区分に応じて、表示事項が定められています。

許可証票又は承認証票は、図表11のとおりです。

### 図表 10 特別用途食品の表示事項

①商品名：許可等を受けた商品名を表示する。

②許可証票又は承認証票

③許可等を受けた表示の内容：

　許可等申請書に記載した内容を表示する。その際、許可等を受けた表示の一部分のみの記載はしないこと。誤解を与えない表示であること等に留意する。

④栄養成分の量及び熱量：

　食品表示基準に基づくとともに、試験検査機関による分析結果に基づき表示する。なお、食品表示基準 別表第9*に定めのない成分については、別記様式枠外に記載する。

⑤摂取、調理又は保存方法に関し、特に注意を必要とするものにあっては、その注意事項

⑥許可等を受けた者が、製造者以外の者であるときは、その許可等を受けた者の営業所の所在地及び氏名又は名称

⑦このほか、食品表示基準の横断的義務表示事項：

　食品衛生法、食品表示基準その他関係法令を遵守すること。

出典：特別用途食品の取扱い及び指導要領（2022年（令和4年）4月1日消食表第120号）より一部改変

＊別表第9については、資料編 資料7参照。

## 図表 11 特別用途食品マーク

区分欄には、「乳児用食品」「幼児用食品」「妊産婦用食品」「病者用食品」と、また、その他の用途に適する食品にあっては、その特別の用途を記載すること。

# 5-7 ● 不当景品類及び不当表示 防止法の解説

## 1 ● 基本的な考え方

　"実際よりも優良や有利に見せかける表示"や"過大な景品付き販売"が行われた場合、よりよい商品やサービスを求める消費者が、それらにつられて購入することにより不利益を被るおそれがあります。不当景品類及び不当表示防止法（略称：景品表示法）では、このような行為の制限や禁止を定めています。

　景品表示法の対象となるのは販売される商品とサービスのため、食品以外の内容が含まれますが、このテキストでは、食品に係る表示規制の内容を中心に解説します。

### 【景品表示法の目的】

　景品表示法は「商品及び役務の取引に関連する不当な景品類及び表示による顧客の誘引を防止するため、一般消費者による自主的かつ合理的な選択を阻害するおそれのある行為の制限及び禁止について定めることにより、一般消費者の利益を保護すること」を目的としています。

　この目的に従って、消費者が適正に商品・サービス（役務）を選択できる環境を守るため、商品やサービスの品質・内容・価格等を偽って表示することを厳しく規制するとともに、過大な景品類の提供を防ぐために景品類の最高額の制限を行っています。

　なお、2013年（平成25年）秋以降に発覚したホテル、百貨店等におけるメニュー表示の不当表示事案は、日本の食に対する信頼を揺るがしかねないものでしたが、その主な原因・背景として、事業者のコンプライアンス意識の欠如や行政の監視指導態勢の問題が指摘されました。

　このような一連の表示問題を受けて、食品表示等の適正化に向けた体制の強化や違反行為の抑止を目的とした景品表示法の改正が2014年（平成26年）に行われました。不当表示を行った事業者に対して経済的不利益を課す課徴金制度も、この改正法により導入されました。

## 2 ● 景品表示法の概要

　景品表示法のもとに、次の図表1のように行政、事業者、事業者団体が各々の役割を果たすことで、一般消費者の自主的かつ合理的な商品や役務の選択が守られています。

 図表1　**景品表示法の概要**

### 景品表示法
目的：一般消費者の利益の保護

**消費者庁ほか**　不当な顧客誘引の禁止

不当表示の禁止
- ●優良誤認表示の禁止
- ●有利誤認表示の禁止
- ●その他、誤認されるおそれがある表示の禁止

景品類の制限及び禁止
- ●一般懸賞による景品類の提供制限（最高額・総額）
- ●共同懸賞による景品類の提供制限（最高額・総額）
- ●総付景品の提供制限（最高額）

**事業者**　事業者が講ずべき景品類の提供及び表示の管理上の措置

- ●景品表示法の考え方の周知・啓発
- ●法令遵守の方針等の明確化
- ●表示等に関する情報の確認
- ●表示等に関する情報の共有

- ●表示等を管理するための担当者等（表示等管理担当者）を定めること。
- ●表示等の根拠となる情報を事後的に確認するために必要な措置を採ること。
- ●不当な表示等が明らかになった場合における迅速かつ適切な対応

**事業者・事業者団体**　公正競争規約

### 自主的かつ合理的に、良い商品・サービスを選べます。

出典：消費者庁ホームページより

314

【規制の対象】

　顧客を誘引するための手段として用いられる商品及び役務の取引に関連する不当な「景品類」及び「表示」が規制の対象となります。

【用語の定義】

　景品表示法では、「景品」及び「表示」を、次のように定義付けています。

　景品とは：顧客を誘引するための手段として、その方法が直接的であるか間接的であるかを問わず、くじの方法によるかどうかを問わず、事業者が自己の供給する商品又は役務の取引に付随して相手方に提供する物品、金銭その他の経済上の利益であって、内閣総理大臣が指定するもの

　表示とは：顧客を誘引するための手段として、事業者（商業、工業、金融業その他の事業を行う者）が自己の供給する「商品」又は「役務（サービス）」の内容又は取引条件その他これらの取引に関する事項について行う広告その他の表示であって、内閣総理大臣が指定するもの

【規制の対象となる表示の範囲】

　包装・容器上の表示、チラシ、テレビ CM、インターネット広告のほか、商品そのもの、店内の掲示、店内で提示される印刷物（メニュー等）、口頭での説明・宣伝だけではなく、商品名や料理名等のあらゆる方法による表示が含まれ、規制の対象となります。

## 3 ● 不当な表示の禁止

　事業者が供給する商品やサービスについて、次のような表示を行うことは禁止されています。

### （1）優良誤認表示

　商品やサービスの品質、規格その他の内容＊が「実際のものよりも著しく優良である」又は「事実に相違して競争業者のものよりも著しく優良である」ことを示す表示で不当に顧客を誘引し、消費者の自主的かつ合理的な選択を阻害するおそれがあると認められるものが優良誤認を招く不当表示として禁止されています。

　なお、この「著しく」とは、誇張・誇大の程度が社会一般に許容されている程度を超えていることを指し、当該表示を誤認して顧客が誘引されるか否かで

判断され、その誤認がなければ顧客が誘引されることが通常ないであろうと認められる程度に達する誇大表示であれば「著しく優良であると一般消費者に誤認される」表示に当たります。

　実際に優良誤認表示に当たるか否かは、商品の性質、一般消費者の知識水準、取引の実態、表示の方法、表示の対象となる内容などを基に、表示全体から判断されます。

> ＊「品質」「規格」「その他の内容」とは
> 　品質：商品に関する成分（原材料、純度、添加物など）や属性（性能、効果、鮮度など）を
> 　　　　指します。
> 　規格：国、公共機関、民間団体などが定めた一定の要件を満たすことで自動的に又は認証な
> 　　　　どを経て表示することができる等級などをいいます。
> 　その他の内容：商品・サービスの品質や規格に間接的に影響を及ぼすものも含まれ、例えば、
> 　　　　原産地、製造方法、受賞の有無、有効期限などをいいます。

　また、景品表示法では、不実証広告規制として、商品・サービスの内容（効果、性能）に関する表示についての優良誤認表示に該当するか否かを判断する必要がある場合に、期間を定めて、事業者に表示の裏付けとなる合理的な根拠を示す資料の提出を求めることができます。

　事業者がこれに応じて資料を提出しない場合又は提出された資料が表示の裏付けとなる合理的な根拠を示すものと認められない場合には、不当表示と認定されます。

## 〈実際のものよりも著しく優良であると示す例〉

・国産有名ブランド牛の肉であるかのように表示していたが、実際には国産有名ブランド牛ではない国産牛肉だった。
・国内の有名産地から直送していると表示したカニが、外国産のものを輸入したカニであった。
・100％果汁と表示したジュースの果汁成分が、実際には60％だった。
・機械打ちの麺に「手打ち」と表示していた。
・添加物を使用した食品に単に「無添加」と表示していた。

## 〈競争業者のものよりも著しく優良であると示す例〉

・健康食品に「栄養成分が他社の２倍」と表示していたが、実際には他社の健康食品と同じ量しか入っていなかった。

## 〈不実証広告として優良誤認表示とされる例〉

・合理的な根拠のない商品に対して、あたかも、対象商品を摂取するだけで、ガン等の疾病及び老化を予防する効果が得られるかのように示す表示をしていた。

・利用者の体験談やアンケートを用いて、食事制限せずにやせられるかのように表示をしていたが、表示内容はねつ造されたものであり、効能の実証データも根拠のないものだった。

## （2）有利誤認表示

　商品やサービスの価格その他の取引条件について「実際のものや競争業者のものよりも取引の相手方に著しく有利である」と誤認される表示で不当に顧客を誘引し、消費者による自主的かつ合理的な選択を阻害するおそれがあると認められるものが、有利誤認を招く不当表示として禁止されています。

〈実際のものよりも著しく有利であると示す例〉
・セット売りの商品を「お徳用」と表示していたが、実際にはバラ売りと価格は同じだった。
・販売促進キャンペーンの景品について「当選本数○○本！」と表示していたが、実際には当選本数は○○本よりも少なかった。
・一部の商品だけ５割引なのに「全品５割引」と表示していた。
・内容量を多く見せるために過大包装していた。
・「贈答用すき焼き肉セット△△△ g ○○○○円 」と記載していたが、実際は、肉のほかの付属物の割り下、容器及び保冷剤を含めた合計重量が△△△ gだった。

〈不当な二重価格表示の例〉
・店頭価格について、競合店の平均価格から値引きすると表示しながら、その平均価格を実際よりも高い価格に設定し、そこから値引きしていた（架空の市価等を比較対照価格に用いて自社の販売価格を安く見せかける表示）。
・「メーカー希望小売価格の半額」と表示していたが、実際には、メーカー希望小売価格は設定されていなかった（架空のメーカー希望小売価格表示）。
・「当店通常価格○○○円から○○％値引き」と表示していたが、実際には、通常から値引き販売しており、表示した通常価格で販売された実績はなかった（その価格で売った実績がないなど、根拠のない通常販売価格表示）。

　　※比較対象価格には、「過去の販売価格」「将来の販売価格」「競争事業者の販売価格」「メーカー希望小売価格」があります。

〈競争業者のものよりも著しく有利であると示す例〉
・新聞の折り込みチラシで、地域一番の安さと表示していたが、実際には周辺の店舗の価格調査をしておらず、根拠のないものだった。
・「他社商品の２倍の内容量」と表示していたが、実際には他社と同程度の内

容量しかなかった。

・「月々○○円払いで商品を買えるのは当社だけ」と表示していたが、実際には他社でも同様の条件で販売されているものだった。

## （3）その他誤認されるおそれのある表示

その他の商品やサービスの取引に関する事項について、消費者に誤認されるおそれがある表示で不当に顧客を誘引し、消費者による自主的かつ合理的な選択を阻害するおそれがあると認めて内閣総理大臣が指定する不当な表示が禁止されています。

〈内閣総理大臣が指定する不当表示の例〉

・無果汁の清涼飲料水等についての表示（昭和48年公正取引委員会告示第4号）
・商品の原産国に関する不当な表示（昭和48年公正取引委員会告示第34号）
・おとり広告に関する表示（平成5年公正取引委員会告示第17号）

なお、内閣総理大臣が、表示内容が商品やサービスの品質、規格その他の内容についての不当な表示に該当するか否かを判断するために表示の裏付けとなる合理的な根拠を示す資料の確認を必要とした場合は、表示を行った事業者に対して、期間を定めて表示根拠資料の提出を求められます。資料の提出を要請されたにもかかわらず根拠資料を提出しないときは不当表示と見なされます。

## 4 ●事業者の表示管理体制の整備

景品表示法の違反事案は、事業者による表示の重要性の意識、コンプライアンス（法令・社会規範の遵守）意識の欠如が背景にあるとして、事業者の表示管理体制の整備を義務付けています。これにより、事業者は、自らが供給する商品等について、管理体制を整備し、その他の必要な措置を講じる必要があります。

この措置に関して適切かつ有効な実施を図るために「事業者が講ずべき景品類の提供及び表示の管理上の措置についての指針（内閣府告示）」が定められ、事業者が講ずべき表示等の管理上の措置の内容として、次の7つを掲げています。

①景品表示法の考え方の周知・啓発
②法令遵守の方針等の明確化
③表示等に関する情報の確認
④表示等に関する情報の共有
⑤表示等を管理するための担当者等を定めること
⑥表示等の根拠となる情報を事後的に確認するために必要な措置を採ること
⑦不当な表示等が明らかになった場合における迅速かつ適切な対応

# 5 ●偽装問題に関する取組み

　消費者庁では、メニュー等の表示偽装や健康食品の不当表示等の重大な景品表示法違反に関して、ガイドラインを作成して業界の周知を図っています。

## メニュー等の表示偽装

　2013年（平成25年）に多発したホテルやレストランのメニュー等による表示偽装問題では、外食企業の表示に対する消費者の不信が増大したことから、消費者庁ではメニュー・料理等の食品表示に関するガイドラインである「メニュー・料理等の食品表示に係る景品表示法上の考え方について」を公表しています。

　ホテルや百貨店、レストラン等の業界では、偽装問題の発覚以降に表示の適正化に向けた自主的な取組みの動きが見られることから、このガイドラインは、その取組みをさらに促進し、表示の適正化を推進することを目的として、優良誤認表示等の景品表示法の考え方について実際に発生した事例のＱ＆Ａを含めて示しています。

　ここでは、成型肉や、牛脂注入加工肉を牛の生肉の切り身であるかのように表示することや、ブラックタイガーをクルマエビと表示するような異なった魚介類の名称の使用、農産物について異なった生産地を表示する例、自家製パンやフレッシュジュースといった、店内で製造したことを示唆する語を表示しながら、他の工場などで作った既製品を使用する例が違反となること等、具体例をあげて、正しい表示についての概要を示しています。

## 健康食品の不当表示

　近年の国民の健康志向の高まりから、健康食品が広く普及する中で、インターネット等を利用した広告・宣伝が活発化し、違反も増加している状況から、消費者庁では、いわゆる健康食品の虚偽誇大広告について、景品表示法及び健康増進法上の考え方を整理し、事業者の予見可能性を高めること等を目的として、「いわゆる健康食品に関する景品表示法及び健康増進法上の留意事項について」を公表しています。

　このガイドラインは、事業者等の理解促進を図るため、具体的な表示例を掲げて健康食品の広告その他の表示における景品表示法及び健康増進法上の考え方について示しています。

　表示内容全体から、あたかも、当該健康食品を摂取するだけで、特段の運動や食事制限をすることなく、短期間で容易に著しい痩身（やせる）効果が得られるかのように表示した場合や、機能性表示食品について、届出をした表示内容を超える表示をした場合、虚偽誇大表示等に当たるおそれがあること等、具

体例をあげて、いわゆる健康食品に対する表示上の留意点を示しています。

# 6 ● 監視指導体制の強化と課徴金制度

2014年（平成26年）に、二度の景品表示法の改正が行われ、監視指導体制の強化は同年に、課徴金制度は2016年（平成28年）に施行されました。

新設された課徴金制度は、不当な表示等により得た利益に対して課徴金を徴収することで、不当な表示による顧客の誘因を防止することを目的とした制度です。一方で、不当な表示を行った事業者が、違反行為の自主申告や消費者への自主返金を行うなど、事態の改善を図った場合には、課徴金額の減額等の規定があります。

また、景品表示法の執行において、内閣総理大臣は、その権限を消費者庁長官に委任していますが、その体制強化のため、消費者庁長官は、問題があった事業者の事業を所管する大臣に調査権限を委任することができるようになりました。また、主に1つの県内のみにある事業所の案件について、景品表示法の執行権限を都道府県知事へ付与し、調査から措置命令までを行うことができるようになっています。

## 5-8 ● 米トレーサビリティ法の解説

### 1 ● トレーサビリティとは

　トレーサビリティ（traceability）とは、「trace（追跡）」と「ability（可能性、能力）」の2つの単語を組み合わせた言葉で、食品トレーサビリティとは、「食品の移動を把握できること」をいいます。

　具体的には、生産・流通・小売の各段階で、「いつ、どこから、どこへ、何を、どれだけ」といった入出荷の情報を個々に記録しておくことにより、食品がどこで生産され、どこを経由して店頭にあるのかを追跡できるようになります。

　このように、各事業者が食品を取り扱った際の記録を作成し保存しておくことで、食中毒など健康に影響を与える事故等が発生した際に、問題のある食品がどこに行ったかを調べたり（追跡）、どこから来たのかを調べたり（遡及）することができます。

第5章

5-8

表示の個別解説 ● 米トレーサビリティ法の解説

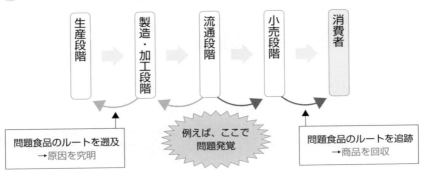

**図表1　トレーサビリティの概念図**

問題食品のルートを遡及
→原因を究明

例えば、ここで
問題発覚

問題食品のルートを追跡
→商品を回収

生産段階 → 製造・加工段階 → 流通段階 → 小売段階 → 消費者

出典：農林水産省ホームページより

　現在、食品トレーサビリティに関して、法的に制度が整備されているのは、これから解説する米穀類と国内で飼育された牛の肉です。

　※牛トレーサビリティ法については、第5章 5-9参照。

## 2●米トレーサビリティ法の概要

「米穀等の取引等に係る情報の記録及び産地情報の伝達に関する法律」（以下「米トレーサビリティ法」という。）は、非食用に限定された事故米が、米穀事業者により不正に食品事業者に転売された事件をきっかけに制定され、2010年（平成22年）10月に施行されました。

この米トレーサビリティ法に基づいて、米穀事業者には（1）取引等の記録の作成と保存及び（2）産地情報の伝達が義務付けられています。そのことによって、安全性を欠く米穀類の流通を防止することができるとともに、米穀等の表示の適正化が図られています。

### （1）取引等の記録の作成・保存

米や米加工品に問題が発生した際に流通ルートを速やかに特定するため、米穀等の譲り受け、譲り渡し等に係る情報の記録の作成と保存を、生産から販売・提供に至るまでの各段階を通じて米穀事業者に対し義務付けています。これらの記録は事業者間取引の際に求められるものであり、個々の消費者への販売・提供の記録は不要です。

### （2）産地情報の伝達

米の産地情報を最終的に消費者に伝達することを米穀事業者に対し義務付けています。このため、米穀事業者間においても産地情報の伝達が必要となります。

## 3●取引等の記録・保存に関して

### 【対象品目】

米トレーサビリティ法の対象となる「米穀等」とは、米穀（食用及び非食用のもみ、玄米、精米、砕米）及び米穀を原材料とする飲食料品をいいます。米穀を原材料とする飲食料品とは、具体的には、次に掲げるものです。
①米穀粉、米穀をひき割りしたもの、ミール、米粉調製品（もち粉調製品を含む。）
②米菓生地
③もち（もちに他の原材料をまぶす等、もちに加工を施したものは対象外）
④だんご（餡等をだんご生地で包んだものや、すあま、ういろう、ゆべし等は対象外）
⑤米穀等について、あらかじめ加熱による調理その他の調整をしたものであっ

て粒状のもの（これを含む料理その他の飲食料品を含む。）

⑥米菓

⑦米こうじ

⑧清酒

⑨単式蒸留しょうちゅう

⑩みりん

①の米粉調製品については、農林水産大臣が定める基準があり、対象品目に該当するのは、米穀産品（米穀）、小麦産品（小麦・ライ小麦）、大麦産品（大麦・はだか麦）、でん粉（加工でん粉を含む。）の含有量の合計が、当該調製食料品の全重量の85％を超え、かつ、米穀産品、小麦産品、大麦産品及びでん粉のうち、米穀産品が最大の重量を占めるものとされています。

なお、米穀産品、小麦産品、大麦産品については、それぞれ、粉状、ひき割り状、ミール状、ペレット状にしたものが含まれます。

このことから米粉調製品が米トレーサビリティ法の対象になるかどうかは、下記の例のように判断します。

（1）「もち米粉83％、加工でん粉17％」からなる米粉調製品は、米穀の粉、でん粉の合計が100％（>85％）で、かつ、米穀産品が最大なので、基準を満たすことから対象品目となります。

（2）「米粉40％、加工でん粉30％、小麦粉16％、砂糖14％」からなる米粉調製品は、米穀の粉、加工でん粉、小麦粉の合計が86％（>85％）で、かつ、米穀産品が最大なので、基準を満たすことから対象品目となります。

（3）「もち米粉84％、とうもろこし粉16％」からなる米粉調製品は、米穀の粉が全量の84％（<85％）なので、基準を満たさないことから対象品目とはなりません。

⑤については、いわゆる「米飯類」を念頭においているもので、白飯として消費者に提供されるもののほか、おかゆ、炒飯、寿司、ピラフ、パエリア、オムライス、ドリア等が対象となります。また、各種弁当、おにぎり、ライスバーガー、赤飯、おこわ、冷凍炒飯、冷凍ピラフ、レトルト米飯、レトルト赤飯、無菌包装米飯、乾燥米飯（アルファー化米）のほか、発芽玄米等を含みます。粒状のご飯として提供される料理が対象で、中華おこげや五平餅、きりたんぽなどは対象となりません。

【対象事業者】

対象となる事業者は、対象品目の販売、輸入、加工、製造又は提供を行う事業者（生産者を含む。）であり、これを「米穀事業者」といいます。

対象事業者の例：米の生産者、米の卸業者、だんご・清酒等の加工・製造業者、スーパー等の食品小売店、レストラン等の外食店

## 【どのような場合に記録が必要となるか】

対象品目を米穀事業者との間で、譲り受け又は譲り渡す場合（所有権の移転を伴う取引のほか、生産者が集荷業者に販売を委託した場合を含む。）には記録が必要となります。

また、自社の物流センターから店舗への出荷、セントラルキッチンから店舗への出荷、とう精（玄米のぬか層を削り取る。）などの加工を委託する場合のように所有権の移転を伴わない米穀等の移動や、米穀等を廃棄・亡失した場合も記録する必要があります。

## 【取引の際の記録項目】

取引の際に記録しなければならない項目は、次のとおりです。

①名称（品名）、②産地、③数量、④搬出入年月日（困難な場合は、受発注日でも可）、⑤取引先名、⑥搬出入した場所、⑦用途（食糧法により加工用、飼料用等に用途が限定されている米穀の場合）

なお、飼料用、バイオエタノール原料用等非食用のものは、このうち②産地を記録する必要はありません。

## 【記録すべき産地の内容】

・国産の場合は、「国産」「国内産」等と、外国産の場合は、「○○国産」と記録します。なお、国産の場合は、都道府県名、市町村名その他一般に知られている地名で記録することができます。
・産地が2以上ある場合は、原材料に占める重量の割合の高いものから順に記録します。
・産地が3以上ある場合は、原材料に占める重量の割合の高いものから順に2以上記録し、その他の産地は「その他」と記録することができます。
・国産の原材料と外国産の原材料を混合している場合は、国レベルでカウントし、3か国以上のものを混合した場合には、それらを「その他」と記録することができます。

## 【取引の際の記録方法】

実際の取引で取り交わされる伝票類（帳簿でも可）で、「名称（品名）」「産地」「数量」「搬出入年月日」「取引先名」「搬出入した場所」が表示されていれば、

それを保存しておくことで、記録・保存の義務を果たしたことになります。記録方法には、電磁的記録も含まれます。

　また、一般用加工食品として容器・包装に入れられた米飯類、もち、だんご、米菓、清酒、単式蒸留しょうちゅう、みりん等について、当該容器・包装に、原材料の米穀の原産地が具体的に表示されている場合は、伝票類への産地の記録は不要です。

### 【記録の保存期間】

　受領・発行した伝票や作成した記録等は、取引等を行った日から３年間保存する必要があります。

　ただし、消費期限が付された商品には３か月、記録を作成した日から賞味期限までの期間が３年を超える商品については５年の保存が必要となっています。

## 4●産地情報の伝達について

### 【対象品目】

　米トレーサビリティ法における「指定米穀等」とは、その流通及び消費の状況からみて、米穀事業者及び一般消費者が、その購入等に際して、その産地を識別することが重要と認められる米穀等のことで、食用の米穀並びに取引等の記録が必要な前述の①～⑩の米加工品をいいます。米穀の原産地情報の伝達は、この「指定米穀等」が対象となります。

　すなわち、飼料用等の非食用米穀については、産地の伝達は不要です。

### 【事業者間の産地情報の伝達】

　食用の米穀及び①～⑩の米加工品を他の事業者へ譲り渡す場合には、商品の容器包装又は送り状等の伝票に、その産地を表示して、産地情報を伝達する必要があります。

### 【一般消費者への産地情報の伝達】

　消費者に米穀及び①～⑩の米加工品を販売する場合には、米トレーサビリティ法に基づき、米（米加工品の場合は原料米）の産地情報の伝達を行う必要があります。この場合、米や米加工品が、使用した原材料に占める重量の割合の最も高い原材料である場合には、食品表示基準における原料原産地表示の対象外となります。

　一方、「玄米」「精米」及びもち米のみで作られた「もち」については、食品

表示基準に基づく表示をすることで産地情報の伝達を果たしたことになります。なお、もちについて重量順位2位以下の米粉調整品等の原材料がある場合は米トレーサビリティ法による米穀等の産地情報の伝達が必要となります。

　レストラン等飲食のための施設を設けて料理等を提供する場合は、⑤の米飯類のみが産地情報伝達の対象となります。もち、だんご、米菓、清酒をレストラン等で提供する場合、これらの原材料となった米穀の産地情報の伝達は必要ありません。


## 【伝達する内容】

・国産米の場合は「国産」「国内産」等と、国産である旨を伝達します。
　　ただし、都道府県名その他一般に知られている地名を伝達することもできます。
・外国産の場合は、原産国名を伝達します。
・複数の原産地がある場合は、原材料に占める重量の割合の高い順から表示しますが、産地が3か国以上ある場合には、上位2か国を表示し、3か国目以降を「その他」とまとめて表示することができます。
・外国で加工製造された食品を輸入する場合であっても、原則として、原料米の産地を記載することとなります。
　　　例1：A国産の米を使ってB国で製造された米菓を製品として輸入した場合
　　　　　→原産国はB国である旨と、米の産地がA国であることを伝達
　　　例2：A国産の米を使ってB国で製造された米粉を日本に輸入して米菓を製造した場合
　　　　　→原材料である米粉についてA国産米を使用している旨を伝達
・ただし、その原料米の産地が明らかでないときは、当該加工品そのものの原産国（加工、製造をした国）を記載することで、米の産地情報を伝達したこととなります。この場合には、記載された産地が、その原料米の産地でなく、加工品そのものの原産国であることがわかるようにすることが必要です。
　　　例3：C国で製造された米菓を製品で輸入するが、米の原産地は不明の場合
　　　　　→原産国としてC国である旨を伝達
　　　例4：C国で製造された米粉を使って日本国内で米菓を製造するが、米の原産地は不明の場合
　　　　　→原材料の米粉の製造国がC国であることを伝達

## 〈伝達する方法１・小売りされる製品の例〉

①産地情報を商品に直接表示することにより伝達する場合

・原材料名欄の米穀等対象の原材料名の次に、括弧を付して「うるち米（国産）」「もち米（○○国産）」等と表示します。

・別記様式欄の欄外に表示することもできます。

②産地情報を知ることができる方法により伝達する場合

・商品等に Web アドレスを表示する方法

「原料米の産地情報については、当社 HP をご覧ください。http://www.x.x」

・商品等に、お客様相談窓口の電話番号を表示する方法

「原料米の産地情報については、お客様相談窓口へお尋ねください。（電話番号：0120- ○○○ - ○○○）」

③産地情報を店内に掲示することにより伝達する場合

「当店のお弁当は、すべて国産米を使用しています。」

## 〈伝達する方法２・外食店の例〉

外食店等では、米飯類についてのみ産地情報の伝達が必要となります。

①店内に産地情報を掲示する場合

「当店は、○○産のお米を使用しています。」

②メニューに産地情報を表示する場合

「当店で、ごはん・定食に使用しているお米は、すべて国産です。」

③店内に産地を知ることができる方法を掲示する場合

「産地情報については、店員にお尋ねください。」

# 5●米トレーサビリティ法の義務違反への罰則・勧告

義務違反に対しては、罰金や勧告があります。勧告に併せて、違反した事業者の氏名又は名称及び住所、違反事実、勧告の内容の３点が公表されます。

なお、米トレーサビリティ法の産地情報の伝達の対象、対象外にかかわらず、景品表示法は事業者に対して消費者を誤認させる不当な表示を禁止＊しており、産地の偽装等は禁止されています。また、不正競争防止法では虚偽表示等により、他の事業者が不利益を被らないようにする目的で、商品、その広告・取引用の書類・通信に、原産地等を誤認させる表示等が禁止されています。

＊景品表示法については、本章 5- 7参照。

# 5-9 ● 牛トレーサビリティ法の解説

## 1 ● 牛トレーサビリティ法の概要

「牛の個体識別のための情報の管理及び伝達に関する特別措置法」（以下「牛トレーサビリティ法」という。）は、牛海綿状脳症（BSE）の国内での発生を契機に2003年（平成15年）6月に制定され、牛の個体の識別のための情報の適正な管理を行うことにより、牛海綿状脳症のまん延を防止するための措置の基礎とするとともに、牛肉に係る個体識別のための情報を提供することにより、畜産及びその関連産業の健全な発展並びに消費者の利益の増進を目的としています（図表1参照）。

 **図表1 牛トレーサビリティ法の概要**

| 畜産業者（牛の管理者） | 独立行政法人家畜改良センター |
|---|---|
| 国内で飼養する、原則、すべての牛（輸入牛を含む）に、10桁の個体識別番号が印字された耳標を装着する。また、牛の移動、と畜などの情報を家畜改良センターに申告する。 | 個体識別番号を一元的に管理し、その牛の雌雄の別や種別（黒毛和種など）に加え、出生からと畜・死亡までの飼養地などを「牛個体識別台帳」（データベース）に記録する。 |

**販売業者（卸売業者・小売店）**
牛が牛肉となってからは、枝肉、部分肉、精肉と加工され流通していく過程で、その取引に関わる販売業者などにより、個体識別番号が表示され、仕入れ・販売の相手などが帳簿に記録・保存される。

**特定料理提供業者**
仕入れに関する帳簿の作成のほか、個体識別番号の表示を行う。

**消費者**
購入・注文した牛肉に表示されている個体識別番号により、インターネットを通じて牛の生産履歴を調べることができる。

これにより、国産牛肉について、牛の出生から消費者に供給されるまでの間の生産流通履歴情報の把握（トレーサビリティ）が可能となる。

出典：農林水産省「牛トレーサビリティ法の概要」パンフレットより一部改変

このように、牛トレーサビリティ制度とは、牛を飼育している段階から、消費者が牛肉を購入するまでの各段階を通じて、個体識別番号を正確に記録及び伝達していく制度です。

# 2●表示について

## 【対象となる牛肉】

　対象となるのは、牛個体識別台帳に記録された牛から得られた生鮮食品の「牛肉（特定牛肉）」及び、特定のレストランで提供される4種類の牛肉料理（特定料理）に使用された「牛肉（特定牛肉）」です。

### （1）対象となる牛肉（特定牛肉）

　対象となるのは、国内で出生し飼養された牛及び海外から生体のまま輸入し、日本で飼養された牛から得られた肉であって
・と畜後の部分肉製造、卸売段階における枝肉、部分肉
・精肉小売り段階における精肉
　が該当します。これらを「特定牛肉」といいます。

《対象外となる牛肉》

　内臓肉や、個体識別番号の管理が実質上不可能なものは、対象となる牛から得られた肉であっても表示義務はありません。
・牛肉の枝肉への整形過程で除去される頭部に含まれる「舌」及び「頬肉」
・部分肉への整形過程で発生する「くず肉」等
・「レバー」などの内臓肉
・牛肉を肉ひき機でひいた「挽肉」
　また、対象となる特定牛肉を原材料として使った場合でも、加工した「牛豚合挽肉」、調味している「味付けカルビ」、製造した「ハム、ソーセージ」等を販売する場合には、対象とはなりません。

### （2）対象となる牛肉（特定料理に使用した特定牛肉）

　特定料理とは、「焼き肉」「しゃぶしゃぶ」「すき焼き」「ステーキ」です。この料理を主に提供している事業者が、これらの料理に使用した「特定牛肉」が対象となります。
　対象となる事業者が提供する場合でも、内臓や舌などのホルモン焼きや、ユッケやローストビーフなどに使用された牛肉は対象になりません。

## 【表示及び帳簿作成の義務者】

### 牛肉の販売業者

　と畜後の枝肉や部分肉を販売する卸売業者や、精肉を販売するスーパーマーケット等の小売業者を含めた「販売業者」が対象となります。なお、インターネットを通じて特定牛肉を販売する事業者も同様に表示が義務付けられています。

　これらの販売業者は、特定牛肉の販売に関して、個体識別番号の表示、帳簿の備付け（仕入れ及び販売）を行わなければなりません。

　一方、牛肉を原材料とした製品を製造加工し、その卸売を行う製造業者や、弁当等を調理し、その小売を行う中食業者は対象外です。

### 特定料理提供業者

　特定料理提供業者とは、主として「焼き肉」「しゃぶしゃぶ」「すき焼き」「ステーキ」を提供している事業者を指します。主としてかどうかは、当該営業施設における仕入れ又は販売額の過半を占めているかどうか等を基準として判断します。料理の提供を主たる事業としていないバーやスナック、特定料理が一部メニューに限られているファミリーレストランなどは対象外です。

　特定料理提供業者は、特定料理の提供に関して、個体識別番号の表示、帳簿の備付けを行わなければなりません。

## 【個体識別番号の表示の方法】

・牛肉の販売業者は、牛肉（流通段階の枝肉等）、容器、包装、送り状、又は店舗の見やすい場所に、個体識別番号を表示することが義務付けられています。ただし、複数の牛をまとめて加工する等個体管理がロット管理に変わった場合は、そのロット（荷口）番号を表示します。

・特定料理提供業者は、店内の掲示板、メニューに、個体識別番号（又はロット番号と問い合わせ先）を表示します。なお、複数の個体識別番号又はロット番号を表示する場合、表示の単位は１メニューごとになります。

## 3 ●帳簿の備付け

　個体識別番号の付された牛肉を取引する際には帳簿の作成が求められています。

・牛肉の販売者は、特定牛肉の仕入れ・販売ごとにその年月日、相手先（販売先が消費者の場合は除く。）、重量に加え、個体識別番号又はロット番号を記録します。

・特定料理提供業者は、特定牛肉の仕入れごとに、年月日、相手先、重量、個体識別番号又はロット番号を記録します。

　これらの帳簿は１年ごとに新たに作成し、それまでの帳簿は２年間は保存しなければなりません。

# 5-10 ● 業務用食品の表示の解説
## （業務用添加物を除く。）

## 1 ● 基本的な考え方

　従来、業者間取引は、業者間の信頼関係を前提としていたことから、商品に関する情報伝達は規格書等により適切に行われているものと考えられていました。しかし、2007年（平成19年）に起きた牛ミンチ事案のような加工食品の原材料供給者の不正により、当時の品質表示に関する基準に違反した製品が全国的に販売等されるという事案が発生しました。

　これにより、消費者の食品表示に対する不信感が高まったこともあり、それまで表示されていた食品衛生法に関する表示のほか、JAS法でも業務用加工食品（いわゆる「中間加工品」）や業務用生鮮食品に対する表示が2008年（平成20年）1月から義務付けられ、その考え方は食品表示基準へと引き継がれています。

## 2 ● 適用の範囲

　食品表示基準では、一般消費者向けの食品と業務用食品を、次のように定義しています。

| 一般消費者向けの食品 | ・加工食品及び添加物のうち、それぞれ、一般消費者に販売される形態となっているもの<br>・生鮮食品のうち、加工食品の原材料とならないもの |
|---|---|
| 業務用食品 | ・加工食品及び添加物のうち、それぞれ、一般消費者に販売される形態となっているもの以外のもの<br>・生鮮食品のうち、加工食品の原材料となるもの |

①業務用加工食品

　加工食品のうち、一般消費者に販売される形態となっているもの以外のものをいいます。

　具体的には、図表1のような商品があった場合に、Fが消費者に販売されたときは、F以外のA～Eがすべて業務用加工食品となります。また、E（惣菜）が消費者に販売されたときには、A～Dが業務用加工食品となります。

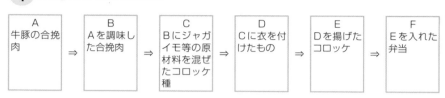

図表1 業務用加工食品の範囲

| A<br>牛豚の合挽肉 | ⇒ | B<br>Aを調味した合挽肉 | ⇒ | C<br>Bにジャガイモ等の原材料を混ぜたコロッケ種 | ⇒ | D<br>Cに衣を付けたもの | ⇒ | E<br>Dを揚げたコロッケ | ⇒ | F<br>Eを入れた弁当 |

A〜Eが業務用加工食品

消費者に販売

A〜Dが業務用加工食品

消費者に販売

　なお、近年業務用スーパー等で、業務用として容器包装された加工食品を消費者にそのまま販売することがありますが、この場合は、一般用加工食品としての表示が必要となります。

②業務用生鮮食品

　生鮮食品のうち、加工食品の原材料となるものをいいます。

　具体的には、「あじの開き干しに使用されるマアジ」、「ハンバーグに使用される牛肉」、「干しぶどうに使用されるぶどう」等が該当します。

　なお、生鮮食品の状態のまま消費者に販売する可能性のある場合は、一般用生鮮食品としての表示が必要です。

（参考）

　業務用添加物とは、添加物のうち、一般消費者に販売される形態となっているもの以外のものをいいます。事業者から事業者に対して添加物が販売される際にも、業務用食品と同様、最終的に一般消費者向けの食品に正確な表示がなされるよう、一定のルールに基づいて正確な情報伝達が行われることが必要です。

## 3●業務用加工食品の義務表示事項

　食品関連事業者が、業務用加工食品を販売する場合、原則として次の表示事項が必要です。

- 名称
- 保存の方法
- 消費期限又は賞味期限
- 原材料名
- 添加物
- 食品関連事業者の氏名又は名称及び住所（表示責任を有する者）
- 製造所、加工所の所在地及び製造者又は加工者の氏名又は名称
- アレルゲン
- L-フェニルアラニン化合物を含む旨（アスパルテームを含む食品のみ）
- 指定成分等含有食品に関する事項（対象食品のみ）
- 乳児用規格適用食品である旨（対象食品のみ）
- 原料原産地名（一般用加工食品の用に供する業務用加工食品の原材料であって、当該一般用加工食品において原料原産地の表示の義務があるもの（当該一般用加工食品の対象原材料に占める重量の割合が最も高い生鮮食品の原産地を表示することを当事者間で合意した場合は、当該生鮮食品）となるものの原産地に限る。）
- 原産国（一般用加工食品の用に供する業務用加工食品であって、当該一般用加工食品において原料原産地の表示の義務がある原材料となるもの及び輸入後にその性質に変更を加えない輸入品の原産国に限る。）
- その他、即席めん類、無菌充填豆腐、食肉等の食品群ごとに定められた事項

なお、上記の義務表示事項のうち、
- 業務用酒類を販売する場合は、「原材料名」「アレルゲン」「原産国名」
- 容器包装に入れて、外食やインストア加工用、無償サンプル用の食品として納品する場合は、「原材料名」「食品関連事業者の氏名又は名称及び住所」「原料原産地名」「原産国名」
- 容器包装に入れないで、食品工場やセントラルキッチンなど、消費者へ直接販売しない場所に納品する場合は、「保存の方法」「消費期限又は賞味期限」「アレルゲン」や「即席めん類、食肉等の食品群ごとに定められた事項」等の表示は必要ありません。

また、業務用加工食品を容器包装に入れないで、外食やインストア加工用、無償サンプル用の食品として納品する場合は、業務用加工食品についての表示の義務はありません。

# 4●業務用生鮮食品の義務表示事項

　業務用生鮮食品とは、生鮮食品のうち、加工食品の原材料となるものを指します。このため、これらの生鮮食品を原材料として使用する加工食品の食品関連事業者が正しく表示できるよう、食品表示基準で定められた「名称」「原産地」「放射線照射に関する事項」「乳児用規格適用食品である旨」「シアン化合物を含有する豆類に関する事項」等の情報を表示します。

　なお、上記の義務表示事項のうち、

・容器包装に入れて、外食やインストア加工用、無償サンプル用の食品として納品する場合は、「名称（特定の食品を除く）」と「原産地」

・容器包装に入れないで、食品工場等、消費者へ直接販売しない場所に納品する場合は、「名称」「放射線照射に関する事項」「乳児用規格適用食品である旨」等

の表示の義務はありません。

　また、業務用加工食品と同様、生鮮食品を容器包装に入れないで、外食やインストア加工用、無償サンプル用の食品として納品する場合は、業務用生鮮食品としての表示の義務はありません。

# 5●業者間取引における表示箇所

　業者間取引では、安全性の確保及び健康の保護・増進に必要な情報以外のものについては、容器包装以外の送り状等の表示媒体に記載することができます。この場合、食品と送り状等の同一性を確保し正確な情報が伝達されるようにする必要があることから、送り状等として製品に添付されているものや、製品に添付されていなくとも製品を識別できるものに限って使用が認められます。

　なお、ここでいう「送り状等」とは、伝票、インボイス等の製品に添付して相手側に送付されるもののことをいいます。このため、送り状と称されるものであっても、製品に添付されないものについては、食品表示基準で規定されている「送り状等」には該当しません。

　また、「製品に添付されていなくとも製品を識別できるもの」とは、製品規格書、配合規格書、納品規格書、見積書、注文書、カタログ、指図書、成分一覧表及びこれらの電子媒体であるものを指します。

**送り状等に表示することができる表示事項**

**〈業務用加工食品〉**

・原材料名

・食品関連事業者の氏名又は名称及び住所

・原料原産地名（最終製品においてその業務用加工食品の原料原産地を表示する必要がある場合）

・原産国名（輸入品の場合）

　ただし、200L以上の容量の原料用果汁缶を10缶以上清涼飲料水の製造所へ納入する場合など特定のケースに限って上記以外の容器包装に表示すべき事項を送り状等の表示媒体へ記載することが認められています。

　この場合、当該食品を識別できる記号（ロット番号等）を当該容器包装の見やすい場所に記載するとともに、「名称」「製造所（加工所又は輸入者の営業所）の所在地及び製造者（加工者又は輸入者）の氏名」「識別できる記号（ロット番号等）」「購入者の氏名及び住所」を送り状等に記載することが必要です。

**〈業務用生鮮食品〉**

・原産地（最終製品において対象原材料にならない場合は省略可）

## 6 ● 表示の根拠となる書類の保存期間

　最終製品となる加工食品の表示の根拠となる書類の保存期間は、取り扱う食品や流通、消費の実態等に応じ、自らの表示に対する立証責任を果たせるよう、合理的な保存期間を設定することが望ましいとされています。

　期間については、少なくとも「食品が製造されてから消費されるまでの間」とされ、賞味期限が3年の食品であれば、短くとも3年間が合理的な保存期間とされています。

## 7 ● 整理・保存すべき書類

　整理・保存する書類には、製造業者等が食品に表示をするにあたり、当該表示の根拠となるデータを記した書類が該当します。なお、当然電子媒体を含みます。

　具体的事例には、以下のものがあります。

・仕入れた食品の名称、原材料名、原産地等が記載された送り状、納品書、規格書、通関証明書（輸入品の場合）等

・小分け・製造した食品についての製造仕様書、製造指示書、原材料使用記録、製造記録　等

・販売した食品の名称、原材料名、原産地等が記載された送り状、納品書、規格書　等
・期限表示に係る期限設定の根拠書類やアレルゲン、栄養成分表示に係る根拠資料
・特色のある原材料等の表示に係る根拠書類

# 8 ● 業者間取引における義務表示の対象の考え方

①グループ企業間の取引の場合

　グループ企業の取引も「業者間」の取引になりますので、表示義務の対象となります。

②同一企業内の取引の場合

　本支店間での取引等、同一企業内の取引については、企業内で取引を行う者が、それぞれ表示責任者となるのではなく、その企業が全体として表示責任者となることから、表示義務の対象とはなりません。

③加工や包装等の工程を他社へ委託する場合

　委託元と委託先との取引は、表示義務の対象となります。

　製品等も委託元で用意し、それを委託先に提供した上での単なる選別、混合、包装、詰め合わせ等の単純な委託行為であっても、委託先で不適正表示の原因となる行為が行われる可能性があることから表示義務の対象となります。

　なお、この場合、委託元が規格書等と照合できるようにした送り状等を委託先へ送り、委託先が製品を委託元へ納品する際に当該規格書等と照合できるようにした送り状等を返すこと、あるいは委託元が委託先に包装前の製品とあらかじめ表示を付した包材を送り、委託先が包装前の製品を、その包材に入れ委託元へ返すこと等の情報伝達が行われていれば、表示義務を果たしているといえます。

④卸売業者の場合

　製造等の行為を行うか否かにかかわらず、卸売業者は表示義務が生じます。

　したがって、卸売業者は表示責任者となることから、義務表示事項についての情報を把握し、適切に伝達を行う必要があります。送り状、納品書等又は規格書等に表示されている場合は、その情報を伝達する必要があります。

　なお、義務表示事項が、すべて容器包装に、すでに記載されていれば、卸売業者は改めて表示する必要はありません。

⑤輸入品の場合

　輸入業者が国内で、他の事業者に販売する時点から表示が必要となります。したがって、輸出国側の事業者、輸入手続きの代行だけを行う事業者には表示

義務はありません。

**水産流通適正化法について**

　2020年（令和２年）12月11日、「特定水産動植物等の国内流通の適正化等に関する法律（略称：水産流通適正化法）」が公布されました。

　国際的な枠組みの中で、違法に採捕された水産動植物の流通の防止、資源の保存管理を目的として、特定の水産動植物等（アワビ、ナマコ、シラスウナギ）を業者間で取引する際に漁獲番号等の情報の伝達、取引の記録の作成・保存等を義務付けるものです。2022年（令和４年）12月１日から施行（シラスウナギは2025年（令和７年）12月１日から施行）されます。

# 5-11 ● 酒税法及び酒類業組合法の解説

## 1 ● 基本的な考え方

　酒類とは、「酒税法」で定義されているアルコール分１度以上の飲料をいいます。この"アルコール分１度以上の飲料"には、薄めてアルコール分１度以上の飲料とすることができるもの（アルコール分が90度以上のアルコールのうち、酒税法の規定による酒類の製造免許を受けた者が酒類の原料として当該製造免許を受けた製造場において製造するもの以外のものを除く。）又は溶解してアルコール分１度以上の飲料とすることができる粉末状のものを含みます。

　酒税法では課税上の必要性から、この酒類を「発泡性酒類」「醸造酒類」「蒸留酒類」及び「混成酒類」の４種類に分類し、それぞれの種類ごとに内訳を定めています。

　また、酒税は、原則として、酒類が製造場から移出され又は保税地域から引き取られるときに課税原因が発生することとなっていますが、消費のための流通段階に入らず、酒類製造者が他の酒類の原料として使用する場合や、外国に輸出する目的で酒類を製造場から移出する場合などには、酒税が免除されます（これらを未納税取引といいます）。

　食品表示法では、国内に流通する酒類について、未納税取引が行われたものを業務用としますので、飲食店などに納品される樽などの容器に入ったものも一般用加工食品としての表示が必要となります。

## 2 ● 酒税の保全及び酒類業組合等に関する法律 （略称：酒類業組合法）

### 背景と目的

　酒税が国税収入の中において占める地位に鑑み、酒税の確保及び酒類業界の安定のため、酒類業者が組合を設立して酒税の保全に協力し、及び共同の利益を増進する事業を行うことができるようにするとともに、政府が酒類業者等に対して必要な措置を講ずることができるようにし、酒税の確保及び酒類の取引の安定を図ることを目的としています。

　また、この一環として酒類業組合法では、課税の対象となる酒類に表示すべき事項を定め、酒類の容器包装の見やすいところに表示するよう定めています。

## 3●酒類業組合法において表示が必要とされる酒類の包装

　酒類の「容器」とは、酒類を収容し当該酒類とともに消費者（酒場、料理店等を含む。）に引き渡される瓶、缶、樽等の器をいい、「包装」とは、酒類を収容した容器とともに消費者に引き渡される化粧箱、包み紙その他これらに類するものをいいます。

　瓶のラベルや缶の胴部に必要な事項を表示してある場合でも、紙製ケースの6缶パックなど、より外側にある包装しか消費者に見えない場合、そこにも表示が必要になります。

①表示が必要となる酒類の包装の範囲

・「通常当該酒類とともに消費者に引き渡されるもの」

　酒類とともに消費者に引き渡されることを予想して制作された化粧箱等の包装。ただし、運送、保管等のためだけに用いられるものは含まれない。

・「当該酒類の品目と同一の品目の酒類の包装に専用されるもの」

　酒類の品目又は商品名（商標）が表示されている包装で、その品目の酒類の包装に使用されるものとして制作されたもの

②表示を必要としない酒類の包装の範囲

・「品評会」「鑑評会」等に出品する酒類

・酒税法の「収去酒類等の非課税」の規定により収去される酒類及び「当該職員の権限」の規定により採取する見本の酒類（監視・取締りを目的とする酒類）

・酒類業組合法施行規則の「表示方法の届出を要しない見本」に規定する見本用の酒類については、当該酒類（粉末酒を除く。）の容器の容量が100ml未満で、容器の見やすい箇所に「見本」又は「見本用」と明瞭に表示しているもの

・消費者（酒場、料理店等を含む。）に対して、通常そのままの状態で引き渡たすことを予定していない容器（例えば、タンクローリー）に充てんした酒類

## 4●酒類の表示義務事項

　酒類の表示については、酒類業組合法施行令で「酒類の製造業者の氏名又は名称」「製造場の所在地」「内容量」「酒類の品目」「アルコール分」「発泡性を有する旨」「税率適用区分」等の表示が義務付けられています。

　「酒類の品目」は、酒税法で分類される「発泡性酒類」「醸造酒類」「蒸留酒類」及び「混成酒類」それぞれの種類ごとの内訳を、酒類業組合法施行令において

「酒類の品目」として表示することと定めています（図表1参照）。この「品目」を食品表示基準における「名称」に代わるものとして表示します。

　なお、品目の表示の例外として、その品目の名称以外に一般に慣熟した呼称があるものとして財務省令で定める品目については、清酒を日本酒、みりんを本みりん等と、当該酒類の品目に代えて財務省令で定める呼称による表示ができます。

図表1　**酒類の種類と品目**

| 種類 | 品目 |
|---|---|
| 発泡性酒類 | ア　ビール<br>イ　発泡酒<br><br>【その他の発泡性酒類】（品目ではありません。）<br>※ビール及び発泡酒以外の品目の酒類のうち、アルコール分が<br>　10度未満で発泡性を有する酒類 |
| 醸造酒類<br>（その他の発泡性酒類を除く。） | ア　清酒<br>イ　果実酒<br>ウ　その他の醸造酒 |
| 蒸留酒類<br>（その他の発泡性酒類を除く。） | ア　連続式蒸留焼酎<br>イ　単式蒸留焼酎<br>ウ　ウイスキー<br>エ　ブランデー<br>オ　原料用アルコール<br>カ　スピリッツ |
| 混成酒類<br>（その他の発泡性酒類を除く。） | ア　合成清酒<br>イ　みりん<br>ウ　甘味果実酒<br>エ　リキュール<br>オ　粉末酒<br>カ　雑酒 |

　酒類の品目を表示する場所は、瓶詰品については、主たる商標を表示する側の胴部、肩部又は口頭部、缶詰品については、主たる商標を表示する側の胴部又は頭部、樽詰品については、主たる商標を表示する側の胴部又は鏡部と決められています。

　ただし、容器の形態等に照らして難しい場合には、適宜の場所、また、酒類の品目の表示以外の表示義務事項等と、一括して表示する場合には、主たる商標を表示する側以外の場所（底部を除く。）に表示しても差し支えありません。

　酒類の表示は、酒類業組合法施行令により「酒類製造業者」が容器の見やす

い箇所に、容易に識別することができる方法で、図表２の事項を表示する必要があります。

## 図表2 酒類業組合法施行令で表示するとされている事項

①酒類製造業者の氏名又は名称
②酒類製造業者の製造場の所在地
③内容量（粉末酒にあっては、当該粉末酒の重量）
④当該酒類の品目
⑤当該酒類（粉末酒を除く。）のアルコール分
⑥発泡酒及び雑酒にあっては、税率の適用区分を表す事項
⑦その他の発泡性酒類にあっては、発泡性を有する旨及び税率の適用区分を表す事項

なお、発泡酒、その他の発泡性酒類（ビール及び発泡酒以外の酒類のうちアルコール分が10度未満で発泡性を有するもの）、雑酒の場合は、酒類特有の「税率適用区分」の表示が必要です。例えば、発泡酒の場合は、「麦芽使用率○○％」と、その他の発泡性酒類は、酒類の品目、発泡性を有する旨の後に税率の適用区分を表す記号である「①」又は「②」と表示します。
　表示例：「その他の醸造酒（発泡性）②」「リキュール（発泡性）②」

　また、酒類の表示については、食品表示法に組み込まれたことにより、同法による横断的義務表示事項として次のア～クの事項を表示する必要があります（図表３参照）。この中で、ウの内容量は、図表２中③の内容量の表示があれば省略でき、オの製造者の氏名又は名称及び住所は、図表２中①の製造業者の氏名又は名称と②の製造場の所在地の表示がされていれば、規定を満たしていることになります。

## 図表3 食品表示基準で表示するとされている事項

ア．名称
イ．添加物
ウ．内容量

エ．食品関連事業者の氏名又は名称及び住所
オ．製造所又は加工所の所在地及び製造者又は加工者の氏名又は名称
カ．L-フェニルアラニン化合物を含む旨
キ．遺伝子組換え食品に関する事項
ク．原料原産地名

　この際、義務表示事項の特例として酒類について「原材料名」「アレルゲン」「原産国名」の表示は不要とされています。一方で、酒類は加工食品に該当することから、「原料原産地表示」の対象となっています。

　なお、清酒、単式蒸留焼酎（米焼酎）、みりん、果実酒及び甘味果実酒については、米穀等の取引に係る情報の記録及び産地情報の伝達に関する法律（米トレーサビリティ法）又は酒類業組合法に基づく表示の基準に基づき、重量割合上位１位の原材料の原産地が表示（情報伝達）されることとなるため、食品表示基準の原料原産地表示の規定は適用されません。

　この他に、20歳未満の者の飲酒に関しては、「二十歳未満ノ者ノ飲酒ノ禁止ニ関スル法律」で禁じられており、酒類の容器又は包装には「20歳未満の者の飲酒は法律で禁止されている」旨の表示が義務付けられています。

## 5 ●詰め替えや移入・移出時の表示の取扱い

### 引き取りや詰め替えを行う酒類販売業者の表示

　「酒類を保税地域から引き取る酒類販売業者」や「酒類を詰め替えて販売場から搬出する酒類販売業者」についても、酒類販売業者の住所及び氏名又は名称、酒類販売業の取引先又は詰め替えの場所の所在地並びに前項「4　酒類の表示義務事項」で記載した酒類業組合法で表示するとされている事項のうち③〜⑦を、その引き取り、又は搬出する酒類の容器の見やすい箇所に、容易に識別することができる方法で表示する必要があります。

### 製造場に移入した輸入酒類を、そのままの状態で移出する場合の表示

　表示義務事項が、すべて表示されている「輸入酒類」を製造場に移入し、そのままの状態で移出する場合には、「酒類製造業者の氏名又は名称」及び「移出する製造場の所在地」は、改めて表示する必要はありません。

## 6 ●アルコール含有医薬品の表示

　薬機法の規定により、厚生労働大臣から製造（輸入販売を含む。）の許可を受けたアルコール含有医薬品で「酒類に該当するもの」については、酒税の保全及び酒類業組合等に関する法律の酒類の品目等の表示義務に定める表示はし

なくても差し支えありません。

# 7 ●酒類の地理的表示に関する表示基準

農林水産省が主管する地理的表示保護制度では、酒類は対象とされていません。

このため、酒類には別途、地域の共有財産である「産地名」の適切な使用を促進するための制度として、酒税の保全及び酒類業組合等に関する法律の規定に基づいた「酒類の地理的表示に関する表示基準」が定められています。この表示基準では、産地からの申し立てに基づき、国税庁長官の指定を受けることで、産地内で生産され生産基準を満たすものについては、産地名を独占的に名乗ることができます。

すでに指定を受けている酒類には、次のようなものがあります。

清　　酒：「白山（石川県白山市）」「山形（山形県）」「灘五郷（兵庫県神戸
　　　　　市灘区　他）」「はりま（兵庫県姫路市、他）」
蒸 留 酒：「壱岐（長崎県壱岐市）」「球磨（熊本県球磨郡及び人吉市）」「琉
　　　　　球（沖縄県）」「薩摩（鹿児島県（奄美市及び大島郡を除く。））」
ぶどう酒：「山梨（山梨県）」「北海道（北海道）」

　※地理的表示保護制度については、本章 5-5-2 参照。

# 5-12 ● 資源の有効な利用の促進に関する法律の解説

## 1 ● 基本的な考え方

　「資源の有効な利用の促進に関する法律（略称：資源有効利用促進法）」は、前身の「再生資源の利用の促進に関する法律」の一部を改正した改正法として2001年（平成13年）4月に施行されました。

### 背景と目的

　この法律が制定された背景には、主要な資源の大部分を輸入に依存しているわが国で、近年の経済の発展に伴って資源が大量に使用されることにより、使用済物品等や副産物が大量に発生し、その相当部分が廃棄され、かつ、再生できる資源や部品の相当部分が利用されずに廃棄されている状況がありました。

　そこで、資源の有効な利用の確保を図るとともに、廃棄物の発生の抑制及び環境の保全に役立てるため、使用済物品等及び副産物の発生の抑制並びに再生資源及び再生部品の利用の促進に関して必要な措置を講ずることで、経済の健全な発展に寄与することを目的としてこの法律が制定されました。

　具体的には、「事業者による製品の回収・再利用の実施など再利用対策（リサイクル）」を強化するとともに「製品の省資源化・長寿命化等による廃棄物の発生抑制（リデュース）」「回収した製品からの部品などの再使用（リユース）のための対策」を新たに行うことで、大量生産、大量消費、大量廃棄型の経済システムから、循環型経済システムへの移行を目指したものです。

　また、これらの3R（リデュース、リユース、リサイクル）の取組みの一環として、容器包装に識別マーク等の表示を行うことを義務付けています。

　一方で、容器包装のリサイクルに係る法律として「容器包装に係る分別収集及び再商品化の促進等に関する法律（略称：容器包装リサイクル法）」があります。

　容器包装リサイクル法の特徴は、従来は市町村だけが全面的に責任を担っていた容器包装廃棄物の処理を、消費者は分別して排出し、市町村が分別収集し、事業者（容器の製造事業者・容器包装を用いて中身の商品を販売する事業者）は再商品化（リサイクル）するという、3者の役割分担を決め、3者が一体となって容器包装廃棄物の削減に取組むことを義務付けたことです。

資源有効利用促進法と容器包装リサイクル法は、事業者に対して、それぞれ識別表示義務と再商品化義務を定めてリサイクルの促進を目指すものですが、識別表示により分別排出・分別収集が促進され、排出された容器包装の再商品化（有償又は無償で譲渡できる状態にまで処理・加工すること。）が円滑に行われるといった関係にあります。

## 図表1 識別表示義務と再商品化義務の関係

| 容器包装の種類 | 資源有効利用促進法による識別表示義務 | 容器包装リサイクル法による再商品化義務 |
|---|---|---|
| プラスチック製容器包装 | あり | あり |
| 紙製容器包装 | あり | あり |
| ガラス製容器 | なし | あり |
| 飲料、酒類・特定調味料用等ＰＥＴボトル | あり | あり |
| 飲料、酒類用スチール缶 | あり | なし*2 |
| 飲料、酒類用アルミ缶 | あり | なし*2 |
| 他のスチール・アルミ製容器包装 | なし*1 | なし |
| 飲料、酒類用紙パック（アルミ不使用） | なし*1 | なし*2 |
| 段ボール製容器包装 | なし*1 | なし*2 |

＊1　（一部に）自主的表示あり。

＊2　分別収集されたものは有償又は無償で譲渡されるため、再商品化義務の対象とはなりません。

### 再商品化の義務

　容器包装リサイクル法では、容器（商品を入れるもの）、包装（商品を包むもの）のうち、中身が消費されたり、中身の商品と分離された際に不要になるものを「容器包装」と定義して、商品の容器包装が有償である場合も含めて、リサイクルの対象としています。また、その形状によって「特定容器」と「特定包装」に区分しており、それぞれの再商品化の義務を「特定事業者」が担います。また、次の図表2のように特定事業者は区分されています。

　なお、特定容器には、いわゆる食品の容器の他、小売店などで使用されるレジ袋も含まれます。

**再商品化の義務のある特定事業者の区分**

| 特定事業者の区分 | 事業内容 | 事業者の例 |
|---|---|---|
| 特定容器利用事業者 | 販売する商品について特定容器を用いる事業者 | 食品製造業者<br>小売店 |
| 特定容器製造事業者 | 特定容器の製造を行う事業者 | パッケージ製造業者 |
| 特定包装利用事業者 | 販売する商品について特定包装を用いる事業者 | 小売店 |

# 2●容器包装のリサイクルに係る表示

　地方自治体や事業者等が分別回収への取組みを進める際に、外見が似ているため識別が困難な物品が分別されずに混合された場合、再度資源として回収・利用することが困難になります。

　資源有効利用促進法では、消費者にゴミを資源として認識してもらい、容易に容器包装を分別廃棄できるよう、表示対象となる製品を定め、その製造、加工又は販売の事業を行う事業者（製造を発注する事業者を含む。）に対して、統一されたマーク等の表示の基準を定めて、その遵守を求めています。

　なお、一定規模以上の生産量などを有する事業者が、表示事項を表示しない、又は遵守事項を遵守しない場合には、罰則等が適用となります。ただし、罰則等が適用されない小規模事業者であっても、識別表示の表示義務があります。

　この場合の小規模事業者とは、次に掲げる要件を満たす事業者をいいます。

図表
3 **罰則の規定を受けない小規模事業者の要件**

| 業種 | 罰則の適用を受けない小規模事業者の要件 |
|---|---|
| 製造業 | 売上高2億4千万円以下、かつ従業員数20名以下 |
| 商業・サービス業 | 売上高7千万円以下、かつ従業員数5名以下 |

## 識別表示の対象となる製品

　資源有効利用促進法では、分別回収をするための表示をすることが再生資源の有効な利用を図る上で特に必要なものとして政令で定める製品を「指定表示製品」と呼び、食品用の容器包装ではアルミ缶、スチール缶、PETボトル、紙製容器包装、プラスチック製容器包装がこれに指定されています。

　ただし、これらの指定表示製品については、アルミ缶及びスチール缶では飲料か酒類用のもの、ペットボトルは飲料・酒類用に加え特定調味料用と、使用用途を定めて対象としています。

なお、ペットボトルで対象とされる「特定調味料」とは、再資源化の観点から「食用油脂を含まず、かつ、簡易な洗浄により当該物品を充填したPET（ポリエチレンテレフタレート）製の容器から当該物品やその臭いを除去できるもの」として、しょうゆ、しょうゆ加工品、みりん風調味料、食酢、調味酢、ドレッシングタイプ調味料を指します。

　また、料理酒、クッキングワイン等のアルコール発酵調味料についてもPET製容器が用いられるようになったことから、これらのアルコール発酵調味料についても2017年（平成29年）4月1日より、特定調味料と同じ区分に位置付けられました。

　なお、これらの取組みの成果として、食品用PETボトルでは、使用済みのボトルを原料化して製造したPETボトルを食品に直接接する用途で使用することが2004年に認められており、新たな食品用PETボトルに再利用することを「ボトルtoボトル」と呼び、年々、再利用率が増加しています。

## 指定表示製品の識別マーク

　指定表示製品については、消費者のごみを排出する際の分別を容易にし、市町村の分別収集を促進するため、図表4のように識別マークを定めています。

　なお、これらの識別マークについては、省令制定から長期間が経過し、分別回収の促進や定着が進んできました。

　一方では、食品安全に係るさまざまな表示事項の増加や、飲料容器の小型化が進むことで、識別マークを表示できるスペースが小さくなる傾向が続くことが想定され、2020年（令和2年）4月1日から「スチール缶、アルミ缶及びペットボトルの表示に関する資源有効利用促進法の省令」の一部を改正し、表示サイズの大きかったスチール缶、アルミ缶及びペットボトルについて、マークや文字の大きさをプラマークや紙マークと同等のサイズに変更しています。

**図表 4　指定表示製品の識別マークと対象商品（義務表示）**

| 対象商品 | 識別マーク | 識別マークと役割名の文字の大きさ | | |
|---|---|---|---|---|
| プラスチック容器包装<br>※飲料、酒類、特定調味料用のペットボトルを除く | （プラ） | 印刷又はラベル | 1 辺 | 6mm 以上 |
| | | | 文字 | 6 ポイント以上 |
| | | 刻印 | 1 辺 | 8mm 以上 |
| | | | 文字 | 8 ポイント以上 |
| 紙製容器包装<br>※アルミを使用していない飲料用紙容器と段ボールを除く。 | （紙） | 印刷又はラベル | 1 辺 | 6mm 以上 |
| | | | 文字 | 6 ポイント以上 |
| | | 刻印 | 1 辺 | 8mm 以上 |
| | | | 文字 | 8 ポイント以上 |
| 飲料、酒類用アルミ缶<br>※胴の外径の大きさは問わない[*1] | （アルミ） | 印刷又はラベル | 1 辺 | 6mm 以上 |
| | | | 1 辺の切れ目の幅 | 1 辺の 3/5 以内 |
| | | | 線の幅 | 0.6mm 以上 |
| | | | 1 つの角の大きさ | 60° |
| | | | 文字 | 4 ポイント以上 |
| 飲料、酒類用スチール缶<br>※胴の外径の大きさは問わない[*1] | （スチール） | 印刷又はラベル | 円の外径 | 6mm 以上 |
| | | | 円の切れ目の幅 | 円の外径の 3/5 以内 |
| | | | 線の幅 | 0.6mm 以上 |
| | | | 文字 | 4 ポイント以上 |
| 飲料、酒類、特定調味料用のペットボトル<br>※内容積が 150ml 以上のものに限る[*2] | （PET） | 刻印（エンボス加工） | 1 辺 | 8mm 以上 |
| | | | 文字 | 5 ポイント以上 |
| | | 印刷又はラベル | 1 辺 | 6mm 以上 |
| | | | 1 辺の切れ目の幅 | 0.2mm 以上－一辺の 1/14 未満 |
| | | | 線の幅 | 0.5mm 以上 |
| | | | 1 つの角の大きさ | 60° |
| | | | 文字 | 数字：5 ポイント以上<br>文字：4 ポイント以上 |

＊1　製造又は販売の数量が少ないため、缶の胴に表示をすることが困難な場合は、当分の間 、缶の胴以外の部分に表示をすることができる。

＊2　150ml 未満のペットボトルにおける識別表示義務はないが、業界団体である一般社団法人全国清涼飲料連合会の自主ガイドラインが定められており、それに準ずることが推奨されている。

　国が定める法律に基づくもののほかにも、民間の事業者団体等が"飲料用紙容器（紙パック）"や"段ボール"などについて、リユースやリサイクルを進める目的で容器包装の素材や回収ルートがあることを示す識別マークを定めているものがあります（図表5）。

**図表 5** 指定表示製品以外のマークと対象商品（任意表示）

| マーク | 制度名と対象商品 | マークの運営団体等 |
|---|---|---|
| 紙パック | **紙パックマーク**<br>アルミなし紙パックに付けられるマーク | 飲料用紙容器リサイクル協議会（全国牛乳容器環境協議会） |
| スチール 使い切って リサイクル | **18リットル缶リサイクル推進マーク**<br>18リットル缶に付けられるマーク | 全国18リットル缶工業組合連合会 |
| スチール | **一般缶材質表示マーク**<br>一般缶（鉄製容器）に付けられるマーク | 全日本一般缶工業団体連合会 |
| | **段ボールのリサイクル推進シンボル**<br>段ボールに付けられるマーク。国際段ボール協会が定めた段ボールのリサイクルシンボル | 段ボールリサイクル協議会 |
| R | **ガラスびんリターナブルマーク**<br>日本ガラスびん協会が認定するリターナブルガラスびんに付けられるマーク | 日本ガラスびん協会 |

## 3●プラスチック製及び紙製容器包装の識別表示の表示方法

　識別表示を行う場合、表示義務の対象となる容器包装ごとに表示することが原則となります。

　ただし、複数の容器包装で構成された多重容器包装については、個別の表示に代えて、「表示可能な容器包装」又は「同時に廃棄されると認められる容器包装の構成部分」のいずれか1か所に、まとめて表示をすることができます。

　この多重容器包装とは、外装フィルム、外箱、個包装等が2重以上に重なっているものや、容器本体、キャップ、中ぶた等の複数パーツから構成される容器包装のことを指します。また、これらの複数パーツについて、商品の外装等に一括して表示を行う際は、次の点に留意します。

### 一括して表示する場合のポイント

①同時に廃棄されると認められる容器包装のいずれかに一括して表示します。
　この場合、個々の包装やパーツへの直接表示は省略が可能です。
②無地の容器包装あるいは表示に技術的制約がある容器包装については、「同時に廃棄されると認められる容器包装」に一括して表示します。
③外箱等に一括して表示する場合には、容器を構成する役割名（表示対象となる個々の包装やパーツの名称）を6ポイント以上の大きさの文字で表示します。

④一括して表示する際、複数の識別マークがある場合は、上下に並べても左右に並べても構いません。

**図表6 多重容器包装において一括して表示する例**

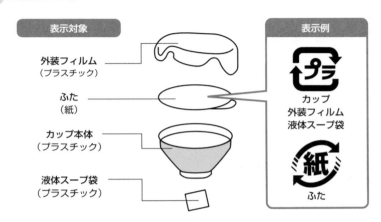

## プラスチック製容器包装の材質表示

①プラスチック製容器包装の材質表示は義務表示ではありませんが、材質が多様なため識別マークの近くに材質表示を行うことが推奨されています。

②材質表示を行う際には、「日本産業規格 JIS K 6899-1 2015（ISO1043-1 2011）基本ポリマー及びその特性」で定められているプラスチックの記号及び略号に準拠して表示を行います（図表7参照）。

| 材質名 | 材質記号 |
|---|---|
| アクリロニトリル－ブタジエン－スチレン樹脂 | ABS |
| ポリ塩化ビニリデン | PVDC |
| エチレン－ビニルアルコール樹脂 | EVOH |
| ポリアミド（通称：ナイロン） | PA |
| ポリブチレンテレフタレート | PBT |
| ポリエチレン | PE |
| ポリエチレンテレフタレート（通称：ペット） | PET |
| ポリプロピレン | PP |
| ポリスチレン | PS |
| ポリ塩化ビニル（通称：塩ビ） | PVC |

③紙と金属についても、それらがプラスチック製容器包装の一部を構成している複合素材の場合には、便宜上、記号（紙：P、金属：M）を用いて材質表示を行います。

④複合材質\*については、主要な構成材料を含めた2つ以上について表記を行います。この際、重量の最も重い主要な材料については「下線」を付します。

　　　\*複数の材質のプラスチックからなる分離不可能なもの。

⑤多重容器包装に一括して表示したものに材質表示を行う場合には、役割名に材質・素材を添えて表示します。

# 5-13 ● 食品表示マークの解説 （JASマーク・公正マーク・スマイルケア食のマーク）

食品には、各種のマークが付されていることがあります。

食品の容器包装に付される識別マーク（スチール缶・アルミ缶・ペットボトル等のマーク）のように法令で義務付けられているもののほか、特定保健用食品のマークやJASマークのようにその製品の特徴を消費者に伝えるための任意のマークもあります。

ここで任意というのは、マークを付すか付さないかは事業者の判断にゆだねられるという意味です。例えば、特定保健用食品としての機能性があっても、特定保健用食品としての表示をしないで、加工食品としての義務表示のみを行って販売することは可能です。

ここでは、JASマークと、公正マーク、スマイルケア食のマークについて解説します。

## 1 ● JAS マーク

【JAS 制度をめぐる動向】

JAS（Japanese Agricultural Standards：日本農林規格）は、JAS法に基づく飲食料品や林産物等の農林物資の品質の改善及び生産、販売その他の取扱いに関するわが国の国家規格で、国内市場に出回る食品や農林水産物の品質や仕様を一定の範囲水準に揃えるための基準として策定されたものです。

JAS制度発足当初は、JASも主として一次産品ないしは、これに軽度の加工を施したもの、例えば、はっかやわら加工品などを中心としたものでしたが、1950年代に入ってからは、日本の農林関連企業、ことに食品工業はようやく発展の途につき、国民の食生活も高度化、多様化の方向に進みました。このころになると国民の生活物資に対する関心は次第に量から質へと移り、消費者意識が急速な高まりを見せてきました。これらの要因から1961年（昭和36年）以後JAS制定の中心は加工食品に移ってきました。

国も、このJAS制度の普及に力を入れたことにより、JASの国内における影響力と信頼性は高まり、学校給食や公共建設工事などの場において、JAS適合品が資材調達の基準になっているなど、社会経済のシステムにも浸透しています。

しかし、近年では国内市場における食品・農林水産品の品質が総じて向上し、消費者のニーズは品質以外の価値や特色に及ぶようになっています。一方で、JASを活用することで、食文化や商慣行が異なる海外の取引先に向けて日本の産品に対する品質や特色、事業者の技術や取組みなどの「強み」について説得力のある説明ができ、信頼の獲得が容易になるなどの効果に新たな期待がもたれるようになってきました。

このような中、JASの根拠法であった、「農林物資の規格化等に関する法律」が2017年（平成29年）6月23日付けで「日本農林規格等に関する法律」と改正され、2018年（平成30年）4月1日から施行されました。新たな法令に基づくJASでは、その対象がモノ（食品や農林水産物）だけではなく、モノの生産方法（プロセス）や取扱方法（サービス等）、さらに試験方法などにも拡大されました。JASの対象の拡大に伴い、認証の枠組みも拡充されるとともに、国際基準に適合する試験機関としての登録試験業者制度も創設されました。

このJAS法改正は、海外との取引の円滑化、ひいては、輸出力の強化に資するよう、JASや認証の制度を戦略的に制定・活用できる枠組みを整備し、JASの国際化の推進を図ることを意図しています。

また、2022年（令和4年）5月25日、JAS法はさらに改正されました。この改正の大きな変更点は、有機酒類の認証開始と外国格付表示業者の認証制度が追加されたことです。今回の改正も先ほど記載した「輸出力の強化」を図る目的の1つであり、近年欧米への有機食品の輸出が増加している中で、有機酒類についても「有機として海外での販売をしやすくすること」を目的としたものです。

酒類は、農林水産省の所管でなかったため、今まではJAS法の中では除外されていましたが、法律の所管官庁を農林水産省だけでなく財務省との共管とすることにより、有機酒類についてもJAS認証を取得することが可能になり、JAS法上規定されている有機同等性を利用した輸出が可能となりました。

なお、これまで有機同等性を利用して日本国内で外国の有機マークを付す行為については特に認証を必要としていませんでしたが、「外国格付表示業者」の認証を新設することにより、外国の有機認証マークを付すことに対する信頼性を高める狙いがあります。

### 【JASの認証の枠組み】

JASの種類や内容は、徐々に拡充されています。登録試験業者を除けばマークを付するまでの流れについては変わることがありません。ただし、従来のJASマークのうち、後に紹介する特定JASマークと生産情報公表JASマーク

については、2017年（平成29年）のJAS法改正に併せ統合され，新たなJASマークが新設されました。

　JASに適合していると判定することを格付といい、格付を行った製品にJASマークを付すことができます（ただし、取扱方法（サービス等）や試験方法の規格は、個々の製品にマークがつくことはありません）。

　JASマークが付されている製品は、一定の品質や特色をもっていますので、消費者が商品を選ぶ際、また、国内外の事業者間で取引する際に、JASマークを参考にすることができます。なお、格付を行うかどうかは、製造業者等の自由に任されており（任意制度）、JASマークの付されていない製品の流通に制限はありません。

　　　※有機JASについては、第5章 5-4参照。


【JASマークを貼付するには】
　製品が格付されたものであることを示すJASマークを付すことができるのは、登録認証機関（農林水産大臣の登録を受けた機関）から、規格にあった製品を安定的に供給できる体制であることを確認された事業者（認証事業者）です。登録認証機関は、認証事業者がその後もその管理体制を維持しているか、定期的に監査を実施します。

　JASマークは、容器若しくは包装の1個ごとの見やすい箇所、又は送り状に付するように定められており、表示するマークの大きさにも定めがあります。また、認証機関を明らかにするため、JASマークに認証機関名を併記することになっています。なお、マークの色については指定されていません（取扱方法の規格における認証も同様に認証機関から認証を受ける必要があります。製品にはマークを付すことはできませんが、名刺や広告などに謳うことは可能です）。

　規格とマークの全体像を図表1に示します。この図にあるように、生産行程及び流通行程のJASマークは、富士山をモチーフにしたマークに統合されています。

　　　※具体的なJASマークについては、資料編 資料1参照。

## 図表 1 JAS とマークの全体像

一 農林物資の品質等の規格

イ 品位、成分、性能その他の品質の規格

①飲食料品及び油脂 （規格例） 即席めん、乾めん類
しょうゆ、トマト加工品など

②木質建材 （規格例） 素材、製材、集成材
合板など

③その他 （規格例） 畳表など

ロ 生産行程の規格

（規格例）有機農産物
有機加工食品など

生産情報公表牛肉
生産情報公表養殖魚など

熟成ハム、熟成ソーセージ
地鶏肉など

ハ 流通行程
（規格例） 定温管理流通加工食品

※2022年
4月1日
完全施行

二 取扱方法の規格
（規格例） 有機料理を提供する
飲食店等の管理方法

ノングルテン米粉の
製造工程管理など

三 試験方法の規格
（規格例） メチル化カテキン
β－クリプトキサンチンなど

出典：一般社団法人日本農林規格協会「JAS 制度の手引き」より

# 2●その他の食品マーク

## 【公正マーク】

　公正競争規約は、景品表示法の規定に基づいて、業界が自主的に定めている景品と表示についてのルールです。

　表示に関する公正競争規約は、事業者団体が、必要表示事項及びその製品特有の事項の表示の基準や、特定の用語の表示の禁止等、適正な表示についてのルールを自主的に定めたもので、消費者庁及び公正取引委員会の認定を受けたものです。「公正マーク」は、公正競争規約に参加している事業者の商品で、規約に従い適正な表示をしていると認められる商品に、表示されています。

　　　※具体的な公正マークの例については、資料編 資料１参照。

## 【スマイルケア食のマーク】

　「スマイルケア食」とは、これまで介護食品と呼ばれてきた食品の範囲を整理し、新しい枠組みとして整備されたものです。

　噛むこと・飲み込むことに問題はないものの健康維持上栄養補給を必要とする人向けの食品（青マーク）、噛むことに問題がある人向けの食品（黄マーク）、飲み込みに問題がある人向けの食品（赤マーク）に分類されています。

　なお、形状がカプセルや錠剤となっているものは、利用者の自己判断に基づく過剰摂取などのおそれもあることから「スマイルケア食」の対象にはなっていません。

　なお、スマイルケア食識別マーク（青、黄、赤マーク）を表示しようとする場合は、「スマイルケア食識別マーク利用許諾要領」に基づき、農林水産省に申請を行う必要があります。

　　　※具体的なスマイルケア食のマークについては、資料編 資料１参照。

# 5-14 ● 飲食店における表示の解説

## 1 ●飲食店における表示の必要性

　飲食店は、食品表示法において加工食品又は生鮮食品を「設備を設けて飲食させる場合」に該当するものとして取り扱われます。この「設備を設けて飲食させる場合」とは、具体的には、レストラン、食堂、喫茶店等の外食事業者による食品の提供（例えば、飲食店で提供される状態のものを自宅へ届けてもらうなどの外食事業者による出前を含む。）を指します。

　消費者のニーズの高度化、多様化等に伴い、外食産業は私たちの食生活の一端を担う存在です。食品表示基準において、外食には原則的に表示の義務はありませんが、「生食用食肉」に関して注意を喚起する表示[*1]や、白飯、チャーハンなど、米飯として提供される米の産地情報の伝達[*2]、及びステーキなどの「特定料理」専門店における牛肉の個体識別番号の伝達[*3]など、一部の表示は飲食店においても必要です。また、消費者の不利益にならない表示が行われるように、ガイドライン等が示されています。

　　　＊1　「生食用食肉」の表示については、第2章 2-3-2参照。
　　　＊2　米の産地情報の伝達については、第5章 5-8参照。
　　　＊3　牛肉の個体識別番号の伝達については、第5章 5-9参照。

　なお、これらの外食事業者が、別の場所で製造・加工したものを仕入れて、単に販売する場合については、製造・加工した者又は販売をする者のいずれかが表示を行う必要があるとされているので、注意が必要です。レストランで提供する料理に使用しているのと同じドレッシングを、一般用加工食品として飲食店で販売している場合などがこれに該当します。

## 2 ●飲食店における表示の努力義務

　消費者が加工食品を選ぶ際に原料原産地名を参考にするのと同様に、飲食店でメニューを選ぶ際にも、主な原材料の産地を知りたいとのニーズがあります。これに対応するため、後述する「外食・中食における原料原産地情報提供ガイドライン」が、2019年（平成31年）に策定されました。

また、メニューにおいて、優良誤認を招くような表示があってはならないとして、「メニュー・料理等の食品表示に係る景品表示法上の考え方について」の指針＊を、消費者庁が2014年（平成26年）に公表しています。

　　＊「メニュー・料理等の食品表示に係る景品表示法上の考え方について」は、第5章 5-7参照。

　なお、最近では、食物アレルギー疾患を有する方への情報提供が課題となっています。現在、飲食店のメニュー表示等については、アレルゲン情報の提供は義務付けられていませんが、「外食・中食におけるアレルゲン情報の提供に向けた手引き」が、消費者庁と農林水産省の関与のもとで2017年（平成29年）6月にまとめられました。これは、消費者庁において設置された「外食等におけるアレルゲン情報の提供の在り方検討会」の議論を受けてまとめられたもので、外食事業者が正確な情報を消費者に提供するための指針として作成されたものです。

　飲食店においては、一部の義務表示事項のほか、これらのガイドラインや指針を遵守したメニュー等の表示が望まれます。

# 3 ● 「外食・中食における原料原産地情報提供ガイドライン」について

　レストラン、食堂等で食事をする場合に、消費者の関心が高い表示内容として、主要な食材の原産地があります。旅行先での食事や、普段家庭で食べる機会の少ない食材を使った料理について、原材料の原産地を知りたいというニーズが高いからです。

　これらを背景に、「外食・中食における原料原産地情報提供ガイドライン」が、外食・中食における原料原産地表示情報提供ガイドライン検討会により2019年（平成31年）3月に新たに策定されました。

### 「外食・中食における原料原産地情報提供ガイドライン」の概要

　このガイドラインの位置付けは、消費者による外食メニューや惣菜等の中食商品の選択に資するという観点から、外食・中食事業者が原料原産地情報を提供する上での指針であり、各事業者の業種・業態に応じた自主的取組みによる情報提供を促すためのものとなっています。

　原料原産地表示の表示対象とする販売形態等について、食品表示法とガイドラインとの関係は次の図表1のようになっています。

## 図表1 外食・中食における原料原産地表示に係る食品表示法とガイドラインとの関係

| 販売形態 | 容器包装されていない商品 (ばら販売、量り売り等の販売形態) | | 容器包装入り商品 | |
|---|---|---|---|---|
| 適用項目 | 食品表示法 | ガイドライン | 食品表示法 | ガイドライン |
| 販売と同一施設内にて製造 | × | ○ | × | ○ |
| 販売と同一施設以外にて製造 | × | ○ | ◎ | ― |
| 設備を設けて、その場で飲食させる場合 | × | ○ | × | ○ |

×：義務表示適用外、◎：義務表示の適用、○：任意表示

※ 不当表示は、景品表示法による措置対象となる。

出典：外食・中食における原料原産地情報提供ガイドラインより

### 1. ガイドラインの対象となる事業者

　対象とする事業者については、業種・業態や事業規模の大小にかかわらず、すべての外食事業者及びインストア加工による惣菜、弁当（持ち帰り）、量り売り、ばら売り等の販売形態で営む中食事業者としています。

　なお、これらの外食・中食事業者に納入する食材の原料原産地の表示（情報伝達）は、流通業者等には義務付けられていませんが、今後、この取組みにあたり外食・中食事業者のみならず、流通業者等も積極的に原産地情報の把握に努めることを求めています。

### 2. 提供する原料原産地の情報

　ガイドラインでは、食品表示基準の原料原産地の考え方とは異なり、外食メニューや惣菜等の中食商品で使用されている主要原材料が加工食品の場合でも、主要原材料に使用された生鮮食品の原産地がわかっている場合には、その原産地を情報提供することが望ましいとしています。

　また、生鮮食品の原産地を特定できず、加工食品の「製造地」を情報提供する場合には、生鮮食品の原産地が特定できない旨及び加工食品の製造地が、「その商品の内容に実質的な変更をもたらす行為が行われた国」であって、その加工食品の原材料である生鮮食品の原産国や原産地ではないことを説明できるようにしておくことを求めています。

　提供する原料原産地情報の範囲は、次の（1）〜（3）の考えに基づき判断します。

第5章

5
－
14

表示の個別解説 ● 飲食店における表示の解説

（１）次の原材料については、「原材料」及び「原産地」の情報を提供します。

①単一の主たる原材料を使った外食メニューや中食商品の原材料

　　　例：●ステーキ⇒牛肉（アメリカ産）
　　　　　●魚の照り焼き⇒魚種名（ぶり）・原産地（日本海）

②外食メニュー名・中食商品名に用いられている原材料

　　　例：●チキンソテー⇒（鶏肉：ブラジル産）
　　　　　●白身魚の唐揚げ弁当⇒白身魚の魚種名（まだら）・原産地（アメリカ産）
　　　　　●ぶりの照焼⇒（ぶり：日本海）

③こだわり食材の原材料

　　　例：●旬のさんま⇒旬のさんま（三陸沖）
　　　　　●しゃきしゃき蓮根のサラダ⇒原材料（蓮根）・原産地（茨城県産）

（２）消費者から注文の多いもの又は外食・中食事業者が主力メニューや商品として積極的に売り出している「主要なメニュー・商品」の原材料については、積極的に原産地を情報提供するとともに、トンカツの付け合わせであるキャベツなど（１）の原材料以外の原材料についても、同様に情報提供することとされています。

　　　例：●唐揚げ⇒肉の種類（鶏）・原産地（ブラジル産）
　　　　　●トンカツ⇒トンカツ（豚肉はデンマーク産、キャベツは国産）

（３）地産地消の取組みや農業、水産業等との連携等により安定した調達や、原材料の生産流通履歴情報のわかるトレーサビリティの確保に取り組んでいる外食・中食事業者は、原材料の種類ごとに原産地を表示するなど、情報提供方法を工夫することにより、原産地に関するより多くの情報の提供に努めるとされています。

　　　例：●野菜⇒野菜は地元○○県産のものを使用しています。
　　　　　●鮮魚⇒○○漁港で水揚げされた鮮魚を直送しています。

## 3. 原料原産地の情報提供方法

　情報提供の方法は、店舗内での表示を基本としますが、消費者の利便に配慮した情報提供の方法を選択又は組み合わせて、正確な情報提供に努め、「見やすい、聞きやすい、わかりやすい店舗」を構築します。

（1）店舗での情報提供

　①惣菜など販売ケースの商品や外食のメニュー見本に近接したプライスカードやポップへの表示

　②外食の卓上メニューやメニューブックへの表示、ボードの店内掲示

　③店員による情報提供

　　例：「原料の産地等については店員にお尋ねください。」

（2）インターネット等の活用

　①ホームページにメニューや商品情報を掲載

　②メニュー等に印字した2次元コードの読み取りによる情報の提供等、原料原産地情報に限らず、メニューや店頭商品のポップ等の表示だけでは伝えきれない生産方法等に関する情報を提供する。など

（3）情報提供の工夫

　①1つの原材料が複数のメニュー・商品に使用されるという特徴を有しているため、メニューブックの巻末などに原材料ごとにまとめて原産地を表示する方法

　　例：「野菜は国内（長野、茨城、千葉、東北地方）の契約農家から、豚肉は米国、デンマークから仕入れています。」

　②メニュー・商品のジャンルごとに原材料をまとめて原産地を表示する方法

　　例：「ハンバーグに使用している牛肉はオーストラリア産、豚肉はアメリカ産です。」

## 4. 情報提供する原料原産地の名称

　原材料の安定的な調達・確保の観点から、複数の産地の原材料を使用する場合が多く、また、気候等の影響により産地が頻繁に変わることも多いことなどから、原産地の名称の記載は原則として、国産の原材料は「国産」である旨、輸入品であるものには「原産国名」を情報提供します。

（１）農産物
　　①国産品：国産である旨（国産である旨に代えて都道府県名、市町村名、地域名、その他一般に知られている地名で表示することができる。）
　　②輸入品：原産国名（原産国名に代えて州名、省名、その他一般に知られている地名で表示することができる。）

（２）畜産物
　　①国産品：国産である旨（国産である旨に代えて主な飼養地が属する都道府県名、市町村名、その他一般に知られている地名で表示することができる。）
　　②輸入品：原産国名（原産国名に代えて一般に知られている地名で表示することができる。ただし、畜産物で２か所以上にわたって飼養された場合は、一番長い期間飼養された場所（主たる飼養地）を原産地として表示する。）

（３）水産物
　　①国産品：国産である旨（国産である旨に代えて水域名、水揚げした漁港名、水揚げ漁港又は養殖地が属する都道府県名、その他一般に知られている地名で表示することができる。）
　　②輸入品：原産国名（水域名を併記することができる。）

（４）１つの原材料で、複数の原産地（原産国）の原材料を使用する場合
　　①主な原材料の原産地：
　　　国別重量順表示を原則とし、対象原材料の産地について、国別に重量の割合が高いものから順に国名を「、（読点）」でつないで記載します。
　　②国別重量順表示が困難な場合：
　　　表を作成し、使用する可能性のある原産地を網羅的に明示することができます。ただし、この場合、国別重量順の記載ではない旨をただし書き等で記載する必要があります。

例：

| メニュー | 主要原料 | 原産地　※記載の順番は重量順ではありません。 | | | |
|---|---|---|---|---|---|
| ハンバーグステーキ | 牛肉 | 豪州 | 米国 | 日本 | ニュージーランド |
| | 豚肉 | 米国 | カナダ | 中国 | |
| ロールキャベツ | キャベツ | 日本 | 韓国 | | |

　　③主な原材料の原産地が季節ごとに、あるいは一時的に変動したりする場合：
　　　原産国の次にその旨を記載します。

例：「レタスは原則国産ですが、天候の影響により○○産のものを使用することがあります。」

④主な原材料の原産地の情報の一部が流通業者等から伝達されない場合や、メニュー等に印字する場合で工夫してもすべての原産国を記載することが困難な場合：

伝達されない原産国、表示できない原産国を「その他」と記載できます。この場合であっても、原産地の情報提供に努めることとされています。

## 4 ● 処罰等

ガイドラインは、外食・中食事業者が自主的な原料原産地の情報提供に取り組むための指針ですので強制力はありません。このため、情報を提供しないことで処罰されることもありません。ただし、事実と異なる表示等により、消費者が実際のものよりも著しく優良であると誤認する場合は、「景品表示法」による措置の対象となります。

# 5-15 ● 計量法の解説

## 1 ● 法律の概要

　計量法は、「計量の基準を定め、適正な計量の実施を確保し、もって経済の発展及び文化の向上に寄与すること」を目的とした法令です。

　物象の状態の量を計るとは、具体的には長さ、質量、体積、面積、速さ、時間、温度、電力など、さまざまな物象の状態を計量することをいいます。計量法では、このときの基準となる「法定計量単位」を定めています。

　また、適正な計量の実施を確保するため、消費者保護を目的とする商品量目制度や、正確な計量機器が社会に供給されるための計量機器製造業者届出の義務、はかりの定期検査義務などの規定を設けています。

　食品は、この「商品量目制度」の対象として、正しく計量することが求められています。なかでも一部の食品については計量単位として、質量にあっては、グラム（g）又はキログラム（kg）、体積にあっては、ミリリットル（ml）又はリットル（L）という、法で定められた法定計量単位を使用し、内容量を表示することとされています。

　さらに、はかりそのものが不正確であっては、適正な計量はできません。このため、一般に取引等で使うはかり＊については2年に1回、都道府県の計量検定所などで検査を受けることが義務付けられています。この定期検査は、小売店で食品を量り売りする際のはかりも対象となっています。

> ＊操作者が商品をはかりにかけ、静止状態において計量を行う非自動はかりが対象ですが、2017年（平成29年）度より、定期検査の対象として自動はかりが追加されました。食品製造ラインにおいて使用されている各種のはかりについても、定期検査の対象かどうかの確認が必要です。

## 2 ● 商品量目制度

　商品量目制度とは、売買契約による当事者間の権利義務関係、取引の安全、消費者保護の観点から特に販売者に量目公差義務を課しているものです。

第10条　正確計量義務
法定計量単位により取引をするときは正しく計量すること。

第11条　長さ等の明示
計量販売に適する商品は、法定単位により示して販売すること。

第12条第1項　特定商品の正確計量義務
特定商品を法定計量単位で計量販売するときは、量目公差内で計ること。

第13条第1項　物象量表記義務商品

特定商品のうち、政令指定するものは密封包装を施したら、法定計量単位を用いて量目公差内で計り、その内容量と表記者の住所・名称等を表示すること。
（第14条第1項　上記の義務商品は輸入品も同様に内容量と輸入者の住所・名称等を表示する。）

第13条第2項　13条第1項の政令指定以外の特定商品を密封し内容量を法定計量単位で表記する場合は、量目公差内で計り、その表記者の住所・名称等も表示すること。

出典：経済産業省ホームページ「商品量目制度の概念図」より一部改変

また、消費者が合理的な商品選択を行う上で量目の確認が必要と考えられ、かつ量目公差を課すことが適当と考えられるものを「特定商品」に指定し、これらを法定計量単位による計量結果を表示して販売する場合は、決められた許容誤差（量目公差*）の範囲内で計量して販売しなくてはならない（第12条）というものです。

さらに、政令で定めた特定商品を密封して販売する場合には、法定計量単位を用いて内容量を計量し、さらに表記する者についての情報を併記する必要があります（第13条第1項）。

第13条第1項に該当しない特定商品は、法定計量単位以外でその内容量を表示することができますが、密封して内容量を法定計量単位で表示して販売する場合（第13条第2項）は、第13条第1項の商品と同じように表記する者についても表示が必要です。

＊量目公差については、次ページ「4 量目公差」、資料編 資料2の図表1及び図表2参照。

特定商品には、合成洗剤や灯油など食品以外のものも含まれますが、食品に関する具体的な品目は、資料編 資料２「計量法の特定商品（食品のみ）」の図表１にあるとおりです。

　例えば、菓子類は、第12条第１項の特定商品に該当しますので、法定計量単位を用いて計量して販売する場合は、量目公差内で計量することが必要です。

　さらに、菓子類のうち、第13条第１項の物象量表記義務商品に該当する「（１）ビスケット類、米菓及びキャンディ（ナッツ類、クリーム、チョコレート等をはさみ、入れ、又は付けたものを除くものとし、１個の質量が３ｇ未満のものに限る。）」について密封して販売する場合は、法定計量単位であるグラム又はキログラムを用いて量目公差内で計量し、その内容量と表記する者の住所・名称等を表示する必要があります。（表記する者についての義務表示は、食品表示基準における食品関連事業者の表示があればその要件を満たすことになります。）

　すなわち、第13条第１項の「（１）」に該当しない１個の質量が３ｇ以上のビスケットや米菓、キャンディについては、密封して販売する場合でも、法定計量単位で内容量を表示する必要がなく、食品表示基準にしたがって内容量を個数で表示することができます。ただし、１個の質量が３ｇ以上のビスケット類であっても、密封し、内容量を法定計量単位（ｇ）で表示して販売する場合は、第13条第２項の場合に相当しますので、量目公差内での計量及び表記する者の住所・氏名等を表示することとなります。

## 3●計量法における密封とは

　「密封」とは、商品を容器包装して、その容器包装又はこれらに付した封紙を破棄しなければ、当該物象の状態の量を増加し、又は減少することができないようにすることをいいます。食品表示法でいう容器包装された状態とは異なり、第三者が開封したら開封前の状態には戻せない包装の形態を指します（図表２）。

**具体的な密封の例**

| 密封の状態 | 具体的な包装形態 |
|---|---|
| 容器又は包装を破棄しなければ内容量の増減ができない場合 | ①缶詰、瓶詰（王冠若しくはキャップが噛み込んでいるもの又は帯封のあるもの等）<br>②すず箔、合成樹脂、紙（クラフト紙、板紙を含む。）製等の容器詰めであって、ヒートシール、のり付け、ミシン止め又はアルミニウム製ワイヤで巻き締めたもの等<br>③木箱詰め又は樽詰め（釘付け、のり付け、打ち込み又はねじ込み蓋式のもの等）<br>④いわゆるラップ包装（発泡スチロール製等の載せ皿をストレッチフィルム等で覆い、フィルム自体又はフィルムと皿とが融着しているもの又は包装する者が特別に作成したテープで留めているもの） |
| 容器又は包装に付した封紙を破棄しなければ内容量の増減ができない場合 | 第三者が意図的に内容量を増減するためには、必ず破棄しなければならないように特別に作成されたテープ状のシール等が、その容器又は包装（材質又は形状を問わない。）の開口部に施されているもの。ただし、第三者が容易に入手できるひも、輪ゴム、こより、針金、セロハンテープ、ガムテープ、ホッチキス等により封をしたものは密封には当たらない。 |

## 4 ● 量目公差

　量目公差とは、特定商品の品目ごとに政令で定められている計量の許容誤差のことです。

　これは、計量をする際に商品の特性などから計量時に避けられない誤差が生じること、また、計量法は消費者利益の確保を主たる目的としていることから、特定商品について、表示された量より実際の量が少ない場合に量目公差（許容誤差の範囲）が適用されます。

　したがって、内容量が表示量に対して過量な場合にかかる量目公差は規定されていませんが、計量法では、法定計量単位による取引又は証明における計量をする者は、正確に計量をするよう努めなければならないとされているため、著しい過量については指導・勧告等の対象となり得ます。このため、内容量が表示量を超えている場合の誤差についても図表3にあるように正確計量の基準（目安）を定めています。

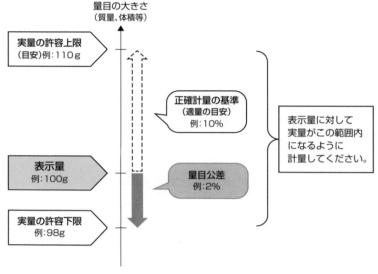

**図表3** 特定商品の販売における表示量と実量との関係（イメージ）

出典：計量法における商品量目制度 Q & A 集【全般 - 4】

第 6 章

# 栄養成分表示の解説

# 6-1 ● 栄養成分表示（栄養成分の量及び熱量に係る表示）について

　栄養成分表示は、消費者にとっては、適切な食品選択や栄養成分の過不足の確認等に役立てることができる重要な情報です。一方、食品事業者にとって栄養成分を表示することは、自社の製品の付加価値の向上につなげることができる有効な手段です。

## （1）栄養成分表示の規定が適用される食品

　食品表示基準では、原則として、すべての一般用加工食品及び業務用以外の添加物について栄養成分表示を義務付けており、業務用加工食品、生鮮食品及び業務用添加物については、任意表示とされています（図表1参照）。

　これらの食品を販売する場合、一般用加工食品については「横断的義務表示」（第3条*）で、一般用の添加物は「義務表示」（第32条）で、「栄養成分（たんぱく質、脂質、炭水化物、ナトリウム）の量及び熱量」を表示することが定められています。なお、ナトリウムについては、含まれているナトリウムの量を消費者になじみのある「食塩相当量」に換算して表示します。

　　＊食品表示基準の参照先を示しています。本章において以下同様。

### 図表1　食品表示基準による栄養成分表示の義務化について

| | 加工食品 | | 生鮮食品 | | 添加物 | |
|---|---|---|---|---|---|---|
| | 一般用 | 業務用 | 一般用 | 業務用 | 一般用 | 業務用 |
| 栄養成分（たんぱく質、脂質、炭水化物、ナトリウム）の量及び熱量（ナトリウムは食塩相当量で表示） | 義務 | 任意 | 任意 | 任意 | 義務 | 任意 |
| 上記5項目以外の定められた栄養成分（食物繊維、飽和脂肪酸、コレステロール、ビタミン、ミネラル類等*²） | 任意（一部推奨*¹） | 任意 | 任意 | 任意 | 任意 | 任意 |

　＊1　推奨項目：食物繊維、飽和脂肪酸
　＊2　食品表示基準 別表第9に示すもの（資料編 資料7「栄養成分及び熱量の表示単位及び許容差の範囲」参照。）

図表1で栄養成分表示が任意となっている食品についても、容器包装に「栄養表示をしようとする場合」は、食品表示基準に従い栄養成分表示（栄養成分の量及び熱量に係る表示）をする必要があります。

　この「栄養表示をしようとする場合」の「栄養表示」とは、「たんぱく質」「ビタミンA」といった栄養素及び熱量そのものを表示する場合はもちろんのこと、その総称（ミネラル、ビタミンなど）、その種類である栄養成分（脂質における不飽和脂肪酸、炭水化物における食物繊維など）、別名称（プロテイン、ファットなど）、その構成成分（たんぱく質におけるアミノ酸など）、前駆体（β－カロテンなど）その他これらを示唆する一切の表現（果実繊維、カルシウムイオンなど）が含まれた表示をいいます（図表2参照）。

**図表2** 「栄養表示をしようとする場合」の「栄養表示」に該当するもの

| | 栄養成分 | 表示例 |
|---|---|---|
| 熱量 | 「エネルギー」「カロリー」 | 低カロリー<br>ノンカロリー |
| たんぱく質 | 別名称「プロテイン」<br>「リジン」等のアミノ酸、「アミノ酸」という総称 | 高プロテイン含有<br>アミノ酸リッチ |
| 脂質 | 別名称「脂肪」「ファット」「n-3系脂肪酸」「リノール酸」「DHA」「EPA」等の脂肪酸 | ノンオイル<br>飽和脂肪酸ゼロ |
| 炭水化物 | 「糖質」「糖類」「糖」<br>「ブドウ糖」「果糖」等の単糖類<br>「ショ糖」「乳糖」等の二糖類<br>「糖アルコール」「オリゴ糖」「食物繊維」「果実繊維」等 | 糖類無添加<br>シュガーレス<br>食物繊維たっぷり |
| ミネラル<br>（無機質） | 総称としての「ミネラル」<br>「ナトリウム（食塩・塩）」「カルシウム」「鉄」「カリウム」「マグネシウム」等<br>鉄やカルシウム等を「Fe」「Ca」等と表記したもの | ミネラルたっぷり<br>カルシウム豊富<br>カルシウム入り<br>あま塩、うす塩 |
| ビタミン | 総称としての「ビタミン」<br>「ナイアシン」「パントテン酸」「ビオチン」「ビタミンA」「ビタミンB₁」「ビタミンB₂」「ビタミンC」「ビタミンD」「ビタミンE」「葉酸」等<br>前駆体としての「β-カロテン」等<br>※ビタミンAやビタミンB₁を「VA」「VB₁」と表記したもの | ビタミンたっぷり<br>ビタミンC入り |
| その他 | 原材料に対し栄養表示を行う場合 | 原料のケールには〇〇が豊富に含まれます。 |

　なお、店頭で表示されるポップやポスターなど、食品の容器包装以外のものに栄養表示する場合は，食品表示基準は適用されません。

### （2）栄養成分表示が省略できる場合

　栄養成分表示が義務付けられた一般用加工食品や一般用添加物についても、以下のように表示の省略が認められている場合があります。

## 一般用加工食品

①容器包装の表示可能面積がおおむね30㎠以下であるもの

②酒類

③栄養の供給源としての寄与の程度が小さいもの

この場合、以下のいずれかの要件を満たすこと。

ア．熱量、たんぱく質、脂質、炭水化物及びナトリウムのすべてについて、0と表示することができる基準を満たしている場合

イ．1日に摂取する当該食品由来の栄養成分（たんぱく質、脂質、炭水化物及びナトリウム）の量及び熱量が、社会通念上微量である場合

例：コーヒー、ハーブ、お茶等

④きわめて短い期間で原材料（その配合割合を含む。）が変更されるもの

この場合、以下のいずれかの要件を満たすこと。

ア．日替わり弁当（サイクルメニューを除く。）等、レシピが3日以内に変更される場合

イ．複数の部位を混合しているため、その都度原材料が変わるもの（例：合挽肉、切り落とし肉等の切り身を使用した食肉加工品、白もつ等のうち、複数の種類・部位を混合しているため、その都度原材料が変わるもの）

⑤消費税法第9条第1項において、消費税を納める義務が免除される事業者が販売するもの（これは当分の間、（中小企業基本法第2条第5項に規定する小規模企業者が販売するもの）と読み替えるものとする。）

⑥食品を製造し、又は加工した場所で販売する場合

⑦不特定又は多数の者に対して譲渡（販売を除く。）する場合

## 一般用添加物

上記〈一般用加工食品〉の要件のうち、①③⑤⑦を適用する。


なお、⑤については、消費税が免除される小規模事業者が製造した食品でも、課税対象となる店舗に卸してそこで消費者に販売される場合は表示が必要となるため、注意が必要です。

# 6-2 ● 表示対象成分とその表示方法について

　栄養成分表示の対象となる栄養成分は、食品表示基準 別表第9に掲げられています。そのうち、一般用加工食品と業務用を除く添加物に表示を義務付けられた栄養成分は、「たんぱく質、脂質、炭水化物、ナトリウム（食塩相当量に換算して表示）」であり、これに「熱量」を加えた5項目です。

　この義務表示項目は、表示が義務付けられていない生鮮食品等の容器包装に栄養成分表示をする場合や、その他の栄養成分を表示する場合にも必ず表示しなければなりません。

## （1）栄養成分表示における留意点
### ①食塩相当量
　ナトリウムにあっては、ナトリウムの含有量に2.54を乗じて得た数値を、「食塩相当量」としてグラムの単位で表示します。ただし、ナトリウム塩を添加していない食品に限り、任意でナトリウムの含有量を表示することができます。その場合、ナトリウムの次に、食塩相当量を括弧書きで併記する必要があります。

　　食塩相当量の計算例：ナトリウム量が480mg の場合
　　　　　　　　　　$480 \times 2.54 \div 1000 = 1.2 \rightarrow 1.2\,g$ と表示

### ②表示が推奨される成分
　一般用加工食品については、飽和脂肪酸の量及び食物繊維の量の表示を積極的に推進するよう努めなければならないとされています（推奨表示・第6条）。表示方法は、食品表示基準の〈別記様式3〉によるものとします（図表3参照）。

## （2）表示方法
### ①表示場所
　表示場所は、他の表示と同様、容器包装の見やすい場所に、邦文を用いて読みやすく表示する必要があります。ただし、同じ食品が継続的に同じ人に販売される場合であって、容器包装に表示することが困難な場合、添付文書等に記載することも可能です（第8条）。

## ②表示様式

栄養成分表示の様式は、食品表示基準の〈別記様式2〉と〈別記様式3〉に規定されています（図表3参照）。

図表3 **栄養成分表示の様式**

**〈食品表示基準 別記様式2〉**

| 栄養成分表示 | |
|---|---|
| 食品単位当たり | |
| 熱　　　量 | kcal |
| たんぱく質 | g |
| 脂　　　質 | g |
| 炭 水 化 物 | g |
| 食塩相当量 | g |

＊食品表示基準 別表第9にある栄養成分で、かつ、たんぱく質、脂質、飽和脂肪酸、n-3系脂肪酸、n-6系脂肪酸、コレステロール、炭水化物、糖質、糖類、食物繊維及びナトリウム以外の栄養成分（具体的には、ビタミンと、ナトリウム以外のミネラルをいう。資料編 資料7 参照。）

**〈食品表示基準 別記様式3〉**

| 栄養成分表示 | |
|---|---|
| 食品単位当たり | |
| 熱　　　量 | kcal |
| たんぱく質 | g |
| 脂　　　質 | g |
| 　－飽和脂肪酸 | g |
| 　－n-3系脂肪酸 | g |
| 　－n-6系脂肪酸 | g |
| コレステロール | mg |
| 炭 水 化 物 | g |
| 　－糖質 | g |
| 　　－糖類 | g |
| 　－食物繊維 | g |
| 食 塩 相 当 量 | g |
| 上記以外の栄養成分＊ | mg |

表示のタイトルは「栄養成分表示」とし、近接した箇所に食品単位を明記します。義務表示項目だけを表示する場合は〈別記様式2〉、その他の栄養成分も併せて表示する場合は〈別記様式3〉に従い表示します。その他の栄養成分も表示する場合、義務表示となっている成分と包含関係にある成分は、何の内訳成分であるかがわかるように表示します。

例えば〈別記様式3〉では、飽和脂肪酸、n-3系脂肪酸及びn-6系脂肪酸は脂質の内訳成分であることがわかるように、脂質の次の行に1字下げ、さらにハイフン「－」を付して表示しています。これら飽和脂肪酸等の内訳成分は必要なものだけ表示することができます。

糖質及び食物繊維も同様に、炭水化物の内訳成分であることがわかるように、さらに糖類は糖質の内訳成分であることがわかるように表示します。ただし、糖質又は食物繊維のいずれかを表示したい場合であっても、炭水化物の量

を表示した上で、糖質と食物繊維の量の両方を表示する必要があります。一方、糖類は単独で炭水化物の内訳として表示することができます。

　なお、内訳であることがわかりやすく表示されていれば、ハイフン「－」は省略しても差し支えありません。

・様式中の栄養成分及び熱量の順番は変更することができません。
・食品単位は、100g、100ml、１食分、１包装その他の１単位のいずれかで、販売される状態における可食部分について表示します。
・１食分の量を適切に設定できる食品については、１食分で表示することが望ましく、この場合、１食分の量を併記して表示します。
　例：「１食分80g 当たり」
・表示単位は、定められた単位を用いて、「一定値」又は「下限値及び上限値」で表示します。「微量」「○○以上」「割合（%）」での表示はできません。
・最小表示の位は「食品表示基準について」（通知）において栄養成分及び熱量についてそれぞれ定められています。なお、位を下げる場合は、その下の位を四捨五入して表示します。

**図表 4　最小表示の位（一部抜粋）**

| 栄養成分等 | 最小表示の位 |
| --- | --- |
| たんぱく質、脂質、炭水化物、ナトリウム、熱量 | 1 の位 |
| 食塩相当量 | 少数第 1 位 |

出典：通知「食品表示基準について」より一部抜粋

・義務表示項目について「０（ゼロ）」と表示できる基準を満たしている場合であっても、項目を省略することはできません。ただし、近接して表示する複数の成分が「０」と表示できる場合には、「たんぱく質と脂質：０g」のように、一括して表示することができます。
・水等を加えることによって、販売時と摂食時で重量に変化があるもの（粉末ジュース、粉末スープ等）においても、販売時の栄養成分の量及び熱量を表示します。また、調理により栄養成分の量が変化するもの（米、乾めん、塩抜きをする塩蔵品等）は、調理後の栄養成分の量を併記することが望ましいとされています。
・熱量及び栄養成分名は、熱量を「エネルギー」と、たんぱく質を「蛋白質」「たん白質」「タンパク質」「たんぱく」「タンパク」と表示することができます。また、ミネラルにあっては、元素記号（鉄を「Fe」、カルシウムを「Ca」等）

で、ビタミンにあっては、その略称（ビタミンAを「V.A」「VA」等）で表示することができます。

・ポリフェノール、オリゴ糖等、食品表示基準 別表第9に掲げられていない成分も、科学的な根拠に基づいた数値であれば任意に表示して差し支えありません。この場合、表示する際は別記様式の枠外に表示するか、線等で区切って栄養成分とは異なることがわかるように表示します（図表5参照）。

**図表5　別記様式の枠内に表示する栄養成分等と枠外に表示する成分**

| 別記様式の枠内に表示する栄養成分等 | 食品表示基準 別表第9*に記載された熱量及び栄養成分 |
|---|---|
| 別記様式の枠外に表示する成分例 | β－カロテン、ショ糖、ポリフェノール、オリゴ糖、コラーゲン、リジン、リノール酸　等 |

＊食品表示基準 別表第9については、資料編 資料7参照。

## （3）表示値の種類と許容差の範囲について

食品の栄養成分量は、生鮮食品であれば季節や産地及び発育状態によって、加工食品であれば原材料の品質のバラツキや経時変化によって変動します。栄養成分表示をする場合は、これらを考慮して表示値を決めます。

### ①表示値の種類

**ア．一定値を表示する場合**

食品表示基準 別表第9に掲げられた測定及び算出の方法（以下「定められた方法」という。）で得られた値が、表示値を基準とした許容差の範囲内であることが必要です。表示する値は必ずしも分析値である必要はなく、日本食品標準成分表等のデータベースや原材料メーカーから入手した値を用いて求めた計算値であっても、結果として表示された含有量が許容差の範囲内であれば食品表示基準違反にはなりません。

**イ．「下限値及び上限値」を表示する場合**

定められた方法で得られた値が、その幅の範囲内であることが必要です。なお、表示の幅を過度に広くして表示することは望ましくありません。

**ウ．合理的な推定により得られた一定の値**

一定値で表示するとき、表示された値が定められた方法によって得られた値とは一致しない（許容差の範囲を超える）可能性がある場合は、合理的な推定により得られた値（以下「推定値」という。）を表示することができます。この場合は、許容差の範囲を超えていても食品表示基準違反にはなりません。

ただし、食品が保健機能食品である場合や、栄養成分についての強調表示を行うもの等＊は推定値を表示することはできません。

> ＊生鮮食品（機能性表示食品を含む）の場合で、強調する栄養成分以外の栄養成分の表示値については推定値による表示が可能です。

　推定値を表示するには、以下の２つの要件をすべて満たす必要があります。
　　（１）表示された値が定められた方法によって得られた値とは一致しない可能性があることを示す表示を別記様式に近接した場所に表示する。それには次のいずれかの文言を含むこと。
　　　　・「推定値」
　　　　・「この表示値は、目安です。」
　　　　　なお、「日本食品標準成分表○○年版（○訂）の計算による推定値」、「サンプル品分析による推定値」等、具体的な根拠を追記してもよい。
　　（２）表示された値の設定の根拠資料を保管すること。
　なお、栄養成分によって、上記ア、イ、ウを併用することも可能です。その場合、ウについて表示すべき文言は「食塩相当量は推定値」のように、どの栄養成分が推定値なのかわかるように表示します。

### ②「０（ゼロ）」と表示することができるもの

　熱量及び脂質，ナトリウム等の栄養成分について、「０（ゼロ）」と表示することができる基準値は、食品表示基準 別表第９に「０（ゼロ）と表示することができる量」として規定されています（図表６参照）。食品100g（飲用に供する液状食品は100ml）当たり、この基準値に満たない場合は成分量を「０（ゼロ）」と表示することができます。
　　例：たんぱく質と脂質の含量が共に100g当たり0.5g未満の場合は，たんぱく質、脂質０ｇと表示することができます。

### 図表6 ０（ゼロ）と表示することができる量

| 栄養成分 | 100ｇ（100ml)当たり |
|---|---|
| たんぱく質、脂質、炭水化物、糖質、糖類 | 0.5g未満 |
| 飽和脂肪酸 | 0.1g未満 |
| コレステロール、ナトリウム | 5mg未満 |
| 熱量（エネルギー） | 5kcal未満 |

出典：食品表示基準 別表第９より

### ③許容差の範囲

　熱量及び栄養成分ごとに許容差の範囲が定められており、表示が正しいかどうかは、定められた方法によって確認されます。一定値で表示されている場合は、表示値に対する定められた方法で得られた値の比率が許容差の範囲内、また、下限値及び上限値で表示されている場合は、その幅の中に含まれていなければなりません。

〈表示値に対する定められた方法で得られた値の比率の計算例〉

　たんぱく質：表示値22g　定められた方法で得られた値20g の場合

　$20 \div 22 \times 100 - 100 = -9\%$

 **表示の単位及び許容差の範囲の例**

| 栄養成分及び熱量 | 表示の単位 | 許容差の範囲 |
|---|---|---|
| たんぱく質 | g | ± 20%（ただし、当該食品 100g 当たり（清涼飲料水等にあっては、100ml 当たり）のたんぱく質の量が 2.5g 未満の場合は± 0.5g） |
| 脂質 | g | ± 20%（ただし、当該食品 100g 当たり（清涼飲料水等にあっては、100ml 当たり）の脂質の量が 2.5g 未満の場合は± 0.5g） |
| 炭水化物 | g | ± 20%（ただし、当該食品 100g 当たり（清涼飲料水等にあっては、100ml 当たり）の炭水化物の量が 2.5g 未満の場合は± 0.5g） |
| カリウム | mg | ＋ 50%、− 20% |
| カルシウム | mg | ＋ 50%、− 20% |
| 鉄 | mg | ＋ 50%、− 20% |
| ナトリウム（食塩相当量で表示する。） | mg（1000mg 以上の量を表示する場合にあっては、g を含む。） | ± 20%（ただし、当該食品 100g 当たり（清涼飲料水等にあっては、100ml 当たり）のナトリウムの量が 25mg 未満の場合は± 5mg） |
| ヨウ素 | μg | ＋ 50%、− 20% |
| ビタミン B₂ | mg | ＋ 80%、− 20% |
| ビタミン C | mg | ＋ 80%、− 20% |
| ビタミン D | μg | ＋ 50%、− 20% |
| 葉酸 | μg | ＋ 80%、− 20% |
| 熱量 | kcal | ± 20%（ただし、当該食品 100g 当たり（清涼飲料水等にあっては、100ml 当たり）の熱量が 25kcal 未満の場合は± 5kcal） |

出典：食品表示基準 別表第９より

　※その他の栄養成分については、資料編 資料７参照。

# 6-3 ● 栄養強調表示等について

## （1）栄養強調表示における留意点

　食品表示基準 別表第12では、欠乏しがちな栄養成分の「補給ができる旨」を、別表第13では、過剰摂取が問題となりうる栄養成分及び熱量の「適切な摂取ができる旨」を強調して表示する際の規定を定めています。また、食品表示基準 第7条で「糖類を添加していない旨」及び「ナトリウム塩を添加していない旨」を表示する際の規定を定めています。このような栄養強調表示をする場合は、以下の条件を満たす必要があります。

・別表第12（補給ができる旨）及び別表第13（適切な摂取ができる旨）に定められている成分が対象となる。
・栄養強調表示をする場合は、以下の（2）～（4）に示す定められた規定を満たしていること。
・栄養強調表示をする栄養成分の量は、定められた方法により得たものであること（糖類を添加していない旨の表示及びナトリウム塩を添加していない旨の表示を除く）。
・栄養強調表示をする場合は栄養強調表示をする成分以外の栄養成分及び熱量について、合理的な推定により得られた一定の値を表示することはできない（一般用生鮮食品を除く）。
・別表第12及び別表第13に定められていない成分について強調表示をする場合は、栄養成分表示とは区別して、科学的根拠に基づき販売者の責任において表示する。

## （2）補給ができる旨の表示

　定められた栄養成分について、「補給ができる旨の表示」には「高い旨の表示」（多く含まれていることを強調するもの）と「含む旨の表示」（摂取することができることを強調するもの）があります（図表8参照）。
　いずれの場合も、食品100g当たり（一般に飲用に供する液状の食品にあっ

ては、100ml 当たり）又は100kcal 当たりの基準値以上である場合に、「高い旨の表示」又は「含む旨の表示」ができます。

・高い旨の表示に当たる表現の例：「高」「多」「豊富」「リッチ」「たっぷり」等
・含む旨の表示に当たる表現の例：「源」「供給」「含有」「入り」「使用」「添加」等

　このほか、「補給ができる旨」の表示には、「強化された旨の表示」（従来品や類似品と比べて相対的に栄養成分が強化されたことを強調するもの）があります。この場合も、栄養成分の量について比較する他の食品との差（強化された量）が定められた基準値以上であることが必要で、「たんぱく質」と「食物繊維」について表示する場合は、これに加え強化された割合が25％以上であることが必要です。

　なお、強化された旨の表示には、何と比較してどれくらい強化されているのかがわかるよう、比較した食品を特定するために必要な事項と強化された量又は割合を表示する必要があります。

・強化された旨の表示例：「当社△△に比べ○○ g 増」

### 図表8　補給ができる旨の基準値の例

| 栄養成分 | 高い旨の表示の基準値（〜以上） | | 含む旨の表示の基準値（〜以上） | | 強化された旨の表示の基準値（〜以上の強化） |
|---|---|---|---|---|---|
| | 食品100g当たり（100ml当たり）* | 100kcal当たり | 食品100g当たり（100ml当たり）* | 100kcal当たり | 食品100g当たり（100ml当たり）* |
| たんぱく質 | 16.2g（8.1g） | 8.1g | 8.1g（4.1g） | 4.1g | 8.1g（4.1g） |
| 食物繊維 | 6g（3g） | 3g | 3g（1.5g） | 1.5g | 3g（1.5g） |
| カルシウム | 204mg（102mg） | 68mg | 102mg（51mg） | 34mg | 68mg（68mg） |
| 鉄 | 2.04mg（1.02mg） | 0.68mg | 1.02mg（0.51mg） | 0.34mg | 0.68mg（0.68mg） |
| ビタミンC | 30mg（15mg） | 10mg | 15mg（7.5mg） | 5mg | 10mg（10mg） |
| ビタミンE | 1.89mg（0.95mg） | 0.63mg | 0.95mg（0.47mg） | 0.32mg | 0.63mg（0.63mg） |
| 葉酸 | 72μg（36μg） | 24μg | 36μg（18μg） | 12μg | 24μg（24μg） |

出典：食品表示基準 別表第12より

＊括弧内は、一般に飲用に供する液状の食品100ml 当たりの場合。

※その他の栄養成分については、資料編 資料9参照。

## （3）適切な摂取ができる旨の表示

　熱量及び定められた栄養成分について、「適切な摂取ができる旨」の表示には「含まない旨の表示」（含まれていないことを強調）と「低い旨の表示」（社会通念上の想定値より少ないことを強調）があります（図表9参照）。

　「含まない旨の表示」については食品100g 当たり（一般に飲用に供する液状の食品にあっては、100ml 当たり）の基準値に満たない場合に表示をすることができ、「低い旨の表示」については、食品100g 当たり（一般に飲用に供する液状の食品にあっては、100ml 当たり）の基準値以下の場合に表示することができます。

・含まない旨の表示に当たる表現の例：「無」「ゼロ」「ノン＊」等

　　＊ドレッシングタイプ調味料（いわゆるノンオイルドレッシング）は、「ノンオイル」と「脂質を含まない旨」を表示していますが、「ごま」などの原材料に含まれる脂質を考慮し、脂質の「含まない旨の表示」の基準値「0.5g」を「3g」と読み替えることとしています。

　　※ノンオイルドレッシングについては、第4章 4-4-5参照。

・低い旨の表示に当たる表現の例：「低」「ひかえめ」「少」「ライト」「ダイエット」等

　このほか、「適切な摂取ができる旨」の表示には、「低減された旨の表示」（従来品や類似品と比べて相対的に熱量や栄養成分が低減されたことを強調するもの）があります。この場合も、栄養成分の量又は熱量について、比較する他の食品との差（低減された量）が定められた基準値以上であることと、低減された割合が25％以上であることが必要です。

　ただし、ナトリウムを25％以上低減することにより食品の保存性及び品質を保つことが著しく困難な食品（みそ、しょうゆ）についての特例として、みそは15％以上、しょうゆは20％以上低減された場合に低減された旨の表示をすることができます。

　なお、低減された旨の表示を行う場合は、何と比較してどれくらい低減されているのかがわかるよう、比較した食品を特定するために必要な事項と低減された量又は割合を表示する必要があります。

・低減された旨の表示例：「当社○○と比べ、△△％低減しています。」

**適切な摂取ができる旨の基準値の例**

| 栄養成分及び熱量 | 含まない旨の表示の基準値（〜未満） | 低い旨の表示の基準値（〜以下） | 低減された旨の表示の基準値（〜以上の低減） |
|---|---|---|---|
| | 食品 100g 当たり（100ml 当たり）＊ | 食品 100g 当たり（100ml 当たり）＊ | 食品 100g 当たり（100ml 当たり）＊ |
| 熱量 | 5kcal（5kcal） | 40kcal（20kcal） | 40kcal（20kcal） |
| 脂質 | 0.5g（0.5g） | 3g（1.5g） | 3g（1.5g） |
| 糖類 | 0.5g（0.5g） | 5g（2.5g） | 5g（2.5g） |
| ナトリウム | 5mg（5mg） | 120mg（120mg） | 120mg（120mg） |

出典：食品表示基準 別表第13より

＊括弧内は、一般に飲用に供する液状の食品100ml 当たりの場合。
※その他の栄養成分については、資料編 資料10参照。

## （4）添加していない旨の表示
### ①糖類を添加していない旨の表示

　糖類とは、単糖類又は二糖類であって、糖アルコールでないものをいいます。以下の要件のすべてに該当する場合のみ、糖類を添加していない旨の表示をすることができます。

・いかなる糖類も添加されていないこと。
・糖類に代わる原材料（ジャム、チョコレート等）又は添加物を使用していないこと。
・酵素分解その他何らかの方法により、当該食品の糖類含有量が原材料及び添加物に含まれていた量を超えていないこと。
・100g（若しくは100ml）又は1食分（1包装、1単位）当たりの糖類の含有量を表示していること。

### ②ナトリウム塩を添加していない旨の表示

　以下の要件のすべてに該当する場合のみ、ナトリウム塩を添加していない旨の表示をすることができます。

・いかなるナトリウム塩も添加していないこと（ただし、重曹（炭酸水素ナトリウム）など、食塩以外のナトリウム塩を調味目的ではなく、他の技術的目的で添加する場合は、低減された旨の表示に定める基準値以下であれば、この限りではありません。）。
・ナトリウム塩に代わる原材料（しょうゆ、ウスターソース、ピクルス等）又

は添加物を使用していないこと。

## （5）トランス脂肪酸の含有量表示について

　近年、トランス脂肪酸の摂取や飽和脂肪酸及びコレステロールの過剰摂取と心疾患のリスクとの関連が明らかにされてきており、消費者にとっては、トランス脂肪酸その他の脂質に関する情報も食品選択の指標となりつつあります。しかしながら、食品表示基準においては、トランス脂肪酸の表示方法について規定されていないため、表示する際は消費者庁が定めた「トランス脂肪酸の情報開示に関する指針」（平成23年2月21日消食表第65号）に従います。

　トランス脂肪酸を表示する場合は、食品表示基準に定める義務表示事項に加え、飽和脂肪酸、トランス脂肪酸及びコレステロールの順に含有量を併せて枠内に表示することとなります。この際、飽和脂肪酸とトランス脂肪酸は脂質の内訳成分として表示します（図表10参照）。

**図表 10　トランス脂肪酸を表示する場合**

| 栄養成分表示 | |
|---|---|
| 食品単位当たり | |
| 熱量 | kcal |
| たんぱく質 | g |
| 脂質 | g |
| 　－飽和脂肪酸 | g |
| 　－トランス脂肪酸 | g |
| コレステロール | mg |
| 炭水化物 | g |
| 食塩相当量 | g |

関連
情報

## 炭水化物と脂質の分類

| 分類 | | | | 成分例 |
|---|---|---|---|---|
| 「炭水化物」 | 「糖質」 | 「糖類」 | 単糖類 | ブドウ糖、果糖　等 |
| | | | 二糖類 | ショ糖（砂糖）、麦芽糖　等 |
| | | 少糖類（オリゴ糖） | | フラクトオリゴ　等 |
| | | 糖アルコール | | ソルビトール　等 |
| | | 多糖類 | | デンプン　等 |
| | 「食物繊維」 | 水溶性食物繊維 | | ペクチン、アルギン酸　等 |
| | | 不溶性食物繊維 | | セルロース　等 |
| 「脂質」 | 「飽和脂肪酸」 | | | パルミチン酸　等 |
| | 不飽和脂肪酸 | 一価不飽和脂肪酸 | | オレイン酸　等 |
| | | 多価不飽和脂肪酸 | 「n-3 系脂肪酸」 | αリノレン酸、DHA・EPA　等 |
| | | | 「n-6 系脂肪酸」 | リノール酸、アラキドン酸　等 |

「　」で表記した成分が表示する栄養成分です。また、上記成分の分類は科学的な考え方であり、分析により表示値を決める場合、表示値の妥当性を確認する場合は「食品表示基準について」（消食表第139号）の別添「栄養成分等の分析方法等」に記載されている方法によります。

# Column

**注意喚起表示**

　注意喚起表示として、生食用牛肉のリスク表示、アレルゲンのコンタミネーション表示及びはちみつ類の乳児ボツリヌス症に関する表示が食品表示基準Q&Aに掲載されています*。いずれも、消費者に対して正しく情報が伝わらなかった場合に、生命に関わるリスクがあるものとして、表示をすることを義務付け、若しくは推奨しているものです。

　この他にも安全に食品を食べてもらうために、厚生労働省や業界団体が消費者への情報伝達を求めているものがあります。

　厚生労働省では、平成27年6月12日から食品衛生法に基づいて、豚の食肉や内臓を生食用として販売・提供することを禁止しています。理由としては、豚レバーをはじめとする豚の食肉や内臓を生で食べると、E型肝炎ウイルス（HEV）に感染するリスクがあること、また、豚を生で食べると、サルモネラ属菌やカンピロバクター等の食中毒のリスクがあるほか、海外では、豚からの有鉤条虫、旋毛虫等の寄生虫への感染も報告されていることをあげています。これに伴い、事業者に対してホームページで「豚のお肉や内臓を販売・提供する場合には、十分な加熱が必要である旨の情報を提供しなければなりません。」と、消費者に対する情報提供を求めています。

　行政ではなく業界団体でマークなどを使用して注意喚起しているものの代表としては、一口タイプのこんにゃくゼリーの窒息事故に関する警告表示とカップ麺の移り香に関する表示があげられます。

　特に、こんにゃくゼリーによる幼児や高齢者の窒息事故は死亡に至るケースもあり、業界団体として、統一マークの制定と袋表面への表示、個々のカップへの表示を定めるほか、売り場についても子供向けの菓子と一緒に販売しないよう要請するなど、事故防止強化に取り組んでいます。

〜〜〜〜 お願い 〜〜〜〜
**小さなお子様や高齢者の方は**
**絶対にたべないでください**
本品は弾力性があり、そしゃく力の弱い
小さなお子様や高齢者の方はのどに
詰まるおそれがあります。

また、カップ麺の移り香に関するマークなどの注意表示について
は、防虫剤の揮発性の成分が容器内の製品に移染して発生した中毒事
故に対する防止対策として業界団体が定めたものですが、この事例の
ように食品を消費する際に発生するリスクは、摂取すること以外に
も、開封、調理、保管に起因するものもあります。

【リスクの事例】
開封：缶の開封時に手を切るなど
調理：加熱調理や熱湯の使用によるやけど、金属蒸着した容器を電
　　　子レンジで調理することによる火事など
保管：揮発性の有害物質が容器を透過して製品に移行するなど

　食品関連事業者として、注意喚起が必要な事項については容器包装
への表示や売り場での掲示を行うなど、消費者に正しくリスク情報を
伝達することは、事故防止対策として有効な手段の1つと考えられま
す。
　このほかにも、カフェインの過剰摂取による健康被害を防止するた
め、一般社団法人全国清涼飲料連合会では「カフェインを多く添加し
た清涼飲料（いわゆるエナジードリンクを含む）の表示に関するガイ
ドライン」を2017年（平成29年）11月に制定し、「1本あたりの
カフェインの量と適量の飲用を促す表示」「小児ほかカフェインに敏
感な方の飲用を控えていただく旨の表示」と禁止事項を定めていま
す。

＊生食用牛肉のリスク表示については第2章 2-3-2を、アレルゲンのコンタミネー
　ション表示については第5章 5-2を、はちみつ類の乳児ボツリヌス症に関する表示に
　ついては第4章 4-4-11参照。

資料編

**資料1** いろいろな食品のマーク

第5章 5-13「食品表示マークの解説」で紹介したマーク各種の具体例を示します。

# ● JASマークの例

## 飲食料品の JAS マーク

このJASマークは、それぞれの品目ごとに、品位、成分等の品質全般にわたる内容についてのJASを満たす食品に付されます。また、「特級」「上級」「標準」のように等級の基準を定めている品目もあります。

## 【JAS が定められている食品】

2022年（令和4年）10月現在、即席めん、しょうゆ、ウスターソース類、トマト加工品、そしゃく配慮食品、プレスハム、ソーセージ、マーガリン類、食用植物油脂\*、精米等の飲食料品について規格が定められています。

　　　＊食用植物油脂はマークの意匠が若干異なります。

## 【JAS の例】

例えば、「トマトケチャップ」のJASは、「トマト加工品のJAS」の一部として規定されており、使用できる原材料及び可溶性固形分の百分比が定義され、この内容に合わないものはJASを満たしていないことになります。

また、トマトケチャップのJASには、標準と特級の基準があり、例えば、可溶性固形分について、標準品では25％以上とされていますが、特級品においては30％以上といった違いがあります。さらに、原材料についても、標準品に認められているいくつかの添加物のうち、特級では香辛料抽出物以外は使用が認められていないなどの違いがあります。

すなわち、消費者は「JASマーク・特級」の付してある製品を選ぶことで、香辛料抽出物以外の添加物を使用しておらず、原材料名欄の表示からだけでは判断できない可溶性固形分の比率が30％以上ある製品を購入することができます。

## 有機 JAS マーク

有機食品のJAS（以下、「有機JAS」という。）に適合した生産を行う能力を有していると登録認証機関より認められた事業者が、自らが生産した「有機JASに適合した商品」に付することができるマークです。

有機農産物、有機畜産物と有機加工食品は、「政令」により指定農林物資に指定されているため、有機JASマークが付されていない農産物、畜産物と加工食品には「有機○○」等と、有機である旨の表示をすることができません。

### 【有機 JAS が定められている品目】

有機農産物、有機加工食品、有機畜産物、有機飼料、有機藻類

### 【有機 JAS の例】

有機農産物の JAS には、ほ場（農地）、種及び苗、栽培中の病害虫の管理、収穫時及びその後出荷時までの管理に至るまで、基準があります。

ほ場は、周辺から禁止された資材（化学肥料や農薬）が飛来・流入しないように工夫されていなくてはなりません。必要最低限の認められた農薬は使用できますが、遺伝子組換え技術は使用できません。また、収穫後も有機以外の農産物が混入したり、農作物が薬品に汚染されないよう管理すること等の基準が決められており、それらに適合した農産物に有機 JAS マークを付した上で、「有機○○」と表示します。

　　　※有機食品の表示の詳細は、第5章 5-4を参照。

## 特色 JAS マーク

相当程度明確な特色のある JAS を満たす製品などに付されます。熟成ハム類等、特別な生産や製造方法についての食品や、同種の標準的な製品に比べ品質等に特色があることを内容とした JAS や、生産者、生産地、農薬及び肥料の使用情報等、食品の生産段階における情報を消費者に正確に伝える仕組みを備えた商品に付されます。

特別な生産や製造方法を内容とした JAS には下記のようなものがあります。

認証機関名

### 【品目例】

熟成ハム類、熟成ソーセージ類、熟成ベーコン類、手延べ干しめん、地鶏肉（生鮮食品）、りんごストレートピュアジュース、人工種苗生産技術による水産養殖産品、障害者が生産行程に携わった食品

### 【具体的な規格の例】

ハムについては、「ハム類」の JAS と「熟成ハム類」の特色 JAS とがあります。この2つは定義されている製造方法に違いがあり、JAS のハム類では「塩漬」する工程が、特色 JAS の熟成ハム類では「熟成」する工程であると定義されています。

特色 JAS において、品位に関する規格は、JAS の「ハム類」の特級と同じ内容の規格が定められています。

すなわち、消費者は「特色 JAS マーク」の付してあるハムを選ぶことで、品位においては「JAS 特級」のハムであって「塩漬」ではなく「熟成」の工程を経て製造された製品を購入することができます。

生産情報を公表することを特色としている JAS では、生産者や小分け業者において情報が正しく伝えられる仕組みになっているかを登録認証機関が確認し、それぞれ「認証生産行

程管理者」「認証小分け業者」として認証します。その上で、商品に「識別番号」並びにインターネットのアドレス等の生産情報の公表の方法を表示します。

　消費者は、インターネット等を通じて、生産者の住所や氏名、生産された場所や時期、給餌飼料や動物医薬品の使用状況、農薬や肥料の種類や使用回数等に関する情報を入手することができます。

　情報はインターネットだけでなく、FAX での情報入手が可能な場合や、店頭表示において公開されている場合もあります。

## 【品目例】
　生産情報公表牛肉、生産情報公表豚肉、生産情報公表農産物、生産情報公表養殖魚

## 【具体的な規格の例】
　生産情報公表牛肉の JAS では、次のような情報が公開されます。
・出生年月日、雌雄の別、牛の種別
・牛の管理者の氏名（名称）・住所及び連絡先、並びに管理開始の年月日
・牛の飼養施設の所在地、飼養開始の年月日
・とちくの年月日
・とちく者の氏名（名称）及び連絡先、並びにとちく場の名称・所在地
・管理者が給餌した飼料の名称
・管理者が使用した動物用医薬品の薬効別分類及び名称
　認証生産行程管理者の情報を公開する場合にあっては、認証生産行程管理者の氏名又は名称、住所及び連絡先も公開します。

　牛肉に関しては、牛トレーサビリティ法により、多くの生産情報が公開されますが、生産情報公表 JAS の制度においては、さらに給餌した飼料の内容や使用された動物医薬品の詳細もわかるようになっています。

## ● 公正マークの具体例

### 飲用乳の公正マーク
　飲用乳の公正マークは、飲用乳の表示に関する公正競争規約に従い、適正な表示をしていると認められるものに付されています。
　対象の製品は「牛乳」「特別牛乳」「成分調整牛乳」「低脂肪牛乳」「無脂肪牛乳」「加工乳」「乳飲料」です。
（全国飲用牛乳公正取引協議会）

### 塩の公正マーク

塩の公正マークは、食用塩公正取引協議会の会員が製造し小売りする塩に、公正競争規約に従った適正な表示がされていることを示すマークです。この規約では塩の作り方がわかるように、原材料と、製造工程を記載することが義務付けられています。

（食用塩公正取引協議会）

## ● スマイルケアマーク

### 「青」マーク*

噛むこと・飲み込むことに問題はないものの健康維持上栄養補給を必要とする人向けの食品です。青マークを付けることができるのは市販される経口タイプの加工食品で、エネルギー及びたんぱく質等の含有量の基準値を満たしていることを事業者自らが公表すること（自己宣言）により、マークの使用が可能となります。

青マークの表示方法は、「スマイルケア食」及び「エネルギー・たんぱく質の補給に」という文言と併記して表示することと定められています。

### 「黄」マーク*

噛むことが難しい人向けの食品です。黄マークには2から5までの4つの区分があり、それぞれ「そしゃく配慮食品の日本農林規格」に適合するものとして、JAS制度による認証を受けた事業者が格付の表示（JASマーク）を付した商品に表示することができます。

黄マークの表示方法は、「そしゃく配慮食品の日本農林規格」に定める「容易にかめる」等の摂食時の内容物の固さを示す表示に近接して表示することと定められています。

### 「赤」マーク*

飲み込むことが難しい人向けの食品です。赤マークには0、1、2の3つの区分があり、特別用途食品のえん下困難者用食品の表示許可を取得した商品に「赤」マークを表示することができます。

赤マークの表示方法は、「特別用途食品の表示許可等について」に定める許可基準区分（I、II、III）の表示に近接して表示することと定められています。

＊実際はそれぞれ青・黄・赤の色を用いて表示します。

**図表1** 第12条第1項の特定商品及び第13条第1項の表記義務対象の特定商品

| | 第12条第1項：<br>特定商品（内容量を法定計量単位で表示する際は量目公差内であること。） | 第13条第1項：<br>量目公差及び表記義務対象の特定商品<br>（左記商品のうち、密封した時、表記義務のかかるもの） | 特定物象量 | 量目公差の区分（図表2参照） | 量目公差適用の上限 |
|---|---|---|---|---|---|
| 1 | 精米及び精麦 | 精米及び精麦 | 質量 | 表（一） | 25kg |
| 2 | 豆類（未成熟のものを除く。）及びあん、煮豆その他の豆類の加工品 | 豆類（未成熟のものを除く。）及びあん、煮豆その他の豆類の加工品 | | | |
| | （1）加工していないもの | （1）加工していないもの | 質量 | 表（一） | 10kg |
| | （2）加工品 | （2）左に掲げるもののうち、あん、煮豆、きなこ、ピーナッツ製品及びはるさめ | 質量 | 表（一） | 5kg |
| 3 | 米粉、小麦粉その他の粉類 | 米粉、小麦粉その他の粉類 | 質量 | 表（一） | 10kg |
| 4 | でん粉 | でん粉 | 質量 | 表（一） | 5kg |
| 5 | 野菜（未成熟の豆類を含む。）及びその加工品（漬物以外の塩蔵野菜を除く。） | 野菜（未成熟の豆類を含む。）及びその加工品（漬物以外の塩蔵野菜を除く。） | | | |
| | （1）生鮮のもの及び冷蔵したもの | （1）（左のうち、該当するものなし） | 質量 | 表（二） | 10kg |
| | （2）缶詰及び瓶詰、トマト加工品並びに野菜ジュース | （2）缶詰及び瓶詰、トマト加工品並びに野菜ジュース | 質量又は体積 | 表（一）又は表（三） | 5kg又は5L |
| | （3）漬物（缶詰及び瓶詰を除く。）及び冷凍食品（加工した野菜を凍結させ、容器に入れ、又は包装したものに限る。） | （3）左に掲げるもの（らっきょう漬け以外の小切り又は細刻していない漬物を除く。） | 質量 | 表（二） | 5kg |
| | （4）（2）又は（3）に掲げるもの以外の加工品 | （4）左に掲げるもののうち、きのこの加工品及び乾燥野菜 | 質量 | 表（一） | 5kg |
| 6 | 果実及びその加工品（果実飲料原料を除く。） | 果実及びその加工品（果実飲料原料を除く。） | | | |
| | （1）生鮮のもの及び冷蔵したもの | （1）（左のうち、該当するものなし） | 質量 | 表（二） | 10kg |
| | （2）漬物（缶詰及び瓶詰を除く。）及び冷凍食品（加工した果実を凍結させ、容器に入れ、又は包装したものに限る。） | （2）漬物（缶詰及び瓶詰を除く。）及び冷凍食品（加工した果実を凍結させ、容器に入れ、又は包装したものに限る。） | 質量 | 表（二） | 5kg |

| 第12条第1項：特定商品（内容量を法定計量単位で表示する際は量目公差内であること。） | 第13条第1項：量目公差及び表記義務対象の特定商品（左記商品のうち、密封した時、表記義務のかかるもの） | 特定物象量 | 量目公差の区分（図表2参照） | 量目公差適用の上限 |
|---|---|---|---|---|
| （3）（2）に掲げるもの以外の加工品 | （3）左に掲げるもののうち、缶詰及び瓶詰、ジャム、マーマレード、果実バター並びに乾燥果実 | 質量 | 表（一） | 5kg |
| 7 砂糖 | 左に掲げるもののうち、細工もの又はすき間なく直方体状に積み重ねて包装した角砂糖以外のもの | 質量 | 表（一） | 5kg |
| 8 茶、コーヒー及びココアの調整品 | 茶、コーヒー及びココアの調整品 | 質量 | 表（一） | 5kg |
| 9 香辛料 | 左に掲げるもののうち、破砕し、又は粉砕したもの | 質量 | 表（一） | 1kg |
| 10 めん類 | 左に掲げるもののうち、ゆでめん又はむしめん以外のもの | 質量 | 表（二） | 5kg |
| 11 もち、オートミールその他の穀類加工品 | もち、オートミールその他の穀類加工品 | 質量 | 表（一） | 5kg |
| 12 菓子類 | 左に掲げるもののうち、 | | | |
| | （1）ビスケット類、米菓及びキャンディ（ナッツ類、クリーム、チョコレート等をはさみ、入れ、又は付けたものを除くものとし、1個の質量が3g未満のものに限る。） | 質量 | 表（一） | 5kg |
| | （2）油菓子（1個の質量が3g未満のものに限る。） | 質量 | 表（一） | 5kg |
| | （3）水ようかん（くり、ナッツ類等を入れたものを除くものとし、缶入りのものに限る。） | 質量 | 表（一） | 5kg |
| | （4）プリン及びゼリー（缶入りのものに限る。） | 質量 | 表（一） | 5kg |
| | （5）チョコレート（ナッツ類、キャンディ等を入れ、若しくは付けたもの又は細工ものを除く。） | 質量 | 表（一） | 5kg |
| | （6）スナック菓子（ポップコーンを除く。） | 質量 | 表（一） | 5kg |
| 13 食肉（鯨肉を除く。）並びにその冷凍品及び加工品 | 食肉（鯨肉を除く。）並びにその冷凍品及び加工品 | 質量 | 表（一） | 5kg |

| | 第12条第1項：特定商品（内容量を法定計量単位で表示する際は量目公差内であること。） | 第13条第1項：量目公差及び表記義務対象の特定商品（左記商品のうち、密封した時、表記義務のかかるもの） | 特定物象量 | 量目公差の区分（図表2参照） | 量目公差適用の上限 |
|---|---|---|---|---|---|
| 14 | はちみつ | はちみつ | 質量 | 表（一） | 5kg |
| 15 | 牛乳（脱脂乳を除く。）及び加工乳並びに乳製品（乳酸菌飲料を含む。） | 牛乳（脱脂乳を除く。）及び加工乳並びに乳製品（乳酸菌飲料を含む。） | | | |
| | （1）粉乳、バター及びチーズ | （1）粉乳、バター及びチーズ | 質量 | 表（一） | 5kg |
| | （2）（1）に掲げるもの以外のもの | （2）左に掲げるもののうち、アイスクリーム類以外のもの | 質量又は体積 | 表（一）又は表（三） | 5kg又は5L |
| 16 | 魚（魚卵を含む。）、貝、いか、たこその他の水産動物（食用のものに限り、ほ乳類を除く。）並びにその冷凍品及び加工品 | 魚（魚卵を含む。）、貝、いか、たこその他の水産動物（食用のものに限り、ほ乳類を除く。）並びにその冷凍品及び加工品 | | | |
| | （1）生鮮のもの及び冷蔵したもの並びに冷凍品 | （1）左に掲げるもののうち、冷凍貝柱及び冷凍えび | 質量 | 表（二） | 5kg |
| | （2）乾燥し、又はくん製したもの、冷凍食品（加工した水産動物を凍結させ、容器に入れ、又は包装したものに限る。）及びそぼろ、みりん干しその他の調味加工品 | （2）左に掲げるもののうち、①干しかずのこ、たづくり及び素干しえび②煮干し、又はくん製したもの③冷凍食品（貝、いか及びえびに限る。）④調味加工品（たら又はたいのそぼろ又はでんぶ及びうにの加工品に限る。） | 質量 | 表（二） | 5kg |
| | （3）（2）に掲げるもの以外の加工品 | （3）左に掲げるもののうち、①塩かずのこ、塩たらこ、すじこ、いくら及びキャビア②缶詰、魚肉ハム及び魚肉ソーセージ、節類及び削節類、塩辛製品並びにぬか、かす等に漬けたもの | 質量 | 表（一） | 5kg |
| 17 | 海藻及びその加工品 | 左に掲げるもののうち、生鮮のもの、冷蔵したもの、干しのり又はのりの加工品以外のもの | 質量 | 表（二） | 5kg |
| 18 | 食塩、みそ、うまみ調味料、風味調味料、カレールウ、食用植物油脂、ショートニング及びマーガリン類 | 食塩、みそ、うまみ調味料、風味調味料、カレールウ、食用植物油脂、ショートニング及びマーガリン類 | 質量 | 表（一） | 5kg |

| | 第12条第1項：特定商品（内容量を法定計量単位で表示する際は量目公差内であること。） | 第13条第1項：量目公差及び表記義務対象の特定商品（左記商品のうち、密封した時、表記義務のかかるもの） | 特定物象量 | 量目公差の区分（図表2参照） | 量目公差適用の上限 |
|---|---|---|---|---|---|
| 19 | ソース、めん類等のつゆ、焼肉等のたれ及びスープ | ソース、めん類等のつゆ、焼肉等のたれ及びスープ | 質量又は体積 | 表（一）又は表（三） | 5kg又は5L |
| 20 | しょうゆ及び食酢 | しょうゆ及び食酢 | 体積 | 表（三） | 5L |
| 21 | 調理食品 | 調理食品 | | | |
| | （1）即席しるこ及び即席ぜんざい | （1）即席しるこ及び即席ぜんざい | 質量 | 表（一） | 1kg |
| | （2）（1）に掲げるもの以外のもの | （2）左に掲げるもののうち、冷凍食品、チルド食品、レトルトパウチ食品並びに缶詰及び瓶詰 | 質量 | 表（二） | 5kg |
| 22 | 清涼飲料の粉末、つくだに、ふりかけ並びにごま塩、洗いごま、すりごま及びいりごま | 清涼飲料の粉末、つくだに、ふりかけ並びにごま塩、洗いごま、すりごま及びいりごま | 質量 | 表（一） | 1kg |
| 23 | 飲料（医薬用のものを除く。） | 飲料（医薬用のものを除く。） | | | |
| | （1）アルコールを含まないもの | （1）アルコールを含まないもの | 質量又は体積 | 表（一）又は表（三） | 5kg又は5L |
| | （2）アルコールを含むもの | （2）アルコールを含むもの | 体積 | 表（三） | 5L |

　図表1の「量目公差の区分」は、それぞれ次ページの表（図表2）が適用されます。このときの誤差率（％）は、「（表示量－真実の量）÷表示量×100」で算出します。

### 【誤差率の例】

　内容量200gと表示された商品の真実の量が190gのときの誤差率：

（200 － 190）÷ 200 × 100 ＝ 5 ％

図表 2 **量目公差の区分一覧**

## 表（一）表示量 誤差

| 表示された内容量 | 誤差範囲又は誤差率 |
|---|---|
| 5g 以上　　50g 以下 | 4% |
| 50g を超え　100g 以下 | 2g |
| 100g を超え　500g 以下 | 2% |
| 500g を超え　1kg 以下 | 10g |
| 1kg を超え　25kg 以下 | 1% |

## 表（二）表示量 誤差

| 表示された内容量 | 誤差範囲又は誤差率 |
|---|---|
| 5g 以上　　50g 以下 | 6% |
| 50g を超え　100g 以下 | 3g |
| 100g を超え　500g 以下 | 3% |
| 500g を超え　1.5kg 以下 | 15g |
| 1.5kg を超え　10kg 以下 | 1% |

## 表（三）表示量 誤差

| 表示された内容量 | 誤差範囲又は誤差率 |
|---|---|
| 5ml 以上　　50ml 以下 | 4% |
| 50ml を超え　100ml 以下 | 2ml |
| 100ml を超え　500ml 以下 | 2% |
| 500ml を超え　1L 以下 | 10ml |
| 1L を超え　25L 以下 | 1% |

**食品表示に関する自治体条例**

　いくつかの自治体では、食品表示に関して消費者保護を目的とした条例を設けています。それらの自治体において販売される食品には、その条例に則った表示が必要となります。このため、食品を製造、販売する際には、その製品が小売される地域を考慮して表示を作成します。

　ここでは、主な自治体条例を紹介します。また、内容については概要の紹介のみとなっていますので、実際の商品の表示作成にあたっては、実際の条例の最新の情報を幅広く確認することが大切です。

## １）東京都消費生活条例の規定に基づく品質表示に関する表示事項

| 対象となる食品 | 表示すべき事項 |
|---|---|
| 調理冷凍食品 | （1）原材料配合割合（商品名に原材料の一部の名称が付された調理冷凍食品にあっては、当該原材料の仕込み時の標準配合比を％の単位で、原則として表示すること。）<br>（2）原料原産地名（原材料及び添加物に占める重量の割合が上位3位までのもので、かつ、5％以上である原材料について、原料原産地名を表示すること。この場合、表示の方法については、食品表示基準の原料原産地名表示の規定に従う。） |
| かまぼこ類のうち包装されたものであって下記にあげるもの（ただし、特殊包装かまぼこ類、風味かまぼこを除く。）<br>（ア）蒸しかまぼこ類<br>（イ）焼抜きかまぼこ類 | （1）でん粉含有率（原材料にでん粉を使用したものにあっては、魚肉に対する割合を％の単位で表示する。種ものを加えた場合は省略可能。）<br>（2）原材料配合割合（商品名に原材料の一部の名称が付された製品について、当該原材料の仕込み時の配合比を％の単位で表示すること。） |
| はちみつ類 | （1）品名（それぞれの定義に従って「精製はちみつ」「加糖はちみつ」「巣はちみつ」「巣はちみつ入りはちみつ」と表示する。）<br>（2）原材料の割合又は重量（加糖はちみつの場合の糖類や、ローヤルゼリー、花粉、果汁などを原材料として使用した場合は、その重量又は重量の割合を表示すること。） |
| カット野菜及びカットフルーツ（容器包装されたもの） | （1）加工年月日（野菜や果実を生食用としてカットした日を加工年月日とわかるように表示すること。） |

## ２）神奈川県消費生活条例第10条に規定する事業者が遵守すべき表示基準

| 対象となる食品 | 表示すべき事項 |
|---|---|
| かまぼこ類（板付き蒸しかまぼこ等であって、包装されたもの。ただし、特殊包装かまぼこを除く。） | 原材料の一部の名称が商品名に付されている場合に、当該原材料の仕込み時の配合割合を％の単位で表示すること。 |
| 包装された調理冷凍食品（ただし、食品表示基準に規定する調理冷凍食品を除く。） | 原材料の一部の名称が商品名に付されている場合に、当該原材料の仕込み時の配合割合を％の単位で、原則として表示すること。 |

### 3）川崎市消費者の利益の擁護及び増進に関する条例施行規則

| 対象となる食品 | 表示すべき事項 |
|---|---|
| 調理冷凍食品（食品表示基準が定められているもの及びアップルパイ、フルーツパイその他を除く。） | 原材料の一部の名称が商品名に付されている場合に、当該原材料の仕込み時の配合割合を％の単位で表示すること。ただし、内容量を重量や体積で表示しない製品の場合は省略可能。 |
| かまぼこ類（板付き蒸しかまぼこ、蒸し焼きかまぼこ及び蒸しかまぼこ（食品表示基準の規定により基準が定められているものを除く。）） | （1）原材料配合割合（商品名に原材料の一部の名称が付された製品について、当該原材料の仕込み時の配合比を％の単位で表示すること。）<br>（2）でん粉含有率（原材料にでん粉を使用したものにあっては、魚肉に対する割合を％で表示する。）。種ものを加えた製品にあっては省略可能。 |

### 4）名古屋市消費生活条例施行細則

| 対象となる食品 | 表示すべき事項 |
|---|---|
| 板付きかまぼこ、蒸しかまぼこ及び蒸し焼きかまぼこ | （1）でん粉含有率（原材料名の「でん粉」の次に括弧を付けて魚肉に対するでん粉の割合を％の単位で表示する。）<br>（2）原材料配合割合（商品名に原材料の一部の名称が付された製品について、当該原材料の仕込み時の標準配合比を％の単位で表示する。） |
| 調理冷凍食品（食品表示基準が定められている品目及び菓子類を除く。） | 原材料の一部の名称が商品名に付されている場合に、当該原材料の仕込み時の標準配合比を％の単位で表示すること。ただし、内容量を個数で表示する製品は省略可能。 |

### 5）京都府加工食品の品質表示基準

| 対象となる食品 | 表示すべき事項 |
|---|---|
| 豆腐類（豆腐及び豆腐を二次的に加工した食品） | 凝固させるために使用した添加物には「凝固剤（○○）」と、消泡させるために使用した添加物には「消泡剤（○○）」（○○はいずれも添加物の名称）と表示する。 |

### 6）京都市消費生活条例第14条第1項の規定に基づく商品等表示基準

| 対象となる食品 | 表示すべき事項 |
|---|---|
| プレミックス類（ホットケーキミックス、天ぷら粉他の調整粉） | 使用上の注意として、開封後の取扱方法、調理方法等を表示する。 |
| 生めん類 | なま、ゆで、むし等の表示が商品名又は品名に表示されていない場合は、「なま（生）」「ゆで」「むし（蒸）」又は「油揚」と表示する。ぎょうざの皮類にあっては省略可能。 |

| 対象となる食品 | 表示すべき事項 |
|---|---|
| つくだ煮類及び煮豆 | 使用上の注意として、開封後の取扱方法等を表示する。 |
| 焼肉のたれ類 | 使用上の注意として、開封後なるべく早く食べる必要がある旨を表示する。 |
| ふりかけ類 | 使用上の注意として、開封後の取扱方法を表示する。 |
| 緑茶 | 使用上の注意として、開封後の取扱方法等を表示する。 |
| インスタントコーヒー | 使用上の注意として、開封後の取扱方法等を表示する。 |
| カレールウ | 使用上の注意として、開封後の取扱方法等を表示する。 |
| 調理冷凍食品（食品表示基準が定められている品目を除く。） | （1）原材料配合割合（商品名に原材料の一部の名称が付された製品について、当該原材料の仕込み時の標準配合比を％の単位で表示する。）<br>（2）使用上の注意として、解凍方法、調理方法等を表示する。 |

## 7）大阪市消費者保護条例に基づく商品の品質表示基準

| 対象となる食品 | 表示すべき事項 |
|---|---|
| 蒸しかまぼこ類及び焼き抜きかまぼこ類（蒸しちくわ、焼きちくわ、リテーナ形成かまぼこ等を除く。） | （1）でん粉含有率（原材料にでん粉を使用したものにあっては、魚肉に対する割合を％の単位で表示する。種ものを加えた場合は省略可能。）<br>（2）原材料配合割合（商品名に原材料の一部の名称が付された製品について、当該原材料の仕込み時の配合比を％の単位で表示すること。） |
| 調理冷凍食品（食品表示基準が定められている品目を除く。） | （1）原材料配合割合（商品名に原材料の一部の名称が付された製品について、当該原材料の仕込み時の標準配合比を％の単位で表示する。内容量を数量で表示する製品は省略可能。）<br>（2）使用上の注意として、解凍、調理方法等を表示する。 |
| 焼肉のたれ類 | 使用上の注意として、開封後なるべく早く食べる必要がある旨を表示する。また、標準的使用方法等も表示する。 |
| 包装された鶏卵 | 卵を重量により6つに区分し、それぞれを表すLLからSSまでの記号とその記号の表す重量の範囲を表示する。 |
| 生めん類（うどん、そば、中華めん、餃子の皮等で包装されたもの） | なま、ゆで、むし等の表示が商品名又は品名に表示されていない場合は、「なま（生）」「ゆで」「むし（蒸）」又は「油揚」と表示する。ぎょうざの皮類にあっては省略可能。 |
| つくだ煮類及び煮豆 | 使用上の注意として、開封後の取扱方法等を表示する。 |
| 緑茶 | 使用上の注意として、開封後の取扱方法等を表示する。 |
| カレールウ（調理済みのものを除く、即席カレーに限る。） | 使用上の注意として、開封後の取扱方法等を表示する。 |
| インスタントコーヒー | 使用上の注意として、開封後の取扱方法等を表示する。 |

| 対象となる食品 | 表示すべき事項 |
|---|---|
| ふりかけ類 | 使用上の注意として、開封後の取扱方法等を表示する。 |
| カットフルーツ（容器包装されたもの） | 加工年月日（果実を食べやすい状態にカットした日を加工年月日とわかるように表示すること。） |

## 8）神戸市民のくらしをまもる条例施行規則

| 対象となる食品 | 表示すべき事項 |
|---|---|
| プレミックス類（ホットケーキミックス、天ぷら粉他の調整粉） | 使用上の注意として、開封後の取扱方法、調理方法等を表示する。 |
| つくだ煮類及び煮豆 | 使用上の注意として、開封後の取扱方法、用途上の注意等を表示する。 |
| 調理冷凍食品（食品表示基準が定められている品目を除く。） | （1）原材料配合割合（商品名に原材料の一部の名称が付された製品について、当該原材料の仕込み時の標準配合比を％の単位で表示する。内容量を数量で表示する製品は省略可能。）<br>（2）使用の方法又は注意事項（解凍、調理方法等を表示する。） |
| 焼肉のたれ類 | 使用上の注意として、開封後なるべく早く食べる必要がある旨を表示する。また、標準的使用方法等も表示する。 |
| カット野菜及びフルーツ（容器包装されたもの） | 調製月日又は加工月日（調製又は加工を完了した月日を、「調製月日（加工月日）〇月〇日」又は「〇.〇調製（加工）」）のように表示すること。 |

## 9）鳥取県　消費生活の安定及び向上に関する条例に基づくなしについての表示基準

| 対象となる食品 | 表示すべき事項 |
|---|---|
| 二十世紀なしを、中の見えない容器等で販売する場合 | 品種名、価格、定められた区分によるなしの大きさ（S〜5L、規格外）、内容重量、個数、販売年月日、販売事業者の住所、氏名又は名称、電話番号 |
| 二十世紀以外の品種のなしを、中の見えない容器等で販売する場合 | 品種名、価格、内容重量、個数、販売年月日、販売事業者の住所、氏名又は名称、電話番号 |
| なしを、中の見える容器で販売する場合 | 品種名、価格、個数、販売年月日、販売事業者の住所、氏名又は名称、電話番号 |
| なしを、容器に入れずに販売する場合 | 品種名、価格 |

## 資料4 食品衛生法において保存方法の基準が定められている食品

| 保存基準 | 該当品目 |
|---|---|
| −15℃以下で保存 | ・冷凍果実飲料<br>・原料用果汁（冷凍したものに限る。）<br>・冷凍食肉製品及び冷凍鯨肉製品（冷凍鯨肉製品にあっては気密性のある容器包装に充てんした後、製品の中心部の温度を120℃で4分間加熱する方法又はこれと同等以上の効力を有する方法により殺菌したものを除く。）<br>・鶏の液卵を冷凍したもの<br>・冷凍魚肉練り製品<br>・冷凍食品<br>・生食用食肉を凍結させたもの<br>・細切りした食肉及び鯨肉を凍結させたものであって容器包装に入れられたもの<br>・生食用冷凍かき<br>・冷凍ゆでだこ<br>・冷凍ゆでがに |
| 4℃以下で保存 | ・生食用食肉<br>・非加熱食肉製品及び特定加熱食肉製品のうち、水分活性が0.95以上のもの |
| 8℃以下で保存 | ・鶏の液卵 |
| 10℃以下で保存 | ・清涼飲料水（紙栓を付けたガラス瓶に収められたものに限る。）<br>・ミネラルウォーター類、冷凍果実飲料及び原料用果汁以外の清涼飲料水のうち水素イオン指数（pH）4.6以上で、かつ、水分活性が0.94を超えるものであって、原材料等に由来して当該食品中に存在し、かつ、発育し得る微生物を死滅させるのに十分な効力を有する方法で殺菌していないもの。<br>・非加熱食肉製品及び特定加熱食肉製品であって水分活性が0.95未満のもの、加熱食肉製品並びに鯨肉製品（気密性のある容器包装に充てんした後、製品の中心部の温度を120℃で4分間加熱する方法又はこれと同等以上の効力を有する方法により殺菌したものを除く。）<br>・魚肉練り製品（魚肉ハム、魚肉ソーセージ及び特殊包装かまぼこ以外の魚肉練り製品及び魚肉ハム、魚肉ソーセージ及び特殊包装かまぼこであって、気密性のある容器包装に充てんした後、製品の中心部の温度を120℃で4分間加熱する方法又はこれと同等以上の効力を有する方法により殺菌した製品及びその水素イオン指数（pH）が4.6以下又はその水分活性が0.94以下である製品は除く。）<br>・食肉及び鯨肉<br>・生食用かき<br>・切り身又はむき身にした鮮魚介類（生かきを除く。）であって生食用のもの（凍結させたものを除く。）<br>・ゆでだこ<br>・ゆでがに（飲食に供する際に加熱を要しないものであって、凍結させたものを除く。）<br>・乳及び乳製品（アイスクリーム類、常温保存可能品等を除く。）＊ |
| 冷蔵等で保存 | ・豆腐（移動販売に係る豆腐、成型した後水さらしをしないで直ちに販売の用に供されることが通常である豆腐及び無菌充填豆腐を除く。） |
| 直射日光を避けて保存 | ・即席めん類（油脂で処理したものに限る。） |

＊乳等省令による基準。

**加工食品に分類される食品（食品表示基準 別表第１）**

1　麦類
　　精麦
2　粉類
　　米粉、小麦粉、雑穀粉、豆粉、いも粉、調製穀粉、その他の粉類
3　でん粉
　　小麦でん粉、とうもろこしでん粉、甘しょでん粉、ばれいしょでん粉、タピオカでん
　　粉、サゴでん粉、その他のでん粉
4　野菜加工品
　　野菜缶・瓶詰、トマト加工品、きのこ類加工品、塩蔵野菜（漬物を除く。）、野菜漬
　　物、野菜冷凍食品、乾燥野菜、野菜つくだ煮、その他の野菜加工品
5　果実加工品
　　果実缶・瓶詰、ジャム・マーマレード及び果実バター、果実漬物、乾燥果実、果実冷凍
　　食品、その他の果実加工品
6　茶、コーヒー及びココアの調製品
　　茶、コーヒー製品、ココア製品
7　香辛料
　　ブラックペッパー、ホワイトペッパー、レッドペッパー、シナモン（桂皮）、クローブ
　　（丁子）、ナツメグ（肉ずく）、サフラン、ローレル（月桂葉）、パプリカ、オールス
　　パイス（百味こしょう）、さんしょう、カレー粉、からし粉、わさび粉、しょうが、そ
　　の他の香辛料
8　めん・パン類
　　めん類、パン類
9　穀類加工品
　　アルファー化穀類、米加工品、オートミール、パン粉、ふ、麦茶、その他の穀類加工品
10　菓子類
　　ビスケット類、焼き菓子、米菓、油菓子、和生菓子、洋生菓子、半生菓子、和干菓子、
　　キャンデー類、チョコレート類、チューインガム、砂糖漬菓子、スナック菓子、冷菓、
　　その他の菓子類
11　豆類の調製品
　　あん、煮豆、豆腐・油揚げ類、ゆば、凍り豆腐、納豆、きなこ、ピーナッツ製品、いり
　　豆、その他の豆類調製品
12　砂糖類
　　砂糖、糖蜜、糖類
13　その他の農産加工食品
　　こんにゃく、その他１から12までに分類されない農産加工食品
14　食肉製品
　　加工食肉製品、鳥獣肉の缶・瓶詰、加工鳥獣肉冷凍食品、その他の食肉製品
15　酪農製品
　　牛乳、加工乳、乳飲料、練乳及び濃縮乳、粉乳、発酵乳及び乳酸菌飲料、バター、チー

ズ、アイスクリーム類、その他の酪農製品

16　加工卵製品
　　鶏卵の加工製品、その他の加工卵製品

17　その他の畜産加工食品
　　蜂蜜、その他14から16までに分類されない畜産加工食品

18　加工魚介類
　　素干魚介類、塩干魚介類、煮干魚介類、塩蔵魚介類、缶詰魚介類、加工水産物冷凍食
　　品、練り製品、その他の加工魚介類

19　加工海藻類
　　こんぶ、こんぶ加工品、干のり、のり加工品、干わかめ類、干ひじき、干あらめ、寒
　　天、その他の加工海藻類

20　その他の水産加工食品
　　18及び19に分類されない水産加工食品

21　調味料及びスープ
　　食塩、みそ、しょうゆ、ソース、食酢、調味料関連製品、スープ、その他の調味料及び
　　スープ

22　食用油脂
　　食用植物油脂、食用動物油脂、食用加工油脂

23　調理食品
　　調理冷凍食品、チルド食品、レトルトパウチ食品、弁当、そうざい、その他の調理食品

24　その他の加工食品
　　イースト、植物性たんぱく及び調味植物性たんぱく、麦芽及び麦芽抽出物並びに麦芽シ
　　ロップ、粉末ジュース、その他21から23までに分類されない加工食品

25　飲料等
　　飲料水、清涼飲料、酒類、氷、その他の飲料

資料編

資料
5

**生鮮食品に分類される食品（食品表示基準 別表第２）**

1　農産物（きのこ類、山菜類及びたけのこを含む。）
　（１）米穀（収穫後調整、選別、水洗い等を行ったもの、単に切断したもの及び精麦又
　　　　は雑穀を混合したものを含む。）
　　　　玄米、精米
　（２）麦類（収穫後調整、選別、水洗い等を行ったもの及び単に切断したものを含
　　　　む。）
　　　　大麦、はだか麦、小麦、ライ麦、えん麦
　（３）雑穀（収穫後調整、選別、水洗い等を行ったもの及び単に切断したものを含
　　　　む。）
　　　　とうもろこし、あわ、ひえ、そば、きび、もろこし、はとむぎ、その他の雑穀
　（４）豆類（収穫後調整、選別、水洗い等を行ったもの及び単に切断したものを含み、
　　　　未成熟のものを除く。）
　　　　大豆、小豆、いんげん、えんどう、ささげ、そら豆、緑豆、落花生、その他の豆
　　　　類
　（５）野菜（収穫後調整、選別、水洗い等を行ったもの、単に切断したもの及び単に凍
　　　　結させたものを含む。）
　　　　根菜類、葉茎菜類、果菜類、香辛野菜及びつまもの類、きのこ類、山菜類、果実
　　　　的野菜、その他の野菜
　（６）果実（収穫後調整、選別、水洗い等を行ったもの、単に切断したもの及び単に凍
　　　　結させたものを含む。）
　　　　かんきつ類、仁果類、核果類、しょう果類、殻果類、熱帯性及び亜熱帯性果実、
　　　　その他の果実
　（７）その他の農産食品（収穫後調整、選別、水洗い等を行ったもの、単に切断したも
　　　　の及び単に凍結させたものを含む。）
　　　　糖料作物、こんにゃくいも、未加工飲料作物、香辛料原材料、他に分類されない
　　　　農産食品
2　畜産物
　（１）食肉（単に切断、薄切り等したもの並びに単に冷蔵及び凍結させたものを含
　　　　む。）
　　　　牛肉、豚肉及びいのしし肉、馬肉、めん羊肉、山羊肉、うさぎ肉、家きん肉、そ
　　　　の他の肉類
　（２）乳
　　　　生乳、生山羊乳、その他の乳
　（３）食用鳥卵（殻付きのものに限る。）
　　　　鶏卵、アヒルの卵、うずらの卵、その他の食用鳥卵
　（４）その他の畜産食品（単に切断、薄切り等したもの並びに単に冷蔵及び凍結させた
　　　　ものを含む。）
3　水産物（ラウンド、セミドレス、ドレス、フィレー、切り身、刺身（盛り合わせたもの
　　を除く。）、むき身、単に凍結させたもの及び解凍したもの並びに生きたものを含

む。）
（1）魚類
　　淡水産魚類、さく河性さけ・ます類、にしん・いわし類、かつお・まぐろ・さば
　　類、あじ・ぶり・しいら類、たら類、かれい・ひらめ類、すずき・たい・にべ
　　類、その他の魚類
（2）貝類
　　しじみ・たにし類、かき類、いたやがい類、あかがい・もがい類、はまぐり・あ
　　さり類、ばかがい類、あわび類、さざえ類、その他の貝類
（3）水産動物類
　　いか類、たこ類、えび類、いせえび・うちわえび・ざりがに類、かに類、その他
　　の甲かく類、うに・なまこ類、かめ類、その他の水産動物類
（4）海産ほ乳動物類
　　鯨、いるか、その他の海産ほ乳動物類
（5）海藻類
　　こんぶ類、わかめ類、のり類、あおさ類、寒天原草類、その他の海藻類

＊別表第9にはこの他に「測定及び算出の方法」「0と表示することができる量」の項目があ
りますが、ここでは割愛しています。

| 栄養成分及び熱量 | 表示の単位 | 許容差の範囲 |
|---|---|---|
| たんぱく質 | g | ±20%（ただし、当該食品100g当たり（清涼飲料水等にあっては、100ml当たり）のたんぱく質の量が2.5g未満の場合は±0.5g） |
| 脂質 | g | ±20%（ただし、当該食品100g当たり（清涼飲料水等にあっては、100ml当たり）の脂質の量が2.5g未満の場合は±0.5g） |
| 飽和脂肪酸 | g | ±20%（ただし、当該食品100g当たり（清涼飲料水等にあっては、100ml当たり）の飽和脂肪酸の量が0.5g未満の場合は±0.1g） |
| n－3系脂肪酸 | g | ±20% |
| n－6系脂肪酸 | g | ±20% |
| コレステロール | mg | ±20%（ただし、当該食品100g当たり（清涼飲料水等にあっては、100ml当たり）のコレステロールの量が25mg未満の場合は±5mg） |
| 炭水化物 | g | ±20%（ただし、当該食品100g当たり（清涼飲料水等にあっては、100ml当たり）の炭水化物の量が2.5g未満の場合は±0.5g） |
| 糖質 | g | ±20%（ただし、当該食品100g当たり（清涼飲料水等にあっては、100ml当たり）の糖質の量が2.5g未満の場合は±0.5g） |
| 糖類（単糖類又は二糖類であって、糖アルコールでないものに限る。） | g | ±20%（ただし、当該食品100g当たり（清涼飲料水等にあっては、100ml当たり）の糖類の量が2.5g未満の場合は±0.5g） |
| 食物繊維 | g | ±20% |
| 亜鉛 | mg | ＋50%、－20% |
| カリウム | mg | ＋50%、－20% |
| カルシウム | mg | ＋50%、－20% |
| クロム | μg | ＋50%、－20% |
| セレン | μg | ＋50%、－20% |
| 鉄 | mg | ＋50%、－20% |
| 銅 | mg | ＋50%、－20% |

| 栄養成分及び熱量 | 表示の単位 | 許容差の範囲 |
|---|---|---|
| ナトリウム（食塩相当量で表示する。） | mg（1000mg 以上の量を表示する場合にあっては、g を含む。） | ± 20%（ただし、当該食品 100g 当たり（清涼飲料水等にあっては、100ml 当たり）のナトリウムの量が 25mg 未満の場合は± 5mg） |
| マグネシウム | mg | ＋ 50%、－ 20% |
| マンガン | mg | ＋ 50%、－ 20% |
| モリブデン | μg | ＋ 50%、－ 20% |
| ヨウ素 | μg | ＋ 50%、－ 20% |
| リン | mg | ＋ 50%、－ 20% |
| ナイアシン | mg | ＋ 80%、－ 20% |
| パントテン酸 | mg | ＋ 80%、－ 20% |
| ビオチン | μg | ＋ 80%、－ 20% |
| ビタミン A | μg | ＋ 50%、－ 20% |
| ビタミン B₁ | mg | ＋ 80%、－ 20% |
| ビタミン B₂ | mg | ＋ 80%、－ 20% |
| ビタミン B₆ | mg | ＋ 80%、－ 20% |
| ビタミン B₁₂ | μg | ＋ 80%、－ 20% |
| ビタミン C | mg | ＋ 80%、－ 20% |
| ビタミン D | μg | ＋ 50%、－ 20% |
| ビタミン E | mg | ＋ 50%、－ 20% |
| ビタミン K | μg | ＋ 50%、－ 20% |
| 葉酸 | μg | ＋ 80%、－ 20% |
| 熱量 | kcal | ± 20%（ただし、当該食品 100g 当たり（清涼飲料水等にあっては、100ml 当たり）の熱量が 25kcal 未満の場合は± 5kcal） |

栄養機能食品として表示ができる栄養成分の例
（食品表示基準 別表第11より一部の栄養成分を抜粋）

| 栄養成分 | 下限値 | 栄養成分の機能 | 上限値 | 摂取をする上での注意事項 |
|---|---|---|---|---|
| n−3系脂肪酸 | 0.6g | n−3系脂肪酸は、皮膚の健康維持を助ける栄養素です。 | 2.0g | 本品は、多量摂取により疾病が治癒したり、より健康が増進するものではありません。一日の摂取目安量を守ってください。 |
| カリウム | 840mg | カリウムは、正常な血圧を保つのに必要な栄養素です。 | 2800mg | 本品は、多量摂取により疾病が治癒したり、より健康が増進するものではありません。一日の摂取目安量を守ってください。腎機能が低下している方は本品の摂取を避けてください。 |
| カルシウム | 204mg | カルシウムは、骨や歯の形成に必要な栄養素です。 | 600mg | 本品は、多量摂取により疾病が治癒したり、より健康が増進するものではありません。一日の摂取目安量を守ってください。 |
| 鉄 | 2.04mg | 鉄は、赤血球を作るのに必要な栄養素です。 | 10mg | 本品は、多量摂取により疾病が治癒したり、より健康が増進するものではありません。一日の摂取目安量を守ってください。 |
| ビオチン | 15μg | ビオチンは、皮膚や粘膜の健康維持を助ける栄養素です。 | 500μg | 本品は、多量摂取により疾病が治癒したり、より健康が増進するものではありません。一日の摂取目安量を守ってください。 |
| ビタミンA | 231μg | ビタミンAは、夜間の視力の維持を助ける栄養素です。ビタミンAは、皮膚や粘膜の健康維持を助ける栄養素です。 | 600μg | 本品は、多量摂取により疾病が治癒したり、より健康が増進するものではありません。一日の摂取目安量を守ってください。妊娠三か月以内又は妊娠を希望する女性は過剰摂取にならないよう注意してください。 |
| ビタミンC | 30mg | ビタミンCは、皮膚や粘膜の健康維持を助けるとともに、抗酸化作用を持つ栄養素です。 | 1000mg | 本品は、多量摂取により疾病が治癒したり、より健康が増進するものではありません。一日の摂取目安量を守ってください。 |

## 資料9 栄養成分の補給ができる旨の表示の基準値

（食品表示基準 別表第12より）

| 栄養成分 | 高い旨の表示の基準値（〜以上） | | 含む旨の表示の基準値（〜以上） | | 強化された旨の表示の基準値（〜以上の強化） |
|---|---|---|---|---|---|
| | 食品100g当たり（100ml当たり）* | 100kcal当たり | 食品100g当たり（100ml当たり）* | 100kcal当たり | 食品100g当たり（100ml当たり）* |
| たんぱく質 | 16.2g（8.1g） | 8.1g | 8.1g（4.1g） | 4.1g | 8.1g（4.1g） |
| 食物繊維 | 6g（3g） | 3g | 3g（1.5g） | 1.5g | 3g（1.5g） |
| 亜鉛 | 2.64mg（1.32mg） | 0.88mg | 1.32mg（0.66mg） | 0.44mg | 0.88mg（0.88mg） |
| カリウム | 840mg（420mg） | 280mg | 420mg（210mg） | 140mg | 280mg（280mg） |
| カルシウム | 204mg（102mg） | 68mg | 102mg（51mg） | 34mg | 68mg（68mg） |
| 鉄 | 2.04mg（1.02mg） | 0.68mg | 1.02mg（0.51mg） | 0.34mg | 0.68mg（0.68mg） |
| 銅 | 0.27mg（0.14mg） | 0.09mg | 0.14mg（0.07mg） | 0.05mg | 0.09mg（0.09mg） |
| マグネシウム | 96mg（48mg） | 32mg | 48mg（24mg） | 16mg | 32mg（32mg） |
| ナイアシン | 3.9mg（1.95mg） | 1.3mg | 1.95mg（0.98mg） | 0.65mg | 1.3mg（1.3mg） |
| パントテン酸 | 1.44mg（0.72mg） | 0.48mg | 0.72mg（0.36mg） | 0.24mg | 0.48mg（0.48mg） |
| ビオチン | 15μg（7.5μg） | 5μg | 7.5μg（3.8μg） | 2.5μg | 5μg（5μg） |
| ビタミンA | 231μg（116μg） | 77μg | 116μg（58μg） | 39μg | 77μg（77μg） |
| ビタミンB₁ | 0.36mg（0.18mg） | 0.12mg | 0.18mg（0.09mg） | 0.06mg | 0.12mg（0.12mg） |
| ビタミンB₂ | 0.42mg（0.21mg） | 0.14mg | 0.21mg（0.11mg） | 0.07mg | 0.14mg（0.14mg） |
| ビタミンB₆ | 0.39mg（0.20mg） | 0.13mg | 0.20mg（0.10mg） | 0.07mg | 0.13mg（0.13mg） |
| ビタミンB₁₂ | 0.72μg（0.36μg） | 0.24μg | 0.36μg（0.18μg） | 0.12μg | 0.24μg（0.24μg） |
| ビタミンC | 30mg（15mg） | 10mg | 15mg（7.5mg） | 5mg | 10mg（10mg） |
| ビタミンD | 1.65μg（0.83μg） | 0.55μg | 0.83μg（0.41μg） | 0.28μg | 0.55μg（0.55μg） |
| ビタミンE | 1.89mg（0.95mg） | 0.63mg | 0.95mg（0.47mg） | 0.32mg | 0.63mg（0.63mg） |
| ビタミンK | 45μg（22.5μg） | 15μg | 22.5μg（11.3μg） | 7.5μg | 15μg（15μg） |
| 葉酸 | 72μg（36μg） | 24μg | 36μg（18μg） | 12μg | 24μg（24μg） |

＊括弧内は、一般に飲用に供する液状の食品100ml当たりの場合。

栄養成分又は熱量の適切な摂取ができる旨の表示の基準値
（食品表示基準 別表第13より）

| 栄養成分及び熱量 | 含まない旨の表示の基準値（〜未満）食品100g当たり（100ml当たり）* | 低い旨の表示の基準値（〜以下）食品100g当たり（100ml当たり）* | 低減された旨の表示の基準値（〜以上の低減）食品100g当たり（100ml当たり）* |
|---|---|---|---|
| 熱量 | 5kcal（5kcal） | 40kcal（20kcal） | 40kcal（20kcal） |
| 脂質 | 0.5g（0.5g） | 3g（1.5g） | 3g（1.5g） |
| 飽和脂肪酸 | 0.1g（0.1g） | 1.5g（0.75g）。ただし、当該食品の熱量のうち、飽和脂肪酸に由来するものが当該食品の熱量の10%以下であるものに限る。 | 1.5g（0.75g） |
| コレステロール | 5mg（5mg）。ただし、飽和脂肪酸の量が1.5g（0.75g）未満であって、当該食品の熱量のうち、飽和脂肪酸に由来するものが当該食品の熱量の10%未満のものに限る。 | 20mg（10mg）。ただし、飽和脂肪酸の量が1.5g（0.75g）以下であって、当該食品の熱量のうち、飽和脂肪酸に由来するものが当該食品の熱量の10%以下のものに限る。 | 20mg（10mg）。ただし、飽和脂肪酸の量が当該他の食品に比べて低減された量が1.5g（0.75g）以上のものに限る。 |
| 糖類 | 0.5g（0.5g） | 5g（2.5g） | 5g（2.5g） |
| ナトリウム | 5mg（5mg） | 120mg（120mg） | 120mg（120mg） |

＊括弧内は、一般に飲用に供する液状の食品100ml当たりの場合。

備考
1　ドレッシングタイプ調味料（いわゆるノンオイルドレッシング）について、脂質の「含まない旨の表示」については「0.5グラム」を、「3グラム」とする。
2　1食分の量を15グラム以下である旨を表示し、かつ、当該食品中の脂肪酸の量のうち飽和脂肪酸の量の占める割合が15パーセント以下である場合、コレステロールに係る含まない旨の表示及び低い旨の表示のただし書きの規定は、適用しない。

**原料原産地表示について個別ルールのある食品（22の食品群と5品目）（食品表示基準 別表第15に該当するもの）**

## 【1】22の食品群（食品表示基準 別表第15 1）

　国内で製造、加工された下記の表の（1）から（22）までの食品であって、原材料及び添加物に占める単一の農畜水産物の重量の割合が50％以上である場合、その生鮮食品の原産地名を、原料原産地として国別重量順に表示します。ただし、（5）緑茶及び緑茶飲料にあっては、荒茶の生産地を、（8）の黒糖及び黒糖加工品にあっては、さとうきびの生産地を、（9）のこんにゃくにあっては、こんにゃくいもの生産地を表示します。

　なお、原材料及び添加物に占める重量の割合が50％以上となる生鮮食品の原材料が無い場合は、この【1】には該当しませんが、その製品の中で最も重量の割合の高い原材料（対象原材料）の原産地を原料原産地として表示します。この場合は、国別重量順を原則としますが、例外表示も認められています。

| | | |
|---|---|---|
| （1） | 乾燥きのこ類、乾燥野菜及び乾燥果実（フレーク状又は粉末状にしたものを除く。） | <u>対象品目例</u>　乾しいたけ、乾燥きくらげ、乾燥スイートコーン、かんぴょう、切り干し大根、乾燥ぜんまい、干し柿、干しぶどう、干しあんず、干しバナナ、乾燥ねぎ、かんしょ蒸し切り干し（干しいも）、乾燥野菜ミックス（原材料及び添加物に占める重量の割合が50％以上を占めるものがある場合） |
| | | <u>補足説明</u>　●干しいもや蒸し干し大根のように生鮮野菜を加熱してから干したものを含む。●乾燥させた唐辛子やハーブのような香辛料は乾燥野菜に含まない。●元の農産物がなにか判別できない状態のものは対象外。 |
| （2） | 塩蔵したきのこ類、塩蔵野菜及び塩蔵果実（農産物漬物を除く。） | <u>対象品目例</u>　塩蔵きのこ、塩蔵ぜんまい、塩蔵山菜ミックス（塩を除いた原材料で、単一で原材料及び添加物に占める重量の割合が50％以上の原材料がある場合） |
| | | <u>補足説明</u>　●「塩蔵したきのこ類、塩蔵野菜及び塩蔵果実」とは、保存性を高める等の目的で、湯通しし又はせずに食塩又は食塩水に漬けたものをいう。●塩以外に添加物等を使用したものや、乾燥品を水戻しして塩蔵したものや、ブランチングしてから塩蔵したものであっても「塩蔵したきのこ類、塩蔵野菜及び塩蔵果実」とみなされるものを含む。 |

▼

| | | |
|---|---|---|
| （3） | ゆで、又は蒸したきのこ類、野菜及び豆類並びにあん（缶詰、瓶詰及びレトルトパウチ食品に該当するものを除く。） | 対象品目例　タケノコ水煮、山菜水煮、大豆水煮、ゆでたじゃがいも、ふかしたさつまいも、小豆あん、白あん、生あん、乾燥あん（これらを冷凍したものを含む。）<br><br>補足説明　●「ゆで、又は蒸した」とは、湯通し（ブランチング）のほか、水又は湯による素ゆで、塩を加えた塩ゆで、蒸気による蒸し等を施すことをいう。●塩以外にしょうゆ等が加えられたものであっても、外見上、単にゆでたり蒸したりしただけのものと見なされるものを含む。●砂糖で調味しているゆであずき、あんは該当しない。 |
| （4） | 異種混合したカット野菜、異種混合したカット果実その他野菜、果実及びきのこ類を異種混合したもの（切断せずに詰め合わせたものを除く。） | 対象品目例　カット野菜ミックス、野菜サラダ、カットフルーツミックス（生鮮食品のみで構成されたもので、単一で原材料及び添加物に占める重量の割合が50％以上を占める原材料がある場合）<br><br>補足説明　●ドレッシング等の小袋が添付されている場合を含む。●ゆでたブロッコリーなどの加工食品を加えたものは該当しない。 |
| （5） | 緑茶及び緑茶飲料 | 対象品目例　煎茶、玉露、番茶、ほうじ茶、抹茶、粉末茶、玄米茶、インスタントティー（茶葉以外の原材料がある場合は、製品の重量に占める茶葉の割合が50％以上のもの）、緑茶飲料<br><br>補足説明　●「緑茶」とは、茶葉（一部茎も含む。）を蒸熱又は釜炒り等の方法により茶葉中の酵素を失活させた後、飲食用に供せられる状態に製造したものとし、一般に緑茶であると認識されているものをいう。●緑茶の原料原産地としては荒茶の原産地を表示する。●緑茶飲料の原料原産地としては、対象原材料である緑茶の、荒茶の原産地を表示する。 |
| （6） | もち | 対象品目例　まるもち、のしもち、切りもち、鏡餅、草もち、豆もち（もち米のみで、又はもち米に米粉、とうもろこしでん粉等を加えて製造したもののうち、製品の重量に占めるもち米の割合が50％以上のもの）<br><br>補足説明　●よもぎや豆等の副原材料を加えて製造したものを含む。（副原材料の重量の割合が50％を超える場合は該当しない。）●大福もちのように、砂糖等で調味しているものやあんを入れたものは和菓子に相当し、もちには該当しない。●対象となるもちに使用された50％未満の米粉などの原材料及び、もち米の割合が50％未満のもちの原材料については、米トレーサビリティ法により、米穀等の産地情報の伝達が必要となる。 |
| （7） | いりさや落花生、いり落花生、あげ落花生及びいり豆類 | 対象品目例　素炒りした落花生（さやつき、さやなし）、素炒りした大豆、素炒りしたそらまめ、味付け落花生、油であげて塩味等を付けた落花生（バターピーナッツ）<br><br>補足説明　●炒った豆類に塩味を付けたもの、生の落花生を塩水に浸漬した後、炒ったものを含む。 |

| | | |
|---|---|---|
| (8) | 黒糖及び黒糖加工品 | 対象品目例　黒糖（黒砂糖）、黒糖みつ、黒糖菓子、加工黒糖（製品の原材料及び添加物に占める黒糖の重量の割合が50%以上のもの） |
| | | 補足説明　●「黒糖」（「黒砂糖」）とは、さとうきびの搾り汁に中和、沈殿等による不純物の除去を行い、煮沸による濃縮を行った後、糖みつ分の分離等の加工を行わずに、冷却して製造した砂糖で、固形又は粉末状のものをいう。●黒糖の原料原産地としてはさとうきびの産地を表示する。●黒糖加工品で黒糖を原材料にして製造する場合も原材料名欄に「黒糖（さとうきび（○○産））」とさとうきびの産地を表示することが基本となる。 |
| (9) | こんにゃく | 対象品目例　板こんにゃく、玉こんにゃく、さしみこんにゃく、糸こんにゃく、しらたき（製品に占めるこんにゃく生いも又はこんにゃく粉の割合が50%以上のもの） |
| | | 補足説明　●青のり、ごま、ゆず、しそ等の副原料を加えて製造したものを含む。●こんにゃく粉を原料として製造した場合も、こんにゃくいも産地を原料原産地として表示する。 |
| (10) | 調味した食肉（加熱調理したもの及び調理冷凍食品に該当するものを除く。） | 対象品目例　塩・こしょうした牛タン、焼き肉のタレに漬けた味付けカルビ、生姜焼きのタレをかけた豚肉、サイコロステーキにタレをかけたもの、挽肉に食塩や香辛料のみを加えて固めた生ハンバーグ、複数の畜種の食肉を混合したものに調味液をかけたもの（原材料及び添加物のうち、重量で50%以上を占める畜種の食肉がある場合） |
| | | 補足説明　●生又は解凍した食肉に調味したものが対象であり、湯通しなど一旦加熱した食肉に調味したものは対象外。●調味液にネギ等の野菜が含まれるものを含む。（具材として野菜が入っているものは対象外）●ハンバーグに玉ねぎやパン粉などのつなぎを加えたものは対象外。 |
| (11) | ゆで、又は蒸した食肉及び食用鳥卵（缶詰、瓶詰及びレトルトパウチ食品に該当するものを除く。） | 対象品目例　ゆでた牛モツ、蒸し鶏、ゆで卵、温泉卵、うずらの卵等の水煮製品、複数の畜種の食肉を混合してからゆでたもの（原材料及び添加物のうち、重量で50%以上を占める畜種の食肉がある場合） |
| | | 補足説明　●「ゆで、又は蒸した」とは、湯通し（ブランチング）、水又は湯による素ゆで、塩を加えた塩ゆで、蒸気による蒸し等を施すことをいう。●塩以外にしょうゆ等が加えられたものであっても、外見上、単にゆでたり蒸したりしただけと見なされるものを含む。●遠赤外線での加熱やスチーム噴射で製造したものを含む。 |
| (12) | 表面をあぶった食肉 | 対象品目例　鶏のささみの表面をあぶったもの、牛肉のたたき |
| | | 補足説明　●食肉の表面をあぶり、刺身のように生食感覚で食べられるようにしたもので、たれをかけていないもの。●肉の内部までは火が通っていないものが対象のため、焼き豚、ローストビーフは該当しない。 |

| (13) | フライ種として衣を付けた食肉（加熱調理したもの及び調理冷凍食品に該当するものを除く。） | 対象品目例　衣を付けたカツ用の食肉、衣をまぶした唐揚げ用の鶏肉、フライ種として衣を付けた複数の畜種の食肉の盛り合わせ（原材料及び添加物のうち重量の割合が 50%以上を占める畜種の原材料がある場合） |
| --- | --- | --- |
| | | 補足説明　●生又は解凍した食肉に、フライ用に衣を付けたり、まぶしたりしたもので、衣を付ける前に下味付けしたもの、衣に味付けしたもの、衣を付けた後にプリフライしたものを含む。●チーズやしそのような肉以外の食品を混ぜたものや、衣の重量が 50% を超えるものは該当しない。 |
| (14) | 合挽肉その他異種混合した食肉（肉塊又は挽肉を容器に詰め、成型したものを含む。） | 対象品目例　合挽肉（複数の畜種の生鮮食肉を挽肉にしたもの）、成型肉（サイコロステーキ）、異なる畜種の食肉の盛り合わせ（原材料及び添加物に占める重量の割合が 50% 以上を占める原材料がある場合） |
| | | 補足説明　●「肉塊又は挽肉を容器に詰め成型したもの」とは、畜種が単一であるか、複数であるかにかかわらず、食肉を加工し成型したサイコロステーキ等をいう。●複数の畜種の食肉の盛り合わせに個包装のタレを添付してあるものは該当する。 |
| (15) | 素干魚介類、塩干魚介類、煮干魚介類及びこんぶ、干のり、焼きのりその他干した海藻類（細切若しくは細刻したもの又は粉末状にしたものを除く。） | 対象品目例　素干魚介類（みがきにしん、干かずのこ、素干いわし、干たら、するめ等）、塩干魚介類（干にしん、丸干いわし、開さば、開あじ、開さんま等）、煮干魚介類（煮干いわし、しらす干し、干ほたて貝柱、干あわび等）、こんぶ、干のり、焼きのり、味付けのり、干わかめ、干ひじき、干あらめ、乾燥海藻類のみを混合した海藻サラダ |
| | | 補足説明　●「素干魚介類」とは、魚介類をそのまま、又はえらや内臓を除去し、丸のまま、若しくは背開きや腹開き等の処理後、そのまま乾燥させたものをいう。●「塩干魚介類」とは、塩蔵した魚介類を干したものをいう。●「煮干魚介類」とは、魚介類をゆでた後、乾燥させたものをいう。●これらを細切りにしたものや、焼いてから乾燥させたもの、調味液に漬けてから乾燥させたもの、干した後に表面をあぶったものは該当しない。 |
| (16) | 塩蔵魚介類及び塩蔵海藻類 | 対象品目例　塩さば、塩さんま、塩かずのこ、塩たらこ、すじこ、いくら、塩うに、塩わかめ、塩蔵したうみぶどう |
| | | 補足説明　●調味料（アミノ酸等）、発色剤等の添加物を使用したものであっても、最終製品が「塩蔵魚介類及び塩蔵海藻類」である場合を含む。 |

| (17) | 調味した魚介類及び海藻類（加熱調理したもの及び調理冷凍食品に該当するもの並びに缶詰、瓶詰及びレトルトパウチ食品に該当するものを除く。） | 対象品目例　まぐろ醤油漬け、いくら醤油漬け、あまだいのみそ漬け、しめさば（塩さばを原料とする場合を除く。）、ままかり、もずく酢、あこうだいの粕漬け、食用油脂を加えたまぐろのすき身、めかぶを湯通ししてから細切し調味液に漬けた味付けめかぶ |
|---|---|---|
| | | 補足説明　●生又は解凍した魚介類及び海藻類を、しょうゆ、酒、みそ等の調味料に漬けたものをいう。●湯通し（ブランチング）を行ってから調味したものを含む。●原料である魚介類を発酵させたもの（塩辛製品等）は該当しない。●調味液以外の原料（魚卵や茎わさび等）を混合したものは該当しない。 |
| (18) | こんぶ巻 | 対象品目例　こんぶ巻、にしんこんぶ巻、鮭こんぶ巻、ほたてこんぶ巻（水で戻した状態の昆布の重量が、製品の原材料及び添加物に占める割合において50％以上のもの） |
| | | 補足説明　●こんぶ巻とは、昆布又は水に戻した干し昆布を原料として、中芯に具材を入れ、又は入れないで昆布で巻き、かんぴょう等で結び煮付けたものをいう。●缶詰、瓶詰め及びレトルトパウチ食品や調理冷凍食品として販売されているものは該当しない。 |
| (19) | ゆで、又は蒸した魚介類及び海藻類（缶詰、瓶詰及びレトルトパウチ食品に該当するものを除く。） | 対象品目例　ゆでだこ、ゆでかに、ゆでしゃこ、ゆでほたて、釜揚げしらす、釜揚げさくらえび、蒸しだこ、ふぐ皮の湯引き、皮をそらせて形を整えるために湯通ししたたい（たいの霜皮づくり）、短時間の湯通しを行い殻を開けてむき身を取り出したあさり |
| | | 補足説明　●「ゆで、又は蒸した」とは、湯通し（ブランチング）、水又は湯による素ゆで、塩を加えた塩ゆで、蒸気による蒸し等を施すことをいう。●ゆでた後に味付け程度に塩をふったもの、ミョウバン等の添加物を加えて加熱したものを含む。 |
| (20) | 表面をあぶった魚介類 | 対象品目例　かつおのたたき、尾部（及び殻）のみをバーナーで短時間加熱し赤変させた大正えび（内部まで火の通っているものを除く。） |
| | | 補足説明　●魚介類の表面をあぶって、刺身のように生食感覚で食べられるようにしたもので、魚介類の内部までは火が通っていないものをいう。●かつおのたたきの場合は、たれをかけていないもの。 |
| (21) | フライ種として衣を付けた魚介類（加熱調理したもの及び調理冷凍食品に該当するものを除く。） | 対象品目例　カキフライ用のカキ、ムニエル用のたちうお、フライ種として衣を付けた魚介類同士の盛り合わせ（原材料及び添加物のうち重量の割合が50％以上を占める単一の魚介類がある場合） |
| | | 補足説明　●生又は解凍した魚介類に、フライ用に衣を付けたり、まぶしたりしたもので、下味付けしたもの、ブランチングを行った後に衣を付けたもの、刻みねぎ入りの衣や、衣に味付けしたものを含む。●衣の重量が50％を超えるものは該当しない。 |

| | | |
|---|---|---|
| （22） | （4）又は（14）に掲げるもののほか、生鮮食品を異種混合したもの（切断せずに詰め合わせたものを除く。） | 対象品目例 鍋物用の生鮮食品盛り合わせ、焼き鳥用に鶏肉とねぎを串にさしたもの（ねぎま串）、まぐろのすき身と生鮮のネギを混合したまぐろのたたき（生鮮食品のみで構成されたもので、単一で重量の割合が50％以上を占める原材料がある場合） |
| | | 補足説明 ●かまぼこなどの加工品を混合した鍋物セットは該当しない。●まぐろのすき身にネギと食用油脂を加えたものは該当しない。 |

## 【2】農産物漬物（食品表示基準 別表第15 2）

　内容量が300gを超える製品にあっては、原材料及び添加物の重量に占める割合の上位4位まで、300g以下の製品にあっては、上位3位までの農産物又は水産物であって、かつ、原材料及び添加物の重量の5％以上を占める原材料の原産地名を、原材料名に対応させて国別重量順に表示する。

| | |
|---|---|
| 農産物漬物 | 対象品目例 農産物ぬか漬け類、たくあん漬け、農産物しょうゆ漬け類、ふくじん漬け、農産物かす漬け類、なら漬け、わさび漬け、らっきょう酢漬け、しょうが酢漬け、農産物塩漬け類、梅漬け、梅干し、農産物からし漬け類、農産物こうじ漬け類、べったら漬け、農産物もろみ漬け類 |
| | 補足説明 ●農産物のみ、あるいは農産物と水産物を漬けたもののうち水産物の使用量が農産物の使用量より少ないものが対象となる。 |

## 【3】野菜冷凍食品（食品表示基準 別表第15 3）

　原材料及び添加物の重量に占める割合の上位3位までの原材料であって、かつ、原材料及び添加物の重量の5％以上を占める原材料の原産地名を、原材料名に対応させて国別重量順に表示する。

| | |
|---|---|
| 野菜冷凍食品 | 対象品目例 冷凍ブロッコリー、冷凍ホウレンソウ、冷凍ミックスベジタブル |
| | 補足説明 ●野菜に選別、洗浄、不可食部分の除去及び整形等の前処理及びブランチングを行ったものを凍結したものが対象となる。 |

## 【4】うなぎ加工品（食品表示基準 別表第15 4）

　うなぎの名称の次に、括弧を付してうなぎの原産地を「国産」（又は「○県」等）、「○国」等と表示する。

| | |
|---|---|
| うなぎ加工品 | 対象品目例 うなぎの蒲焼や白焼きで長焼き、串焼きのもの |
| | 補足説明 ●うなぎの蒲焼きなどを細切りにしたものは該当しない。 |

## 【5】かつお削りぶし（食品表示基準 別表第15 5）

　かつおのふしの文字の次に括弧を付して、ふしの原産地について、国内で製造された場合

は「国内製造」（又は「○県製造」等）、輸入品にあっては、その製造国を「○国製造」と表示する。

| かつお削りぶし | 対象品目例 | 花かつお、かつお削りぶし |
| | 補足説明 | ●かつおのふしの製造地を表示する。 |

## 【6】 おにぎり（食品表示基準 別表第15 6）

　おにぎりに使用されているのりの名称の次に括弧を付して、のりの原料となる原藻の原産地について、国産である場合は「国産」（又は「○○海産」「○県産」等）、輸入品にあっては「○国産」と表示する。

　　※【6】は、2017年（平成29年）の食品表示基準改正により追加となった個別の品目。
　　※おにぎりの米飯については、米トレーサビリティ法により産地情報の伝達が必要となる。

| おにぎり（米飯類を巻く目的でのりを原材料として使用しているものに限る。） | 対象品目例 | おにぎりをフィルムなどで包んで販売するもの（米飯類を巻く目的でのりを添付しているものや、すでにのりを巻いてあるもの）、おにぎりだけを容器包装して販売するもの |
| | 補足説明 | ●のりを使用していても、巻き寿司として認識されるものや、おにぎりとおかずを一緒に容器包装に入れたおにぎり弁当は該当しない。 |

# 索 引

**[あ]**

アナフィラキシーショック ……………………… 256
アレルゲン …………………………………………… 256

**[い]**

一括表示（アレルギー表示）…………………… 262
一括名（添加物）………………………………… 250
一般飲食物添加物 ………………………………… 243
一般に知られている地名 …………… 34, 38, 47
遺伝子組換え食品 ………………………………… 269
イマザリル（添加物）………… 40, 244, 246, 249

**[え]**

栄養機能食品 ……………………………… 298, 299
栄養強化の目的 …………………………………… 251
栄養強調表示 ……………………………………… 379
栄養成分表示 ……………………………………… 370
L－フェニルアラニン化合物（添加物）…… 249

**[お]**

大括り表示（原料原産地表示）………………… 85
オルトフェニルフェノール（OPP）（添加物）… 244, 246

**[か]**

外食の原産地表示（ガイドライン）………… 358
解凍（鮮魚）………………………………………… 61
解凍品（食肉）……………………………………… 48
拡大表記（アレルゲン）………………… 263, 264
加工者 ………………………………………………… 105
加工助剤（添加物）……………………………… 252
加工の定義 …………………………………………… 23
加熱食肉製品 ……………………………………… 129
乾燥食肉製品 ……………………………………… 129

**[き]**

期限表示 ……………………………………………… 96
季節名（名称）……………………………………… 58
既存添加物 ………………………………………… 243
機能性表示食品 …………………………………… 302
キャリーオーバー（添加物）………………… 252
旧国名（一般に知られている地名）……… 38, 39
牛トレーサビリティ法 ………… 16, 51, 328
業者間取引 ………………………………………… 331
切り欠き（牛乳）………………………………… 141
斤（食パン）……………………………………… 213
菌床栽培（しいたけ）…………………… 39, 116

**[く]**

国別重量順（原料原産地表示）………… 79, 81, 82
黒豚 …………………………………………………… 49

**[け]**

景品表示法 ………………………………… 16, 102, 313
計量法 …………………………………… 16, 93, 364
健康増進法 …………………………………… 16, 298
原材料名 ……………………………………………… 74
原産国名 …………………………………………… 102
原産地 ………………………………………… 33, 34
原木栽培（しいたけ）…………………… 39, 116
原料原産地名 ………………………………………… 79

**[こ]**

公正競争規約 ………………………………………… 27
公正マーク ………………………………… 356, 390
個体識別番号 ……………………………… 51, 330
個別表示（アレルギー表示）………………… 260
米トレーサビリティ法 ……… 16, 210, 230, 235, 321
小分け ………………………………… 102, 106, 108

小分け業者（有機食品表示）・・・・・・・・・ 279
コンタミネーション（アレルギー表示）・・・・ 266

[さ]
採取水域（生かき）・・・・・・・・・・・・・・・・・・ 62
酒類業組合法・・・・・・・・・・・・・・・・ 234,338
差止請求・・・・・・・・・・・・・・・・・・・・・・・・ 19
殺菌（牛乳）・・・・・・・・・・・・・・・・・・・・ 139
殺菌方法（レトルトパウチ食品等）・・・・・・・ 200
砂糖類の表示方法・・・・・・・・・・・・・・・・ 119
酸度（食酢）・・・・・・・・・・・・・・・・・・・・ 185

[し]
識別表示（容器包装の識別マーク）・・・・・・・ 346
資源有効利用促進法・・・・・・・・・・・・・・ 344
実質的な変更をもたらす行為・・・・・・・・・ 102
指定添加物・・・・・・・・・・・・・・・・・・・・ 242
指定農林物資（有機JAS）・・・・・・・・・・ 278,284
指定表示製品（容器包装の識別マーク）・・・・ 347
指定米穀等（米トレーサビリティ法）・・・・ 325
地鶏・・・・・・・・・・・・・・・・・・・・・・・・・・ 50
JAS制度・・・・・・・・・・・・・・・・・・・・・・ 352
酒税法・・・・・・・・・・・・・・・・・・・・・・・・ 338
種類別・種別名称・・・・・・・・・ 72,137,143,149
常温保存可能品・・・・・・・・・・・・・・・・・・ 100
賞味期限／消費期限・・・・・・・・・・・・・・・・ 96
食塩相当量（栄養成分表示）・・・・・・・・ 370,373
食肉製品の区分・・・・・・・・・・・・・・・・・・ 129
食品関連事業者・・・・・・・・・・・・・・・・・・ 105
食品表示基準・・・・・・・・・・・・・・・・・・・・ 21
食品表示法・・・・・・・・・・・・・・・・・・・・・・ 17

[す]
水域名（鮮魚）・・・・・・・・・・・・・・・・ 34,59
推奨表示（栄養成分表示）・・・・・・・・・・・ 373
ステアリドン酸（遺伝子組換え）・・・ 190,273,276
スマイルケア食・・・・・・・・・・・・・・・ 356,391

[せ]
生産行程管理者（有機食品表示）・・・・・・・ 279
製造者・・・・・・・・・・・・・・・・・・・・・・・・ 105
製造所固有記号・・・・・・・・・・・・・・ 109,110
製造の定義・・・・・・・・・・・・・・・・・・・・・・ 23
成長名（名称）・・・・・・・・・・・・・・・・・・・ 58

精米時期・・・・・・・・・・・・・・・・・・・・・・・ 43
選別の定義・・・・・・・・・・・・・・・・・・・・・・ 23
選別包装者（鶏卵）・・・・・・・・・・・・・・・・ 56

[た]
対象原材料（原料原産地表示）・・・・・・・・ 26,81
代替表記（アレルゲン）・・・・・・・・ 262,263,264
単位価格・・・・・・・・・・・・・・・・・・・・・・・ 47
単一原料米・・・・・・・・・・・・・・・・・・・・・・ 41
タンブリング処理（食肉処理）・・・・・・・ 48,127
タレかけ（食肉処理）・・・・・・・・・・・・ 48,127

[ち]
チアベンダゾール（TBZ）（添加物）・・・ 244,246
地域団体商標制度・・・・・・・・・・・・・・・・ 294
地方名（名称）・・・・・・・・・・・・・・・・・・・ 58
注意喚起表示・・・・・・・・・・・・・・・・・・・・ 385
調製時期（玄米）・・・・・・・・・・・・・・・・・・ 43
調整の定義・・・・・・・・・・・・・・・・・・・・・・ 23
地理的表示保護制度（GIマーク）・・・・・・・ 291

[つ]
漬け込み（食肉処理）・・・・・・・・・・・・ 48,127

[て]
添加物・・・・・・・・・・・・・・・・・・・・・ 77,242
テンダライズ処理（食肉処理）・・・・・・・・・ 48
天然香料・・・・・・・・・・・・・・・・・・・・・・ 243

[と]
凍結品（鶏肉）・・・・・・・・・・・・・・・・・・・ 48
登録認証機関（JAS）・・・・・・・・・・・・ 279,354
特色のある原材料表示・・・・・・・・・・・・・ 288
特定遺伝子組換え農産物・・・・・・・・・・・・ 273
特定加熱食肉製品・・・・・・・・・・・・・・・・ 129
特定牛肉・・・・・・・・・・・・・・・・・・・・・・ 329
特定料理（牛トレーサビリティ法）・・・・・・ 329
特定原材料／特定原材料に準ずるもの・・・・・・ 257
特定商品（計量法）・・・・・・・・・・ 93,365,392
特定調味料（識別マーク）・・・・・・・・・・・ 347
特定保健用食品・・・・・・・・・・・・・・ 298,307
特別栽培農産物・・・・・・・・・・・・・・・・・・ 286
特別用途食品・・・・・・・・・・・・・・・・ 298,310

**[な]**

内閣府令 ································· 18
内容量 ··································· 93
生食用食肉（牛肉）の表示 ········ 52

**[に]**

乳固形分 ························· 137, 149
乳脂肪分 ························· 138, 149
乳児用規格適用食品 ·············· 222

**[は]**

罰則 ····································· 20
販売形態 ························· 24, 35
販売者 ································· 105

**[ひ]**

非加熱食肉製品 ····················· 129
標準和名 ························· 57, 65
品名 ····································· 72

**[ふ]**

複合原材料 ····················· 74, 228
複数原料米 ·························· 41
物質名（添加物）··········· 244, 247
プライスラベル ····················· 70
フルジオキソニル（添加物）···· 244, 246
フローズン（食肉）·················· 48
分別生産流通管理（IPハンドリング）······ 270

**[へ]**

別記様式 ······························ 70
別記様式（栄養成分表示の形式）········ 374

**[ほ]**

放射線を照射した食品（ばれいしょ）········· 33
ポーションカット（食肉処理）········· 127
保健機能食品 ······················· 298
保証内容重量（食パン）············ 213
保存方法 ························· 100, 401

**[ま]**

又は表示（原料原産地表示）········· 83

**[み]**

ミキシング（食肉処理）············· 127
密封（計量法）····················· 366

**[む]**

無塩せき ···························· 129
無脂乳固形分 ················· 137, 149

**[め]**

名称 ······························· 33, 72

**[も]**

申出 ···································· 19

**[や]**

薬機法 ···························· 17, 342

**[ゆ]**

有機JASマーク ··············· 284, 388
有機食品 ···························· 278
有利誤認 ···························· 317
優良誤認 ···························· 315
油脂含有率（ファットスプレッド）····· 193
輸入業者（有機食品表示）········· 279
輸入者 ······························ 105

**[よ]**

容器包装 ····························· 25
容器包装リサイクル法 ·············· 344
養殖（鮮魚）························· 59
用途名（添加物）··················· 248

**[り]**

リシン（遺伝子組換え）········· 273, 276
量目公差（計量法）········· 93, 208, 365

**[れ]**

冷凍（食肉）························· 48

**[わ]**

和牛 ··································· 54

**島﨑　眞人**
（一般社団法人　日本農林規格協会（JAS 協会）専務理事）
〔経歴・資格等〕
農林水産省 消費・安全局 消費者行政・食育課　米穀流通監視室長、
独立行政法人 農林水産消費安全技術センター 規格検査部　規格検査課長

**鈴木　ちはる**
（仙台白百合女子大学　非常勤講師、株式会社ものとか　代表取締役）
〔経歴・資格等〕
輸入食品衛生管理者、
ハラール管理者

**天明　英之**
（フード・オフィス・天明　代表）
〔経歴・資格等〕
味の素株式会社 品質保証部　専任部長、
上級食品表示診断士

**並木　章**
（前・一般社団法人 日本農林規格協会（JAS 協会）事務局長）
〔経歴・資格等〕
農林水産省 食品流通局 品質課　表示指導担当、
独立行政法人 農林水産消費安全技術センター　横浜所長

［編著者］

**一般社団法人 食品表示検定協会**

● 設立目的
　一般社団法人 食品表示検定協会は、食品表示に関する能力検定制度を通じて食品表示に関する知識の普及・啓発を行うとともに、食品表示に関する知識を有する人材の育成、資質の向上等に関する事業を行うことにより、消費者の健全な食生活の実現並びに食品関連事業者の信頼確保及び業務の円滑化を図ることを目的とします。

● 設立日
　2009年3月17日

● 連絡先
一般社団法人 食品表示検定協会
〒103-0004　東京都中央区東日本橋3丁目12-2　清和ビル5階
TEL：03-6810-9333　　FAX：03-6810-9335
メール　info@shokuhyoji.jp　ホームページ　https://www.shokuhyoji.jp

改訂8版　　食品表示検定認定テキスト・中級

2023年1月17日　　改訂8版第1刷発行
2024年5月17日　　改訂8版第3刷発行

編著者―――――一般社団法人 食品表示検定協会
発　　売―――――ダイヤモンド社
　　　　　　　　〒150-8409　東京都渋谷区神宮前6-12-17
　　　　　　　　電話／03・5778・7240（販売）
発　　行―――――ダイヤモンド・リテイルメディア
　　　　　　　　〒101-0051　東京都千代田区神田神保町1-6-1タキイ東京ビル
　　　　　　　　電話／03・5259・5943（編集）
デザイン―――――石澤デザイン
製作・印刷・製本――ダイヤモンド・グラフィック社
編集協力―――――奥島俊輔、長谷恵利子（一般社団法人 食品表示検定協会）
編集担当―――――山本純子